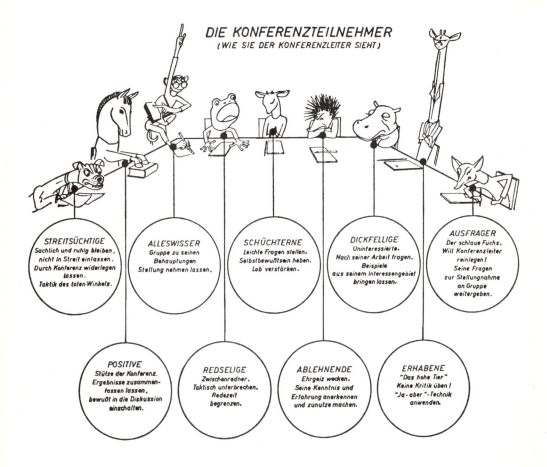

Goette/Goette
Kritisches Lesebuch

Kritisches Lesebuch

Texte und Materialien für den Deutschunterricht

zusammengestellt von

Ernst Goette

Jürgen-Wolfgang Goette

MERKUR VERLAG RINTELN

Kleine Bücherei für Schule und Praxis

Begründet von Friedrich Hutkap †

Ernst Goette ist Studiendirektor am Studienseminar in Braunschweig

Jürgen-Wolfgang Goette ist Oberstudienrat an der Friedrich-List-Schule in Lübeck.

© 1975 by MERKUR VERLAG RINTELN

5^7. Auflage 1981

Nachdruck, Vervielfältigung oder sonstige Wiedergabe – auch auszugsweise – ist, abgesehen von den gesetzlich begründeten Ausnahmefällen der §§ 53 und 54 des Urheberrechtsgesetzes vom 9. September 1965 in der Fassung vom 10. November 1972, nur mit Genehmigung des Verlages gestattet.

Gesamtherstellung:
MERKUR VERLAG RINTELN Hutkap GmbH & Co. KG, PF 1420, 3260 Rinteln 1

ISBN 3-8120-0271-X

„Der Krieg zum Beispiel findet heute nicht mehr wie in Lesebuchgedichten statt... In manchen Lesebüchern hat sich das noch nicht herumgesprochen. Glaubt auch den Geschichten nicht, worin der Mensch in einem fort gut ist und der wackre Held vierundzwanzig Stunden am Tag tapfer! Glaubt und lernt das bitte nicht, sonst werdet ihr euch, wenn ihr später ins Leben hineintretet, außerordentlich wundern."

(Erich Kästner)

Vorwort

Das Lesebuch hat in den letzten Jahren im Mittelpunkt der Kritik gestanden: Schüler fanden die Auswahl häufig veraltet und zuwenig auf die Realität bezogen; Lehrer empfanden die methodisch-didaktische Aufbereitung nicht genug durchdacht, und Wissenschaftler wiesen nach, daß viele Lesebücher einseitig informieren und vor allem nicht zum kritischen Denken anregen. Darüber hinaus liegt ein unbestrittener Nachteil darin, daß nur kurze Texte bzw. Textausschnitte abgedruckt werden können. Trotz aller berechtigten Kritik am Lesebuch bleibt die Tatsache bestehen, daß es im Unterricht kaum zu ersetzen ist, weil es praktisch ist: Daher muß versucht werden, die bestehenden Nachteile abzubauen.

Folgende Lernziele werden in diesem Lesebuch angestrebt:

Der Schüler soll

– Aufklärung über seine Situation in der Gesellschaft erhalten;
– die Bereitschaft und Fähigkeit erlernen, aktiv am kulturellen Leben der Gegenwart teilzunehmen;
– sich in dieser Welt zurechtfinden oder – wie die Wissenschaftler es ausdrücken – seine eigene Sozialisation betreiben;
– Literatur als Freiheitsraum verstehen, bestehende Strukturen „kritisch" befragen und Alternativen aufzeigen;
– Geschichte und Literatur als Erweiterung eigener Erfahrungen kennenlernen.

Jeder Text hat einen Bezug zur Zeit seiner Entstehung und zur Zeit seiner Rezeption. Verstehen vollzieht sich durch Kommunikation zwischen beiden Bereichen. Damit eine richtige Einordnung möglich wird, ist es notwendig, Hinweise auf die Zeit der Entstehung, den Autor, seine persönlichen und gesellschaftlichen Voraussetzungen, Informationen zum Publikum und zur Tradition bestimmter Formen und Stilmittel zu geben.

Die Lesehinweise sollen es dem Benutzer ermöglichen, sich auch noch mit weiteren Texten und Materialien zu beschäftigen. Dabei wurde darauf geachtet, möglichst leicht zugängliche Ausgaben anzugeben (Taschenbücher oder andere preiswerte Ausgaben).

Die Arbeitshinweise sind nur als Vorschläge zu verstehen. Sie sollen Impulse geben, provozieren, auf wichtige Probleme aufmerksam machen, zur selbständigen Arbeit verhelfen und anregen. Die Reihenfolge ist nicht zwingend! Häufig wird es gut sein, wenn die Schüler selbst Fragen überlegen und das Vorgehen bei der Analyse bestimmen. An einigen Stellen soll der vorgeschlagene Aufgabenkatalog aber die Methodik des Fragens als eine wichtige Voraussetzung des Interpretierens deutlich werden lassen.

Oft eignet sich die Beantwortung der Arbeitshinweise in Gruppen- oder Stillarbeit. Das wird im einzelnen nicht immer vermerkt; an einigen Beispielen (verschiedene Texte mit verwandtem Thema) wird auf das Verfahren der Gruppenarbeit aufmerksam gemacht.

Die Texte sind unter bestimmten Überschriften zu Problemkreisen zusammengefaßt, von denen wir hoffen, daß sich der Jugendliche für sie interessiert; natürlich besteht auch die Möglichkeit anderer Zuordnungen.

Die Texte sind keine musterhaften Beispiele, sondern von ganz unterschiedlicher Qualität. Jeder Leser hat die Freiheit zum eigenen Urteil und sollte zu allen Texten kritisch Stellung nehmen. Folgende Fragen müssen immer wieder gestellt werden: Welchen Standort hat der Verfasser? Wie wirkt sich dieser auf sein Denken aus? Welche Interessen erfüllt er mit seinem Text, welche werden nicht berücksichtigt? Man nennt diese Fragestellung Ideologiekritik. Damit ist zu einem Teil schon erklärt, warum das Lesebuch den Titel „kritisch" trägt: Kritik heißt Unterscheidungsvermögen, Scharfsinn, Prüfung. Die Herausgeber haben versucht, inhaltlich kontroverse und formal unterschiedliche Texte gegenüberzustellen, aber auch provokative. Der Leser soll die verschiedenen Argumente unterscheiden können, um sich selbst zu entscheiden. **Jeder Schüler wird seine eigene Meinung haben, und die soll er auch äußern; aber es ist notwendig, daß er auch die Gegenmeinung kennt.** Dadurch kann er seine eigene Vorstellung noch einmal überprüfen und zu einem begründeteren und fundierten Urteil kommen. Mündigkeit beweist – nach Adorno – derjenige, der für sich selbst gedacht hat und nicht nur nachredet. In diesem Sinn wird Kritik als ein Begriff verstanden, durch den Demokratie definiert ist.

Deshalb sind auch mehrere Texte zum Problemkreis Schule und Jugend aufgenommen. Weitere Schwerpunkte sind die Berufs- und Arbeitswelt, Macht und Gerechtigkeit, Anpassung und Widerstand. Der Schüler soll sich aber auch mit der Vergangenheit auseinandersetzen, vor allem mit der Geschichte und Literatur des 19. und 20. Jahrhunderts.

Die Abbildungen werden als eine Art „Text" verstanden. Die beabsichtigte Zielsetzung liegt darin, eine Verbindung zwischen den verschiedenen Beiträgen eines Themenkreises und dem Bild herzustellen. Die Autorenfotos und Handschriften dienen dagegen im wesentlichen der Auflockerung und Illustration.

Das „Kritische Lesebuch" wendet sich an **alle** Schüler ab Jahrgangsstufe 10, insbesondere auch an die der mehrjährigen Berufsfachschulen (BFS, Zweijährige HH, FOS, FG).

Hildesheim und Lübeck, im Frühjahr 1978

Inhalt

(Mit einem * versehene Überschriften sind Abbildungen.)

Vorwort

1. SCHULE UND ERZIEHUNG

Bertolt Brecht, Fragen eines lesenden Arbeiters	13
Max von der Grün, Fragen und Antworten	15
Wilhelm Busch, Lehrer Lämpel*	17
Adolf Hitler, Zur Erziehung der Jugend	18
Alexander S. Neill, Die Schule Summerhill	21
Bericht der Schulinspektoren Seiner Majestät über die Schule Summerhill	28
Johann Wolfgang Goethe, Die drei Ehrfurchten	33
Kurt Tucholsky, Herr Wendriner erzieht seine Kinder	36
Bertolt Brecht, Legende von der Entstehung des Buches Taoteking auf dem Weg des Laotse in die Emigration	38
Hermann Kant, Die erste Schulstunde	41
Eva Windmöller, Ein Land von Musterschülern	44

2. DEUTSCHUNTERRICHT

Ernst Barlach, Der Buchleser*	51
Wolfgang Borchert, Lesebuchgeschichten	52
Bertolt Brecht, Die Literatur wird durchforscht werden	53
Hans Magnus Enzensberger, ins lesebuch für die oberstufe	55
Paul Schallück, Deutschstunde	56
Wolf Wondratschek, Deutschunterricht	61
Richtlinien für den Deutschunterricht	64
Erziehung und Unterricht in der Höheren Schule. Lehrplan von 1938	64
Lehrplan der DDR für Deutsche Sprache und Literatur (1968)	65
Hessischer Bildungsplan-Entwurf für das Fach Deutsch an Gymnasien	67
Rudolf Walter Leonhardt, Argumente für und gegen Hausaufgaben	68

3. JUGEND UND SOZIALISATION

Thomas Mann, Tonio Kröger und Hans Hansen – zwei Freunde	71
Heinrich Mann, Abdankung	79
Franz Kafka, Brief an den Vater	88
Wolfgang Borchert, Nachts schlafen die Ratten doch	91
Jugend in Deutschland*	94
Alfred Andersch, Der Junge	94
Ulrich Plenzdorf, Echte Jeans	96
Udo Lindenberg, Cowboy-Rocker	98
Hermann Rauhe, Schlager als Lebenshilfe	100

4. EMANZIPATION DER FRAU

Walther von der Vogelweide, Herzeliebez frouwelîn 104
Theodor Fontane, Effi Briest 107
Arthur Schnitzler, Fräulein Else 109
Bertolt Brecht, Der Augsburger Kreidekreis 116
Bertolt Brecht, Die Seeräuber-Jenny 128
Erika Runge, Hausfrau Erna E., Bottroper Protokoll 129
Vorurteil: Frauen haben einen beschränkten Horizont* 135
Simone de Beauvoir, Ehe 136
Esther Vilar, Liebe 139
Leonie Lambert, Wir leben in der Großfamilie 140
Kincade, Jenny Jenny 145
Chargesheimer, Frau aus Worms* 146
Petra, Titelseite zum Sonderheft Schönheit* 147
Silvia-Roman, Liebe und Glück 148

5. LEHRJAHRE UND HERRENJAHRE

George Grosz, Der Spießer-Spiegel* 151
Georg Weerth, Der Lehrling 152
Hans Fallada, Aus dem Leben eines Verkäufers 158
Leitsätze für Lehrlinge 165
Berufsausbildungsvertrag 168
Floh de Cologne, Rechte und Pflichten des Lehrlings 172
Walter Benjamin, Bürobedarf 173

6. WERBUNG UND KONSUM

Werbesprüche und Plakate 174
Vance Packard, Die geheimen Verführer 178
Willi Bongard, „Hurra – die Reklame ist abgeschafft!" 183
George Grosz, Shopping* 186
Ingeborg Bachmann, Reklame 187
Hans Magnus Enzensberger, Das Plebiszit der Verbraucher 188
Wolfgang Hildesheimer, Eine größere Anschaffung 191

7. TECHNIK UND INDUSTRIELLE ARBEITSWELT

Marie Luise Kaschnitz, Die alten und die neuen Berufe 193
Stefan Andres, Das Trockendock 194
Karl Marx und Friedrich Engels, Bourgeoisie und Proletariat 197
Jürgen von Manger, Drei Maireden 200
Henry Ford, Das Fließband 204
Günter Wallraff, Am Fließband 207
Fließband* 218
Max von der Grün, Die Entscheidung 220
Manfred Oesterle, Der Steuermann* 224
Dieter Forte, Ein Tag beginnt 225
Heinrich Böll, Anekdote zur Senkung der Arbeitsmoral 227

8. VERKEHR

Robert Musil, Der Verkehrsunfall 230
Erich Kästner, Im Auto über Land 232
Paul Flora, Touristen* 233
Horst Krüger, Auf deutscher Autobahn 234
Kurt Kusenberg, Schnell gelebt 237
Paul Klee, Abfahrt der Schiffe* 239

9. LANDSCHAFTEN – STADT UND NATUR

Friedrich Engels, Die großen Städte 240
Joseph von Eichendorff, Mondnacht 243
Theodor Storm, Meeresstrand 244
Karl Schmidt-Rottluff, Gutshof in Dangast* 245
Heinrich Heine, Das Fräulein stand am Meere 246
Richard Dehmel, Predigt ans Großstadtvolk 247
René Schickele, Großstadtvolk 248
Stefan George, komm in den totgesagten park 249
Herbert von Borch, New York 250
Heinz Held, New York* 252
Norman Mailer, Wir müssen es ändern 254

10. KRIEG

Andreas Gryphius, Tränen des Vaterlandes. Anno 1636 258
Georg Heym, Der Krieg 259
Rudolf G. Binding, Ausbruch 261
Günter Grass, Der Ritterkreuzträger 262
Heinrich Böll, Brief an einen jungen Katholiken 266
Günter Grass, In Ohnmacht gefallen 270
Marie Luise Kaschnitz, Hiroshima 272
Ernest Hemingway, Alter Mann an der Brücke 273
Pablo Picasso, Guernica* 276
Franz Josef Degenhardt, Die Befragung eines Kriegsdienstverweigerers durch
den liberalen und zuvorkommenden Kammervorsitzenden 280

11. VERFOLGUNG UND WIDERSTAND

Carl Jacob Burckhardt, Im KZ Esterwegen 284
Peter Weiss, Meine Ortschaft 287
A. Paul Weber, Das Verhängnis* 295
Rudolf Höß, Kommandant in Auschwitz 296
Anna Seghers, Das Verhör 299
Paul Celan, Espenbaum 303
Elisabeth Langgässer, Saisonbeginn 304
Paul Celan, Todesfuge 307
Nelly Sachs, Chor der Geretteten 310

12. NACHKRIEGSZEIT

Günter Eich, Inventur 312
Hans Magnus Enzensberger, konjunktur 313
Franz Josef Degenhardt, Horsti Schmandhoff 315
Wolf Biermann, Die Ballade von dem Drainage-Leger Fredi Rohsmeisl aus Buckow . 317
Kurt Bartsch, Sozialistischer Biedermeier 320
Günter Wallraff, Hier und dort 321
Duden (Mannheim) – Duden (Leipzig) 322
Zwei Rätsel 323
Alle reden vom Wetter. Wir nicht* 325
Zwei Reden zu den Studentenunruhen von 1968 326
    Kurt Georg Kiesinger 326
    Gustav Heinemann 327

13. MACHT UND GERECHTIGKEIT

Gotthold Ephraim Lessing, Der Rabe und der Fuchs 329
Friedrich Schiller, Geben Sie Gedankenfreiheit 330
Heinrich Heine, Die schlesischen Weber 333
Käthe Kollwitz, Weberzug* 335
Georg Weerth, Das Hungerlied 336
Walter Hasenclever, Die Mörder sitzen in der Oper 337
George Grosz, Stützen der Gesellschaft* 339
Heinrich Böll, Das „Sakrament des Büffels" 341
George Grosz, Treue um Treue* 343
Heinrich Böll, Die Waage der Baleks 343
Siegfried Lenz, Ein Freund der Regierung 350

14. DER EINZELNE IN DER GESELLSCHAFT

Walther von der Vogelweide, Ich saz ûf eime steine 355
Gotthold Ephraim Lessing, Ringparabel 356
Johann Wolfgang Goethe, Wer nie sein Brot mit Tränen aß . . . 360
Heinrich von Kleist, Das Bettelweib von Locarno 361
Brüder Grimm, Die Sterntaler 364
Georg Büchner, Märchen 365
Rainer Maria Rilke, Der Panther 366
Franz Kafka, Der Nachbar 367
Franz Kafka, Der Kübelreiter 369
Edvard Munch, Der Schrei* 371
Gottfried Benn, Nur zwei Dinge 373
Heinrich Böll, Über mich selbst 374
Christa Reinig, Gott schuf die Sonne 376
Françoise Sagan, Die Einsamkeit der Brigitte Bardot 377

15. VORURTEIL

Flugblatt für weiße Schüler	382
Fred Marcus, Schwarze und Weiße*	383
Eugen Helmlé, Rassismus	383
A. Paul Weber, Das Gerücht*	387
Franz Fühmann, Das Judenauto	388
Max Frisch, Der andorranische Jude	394
Max Frisch, Du sollst dir kein Bildnis machen	396
Bertolt Brecht, Wenn Herr K. einen Menschen liebte	398
Carl Zuckmayer, Schuster Voigt	398
Günther Weisenborn, Zwei Männer	404
Udo Jürgens, Ein ehrenwertes Haus	407
Max Frisch, Überfremdung	409
Rolf Oerter, Vorurteile gegen Außengruppen	411
Klaus Staeck, Sozialfall*	413

16. SPRACHE UND KOMMUNIKATION

Johannes Bobrowski, Sprache	414
Peter Bichsel, Ein Tisch ist ein Tisch	415
Hans Magnus Enzensberger, bildzeitung	419
Bild am Sonntag, Titelseite*	421
Paul Flora, Sprache*	422
Peter Handke, Die drei Lesungen des Gesetzes	423
Ernst Jandl, schtzngrmm	425
Joan Miró, Kleine Blonde im Park der Attraktionen*	427
Eugen Gomringer, worte sind schatten	428
Konrad Balder Schäuffelen, da kannten die soldaten kein pardon mehr	429
Friedrich Wolf, Kunst ist Waffe	431
Arwed Gorella, Wolf Biermann*	435
Erich Kästner, Sinn und Wesen der Satire	435
Kurt Tucholsky, Ratschläge für einen schlechten Redner	438
Basil Bernstein, Die Sprache der Mittel- und Unterschicht	439

ANHANG

Verzeichnis der Textarten	443
Autoren-, Text- und Bildverzeichnis	448
Quellennachweis für Autorenbilder und Plakate	453

UMSCHLAGSEITEN

Kommunikationsmodell*
Die Konferenzteilnehmer*
Jugend in Deutschland*

1. SCHULE UND ERZIEHUNG

BERTOLT BRECHT, **Fragen eines lesenden Arbeiters**

Brecht wurde 1898 in Augsburg geboren. Schon als Schüler äußerte er heftig Kritik am Krieg, was damals ungewöhnlich war; er hätte deswegen beinahe die Schule verlassen müssen. In München studierte Brecht eine Zeitlang Philosophie und Medizin, wurde 1918 als Lazaretthelfer eingestellt und erlebte dort die grausamen Folgen des Krieges besonders intensiv.

Brecht schrieb in diesen Jahren Theaterkritiken, erste Gedichte und Theaterstücke („Baal", „Trommeln in der Nacht"). 1924 ging er nach Berlin, arbeitete dort zunächst als Dramaturg an Max Reinhardts „Deutschem Theater", später als freier Schriftsteller und Regisseur.

In den Jahren 1926-30 studierte Brecht den Marxismus. 1933 mußte er aus Deutschland emigrieren. Stationen seines Exils waren: die Tschechoslowakei, Frankreich, Dänemark, Schweden, Finnland und die USA. Im Exil schuf er einen großen Teil seiner bedeutendsten Stücke (u.a. „Mutter Courage und ihre Kinder", „Der gute Mensch von Sezuan") und theoretische Schriften über das epische Theater. 1947 kehrte der Autor nach Europa zurück – zunächst in die Schweiz – und übersiedelte von dort nach Ost-Berlin, wo er das berühmte ‚Berliner Ensemble' (Theater am Schiffbauer Damm) bis zu seinem Tode im Jahre 1956 leitete und vor allem seine eigenen Stücke in modellhaften Aufführungen inszenierte.

Brecht kämpfte zeitlebens dafür, daß die durch Industrie und Kapitalismus geprägte Welt durch eine bessere (d.h. für ihn: sozialistische) Gesellschaftsordnung menschlicher gemacht werde. Daher bekam er auch mit allen, die gegenüber Menschen Macht ausüben, Schwierigkeiten.

Zu seiner Biographie hat Brecht selbst einmal folgendes geäußert:

Ich bin aufgewachsen als Sohn
Wohlhabender Leute. Meine Eltern haben mir
Einen Kragen umgebunden und mich erzogen
In den Gewohnheiten des Bedientwerdens
Und unterrichtet in der Kunst des Befehlens. Aber
Als ich erwachsen war und um mich sah,
Gefielen mir die Leute meiner Klasse nicht,
Nicht das Befehlen und nicht das Bedientwerden.
Und ich verließ meine Klasse und gesellte mich
Zu den geringen Leuten.

„Fragen eines lesenden Arbeiters" gehört zu den „Chroniken" der „Svendborger Gedichte", die Brecht Mitte der 30er Jahre schrieb, als er in der Nähe von Svendborg/Dänemark im Exil lebte. Ein Gedicht ist für Brecht weder eine Gefühlssache noch eine Formsache, sondern eine eigenständige Geste der Mitteilung eines Gedankens.

Lesehinweis:
Bertolt Brecht, Ausgewählte Gedichte. Frankfurt: Suhrkamp 1970 (= edition suhrkamp 86).
Klaus Völker, Bertolt Brecht. Eine Biographie. München: dtv 1978 (= dtv 1379).

Wer baute das siebentorige Theben?
In den Büchern stehen die Namen von Königen.
Haben die Könige die Felsbrocken herbeigeschleppt?
Und das mehrmals zerstörte Babylon –
Wer baute es so viele Male auf? In welchen Häusern
Des goldstrahlenden Lima wohnten die Bauleute?
Wohin gingen an dem Abend, wo die Chinesische Mauer fertig war
Die Maurer? Das große Rom
Ist voll von Triumphbögen. Wer errichtete sie? Über wen
Triumphierten die Cäsaren? Hatte das vielbesungene Byzanz
Nur Paläste für seine Bewohner? Selbst in dem sagenhaften Atlantis
Brüllten in der Nacht, wo das Meer es verschlang
Die Ersaufenden nach ihren Sklaven.

Der junge Alexander eroberte Indien.
Er allein?
Cäsar schlug die Gallier.
Hatte er nicht wenigstens einen Koch bei sich?
Philipp von Spanien weinte, als seine Flotte
Untergegangen war. Weinte sonst niemand?
Friedrich der Zweite siegte im Siebenjährigen Krieg. Wer
Siegte außer ihm?

Jede Seite ein Sieg.
Wer kochte den Siegesschmaus?
Alle zehn Jahre ein großer Mann.
Wer bezahlte die Spesen?

So viele Berichte,
So viele Fragen.

(Aus: Bertolt Brecht, Gesammelte Werke, Bd. 9. Frankfurt: Suhrkamp 1967 (= werkausgabe edition suhrkamp), S. 656 f.)

Arbeitshinweise
1. *Welchen Mangel hat der Arbeiter beim Lesen entdeckt? Handelt es sich bei allen Beispielen um den gleichen Mangel?*
2. *Schlagen Sie nach, was zu den Personen und Städten, die im Gedicht genannt werden, in den Geschichtsbüchern steht!*
3. *Aus welchem Bereich stammt der Ausdruck „Spesen", und was bedeutet er in diesem Zusammenhang?*
4. *Warum wählt Brecht gerade einen lesenden Arbeiter als Fragenden?*
5. *Für wen wurden die geschichtlichen Ereignisse in Büchern aufgezeichnet?*
6. *Aus welchem Grund schweigt die Überlieferung auf die Fragen des Arbeiters?*
7. *Mit welchen sprachlichen und formalen Mitteln verdeutlicht Brecht seine Intention?*
8. *Welcher Zusammenhang besteht zwischen der Entstehungszeit und der Aussage des Gedichts?*
9. *Ist die von Brecht vertretene Intention heute überholt? Vergleichen Sie die aktuelle Berichterstattung über wichtige Ereignisse!*

Max von der Grün, **Fragen und Antworten**

Zur Biographie des Autors vgl. S. 220.

Immer wieder beim Lesen des Gedichtes „Fragen eines lesenden Arbeiters" von Bertolt Brecht habe ich mich gefragt, welchen lesenden Arbeiter Bertolt Brecht eigentlich meint – ist die Frage nicht doch vielleicht die Frage eines Intellektuellen mit sozialem Engagement, nicht doch die Frage eines Moralisten und nicht die Frage eines lesenden Arbeiters?

Wer baute das siebentorige Theben?
Woher weiß er von Theben und seinen sieben Toren? In acht Klassen Volksschule hat er davon nichts gehört.

In den Büchern stehen die Namen von Königen.
Und in acht Jahren Volksschule hat er auch die Namen von Generälen kennengelernt.

Haben die Könige die Felsbrocken herbeigeschleppt?
In acht Jahren Volksschule hört man nur von Volk und den Tugenden und Untugenden von Königen, nicht aber von denen, die ausgebeutet werden.

Und das mehrmals zerstörte Babylon, wer baute es so viele Male auf?
In acht Jahren Volksschule und im Religionsunterricht haben wir gelernt, daß es Gottes Wille war.

In welchen Häusern des goldstrahlenden Lima wohnten die Bauleute?
In acht Jahren Volksschule habe ich von Lima nichts gehört.

Wohin gingen an dem Abend, wo die Chinesische Mauer fertig war, die Maurer?
In acht Jahren Volksschule wird nur von der Großartigkeit dieser Mauer gesprochen, die Maurer werden nicht erwähnt, warum also soll man nach ihnen fragen.

Das große Rom ist voll von Triumphbögen.
In acht Jahren Volksschule wurden wir unterrichtet über die verschiedenen Stilarten der Triumphbögen. Kunsterziehung.

Über wen triumphierten die Cäsaren?
In acht Jahren Volksschule haben wir als Geschichte nur Kriegsgeschichte kennengelernt.

Hatte das vielbesungene Byzanz nur Paläste für seine Bewohner?
Natürlich, in acht Jahren Volksschule haben wir nur von Palästen und Königen gehört. Die Frage, ob es auch andere Menschen gab, außer Königen und Soldaten, wurde nie gestellt.

Selbst in dem sagenhaften Atlantis, brüllten doch in der Nacht, wo das Meer es verschlang, die Ersaufenden nach ihren Sklaven.
Natürlich, in acht Jahren Volksschule haben wir gelernt, daß es zur damaligen Zeit rechtens war, sich Sklaven zu halten, warum also nach ihnen fragen.

Der junge Alexander eroberte Indien. Er allein?
In acht Jahren Volksschule haben wir gelernt, daß er eine große Armee anführte. Später haben die Engländer Indien erobert, auch mit einer großen Armee.

Cäsar schlug die Gallier. Hatte er nicht wenigstens einen Koch bei sich?
Das ist doch klar. In acht Jahren Volksschule haben wir gelernt, daß die Köche der Herrscher die besondere Gunst ihrer Herrscher genossen.

Philipp der Zweite weinte, als seine Flotte untergegangen war. Weinte sonst niemand?
In acht Jahren Volksschule haben wir gelernt, daß das Volk dem Herrscher zu gehorchen hat, und in der Religionsstunde haben wir gelernt, daß alle Obrigkeit von Gott ist.

Friedrich der Zweite siegte im Siebenjährigen Krieg. Wer siegte außer ihm?
In acht Jahren Volksschule haben wir gelernt, wie er gesiegt hat, wir konnten alle Schlachten und Jahreszahlen auswendig, auch daß dieser König die Kartoffel ins Land gebracht hat und die dummen Bauern fraßen nicht die Knollen, die in der Erde wuchsen, sondern die, die über der Erde im Kraut wuchsen.

Jede Seite ein Sieg.
In acht Jahren Volksschule haben wir aber nicht nur von Siegen gehört, auch von Niederlagen, auch vom Dolchstoß, auch von der Heimatfront.

Wer kochte den Siegesschmaus?
In acht Jahren Volksschule haben wir gelernt, daß sich das Volk selbst den Siegesschmaus kochte, wenn die Glocken einen neuen Sieg verkündeten.

Alle zehn Jahre ein großer Mann. Wer bezahlte die Spesen?
In acht Jahren Volksschule haben wir zu lernen gelernt, daß die Weltgeschichte nur von großen Männern lebt. Die Masse zählt nicht. Wir haben nicht gelernt, nach Ausbeutern und Ausgebeuteten zu fragen. Über Spesen haben wir nichts erfahren.

So viele Berichte. So viele Fragen.
In acht Jahren Volksschule haben wir nicht zu fragen gelernt.

(Aus: Gruppe 61, Arbeiterliteratur – Literatur der Arbeitswelt? Hrsg. von Heinz Ludwig Arnold. Stuttgart: Boorberg 1971 (= Text und Kritik), S. 52f.)

Arbeitshinweise
1. Welche Antwort gibt von der Grün auf Brechts Gedicht „Fragen eines lesenden Arbeiters"?
2. Welches Bild von der Erziehung zeichnet Max von der Grün?
3. Warum werden Volksschüler so erzogen?
4. Hat der Autor mit dieser Darstellung recht? Vergleichen Sie seine Darstellung mit Ihren eigenen Erfahrungen!
5. Was kritisiert von der Grün mit seinen Antworten? Was will der Autor mit seiner Kritik erreichen? Welche sprachlichen Mittel verwendet er?
6. Stellt dieses Gedicht eine Zurücknahme des Brecht-Gedichtes dar?

WILHELM BUSCH, **Lehrer Lämpel**

Wilhelm Busch (1832 in Wiedensahl/Hannover geboren und 1908 in Mechtshausen/Harz gestorben) gehört zu den bedeutendsten und volkstümlichsten Humoristen in Deutschland. Die Wirkung seiner Bildergeschichten liegt in der Einheit von pointierten Zeichnungen und schlichten Knittelversen; beide von großer Treffsicherheit in der Darstellung von Charakter, Komik und jeweiliger Situation. Busch entlarvte Erscheinungsformen seiner Zeit (Scheinmoral, Selbstgerechtigkeit und falsche Frömmigkeit).

Die abgedruckten Verse und die Zeichnung sind der Beginn des „Vierten Streichs" aus dem Jugendbuch „Max und Moritz" (1865), das inzwischen zu den bekanntesten und am meisten verbreiteten Büchern deutscher Sprache gehört.

Der Kritiker Friedrich Seidel schrieb 1883: „Die für den ersten Anblick ganz harmlos und belustigend erscheinenden Caricaturen in ‚Max und Moritz' und in anderen Büchern von W. Busch sind eins von den äußerst gefährlichen Giften, welche die heutige Jugend, wie man überall klagt, so naseweis, unbotmäßig und frivol machen."

Lesehinweis:
Wilhelm Busch, Max und Moritz. Zürich: Diogenes 1974 (= detebe 60/II).

Also lautet ein Beschluß:
Daß der Mensch was lernen muß. –
– Nicht allein das A-B-C
Bringt den Menschen in die Höh;
Nicht allein im Schreiben, Lesen
Übt sich ein vernünftig Wesen;
Nicht allein in Rechnungssachen
Soll der Mensch sich Mühe machen;
Sondern auch der Weisheit Lehren
Muß man mit Vergnügen hören. –

Daß dies mit Verstand geschah,
War Herr Lehrer Lämpel da. –

(Aus: *Wilhelm Busch, Max und Moritz.*
Zürich: Diogenes 1974, S. 33.)

Arbeitshinweise
1. Beschreiben Sie, wie Lehrer Lämpel von Busch dargestellt ist!
2. Welche Haltung zur Erziehung wird deutlich? Berücksichtigen Sie auch die Verse!
3. Wie ist die im 19. Jahrhundert häufig gegen Busch vorgebrachte Kritik zu erklären? (Vgl. Vorspann!)
4. Lassen sich zu dem Konflikt zwischen Autor und Gesellschaft Parallelen in heutiger Zeit aufzeigen? (Gruppenarbeit)

ADOLF HITLER, **Zur Erziehung der Jugend**

Faschismus ist der Sammelbegriff für nationalistische Bewegungen (vor allem zwischen den beiden Weltkriegen), die Liberalismus, Demokratie, Parlamentarismus, Sozialismus und Judentum bekämpfen und die Errichtung einer autoritären, totalitären Staatsordnung erstreben. Träger der faschistischen Parteien sind vor allem Vertreter kleinbürgerlicher und mittelständischer Schichten, die sich in wirtschaftlicher Not befinden. Aus Protest gegen Verarmung und ökonomischen Niedergang, mit dem ein Sinken der sozialen Geltung verbunden ist, sehnen sich diese Bevölkerungsgruppen nach einer starken Autorität, von der sie eine Verbesserung ihrer Lage erhoffen. Anhänger des Faschismus sind Menschen, die mit der Gegenwart nicht fertig werden, sie nicht begreifen und ‚Halt' bei einem Führer suchen. Gleichzeitig versuchen sie, ihre negativ erlebte Situation durch Großmachtträume zu kompensieren.

Adolf Hitler (1889-1945) verstand es besonders erfolgreich, diese Sehnsüchte und Wünsche zu verkörpern und zu erfüllen. 1933 wurde er Reichskanzler und 1934 Führer des Deutschen Reiches. Es wurde eine Diktatur errichtet, in der Andersdenkende keinen Platz hatten. Die Jugend sollte im nationalsozialistischen Sinn erzogen werden.

Welche Folgen diese Erziehung zu einer neuen Moral hatte, veranschaulicht folgendes Zitat aus einer Rede des Reichsführers der SS Heinrich Himmler:

„Ich meine jetzt die Judenevakuierung, die Ausrottung des jüdischen Volkes. Es gehört zu den Dingen, die man leicht ausspricht. – ›Das jüdische Volk wird ausgerottet‹, sagt ein jeder Parteigenosse, ›ganz klar, steht in unserem Programm, Ausschaltung der Juden, Ausrottung, machen wir.‹ Und dann kommen sie alle an, die braven 80 Millionen Deutschen, und jeder hat seinen anständigen Juden. Es ist ja klar, die anderen sind Schweine, aber dieser eine ist ein prima Jude. Von allen, die so reden, hat keiner zugesehen, keiner hat es durchgestanden. Von euch werden die meisten wissen, was es heißt, wenn 100 Leichen beisammen liegen, wenn 500 da liegen oder wenn 1000 da liegen. Dies durchgehalten zu haben und dabei – abgesehen von Ausnahmen menschlicher Schwächen – anständig geblieben zu sein, das hat uns hart gemacht. Dies ist ein niemals geschriebenes und niemals zu schreibendes Ruhmesblatt unserer Geschichte." (Aus: Der Nationalsozialismus. Dokumente 1933–1945, hrsg. von Walther Hofer. Frankfurt: Fischer 1957, S. 114.)

Meine Pädagogik ist hart. Das Schwache muß weggehämmert werden. In meinen Ordensburgen wird eine Jugend heranwachsen, vor der sich die Welt erschrecken wird. Eine gewalttätige, herrische, unerschrockene, grausame Jugend will ich. Jugend muß das alles sein. Schmerzen muß sie ertragen. Es darf nichts Schwaches und Zärtliches an ihr sein. Das freie, herrliche Raubtier muß erst wieder aus ihren Augen blitzen. Stark und schön will ich meine Jugend. Ich werde sie in allen Leibesübungen ausbilden lassen. Ich will eine athletische Jugend. Das ist das erste und wichtigste. So merze ich die tausende von Jahren der menschlichen Domestikation[1] aus. So habe ich das reine, edle Material der Natur vor mir. So kann ich das Neue schaffen.

Ich will keine intellektuelle Erziehung. Mit Wissen verderbe ich mir die Jugend. Am liebsten ließe ich sie nur das lernen, was sie ihrem Spieltriebe folgend sich freiwillig aneignen. Aber Beherrschung müssen sie lernen. Sie sollen mir in den schwierigsten Proben die Todesfurcht besiegen lernen. Das ist die Stufe der heroischen Jugend. Aus ihr wächst die Stufe des Freien, des Menschen, der Maß und Mitte der Welt ist, des schaffenden Menschen, des Gottmenschen. In meinen Ordensburgen wird der schöne, sich selbst gebietende Gottmensch als kultisches Bild stehen und die Jugend auf die kommende Stufe der männlichen Reife vorbereiten.

(Aus: Hermann Rauschning, Gespräche mit Hitler. Zürich: Europaverlag 1973, S. 237.)

1 Umbildung wilder Tiere zu Haustieren

Diese Jugend, die lernt ja nichts anderes als deutsch denken, deutsch handeln. Und wenn diese Knaben schon mit zehn Jahren in unsre Organisation hineinkommen und dort oft zum ersten Male frische Luft bekommen und fühlen, dann kommen sie vier Jahre später vom Jungvolk in die Hitlerjugend, und dort behalten wir sie wieder vier Jahre, und dann geben wir sie erst recht nicht zurück in die Hände unsrer alten Klassen- und Standeserzeuger, sondern dann nehmen wir sie sofort in die Partei; in die Arbeitsfront, in die SA[1] oder in die SS[2], in das NSKK[3] und so weiter. Und wenn sie dort zwei Jahre oder anderthalb Jahre sind und noch nicht ganze Nationalsozialisten geworden sein sollten, dann kommen sie in den Arbeitsdienst und werden dort wieder sechs und sieben Monate geschliffen, alle mit einem Symbol, dem deutschen Spaten. Und was dann nach sechs oder sieben Monaten noch an Klassenbewußtsein oder Standesdünkel da oder da vorhanden sein sollte, das übernimmt dann die Wehrmacht zur weiteren Behandlung auf zwei Jahre, und wenn sie nach zwei, drei oder vier Jahren zurückkehren, dann nehmen wir sie, damit sie auf keinen Fall rückfällig werden, sofort wieder in die SA, SS und so weiter, und sie werden nicht mehr frei ihr ganzes Leben. Und wenn mir einer sagt, ja, da werden aber immer noch welche übrigbleiben: Der Nationalsozialismus steht nicht am Ende seiner Tage, sondern erst am Anfang! *(4. 12. 1938 in Reichenberg/Sudetenland)*

(Aus: M. Buchheim, Arbeitsmaterial zur Gegenwartskunde. Hannover: Schroedel ³1964.)

Arbeitshinweise
1. *Charakterisieren Sie Hitlers Pädagogik! Welche Ziele verfolgt Hitler, welche lehnt er ab? Was bezweckt diese Pädagogik? (1. Text)*
2. *Fassen Sie zusammen, wie Hitler die Jugend für den Nationalsozialismus gewinnen will! (2. Text)*
3. *Untersuchen Sie das Vokabular, das Hitler verwendet!*
4. *Warum soll dem Menschen „Klassenbewußtsein" ausgetrieben werden?*
5. *Wie beurteilen Sie die Aussage: „Mit Wissen verderbe ich mir die Jugend"?*
6. *Nehmen Sie Stellung zu der Zielsetzung: „Und sie werden nicht mehr frei ihr ganzes Leben"! Beachten Sie auch das Zitat Heinrich Himmlers in der Einleitung!*
7. *Welcher Zusammenhang besteht zwischen der psychologischen und wirtschaftlichen Situation, in der sich viele Anhänger Hitlers befanden, und seinen pädagogischen Zielen?*
8. *Gibt es auch heute noch ähnliche Vorstellungen? Worin liegen die Ursachen für solche Denkungsweisen (vgl. Reinhard Kühnl u. a., Die NPD)?*

Lesehinweis:

Joachim C. Fest, Hitler. Eine Biographie. Frankfurt: Ullstein 1976 (= Ullsteinbuch 3275/76).
Albert Speer, Erinnerungen. Frankfurt: Ullstein o. J. (= Ullstein Buch 3026).
Reinhard Kühnl, Rainer Rilling, Christine Sager, Die NPD. Struktur, Ideologie und Funktion einer neofaschistischen Partei. Frankfurt: Suhrkamp ²1969 (= edition suhrkamp 318).
Walter Kempowski, Tadellöser & Wolff. Ein bürgerlicher Roman. München: dtv ²1977 (= dtv 1043).
„Was ich über Adolf Hitler gehört habe..." Folgen eines Tabus, hrsg. von Dieter Boßmann. Frankfurt: Fischer (= Fischer Taschenbuch 1935).

---

1 Sturmabteilung
2 Schutz-Staffel
3 NS-Kraftfahrer-Korps

ALEXANDER SUTHERLAND NEILL, Die Schule Summerhill

Neill wurde 1883 in Schottland geboren und starb 1973 im Alter von 90 Jahren. Erfahrungen mit dem strengen Dressursystem der öffentlichen Erziehungsanstalten in England bildeten den Ausgangspunkt für Neills revolutionäre Pädagogik.

1921 gründete er die Internatsschule von Summerhill. Sein oberstes Prinzip ist: Dem Kind soll jede nur mögliche Freiheit gelassen werden. Die Teilnahme am Unterricht ist freiwillig. Prüfungen und Zensuren sind abgeschafft. Vorschriften werden nur von den Schülern erlassen. Jedes Mitglied der Schulversammlung hat nur eine Stimme – der jüngste Schüler ebenso wie alle Lehrer.

In seinem Buch „Theorie und Praxis der antiautoritären Erziehung" erzählt Neill die Geschichte von Summerhill; er berichtet von dem Leben der Kinder in der Schule und seinen Erfahrungen mit ihnen. Im 2. Teil des Buches faßt er seine Gedankengänge zusammen: über Kinder und Eltern, Schule und Lehrer, Freiheit und Zwang, eine neue Sexualmoral und Lernpsychologie.

Der Psychologe Erich Fromm hat in einem Vorwort zu Neills Buch folgendes Urteil abgegeben: „Die Lektüre dieses Buches hat mich sehr angeregt und ermutigt. Ich hoffe, daß es vielen Lesern ebenso gehen wird. Das heißt nicht, daß ich mit allem, was der Verfasser schreibt, übereinstimme. Die meisten Leser werden Neills Buch nicht als Evangelium betrachten, und ich bin überzeugt, der Autor wäre der letzte, der das erwartet.

Vielleicht darf ich zwei meiner wichtigsten Vorbehalte andeuten. Ich habe das Gefühl, daß Neill die Bedeutung, die Echtheit und die Befriedigung eines intellektuellen Begreifens der Welt zugunsten einer emotionalen und künstlerischen Erfassung unterschätzt. Darüber hinaus sind ihm die Hypothesen Freuds[1] allzusehr letzte Wahrheit; nach meiner Meinung überschätzt er, wie die meisten Freudianer, die Bedeutung der Sexualität. Trotzdem habe ich den Eindruck, Neill ist ein so realistischer Mann und erkennt so genau, was in einem Kind vorgeht, daß diese Kritik sich mehr gegen einige seiner Formulierungen als gegen seine wirkliche Einstellung zum Kind richtet." (A. S. Neill, Theorie und Praxis der antiautoritären Erziehung, S. 16.)

Lesehinweis:
A. S. Neill, Theorie und Praxis der antiautoritären Erziehung. Das Beispiel Summerhill. Reinbek: Rowohlt 1969 (= rororo 6707/08).
Summerhill. Pro und Contra. 15 Ansichten zu A. S. Neills Theorie und Praxis. Reinbek: Rowohlt 1971 (= rororo 6704/05).
A. S. Neill, Das Prinzip Summerhill. Fragen und Antworten. Argumente, Erfolge, Ratschläge. Reinbek: Rowohlt 1971 (= rororo 6690).

---

[1] Sigmund Freud (1856–1939); Begründer der Psychoanalyse (Lehre vom Unbewußten und seiner Beziehung zum Bewußtsein)

Summerhill wurde 1921 gegründet. Die Schule liegt in dem Dorf Leiston in der Grafschaft Suffolk, etwa 150 Kilometer von London entfernt.

Ein Wort über die Schüler in Summerhill. Einige Kinder kommen schon im Alter von fünf Jahren nach Summerhill, andere erst, wenn sie bereits fünfzehn sind. Im allgemeinen bleiben die Schüler bis zu ihrem sechzehnten Lebensjahr hier. Wir haben durchschnittlich etwa fünfundzwanzig Jungen und zwanzig Mädchen in der Schule.

Die Kinder werden in drei Altersgruppen unterteilt: fünf- bis siebenjährige, acht- bis zehnjährige und elf- bis fünfzehnjährige.

In der Regel haben wir eine ganze Reihe von Kindern aus anderen Ländern. Zur Zeit (1960) sind es fünf Schüler aus den skandinavischen Ländern, einer aus Holland, einer aus Deutschland und einer aus Amerika.

Die Schüler sind nach Altersgruppen untergebracht, und jede Gruppe hat eine Hausmutter. Die Kinder der mittleren Gruppe wohnen in Steinhäusern, die älteren in Baracken. Einzelzimmer gibt es nur für ein paar der älteren Schüler. Die Jungen schlafen jeweils zu dritt oder viert in einem Raum, die Mädchen ebenfalls. Die Kinder brauchen keine Budeninspektion über sich ergehen zu lassen, und niemand räumt für sie auf. Sie werden sich selbst überlassen. Niemand sagt ihnen, was sie anzuziehen haben; sie können bei jeder Gelegenheit tragen, was sie wollen.

Zeitungen haben über Summerhill berichtet, als ob dort jeder tun und lassen könne, was ihm gefällt, und es sich bei seinen Schülern um eine Schar Wilder handle, denen Gesetz und Manieren fremd sind.

Ich muß daher versuchen, so wahrheitsgetreu wie möglich über Summerhill zu schreiben. Daß ich dabei etwas voreingenommen bin, ist nur natürlich. Ich will jedoch nicht nur die *Vorzüge,* sondern auch die *Nachteile* Summerhills aufzeigen. Seine Vorzüge sind die Vorzüge gesunder, freier Kinder, deren Leben nicht von Furcht und Haß vergiftet ist.

Es liegt auf der Hand, daß eine Schule, die tatendurstige Kinder an Schreibtische zwingt und sie Dinge lernen läßt, die meistens nutzlos sind, eine schlechte Schule ist. Nur jene unschöpferischen Mitbürger, deren Kinder fügsam und unschöpferisch bleiben sollen, damit sie in eine Gesellschaft passen, deren Erfolgsmaßstab Geld heißt, können eine solche Schule für richtig halten.

Summerhill hat angefangen als ein Experiment. Inzwischen ist es mehr als das. Es ist jetzt eine Schule, die anderen als Beispiel dient; denn Summerhill hat bewiesen, daß Freiheit möglich ist.

Als meine erste Frau und ich die Schule gründeten, hatten wir einen Grundgedanken: *die Schule kindgeeignet zu machen* – nicht die Kinder schulgeeignet.

Ich hatte damals schon viele Jahre an gewöhnlichen Schulen unterrichtet, so daß ich die Methoden solcher Schulen gut kannte. Ich wußte, daß sie falsch waren. Sie waren falsch, weil sie von den Vorstellungen Erwachsener ausgingen, was ein

Kind sein und wie es lernen soll. Diese Methoden gingen auf eine Zeit zurück, als die Psychologie[1] noch eine unbekannte Wissenschaft war.

Wir machten uns also daran, eine Schule zu schaffen, in der die Kinder die Freiheit haben sollten, sie selbst zu sein. Um das zu ermöglichen, mußten wir auf alle Disziplinarmaßnahmen, auf Lenkung, suggestive[2] Beeinflussung, auf jede ethische[3] und religiöse Unterweisung verzichten. Man hat uns deswegen tapfer genannt, aber eigentlich bedurfte es dazu keines Mutes. Was dazu wirklich nötig war, besaßen wir: den festen Glauben, daß das Kind kein schlechtes, sondern ein gutes Wesen ist. In den fast vierzig Jahren unserer Arbeit sind wir in diesem Glauben nie wankend geworden, er ist uns vielmehr fast zur endgültigen Überzeugung geworden.

Nach meiner Ansicht ist das Kind von Natur aus verständig und realistisch. Sich selbst überlassen und unbeeinflußt von Erwachsenen, entwickelt es sich entsprechend seinen Möglichkeiten. Logischerweise ist Summerhill eine Schule, in der Kinder mit der angeborenen Fähigkeit und dem Wunsch, Gelehrte zu werden, Gelehrte werden, während jene, die nur zum Straßenkehren geeignet sind, Straßenkehrer werden. Bisher ist jedoch aus unserer Schule noch kein Straßenkehrer hervorgegangen. Ich sage das ohne Snobismus[4], denn ich sehe eine Schule lieber einen glücklichen Straßenfeger hervorbringen als einen neurotischen[5] Gelehrten.

Wie geht es nun in Summerhill zu? Nun, die Teilnahme am Unterricht ist freiwillig. Die Kinder können zum Unterricht gehen, sie dürfen aber auch wegbleiben – sogar jahrelang, wenn sie wollen. Es *gibt* einen Stundenplan – aber nur für die Lehrer.

Gewöhnlich richtet sich der Unterricht nach dem Alter der Kinder, manchmal aber auch nach ihren besonderen Interessen. Wir haben keine neuartigen Lehrmethoden; wir sind der Ansicht, daß der Unterricht an sich keine große Rolle spielt. Ob eine Schule eine besondere Methode hat, Kindern die ungekürzte Division beizubringen, ist völlig unwichtig, weil die ungekürzte Division – außer für die, die sie lernen wollen – selber ganz unwichtig ist. Ein Kind, das sie lernen *will*, lernt sie jedenfalls – gleichgültig, nach welcher Methode sie gelehrt wird.

Schüler, die im Kindergartenalter nach Summerhill kommen, nehmen von Anfang an am Unterricht teil. Kinder, die von einer anderen Schule zu uns kommen, schwören sich jedoch oft, nie wieder in ein Klassenzimmer zu gehen. Sie spielen, fahren mit dem Fahrrad, stören andere bei der Arbeit, aber sie hüten sich vor der Schulbank. In einigen Fällen dauerte das Monate. Die Zeit der „Genesung" entspricht der Stärke des Hasses, den ihnen die vorige Schule eingegeben hat. Den Rekord hält ein Mädchen, das aus einer Klosterschule kam und bei uns drei volle Jahre nur gefaulenzt hat. Im Durchschnitt dauert es drei Monate, bis ein Kind wieder bereit ist, am Unterricht teilzunehmen.

---

1 Lehre von den Erscheinungen und Zuständen des bewußten und unbewußten Seelenlebens (Seelenkunde)
2 seelisch beeinflussend
3 sittlich
4 Geckenhaftigkeit, Vornehmtuerei
5 nervenkrank

Wem unsere Vorstellung von der Freiheit fremd ist, der wird sich wahrscheinlich fragen, was für ein Irrenhaus das ist, in dem die Kinder den ganzen Tag spielen, wenn sie mögen. Viele Erwachsene sagen: „Hätte man mich in eine solche Schule geschickt, ich hätte nie etwas getan." Andere meinen: „Diese Kinder werden sich mal schwer im Nachteil fühlen, wenn sie mit anderen konkurrieren müssen, die man zum Lernen angehalten hat."

Dabei fällt mir Jack ein, der uns mit siebzehn Jahren verließ, um in einer Maschinenfabrik zu arbeiten. Eines Tages ließ der Verwaltungsdirektor ihn zu sich rufen. „Sie sind doch der Bursche aus Summerhill", sagte er. „Ich möchte mal gern wissen, was Sie jetzt, wo Sie mit Jungen aus anderen Schulen zusammen sind, von Ihrer Schulbildung halten. Angenommen, Sie müßten sich noch einmal entscheiden, würden Sie nach Eton[1] oder nach Summerhill gehen?"

„Nach Summerhill natürlich!" sagte Jack.

„Was ist denn in Summerhill besser als in anderen Schulen?"

Jack kratzte sich am Kopf. „Weiß nicht", sagte er langsam. „Ich glaube, man kriegt da das Gefühl eines völligen Selbstvertrauens."

„Ja", sagte der Direktor trocken. „Das habe ich gemerkt, als Sie hier hereinkamen."

„Ach du lieber Gott", lachte Jack. „Entschuldigen Sie bitte, daß ich einen solchen Eindruck auf Sie gemacht habe."

„Nein", sagte der Direktor. „Es hat mir gefallen. Die meisten Menschen fummeln nervös an irgend etwas herum, wenn sie zu mir ins Büro kommen, und man merkt, daß ihnen nicht wohl dabei ist. Sie kamen hier herein wie einer von meinesgleichen. Übrigens, in welche Abteilung möchten Sie gern versetzt werden?"

Die Geschichte zeigt, daß Bildung an sich nicht so wichtig ist wie Charakter und Persönlichkeit. Jack fiel bei der Prüfung zur Universität durch, weil er es haßte, aus Büchern zu lernen. Sein Mangel an Wissen über Lambs[2] Essays oder die französische Sprache hat ihn aber im Leben nicht behindert. Er ist heute ein erfolgreicher Ingenieur.

Trotzdem wird in Summerhill viel gelernt. Eine Gruppe unserer Zwölfjährigen kann vielleicht in Orthographie, Handschrift oder Bruchrechnen nicht mit einer gleichaltrigen Klasse einer anderen Schule konkurrieren. In einer Prüfung dagegen, bei der es auf Originalität ankommt, würden sie die anderen haushoch schlagen.

Arbeiten werden bei uns nicht geschrieben, aber zum Spaß veranstalte ich manchmal eine kleine Prüfung. Dabei habe ich einmal zum Beispiel folgende Fragen gestellt:

Wo liegt Madrid, Thursday Island, gestern, Liebe, Demokratie, Haß, mein Taschen-Schraubenzieher? (Auf die letzte Frage habe ich leider keine Antwort bekommen, die mir weitergeholfen hätte.)

Gib die Bedeutung folgender Wörter an (die Ziffern in Klammern geben die Zahl der Bedeutungen an): Hand (3) . . . nur zwei Schüler gaben die dritte Bedeutung

---

[1] Eton College (public boarding school), Englische Eliteschule
[2] Charles Lamb, engl. Schriftsteller (1775–1834)

richtig an: „Größenmaß für Pferde". Brass (4) . . . Metall, Backe, hohe Offiziere des Heeres, Gruppe im Orchester. Übersetze Hamlets Monolog „Sein oder nicht sein" usw. ins Summerhillische.

Solche Fragen sind natürlich nicht ernst gemeint, und die Kinder haben größtes Vergnügen daran. Neulinge schneiden bei diesen „Prüfungen" im allgemeinen nicht so gut ab wie Schüler, die sich schon in Summerhill akklimatisiert haben – nicht weil sie weniger intelligent wären, sondern weil sie so an ernste Arbeit gewöhnt sind, daß jede Leichtigkeit sie verwirrt.

Soviel über die spielerische Seite unseres Unterrichts. In allen Stunden wird viel gearbeitet. Wenn ein Lehrer aus irgendeinem Grund eine Stunde ausfallen lassen muß, ist das für die Schüler meistens eine große Enttäuschung.

Der neunjährige David mußte wegen Keuchhusten isoliert werden, Er vergoß bittere Tränen und protestierte: „Dann verpasse ich ja Rogers Erdkundestunde." David war praktisch seit seiner Geburt in Summerhill. Die Schulstunden waren eine Notwendigkeit für ihn. Er ist jetzt Mathematikdozent an der Londoner Universität.

Vor einigen Jahren wurde auf einer Schulversammlung (von der alle Schulregeln erlassen werden, wobei jeder Schüler und jeder Lehrer eine Stimme hat) vorgeschlagen, ein bestimmter Schüler, der sich etwas hatte zuschulden kommen lassen, solle zur Strafe eine Woche vom Unterricht ausgeschlossen werden. Die anderen Kinder protestierten jedoch gegen diese Bestrafung, weil sie sie für zu hart hielten.

Wir Lehrer in Summerhill hassen alle Prüfungen. Die für die Aufnahme zur Universität vorgeschriebenen Reifeprüfungen sind ein wahres Kreuz für uns. Wir können uns aber nicht weigern, in den hierfür vorgeschriebenen Fächern zu unterrichten. Solange diese Prüfungsvorschriften gelten, müssen wir uns danach richten. Die Lehrer in Summerhill sind daher immer in der Lage, den dafür nötigen Unterricht zu geben.

Allerdings wollen gar nicht viele Schüler diese Prüfungen ablegen – nur die, die zur Universität wollen. Und diesen Schülern scheint es nicht besonders schwerzufallen, die Prüfungen zu bestehen. Meistens fangen sie etwa im Alter von vierzehn Jahren an, sich ernsthaft darauf vorzubereiten, und sie schaffen die ganze Arbeit in rund drei Jahren. Natürlich bestehen sie nicht immer schon beim ersten Anlauf. Wichtiger ist, daß sie es dann noch einmal versuchen.

Summerhill hat wahrscheinlich die glücklichsten Schüler der Welt. Bummelanten gibt es bei uns nicht, und auch Heimweh kommt nur selten vor. Kämpfe ereignen sich nur ganz gelegentlich; Streite gibt es natürlich, aber regelrechte Keilereien, wie wir sie als Jungen ausfochten, habe ich in Summerhill nur selten gesehen. Ich höre selten ein Kind weinen; denn in freien Kindern staut sich nicht so viel Haß an wie bei Kindern, die unter der Knute stehen. Haß erzeugt Haß, und Liebe erzeugt Liebe. Kinder, die geliebt werden, fühlen sich anerkannt, und das ist in jeder Schule sehr wichtig. Wenn man Kinder straft und ausschimpft, dann kann man nicht auf ihrer Seite sein. Summerhill ist eine Schule, in der die Kinder sich anerkannt fühlen.

Natürlich heißt das nicht, daß wir über menschliche Schwächen erhaben sind. Einmal verbrachte ich im Frühjahr Wochen damit, Kartoffeln zu setzen. Als ich dann im Juni feststellte, daß acht Kartoffelpflanzen ausgerissen worden waren, habe ich ein großes Theater gemacht. Trotzdem war das bei mir anders als bei einem autoritären Erzieher. Mir ging es nur um die Kartoffeln; ein autoritärer Lehrer dagegen hätte aus der Sache eine Frage von Gut und Böse gemacht. Von mir bekam der Übeltäter nicht zu hören, man dürfe nicht stehlen. Es ging mir nur um *meine Kartoffeln,* und die sollten gefälligst in Ruhe gelassen werden. Ich hoffe, der Unterschied ist klar.

Um es anders auszudrücken: Ich bin für die Kinder keine Obrigkeit, vor der man Angst haben muß. Ich stehe auf gleicher Stufe mit ihnen, und wenn ich wegen meiner Kartoffeln Krach schlage, dann hat das für sie nicht mehr zu bedeuten, als wenn ein Schüler sich über seinen durchstochenen Fahrradschlauch aufregt. Steht man mit dem Kind auf gleicher Stufe, dann ist gar nichts dabei, mit ihm einen Streit zu haben.

Nun wird man vielleicht sagen: „Das ist ja alles Quatsch. Es kann keine Gleichheit geben. Neill hat zu sagen; er ist stärker und klüger." Das stimmt allerdings. Ich bin Herr im Haus, und wenn die Schule in Brand geriete, würden die Kinder zu mir gelaufen kommen. Sie wissen, daß ich stärker bin und mehr weiß. Das hat aber nichts mehr zu sagen, wenn ich ihnen auf ihrem eigenen Gebiet begegne – auf dem Kartoffelbeet sozusagen.

Als der fünfjährige Billy mir befahl, seine Geburtstagsparty zu verlassen, zu der ich nicht eingeladen war, bin ich sofort gegangen. Billy hätte das genauso gemacht, wenn ich ihn in meinem Zimmer nicht gebrauchen kann. Es ist nicht sehr leicht, dieses Verhältnis zwischen Lehrer und Schüler zu erklären, aber ein Besucher Summerhills weiß, was ich meine, wenn ich das Verhältnis ideal nenne. Man sieht es in der allgemeinen Einstellung zu den Lehrern. Chemielehrer Rudd wird von allen mit dem Vornamen Derek angeredet, und auch die anderen Lehrer lassen sich Harry oder Ulla oder Pam nennen. Mich reden die Schüler mit Neill an, die Köchin mit Esther.

In Summerhill gilt gleiches Recht für alle. Niemand darf sich auf den Konzertflügel stellen, und ich kann auch nicht einfach das Fahrrad eines Jungen benutzen, ohne ihn um Erlaubnis zu bitten. In einer Schulversammlung hat die Stimme eines sechsjährigen Kindes ebensoviel Gewicht wie meine.

Die Neunmalklugen werden nun sagen, in der Praxis zählten ja doch nur die Stimmen der Erwachsenen. „Ehe das sechsjährige Kind seine Hand hebt, wartet es doch bestimmt erst einmal ab, wie Sie stimmen." Ich wollte, es wäre so; denn zu viele von meinen Vorschlägen werden abgelehnt. Freie Kinder lassen sich nicht so leicht beeinflussen. Sie haben eben keine Angst. Und das ist das Beste, was man einem Kind wünschen kann.

Unsere Kinder haben keine Angst vor den Lehrern. Eine unserer Schulvorschriften besagt, daß abends nach zehn auf dem Korridor im Obergeschoß Ruhe herrschen soll. Eines Abends, um elf herum, hörte ich von oben den Lärm einer Kissenschlacht. Ich hatte zu schreiben und wollte Ruhe haben. Also ging ich nach oben, um zu protestieren. Als ich noch auf der Treppe war, hörte ich eilig davontrippelnde Füße. Im Nu war der Flur leer, und es herrschte wieder Ruhe. Plötzlich sagte in die Stille eine enttäuschte Stimme: „Och, das ist ja bloß der Neill", und schon ging der Lärm wieder los. Als ich aber dann sagte, ich sei damit beschäftigt, ein Buch zu schreiben, zeigten die Kinder Verständnis und versprachen, leise zu sein. Sie waren vom Korridor in dem Glauben weggelaufen, der Aufsicht führende Schüler (ein Gleichaltriger) sei ihnen auf den Fersen.

Ich möchte die Bedeutung dieses Mangels an Furcht vor Erwachsenen ganz besonders betonen. Ein neunjähriges Kind kommt ohne weiteres zu mir und erzählt mir, es habe eine Fensterscheibe eingeworfen. Es kommt zu mir, weil es nicht zu befürchten braucht, Zorn oder moralische Entrüstung hervorzurufen. Es muß unter Umständen die Fensterscheibe bezahlen, aber es braucht keine Angst zu haben, ich könne ihm eine Gardinenpredigt halten oder es bestrafen. [...]

Eine Zeitlang hielt ich jede Woche einen Vortrag über psychologische Fragen, der für meine Mitarbeiter bestimmt war. Die Kinder murrten, das sei nicht fair. Also änderte ich den Vortragsplan und stellte es allen Kindern über zwölf frei, sich meine Vorträge anzuhören. Jeden Dienstagabend ist mein Zimmer voll von eifrigen jungen Zuhörern, die nicht etwa stumm dasitzen, sondern frei ihre Meinung sagen. Die Kinder haben mich gebeten, über Fragen wie folgende zu sprechen: Der Minderwertigkeitskomplex, die Psychologie des Stehlens, die Psychologie des Gangsters, die Psychologie des Humors, warum ist der Mensch zum Moralisten geworden?, Onanie, Massenpsychologie, um nur einige zu nennen. Solche Kinder gehen natürlich mit einem breiten Wissen von sich und den anderen ins Leben hinaus.

Besucher, die nach Summerhill kommen, fragen oft: „Wird das Kind nicht später der Schule einen Vorwurf daraus machen, daß sie ihm keinen Musik- oder Mathematikunterricht gegeben hat?" Die Antwort lautet, daß sich der junge Freddy Beethoven oder Tommy Einstein nicht davon abhalten lassen wird, seine Domäne zu finden.

Daseinszweck des Kindes ist es, sein eigenes Leben zu leben – nicht das Leben, das es nach Ansicht der besorgten Eltern führen sollte oder das den Ansichten des Erziehers entspricht, der zu wissen glaubt, was für das Kind am besten ist. Solche Einmischung und Lenkung von Seiten Erwachsener hat lediglich eine Generation von Robotern zur Folge.

Man kann Kinder nicht dazu *zwingen,* ein Instrument zu spielen oder etwas zu lernen, ohne sie damit in einem gewissen Ausmaß zu willenlosen Erwachsenen zu machen. Man macht sie zu Konformisten [1] – eine gute Sache für eine Gesellschaft, die gehorsame Diener an trübseligen Schreibtischen und hinter Ladentischen braucht, die jeden Morgen mechanisch mit dem 8-Uhr-30-Vorortzug in die Stadt fahren, eine Gesellschaft also, die auf den armseligen Schultern des verängstigten kleinen Mannes, des völlig eingeschüchterten Konformisten, ruht.

---

[1] Konformismus = Geisteshaltung, die sich anzupassen bemüht

Bericht der Schulinspektoren Seiner Majestät über die Schule Summerhill

Diese Schule ist in der ganzen Welt als eine Anstalt bekannt, in der pädagogische Experimente von umwälzender Natur angestellt und in der die weithin bekannten und diskutierten Theorien, die der Schulleiter der Öffentlichkeit in seinen Schriften vorgelegt hat, in die Praxis umgesetzt werden. Die Aufgabe, diese Schule zu inspizieren, erwies sich als zugleich schwierig und interessant; schwierig, weil ein sehr großer Unterschied zwischen den Methoden anderer Schulen, mit denen die Schulinspektoren vertraut waren, und denen dieser Schule besteht, und interessant, weil sich hier die Gelegenheit bot, nicht nur zu beobachten, sondern zu versuchen, den Wert der von der Schule vermittelten Bildung und Erziehung zu beurteilen. [...]

Das Hauptprinzip der Schule heißt Freiheit. Diese Freiheit ist jedoch nicht völlig uneingeschränkt. Die Schule hat eine Reihe von Bestimmungen zum Schutz von Leib und Leben, die von den Kindern selbst aufgestellt, aber vom Schulleiter nur gebilligt werden, wenn sie zwingend genug sind. Die Kinder dürfen beispielsweise nicht baden, wenn nicht zwei als Rettungsschwimmer ausgebildete Lehrer zur Aufsicht da sind. Die kleineren Kinder dürfen das Schulgebäude nur in Begleitung älterer Schüler verlassen. Diese und andere Bestimmungen müssen streng eingehalten werden, und Übertretungen werden mit Geldstrafe belegt. Die Schüler genießen jedoch sehr viel mehr Freiheit als die Kinder aller anderen Schulen, die den Schulinspektoren bekannt sind. Diese Freiheit ist echt. Die Kinder brauchen beispielsweise nicht zum Unterricht zu gehen. Wie später noch gezeigt werden wird, nimmt die Mehrheit der Schüler trotzdem regelmäßig am Unterricht teil, wenn auch ein Schüler 13 Jahre in dieser Schule gewesen ist, ohne auch nur ein einziges Mal den Unterricht zu besuchen. Der Betreffende ist jetzt als Werkzeugmacher und Präzisionsinstrumente-Fertiger tätig. Dieser Extremfall wird hier angeführt, um nachzuweisen, daß die Kinder tatsächlich Freiheit besitzen und sie ihnen nicht entzogen wird, sobald ihre Auswirkungen sich als lästig erweisen. Die Schule ist aber nicht anarchistisch[1]. Es gibt ein Schulparlament, das Gesetze erläßt und an dessen Sitzungen jedes Kind und jeder Lehrer teilnehmen kann. Den Vorsitz bei der Versammlung führt ein Schüler. Die Versammlung hat ein uneingeschränktes Diskussionsrecht und offensichtlich auch ein verhältnismäßig weitgehendes Recht, Gesetze zu verabschieden. Bei einer bestimmten Gelegenheit debattierte die Versammlung über die Entlassung eines Lehrers, wobei sie, wie sich herausstellte, eine ausgezeichnete Urteilsfähigkeit bewies. Solche Fälle sind jedoch selten. Im allgemeinen beschäftigt sich das Parlament mit Fragen des täglichen Gemeinschaftslebens. [...]

Es besteht kein Zweifel, daß die Mehrheit der Eltern und Lehrer keineswegs bereit wäre, Kindern in sexuellen Dingen vollkommene Freiheit zuzugestehen. Viele, die dem Schulleiter in anderen Dingen bis zu einem gewissen Grade zustimmen, würden in diesem Punkt anderer Meinung sein als er. Sie würden vielleicht seinen Standpunkt teilen, daß über sexuelle Fragen rückhaltlos gesprochen werden muß,

---

1 Anarchie = Herrschafts- und Gesetzlosigkeit

daß den Kindern Schuldgefühle im Zusammenhang mit sexuellen Dingen genommen werden sollen und daß Verbote, die sonst auf diesem Gebiet als richtig gelten, unendlich viel Schaden angerichtet haben; in einer Schule mit Jungen und Mädchen würden sie aber doch in diesem Punkt mehr Sicherungen treffen, als der Leiter dieser Schule das tut. Es ist natürlich außerordentlich schwierig zu beurteilen, welche Folgen daraus entstehen, daß hier solche Sicherungen nicht getroffen werden. In jeder Gemeinschaft Heranwachsender machen sich sexuelle Regungen bemerkbar, und das läßt sich sicherlich nicht ändern, indem man sie mit Tabus umgibt. Im Gegenteil, dadurch werden sie nur noch angeregt. Andererseits – und dem stimmt auch der Schulleiter zu – kann man Kindern auf diesem Gebiet keine völlige Freiheit geben, selbst wenn es wünschenswert ist. Hier kann mit Sicherheit nur gesagt werden, daß es kaum möglich sein dürfte, eine Gruppe von Jungen und Mädchen zu finden, die einem so natürlich, ungehemmt und mit offenem Blick begegnen wie die Schüler dieser Schule. Katastrophen, wie man sie für möglich gehalten hätte, haben sich in den achtundzwanzig Jahren des Bestehens dieser Schule nicht ereignet.

Eine weitere sehr umstrittene Frage muß hier noch erwähnt werden. In Summerhill gibt es weder Religionsunterricht noch ein religiöses Leben. Religion ist nicht verboten, und wenn das Schulparlament beschlösse, Religionsunterricht oder Gottesdienste einzuführen, würde das wahrscheinlich geschehen. Auch wenn ein einzelner sich religiös betätigen möchte, würde er in keiner Weise daran gehindert werden. Die Kinder kommen aber alle aus Familien, die die orthodoxen[1] christlichen Dogmen nicht als verbindlich betrachten, und bisher hat noch kein Kind irgendwelche religiösen Bedürfnisse zum Ausdruck gebracht. Ohne dem Wort „christlich" Gewalt anzutun, läßt sich sagen, daß in dieser Schule viele Grundsätze des Christentums verwirklicht werden und sie darüber hinaus vieles aufweist, was jeder Christ billigen kann. Welche Folgen es hat, daß in der Schule überhaupt kein Religionsunterricht erteilt wird, ließ sich selbstverständlich bei einer zweitägigen Inspektion nicht beurteilen.

Wir haben es für notwendig gehalten, diese einleitenden Bemerkungen über die Schule zu machen, bevor wir zu den üblichen Gegenständen eines solchen Berichts übergingen; denn der Aufbau der Schule und alles, was in ihr geschieht, muß im Zusammenhang mit der in ihr tatsächlich herrschenden Freiheit gesehen werden.

Organisatorischer Aufbau

Die Schule hat siebzig Schüler im Alter zwischen vier und sechzehn Jahren. Sie wohnen in vier Gebäuden, über die in dem Abschnitt „Schulgebäude" zu sprechen sein wird. Hier sei zunächst vom eigentlichen Unterricht in der Schule die Rede. Die Schüler sind in sechs Klassen aufgeteilt. Die Aufteilung erfolgt teilweise nach dem Alter, aber auch in starkem Maße nach den Fähigkeiten der einzelnen Schüler. Der Unterricht findet an fünf Vormittagen in der Woche statt. Der Stundenplan besteht aus fünf gewöhnlichen 40-Minuten-Stunden je Vormittag. Jede Klasse hat ihren bestimmten Klassenraum und wird regelmäßig von denselben Lehrern unter-

---

[1] orthodox = strenggläubig

richtet. Was diese Schule von anderen Schulen unterscheidet, ist, daß nicht die geringste Garantie dafür besteht, daß die Schüler zum Unterricht erscheinen. Theoretisch ist es möglich, daß sich überhaupt kein Schüler einfindet. Die Schulinspektoren haben sich, indem sie an einigen Schulstunden teilnahmen und außerdem Lehrer und Schüler befragten, allergrößte Mühe gegeben, um festzustellen, wie die Teilnahme am Unterricht in der Praxis aussieht. Soweit das zu erkennen war, nehmen die Schüler, je älter sie sind, mit desto größerer Regelmäßigkeit am Unterricht teil. Im übrigen erscheint ein Kind, das sich einmal für eine bestimmte Klasse entschieden hat, dann auch zumeist regelmäßig in dieser Klasse. Schwieriger war es schon zu beurteilen, ob die Fächer, die Arbeit der Kinder ein wohlausgewogenes Ganzes bilden. Da viele Schüler die Abschlußprüfung ablegen, hängt die Wahl der Fächer, wenn die Prüfung heranrückt, weitgehend von den Anforderungen bei dieser Prüfung ab. Die jüngeren Schüler haben dagegen vollkommen freie Wahl. Im großen und ganzen sind die Ergebnisse dieser Methode nicht gerade eindrucksvoll. Die Kinder arbeiten zwar willig und mit sehr erfreulichem Interesse, ihre tatsächlichen Leistungen sind aber doch recht schwach. Nach Ansicht der Schulinspektion liegt das nicht an der Methode selbst, sondern vielmehr daran, daß die Methode nicht richtig funktioniert. Die Ursachen dafür dürften unter anderem sein:

1. Die Schule hat keinen guten Lehrer für die jüngeren Schüler, der deren Arbeit und Beschäftigung überwachen und koordinieren könnte.

2. Die Qualität des Unterrichts läßt ganz allgemein zu wünschen übrig. Die Unterrichtsmethoden für die ganz Kleinen sind zwar, soweit sich das beurteilen ließ, belehrend und wirkungsvoll, und auch in den höheren Klassen wird teilweise gute Lehrarbeit geleistet, es fehlt aber ganz offensichtlich ein Lehrer, der die Voraussetzungen dazu mitbringt, die Acht- bis Zehnjährigen anzuregen und zu begeistern. Teilweise werden noch überraschend altmodische Lehrmethoden benutzt. Wenn die Schüler das Alter erreichen, in dem sie sich mit schwierigeren Dingen auseinandersetzen können, zeigt sich, daß ihnen die Grundlagen dafür fehlen; das stellt die Lehrer oft vor große Probleme. Der Unterricht der älteren Schüler ist bedeutend besser und in einigen Fällen wirklich gut.

3. Die Kinder werden nicht genügend angeleitet. Es ist zwar richtig, ein fünfzehnjähriges Mädchen selbst entscheiden zu lassen, ob es Französisch und Deutsch lernen möchte, zwei Sprachen, die es vorher vernachlässigt hat, dagegen ist es wohl doch nicht ganz zu verantworten, der Schülerin nicht davon abzuraten, ihr selbstgesetztes Ziel in zwei Deutsch- und drei Französisch-Stunden je Woche erreichen zu wollen. Das Mädchen machte trotz seiner bewundernswerten Zielstrebigkeit nur recht langsam Fortschritte. Man hätte ihm für diese beiden Fächer sehr viel mehr Zeit geben sollen. Die Schulinspektoren halten es für angebracht, daß die Schule eine Art Tutorensystem[1] einführt, damit die Kinder bei der Zusammenstellung ihres Stundenplans und bei der Arbeit beraten werden können.

4. Die Kinder haben nicht genügend Möglichkeiten, sich irgendwo still zurückzuziehen. Der Schulleiter selbst sagte wörtlich: „In Summerhill ist es schwer, in Ruhe zu arbeiten." In der Schule herrscht ein Leben wie in einem Bienenkorb.

---

1 Tutor = Betreuer von Schülern oder Studenten

Fast immer ist irgend etwas im Gange, das die Aufmerksamkeit und das Interesse der Kinder erregt. Kein Schüler hat ein Zimmer für sich allein, und die Schule hat auch keine Räume, die eigens für ruhige Schularbeiten bestimmt sind. Natürlich läßt sich, wenn man es unbedingt will, immer irgendwo ein ruhiges Plätzchen finden, aber die dazu erforderliche Willenskraft ist selten. Nur wenige Kinder bleiben länger als bis zu ihrem siebzehnten Lebensjahr in der Schule, obgleich dem nichts im Wege steht. Die Schule hat immer einige äußerst fähige und intelligente Kinder. Es muß aber bezweifelt werden, daß Summerhill diesen Schülern geistig alles gibt, was sie brauchen.

Andererseits leisten die Kinder, sofern sie gediegenen Unterricht erhalten, teilweise ausgezeichnete Arbeit. Die künstlerischen Leistungen der Kinder sind hervorragend. Es war kaum ein wesentlicher Unterschied zwischen der Malerei dieser Kinder und der von Schülern an vielen herkömmlichen Schulen festzustellen. Die Arbeit der Kinder auf diesem Gebiet ist, auch wenn man an höchsten Maßstäben mißt, gut. Auch die handwerklichen Leistungen auf vielen verschiedenen Gebieten verdienen Anerkennung. An den Tagen der Inspektion wurde gerade ein Brennofen aufgestellt; die Töpferwaren, die schon zum Brennen bereitstanden, waren in der Formgebung hervorragend. In der Weberei sind auch bereits vielversprechende Anfänge gemacht worden, und wenn die Schule einen Tretwebstuhl anschaffen würde, könnten diese Anfänge weiterentwickelt werden. [...]

Der Schulleiter ist ein Mann von festen Überzeugungen und tiefer Aufrichtigkeit. Sein Vertrauen und seine Geduld sind offensichtlich unerschöpflich. Er besitzt die seltene Gabe, eine starke Persönlichkeit zu sein, ohne beherrschen zu wollen. Wer ihn in seiner Schule sieht, muß auch dann Achtung vor ihm haben, wenn er mit manchen seiner Ideen nicht übereinstimmt oder sie sogar völlig ablehnt. Er besitzt Humor, menschliche Wärme und einen gut entwickelten gesunden Menschenverstand. Mit diesen Eigenschaften könnte er an jeder Anstalt ein guter Schulleiter sein. Die Schüler, die wie alle Kinder durch gutes Beispiel lernen können, nehmen am glücklichen Familienleben des Schulleiters teil.

Der Schulleiter sieht Erziehung im weitesten Sinn des Wortes als Anleitung zu einem erfüllten Leben. Er wird sicherlich zugeben, daß ein Teil der in diesem Bericht geübten Kritik nicht von der Hand zu weisen ist, wird aber andererseits die Ansicht vertreten, daß die Schule nicht so sehr mit dem Wissen steht oder fällt, das sie ihren Schülern vermittelt, als vielmehr mit dem Urteil darüber, was für Menschen sie aus den Kindern werden läßt. Auf dieser Grundlage läßt sich folgendes sagen:

1. Die Kinder sind voller Leben und Tatendrang. Von Langeweile und Apathie[1] war keine Spur zu entdecken. In der Schule herrscht eine Atmosphäre der Zufriedenheit und der Duldsamkeit. Die Zuneigung, die ihr ehemalige Schüler bewahren, beweist, daß die Schule Erfolg hat. Im Durchschnitt nehmen etwa dreißig Ehemalige an der Theateraufführung und dem Abschlußball am Ende des Tertials teil. Viele von ihnen verbringen ihre Ferien oder ihren Urlaub in Summerhill.

---

1 Teilnahmslosigkeit

An dieser Stelle sei erwähnt, daß die Schule früher fast ausschließlich von „schwer erziehbaren" Kindern besucht wurde, während die Schülerschaft jetzt einen verhältnismäßig normalen Durchschnitt der Kinder ihres Alters darstellt.

2. Das Benehmen der Kinder ist ausgezeichnet. Hier und da fehlt es ihnen vielleicht an Manieren im herkömmlichen Sinn, aber sie sind so freundlich, so unbefangen und natürlich, so frei von allen Hemmungen und jeder Scheu, daß man mit ihnen sehr gut umgehen kann.

3. Initiative, Verantwortungsgefühl und Integrität der Kinder werden durch die Methoden der Schule nicht nur gefordert, sondern, soweit sich das beurteilen läßt, auch entwickelt.

4. Die vorliegenden Unterlagen geben keinen Hinweis darauf, daß die Schüler von Summerhill sich nach ihrer Entlassung nicht in eine normale Umwelt einfügen könnten. [...]

5. Die pädagogischen Theorien des Schulleiters machen Summerhill zu einer Schule, die außergewöhnlich gut geeignet ist für eine Erziehungs- und Bildungsmethode, die so wesentlich auf die Interessen der Kinder abgestellt ist und bei der der Unterricht nicht über Gebühr von Prüfungsanforderungen bestimmt wird. Es ist eine Leistung, eine Atmosphäre geschaffen zu haben, in der geistige Bildung gedeihen könnte; nur gedeiht sie leider nicht, und so wird eine gute Möglichkeit vertan. Wenn der Unterricht für alle Altersstufen und vor allem für die kleineren Kinder verbessert würde, könnte sich ein wirklich geistiges Leben entwickeln. Damit würde dem außerordentlich interessanten Experiment Summerhill erst wirklich Gelegenheit gegeben, sich zu bewähren.

Es bleiben einige Zweifel bezüglich der Grundsätze und der Methoden bestehen. Eine genauere und längere Kenntnis der Schule würde vielleicht einige dieser Zweifel beseitigen, andere verstärken. Kein Zweifel besteht jedoch daran, daß in Summerhill faszinierende und wertvolle erzieherische Forschungsarbeit geleistet wird, die zu beobachten für alle Pädagogen von Nutzen wäre.

(Aus: Alexander S. Neill, Theorie und Praxis der antiautoritären Erziehung. Reinbek: Rowohlt 1969 (= rororo 6707/08), S. 21–30 und S. 87–98.)

Arbeitshinweise

1. *Welches sind die Ziele Summerhills? Mit welchen Argumenten (Beispielen) begründet Neill sie?*
2. *Gegen welche Prinzipien richtet sich Neill?*
3. *Welche Kritik erwähnt Neill? Wie beantwortet er sie?*
4. *Worin sieht die Schulbehörde die Vor- und Nachteile Summerhills?*
5. *Vergleichen Sie die beiden Beurteilungen, und nehmen Sie dazu Stellung!*
6. *Was halten Sie von Neills Methoden und Absichten? Sind sie durchführbar, oder sehen Sie Grenzen für ihre Anwendung in der Praxis?*
7. *Welches ist das oberste Ideal Summerhills?*
8. *Welches Menschenbild hat Neill?*
9. *Vergleichen Sie Hitlers Vorstellungen über Erziehung mit denen von A. S. Neill und Johann Wolfgang Goethe (Gruppenarbeit)!*

JOHANN WOLFGANG GOETHE, **Die drei Ehrfurchten**

Goethe wurde 1749 in Frankfurt/Main geboren und starb 1832 in Weimar. Nach dem Studium der Rechte war er bis zur Übersiedlung nach Weimar (1775) am Reichskammergericht in Wetzlar tätig. Am Hof des Herzogs Karl August in Weimar wurde Goethe 1779 „Geheimer Rat".

Während seiner „Italienischen Reise" (1786-88) erlebte er die Welt der Antike. In diesen Jahren wandte er sich auch stark den Naturwissenschaften zu. Von 1791-1817 leitete Goethe das Weimarer Hoftheater; außerdem hatte er die Oberaufsicht über die wissenschaftlichen Institute der Universität Jena.

Goethe gehört – neben Friedrich Schiller – zu den bedeutendsten Vertretern der Klassik. Nach eigenen Worten sind seine Dichtungen „Bruchstücke einer großen Konfession". Die Vielseitigkeit seines Schaffens zeigt sich auch darin, daß er in allen Formen der Dichtung (Gedichte, Romane, Dramen, Epigramme, Abhandlungen) schrieb.

Die Romane „Wilhelm Meisters Lehrjahre" (1795/96) und die in zwei Fassungen vorliegende Fortsetzung „Wilhelm Meisters Wanderjahre" (1821, 1829) gelten zusammen als größter Entwicklungs- und Bildungsroman deutscher Sprache. In ihm wird dargestellt, wie die Hauptfigur – Wilhelm Meister – sich von einem genialischen Jüngling zu einem verantwortungsvollen, der Gemeinschaft dienenden Bürger wandelt und entwickelt. In der Form des Reiseromans verbinden die Wanderungen Wilhelm Meisters als Rahmenhandlung die verschiedenen Elemente des Romans. Das Werk birgt in vielerlei Formen die Altersweisheit des Dichters.

Vor Antritt einer Reise versucht Wilhelm Meister seinen Sohn Felix in guter Gesellschaft unterzubringen; er wird in die „Pädagogische Provinz" aufgenommen. Die Zöglinge erhalten in dieser Bildungsanstalt eine spezielle Berufsausbildung, die ihren besonderen Anlagen entspricht; ethische und musische Erziehung verhindern jede Einseitigkeit und lassen die Schüler zu schöpferischen, harmonischen und gebildeten Menschen heranwachsen.

Als Felix und sein Vater die „Pädagogische Provinz" betreten, sehen sie dort, daß die auf dem Felde arbeitenden Kinder verschiedene Gebärden machen: *„Die jüngsten legten die Arme kreuzweis über die Brust und blickten fröhlich gen Himmel, die mittlern hielten die Arme auf dem Rücken und schauten lächelnd zur Erde, die dritten standen strack und mutig; die Arme niedergesenkt, wendeten sie den Kopf nach der rechten Seite und stellten sich in eine Reihe, anstatt daß jene vereinzelt blieben, wo man sie traf."* (Goethe, Wilhelm Meisters Wanderjahre, S. 149 f.) Wilhelm Meister werden die Gebärden wie folgt erklärt:

„Dreierlei Gebärde habt Ihr gesehen, und wir überliefern eine dreifache Ehrfurcht, die, wenn sie zusammenfließt und ein Ganzes bildet, erst ihre höchste Kraft und Wirkung erreicht. Das erste ist Ehrfurcht vor dem, was über uns ist. Jene

Gebärde, die Arme kreuzweis über die Brust, einen freudigen Blick gen Himmel, das ist, was wir unmündigen Kindern auflegen und zugleich das Zeugnis von ihnen verlangen, daß ein Gott da droben sei, der sich in Eltern, Lehrern, Vorgesetzten abbildet und offenbart. Das zweite: Ehrfurcht vor dem, was unter uns ist. Die auf den Rücken gefalteten, gleichsam gebundenen Hände, der gesenkte, lächelnde Blick sagen, daß man die Erde wohl und heiter zu betrachten habe; sie gibt Gelegenheit zur Nahrung; sie gewährt unsägliche Freuden; aber unverhältnismäßige Leiden bringt sie. Wenn einer sich körperlich beschädigte, verschuldend oder unschuldig, wenn ihn andere vorsätzlich oder zufällig verletzten, wenn das irdische Willenlose ihm ein Leid zufügte, das bedenk' er wohl: denn solche Gefahr begleitet ihn sein Leben lang. Aber aus dieser Stellung befreien wir unseren Zögling baldmöglichst, sogleich wenn wir überzeugt sind, daß die Lehre dieses Grads genugsam auf ihn gewirkt habe; dann aber heißen wir ihn sich ermannen, gegen Kameraden gewendet nach ihnen sich richten. Nun steht er strack und kühn, nicht etwa selbstisch vereinzelt; nur in Verbindung mit seinesgleichen macht er Fronte gegen die Welt. Weiter wüßten wir nichts hinzuzufügen."

„Es leuchtet mir ein!" versetzte Wilhelm; „deswegen liegt die Menge wohl so im argen, weil sie sich nur im Element des Mißwollens und Mißredens behagt; wer sich diesem überliefert, verhält sich gar bald gegen Gott gleichgültig, verachtend gegen die Welt, gegen seinesgleichen gehässig; das wahre, echte, unentbehrliche Selbstgefühl aber zerstört sich in Dünkel und Anmaßung. Erlauben Sie mir dessenungeachtet", fuhr Wilhelm fort, „ein einziges einzuwenden: Hat man nicht von jeher die Furcht roher Völker vor mächtigen Naturerscheinungen und sonst unerklärlichen, ahnungsvollen Ereignissen für den Keim gehalten, woraus ein höheres Gefühl, eine reinere Gesinnung sich stufenweise entwickeln sollte?" Hierauf erwiderten jene: „Der Natur ist Furcht wohl gemäß, Ehrfurcht aber nicht; man fürchtet ein bekanntes oder unbekanntes mächtiges Wesen, der Starke sucht es zu bekämpfen, der Schwache zu vermeiden, beide wünschen es loszuwerden und fühlen sich glücklich, wenn sie es auf kurze Zeit beseitigt haben, wenn ihre Natur sich zur Freiheit und Unabhängigkeit einigermaßen wieder herstellte. Der natürliche Mensch wiederholt diese Operation millionenmal in seinem Leben, von der Furcht strebt er zur Freiheit, aus der Freiheit wird er in die Furcht getrieben und kommt um nichts weiter. Sich zu fürchten ist leicht, aber beschwerlich; Ehrfurcht zu hegen ist schwer, aber bequem. Ungern entschließt sich der Mensch zur Ehrfurcht, oder vielmehr entschließt sich nie dazu; es ist ein höherer Sinn, der seiner Natur gegeben werden muß und der sich nur bei besonders Begünstigten aus sich selbst entwickelt, die man auch deswegen von jeher für Heilige, für Götter gehalten. Hier liegt die Würde, hier das Geschäft aller echten Religionen, deren es auch nur drei gibt, nach den Objekten, gegen welche sie ihre Andacht wenden. [. . .]

Keine Religion", sagten sie, „die sich auf Furcht gründet, wird unter uns geachtet. Bei der Ehrfurcht, die der Mensch in sich walten läßt, kann er, indem er Ehre gibt, seine Ehre behalten, er ist nicht mit sich selbst vereinigt wie in jenem Falle. Die Religion, welche auf Ehrfurcht vor dem, was über uns ist, beruht, nennen wir die ethnische, es ist die Religion der Völker und die erste glückliche Ablösung von einer niedern Furcht; alle sogenannten heidnischen Religionen sind von dieser Art, sie mögen übrigens Namen haben, wie sie wollen. Die zweite Religion, die sich auf jene Ehrfurcht gründet, die wir vor dem haben, was uns gleich ist, nennen wir die philosophische: denn der Philosoph, der sich in die Mitte stellt, muß alles Höhere zu sich herab, alles Niedere zu sich herauf ziehen, und nur in diesem Mittelzustand verdient er den Namen des Weisen. Indem er nun das Verhältnis zu seinesgleichen und also zur ganzen Menschheit, das Verhältnis zu allen übrigen irdischen Umgebungen, notwendigen und zufälligen, durchschaut, lebt er im kosmischen Sinne allein in der Wahrheit. Nun ist aber von der dritten Religion zu sprechen, gegründet auf die Ehrfurcht vor dem, was unter uns ist; wir nennen sie die christliche, weil sich in ihr eine solche Sinnesart am meisten offenbart; es ist ein Letztes, wozu die Menschheit gelangen konnte und mußte. Aber was gehörte dazu, die Erde nicht allein unter sich liegen zu lassen und sich auf einen höhern Geburtsort zu berufen, sondern auch Niedrigkeit und Armut, Spott und Verachtung, Schmach und Elend, Leiden und Tod als göttlich anzuerkennen, ja Sünde selbst und Verbrechen nicht als Hindernisse, sondern als Fördernisse des Heiligen zu verehren und liebzugewinnen. Hiervon finden sich freilich Spuren durch alle Zeiten, aber Spur ist nicht Ziel, und da dieses einmal erreicht ist, so kann die Menschheit nicht wieder zurück, und man darf sagen, daß die christliche Religion, da sie einmal erschienen ist, nicht wieder verschwinden kann, da sie sich einmal göttlich verkörpert hat, nicht wieder aufgelöst werden mag."

„Zu welcher von diesen Religionen bekennt ihr euch denn insbesondere?" sagte Wilhelm. „Zu allen Dreien", erwiderten jene; „Denn sie zusammen bringen eigentlich die wahre Religion hervor; aus diesen drei Ehrfurchten entspringt die oberste Ehrfurcht, die Ehrfurcht vor sich selbst, und jene entwickeln sich abermals aus dieser, so daß der Mensch zum Höchsten gelangt, was er zu erreichen fähig ist, daß er sich selbst für das Beste halten darf, was Gott und Natur hervorgebracht haben, ja, daß er auf dieser Höhe verweilen kann, ohne durch Dünkel und Selbstheit wieder ins Gemeine gezogen zu werden."

(Aus: Goethes Werke, Bd. 8. Hamburg: Wegner ⁸1966 (= Hamburger Ausgabe), S. 155–157.)

Arbeitshinweise
1. Welche symbolische Bedeutung haben die 3 Gebärden?
2. Welche Religion gehört zu welcher Ehrfurcht?
3. Inwieweit ist die Reihenfolge bei den Religionen verändert?
4. Welches ist der Gegenbegriff zur Ehrfurcht?
5. Wie kann das Verhältnis zwischen Furcht und Ehrfurcht beschrieben werden?
6. Stellen Sie den Zusammenhang zwischen Freiheit und Bedingtheit dar!
7. Welche Ehrfurcht hat den höchsten Rang?
8. Wie beurteilen und bewerten Sie die in diesem Text dargestellte Pädagogik?
9. Informieren Sie sich in einem Lexikon über das Humanitätsideal der Weimarer Klassik!
   (Stichwörter: Humanität, Klassik)

Kurt Tucholsky, Herr Wendriner erzieht seine Kinder

Tucholsky wurde 1890 in Berlin geboren. Er starb 1935 in Hindas (Schweden).
Tucholsky studierte Jura; seit 1911 war er als Journalist und Schriftsteller tätig. Die meisten Beiträge erschienen in der Zeitschrift „Weltbühne", die er zusammen mit Carl v. Ossietzky herausgab, der 1936 den Friedensnobelpreis erhalten hat (vgl. S. 284). Tucholsky war ein engagierter Humanist und Pazifist. Aus diesem Grund wurde er von den Nationalsozialisten bekämpft, die seine Schriften 1933 verboten und verbrannten. Tucholsky kritisiert in seinem Werk in besonderer Weise kleinbürgerliches und nationalistisches Denken.

Seit 1924 schrieb Tucholsky seine Geschichten des Herrn Wendriner (Satiren). Sie wurden so populär, daß der Autor zu immer neuen Fortsetzungen aufgefordert wurde. Wendriner ist der Prototyp des reichen, aber kleinlichen und ängstlichen Geschäftsmannes, der stets – und unter jedem Vorzeichen – bestrebt ist, sich mit der Umwelt zu arrangieren.

Lesehinweis:
Kurt Tucholsky, Ausgewählte Werke in 2 Bänden. Reinbek: Rowohlt 1965.
Kurt Tucholsky, Schloß Gripsholm. Reinbek: Rowohlt 1950 (= rororo 4).
Klaus-Peter Schulz, Kurt Tucholsky in Selbstzeugnissen und Bilddokumenten. Reinbek: Rowohlt 1959 (= rowohlts monographien 31).

...Nehm Sie auch noch'n Pilsner? Ja? Ober! Ober, Himmelherrgottdonnerwetter, ich rufe hier nu schon ne halbe Stunde – nu kommen Se doch ma endlich her! Also zwei Pilsner! Was willst du? Kuchen? Du hast genug Kuchen. Also zwei Pilsner. Oder lieber vielleicht – na, is schon gut. Junge, sei doch mal endlich still, man versteht ja sein eignes Wort nicht. Du hast doch schon Kuchen gegessen! Nein! Nein. Also, Ober: noch'n Apfelkuchen mit Sahne. Wissen Se, was einem der Junge zusetzt! Na, Max, nu geh spielen! Hör nicht immer zu, wenn Erwachsene reden. Zehn wird er jetzt. Ja, also ich komme nach Hause, da zeigt mir meine Frau den Brief. Wissen Sie, ich war ganz konsterniert[1]. Ich habe meiner Frau erklärt: So geht das auf keinen Fall weiter! Raus aus der Schule – rein ins Geschäft! Max, laß das sein! Du machst dich schmutzig! Der Junge soll den Ernst des Lebens kennenlernen! Wenn sein Vater so viel arbeitet, dann kann er auch arbeiten. Wissen Se, es is mitunter nicht leicht. Dabei sieht der Junge nichts andres um sich herum als Arbeit: morgens um neun gehe ich weg, um halb neun, um acht – manchmal noch früher – abends komme ich todmüde nach Hause ... Max, nimm die Finger da raus, du hast den neuen Anzug an! Sie wissen ja, die große Konjunktur in der Zeit, das war im Januar, dann die Liquidation[2] – übrigens: glauben Sie, Fehrwaldt hat bezahlt? 'n Deubel hat er! Ich habe die Sache meinem Rechtsanwalt übergeben. Der Mann ist nicht gut, glauben Sie mir! Ja, also mein Ältester ist jetzt nicht mehr da. Max, laß das! Angefangen hat er bei... Also hören Sie zu: ich hab ihn nach Frankfurt gegeben, zu S. & S. – kennen Sie die Leute auch? – und da hat er als Volontär[3] angefangen. Ich hab mir gedacht: So, mein Junge, nu stell dich mal auf eigne Füße und laß dir mal den Wind ein bißchen um die Nase wehn – Max, tu das nicht! – jetzt werden wir mal sehn. Meine Frau wollte erst nicht – ich bin der Auffassung, so was ist materiell und ideell sehr gut für den Jungen. Er liest immer. Max, laß das! Ich

1 bestürzt, betroffen
2 Abrechnung.
3 Volontär: Anwärter in kaufmännischen Berufen

habe gesagt: Junge, treib doch Sport! Alle deine Kameraden treiben Sport – warum treibst du keinen Sport? Ich komme ja nicht dazu, mit ihm hinzugehn, mir täts ja auch mal sehr gut, hat mir der Arzt gesagt, aber er hat in Berlin doch so viel Möglichkeiten! Max, laß das! Was meinen Sie, was der Junge macht? Er fängt sich was mit einer Schickse[1] an aus einem Lokal; nem Büfettfräulein, was weiß ich! Max, was willste nu schon wieder? Nein, bleib hier! Du sollst hierbleiben! Max! Max! Komm mal her! Du sollst mal herkommen! Max, hörst du nicht? Kannst du nicht hören? Du sollst mal herkommen! Hierher sollst du kommen! Komm mal her! Hierher. Was hast du denn? Sieh dich vor! Jetzt reißt der Junge die Decke ... ei weh, der ganze Kaffee auf Ihre Hose! Kaffee macht keine Flecke. Du dummer Junge, warum kommst du nicht gleich, wenn man dich ruft! Jetzt haste den ganzen Kaffee umgeworfen! Setz dich hin! Jetzt gehste überhaupt nicht mehr weg! Setz dich hin! Hier setzte dich hin! Nicht gemuckst! Gießt den ganzen Kaffee um! Hier – haste'n Bonbon! Nu sei still. Ja – er war schon immer so komisch! Bei seiner Geburt habe ich ihm ein Sparkassenkonto angelegt – meinen Sie, er hats einem gedankt? Schule – das wollt er nicht! Aber Theater! Keine Premiere hat er versäumt, jede Besetzung bei Reinhardt[2] wußte er, und dann Film ... Nee, wissen Se, das war schon nicht mehr schön! Ja, nu hat er mit der ... em ... Max, sieh mal nach, ob da vorn die Lampen schon angezündet sind! Aber komm gleich wieder! Mit dieser Schickse geht er los! Natürlich kostet das 'n Heidengeld, können Se sich denken! Nu, es sind da Unregelmäßigkeiten vorgekommen – ich hab ihn wegnehmen müssen, und jetzt ist er in Hamburg. Ach, wissen Se, ich hab schon zu meiner Frau gesagt: Was hat einem der liebe Gott nicht zwei Mädchen gegeben! Die zieht man auf, zieht sie an, legt sie abends zu Bett, und zum Schluß werden sie verheiratet. Da hat man keine Mühe. Und hier! Nichts wie Ärger! Max! Max! Wo bloß der Junge bleibt! Max! Wo warst du denn so lange? Setz dich hierhin! Der Junge ist noch mein Grab – das sage ich Ihnen! Kommen Se, es ist kalt, wir wollen gehn.

Ich frage mich bloß eins: diese Unbeständigkeit, diese Fahrigkeit, diese schlechten Manieren – von wem hat der Junge das –?

(Aus: Kurt Tucholsky, Ausgewählte Werke, Bd. 2. Reinbek: Rowohlt 1965, S. 458f.)

Arbeitshinweise
1. Welche Erziehungsgrundsätze hat Herr Wendriner? Was halten Sie von seinen Grundsätzen?
2. Wie verhält sich der Vater?
3. Deuten Sie den letzten Satz der Erzählung!
4. Welcher Zusammenhang besteht zwischen den Erziehungszielen des Vaters und den Verhaltensweisen der Kinder?
5. Charakterisieren Sie die Eigenarten der Sprache! Warum läßt Tucholsky Herrn Wendriner so sprechen?
6. Welche Absicht verfolgt Tucholsky mit seinem Text?
7. Wer ist der eigentliche Adressat, den Tucholsky mit der Satire erreichen will?

---
1 verächtlich für: leichtes Mädchen
2 Max Reinhardt: Theaterleiter; Direktor des Deutschen Theaters und der Kammerspiele in Berlin (1905–1933)

BERTOLT BRECHT, **Legende von der Entstehung des Buches Taoteking auf dem Weg des Laotse in die Emigration**

Zur Biographie des Autors vgl. S. 13.

Laotse (= der alte Meister) ist der Ehrenname für den chinesischen Philosophen Li Po-yang, der um 600 vor Christi Geburt gelebt hat. Der Legende nach ist er auf einem schwarzen Büffel nach Westen geritten. Am Grenzpaß hat ihn der Wächter gebeten, seine Lehre aufzuzeichnen, worauf Laotse ein Buch von 5000 Wörtern niederschrieb, es dem Wächter gab und verschwand.

Das Werk „Taoteking" wird nach alter Überlieferung dem Laotse zugeschrieben. Es besteht aus 81 kurzen Abschnitten.

Tao ist der Urgrund des Seins und Lebens, in den alles wieder zurückkehrt. In ihm liegen die Urbilder und Ideen zusammen mit dem Te, der wirkenden Kraft. Diese Ballade hat Brecht während seiner Emigration geschrieben (erstmals gedruckt in den 1939 erschienenen „Svendborger Gedichten").

Über seine eigene Schulzeit sagte Brecht später aus der Erinnerung: *„Ich habe das Licht der Welt im Jahre 1898 erblickt. Meine Eltern sind Schwarzwälder. Die Volksschule langweilte mich 4 Jahre. Während meines 9jährigen Eingewecktseins an einem Augsburger Realgymnasium gelang es mir nicht, meine Lehrer wesentlich zu fördern. Mein Sinn für Muße und Unabhängigkeit wurde von ihnen unermüdlich hervorgehoben."*

Lesehinweis:
Marianne Kesting, Bertolt Brecht in Selbstzeugnissen und Bilddokumenten. Reinbek: Rowohlt 1959 (= rowohlts monographien 37).
Walter Benjamin, Versuche über Brecht. Frankfurt: Suhrkamp 1966 (= edition suhrkamp 172), S. 49–83.

1
Als er Siebzig war und war gebrechlich
Drängte es den Lehrer doch nach Ruh
Denn die Güte war im Lande wieder einmal schwächlich
Und die Bosheit nahm an Kräften wieder einmal zu.
Und er gürtete den Schuh.

2
Und er packte ein, was er so brauchte:
Wenig. Doch es wurde dies und das.
So die Pfeife, die er immer abends rauchte
Und das Büchlein, das er immer las.
Weißbrot nach dem Augenmaß.

3
Freute sich des Tals noch einmal und vergaß es
Als er ins Gebirg den Weg einschlug.
Und sein Ochse freute sich des frischen Grases
Kauend, während er den Alten trug.
Denn dem ging es schnell genug.

4
Doch am vierten Tag im Felsgesteine
Hat ein Zöllner ihm den Weg verwehrt:
„Kostbarkeiten zu verzollen?" – „Keine."
Und der Knabe, der den Ochsen führte, sprach: „Er hat gelehrt."
Und so war auch das erklärt.

5
Doch der Mann in einer heitren Regung
Fragte noch: „Hat er was rausgekriegt?"
Sprach der Knabe: „Daß das weiche Wasser in Bewegung
Mit der Zeit den mächtigen Stein besiegt.
Du verstehst, das Harte unterliegt."

6
Daß er nicht das letzte Tageslicht verlöre
Trieb der Knabe nun den Ochsen an
Und die drei verschwanden schon um eine schwarze Föhre[1]
Da kam plötzlich Fahrt in unsern Mann
Und er schrie: „He, du! Halt an!

7
Was ist das mit diesem Wasser, Alter?"
Hielt der Alte: „Intressiert es dich?"
Sprach der Mann: „Ich bin nur Zollverwalter
Doch wer wen besiegt, das interessiert auch mich.
Wenn du's weißt, dann sprich!

8
Schreib mir's auf! Diktier es diesem Kinde!
So was nimmt man doch nicht mit sich fort.
Da gibt's doch Papier bei uns und Tinte
Und ein Nachtmahl gibt es auch: ich wohne dort.
Nun, ist das ein Wort?"

9
Über seine Schulter sah der Alte
Auf den Mann: Flickjoppe. Keine Schuh.
Und die Stirne eine einzige Falte.
Ach, kein Sieger trat da auf ihn zu.
Und er murmelte: „Auch du?"

10
Eine höfliche Bitte abzuschlagen
War der Alte, wie es schien, zu alt.
Denn er sagte laut: „Die etwas fragen
Die verdienen Antwort." Sprach der Knabe: „Es wird auch schon kalt."
„Gut, ein kleiner Aufenthalt."

---
[1] Kiefer

11

Und von seinem Ochsen stieg der Weise
Sieben Tage schrieben sie zu zweit.
Und der Zöllner brachte Essen (und er fluchte nur noch leise
Mit den Schmugglern in der ganzen Zeit).
Und dann war's soweit.

12

Und dem Zöllner händigte der Knabe
Eines Morgens einundachtzig Sprüche ein.
Und mit Dank für eine kleine Reisegabe
Bogen sie um jene Föhre ins Gestein.
Sagt jetzt: kann man höflicher sein?

13

Aber rühmen wir nicht nur den Weisen
Dessen Name auf dem Buche prangt!
Denn man muß dem Weisen seine Weisheit erst entreißen.
Darum sei der Zöllner auch bedankt:
Er hat sie ihm abverlangt.

(Aus: Bertolt Brecht, Gesammelte Werke, Bd. 9. Frankfurt: Suhrkamp 1967 (= werkausgabe edition suhrkamp), S. 660–663.)

Arbeitshinweise
1. *Was erfahren wir von Laotse?*
2. *Was wird über den Zöllner berichtet?*
3. *Wie heißt die zentrale Lehre des Laotse? Wie ist sie zu deuten?*
4. *Warum interessiert sich der Zöllner für diese Lehre?*
5. *Was verbindet die hier auftretenden Personen; was trennt sie von anderen, die nur indirekt angesprochen sind?*
6. *Worin besteht die entscheidende Fähigkeit des Zöllners?*
7. *Welche Intention verfolgt der Autor? Welchen Adressatenkreis will er ansprechen? Welcher Zusammenhang besteht zwischen der Aussageabsicht Brechts und der Entstehungszeit des Gedichts?*
8. *Die heutigen Leser sind andere als zur Entstehungszeit. Ist das Gedicht dadurch anders zu verstehen? Versuchen Sie den Zusammenhang zwischen Autor, Adressat und Zeit (Entstehung und Gegenwart) anhand des Kommunikationsmodells (vorderes Vorsatzpapier) zu verdeutlichen!*
9. *Wie beurteilen Sie die in dem Gedicht angesprochenen Erziehungsgrundsätze Brechts?*

HERMANN KANT, **Die erste Schulstunde**

Hermann Kant wurde 1926 in Hamburg geboren. Er lebt seit Kriegsende in der DDR; zuerst arbeitete er als wissenschaftlicher Assistent an der Humboldt-Universität, heute ist er Redakteur und freier Schriftsteller.

In dem Roman „Die Aula" erzählt Kant, wie Robert Iswall, Absolvent der „Arbeiter- und Bauernfakultät" der Universität Greifswald, bei deren Schließung 1962 eine Abschlußrede halten soll: Dazu recherchiert er, sucht seine ehemaligen Kommilitonen auf und läßt sich über deren Schicksal berichten. Einer seiner Bekannten ist in der Bundesrepublik ansässig geworden. Der Roman schildert die Situation der beiden deutschen Staaten aus der Sicht der DDR.

Die Arbeiter- und Bauernfakultäten (ABF) waren Vorstudieneinrichtungen für Arbeiter- und Bauernkinder an Hochschulen der DDR, die die Aufgabe hatten, „junge Menschen, die in der Vergangenheit aus sozialen, rassischen und politischen Gründen vom Besuch der Mittel- und Oberschulen ausgeschlossen waren", d. h. „vorzugsweise Arbeiter- und Bauernkinder mit Volksschulbildung" zum Abitur zu führen. Von 1949 bis 1963 besuchten etwa 35000 Studenten mit Erfolg die ABF. 1963 wurden die meisten ABF aufgelöst, weil man ihre Hauptaufgabe als erledigt betrachtete.

Lesehinweis:
Hermann Kant, Die Aula. Frankfurt: Fischer 1968 (= Fischer Bücherei 931).
Hermann Kant, Ein bißchen Südsee. Erzählungen. München: dtv 1970 (= dtv 679).
Rüdiger Thomas, Modell DDR. Die kalkulierte Emanzipation. München: Hanser 1972 (= Reihe Hanser 103).

Die Oberschule war die übliche preußische Backsteinburg mit Milchglasscheiben in der unteren Hälfte der schmalen hohen Fenster, mit dunklen Fluren und einem mürrischen Hausmeister. Sie roch schlimm, und sie entmutigte. Und daß auch über ihrem Eingang zu lesen war, nicht für sie, sondern für das Leben werde hier gelernt, munterte niemanden auf, denn jeder wußte, wie lange das schon da geschrieben stand.

Riebenlamm kam herein und sagte: „Guten Tag. Ich begrüße Sie, und so weiter. Wir kennen uns ja schon, aber wer nicht spurt, dem werde ich wildfremd vorkommen. Oh, oh, oh, was werden Sie jetzt arbeiten müssen. Zuerst machen wir einen Klassenspiegel. Eigentlich müßte es Arbeitsgruppenspiegel heißen, aber das ist mir zu lang. Wir haben nur drei Jahre Zeit. Nun Ihre Namen und den Beruf dazu, links vorn wird angefangen, und schön laut und deutlich, und wer auf Feinheiten Wert legt, der buchstabiere seinen Namen. Darf ich bitten!"

Als der Spiegel fertig war, sagte Riebenlamm: „Ihr heißt Arbeitsgruppe A 1, und ihr seid vierunddreißig an der Zahl. Die Klasse ist zu groß, aber ich hoffe, daß sie nie kleiner wird. Jungens, kriegt keine Flausen; Mädchen, kriegt keine Kinder! Ihr sollt Geschichte machen, und dazu müßt ihr erst einmal lernen, was das ist, Geschichte. Schluck, Postangestellter, was ist Geschichte?"

Schluck stand auf und starrte Riebenlamm an, und Riebenlamm wartete. Dann sagte Schluck: „Geschichte ist, was so passiert ist in der Welt. Wenn Krieg war, und wenn er zu Ende war, und wenn sie eine neue Regierung hatten, und wenn was Neues entdeckt worden ist, Amerika oder warum was runterfällt."

„Bravo", sagte Riebenlamm, „das sind echte Ansätze. Wie lange meinen Sie denn, Fräulein Bilfert, Schneiderin, wie lange haben wir denn schon Geschichte?"

Als das Mädchen aufstand, flüsterte Trullesand: „Wetten, die heißt Julia."

„Verloren", sagte Riebenlamm, „sie heißt Vera. Und Sie heißen, Moment mal, Gerd, und nicht Romeo. Solange wir Unterricht haben, heißt hier keiner Romeo, klar? – Also, die Geschichte, Fräulein Bilfert!"

Das Mädchen war errötet und sagte leise: „Ich glaube, schon immer, von Anfang an."

Riebenlamm setzte sich auf seinen Tisch und sprach vor sich hin: „Ja, das glauben Sie nun, und wenn ich jetzt frage, wann das war, dieser Anfang, dann sitzen Sie in der Tinte, denn Adam und Eva wollen Sie nicht sagen, und was anderes wissen Sie nicht, und das geht uns allen so, mehr oder minder, und darum machen wir um den Anfang vorerst einen Bogen und gehen nur so weit zurück, bis wir auf die ersten Menschen stoßen, die aber ganz bestimmt nicht Adam und Eva hießen, weil man, bevor man einem anderen einen Namen geben kann, erst einmal sprechen können muß, und das ist alles ziemlich verzwickt, und deshalb lassen wir das jetzt auch schön beiseite und kehren zu dem zurück, was uns Schluck, Postangestellter, angeboten hat. Geschichte, hat er gesagt, ist die Aneinanderreihung von wichtigen Ereignissen, an denen die Menschheit beteiligt war, zum Beispiel Kriege, zum Beispiel Wechsel in der Herrschaft und auch entscheidende Entdeckungen, die das Leben veränderten. Gar nicht schlecht, der Schluck, dem gebe ich eine Eins, wenn der so weiter macht. Das kann alles passieren."

Er stand auf und wanderte durch das Klassenzimmer, und dabei stellte er Fragen und quittierte die Antworten sogleich mit aufmunternden Kommentaren.

„Was euch hier erwartet", sagte er, „ist mehr, als ihr glaubt. Ihr denkt, ihr müßt hier nur etwas dazulernen, und wenn ihr das denkt, dann seid ihr schön angeschmiert. Die Sache ist schlimmer: Ihr sollt hier nämlich auch etwas verlernen, ihr müßt sogar umlernen. Wir sind alle in die gleiche Koppheister-Schule gegangen, und das Bild von der Welt, so wie man es uns dort gemalt hat, steht zu großen Teilen auf dem Kopf. Hier wollen wir ihm wieder auf die Beine helfen. Wenn ihr denkt, das schaffe ich allein, dann habt ihr euch geschnitten. Ihr müßt mit ran. Ich hab keine Rezepte für euch, nur ein paar Regeln, aber die sind verläßlich, und nunmehr nähern wir uns der Regel Numero eins, zu welchem Zwecke ich Ihnen ein Gedicht vorlese. Da staunt ihr, was! Ja, staunt nur; nichts kann einem Lehrer mehr gefallen, als wenn seine Schüler staunen. Das Staunen ist ein Fundament, auf dem sich ganze Pyramiden von Wissen errichten lassen. Es folgt nun das Gedicht: ‚Wer baute das siebentorige Theben? / In den Büchern stehen die Namen von Königen. / Haben die Könige die Felsbrocken herbeigeschleppt? / Und das mehrmals zerstörte Babylon – / Wer baute es so viele Male auf? In welchen Häusern / Des goldstrahlenden Lima wohnten die Bauleute? / Wohin gingen an dem Abend, wo die Chinesische Mauer fertig war / Die Maurer? . . .'"

Riebenlamm las langsam und sachlich und in einem so nachdenklichen Ton, als stellte nicht das Gedicht, sondern er selbst diese Fragen. Als er geendet hatte, sah er gespannt in die Klasse, und dann malte sich Befriedigung in seinem breiten Gesicht. „Hallo", sagte er, „wir kommen voran. Ihr macht genau die Augen, die ihr machen sollt. Euch hat einer ein Licht aufgesteckt; der Dichter kommt eins rauf, mit Mappe. Wie heißt er übrigens, kennt ihn einer?"

Robert meldete sich und sagte, der Dichter heiße Brecht, und wenn es gestattet sei, so möchte er noch sagen, das Gedicht sei prima.

„Ist gestattet", sagte Riebenlamm und fügte dann hinzu: „Aber vielleicht ist einer anderer Meinung als – wie heißt er – Iswall, Elektriker? Ist einer anderer Meinung?"

Er sah sich um und sagte, nach einem Blick in den Klassenspiegel: „Fräulein Rose Paal, Landarbeiterin, ich lese Ihnen den Widerspruch von den Augenbrauen ab. Rücken Sie raus damit; wir sind gespannt."

Das Mädchen erhob sich und sagte nach einer langen Pause rasch: „Aber ob das ein Gedicht ist?" Sie setzte sich erschrocken wieder und versteckte sich hinter ihrem Vordermann Quasi Riek.

„Fräulein Rose Paal", sagte Riebenlamm feierlich und zückte ein Notizbuch, „bekommt die erste Eins in der Geschichte der Arbeiter-und -Bauern-Fakultät unserer ehrwürdigen Universität. Warum? Weil sie ‚aber' gesagt hat, ‚aber' gedacht und ‚aber' gesagt. Seht sie euch an und nehmt euch ein Beispiel. Hiermit wird eingetragen: ‚Fräulein Rose Paal, Landarbeiterin und Studentin, erhält eine Eins für vorbildliches Verhalten im Unterricht.' Was allerdings den sachlichen Gehalt Ihrer Frage angeht, so muß ich Sie mit einer Behauptung abspeisen: Ja, es ist ein Gedicht, auch wenn es sich nicht reimt. Warum, das wird Ihnen im Deutschunterricht beantwortet werden; wir müssen uns hier an die Geschichte halten, und die ist furchtbar lang, und klein ist nur die Stundenzahl. Los, Leute, zurück zu Bertolt Brechtens Frage und damit zur ersten Regel unserer neuen Geschichtsbetrachtung: ‚Wer baute das siebentorige Theben?', das ist, was uns interessiert, das werden wir fortan immer fragen, und wenn wir die Antworten, die wir darauf bekommen, säuberlich auffädeln, werden wir eines Tages ahnen, was Geschichte ist."

(Aus: Hermann Kant, Die Aula. Berlin: Rütten und Loening 1965, S. 78 ff.)

Arbeitshinweise
1. *Welches Verhältnis hat der Dozent zu seinen Studenten? Untersuchen Sie seine Sprache!*
2. *Was meint der Dozent mit dem Satz: „Ihr sollt Geschichte machen!"?*
3. *Was müssen die Studenten „verlernen" und „umlernen"? Warum müssen sie das?*
4. *Warum wird ihnen das Gedicht von Brecht „Fragen eines lesenden Arbeiters" (Vgl. S. 14) vorgelesen?*
5. *Warum erhält die Schülerin eine Eins dafür, daß sie „aber" gesagt hat?*
6. *Was ist Geschichte? Wer macht Geschichte?*

EVA WINDMÖLLER, **Ein Land von Musterschülern**

Eva Windmöller war von 1974–76 Korrespondentin für den „Stern" in Ost-Berlin. Sie schrieb mehrere Reportagen über das Leben in der DDR, u. a. über das Schulwesen. Ihre Erfahrungen sind in dem umfangreichen Band „Leben in der DDR" zusammengefaßt, zu dem ihr Mann, der Fotograf Thomas Höpker, eindrucksvolle Fotos beisteuerte.

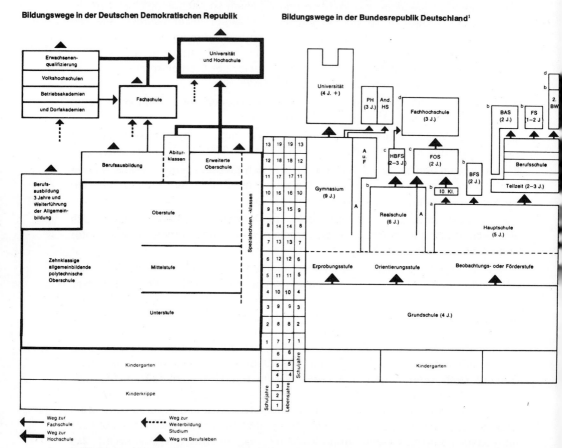

Die Darstellung der Bildungswege in der Bundesrepublik Deutschland berücksichtigt nicht: besondere Formen und Regelungen in einzelnen Ländern. – Die Bezeichnungen für die Klassen 5 und 6 (Erprobungs-, Orientierungs-, Beobachtungs- oder Förderstufe), sind nicht auf die einzelnen Schulformen bezogen, sondern gelten nach Ländern verschieden, für diese Klassen in mehreren oder allen Formen. Abschlüsse: a = Hauptschulabschluß, b = mittlerer Abschluß. c = Fachhochschulreife, d = Hochschulreife. Schulreformen (Abkürzungen): A = Aufbauformen, F = F-Gymnasium, FOS = Fachoberschule, (H) BFS = (Höhere) Berufsfachschule, FS = Fachschule, BAS = Berufsaufbauschule, 2. Bw = 2. Bildungsweg, PH = Pädagogische Hochschule, And. HS = Andere Hochschulen

1 Unberücksichtigt bleiben die Gesamtschulen, die sich noch im Stadium der Erprobung befinden.

Lesehinweis:

Helmut Klein, Bildung in der DDR. Grundlagen, Entwicklungen, Probleme. Reinbek: Rowohlt 1974 (= rororo 6861).
Theo Tupetz, Das Bildungswesen der DDR. Bonn: Raabe 1970.
Eva Windmöller/Thomas Höpker, Leben in der DDR. Hamburg: Gruner + Jahr 1976.

Sie kennt keine überfüllten Klassenzimmer, keine arbeitslosen Lehrer, keinen chronischen Stundenausfall, keinen Schichtunterricht und schon gar keine Schülerstreiks. Für Eva Spier, Direktorin an der Oleg-Koschewoi-Oberschule im Ostberliner Stadtbezirk Friedrichshain, ist es undenkbar, daß sie jemals mit einem der Krisensymptome westdeutscher Schulmisere konfrontiert werden könnte. Verhalten energisch und mütterlich-adrett steht die 40jährige – jeder vierte Schuldirektor in der DDR ist eine Frau – einem Kollektiv von 35 Lehrerinnen und acht Lehrern vor, mit denen sie sich zum Teil duzt. Einmal in der Woche tagt sie mit Partei- und Gewerkschaftsfunktionären, die darüber wachen, daß die schulpolitischen Richtlinien von SED und Regierung eingehalten werden. Die Klassenstärke beträgt, knapp unter dem DDR-Durchschnitt, 25 Schüler. Probleme gibt es keine?

Doch, natürlich. Von den 680 Jungen und Mädchen sind in diesem Jahr vier nicht versetzt worden. Das ist nach Ansicht Frau Spiers eine zu hohe Zahl. „Wer bei uns eine Fünf im Zeugnis hat – egal in welchem Fach, auch im Werkunterricht –, der bleibt sitzen", sagt sie. „Eine Fünf ist ganz schlimm. Eine Vier ist auch sehr schlimm – das höchste Alarmsignal!"

Solche Sätze lassen ahnen, was der Leistungsstaat DDR von seinen Schülern erwartet. Die Schule „drüben" ist nicht nur Bildungsanstalt, sondern vor allem eine politische Institution, die den Nachwuchs „zur Moral der Arbeiterklasse" erziehen soll. „Das Lernen", so schrieben die Ostberliner Pädagogen zu Beginn des neuen Schuljahrs in einer Willenserklärung an SED-Chef Erich Honecker, „muß die revolutionäre Hauptaufgabe eines jeden Pioniers und FDJlers sein."

So wie die Werktätigen im sozialistischen Wettbewerb „um immer höhere Ergebnisse ringen", so werden schon die Schulkinder durch vielfältige Anreize angespornt, immer bessere Noten zu erzielen. Den Siegern winken Urkunden, Abzeichen, Wimpel und der Aushang an der „Tafel der Besten". Brigaden von je fünf bis sechs Jungen und Mädchen wetteifern innerhalb einer Klasse um Auszeichnungen für Betragen, Fleiß, Mitarbeit und Ordnung. „Unser Karli war entsetzlich unkonzentriert", berichtet eine Buchhalterin über ihren Neunjährigen. „Seit ihn die Lehrerin das Brigadebuch führen läßt, ist er ganz einwandfrei."

DDR-Kinder, wie der Staat sie wünscht, haben keine Zeit zum Gammeln. Die Gesamtbeurteilung im Zeugnis hängt nicht nur von den Lernleistungen, sondern auch vom Eifer ab, mit dem sich die Mitglieder der „Pionierorganisation Ernst Thälmann[1]" (sechs bis 14 Jahre) oder der FDJ (ab 14 Jahre) an „gesellschaftlichen Aktivitäten" beteiligen. Das reicht von der Altstoff-Sammlung über den Solidaritätsbazar für Chile und die Polit-Wandzeitung bis zur Reinhaltung des Volkseigentums Schule, für die in Ermangelung von Putzfrauen die Kinder verantwortlich sind.

---

1 Ernst Thälmann, 1886 geboren; seit 1924 Vorsitzender der KPD; 1933 verhaftet und in mehreren KZs gefangen gehalten; 1944 im KZ Buchenwald hingerichtet.

Selbsterziehung zu Fleiß und Disziplin wird bei den Jungen Pionieren, denen die Klassen meist geschlossen angehören, schon frühzeitig eingeübt. Vom zweiten Schuljahr an wählen die Kinder einen Pionier-Gruppenrat, bestehend aus Vorsitzendem, Stellvertreter, Schriftführer, Kassierer und Agitator. „Die nehmen das unheimlich ernst", erzählt die Mutter einer Achtjährigen. „Meine Tochter kommt nach Hause und sagt: Du, Mutti, ich bin der Ansicht, wir müssen mal mit dem Meik sprechen. Das haut überhaupt nicht hin, der hat jetzt schon zweimal keine Hausaufgaben gemacht."

Die DDR, ein Land von Musterschülern? Schwer zu sagen. Vergleiche wären interessant, aber noch gibt es keine deutschen Intelligenzturniere zwischen West und Ost. Vorerst bleibt unbestritten, daß das sozialistische Schulsystem dem unseren gegenüber zwei ganz entscheidende Vorzüge aufzuweisen hat, die unter den Begriffen Chancengleichheit und Einheitlichkeit zusammenzufassen sind. In der Ständigen Vertretung Bonns in Ostberlin überlegen einige Familien schon, ob sie ihre Kinder nicht auf DDR-Schulen schicken sollen.

Laut Artikel 25 der DDR-Verfassung hat jeder Bürger das gleiche Recht auf Bildung. Mit dem 1965 verabschiedeten „Gesetz über das einheitliche sozialistische Bildungssystem der DDR" ist dieses Recht teilweise zur Pflicht geworden: So ist der Besuch der zehnklassigen polytechnischen Oberschule inzwischen obligatorisch. Das bedeutet, daß den Kindern in der DDR bis zu ihrem 16. Lebensjahr ein Allgemeinwissen vermittelt wird, mit dem sich das frühere Volksschulwissen – und auch das Hauptschulwissen der 14-jährigen in der Bundesrepublik – nicht im entferntesten vergleichen läßt.

Umschulungsschocks, wie sie westdeutsche Kinder etwa durch die Verpflanzung von Schleswig-Holstein nach Hessen erleiden müssen, bleiben den Schülern in der DDR dank eines straffen einheitlichen Lehrplans für alle 15 Bezirke der Republik erspart. „Es kann höchstens passieren", räumt ein Sprecher des Ostberliner Volksbildungsministeriums ein, „daß der Lehrer in Mecklenburg seinen Stoffverteilungsplan anders angeordnet hat als sein Kollege in Sachsen, so daß dem Schüler, der von Neubrandenburg nach Dresden umzieht, dann zwei, drei Stunden fehlen." Zwei, drei Stunden – für westdeutsche Eltern muß so ein Satz wie arrogante Untertreibung klingen.

Weitere Pluspunkte? In Gesprächen mit „Westlern" nennen DDR-Bürger neben der hohen Zahl von Kindergärten und Schulhorten sowie der Schulspeisung einige pädagogische Errungenschaften, die jedenfalls prinzipiell positiv zu bewerten sind. Zum Beispiel die polytechnische Erziehung: Vom ersten Schuljahr an werden Mädchen und Jungen in handwerklichen Fertigkeiten ausgebildet. Zugleich erhalten sie durch „Patenbrigaden" Einblick in die Arbeitswelt der Erwachsenen, sind bei Plandiskussionen dabei, laden die Arbeiter zur Zeugnisverteilung ein: So lernt man wechselseitig Probleme kennen.

Thomas Höpker und ich besuchen das Polytechnische Zentrum Biesdorf in Ostberlin, wo 13- bis 16jährige einmal in der Woche vier bis sechs Stunden Produktionsarbeit leisten. Ein Schüler-Brigadier überwacht die Montage von Industrieleuchten bis zur Verpackung. Es darf nichts zu Bruch gehen. „Es gilt", sagt Direktor Richard Schmidt, „im Lernprozeß Erzeugnisse herzustellen, die volkswirtschaftlich bedeutend sind." Das kann auch heißen, daß Schüler in volkseigenen Betrieben am Fließband mithelfen müssen, Planrückstände aufzuholen. Dabei gehen manchmal Illusionen verloren, aber von Widersprüchen lebt auch der Sozialist. „Und es schadet gar nichts", so Schmidt, „daß einer nicht immer nur das moralische Antlitz des Arbeiters sieht.

Die schönste Feder am Hut der Bildungsplaner ist die Begabtenförderung. In Dutzenden von außerschulischen Arbeitsgemeinschaften vom „Jungen Sanitäter" bis zum „Jungen Kosmonauten" können sich die unterschiedlichsten Interessen entfalten. Hunderttausende von Schülern beteiligen sich jährlich an den „Mathematik"- und „Russisch-Olympiaden" auf Schul-, Kreis-, Bezirks- und Republik-Ebene; aus Kinder- und Jugend-„Spartakiaden" wird olympischer Nachwuchs ermittelt. Talent zu haben und nicht aufzufallen, ist fast unmöglich in der DDR.

Wer in einem bestimmten Fach besonders auffällt, kann an eine Spezialklasse oder auf eine Spezialschule mit verstärktem Unterricht in Russisch, Naturwissenschaften, Mathematik, Technik, Sport, Musik und im alt- und neusprachlichen Zweig delegiert werden. Die Glücklichen, etwa fünf Prozent der jeweiligen Jahrgänge, könnte man als Elite bezeichnen, aber das Wort ist im sozialistischen Deutschland tabu.

Und wie kommen die Kinder zurecht, die nicht so flink im Kopf oder in den Füßen sind? Allem Anschein nach haben sie es in der DDR besser als die Unbegabten, Langsamen, Schwierigen bei uns. Es gehört zu den gesellschaftlichen Pflichten, daß die leistungsstarken Schüler Lernpatenschaften für ihre leistungsschwachen Mitschüler übernehmen und mit ihnen an einem Nachmittag in der Woche Rückstände aufarbeiten. Die Anforderungen im Lehrplan sind hoch. Schon in der ersten Klasse wird in Mathematik bis zur Zahl hundert gerechnet und mit Mengenbeziehungen, Gleichungen und Ungleichungen operiert.

Vom Lehrer verlangt man das Kunststück, das dichtgedrängte Pensum jeder Unterrichtsstunde ohne Verzögerung zu schaffen und sich dabei nach den schlechteren Schülern zu richten. Er muß bei all seinen Schülern feststellen, ob sie zu Hause einen guten Platz für die Schularbeiten haben. „Wenn in meiner Klasse", sagt eine Lehrerin für Deutsch und Geschichte, „einer sitzenbleibt, werde ich gefragt: Was hast du für dieses Kind getan? Hast du für Nachhilfeunterricht gesorgt? Hast du den Schulpsychologen hinzugezogen? Hast du den Unterricht spannend genug gestaltet?

Ein „Zu spät" soll niemand, der sich anstrengt, befürchten müssen – das ist, zumindest theoretisch, ein weiterer positiver Aspekt des sozialistischen Schulsystems, in dem es keine Sackgassen zur nächsthöheren Bildungsstufe gibt. Von der zehnklassigen Oberschule führen drei Wege zur Universität: der erste über die Erweiterte Oberschule (EOS) mit den Klassen 11 und 12 bis zum Abitur. Der zweite über eine dreijährige „Berufsausbildung mit Abitur", durch die neben der Hochschulreife auch die Facharbeiterqualifikation erworben wird. Der dritte über zwei Jahre Fach- oder Ingenieurschule. Vor dem Studium erst einen Beruf zu erlernen, wird für die Jugendlichen der DDR zunehmend interessanter: „Wenn ich als Maschinenbauer an die Hochschule gehe", überlegt ein 18jähriger, „hab' ich schon was im Rücken und steh nicht so dämlich da – wie einer, der nur Abitur hat."

Bei allem Bildungsehrgeiz bleibt aber die Frage, ob die DDR für ihre qualifizierten Bürger noch genügend qualifizierte Jobs hat. Die Antwort heißt: Nein. Das Bildungssystem der DDR hat seine Grenzen dort, wo die harte ökonomische Wirklichkeit beginnt – in Dresden nicht anders als in Düsseldorf. Daß es ein Fach Berufsorientierung an den Schulen gibt, ist an sich eine gute Sache. Aber im Grunde kann der Lehrer auch nicht mehr machen als „irreale Wünsche in richtige Bahnen zu lenken": Er muß das Mädchen, das Kosmetikerin werden will, zum Beruf einer Kellnerin überreden, weil das Dienstleistungsgewerbe nach Personal schreit. [...]

Wie hält man es mit der Kritik an den bestehenden Verhältnissen in der DDR? Frau Wandtke: „Wenn wir uns im Produktionsunterricht über Materialökonomie unterhalten, über Ausnutzung der Arbeitszeit, und dann sagen die Schüler, da macht aber ein Arbeiter fünf Minuten länger Pause oder steckt sich heimlich was in die Tasche, dann fordern wir auf: ‚Na, sag's doch im Kollektiv, sag's in der Patenbrigade, das muß verändert werden.' Schön, aber diese Art von positiver Kritik meinen wir eigentlich nicht. Interessanter wäre zu wissen, ob sich ein Schüler hinstellen und sagen kann, er sei mit der Regierung nicht zufrieden. Direktorin Spier, spontan: „Ja, aber – warum sollte er? Warum?"

Das ist genau der Punkt, an dem sich die Geister scheiden. Erziehung ist Politik im „ersten deutschen Arbeiter-und-Bauern-Staat". Unpolitische Fächer gibt es nicht. So steht im „Lehrplan Zeichnen Klasse 3", herausgegeben von Volksbildungsminister Margot Honecker (Ehefrau des SED-Chefs Erich Honecker), der Zeichenunterricht solle die Schüler zur „Liebe zum sozialistischen Vaterland", zur „Verbundenheit mit der Arbeiterklasse", zur „Freundschaft mit der Sowjetunion" und zur „Achtung vor den Soldaten der Nationalen Volksarmee" erziehen.

Schon den Drei- bis Sechsjährigen wird im Vorschulkindergarten, den 84 Prozent der Kinder in der DDR besuchen, die Überzeugung eingepflanzt, „daß dem Sozialismus in ganz Deutschland die Zukunft gehört" (so das Bildungsgesetz). Die Schulanfänger geloben: „Wir helfen allen Schulkameraden, die Pläne der Imperialisten, vor allem der westdeutschen Kriegstreiber, zu durchschauen und nicht auf ihre Hetze und Lügen hereinzufallen" (so die Gesetze der „Thälmann-Pioniere"). Verglichen mit dem Fach Sexualkunde, das in der DDR-Pädagogik nur einen minimalen Stellenwert hat, wird der Wehrerziehung überdimensionale Bedeutung beigemessen. Holzgewehre und Panzer gelten im Kindergarten als „patriotisches Spielzeug", Junge Pioniere ziehen ins Manöver, FDJler absolvieren in der „Gesellschaft für Sport und Technik" (GST) eine regelrechte vormilitärische Ausbildung, Offiziere der Nationalen Volksarmee (NVA) werben Schüler als Berufssoldaten an.

Dem wachsenden Einfluß von Westbesuchern, Westfernsehen und westlicher Beat-Mode soll durch verstärkte Hinwendung von der sozialistischen zur kommunistischen Erziehung begegnet werden. Das heißt, der Unterricht soll noch „parteilicher" werden. Eine Oberschülerin erzählt: „Als unsere Geographielehrerin mal ohne politische Wertung über England referiert hat, bekam sie von der Direktorin den Rüffel: ‚Die Stunde hättest du auch in der BRD halten können.'"

Vom ständigen Polit-Trommeln abgestumpft, haben sich die Schüler längst zwei Sprachen angewöhnt: eine private und eine offizielle. „Die wissen genau, was se sülzen müssen", bemerkt eine Bäuerin aus Mecklenburg. „Da werden alles kleine Heuchler draus." Ein Abiturient gibt zu: „Wenn es heißt, wie kann man sich gegen die Einflüsse der BRD schützen, leiert man eben runter: fester Klassenstandpunkt, politische Weiterbildung, kein Westfernsehen, kein Westradio und so weiter, aber immer kann ich das auch nicht, das macht einen kaputt." „Sag mal, wie verhaltet ihr euch denn, wenn die ihre Politik da abziehen?" will die Mutter von dem Sohn wissen. „Seid ihr gleichgültig?" „Nein, im Gegenteil", sagt der Sohn. „Wir gucken die Lehrerin ganz ruhig und interessiert an. Interessiert ist wichtig, da kann sie nichts machen."

Natürlich gibt es auch Schüler in der DDR, die unbequeme Fragen stellen. Wo viel Intelligenz zusammenkommt, etwa auf den Erweiterten Oberschulen, zeichnet sich ein neuer Typ von 14- bis 16jährigen ab, die kühl, wach und abwartend sind und um die sich die Partei-Ideologen bereits Sorgen machen. Und natürlich gibt es auch Lehrer in der DDR, die souverän genug sind, sich bei Diskussionen mit der Klasse vom Text des SED-Zentralorgans „Neues Deutschland" zu lösen.

Doch die Masse der Lehrer ist bei den Schülern nicht auf Fragen aus, sondern auf Antworten, und zwar auf die richtigen. Ohnehin müssen die Lehrer in der DDR, um allen Anforderungen gerecht zu werden, Übermenschen sein. Man hört jedenfalls, daß sie einen hohen Patientenanteil in den Wartezimmern der Psychiater stellen. Den Terminkalender der Lehrer füllen Partei- und Gewerkschafts- und Elternversammlungen, marxistisch-leninistische Weiterbildungskurse, Fachzirkel, Arbeitsgemeinschaften, Treffen mit der Patenbrigade. „Vor lauter Terminen", sagt ein Lehrer für Staatsbürgerkunde, „hat man einfach keine Zeit mehr für die wirklich wichtigen Dinge, nämlich mal ein, zwei Schüler zum Kaffee und zum Quatschen nach Hause einzuladen."

Mitunter wirft die Schule Familienprobleme auf. Ein Reichsbahnbeamter wird von seinem Siebenjährigen belehrt daß die Mauer ein antifaschistischer Schutzwall sei, errichtet, um Feinde aus dem Westen abzuwehren. Er könnte einiges darauf entgegnen, aber um sein Kind nicht in Konflikte zu stürzen, wenigstens noch nicht in diesem Alter, schweigt er. Derselbe Mann sagt aber auch: „Das Pionierleben macht dem Jungen Spaß. Ernst Thälmann war sicher nicht der schlechteste, und Ideale braucht die Jugend nun mal."

Einschulungsfeier an der Oleg-Koschewoi-Oberschule. Eltern im Sonntagsstaat halten gewaltige Zukkertüten auf dem Schoß. Sauber gewaschen und von bedrückender Bravheit, blicken die A-B-C-Schützen zur Bühne, wo junge Pioniere deklamieren: „Immer auf das hören / Was der Lehrer sagt / Laut und deutlich Antwort geben / Wenn er euch was fragt."

Welches Schulsystem ist besser? Da züchten sie zwischen Rügen und Karl-Marx-Stadt den tüchtigen, angepaßten Staatsbürger heran, der im Kollektiv funktioniert. Dabei deutet alles darauf hin, daß die Welt bis zum Jahr 2000 zur Lösung ihrer Probleme ganz andere Menschen braucht – kreative, risikofreudige, kritische. Und es sieht so aus, daß solche Menschen eher in den Schulen der Bundesrepublik heranwachsen, falls die bis dahin nicht auch zu Pauk- und Lernfabriken geworden sind.

„Das bessere Mittelmaß haben wir", sagt uns ein Mathematiklehrer in Leipzig. „Überdurchschnittliches Mittelmaß, wenig Originale." Auf die Frage, wann ihm die Schüler den letzten Streich gespielt hätten, antwortet er: „Ich kann mich nicht erinnern."

(Aus: Stern, Jg. 29, Nr. 1 (1976), S. 14-24.)

Arbeitshinweise
1. Wodurch unterscheidet sich im Aufbau das Schulsystem der DDR von dem in der Bundesrepublik Deutschland? Berücksichtigen Sie dabei auch die Skizzen über die Bildungswege!
2. Welche anderen Unterschiede werden aus der Reportage von Eva Windmöller deutlich?
3. Worin sieht die Verfasserin die Vor- und Nachteile des DDR-Schulsystems?
4. Zu welcher Schlußfolgerung kommt die Autorin?
5. Welche sprachlichen und formalen Mittel werden in der Reportage angewandt? Was soll damit erreicht werden?
6. Diskutieren Sie einzelne Besonderheiten des DDR-Schulsystems!

2. DEUTSCHUNTERRICHT

ERNST BARLACH, **Der Buchleser**

Barlach wurde 1870 in Wedel/Holstein geboren und starb 1938 in Rostock. Lange Jahre lebte er in Güstrow/Mecklenburg. Entscheidende Eindrücke für sein Schaffen empfing er aus Rußland, durch das er 1906 reiste.
Im 3. Reich war er als Vertreter „entarteter" Kunst verfemt; ein Teil seines Werkes wurde vernichtet, der andere aus Kirchen und Museen entfernt und eingelagert.
Außer den berühmten Bildwerken aus Holz, z. B. das Ehrenmal im Dom zu Güstrow, jetzt in der Kölner Antoniterkirche, 3 Figuren an der Katharinenkirche in Lübeck und Lesende Mönche wurde Barlach auch durch seine Dramen bekannt („Die Sündflut", „Der Blaue Boll").
Eine seiner Holzfiguren spielt eine wichtige Rolle in dem Roman „Sansibar oder der letzte Grund" von Alfred Andersch (vgl. S. 94). Sie soll durch heimlichen Transport ins Ausland vor der Vernichtung durch die Nationalsozialisten gerettet werden.
„Der Buchleser" ist eine Plastik aus Bronze (1936). Das Original befindet sich im Ernst-Barlach-Haus in Hamburg.

Arbeitshinweise
1. *Beschreiben Sie die Haltung und den Ausdruck des Buchlesers!*
2. *Wodurch entsteht die besondere Wirkung, die von der Plastik ausgeht?*

Wolfgang Borchert, **Lesebuchgeschichten**

Heinrich Böll schrieb über Wolfgang Borchert:
„Wolfgang Borchert war achtzehn Jahre alt, als der Krieg ausbrach, vierundzwanzig, als er zu Ende war. Krieg und Kerker hatten seine Gesundheit zerstört, das übrige tat die Hungersnot der Nachkriegsjahre, er starb am 26. November 1947, sechsundzwanzig Jahre alt. Zwei Jahre blieben ihm zum Schreiben, und er schrieb in diesen beiden Jahren, wie jemand im Wettlauf mit dem Tode schreibt; Wolfgang Borchert hatte keine Zeit, und er wußte es. Er zählt zu den Opfern des Krieges, es war ihm über die Schwelle des Krieges hinaus nur eine kurze Frist gegeben, um den Überlebenden, die sich mit der Patina[1] geschichtlicher Wohlgefälligkeit umkleideten, zu sagen, was die Toten des Krieges, zu denen er gehört, nicht mehr sagen konnten: daß ihre Trägheit, ihre Gelassenheit, ihre Weisheit, daß alle ihre glatten Worte die schlimmsten ihrer Lügen sind. Das törichte Pathos der Fahnen, das Geknalle der Salutschüsse und der fade Heroismus der Trauermärsche – das alles ist so gleichgültig für die Toten. Fahnen, Schüsse übers Grab, Musik ..." (Heinrich Böll, Die Stimme Wolfgang Borcherts. In: H. B., Erzählungen. Hörspiele. Aufsätze. Köln: Kiepenheuer & Witsch 1961, S. 352–356.)
Weitere Angaben zur Biographie des Autors vgl. S. 91.

Lesehinweis:
Peter Rühmkorf, Wolfgang Borchert in Selbstzeugnissen und Bilddokumenten. Reinbek: Rowohlt 1961 (= rowohlts monographien 58).

Alle Leute haben eine Nähmaschine, ein Radio, einen Eisschrank und ein Telephon. Was machen wir nun? fragte der Fabrikbesitzer.

Bomben, sagte der Erfinder.

Krieg, sagte der General.

Wenn es denn gar nicht anders geht, sagte der Fabrikbesitzer.

*

Als der Krieg aus war, kam der Soldat nach Haus. Aber er hatte kein Brot. Da sah er einen, der hatte Brot. Den schlug er tot.

Du darfst doch keinen erschlagen, sagte der Richter.

Warum nicht, fragte der Soldat.

(Aus: *Wolfgang Borchert, Das Gesamtwerk. Reinbek: Rowohlt 1965, S. 287 und 289.*)

---

1 Überzug (auf Kupfer, Edelrost)

Arbeitshinweise

1. *Welcher Zusammenhang besteht zwischen den Aussagen des Fabrikbesitzers, des Erfinders und des Generals? (1. Lesebuchgeschichte)*
2. *Welcher Sprache bedient sich Borchert? Welche Funktion hat sie?*
3. *Welche Probleme sehen diese drei, welche übersehen sie? Beachten Sie auch Bölls Aussagen im Vorspann!*
4. *Auf welches Problem will der Autor aufmerksam machen?*
5. *Wie ist die Antwort des Richters zu deuten? (2. Lesebuchgeschichte)*
6. *Worin sehen Sie die Bedeutung der Frage des Soldaten „Warum nicht"?*
7. *Warum hat Borchert diese kurzen Gespräche „Lesebuchgeschichten" genannt?*

BERTOLT BRECHT, **Die Literatur wird durchforscht werden**

Zur Biographie des Autors vgl. S. 13.
Dieses Gedicht wurde um 1940 geschrieben und zuerst in den USA veröffentlicht.
Martin Andersen Nexö (1869-1954) wurde durch seinen in den Jahren 1906 bis 1910 geschriebenen Roman „Pelle der Eroberer" bekannt, in dem er die Welt der Bauern, Fischer, Handwerker und Arbeiter schildert und realistisch die Arbeiterbewegung um 1900 behandelt. In seinem Roman der Arbeiterin „Ditte Menschenkind" (5 Bände, 1917–1921) beklagt er, daß die Schwachen in der herrschenden Gesellschaftsordnung ausgenutzt werden.

Lesehinweis:
Bertolt Brecht, Über Lyrik. Frankfurt: Suhrkamp 1968 (= edition suhrkamp 70).

Walter Hinck, Die deutsche Ballade von Bürger bis Brecht. Göttingen: Vandenhoeck und Ruprecht 1968 (= Kleine Vandenhoeck-Reihe 273), S. 142 ff.

Für Martin Andersen Nexö

I
Die auf die goldenen Stühle gesetzt sind, zu schreiben
Werden gefragt werden nach denen, die
Ihnen die Röcke webten.
Nicht nach ihren erhabenen Gedanken
Werden ihre Bücher durchforscht werden, sondern
Irgendein beiläufiger Satz, der schließen läßt
Auf eine Eigenheit derer, die Röcke webten
Wird mit Interesse gelesen werden. denn hier mag es sich um Züge
Der berühmten Ahnen handeln.

Ganze Literaturen
In erlesenen Ausdrücken verfaßt
Werden durchsucht werden nach Anzeichen
Daß da auch Aufrührer gelebt haben, wo Unterdrückung war.
Flehentliche Anrufe überirdischer Wesen
Werden beweisen, daß da Irdische über Irdischen gesessen sind.
Köstliche Musik der Worte wird nur berichten
Daß da für viele kein Essen war.

II
Aber in jener Zeit werden gepriesen werden
Die auf dem nackten Boden saßen, zu schreiben
Die unter den Niedrigen saßen
Die bei den Kämpfern saßen.
Die von den Leiden der Niedrigen berichteten
Die von den Taten der Kämpfer berichteten
Kunstvoll. In der edlen Sprache
Vordem reserviert
Der Verherrlichung der Könige.

Ihre Beschreibungen der Mißstände und ihre Aufrufe
Werden noch den Daumenabdruck
Der Niedrigen tragen. Denn diesen
Wurden sie übermittelt, diese
Trugen sie weiter unter dem durchschwitzten Hemd
Durch die Kordone[1] der Polizisten
Zu ihresgleichen.

Ja, es wird eine Zeit geben, wo
Diese Klugen und Freundlichen
Zornigen und Hoffnungsvollen
Die auf dem nackten Boden saßen, zu schreiben
Die umringt waren von Niedrigen und Kämpfern
Öffentlich gepriesen werden.

(Aus: Bertolt Brecht, Gesammelte Werke, Bd. 9. Frankfurt: Suhrkamp 1967 (= werkausgabe edition suhrkamp), S. 740f.)

Arbeitshinweise
1. Was haben nach Brecht die Schriftsteller bisher berichtet und erzählt?
2. Wie interpretiert er diese Dichtungen?
3. Welche Probleme werden nach Brechts Meinung von den Schriftstellern nicht gesehen? Warum werden sie nicht gesehen?
4. Welche „Zeit" ist in der letzten Strophe gemeint? Wie wird sie aussehen?
5. Mit welchen Maßstäben mißt Brecht Literatur?
6. Messen Sie mit den hier empfohlenen Maßstäben Texte dieses Lesebuchs!

---

1 Postenkette, Absperrung

Hans Magnus Enzensberger, ins lesebuch für die oberstufe

Enzensberger wurde 1929 in Kaufbeuren/Schwaben geboren, studierte Germanistik und Philosophie, bereiste Europa von Lappland bis Gibraltar, lebte eine Zeitlang in Kuba und wohnt seitdem in West-Berlin. Er sieht seine schriftstellerische Aufgabe darin, zum Zeitgeschehen Stellung zu nehmen, indem er versucht durch Analyse und Kritik auf die politischen und sozialen Entwicklungen in der Bundesrepublik einzuwirken. Seit 1965 ist Enzensberger Herausgeber der Zeitschrift „Kursbuch", die sich mit aktuellen politischen und literarischen Fragen beschäftigt.

In seiner engagierten Lyrik arbeitet Enzensberger mit modernen Stilmitteln (Montage, Verfremdung).

Lesehinweis:

Hans Magnus Enzensberger, Einzelheiten, 2 Bde. Frankfurt: Suhrkamp 1962/63 (= edition suhrkamp 63/87).

Über Hans Magnus Enzensberger, hrsg. von Joachim Schickel. Frankfurt: Suhrkamp 1970 (= edition suhrkamp 403).

lies keine oden[1], mein sohn, lies die fahrpläne:
sie sind genauer. roll die seekarten auf,
eh es zu spät ist. sei wachsam, sing nicht.
der tag kommt, wo sie wieder listen ans tor
schlagen und malen den neinsagern auf die brust
zinken. lern unerkannt gehn, lern mehr als ich:
das viertel wechseln, den paß, das gesicht.
versteh dich auf den kleinen verrat,
die tägliche schmutzige rettung. nützlich
sind die enzykliken[2] zum feueranzünden,
die manifeste: butter einzuwickeln und salz
für die wehrlosen. wut und geduld sind nötig,
in die lungen der macht zu blasen
den feinen tödlichen staub, gemahlen
von denen, die viel gelernt haben,
die genau sind, von dir.

(Aus: Hans Magnus Enzensberger, Verteidigung der Wölfe. Frankfurt: Suhrkamp 1957, S. 85.)

Arbeitshinweise
1. Was meint Enzensberger mit den „oden", was mit den „fahrplänen"?
2. Welche Verbote, Ermahnungen und Ratschläge enthält das Gedicht?
3. Treffen diese Verbote und Ermahnungen nicht auch sein Gedicht?
4. Wie ist der Aufruf zum „kleinen verrat" zu verstehen?
5. Wozu will der Schriftsteller mit seinem Gedicht aufrufen?
6. Wie beurteilen Sie die Ratschläge von Enzensberger?
7. Warum will Enzensberger, daß seine Verse „ins lesebuch für die oberstufe" kommen?

---
1 feierliches Gedicht
2 (päpstliches) Rundschreiben

PAUL SCHALLÜCK, **Deutschstunde**

Schallück wurde 1922 in Warendorf/Westfalen geboren und starb 1976. Mit 13 Jahren ging er in ein Kloster, um katholischer Missionar zu werden. Durch den Krieg veränderten sich seine Berufspläne. Nach dem Krieg studierte er Philosophie und Germanistik und wurde Schriftsteller. Schallück vertritt in seinen Werken die aus dem 2. Weltkrieg heimgekehrte Generation in ihrer Auseinandersetzung mit der deutschen Vergangenheit. Der Autor setzte sich intensiv für eine Wiederversöhnung von Juden und Deutschen ein und war Mitbegründer der Bibliothek „Germania Judaica".

Besonders bekannt wurde sein Roman „Engelbert Reineke" (1959). Engelbert Reineke ist Studienassessor in den Nachkriegsjahren, und zwar an jener Schule, die er als Schüler besucht hat und an der auch sein Vater (der den Spitznamen „Beileibenicht" hatte) Lehrer war – ein mutiger und entschlossener Gegner des Hitlerregimes, der im KZ umgekommen ist.

In dem hier abgedruckten Ausschnitt erinnert sich Reineke an seine Schulzeit während des 3. Reiches. Siegfried Sondermann ist der Sohn des Direktors.

Der in dem folgenden Text genannte Heinrich Heine gehört zu den bedeutendsten deutschen Dichtern (vgl. KL, S. 246 und S. 333). Seine Gedichte und Schriften wurden in viele Sprachen übersetzt. Heine und sein Werk waren aber auch von Anfang an stark angefeindet – insbesondere gegen Ende des 19. Jh. und in der Zeit des Nationalsozialismus. Begründet wurde die Ablehnung Heines vordergründig mit seiner jüdischen Herkunft und der ironisch-kritischen Haltung gegenüber den Verhältnissen in Deutschland, die oft mit einer Feindschaft verwechselt wurde.

Lesehinweis:

Paul Schallück, Engelbert Reineke. Frankfurt: Fischer 1959 (= Fischer Bücherei 275).

Literatur unterm Hakenkreuz. Das Dritte Reich und seine Dichtung, hrsg. von Ernst Loewy. Frankfurt: Fischer 1969 (= Fischer Bücherei 1042).

Siegfried Lenz, Die Deutschstunde. München: dtv 1973 (= dtv 944).

Heinrich Heine, Deutschland. Ein Wintermärchen. Mit ergänzenden Texten zum historischen Verständnis engagierter Poesie des deutschen Vormärz, hrsg. von Karl Heinz Fingerhut. Frankfurt: Diesterweg 1976.

Heine in Deutschland. Dokumente seiner Rezeption 1833–1956, hrsg. von Karl Theodor Kleinknecht. München: dtv 1976 (= dtv WR 4190).

Beileibenicht begann, den Dichter Heinrich Heine, einen Verbotenen, zu behandeln.

Siegfried wollte schon aufbrausen, als nur der Name dieses „liberal-jüdischen Intellektuellen" mit artistischer Hervorhebung so ausgesprochen wurde, daß unentschieden blieb, ob sie Hochachtung oder zeitgemäße Mißbilligung ausdrücken sollte. Der Name eines „den Volksgeistströmungen und dem Heimatlich-Stammestümlichen entwurzelten, die volkshaft-arteigenen Kräfte der Landschaft besudelnden jüdischen Asphaltliteraten". Aber Beileibenicht enttäuschte Siegfrieds heißhungrige Wachsamkeit. Nachdem der Name gebührend lange im Raum gestanden hatte, las er mit einstudierter Selbstverständlichkeit aus einer Literaturgeschichte vor:

„Der Anreger des Jungen Deutschlands, der gute Heinrich – Verzeihung – der Jude Heinrich Heine, hat durch seine das deutsche Volkslied plündernde Lyrik der Romantik das Grab bereitet. Sein Schlagwort hieß: Emanzipation[1], oder Rehabilitierung des Fleisches, weiterhin Emanzipation der Frau. Emanzipation des Menschen: Freiheit des Subjekts, Loslösung vom alten Glauben, politische und wirtschaftliche Freiheit und so weiter. Der frappierende[2] Stil – bitte um Entschuldigung – der papierne Stil dieser vom jüdischen Feuilletonismus beherrschten Richtung hat keinerlei dauerde Kunstwerke hervorgebracht."

Siegfried war mit dieser Wendung ins Zeitgerecht-Verfemende[3] einverstanden. Jedenfalls kritzelte er emsig in seine Kladde, was da vorn Hetzerisches diktiert wurde. Dann schrieb Beileibenicht ein Gedicht an die Tafel, vorgebend, er müsse uns nun den papiernen Stil demonstrieren, das Gedicht „Nachtgedanken", das mit dem Vers beginnt:

Denk' ich an Deutschland in der Nacht,
dann bin ich um den Schlaf gebracht.

In solch zweideutigen Spielen hatte uns Beileibenicht nach und nach bekanntgemacht mit allen vom Regime verfemten Dichtern deutscher und gelegentlich auch fremder Zunge. Er zitierte sie, er nannte ihre Werke, erzählte deren Inhalt, analysierte die Form und interpretierte ihre geistigen Wesenheiten, die ja genau das Gegenteil von dem ausdrückten, was die Propagandaposaunen der gegenwärtigen Heilsbotschaft verkündeten. Er warf in seiner gerundeten Schrift Prosastellen und Gedichte an die Tafel und empfahl uns, die Zitate in unsern Heften aufzubewahren. Nachdem wir Bekanntschaft oder gar Freundschaft geschlossen hatten mit den Verfemten, fiel Beileibenicht über die so Vorgestellten her mit den vorgekauten Verdammungsphrasen. Dabei verließ er gewöhnlich das Pult und marschierte, die Sätze mit paradeähnlichen Stechschritten taktierend, vor der Klasse auf und ab. Er sprach aber, tönte die verurteilenden Dummheiten so arrogant, so pathetisch aufgeblasen, daß wir uns aufgefordert fühlten, Bleistift oder Federhalter abzulegen und seinem Parademarsch mit chorischen Kopfbewegungen zu folgen.

Anfangs schrieb auch Siegfried die Verse Heinrich Heines in sein Heft. Dann aber wurde er unruhig, blickte auf, überlegte, kaute am Zeigefinger, trommelte und sagte schließlich: Wozu sollen wir eigentlich diesen Dreck abschreiben?

Beileibenicht belehrte ihn geduldig, daß man sich nur vor dem zu bewahren vermöchte, was man kenne, und daß wir um so weniger diesen verderbenden, volksfremden Einflüssen erlägen, je besser wir die Machwerke im Kopfe hätten.

---
1 Verselbständigung, Gleichstellung
2 frappieren = auffallen, befremden
3 Geächtete

Er schmunzelte dabei, blinzelte unvorsichtig und kniff ein Auge zu. Und hinter mir begann jemand zu kichern, neben mir begann jemand zu feixen. Diese Vergnüglichkeit war gefährlich. Sie mußte Siegfried beleidigen. Ich sah, wie er den Kopf hin- und herdrehte und Erklärungen suchte.

Was soll das! schrie er. Es war der zeternde Befehlsschrei eines Mannschaftsführers, der sich von seinen Leuten nicht ernst genommen weiß. Idioten! Blödes Volk! Was wird hier eigentlich gespielt, Herr Studienrat? Sagen Sie mir sofort, warum Sie uns dies semitische[1] Dreckzeug einpauken. Das müßte man mal . . .

Sondermann. Ich habe es Ihnen soeben auseinanderzulegen versucht. Sperren Sie gefälligst Ihre Ohren auf. Ich kann nicht jeden Satz wiederholen!

Werde darüber mal mit meinem Bannführer sprechen!

Bitte, laden Sie Ihren Führer zu uns ein, damit wir uns gemeinsam über diesen strittigen Punkt unterhalten.

Befehlen Sie mir, den Mist von der Tafel abzuschreiben?

Befehlen – ? Wenn Sie einfältig und unwissend bleiben wollen, Sondermann, bitte. Aber machen Sie mich nicht verantwortlich, sollten Sie eines Tages nach den zersetzenden Elementen in unserer Literatur gefragt werden und dann keine präzisen Antworten geben können. Sagen Sie dann nicht, unser Deutschlehrer hat uns nicht aufgeklärt.

Lächerlich! Ich weiß selbst, was schädlich ist. Vielleicht besser wie Sie.

Als, Sondermann, besser als – Komparativ. Woher besitzen Sie nur den Mut, sich in Ungezogenheiten hineinzusteigern, wenn Sie nicht einmal die Steigerungen beherrschen?

Sie machen doch nur in Gesinnung, Sie mit Ihrem geschwollenen Gerede.

Aufgebracht plötzlich, zornig schlug Beileibenicht mit der flachen Hand auf die Pultplatte.

Ich verbitte mir diesen lümmelhaften Ton, Sondermann! Lernen Sie das etwa in Ihren Führungskursen? Ich werde Sie ins Klassenbuch eintragen wegen frechen Benehmens.

Er schnaufte, öffnete sein Fenster und blickte hinaus in das starke Grün der Platanenkronen. Er rieb sich die Stirn und wandte sich wieder der Klasse zu.

Wir fahren fort. Ich diktiere Ihnen jetzt ein anderes Gedicht. Er stand auf. Aber er ging nicht zur Tafel, wie er es bei den „Nachtgedanken" getan hatte, er zitierte vielmehr mit übertrieben feierlichem Ton:

Wir wissen, daß dein Werk gelingt,
Weil Gott dein Herz erhellt,
Aus diesem Sieg des Friedens dringt
Die Freiheit aller Welt.

---

[1] Semit = Angehöriger einer Völkergruppe, in der die semitische Sprache gesprochen wird (nach Sem, Sohn Noahs), z. B. die Juden

Siegfrieds Gesicht verwandelte sich in eine reife Tomate, bis unters Haar rötete er sich. Gereckten Halses rief er über seine Vordermänner hinweg:

Blödsinn! Das ist ja ein noch viel größerer Quatsch! Typisch jüdisches Produkt. „Weil Gott dein Herz erhellt ...!" Wenn Sie nicht aufhören, uns mit humanitären Gefühlsduseleien zu langweilen, werde ich die Gestapo[1] ...

Bei dieser Abkürzung fuhr Beileibenicht zusammen. Er ließ Siegfried nicht austoben:

Schau an! Humanitäre Gefühlsduselei nennt der Herr diese Verse? Typisch jüdisches Produkt?

Unverschämtheit sowas, überhaupt das Wort Gott in den Mund zu nehmen! Jüdische Unverschämtheit!

Sehr interessant, Herr Sondermann, sehr lehrreich für uns alle und vermutlich für viele andere mehr. Wenn ich von dem Gebrauch machen wollte, was Sie soeben von sich gegeben haben, dann könnten Sie Ihre schöne Uniform ausziehen. Ist Ihnen denn wirklich nicht aufgegangen, daß ich das Gedicht Gerhard Schumanns, eines unseres begabtesten nationalsozialistischen Nachwuchsdichters, zitiert habe? Und daß ich es tat, um den fast schon weltweiten Unterschied zu den Versen Heines zu beleuchten? Das Gedicht eines jungen Dichters, der mehr als wir alle hier bewiesen hat, daß er die Zeichen der großen, geschichtlichen Stunde begreift und sich um seinen Führer scharen muß, der gen Ostland reitet und mit Leib und Leben eine unübersteigbare Barriere gegen die herandrängenden Slawenhorden bildet.

Schon eine Weile rumorte Lachen in ferner Tiefe, nun spülte es hoch, bei dem Dichter, der sich um seinen Führer schart.

Ruhe! Ruhe! sagte Beileibenicht. Aber wir lachten weiter, bis er aufstand und uns einzuschüchtern begann und Ruhe! befahl.

Siegfried war bleich geworden. Sein Zorn zitterte, als er leicht stotternd sagte: Warum haben Sie uns das nicht schon vorher ...

Würden Sie den Unterricht nicht dauernd stören, hätten Sie es früh genug erfahren. Jüdische Unverschämtheit nannten Sie die Verse, habe ich recht verstanden?

Rasend packte Siegfried seine Sachen zusammen und rannte zur Tür. Vor ihm aber war Herbert Ladegast dort, ein breitschultriger Wächter. Der Direktorensohn wollte sich an ihm vorbeidrücken, Herbert beiseite schieben. Aber er unterschätzte die Standfestigkeit unseres Klassenhäuptlings. Er kam an ihm nicht vorbei, und Herbert beobachtete fast teilnahmslos, wie der Wütende sich duckte, dann zu einem Sprung die Muskeln spannte, aber nicht springen konnte, weil er schon im Ansatz hinterrücks gefaßt wurde. Mehrere Hände packten hart zu, krallten sich in seine Hosen, rissen ihn zurück. Die Hose rutschte, gab weißes Unterzeug frei, und Siegfrieds verzerrtes Gesicht schrie:

Loslassen! Feiglinge! Alle gegen einen! Peter, Alfons! Warum helft ihr nicht! Feiglinge! Loslassen!

---

[1] Abkürzung für Geheime Staatspolizei

Beileibenicht hatte der Bezwingung erst belustigt, dann aber besorgt zugesehen und sagte nun: Schluß da! Er lief zur Tür, faßte Siegfried bei der Schulter, befreite ihn aus den Fängen, zog schamhaft an seiner Hose und sagte:

Schämt ihr euch nicht? Alle gegen einen. Ich habe Sie für mutiger gehalten. Aber Sie, Sondermann, seien Sie doch vernünftig. Was hoffen Sie damit zu erreichen? Er führte den Gedemütigten sanft zu seinem Platz zurück.

Das werden Sie mir büßen, brummte Siegfried. Und Beileibenicht sagte:

Das alles könnte schlecht für Sie auslaufen, wenn ich darüber in der Lehrerkonferenz berichtete.

Das werden Sie mir büßen, ihr alle! knurrte Siegfried. Und Beileibenicht versicherte ihm, daß er der Konferenz nicht berichten werde. Er versprach es allerdings nur unter der Bedingung:

Daß Sie sich fortan gesitteter benehmen, wie alle anderen in der Klasse. Dann trat er vor uns hin und sagte:

Finden Sie eigentlich, daß es leicht ist, sich in einer neuen Klasse unter fremden Kameraden zurechtzufinden?

Und wir alle, ausgenommen Siegfried und drei oder vier seiner Freunde, erwiderten unisono[1]:

Bei-lei-be-nicht!

Beileibe nicht, wiederholte und bestätigte er. Ich bitte Sie also, in Zukunft auf diese Erkenntnisse mehr Rücksicht zu nehmen. Helfen Sie sich gegenseitig. Ich dulde jedenfalls nicht, daß sich in meiner Klasse zwei Parteien bilden, und ich möchte eine Szene wie die vorhin nicht noch einmal erleben, verstanden?

Bei-lei-be-nicht, versicherten wir, unisono und durchaus ernsthaft. Der Spitzname war in vielfachen Variationen zwischen Ernst und Ausgelassenheit verwendbar.

(Aus Paul Schallück, Engelbert Reineke. Frankfurt: Fischer 1959 (= Fischer Bücherei 275), S. 129–133.)

Arbeitshinweise

1. *Kennzeichnen Sie das Verhalten des Lehrers! Warum verspricht er sich beim Vorlesen aus der Literaturgeschichte?*
2. *Charakterisieren Sie die Rollen, die die verschiedenen Schüler spielen!*
3. *Welches Verhältnis besteht zwischen dem Lehrer und Sondermann? Worin liegen die Ursachen für die Gegensätze? Wie ist das Verhältnis zwischen Lehrer und Schüler zu deuten?*
4. *Welche Probleme will der Schriftsteller mit seiner Schilderung des Deutschunterrichts im 3. Reich aufzeigen?*

---

[1] im Einklang befindlich

WOLF WONDRATSCHEK, **Deutschunterricht**

Wondratschek wurde 1943 in Rudolstadt/Thüringen geboren. Zur Zeit lebt er in Hamburg. 1968 erhielt er eine Auszeichnung für sein Gedicht „Als Alfred Jarry merkte, daß seine Mutter eine Jungfrau war, bestieg er sein Fahrrad". „Deutschunterricht" ist das erste Kapitel aus seinem Buch „Früher begann der Tag mit einer Schußwunde" (1969).

Wondratschek schreibt vorwiegend kurze Prosastücke, die darauf abzielen, Sprechgewohnheiten auf ihren Wahrheitsgehalt hin zu überprüfen. Er will erreichen, daß Verhaltens- und Denkmuster der Wohlstandsgesellschaft neu befragt werden.

Lesehinweis:
Wolf Wondratschek, Das leise Lachen am Ohr eines andern. Gedichte/Lieder II. Frankfurt: Vertrieb Zweitausendeins 1976.

Zum Beispiel.

Wenn eine italienische Fußballmannschaft in einem großen, internationalen Spiel gewinnt, informieren sich die deutschen Fußballreporter sofort, ob einer der italienischen Spieler deutscher Abstammung ist. Außerdem weisen sie immer wieder daraufhin, daß verschiedene deutsche Fußballer in Italien sehr gut fußballspielen.

Wir sind bekannt dafür, daß wir genau wissen, wie das Paradies aussieht. Möglicherweise liegt das daran, daß wir nie gelernt haben, richtig zu frühstücken.

Zum Beispiel.

Die deutschen Männerchöre haben ihre Lieder. Adolf Hitler besaß einen deutschen Schäferhund. Auch in Friedenszeiten reden wir gern von unseren Soldaten im Einsatz.

Wie in Bonn mitgeteilt wurde, liegt Berlin am Rhein.

Wir glauben fest daran, daß alles so kommen mußte, wie es kommen mußte. Und darauf sind wir stolz, denn wir haben noch immer keine Ahnung von unseren Befürchtungen.

Die deutschen Gastwirte freuen sich, wenn sich die Gäste über den Zweiten Weltkrieg unterhalten. Das fördert den Umsatz. Nach dem dritten Bier haben die Ausländer Heimweh nach Heidelberg.

Wir zeigen den Touristen auf einer Landkarte, wo Heidelberg liegt. Heidelberg sieht auch bei Regenwetter genauso aus, wie sich die Ausländer Heidelberg bei Sonne vorgestellt haben.

Zum Beispiel.

Die deutsche Nationalhymne hat drei Strophen. Manchmal beginnt sie trotzdem mit der ersten Strophe. Die Melodie erkennen wir an den Trompeten.

An den Rastplätzen der Bundesautobahnen ist Deutschland sehr schön.

Die meisten deutschen Landstraßen sind so angelegt, daß man auch bei Höchsttempo die Kirche im Dorf sehen kann. Ordnung muß sein.

Die Angst vor Kommunisten gehört noch immer zu unserer Erziehung. In der Schule erzählen die Lehrer von Rußland. Sie erzählen, daß viele Russen unsere Sprache verstehen.

Die Eltern machen den Kindern schwere Sorgen.

In Deutschland, so scheint es, begegnen sich immer nur die falschen Leute. Darin haben wir Übung. Dafür sorgen unsere Gesetze. Wir haben noch nie von unserer Vernunft profitiert. Wir ziehen den schwarzen Anzug vor.

CDU. Vor dem Haus ist der Rasen gemäht. Wohlstand für alle. Weißer gehts nicht. Das ist die Hauptsache.

Wir sind vergeßlich. Nur an unseren Irrtümern ist ein Stück Wahrheit. Aber das will kein Mensch wahrhaben. Wir glauben an ordentliche Verhältnisse, nicht jedoch an politische.

Der Humor ist eine Angelegenheit von Spezialisten. Sie müssen uns im Fernsehen zur Heiterkeit überreden. Aber dann lachen wir Tränen, denn wir wollen auf alle Fälle ernstgenommen werden.

Daß das Ganze nur halb so schlimm sei, diese Rechnung geht hier immer auf. Eines der lustigsten Wörter der deutschen Sprache ist das Wort ‚Revolution'.

Zum Beispiel.

Wer dieses Land kennenlernen will, der sollte sich auch mit Frisören unterhalten. Sie sind auf eine leidenschaftliche Weise typisch für dieses Land. Zu ihrer Ausbildung gehört viel Wut.

Der Königinmutter geht es gut. Der Königin geht es gut. Dem König geht es gut. Auch den Kindern des Königspaares geht es gut. Deutsche Zeitungen berichten, es herrschen nun wieder normale Verhältnisse in Griechenland.

Wer keiner Partei und keinem Sportverein angehört, gilt hierzulande als Störenfried. Im Schwarzwald grüßen sich Spaziergänger. Auch die Nachbarn haben einen Hund. Wir lesen unter anderem eine Zeitung. Im Beichtstuhl werden die Priester aufgeklärt. Eine deutsche Frau ist keine nackte Frau.

In den Vorgärten der Einfamilienhäuser stehen bunte Gartenzwerge. Unsere Minister sehen sympathisch aus. Wir leben in einer Demokratie, sagt man.

In Zukunft will Deutschland keine Vergangenheit mehr haben. Da wir zuviel Vergangenheit gehabt haben und da wir mit der Vergangenheit nicht fertig geworden sind, haben wir die Vergangenheit ganz abgeschafft. Jetzt geht es uns besser.

Zum Beispiel.

Wir haben genügend Bundespräsidenten. Das Mittelmeer ist wieder eine deutsche Badeanstalt. Es weht kein anderer Wind.

Wir benehmen uns zwar, als verstünde in Deutschland jeder etwas von Otto Hahn[1], aber ansonsten ist unsere Gleichgültigkeit fast schon ein historischer Zustand.

Ein einziger Flüchtling genügt zur Rechtfertigung unserer politischen Einfallslosigkeit. Die Gleichsetzung von ‚Germany' und ‚Bundesrepublik Deutschland' ist mehr als nur ein Übersetzungsfehler.

Weil uns einfache Überlegungen so schwerfallen, vereinfachen wir die Schwierigkeiten.

---

[1] Deutscher Chemiker und Atomforscher (1879 - 1968)

Zum Beispiel.

Das Unglück bleibt das Privileg der Unglücklichen. Die Arbeit bleibt das Privileg der Arbeiter. Die Politik soll das Privileg der Politiker bleiben, sagt man in Bonn. Aber diese Fortsetzung hat Folgen. Die Pessimisten kritisieren die Optimisten. Und die Optimisten kontrollieren die Pessimisten. So funktioniert bei uns, was wir unter politischem Dialog verstehen. Doch das wird sich bestimmt eines Tages noch deutlicher zeigen als bisher.

Die Deutschen sehen nicht mehr so aus, als würden sie heute noch Maier und Müller heißen. So weit haben wir es inzwischen gebracht. Und diese Illusion nennen wir Fortschritt.

Das ist typisch. Ein schönes Begräbnis ist wichtiger als der Genesungsurlaub in die Schweiz. Auch der kleine Mann auf der Straße ist nicht größer geworden.

Wir sind alle optisch außerordentlich beeinflußbar. Wer hier vor mehr als sechs Mikrophonen spricht, hat selbstverständlich mehr zu sagen als andere. Die besseren Argumente entsprechen der besseren Kleidung. Diese Verwechslungen haben wir gelernt. Wir machen keine Politik. Wir wollen Eindruck machen.

Wir werden nicht müde, einander beweisen zu wollen, daß wir eigentlich gar nicht so sind, wie wir eigentlich sind.

In Deutschland wird die Unzulänglichkeit robust. Wir verstehen keinen Spaß. Die Polizei hilft ihren Freunden. Die Jugend ist ein Risiko, auf das sich die deutsche Bevölkerung nicht mehr einlassen will. Deshalb sprach unsere Regierung von Naturkatastrophen und verabschiedete die Notstandsgesetze.

Wir tragen unser Schicksal wie eine Uniform. Wir applaudieren der Lüge. Bei uns sind auch die Holzwege aus deutscher Eiche. Wir erkennen die Juden schon wieder auf den ersten Blick.

(Aus: Wolf Wondratschek, Früher begann der Tag mit einer Schußwunde. München: Hanser 1969 (= Reihe Hanser 15), S. 8-11.)

Arbeitshinweise
1. *Wie ist der Text aufgebaut? Welche Eigenschaften und Verhaltensweisen werden den Deutschen zugeschrieben?*
2. *Welche Funktion hat die häufige Wiederholung „Zum Beispiel"?*
3. *Welche Bedeutung haben die Aussagen im letzten Absatz?*
4. *Wodurch ist der Stil charakterisiert? Beobachten Sie insbesondere die Verknüpfung der Sätze!*
5. *Warum nennt Wondratschek den Text „Deutschunterricht"?*

Richtlinien für den Deutschunterricht

Was im Deutschunterricht behandelt werden soll, wird durch „Richtlinien" bestimmt, die von den Kultusministerien herausgegeben werden. In der Bundesrepublik Deutschland haben die einzelnen Bundesländer die Kulturhoheit. Deshalb erläßt jedes Land seine eigenen Richtlinien. In anderen Staaten (z. B. in Frankreich, der DDR) gibt es meistens für das ganze Land geltende Richtlinien. So war es auch in der Zeit des Dritten Reichs (1933–1945).

1. Erziehung und Unterricht in der Höheren Schule. Lehrplan von 1938

Die Behandlung des deutschen Schrifttums soll die im deutschen Menschen keimhaft angelegten großen Leitbilder sichtbar machen, soweit sie in den geprägten Formen des germanisch-deutschen Schrifttums verwirklicht worden sind.

Unter dem Schrifttum ist in diesem Plane verstanden der gesamte Niederschlag deutschen Dichtens und Denkens von den Anfängen bis in die Gegenwart unseres Volkes. Aber nicht der deutsche Mensch mit allen seinen Bestrebungen und Eigenarten ist das Ziel der Unterweisung, sondern der deutsche Mensch, der sein Volkstum wesenhaft verkörpert. Darum ist auf alle Stoffe zu verzichten, die deutschem Fühlen widersprechen oder notwendige Kräfte der Selbstbehauptung lähmen. Wohl muß bei der Auswahl des Lesestoffes das Erbe der Vergangenheit nach den Maßstäben der deutschen Gegenwart gesichtet werden, aber dabei darf man das Zeitbedingte und die Eigengesetzlichkeit des Kunstwerkes nicht übersehen, will man nicht zu groben Fehlurteilen kommen.

Zahlreiche Stoffe, die von geringem erzieherischen und künstlerischen Wert sind, hatten sich durch lange Überlieferung auf unseren Schulen Heimatrecht erworben, weil der irrige Glaube bestand, daß durch die gleichmäßige geschichtliche Behandlung der Werke und Epochen ein „lückenloses Wissen" über das deutsche Schrifttum erreicht werde.

Die Behandlung des älteren deutschen Schrifttums ist auf ein Mindestmaß zu beschränken. Nur wenn die Werke germanisch-deutschen Geist in höchster Ausprägung zeigen, dürfen sie auf der Schule gelesen werden.

Dem Schrifttum der Gegenwart ist in allen Klassen, besonders aber auf der Oberstufe, genügend Raum zu geben. Es wird davon abgesehen, lebende Dichter im einzelnen in den verbindlichen Stoffplänen anzuführen. Selbstverständlich dürfen nur solche Stücke ausgewählt werden, die in der Geistesrichtung des neuen Deutschlands liegen, die neue Weltanschauung haben vorbereiten helfen oder ihrem innersten Willen beispielhafte Gestalt verliehen haben. Dabei ist von der Dichtung zu fordern, daß sie sich nicht über Gesinnung ausspricht, sondern in Leben und Schicksal Sinnbilder der nationalsozialistischen Haltung schafft. Die nationalpolitischen Beziehungen müssen sich zwanglos aus dem behandelten Werk ergeben. Es erscheint jedoch nötig, Abwegiges und Minderwertiges noch unter einem anderen Gesichtspunkt auszuscheiden. Da wir nur das Lebensmächtige als erzieherisch wertvoll anerkennen, ist alles zu vermeiden, was verweichlichen oder die Tatkraft lähmen könnte. Dahin gehört auch alle Gefühlsschwelgerei, wie jenes schöngeistige Genießertum, dem man bei der Behandlung stark gefühlsbetonter Zeitabschnitte nicht immer entgangen ist.

Wenn so alles fallen muß, was diesen Erziehungsgrundsätzen zuwiderläuft, so wird damit nicht ausgeschlossen, daß gelegentlich auch abwegiges Schrifttum im Unterricht herangezogen werden kann, um am handgreiflichen Gegenbeispiel das deutsche Wesen schärfer zu erfassen.

So sollte sich der deutsche Unterricht in der Auswahl bewußt auf das Beste beschränken; denn auf keinen Fall darf er durch eine Fülle von Anregungen zersplittern, vielmehr gilt es, mit höchstem Verantwortungsbewußtsein wenige Werke auszuwählen und tief in sie einzudringen.

Selbst wenn man bei dieser Sichtung des gesamten deutschen Erbes einen sehr strengen Maßstab an den erzieherischen Wert und die künstlerische Form der auszuwählenden Werke anlegt, bleibt noch eine übergroße Fülle geeigneten deutschen Bildungsgutes zur Wahl.

Eine bevorzugte Stellung ist den Werken einzuräumen, in denen der Spannungsreichtum des Lebens und der Einsatz heldischer Kräfte sich am eindrucksvollsten offenbaren. Aber auch die besinnliche Seite muß neben der kämpferischen zu ihrem Recht kommen, damit die Jugend sich der Spannweite deutschen Wesens bewußt werde; denn zu den aufbauenden Kräften unseres Volkstums gehören auch deutsche Innerlichkeit und deutscher Humor, wenn sie aus starkem Lebensgefühl kommen und aus tiefer Verbundenheit des Dichters mit seinem Volk.

(Aus: Erziehung und Unterricht in der Höheren Schule. Amtliche Ausgabe. Berlin 1938, S. 48f.)

2. Lehrplan der DDR für Deutsche Sprache und Literatur (1968)

Im Literaturunterricht der Klasse 8 werden die literarischen Werke erstmalig in chronologischer Folge behandelt und stärker in historische Zusammenhänge eingeordnet. Bei der Behandlung einiger Stoffeinheiten werden bereits literarhistorische Gesichtspunkte beachtet. Der Lehrgang enthält in Klasse 8 folgende Schwerpunkte:

- Vermittlung von Kenntnissen über wichtige Werke der deutschen Literatur von den Anfängen bis 1700;
- Erschließung von Werken der revolutionär-demokratischen und frühen sozialistischen Literatur des 19. Jahrhunderts unter Beachtung des literarhistorischen Aspekts;
- Weiterführung der Begegnung mit Werken der sozialistischen Literatur.

In Klasse 8 lernen die Schüler bedeutende literarische Werke umfassender und tiefer kennen und gewinnen dabei erste Einblicke in wichtige Abschnitte unserer Nationalliteratur. Dadurch wird zugleich der abschließende Überblick über die Entwicklung der klassischen und sozialistischen Nationalliteratur in den Klassen 9 und 10 vorbereitet.

Bei der Behandlung literarischer Werke aus verschiedenen Epochen erfassen die Schüler den Zusammenhang zwischen dem jeweiligen Werk, der historisch-konkreten Wirklichkeit und den Absichten des Dichters. Sie dringen tiefer in das Wesen der künstlerischen Gestaltung ein und erfassen die mit den literarischen Gestalten verbundene Aussage. Die Auseinandersetzung mit den literarischen Gestalten und mit der gesellschaftlichen Stellung der Schriftsteller trägt im Zusammenwirken mit den Fächern Geschichte und Staatsbürgerkunde dazu bei, die politisch-moralischen Maßstäbe der Schüler für ihr eigenes Handeln und Verhalten in der sozialistischen Gemeinschaft und für die Bewertung anderer Menschen weiterzuentwickeln.

Der Literaturunterricht soll zur Festigung des Klassenstandpunktes der Schüler beitragen, ihnen Leitbilder für die parteiliche Entscheidung für Frieden, Demokratie und Sozialismus, für unser sozialistisches Vaterland, für internationale Solidarität und aktive Anteilnahme am weltweiten Klassenkampf gegen den Imperialismus vermitteln und sie für die schöpferische Mitarbeit an der Vollendung des Sozialismus in der Deutschen Demokratischen Republik begeistern. Die Erziehung zur kämpferischen Haltung und zur Bereitschaft, die Deutsche Demokratische Republik zu festigen und zu verteidigen, soll durch die Literatur starke Impulse erfahren.

Bei der Betrachtung von Werken des literarischen Erbes erkennen die Schüler, welche gesellschaftlichen Widersprüche den in der Literatur gestalteten Konflikten zugrunde liegen, wie der Kampf der revolutionären Kräfte für die Befreiung von Unterdrückung, Ausbeutung und Krieg seinen Niederschlag findet und wie die Sehnsucht und das Streben des Volkes nach einem menschenwürdigen Leben in Frieden und sozialer Gerechtigkeit gestaltet sind. Sie begreifen, daß der realistischen Literatur humanistische Auffassungen und Ideen zugrunde liegen; sie erkennen, daß die humanistischen Ideen in unserer sozialistischen Gesellschaft verwirklicht werden und daß auch die humanistischen Aussagen des literarischen Erbes für ihr persönliches Leben Bedeutung haben.

Bei der Behandlung der Werke der revolutionär-demokratischen und sozialistischen Literatur soll den Schülern deutlich werden, wie die Literatur immer stärker zu einer bewußt angewandten Waffe im revolutionären Kampf wird. Die Schüler erkennen, daß sich das revolutionäre Auftreten des Proletariats in der Literatur widerspiegelt und daß diese Literatur eine schärfere grundlegende Kritik an der kapitalistischen Gesellschaftsordnung übt. Die im Geschichtsunterricht gewonnene Erkenntnis von der historischen Mission der Arbeiterklasse wird vertieft und das Verhältnis der Schüler zu den revolutionären Traditionen gefestigt.

Bei der Begegnung mit den Werken der sozialistischen Literatur erkennen und erleben die Schüler am Leben und Wirken der literarischen Helden den revolutionären, opferreichen Kampf gegen den Imperialismus und für die Errichtung der sozialistischen Gesellschaft. Dabei wird ihnen die führende Rolle der Arbeiterklasse und ihrer Partei bewußt. Sie erfassen den konfliktreichen Prozeß der Entwicklung sozialistischer Menschen und der Herausbildung neuer Beziehungen in der sozialistischen Gesellschaft.

(Aus: Präzisierter Lehrplan für Deutsche Sprache und Literatur, Klasse 8, hrsg. v. Ministerrat der Deutschen Demokratischen Republik. Ministerium für Volksbildung. Berlin: Volk und Wissen 1968, S. 6 f.)

3. Hessischer Bildungsplan-Entwurf für das Fach Deutsch an Gymnasien 1969 (Literaturunterricht)

Pädagogische Aufgaben

Motivierung für die Aufnahme von Literatur
Bildung von Literaturverständnis
Orientierung im literarischen Leben

Aufgabe der literarischen Bildung ist es, Voraussetzungen für die kritische Teilnahme am literarischen Leben der Gegenwart zu schaffen.

Während bis in die jüngste Zeit die Stellung der Literatur als Gegenstand unterrichtlicher Bemühung unangefochten war, hat die Diskussion um die Wirkungsmöglichkeiten von Literatur, um den „Stellenwert" der Literatur in einer von Naturwissenschaft und Technik geprägten Welt, um das „Ende des ästhetischen Zeitalters" zu einer Verunsicherung gegenüber den Zielen des Literaturunterrichts geführt. Das Nachdenken über die Geschichte des Unterrichtsfachs Deutsch und seine Verflochtenheit mit der politischen und sozialen Geschichte des 19. und 20. Jahrhunderts hat zu dieser Verunsicherung ebenso beigetragen wie die Einsichten über die geringe Wirkung dieses Unterrichts auf das Leseverhalten der Erwachsenen.

Der vorliegende Plan geht von folgenden Voraussetzungen für die Aufgabenbestimmung der literarischen Bildung aus:

1. Mit der Aufnahme von Literatur überschreitet der Mensch die Welt des zur unmittelbaren Lebenssicherung Notwendigen; insofern birgt die Beschäftigung mit Literatur emanzipatorische Möglichkeiten. Mit der Anleitung zu solcher Beschäftigung soll eine ästhetische[1] Sensibilisierung[2] erreicht werden, die zu gesteigerter Wahrnehmungs- und Imaginationskraft[3] befähigt. Das Ausbleiben solcher Sensibilisierung führt nicht nur zur Verarmung der Phantasie, sondern bewirkt darüber hinaus eine indirekte Verstärkung aller auf Anpassung an bestehende gesellschaflich-kulturelle Verhältnisse drängenden Faktoren. Diese Gedanken legen den Schluß nahe, dem Literaturunterricht weiterhin einen bedeutenden Platz in der Schule zu erhalten.

2. Ob die emanzipatorischen Möglichkeiten der Beschäftigung mit Literatur tatsächlich verwirklicht werden, hängt von den konkreten gesellschaftlichen und individuellen Lagen ab.

Literatur kann, je nach der Einstellung, die einzelne oder Gruppen ihr gegenüber einnehmen, sowohl systemerhaltend als auch befreiend wirken. Es ist also notwendig, die ästhetische Sensibilisierung mit Wachheit gegenüber gesellschaftlichen Wirkungen von literarischen Formen und Inhalten und deren Rezeption zu verbinden.

Für die Bildung von ästhetischer Sensibilität und gesellschaftlicher Vorstellungskraft durch Umgang mit Literatur bringen nicht alle Schüler die gleichen Voraus-

---

1 Ästhetik = Wissenschaft von den Gesetzen der Kunst, bes. vom Schönen
2 Empfindsamkeit, Feinfühligkeit
3 Imagination = Einbildungskraft

setzungen mit. Überdruß oder Fremdheit sind Einstellungen, mit denen gerechnet werden muß. Es ist darum notwendig, der Aufgabe besondere Aufmerksamkeit zu widmen, Interesse für Literatur und die Bereitschaft zur Beschäftigung mit ihr zu wecken.

Damit die Schüler in die Lage versetzt werden, verständige Entscheidungen beim Erwerb von Büchern und bei der Auswahl von Funksendungen zu treffen, ist es erforderlich, sie mit Orientierungsmöglichkeiten bekanntzumachen und zu deren kritischem Gebrauch anzuleiten.

(Aus: Bildungsplan-Entwurf für das Fach Deutsch an den Gymnasien des Landes Hessen vom 12. 6. 1969, S. 5f.)

Arbeitshinweise
1. *Erarbeiten Sie, welche Ziele der Deutschunterricht im 3. Reich, in der DDR und in Hessen (Bundesrepublik Deutschland) anstrebt! Welches ist jeweils das oberste Lernziel? (Gruppenarbeit)*
2. *Vergleichen Sie die Ziele miteinander! Wodurch sind die Unterschiede zu erklären?*
3. *Vergleichen Sie die Sprache der verschiedenen Richtlinien!*
4. *Welche Ziele überzeugen, welche nicht?*
5. *Worin sehen Sie das Ziel des Deutschunterrichts? Stellen Sie selbst einen Richtlinienkatalog auf!*

RUDOLF WALTER LEONHARDT, **Argumente für und gegen Hausaufgaben**

Leonhardt wurde 1921 in Altenburg/Thüringen geboren. Von 1950-1955 war er Redakteur bei der britischen Rundfunkgesellschaft BBC. Seit 1953 ist er Mitarbeiter der Wochenzeitung für Politik, Wirtschaft, Handel, Kultur „Die Zeit". Er leitet dort das Feuilleton (den kulturellen Teil der Zeitung) und ist einer der drei stellvertretenden Chefredakteure.

1973 hat er unter der Überschrift „Argumente für und gegen" mehrere Feuilletons geschrieben und auf diese Weise verschiedene Probleme zur Diskussion gestellt.

Lesehinweis:
Rudolf Walter Leonhardt, Argumente pro und contra. München: Piper 1974.
Bernhard Wittmann, Vom Sinn und Unsinn der Hausaufgaben. Neuwied: Luchterhand ²1970.

Ob Kinder, wenn sie aus der Schule nach Hause kommen, schon wieder für die Schule arbeiten (und dabei, wo immer möglich, ihre Eltern als Hilfslehrer anstellen) sollen – darüber haben die Betroffenen, Lehrer, Eltern und Schüler, recht verschiedene Meinungen. Ich referiere, was ich gehört oder gelesen habe (zum Beispiel in dem Buch von Barbara Schönfeldt und Hayo Matthiesen, „Eltern als Hilfslehrer?", Köln 1973).

PRO:

1. Die Kinder sollen nicht den ganzen Nachmittag und Abend nur herumspielen. Das bringt sie nur auf dumme Gedanken. Sie müssen auch was lernen.

2. Die Schulzeit allein genügt nicht, um das als notwendig gesetzte Lernpensum zu bewältigen.

3. Es gibt Arbeiten, bei denen der Lehrer kaum helfen kann; mit ihnen würde kostbare Zeit in der Schule ganz unnötig verschwendet – einen längeren Text lesen (um ihn dann später besprechen zu können) zum Beispiel oder Vokabeln lernen; überhaupt das „Auswendiglernen", das viel mehr wieder geübt werden sollte, nicht so sehr um der Inhalte willen als wegen des damit verbundenen Gedächtnistrainings.

4. Irgendwann, etwa im Alter von sechzehn, müssen die Kinder lernen, selbständig zu arbeiten.

5. Die Hausaufgaben wirken als Information zwischen Schule und Elternhaus; vor allem aus ihnen erfahren die Eltern, „was die Kinder in der Schule eigentlich machen".

CONTRA:

1. Gerade jungen Menschen tut es gar nicht gut, viele Stunden in einer so unnatürlichen Haltung wie auf einem Stuhle sitzend zu verbringen. Sie sollten sich wenigstens nachmittags in frischer Luft bewegen.

2. Große Hausaufgaben bedeuten für viele Kinder einen Elfstundentag: 6 Stunden Unterricht und 2 Stunden Schulweg (hin und zurück) und 3 Stunden Hausaufgaben. Darf ihnen das zugemutet werden – nur weil es keine „Schülergewerkschaft" gibt?

3. Hausaufgaben wirken gegen die Chancengleichheit: Die einen Kinder haben ein ruhiges Zimmer für sich, andere müssen sich mit einer Ecke im überfüllten Wohnzimmer begnügen; die einen können ihre Eltern als Hilfslehrer engagieren, andere müssen mit ihren Aufgaben allein fertig werden.

4. Es ist schwer zu sagen, ob und inwieweit Hausarbeiten selbständig gemacht worden sind.

5. Hausaufgaben setzen ganze Familien unter Leistungsdruck. Zum Beispiel so: Vater kann es nicht (und muß nun Mengenlehre büffeln); Mutter ist nicht da (und überlegt sich, schlechten Gewissens, ob sie ihren Beruf nicht doch wieder aufgeben sollte); Junior kriegt viel zuwenig Schlaf, denn immer, wenn er ins Bett gehen sollte, fällt ihm mit Schrecken das bis dahin Verdrängte ein – ich muß noch „Schularbeiten" machen.

CONCLUSIO[1]:
Mir leuchten die Contra-Argumente mehr ein. Nur das dritte der Pro-Argumente wiegt schwer. Am 20. Juni 1973 hat die Hamburger Schulbehörde einstimmig „Richtlinien für das Erteilen von Hausaufgaben in den Klassen 1–10" beschlossen, wonach Hausaufgaben von höchstens einer halben Stunde (in Klasse 2) bis höchstens zwei Stunden (in den Klassen 7–10) in Anspruch nehmen dürfen. Außerdem werden besonders stumpfsinnige Hausaufgaben wie Rechentürme, Abschreiben von Texten, „Strafarbeiten" untersagt. Mir erscheint das als ein akzeptabler Kompromiß, solange wir noch keine Ganztagsschulen haben, die die Hausarbeiten überflüssig machen.

(Rudolf Walter Leonhardt, Argumente für und gegen Hausaufgaben. In: Die Zeit, Nr. 28 (6. 7. 1973), S. 19.)

Arbeitshinweise
1. *Wie hat Leonhardt seine Gedanken zu dem Thema aufgebaut? Welches Schema hat er dabei angewandt?*
2. *Stimmen Sie allen Argumenten zu?*
3. *Hat der Autor noch Argumente vergessen?*
4. *Diskutieren Sie insbesondere den 3. Contra-Punkt! Suchen Sie Lösungen zur Verwirklichung der Chancengleichheit!*
5. *Erarbeiten Sie eine eigene Synthese, und äußern Sie zu diesem Thema Ihre eigene Meinung!*
6. *Erörtern Sie andere aktuelle Probleme (Frühehe, Bau von Kernkraftwerken, Einführung der Todesstrafe, Modernisierung des Strafvollzugs, Freigabe der Pornographie, Frauen zum Wehrdienst, Besuch von Discotheken) in dialektischer Form!*

---

1 Schluß, Folgerung

3. JUGEND UND SOZIALISATION[1]

THOMAS MANN, **Tonio Kröger und Hans Hansen — zwei Freunde**

Thomas Mann wurde 1875 als Sohn einer wohlhabenden Patrizierfamilie in Lübeck geboren. Sein Vater war ein angesehener Kaufmann und Senator in der Hansestadt. Seine Mutter – Julia da Silva Bruns – war brasilianischer Herkunft. Der Gegensatz zwischen Bürgertum und Künstlertum hat das Leben des Schriftstellers Thomas Mann geprägt und spiegelt sich auch in seinem Werk wider. Das Verhältnis zu seinem korrekten, bürgerlich-fleißigen und ordentlichen Vater war während seiner Jugendzeit problematisch; der Sohn Thomas fühlte sich mehr zu seiner fremdartig-exotischen Mutter, die künstlerisch veranlagt war, hingezogen. In einem seiner Essays sagt Thomas Mann: *„Ich selbst, der einst den ‚Tonio Kröger' schrieb, bin eine persönliche Mischung aus Norden und Süden, aus deutschen und exotischen Elementen".*

Nach einer kurzen Zeit als Volontär in einer Feuerversicherungsgesellschaft in München reiste Thomas Mann nach Italien, wo er eine Zeitlang zusammen mit seinem Bruder Heinrich lebte. Ein Ergebnis dieses Aufenthalts war der Roman „Buddenbrooks" (1901), in dem er den Verfall einer Familie schildert, der ihm weltweite Anerkennung verschaffte und für den er später (1929) auch den Literaturnobelpreis erhielt.

Während des 3. Reiches mußte Thomas Mann emigrieren. Er ging in die USA. Von dort griff er in kritischen Rundfunkansprachen die nationalsozialistische Regierung in Deutschland an. 1952 kehrte er nach Europa zurück und ließ sich in Kilchberg bei Zürich nieder, wo er 1955 starb.

In Erzählungen und Novellen (zu denen auch „Tonio Kröger" gehört und dessen Anfang hier abgedruckt ist) beschäftigt sich der Schriftsteller immer wieder mit der Problematik der Stellung des Künstlers in der Gesellschaft.

Lesehinweis:

Thomas Mann, Buddenbrooks. Frankfurt: Fischer 1960 (= Fischer Taschenbuch 661).

Thomas Mann, Die Bekenntnisse des Hochstaplers Felix Krull. Frankfurt: Fischer 1974 (= Fischer Taschenbuch 639).

Thomas Mann, Sämtliche Erzählungen. Frankfurt: Fischer 1963.

Klaus Schröter, Thomas Mann in Selbstzeugnissen und Bilddokumenten. Reinbek: Rowohlt 1964 (= rowohlts monographien 93).

Hans Eichner, Thomas Mann. Eine Einführung in sein Werk. Bern: Dalp 1961 (= Dalp Taschenbuch 356).

Kurt Bräutigam, Thomas Mann, Tonio Kröger. München: Oldenbourg 1969.

Werner Zimmermann, Deutsche Prosadichtungen unseres Jahrhunderts, Bd. 1. Düsseldorf: Schwann ²1971.

---

[1] Prozeß der Eingliederung des Individuums in die Gesellschaft

Thomas Mann, Tonio Kröger. Das Manuskript des „Tonio Kröger" wurde während des 2. Weltkrieges in München verbrannt. Bei der abgedruckten Reproduktion der Handschrift von Thomas Mann handelt es sich um ein vom Autor verworfenes, aber erhalten gebliebenes Blatt des „Tonio Kröger". Das Original dieser Seite befindet sich im Thomas-Mann-Archiv der Eidgenössischen Technischen Hochschule Zürich.

Die Wintersonne stand nur als armer Schein, milchig und matt hinter Wolkenschichten über der engen Stadt. Naß und zugig war's in den giebeligen Gassen, und manchmal fiel eine Art von weichem Hagel, nicht Eis, nicht Schnee.

Die Schule war aus. Über den gepflasterten Hof und heraus aus der Gatterpforte strömten die Scharen der Befreiten, teilten sich und enteilten nach rechts und links. Große Schüler hielten mit Würde ihre Bücherpäckchen hoch gegen die linke Schulter gedrückt, indem sie mit dem rechten Arm wider den Wind dem Mittagessen entgegenruderten; kleines Volk setzte sich lustig in Trab, daß der Eisbrei umherspritzte und die Siebensachen der Wissenschaft in den Seehundsränzeln klapperten. Aber hie und da riß alles mit frommen Augen die Mützen herunter vor dem Wotanshut und dem Jupiterbart eines gemessen hinschreitenden Oberlehrers . . .

„Kommst du endlich, Hans?" sagte Tonio Kröger, der lange auf dem Fahrdamm gewartet hatte; lächelnd trat er dem Freunde entgegen, der im Gespräch mit anderen Kameraden aus der Pforte kam und schon im Begriffe war, mit ihnen davonzuziehen . . . „Wieso?" fragte er und sah Tonio an . . . „Ja, das ist wahr! Nun gehen wir noch ein bißchen."

Tonio verstummte, und seine Augen trübten sich. Hatte Hans es vergessen, fiel es ihm erst jetzt wieder ein, daß sie heute mittag ein wenig zusammen spazierengehen wollten? Und er selbst hatte sich seit der Verabredung beinahe unausgesetzt darauf gefreut!

„Ja, adieu, ihr!" sagte Hans Hansen zu den Kameraden. „Dann gehe ich noch ein bißchen mit Kröger." – Und die beiden wandten sich nach links, indes die anderen nach rechts schlenderten.

Hans und Tonio hatten Zeit, nach der Schule spazierenzugehen, weil sie beide Häusern angehörten, in denen erst um vier Uhr zu Mittag gegessen wurde. Ihre Väter waren große Kaufleute, die öffentliche Ämter bekleideten und mächtig waren in der Stadt. Den Hansens gehörten schon seit manchem Menschenalter die weitläufigen Holzlagerplätze drunten am Fluß, wo gewaltige Sägemaschinen unter Fauchen und Zischen die Stämme zerlegten. Aber Tonio war Konsul Krögers Sohn, dessen Getreidesäcke mit dem breiten schwarzen Firmendruck man Tag für Tag durch die Straßen kutschieren sah; und seiner Vorfahren großes altes Haus war das herrschaftlichste der ganzen Stadt . . . Beständig mußten die Freunde, der vielen Bekannten wegen, die Mützen herunternehmen, ja, von manchen Leuten wurden die Vierzehnjährigen zuerst gegrüßt . . .

Beide hatten die Schulmappen über die Schulter gehängt, und beide waren sie gut und warm gekleidet; Hans in eine kurze Seemannsüberjacke, über welcher auf Schultern und Rücken der breite, blaue Kragen seines Marineanzuges lag, und Tonio in einen grauen Gurt-Paletot[1]. Hans trug eine dänische Matrosenmütze mit kurzen Bändern, unter der ein Schopf seines bastblonden Haares hervorquoll. Er war außerordentlich hübsch und wohlgestaltet, breit in den Schultern und schmal

---

[1] Herrenmantel

in den Hüften, mit freiliegenden und scharfblickenden stahlblauen Augen. Aber unter Tonio's runder Pelzmütze blickten aus einem brünetten und ganz südlich scharfgeschnittenen Gesicht dunkle und zart umschattete Augen mit den zu schweren Lidern träumerisch und ein wenig zaghaft hervor... Mund und Kinn waren ihm ungewöhnlich weich gebildet. Er ging nachlässig und ungleichmäßig, während Hansens schlanke Beine in den schwarzen Strümpfen so elastisch und taktfest einherschritten...

Tonio sprach nicht. Er empfand Schmerz. Indem er seine etwas schräg stehenden Brauen zusammenzog und die Lippen zum Pfeifen gerundet hielt, blickte er seitwärts geneigten Kopfes ins Weite. Diese Haltung und Miene war ihm eigentümlich.

Plötzlich schob Hans seinen Arm unter den Tonio's und sah ihn dabei von der Seite an, denn er begriff sehr wohl, um was es sich handelte. Und obgleich Tonio auch bei den nächsten Schritten noch schwieg, so ward er doch auf einmal sehr weich gestimmt.

„Ich hatte es nämlich nicht vergessen, Tonio", sagte Hans und blickte vor sich nieder auf das Trottoir, „sondern ich dachte nur, daß heute doch wohl nichts daraus werden könnte, weil es ja so naß und windig ist. Aber mir macht das gar nichts, und ich finde es famos, daß du trotzdem auf mich gewartet hast. Ich glaubte schon, du seist nach Hause gegangen, und ärgerte mich..."

Alles in Tonio geriet in eine hüpfende und jubelnde Bewegung bei diesen Worten.

„Ja, wir gehen nun also über die Wälle!" sagte er mit bewegter Stimme. „Über den Mühlenwall und den Holstenwall, und so bringe ich dich nach Hause, Hans... Bewahre, das schadet gar nichts, daß ich dann meinen Heimweg allein mache; das nächste Mal begleitest du mich."

Im Grunde glaubte er nicht sehr fest an das, was Hans gesagt hatte, und fühlte genau, daß jener nur halb soviel Gewicht auf diesen Spaziergang zu zweien legte wie er. Aber er sah doch, daß Hans seine Vergeßlichkeit bereute und es sich angelegen sein ließ, ihn zu versöhnen. Und er war weit von der Absicht entfernt, die Versöhnung hintanzuhalten...

Die Sache war die, daß Tonio Hans Hansen liebte und schon vieles um ihn gelitten hatte. Wer am meisten liebt, ist der Unterlegene und muß leiden, – diese schlichte und harte Lehre hatte seine vierzehnjährige Seele bereits vom Leben entgegengenommen; und er war so geartet, daß er solche Erfahrungen wohl vermerkte, sie gleichsam innerlich aufschrieb und gewissermaßen seine Freude daran hatte, ohne sich freilich für seine Person danach zu richten und praktischen Nutzen daraus zu ziehen. Auch war es so mit ihm bestellt, daß er solche Lehren weit wichtiger und interessanter achtete als die Kenntnisse, die man ihm in der Schule aufnötigte, ja, daß er sich während der Unterrichtsstunden in den gotischen Klassengewölben meistens damit abgab, solche Einsichten bis auf den Grund zu empfinden und völlig auszudenken. Und diese Beschäftigung bereitete ihm eine ganz ähnliche Genugtuung, wie wenn er mit seiner Geige (denn er spielte die Geige) in seinem Zimmer umherging und die Töne, so weich, wie er sie nur hervorzubringen vermochte, in das Plätschern des Springstrahles hinein erklingen ließ, der drunten im Garten unter den Zweigen des alten Walnußbaumes tänzelnd emporstieg ...

Der Springbrunnen, der alte Walnußbaum, seine Geige und in der Ferne das Meer, die Ostsee, deren sommerliche Träume er in den Ferien belauschen durfte, diese Dinge waren es, die er liebte, mit denen er sich gleichsam umstellte, und zwischen denen sich sein inneres Leben abspielte, Dinge, deren Namen mit guter Wirkung in Versen zu verwenden sind und auch wirklich in den Versen, die Tonio Kröger zuweilen verfertigte, immer wieder erklangen.

Dieses, daß er ein Heft mit selbstgeschriebenen Versen besaß, war durch sein eigenes Verschulden bekannt geworden und schadete ihm sehr, bei seinen Mitschülern sowohl wie bei den Lehrern. Dem Sohne Konsul Krögers schien es einerseits, als sei es dumm und gemein, daran Anstoß zu nehmen, und er verachtete dafür sowohl die Mitschüler wie die Lehrer, deren schlechte Manieren ihn obendrein abstießen und deren persönliche Schwächen er seltsam eindringlich durchschaute. Andererseits aber empfand er selbst es als ausschweifend und eigentlich ungehörig, Verse zu machen, und mußte all denen gewissermaßen recht geben, die es für eine befremdende Beschäftigung hielten. Allein das vermochte ihn nicht, davon abzulassen ...

Da er daheim seine Zeit vertat, beim Unterricht langsamen und abgewandten Geistes war und bei den Lehrern schlecht angeschrieben stand, so brachte er beständig die erbärmlichsten Zensuren nach Hause, worüber sein Vater, ein langer, sorgfältig gekleideter Herr mit sinnenden blauen Augen, der immer eine Feldblume im Knopfloch trug, sich sehr erzürnt und bekümmert zeigte. Der Mutter Tonio's jedoch, seiner schönen, schwarzhaarigen Mutter, die Consuelo mit Vornamen hieß und überhaupt so anders war als die übrigen Damen der Stadt, weil der Vater sie sich einstmals von ganz unten auf der Landkarte heraufgeholt hatte, – seiner Mutter waren die Zeugnisse grundeinerlei ...

Tonio liebte seine dunkle und feurige Mutter, die so wunderbar den Flügel und die Mandoline spielte, und er war froh, daß sie sich ob seiner zweifelhaften Stellung unter den Menschen nicht grämte. Andererseits aber empfand er, daß der Zorn des Vaters weit würdiger und respektabler sei, und war, obgleich er von ihm gescholten wurde, im Grunde ganz einverstanden mit ihm, während er die heitere Gleichgültigkeit der Mutter ein wenig liederlich fand. Manchmal dachte er ungefähr: Es ist gerade genug, daß ich bin, wie ich bin, und mich nicht ändern will und kann, fahrlässig, widerspenstig und auf Dinge bedacht, an die sonst niemand denkt. Wenigstens gehört es sich, daß man mich ernstlich schilt und straft dafür, und nicht mit Küssen und Musik darüber hinweggeht. Wir sind doch keine Zigeuner im grünen Wagen, sondern anständige Leute, Konsul Krögers, die Familie der Kröger ... Nicht selten dachte er auch: Warum bin ich doch so sonderlich und in Widerstreit mit allem, zerfallen mit den Lehrern und fremd unter den anderen Jungen? Siehe sie an, die guten Schüler und die von solider Mittelmäßigkeit. Sie finden die Lehrer nicht komisch, sie machen keine Verse und denken nur Dinge, die man eben denkt und die man laut aussprechen kann. Wie ordentlich und einverstanden mit allem und jedermann sie sich fühlen müssen! Das muß gut sein . . . Was aber ist mit mir, und wie wird dies alles ablaufen?

Diese Art und Weise, sich selbst und sein Verhältnis zum Leben zu betrachten, spielte eine wichtige Rolle in Tonio's Liebe zu Hans Hansen. Er liebte ihn zunächst, weil er schön war; dann aber, weil er in allen Stücken als sein eigenes Widerspiel und Gegenteil erschien. Hans Hansen war ein vortrefflicher Schüler und außerdem ein frischer Gesell, der ritt, turnte, schwamm wie ein Held und sich der allgemeinen Beliebtheit erfreute. Die Lehrer waren ihm beinahe mit Zärtlichkeit zugetan, nannten ihn mit Vornamen und förderten ihn auf alle Weise, die Kameraden waren auf seine Gunst bedacht, und auf der Straße hielten ihn Herren und Damen an, faßten ihn an dem Schopfe bastblonden Haares, der unter seiner dänischen Schiffermütze hervorquoll, und sagten: „Guten Tag, Hans Hansen, mit deinem netten Schopf! Bist du noch Primus[1]? Grüß Papa und Mama, mein prächtiger Junge . . ."

So war Hans Hansen, und seit Tonio Kröger ihn kannte, empfand er Sehnsucht, sobald er ihn erblickte, eine neidische Sehnsucht, die oberhalb der Brust saß und brannte. Wer so blaue Augen hätte, dachte er, und so in Ordnung und glücklicher Gemeinschaft mit aller Welt lebte wie du! Stets bist du auf eine wohlanständige und allgemein respektierte Weise beschäftigt. Wenn du die Schulaufgaben erledigt hast, so nimmst du Reitstunden oder arbeitest mit der Laubsäge, und selbst in den Ferien, an der See, bist du vom Rudern, Segeln und Schwimmen in Anspruch genommen, indes ich müßiggängerisch und verloren im Sande liege und auf die geheimnisvoll wechselnden Mienenspiele starre, die über des Meeres Antlitz huschen. Aber darum sind deine Augen so klar. Zu sein wie du . . .

Er machte nicht den Versuch, zu werden wie Hans Hansen, und vielleicht war es ihm nicht einmal sehr ernst mit diesem Wunsche. Aber er begehrte schmerzlich, so wie er war, von ihm geliebt zu werden, und er warb um seine Liebe auf seine Art, eine langsame und innige, hingebungsvolle, leidende und wehmütige Art, aber von einer Wehmut, die tiefer und zehrender brennen kann als alle jähe Leidenschaftlichkeit, die man von seinem fremden Äußeren hätte erwarten können.

Und er warb nicht ganz vergebens, denn Hans, der übrigens eine gewisse Überlegenheit an ihm achtete, eine Gewandtheit des Mundes, die Tonio befähigte, schwierige Dinge auszusprechen, begriff ganz wohl, daß hier eine ungewöhnlich starke und zarte Empfindung für ihn lebendig sei, erwies sich dankbar und bereitete ihm manches Glück durch sein Entgegenkommen – aber auch manche Pein der Eifersucht, der Enttäuschung und der vergeblichen Mühe, eine geistige Gemeinschaft herzustellen. Denn es war das Merkwürdige, daß Tonio, der Hans Hansen doch um seine Daseinsart beneidete, beständig trachtete, ihn zu seiner eigenen herüberzuziehen, was höchstens auf Augenblicke und auch dann nur scheinbar gelingen konnte...

„Ich habe jetzt etwas Wundervolles gelesen, etwas Prachtvolles . . .", sagte er. Sie gingen und aßen gemeinsam aus einer Tüte Fruchtbonbons, die sie bei Krämer

---

[1] Erster in einer Schulklasse

Iwersen in der Mühlenstraße für zehn Pfennige erstanden hatten. „Du mußt es lesen, Hans, es ist nämlich ‚Don Carlos' von Schiller ... Ich leihe es dir, wenn du willst ..."

„Ach nein", sagte Hans Hansen, „das laß nur, Tonio, das paßt nicht für mich. Ich bleibe bei meinen Pferdebüchern, weißt du. Famose Abbildungen sind darin, sage ich dir. Wenn du mal bei mir bist, zeige ich sie dir. Es sind Augenblicksphotographien, und man sieht die Gäule im Trab und im Galopp und im Sprunge, in allen Stellungen, die man in Wirklichkeit gar nicht zu sehen bekommt, weil es zu schnell geht ..."

„In allen Stellungen?" sagte Tonio höflich. „Ja, das ist fein. Was aber ‚Don Carlos' betrifft, so geht das über alle Begriffe. Es sind Stellen darin, du sollst sehen, die so schön sind, daß es einem einen Ruck gibt, daß es gleichsam knallt ..."

„Knallt es?" fragte Hans Hansen ... „Wieso?"

„Da ist zum Beispiel die Stelle, wo der König geweint hat, weil er von dem Marquis[1] betrogen ist ... aber der Marquis hat ihn nur dem Prinzen zuliebe betrogen, verstehst du, für den er sich opfert. Und nun kommt aus dem Kabinett in das Vorzimmer die Nachricht, daß der König geweint hat. ‚Geweint?' ‚Der König geweint?' Alle Hofmänner sind fürchterlich betreten, und es geht einem durch und durch, denn es ist ein schrecklich starrer und strenger König. Aber man begreift es so gut, daß er geweint hat, und mir tut er eigentlich mehr leid als der Prinz und der Marquis zusammengenommen. Er ist immer so ganz allein und ohne Liebe, und nun glaubt er einen Menschen gefunden zu haben, und der verrät ihn ..."

Hans Hansen sah von der Seite in Tonio's Gesicht, und irgend etwas in diesem Gesicht mußte ihn wohl dem Gegenstande gewinnen, denn er schob plötzlich wieder seinen Arm unter den Tonios und fragte:

„Auf welche Weise verrät er ihn denn, Tonio?"

Tonio geriet in Bewegung.

„Ja, die Sache ist", fing er an, „daß alle Briefe nach Brabant und Flandern ..."

„Da kommt Erwin Jimmerthal", sagte Hans.

Tonio verstummte. Möchte ihn doch, dachte er, die Erde verschlingen, diesen Jimmerthal! Warum muß er kommen und uns stören! Wenn er nur nicht mit uns geht und den ganzen Weg von der Reitstunde spricht ... Denn Erwin Jimmerthal hatte ebenfalls Reitstunde. Er war der Sohn des Bankdirektors und wohnte hier draußen vorm Tore. Mit seinen krummen Beinen und Schlitzaugen kam er ihnen, schon ohne Schulmappe, durch die Allee entgegen.

„Tag, Jimmerthal", sagte Hans. „Ich gehe ein bißchen mit Kröger..."

„Ich muß zur Stadt", sagte Jimmerthal, „und etwas besorgen. Aber ich gehe noch ein Stück mit euch ... Das sind wohl Fruchtbonbons, die ihr da habt? Ja, danke, ein paar esse ich. Morgen haben wir wieder Stunde, Hans." – Es war die Reitstunde gemeint.

---

[1] Markgraf, Adelstitel

„Famos!" sagte Hans. „Ich bekomme jetzt die ledernen Gamaschen, du, weil ich neulich die Eins im Exerzitium[1] hatte..."

„Du hast wohl keine Reitstunde, Kröger?" fragte Jimmerthal, und seine Augen waren nur ein Paar blanker Ritzen...

„Nein...", antwortete Tonio mit ganz ungewisser Betonung.

„Du solltest", bemerkte Hans Hansen, „deinen Vater bitten, daß du auch Stunde bekommst, Kröger."

„Ja...", sagte Tonio zugleich hastig und gleichgültig. Einen Augenblick schnürte sich ihm die Kehle zusammen, weil Hans ihn mit Nachnamen angeredet hatte; und Hans schien dies zu fühlen, denn er sagte erläuternd:

„Ich nenne dich Kröger, weil dein Vorname so verrückt ist, du, entschuldige, aber ich mag ihn nicht leiden. Tonio... Das ist doch überhaupt kein Name. Übrigens kannst du ja nichts dafür, bewahre!"

„Nein, du heißt wohl hauptsächlich so, weil es so ausländisch klingt und etwas Besonderes ist...", sagte Jimmerthal und tat, als ob er zum Guten reden wollte.

Tonio's Mund zuckte. Er nahm sich zusammen und sagte:

„Ja, es ist ein alberner Name, ich möchte, weiß Gott, lieber Heinrich oder Wilhelm heißen, das könnt ihr mir glauben. Aber es kommt daher, daß ein Bruder meiner Mutter, nach dem ich getauft worden bin, Antonio heißt; denn meine Mutter ist doch von drüben..."

Dann schwieg er und ließ die beiden von Pferden und Lederzeug sprechen. Hans hatte Jimmerthal untergefaßt und redete mit einer geläufigen Teilnahme, die für ‚Don Carlos' niemals in ihm zu erwecken gewesen wäre... Von Zeit zu Zeit fühlte Tonio, wie der Drang zu weinen ihm prickelnd in die Nase stieg; auch hatte er Mühe, sein Kinn in der Gewalt zu behalten, das beständig ins Zittern geriet...

Hans mochte seinen Namen nicht leiden, – was war dabei zu tun? Er selbst hieß Hans, und Jimmerthal hieß Erwin, gut, das waren allgemein anerkannte Namen, die niemand befremdeten. Aber ‚Tonio' war etwas Ausländisches und Besonderes. Ja, es war in allen Stücken etwas Besonderes mit ihm, ob er wollte oder nicht, und er war allein und ausgeschlossen von den Ordentlichen und Gewöhnlichen, obgleich er doch kein Zigeuner im grünen Wagen war, sondern ein Sohn Konsul Krögers, aus der Familie der Kröger... Aber warum nannte Hans ihn Tonio, solange sie allein waren, wenn er, kam ein dritter hinzu, anfing, sich seiner zu schämen? Zuweilen war er ihm nahe und gewonnen, ja. Auf welche Weise verrät er ihn denn, Tonio? hatte er gefragt und ihn untergefaßt. Aber als dann Jimmerthal gekommen war, hatte er dennoch erleichtert aufgeatmet, hatte ihn verlassen und ihm ohne Not seinen fremden Rufnamen vorgeworfen. Wie weh es tat, dies alles durchschauen zu müssen!... Hans Hansen hatte ihn im Grunde ein wenig gern, wenn sie unter sich waren, er wußte es. Aber kam ein dritter, so schämte er sich dessen und opferte ihn auf. Und er war wieder allein. Er dachte an König Philipp. Der König hat geweint...

(Aus: Thomas Mann, Sämtliche Erzählungen. Frankfurt: Fischer 1963, S. 213ff.)

---
[1] Übung

Arbeitshinweise
1. Erarbeiten Sie die unterschiedlichen Merkmale und Charakteristika der beiden Freunde Tonio und Hans!
2. Analysieren Sie die Bedeutung des Namens Tonio Kröger. Versuchen Sie, vom Namen ausgehend, den inneren Zwiespalt der Titelfigur aufzuzeigen!
3. Der Stil von Thomas Mann ist charakterisiert durch die enge Verknüpfung widerspruchsvoller Elemente (einerseits – andererseits). Suchen Sie dafür Beispiele!
4. Kann man davon sprechen, daß sich die beiden Freunde gut verstehen?
5. Warum nennt Hans seinen Freund in Gegenwart anderer beim Nachnamen?
6. Worin sind die Probleme begründet, die Tonio beim Prozeß der Eingliederung in die Gesellschaft (= Sozialisation) hat?
7. Erläutern Sie die Aussage von Thomas Mann, daß er „eine persönliche Mischung aus Norden und Süden, aus deutschen und exotischen Elementen" sei!

HEINRICH MANN, **Abdankung**

Heinrich Mann – der ältere Bruder von Thomas Mann – wurde 1871 in Lübeck geboren. Nach einer Buchhändlerlehre verbrachte er mehrere Jahre in Italien und lebte dann in München und Berlin. Seine schriftstellerische Tätigkeit ist durch seinen Kampf gegen das Spießbürgertum des Wilhelminischen Deutschland charakterisiert. Das literarische Zeugnis seines Engagements sind die auch durch ihre Verfilmung berühmt gewordenen Romane „Professor Unrat" (Film: „Der blaue Engel") und „Der Untertan". In den 20er Jahren galt er als der geistige Repräsentant der Weimarer Republik; er mußte wegen seiner humanistischen und pazifistischen Gesinnung schon 1933 aus Deutschland emigrieren. Nach 17 Jahren im Exil starb er, kurz bevor er nach Deutschland zurückkehren wollte, 1950 in Los Angeles.

Seine Erzählung „Abdankung" entstand im Jahr 1905.

Lesehinweis:

Heinrich Mann, Professor Unrat. Reinbek: Rowohlt 1951 (= rororo 35).

Heinrich Mann, Der Untertan. München: dtv 1964 (= dtv 256/57).

Heinrich Mann, Novellen. Hamburg: Claassen 1963.

Klaus Schröter, Heinrich Mann in Selbstzeugnissen und Bilddokumenten. Reinbek: Rowohlt 1967 (= rowohlts monographien 125).

Hugo Dittberner, Heinrich Mann. Frankfurt: Fischer 1974 (= FAT 2053).

Alle wollten Fußball spielen; Felix allein bestand auf einem Wettlauf.

„Wer ist hier der Herr?" schrie er, gerötet und bebend, mit einem Blick, daß der, den er traf, sich in einen Knäuel von Freunden verkroch.

„Wer ist hier der Herr!" – es war das erste Wort, das er, kaum in die Schule eingetreten, zu ihnen sprach. Sie sahen verdutzt einander an. Ein großer Rüpel musterte den schmächtigen Jungen und wollte lachen. Felix saß ihm plötzlich mit der Faust im Nacken und duckte ihn.

„Weiter kannst du wohl nichts?" ächzte der Gebändigte, das Gesicht am Boden.

„Laufe mit mir! Das soll entscheiden."

„Ja, lauf!" riefen mehrere.

„Wer ist noch gegen das Laufen?" fragte Felix, aufgereckt und ein Bein vorgestellt.

„Mir ist es wurscht", sagte faul der dicke Hans Butt.

Andere bestätigten: „Mir auch."

Ein Geschiebe entstand, und einige traten auf Felix' Seite. Denen, die sich hinter seinen Gegner gereiht hatten, ward bange, so rachsüchtig maß er sie.

„Ich merke mir jeden!" rief er schrill.

Zwei gingen zu ihm über, dann noch zwei. Butt, der sich parteilos herumdrückte, ward von Felix vermittels einer Ohrfeige den Seinen zugesellt.

Felix siegte mit Leichtigkeit. Der Wind, der ihm beim Dahinfliegen entgegenströmte, schien eine begeisternde Melodie zu enthalten; und wie Felix, den Rausch der Schnelligkeit im pochenden Blut, zurückkehrte, war er jedes künftigen Sieges gewiß. Dem Unterlegenen, der ihm Vergeltung beim Fußball verhieß, lächelte er achselzuckend in die Augen.

Als er aber das nächste Mal einen, der sich seinem Befehl widersetzte, niederwarf, war's nur Glück, und er wußte es. Schon war er verloren, da machte sich's, daß er loskam und dem anderen einen Tritt in den Bauch geben konnte, so daß er stürzte. Da lag der nun, wie selbstverständlich – und doch fühlte Felix, der auf ihn hinabsah, noch den Schwindel der schwankenden Minute, als Ruf und Gewalt auf der Schneide standen. Dann ein tiefer Atemzug und ein inneres Aufjauchzen; aber schon murrte jemand: Bauchtritte gälten nicht. Jawohl, echote es, sie seien feige. Und von neuem mußte man der Menge entgegentreten und sich behaupten.

Bei den meisten zwar genügten feste Worte. Die zwei oder drei kannte Felix, mit denen er sich noch zu messen hatte; die anderen gehorchten schon. Zuweilen überkam ihn – nie in der Schule, denn hier war er immer gespannt von der Aufgabe des Herrschens, aber daheim –, ihn überkam Staunen, weil sie gehorchten. Sie waren doch stärker! Jeder einzelne war stärker! Wenn dem dicken Hans Butt eingefallen wäre, daß er Muskeln hatte! Aber das war auch so ein weicher Klumpen, aus dem sich alles machen ließ. Felix war allein; sein Geist prüfte, in unruhigen Sprüngen, alle die Entfernten; und seine erregten Hände kneteten an seinen Gesichtern und stießen sie fort.

Dabei fand er für den und jenen geringschätzige Namen. Fast allen schon hatte er sie aufgenötigt, und als der neue Klassenlehrer fragte, wie sie hießen, hatte jeder den seinen angeben müssen: Klobs, Lump, Pithekos. Ja, da stand der englisch gekleidete Weeke als Pithekos, und Graupel, dessen Vater der Bürgermeister war, schimpfte sich Lump, weil Felix es ihnen befohlen hatte. Felix aber trug einen gewendeten Anzug; und seit auf der letzten ihrer abenteuerlichen Fahrten sein Vater – er konnte nur ahnen, wie – ums Leben gekommen war, beherbergten seine Mutter und ihn drei dürftige Zimmer in dieser Stadt – wo nun geschah, was er wollte.

Denn wie er den Kameraden die Spitznamen auferlegte, machte er die der Lehrer unmöglich. Niemand konnte sie mehr ohne Scham aussprechen. Dem Schreiblehrer, an dem solange der Feigste sein Mütchen gekühlt hatte, erzwang er eine achtungsvolle Behandlung. Durch Einschüchterung und Spott brachte er es in Mode, sich auf die Mathematikstunden nicht vorzubereiten. Als aber der Professor, dem jemand geklatscht haben mußte, die Klasse warnte, sich von einem Unbegabten zur Trägheit verführen zu lassen, erkämpfte Felix in acht Tagen die beste Note und erklärte es für Kinderspiel. In Wirklichkeit hatte er seinem Kopf Gewalt angetan und wußte nicht wohin vor Gereiztheit. Dem Professor, der ihn durch Auszeichnungen zu gewinnen suchte, begegnete er beflissen und unnahbar. Bis zur nächsten Stunde setzte er durch, daß das eiserne Lineal erhitzt werden sollte. Das geschah hinter der Turnhalle. Wie Felix die Zweifler überzeugen wollte, daß der Professor immer im Eifer der Demonstration plötzlich mit der ganzen Hand nach dem Lineal fasse, tat unbedacht er selbst den Griff und schrak zurück. Es ward gelacht. „Wer anderen eine Grube gräbt", hieß es, und: „Er kann es selbst nicht aushalten."

Felix' Augen, die die Runde machten, wurden dunkel. Als das heiße Eisen zwischen Hölzern hineingetragen ward, ging er stumm hinterher. Alle saßen auf den Plätzen, der Schritt des Professors war zu hören; da nahm Felix das Lineal vom Pult und stieß es in sein aufgerissenes Hemd. Wie Rauschen ging's durch die Klasse. Was sie hätten, warum niemand aufmerke, fragte der Professor. Felix meldete sich und gab, mit weißen Lippen, die Antwort. Dann saß er wieder da und hatte, hinter seinem gekrampften, einsamen Lächeln, das eine, manchmal von den Schmerzen übertobte Bewußtsein, daß sie alle, die er nicht ansah, voll Grauen, in Unterworfenheit und mit Wallungen der Liebe durch die Finger zu ihm herschielten und daß er hoch über ihnen schwelge und sie maßlos verachte.

„Feuer ist nichts für euch", sagte er, als er nach drei Tagen wiederkam, „aber Wasser!"

Er öffnete den Brunnen.

„Butt! Unter die Pumpe!"

Butt gab faul seinen Kopf her.

„Weeke! Graupel!"

Sie kamen. Einer nach dem andern duckte sich unter den Strahl: albern lachend und knechtisch; weil auch der vorige es getan hatte; weil es ein Witz sein konnte; weil Felix zu widerstehen gegen Klugheit und Sitte ging.

Wie es von allen Schöpfen auf die Dielen tropfte und der erbitterte Ordinarius vergeblich nach dem Anstifter umherfragte, stand Felix auf.

„Ich habe sie alle getauft", erklärte er gelassen und nahm sechs Stunden Karzer entgegen.

Er stand auch auf, weil einer „Kikeriki" gerufen hatte und niemand sich meldete. Nicht er war's gewesen. Das nächste Mal zog er sich einen Tadel im Klassenbuch zu dadurch, daß er seine Grammatik dem Hintermann zum Ablesen hinhielt. Wenn er sie tyrannisierte, fühlte er sich auch verantwortlich für ihre Sünden und ihr Wohlergehen. Er konnte sie nur als Sklaven ertragen; aber wo nicht er selbst befahl, hielt er eifersüchtig auf ihre Würde. Ein kürzlich eingetroffener Landjunker überhob sich. Felix kam darüber zu, wie er in der Mitte eines neugierigen Kreises stand, seinen ausgestreckten Arm für den Radius erklärte und ihn plötzlich rundum über die Gesichter fegte.

„Von welchem Hundekerl laßt ihr euch da ohrfeigen?" schrie Felix glühend.

„Nimm dich in acht, guter Freund", sagte der junge Graf, mit einem Blick von oben nach unten. Felix stieß, außer sich, die Arme in die Luft.

„Sprich so mit deinem Kuhjungen, nicht mit mir, nicht mit –"

Die Sprache versagte ihm.

„Du möchtest wohl Prügel?" fragte sein Feind. Der Kreis öffnete sich und wich zurück.

„Und du?" – vorspringend. Plötzlich bezwang er sich, schob die Hände in die Taschen.

„Prügel von mir sind zu gut für dich; aber ich *lasse* dich prügeln!"

Zu den andern:

„Verhaut ihn! – Nun? Er hat euch beleidigt. Macht euch das nichts? Er hat auch mich beleidigt. Ihr kennt mich. Nun?"

Von seinen Worten, seinen Blicken kamen sie ruckweise in Bewegung. Sie lugten einer nach dem andern aus, suchten mit den Ellenbogen Fühlung: da, alle auf einmal, warfen sie sich auf den Angreifer ihres Herrn. Er fiel um; ihr Erfolg machte sie wild. Felix lehnte an der Mauer und sah zu.

„Genug! Er blutet! Jetzt vertragt euch wieder!"

Und der verblüffte Neuling ward in die Schar aufgenommen, lernte gehorchen mit der Schar.

Felix übte sie. Der, dem er zurief: „Er lebe wohl!", hatte in wahnsinniger Hast zu verschwinden; und auf die Frage: „Wie geht's Ihm?" war es Gesetz zu erwidern: „Mäßig"; worauf Felix, mit gekrümmter Lippe: „Es scheint so." Irgendeiner mußte nach Dunkelwerden zur Stadt hinaus; mußte den Weg schweigend zurücklegen und an einem bestimmten Hause sein Bedürfnis verrichten. Es war nicht sicher, daß Felix von Verstößen gegen seine Gebote nicht auf mystischen Wegen Kenntnis erlangt haben würde; und je derber sie der Vernunft zuwiderliefen, desto fanatischer wurden sie ausgeführt. Der junge Graf brachte es dahin, daß er Punkt vier Uhr, allein in seinem Zimmer, einen Stock schwenkte und dreißigmal hurra schrie. Und nach jedem Hurra rief ein anderer, der vor dem Hause stand, hinauf: „Du

Schaf!" Tägliche Pflicht des dicken Hans Butt war es, sich während der längeren Pause in die leere Klasse zu schleichen, sich auf den Boden zu legen und mit geschlossenen Augen zu harren, daß Felix ihn „entsündige". Felix kam die Treppe herauf, zwischen vier Trabanten, die an der Tür stehenblieben und das, was vorging, nicht mit Augen schauen durften. Er umkreiste dreimal den ausgestreckten Butt; kein Atem ging in dem weiten Zimmer; und ließ sich rittlings auf den Bauch des Patienten fallen. Butt konnte aufstehen.

Wenn er Butts Fett unter sich zittern und weichen fühlte, war Felix versucht, sich darauf auszuruhen. Er hatte die Empfindung, daß Butts Sünden wirklich in sein eigenes Fleisch hinüberflössen; die tierische Apathie des andern versuchte ihn; eine Gemeinschaft entstand, die ihn selbst anwiderte.

Butt stammte aus einer Gärtnerei und war durchtränkt mit dem friedlichen Geruch erdiger Gemüse, nach dem es Felix immer wieder verlangte wie nach einem Gift, das verachtete Wonnen verspricht. Butts Schnaufen lockte ihn an; und Felix brauchte auf seinem brennenden Lauf nach einem Ziel, einer Tat nur in Butts Nähe zu kommen. Butt hing, hingewälzt, an der sonnigen Mauer: dann mußte Felix anhalten; Butts Dunst fing ihn ein. Er schob – und bekam nie genug davon – diesen willenlosen Kopf hin und her, der hängenblieb, wie man ihn hängte; hob diese trägen Gliedmaßen und ließ sie fallen; versenkte sich, mit einem erschlaffenden Grauen, in Butt wie in einen lauen Abgrund. Ein wütender Fußtritt bezeichnete den Augenblick, wo er wieder heraufkam.

Sein Schlaf ward unruhig; er erwachte manchmal mit Tränen bitterer Begierde und erinnerte sich schambestürzt, daß er im Traum Butts Körper betastet habe. Und er sann sich, mit Verachtung und Neid, in solch ein Wesen hinein, dessen Schwere nichts aufrüttelte, kein Ehrgeiz, kein Verantwortlichkeitssinn, weder die Not der selbstgeschaffenen Pflichten noch die jener Seltsamkeiten, die sich nicht gestehen ließen. Wenn die Unterworfenen einen Blick hätten tun können in das, was ihr Beherrscher verbarg! Daß er ihre Antwort auf den rituellen Zuruf: „Wie geht's Ihm?" mit immer neuer Qual erwartete. Daß er das Ausbleiben dieses entsetzlichen „Mäßig" selbst während der Unterrichtsstunde nie ertragen haben würde und dem Zwang erlegen wäre, zur Erlangung seines Tributs dem Lehrer laut ins Wort zu fallen. Daß er die Schritte eines, den er zu sich beschied, zählen und abergläubische Schlüsse aus ihrer Summe ziehen mußte. Daß er – es ging nicht anders – jemanden, den er durch ein „Er lebe wohl!" zum jähen Verschwinden bestimmt hatte, in Angst und Eile von beiden Seiten, von vorn und nochmals von links ansah, als gälte es, ihn für immer auswendig zu lernen, und daß, hatte er dies fertiggebracht, Stunden voll Pein kamen.

Wie leicht sie's eigentlich hatten, die, die sich ihm ergaben, ihn statt ihrer wollen ließen und nun ruhig schliefen. Ob man sich solch ein gemeines, stumpfsinniges Dasein wünschen sollte? Ach, manchmal wäre es eine Wohltat gewesen, jemand zu haben, der einem Befehle gäbe, einem alles abnähme. Felix stand in der Nacht auf, stellte sich mit der Kerze vor den Spiegel und ließ sich von seinem Gegenüber zurufen: „Streck die Zunge raus! Leg zwei Finger an die Stirn!"

„Nein, was für ein Unsinn! Das bin ich ja wieder selbst."

Mit einem Blick des Überdrusses wandte er seinem Abbild den Rücken.

Dann rächte er sich an denen, die es soviel leichter hatten, machte die Probe, wie weit sich's wohl treiben ließ mit ihnen.

„Runge, spuck dem Butt ins Gesicht! – Jetzt spuckt Butt den Weeke. Und Weeke den Graupel. Und so weiter."

Sie taten es! Es war fabelhaft.

„Wer den andern auf die Nase trifft, wird mein Trabant!"

Er dachte: ‚Merken sie denn gar nicht, was sie tun? Sie jubeln! Warum zwingen sie mich, sie so furchtbar zu verachten? Da stehe ich ganz allein. Mich spuckt keiner, darauf verfallen sie nicht. Ich hätte wirklich Lust; oh, ich darf nicht; aber ich hätte Lust...' Er holte, erregten Gesichtes, Butt aus dem Gedränge und sagte ihm etwas ins Ohr. Butt sah ihn tief erschrocken an.

„Wird's bald?" flüsterte Felix; und da Butt unschlüssig blieb, erhob er die Hand.

„Entweder – oder!"

Da tappte Butt einen Schritt rückwärts, und vor aller Augen spie er Felix mitten auf die Stirn.

Entsetzte Stille brach ein. Felix lachte leichtsinnig.

„Jetzt kommt was Neues. Ich tue alles, was Butt sagt."

Die Menge blickte auf Butt und jauchzte befreit.

„Nun Butt? Sag mal was! Was soll ich tun? Weißt du nichts? Soll ich rechtsum machen?"

Butt blieb ratlos, und die Menge krümmte sich.

„Soll ich auf einem Bein hüpfen? Hast du denn gar keine Phantasie? Befiehl mir doch dasselbe, was ich dir befohlen habe!"

Butt wagte mißtrauisch:

„Heb den Arm auf! Laß ihn wieder fallen!"

Felix tat es; und Butt wußte nicht weiter.

Aber in jeder Schulpause kam Felix auf das neue Spiel zurück. Er legte Butt nahe, was er ihm aufgeben solle.

„Du kannst alles von mir verlangen, was ich sonst von dir verlangt habe; hörst du: alles... Was mußtest du um diese Zeit immer tun?"

„Ich mußte mich entsündigen lassen", sagte Butt und wollte schon hin.

„Nein, ich!"

Und Felix ging hinauf und streckte sich auf den Boden. Mit geschlossenen Augen: „Weiter, Butt!"

Einige stießen Butt vor; andere zerrten ihn wieder zurück.

„Weiter, Butt!"

Butt schwankte ins Zimmer hinein. Er machte die Runde um Felix: einmal, zweimal und das drittemal.

„Was kommt jetzt, Butt?"

Alles hielt den Atem an. Den Finger am Mundwinkel, stand Butt und glotzte auf Felix hinab.

„Nein, das geht nicht!" und er machte kehrt.

„Butt, du tust es!"

„Nein, das darf er nicht!" rief die Menge mit Entrüstung – und sooft Felix hiervon wieder anfing, hinderte ihn derselbe dumpfe Widerstand. Er erfand ein anderes Mittel, Butt zu seinem Herrn zu machen.

„Butt, wo geht der Weg? Geradeaus oder um den Baum herum?"

Butt antwortete in zweifelndem Ton, Felix tat, was er vorschrieb, und alle lachten Beifall.

Es war die Zeit der Schulausflüge.

„Butt, wo geht der Weg? Über die Brücke oder durch den Bach?"

Und Butt, Mut fassend:

„Durch den Bach!"

Felix sprang hinein, ohne nur die Füße zu entkleiden.

Wenn es zur Stunde läutete, fragte er noch rasch:

„Butt, wo geht der Weg?"

„Die Treppe hinauf!", und Butt grunzte.

‚Wenn er gesagt hätte: nach Hause', dachte Felix, ‚ich hätte es tun müssen; ich hätte es unbedingt tun müssen.' Ein Versuch lockte ihn angstvoll.

„Der Weg kann auch mal unter den Tischen durchgehn", erklärte er; und während der nächsten Stunde fragte er:

„Butt, wo geht der Weg?"

„Unter den Tischen durch", sagte Butt und machte vor Schreck die Augen zu. Als er sie öffnete, war Felix fort.

„Was hat denn der dort unten zu suchen!" rief der Professor.

Blutrot, mit wirrem Blick kam Felix unter der letzten Bank hervor. Oh, die grausame Selbstvergewaltigung, die todverachtende Hingabe, mit der er sich hinabgestürzt hatte! Herrlicher fühlte dies sich an, als wenn sie auf seinen Befehl einander verprügelt hatten. Er begegnete, voll eines entsetzlich süßen Stolzes, in den Augen, die ihn untersuchten, der beginnenden Schadenfreude.

Bis dahin hatte Felix keinen Freund gehabt, hatte außerhalb der Schule mit niemand verkehrt. Jetzt trennte er sich nicht mehr von Butt, brachte ihm die fertigen Arbeiten, blieb bei ihm sitzen und sah ihn inständig an.

„Butt, wo geht der Weg?"

„In die Ecke ... Die Treppe siebenmal rauf und runter ... Ins Hundehaus." Damit war Butt erschöpft. Unvermutet aber fand er etwas Praktisches.

„Zum Bäcker, Apfelkuchen holen."

Dies wiederholte er, solange Felix' Mutter noch Geld gab.

„Butt, wo geht der Weg?"

„Zum Kuckuck."

Und Felix lief vors Tor hinaus, strich mit Herzklopfen durch die Büsche, horchte, errötend und erblassend, in den Wald hinein und atmete, wie der Kuckuck rief, leidenschaftlich auf, als sei ihm das Leben geschenkt.

In der Schule prahlte Butt mit seiner Macht über den, dem alle gehorchen. Aber er bekam von ihnen Püffe dafür. Felix versuchte zu lachen, schämte sich gleich darauf seiner Verstellung und erklärte:

„Butt ist mein Freund: was geht es euch an?"

Er ward mißbilligend und scheu betrachtet; in den Winkeln tuschelte es über ihn; freche Blicke wagten sich hervor; ein kleiner Naiver trat an ihn heran.

„Ist Butt eigentlich mehr als du?" fragte er hell.

Felix senkte, rot überflogen, die Stirn. Niemand sprach.

Alles Glück, auf das Felix sann, sollten die Sommerferien bringen, wenn er mit Butt allein wäre. Er erreichte es, daß seine Mutter auch dem Gärtnerssohn den Aufenthalt am Ukleisee bezahlte. Das Bauernhaus stand halb im Wasser. Aus ihrem Fenster fischten sie. Durch das von waldigen Ufern schwarz beschattete Wasser schwankte ihr plumper Kahn. Felix schoß Stöcke ins Wasser: das waren Torpedos; und er verkündete Butt, seinem Kapitän, den Sieg. Butt ließ sich zu stolzen Kommandorufen hinreißen; aber als Felix ihm einen der Stöcke, den er aus dem Wasser zog, wegnahm und dabei behauptete, das sei ein Hai, er habe seinen Kapitän gerettet und dem Hai eine Stange durch den Rachen und den ganzen Leib getrieben, da kam Butt nicht mehr mit, erklärte alles für Unsinn und streckte sich ins Boot.

„Butt, wo geht der Weg?"

„Ins Wasser, das Boot schieben."

Felix schwamm und schob. Er ermüdete.

„Butt, wo geht der Weg?"

Butt lag mit den Händen unter dem Kopf, blinzelte, schnaufte und genoß. Halb schlafend, gedachte er der Zeit, als er für Felix umhergesprungen war, vor ihm gezittert hatte, sich von ihm hatte entsündigen lassen.

„Weiter", brummte er. Eine Weile darauf mußte Felix gestehen: „Ich kann nicht mehr. Wo geht der Weg?"

Butt wußte etwas Neues.

„Zu den –"

Aber er unterbrach sich, gutmütig grunzend.

„Ins Boot zurück."

„Was wolltest du sagen, Butt?"

Felix war außerstande, sich darüber zu beruhigen. Butt erlustigte sich an seiner Erregung. In der Nacht ward er wachgerüttelt. Felix stand im Hemd vor seinem Bett.

„Butt, wo geht der Weg?"

„Donnerwetter, jetzt hört's auf! Zu den Fischen hinunter geht er!"
Im nächsten Augenblick, mit Geschrei:
„Nein! Nicht zu den Fischen! Ins Bett!"
Felix stieg zögernd von der Fensterbank herab.
„Du hast es doch gesagt."
„Es war nicht wahr. Laß mich in Ruhe."
„Du hast es aber doch gesagt."
Am Morgen, als erstes Wort nach fiebrigem Schlaf, und unermüdlich Tag für Tag:
„Geht der Weg wirklich nicht zu den Fischen hinunter?"
„Na also: ja", machte Butt manchmal; aber dann rief er Felix zurück.
Die Schule fing wieder an. Felix betrat sie mit blassen, gehöhlten Wangen und starrem Blick. Er hatte keinen Sinn für die Vorgänge bei den anderen, für das, was Butt ihnen erzählte, für ihr Gelächter, wenn er sich zeigte. Von Zeit zu Zeit kam einer auf ihn zu, versetzte ihm wortlos einen langsamen Stoß mit der Schulter; und nach dieser Absage an den einstigen Herrn ging er mit saurer, strenger Miene weiter. Die Lider gesenkt, schlich Felix nur immer Butt nach, flüsterte etwas; Butt stieß mit der Schulter, wie die anderen: „Wer weiß!", und Felix stammelte qualvoll:
„Du hast es aber gesagt."
Eines Morgens war er nicht da. Am zweiten Tage erst fand Butt unter seinen Heften den Zettel, auf den Felix geschrieben hatte:
„Der Weg ging *doch* zu den Fischen hinunter."
(Aus: Heinrich Mann, Novellen. Hamburg: Claassen 1963, S. 532–546.)

Arbeitshinweise
1. *Durch welche Mittel gelingt es Felix, Macht über andere Menschen zu gewinnen? Wie behandelt er die anderen, wie sich selbst?*
2. *Wie empfindet der Herrscher seine Macht?*
3. *Warum dankt Felix auf dem Höhepunkt seiner Macht ab?*
4. *Was sucht Felix?*
5. *Warum geht er doch zu den „Fischen"?*
6. *Welches Verhältnis besteht zwischen den Schülern und Felix?*
7. *Diskutieren Sie das Verhalten der Schüler!*
8. *Lassen sich Parallelen zu Motiven und Methoden totalitärer Systeme finden?*

Franz Kafka, **Brief an den Vater**

Franz Kafka wurde 1883 in Prag geboren; mit 41 Jahren starb er 1924 in Kierling (Wienerwald). Er war der Sohn eines jüdischen Kaufmanns, studierte nach dem Besuch des deutschen Gymnasiums in der Prager Altstadt Germanistik; aber auf Drängen des Vaters, den nur materielle Fragen interessierten, wechselte er zur juristischen Fakultät über. Nach kurzer Gerichtspraxis war er von 1908–1917 Angestellter einer Feuer-Versicherungsgesellschaft, später bis 1923 bei einer Arbeiter-Unfall-Versicherung. Seit 1905 mußte er häufig Sanatorien aufsuchen; 1917 erkrankte er an Tuberkulose.
Der Brief an den Vater, dessen Anfang hier abgedruckt ist, wurde von dem 36jährigen Franz Kafka im November 1919 geschrieben. Er umfaßt etwa 40 Buchseiten. Ursprünglich war der Brief tatsächlich dazu bestimmt gewesen, vom Vater gelesen zu werden. Aber Franz hatte weder den Mut, dem Vater das Dokument zu überreichen, noch es der Post anzuvertrauen. Die Mutter sollte den Brief überbringen. Aber Frau Kafka nahm diesen Auftrag nicht an, sondern sandte den Brief mit einem feundlichen Begleitschreiben an ihren Sohn zurück.

Lesehinweis:

Franz Kafka, Brief an den Vater. Frankfurt: Fischer 1975 (= Fischer Taschenbuch 1629).
Das Kafka-Buch. Eine innere Biographie in Selbstzeugnissen, hrsg. von Heinz Politzer. Frankfurt: Fischer 1965 (= Fischer Bücherei 708).
Franz Kafka, Der Prozeß. Frankfurt: Fischer 1973 (= Fischer Bücherei 676).
Klaus Wagenbach, Franz Kafka in Selbstzeugnissen und Bilddokumenten. Reinbek: Rowohlt 1964 (= rowohlts monographien 91).

Liebster Vater,

Du hast mich letzthin einmal gefragt, warum ich behaupte, ich hätte Furcht vor Dir. Ich wußte Dir, wie gewöhnlich, nichts zu antworten, zum Teil eben aus der Furcht, die ich vor Dir habe, zum Teil deshalb, weil zur Begründung dieser Furcht zu viele Einzelheiten gehören, als daß ich sie im Reden halbwegs zusammenhalten könnte. Und wenn ich hier versuche, Dir schriftlich zu antworten, so wird es doch nur sehr unvollständig sein, weil auch im Schreiben die Furcht und ihre Folgen mich Dir gegenüber behindern und weil die Größe des Stoffs über mein Gedächtnis und meinen Verstand weit hinausgeht.

Dir hat sich die Sache immer sehr einfach dargestellt, wenigstens soweit Du vor mir und, ohne Auswahl, vor vielen andern davon gesprochen hast. Es schien Dir etwa so zu sein: Du hast Dein ganzes Leben lang schwer gearbeitet, alles für

Deine Kinder, vor allem für mich geopfert, ich habe infolgedessen „in Saus und Braus" gelebt, habe vollständige Freiheit gehabt zu lernen was ich wollte, habe keinen Anlaß zu Nahrungssorgen, also zu Sorgen überhaupt gehabt; Du hast dafür keine Dankbarkeit verlangt, Du kennst „die Dankbarkeit der Kinder", aber doch wenigstens irgendein Entgegenkommen, Zeichen eines Mitgefühls; statt dessen habe ich mich seit jeher vor Dir verkrochen, in mein Zimmer, zu Büchern, zu verrückten Freunden, zu überspannten Ideen; offen gesprochen habe ich mit Dir niemals, in den Tempel bin ich nicht zu Dir gekommen, in Franzensbad habe ich Dich nie besucht, auch sonst nie Familiensinn gehabt, um das Geschäft und Deine sonstigen Angelegenheiten habe ich mich nicht gekümmert, die Fabrik habe ich Dir aufgehalst und Dich dann verlassen, Ottla habe ich in ihrem Eigensinn unterstützt, und während ich für Dich keinen Finger rühre (nicht einmal eine Theaterkarte bringe ich Dir), tue ich für Freunde alles. Faßt Du Dein Urteil über mich zusammen, so ergibt sich, daß Du mir zwar etwas geradezu Unanständiges oder Böses nicht vorwirfst (mit Ausnahme vielleicht meiner letzten Heiratsabsicht), aber Kälte, Fremdheit, Undankbarkeit. Und zwar wirfst Du es mir so vor, als wäre es meine Schuld, als hätte ich etwa mit einer Steuerdrehung das Ganze anders einrichten können, während Du nicht die geringste Schuld daran hast, es wäre denn die, daß Du zu gut zu mir gewesen bist.

Diese Deine übliche Darstellung halte ich nur so weit für richtig, daß auch ich glaube, Du seist gänzlich schuldlos an unserer Entfremdung. Aber ebenso gänzlich schuldlos bin auch ich. Könnte ich Dich dazu bringen, daß Du das anerkennst, dann wäre – nicht etwa ein neues Leben möglich, dazu sind wir beide viel zu alt, aber doch eine Art Friede, kein Aufhören, aber doch ein Mildern Deiner unaufhörlichen Vorwürfe.

Irgendeine Ahnung dessen, was ich sagen will, hast Du merkwürdigerweise. So hast Du mir zum Beispiel vor kurzem gesagt: „ich habe Dich immer gern gehabt, wenn ich auch äußerlich nicht so zu Dir war wie andere Väter zu sein pflegen, eben deshalb weil ich mich nicht verstellen kann wie andere". Nun habe ich, Vater, im ganzen niemals an Deiner Güte mir gegenüber gezweifelt, aber diese Bemerkung halte ich für unrichtig. Du kannst Dich nicht verstellen, das ist richtig, aber nur aus diesem Grunde behaupten wollen, daß die andern Väter sich verstellen, ist entweder bloße, nicht weiter diskutierbare Rechthaberei oder aber – und das ist es meiner Meinung nach wirklich – der verhüllte Ausdruck dafür, daß zwischen uns etwas nicht in Ordnung ist und daß Du es mitverursacht hast, aber ohne Schuld. Meinst Du das wirklich, dann sind wir einig.

Ich sage ja natürlich nicht, daß ich das, was ich bin, nur durch Deine Einwirkung geworden bin. Das wäre sehr übertrieben (und ich neige sogar zu dieser Übertreibung). Es ist sehr leicht möglich, daß ich, selbst wenn ich ganz frei von Deinem Einfluß aufgewachsen wäre, doch kein Mensch nach Deinem Herzen hätte werden können. Ich wäre wahrscheinlich doch ein schwächlicher, ängstlicher, zögernder, unruhiger Mensch geworden, weder Robert Kafka noch Karl Hermann, aber doch ganz anders, als ich wirklich bin, und wir hätten uns ausgezeichnet miteinander vertragen können. Ich wäre glücklich gewesen, Dich als Freund, als Chef, als Onkel, als Großvater, ja selbst (wenn auch schon zögernder) als Schwiegervater zu haben. Nur eben als Vater warst Du zu stark für mich, besonders da meine Brüder klein starben, die Schwestern erst lange nachher kamen, ich also den ersten Stoß ganz allein aushalten mußte, dazu war ich viel zu schwach.

Vergleich uns beide: Ich, um es sehr abgekürzt auszudrücken, ein Löwy[1] mit einem gewissen Kafkaschen Fond[2], der aber eben nicht durch den Kafkaschen Lebens-, Geschäfts-, Eroberungswillen in Bewegung gesetzt wird, sondern durch einen Löwy'schen Stachel, der geheimer, scheuer, in anderer Richtung wirkt und oft überhaupt aussetzt. Du dagegen ein wirklicher Kafka an Stärke, Gesundheit, Appetit, Stimmkraft, Redebegabung, Selbstzufriedenheit, Weltüberlegenheit, Ausdauer, Geistesgegenwart, Menschenkenntnis, einer gewissen Großzügigkeit, natürlich auch mit allen zu diesen Vorzügen gehörigen Fehlern und Schwächen, in welche Dich Dein Temperament und manchmal Dein Jähzorn hineinhetzen. Nicht ganzer Kafka bist Du vielleicht in Deiner allgemeinen Weltansicht, soweit ich Dich mit Onkel Philipp, Ludwig, Heinrich vergleichen kann. Das ist merkwürdig, ich sehe hier auch nicht ganz klar. Sie waren doch alle fröhlicher, frischer, ungezwungener, leichtlebiger, weniger streng als Du. (Darin habe ich allerdings viel von Dir geerbt und das Erbe viel zu gut verwaltet, ohne allerdings die nötigen Gegengewichte in meinem Wesen zu haben, wie Du sie hast.) Doch hast auch andererseits Du in dieser Hinsicht verschiedene Zeiten durchgemacht, warst vielleicht fröhlicher, ehe Dich Deine Kinder, besonders ich, enttäuschten und zu Hause bedrückten (kamen Fremde, warst Du ja anders) und bist auch jetzt vielleicht wieder fröhlicher geworden, da Dir die Enkel und der Schwiegersohn wieder etwas von jener Wärme geben, die Dir die Kinder, bis auf Valli vielleicht, nicht geben konnten. Jedenfalls waren wir so verschieden und in dieser Verschiedenheit einander so gefährlich, daß, wenn man es hätte etwas im voraus ausrechnen wollen, wie ich, das langsam sich entwickelnde Kind, und Du, der fertige Mann, sich zueinander verhalten werden, man hätte annehmen können, daß Du mich einfach niederstampfen wirst, daß nichts von mir übrigbleibt. Das ist nun nicht geschehen, das Lebendige läßt sich nicht ausrechnen, aber vielleicht ist Ärgeres geschehen. Wobei ich Dich aber immerfort bitte, nicht zu vergessen, daß ich niemals im entferntesten an eine Schuld Deinerseits glaube. Du wirktest so auf mich, wie Du wirken mußtest, nur sollst Du aufhören, es für eine besondere Bosheit meinerseits zu halten, daß ich dieser Wirkung erlegen bin.

(Aus: Franz Kafka, Hochzeitsvorbereitungen auf dem Lande und andere Prosa aus dem Nachlaß. Frankfurt: Fischer 1951, S. 162 ff.)

Arbeitshinweise
1. *Wie sieht der Sohn den Vater?*
2. *Charakterisieren Sie das Verhältnis von Vater und Sohn!*
3. *Worin sehen Sie den Grund für die Fremdheit der Beziehungen?*
4. *Diskutieren Sie das Generationenproblem!*

---
1 Julie Löwy, Mädchenname der Mutter von Kafka
2 Hintergrund

WOLFGANG BORCHERT, **Nachts schlafen die Ratten doch**

Borchert wurde 1921 in Hamburg geboren. Er arbeitete als Buchhändlerlehrling, bis er 1941 zum Militärdienst einberufen wurde. Wegen abfälliger Bemerkungen über das Hitlerregime wurde Borchert mehrmals zu Haftstrafen verurteilt. Obwohl schwer erkrankt, erhielt er nur unzureichende ärztliche Betreuung.
Seine Geschichten und das Theaterstück „Draußen vor der Tür" sind im wesentlichen in den 2 Jahren zwischen Kriegsende und seinem frühen Tod (1947) geschrieben; sie machten ihn zum Sprecher und Dichter einer Generation, die mit furchtbaren Erinnerungen und Erfahrungen belastet aus Krieg und Gefangenschaft zurückkehrte und vor einem Neuanfang stand. Vgl. auch S. 52.

Lesehinweis:
Wolfgang Borchert, Draußen vor der Tür und ausgewählte Erzählungen. Reinbek: Rowohlt 1956 (= rororo 170).
Peter Rühmkorf, Wolfgang Borchert in Selbstzeugnissen und Bilddokumenten. Reinbek: Rowohlt 1961 (= rowohlts monographien 58).

Das hohle Fenster in der vereinsamten Mauer gähnte blaurot voll früher Abendsonne. Staubgewölke flimmerte zwischen den steilgereckten Schornsteinresten. Die Schuttwüste döste.

Er hatte die Augen zu. Mit einmal wurde es noch dunkler. Er merkte, daß jemand gekommen war und nun vor ihm stand, dunkel, leise. Jetzt haben sie mich! dachte er. Aber als er ein bißchen blinzelte, sah er nur zwei etwas ärmlich behoste Beine. Die standen ziemlich krumm vor ihm, daß er zwischen ihnen hindurchsehen konnte. Er riskierte ein kleines Geblinzel an den Hosenbeinen hoch und erkannte einen älteren Mann. Der hatte ein Messer und einen Korb in der Hand. Und etwas Erde an den Fingerspitzen.

Du schläfst hier wohl, was? fragte der Mann und sah von oben auf das Haargestrüpp herunter. Jürgen blinzelte zwischen den Beinen des Mannes hindurch in die Sonne und sagte: Nein, ich schlafe nicht. Ich muß hier aufpassen. Der Mann nickte: So, dafür hast du wohl den großen Stock da?

Ja, antwortete Jürgen mutig und hielt den Stock fest.

Worauf paßt du denn auf?

Das kann ich nicht sagen. Er hielt die Hände fest um den Stock.

Wohl auf Geld, was? Der Mann setzte den Korb ab und wischte das Messer an seinen Hosenbeinen hin und her.

Nein, auf Geld überhaupt nicht, sagte Jürgen verächtlich. Auf ganz etwas anderes.

Na, was denn?

Ich kann es nicht sagen. Was anderes eben.

Na, denn nicht. Dann sage ich dir natürlich auch nicht, was ich hier im Korb habe. Der Mann stieß mit dem Fuß an den Korb und klappte das Messer zu.

Pah, kann mir denken, was in dem Korb ist, meinte Jürgen geringschätzig, Kaninchenfutter.

Donnerwetter, ja! sagte der Mann verwundert, bist ja ein fixer Kerl. Wie alt bist du denn?

Neun.

Oha, denk mal an, neun also. Dann weißt du ja auch, wieviel drei mal neun sind, wie?

Klar, sagte Jürgen, und um Zeit zu gewinnen, sagte er noch: Das ist ja ganz leicht. Und er sah durch die Beine des Mannes hindurch. Dreimal neun, nicht? fragte er noch einmal, siebenundzwanzig. Das wußte ich gleich.

Stimmt, sagte der Mann, und genau soviel Kaninchen habe ich.

Jürgen machte einen runden Mund: Siebenundzwanzig?

Du kannst sie sehen. Viele sind noch ganz jung. Willst du?

Ich kann doch nicht. Ich muß doch aufpassen, sagte Jürgen unsicher.

Immerzu? fragte der Mann, nachts auch?

Nachts auch. Immerzu. Immer. Jürgen sah an den krummen Beinen hoch. Seit Sonnabend schon, flüsterte er.

Aber gehst du denn gar nicht nach Hause? Du mußt doch essen.

Jürgen hob einen Stein hoch. Da lag ein halbes Brot und eine Blechschachtel.

Du rauchst? fragte der Mann, hast du denn eine Pfeife?

Jürgen faßte seinen Stock fest an und sagte zaghaft: Ich drehe. Pfeife mag ich nicht.

Schade, der Mann bückte sich zu seinem Korb, die Kaninchen hättest du ruhig mal ansehen können. Vor allem die Jungen. Vielleicht hättest du dir eines ausgesucht. Aber du kannst hier ja nicht weg.

Nein, sagte Jürgen traurig, nein, nein.

Der Mann nahm den Korb hoch und richtete sich auf. Na ja, wenn du hierbleiben mußt – schade. Und er drehte sich um.

Wenn du mich nicht verrätst, sagte Jürgen da schnell, es ist wegen den Ratten.

Die krummen Beine kamen einen Schritt zurück: Wegen den Ratten?

Ja, die essen doch von Toten. Von Menschen. Da leben sie doch von.

Wer sagt das?

Unser Lehrer.

Und du paßt nun auf die Ratten auf? fragte der Mann.

Auf die doch nicht! Und dann sagte er ganz leise: Mein Bruder, der liegt nämlich da unten. Da. Jürgen zeigte mit dem Stock auf die zusammengesackten Mauern. Unser Haus kriegte eine Bombe. Mit einmal war das Licht weg im Keller. Und er auch. Wir haben noch gerufen. Er war viel kleiner als ich. Erst vier. Er muß hier ja noch sein. Er ist doch viel kleiner als ich.

Der Mann sah von oben auf das Haargestrüpp. Aber dann sagte er plötzlich: Ja, hat euer Lehrer euch denn nicht gesagt, daß die Ratten nachts schlafen?

Nein, flüsterte Jürgen und sah mit einmal ganz müde aus, das hat er nicht gesagt.

Na, sagte der Mann, das ist aber ein Lehrer, wenn er das nicht mal weiß. Nachts schlafen die Ratten doch. Nachts kannst du ruhig nach Hause gehen. Nachts schlafen sie immer. Wenn es dunkel wird, schon.

Jürgen machte mit seinem Stock kleine Kuhlen in den Schutt. Lauter kleine Betten sind das, dachte er, alles kleine Betten.

Da sagte der Mann (und seine krummen Beine waren ganz unruhig dabei): Weißt du was? Jetzt füttere ich schnell meine Kaninchen und wenn es dunkel wird, hole ich dich ab. Vielleicht kann ich eins mitbringen. Ein kleines oder, was meinst du?

Jürgen machte kleine Kuhlen in den Schutt. Lauter kleine Kaninchen. Weiße, graue, weißgraue. Ich weiß nicht, sagte er leise und sah auf die krummen Beine, wenn sie wirklich nachts schlafen.

Der Mann stieg über die Mauerreste weg auf die Straße. Natürlich, sagte er von da, euer Lehrer soll einpacken, wenn er das nicht mal weiß.

Da stand Jürgen auf und fragte: Wenn ich eins kriegen kann? Ein weißes vielleicht?

Ich will mal versuchen, rief der Mann schon im Weggehen, aber du mußt hier solange warten. Ich gehe dann mit dir nach Hause, weißt du? Ich muß deinem Vater doch sagen, wie so ein Kaninchenstall gebaut wird. Denn das müßt ihr ja wissen.

Ja, rief Jürgen, ich warte. Ich muß ja noch aufpassen, bis es dunkel wird. Ich warte bestimmt. Und er rief: Wir haben auch noch Bretter zu Hause. Kistenbretter, rief er.

Aber das hörte der Mann schon nicht mehr. Er lief mit seinen krummen Beinen auf die Sonne zu. Die war schon rot vom Abend, und Jürgen konnte sehen, wie sie durch die Beine hindurchschien, so krumm waren sie. Und der Korb schwenkte aufgeregt hin und her. Kaninchenfutter war da drin. Grünes Kaninchenfutter, das war etwas grau vom Schutt.

(Aus: Wolfgang Borchert, Das Gesamtwerk. Reinbek: Rowohlt o. J., S. 216–218.)

Arbeitshinweise

1. Welche Aussagen werden über den Jungen gemacht?
2. Wie gelingt es dem alten Mann, Jürgens Interesse zu wecken?
   Welche Veränderungen gehen während des Gesprächs in dem Jungen vor? Worin zeigt sich die Veränderung?
3. Welche Bedeutung hat die Überschrift für die Geschichte?
4. Wie beurteilen Sie das Verhalten des alten Mannes (Notlüge)?
5. Worauf verweisen die gegensätzlichen Motive „Schutt" und „Betten", „Ratten" und „Kaninchen"?
6. Vergleichen Sie den ersten mit dem letzten Absatz (Verben, Adjektive, Farben)!
7. Wodurch sind die Probleme der Sozialisation bei diesem Jungen gekennzeichnet?

Jugend in Deutschland
(Zu den Fotos auf dem hinteren Vorsatzpapier)

Arbeitshinweise

1. *Beschreiben Sie Haltung und Aussehen der Jugendlichen auf den Fotos! Läßt sich daraus ihr jeweiliges Selbstverständnis erkennen? (Gruppenarbeit)*
2. *Versuchen Sie eine historische Einordnung!*
3. *Welche Texte aus diesem Kapitel lassen sich den Fotos zuordnen?*

ALFRED ANDERSCH, **Der Junge**

Alfred Andersch wurde 1914 in München geboren und starb 1980.

Er besuchte das Gymnasium und erlernte den Beruf des Buchhändlers. Politisch betätigte er sich als Jungkommunist, kam später in das KZ Dachau, wurde im 2. Weltkrieg Soldat und desertierte 1944. Nach 1945 war Andersch als Redakteur bei verschiedenen Zeitungen und Rundfunkanstalten tätig. Zentrales Thema seiner Bücher ist die Freiheitssehnsucht der Menschen. Am bekanntesten wurde sein Roman „Sansibar oder der letzte Grund" (1957), aus dem auch der hier abgedruckte Abschnitt stammt.

Die Handlung des Romans spielt 1937 in der Nähe von Rostock. Verschiedene Personen: ein Pfarrer, der eine von der Vernichtung bedrohte Figur retten will, ein ehemaliger Kommunist, eine hilflose Jüdin, ein Fischer, der seine geistesgestörte Frau nicht der Anstalt (und damit dem Tod) übergeben will, und ein Junge, den es in die Ferne zieht, treffen sich in einem kleinen Küstenort auf der Flucht nach Schweden und sind alle vor schwere persönliche Entscheidungen gestellt.

Lesehinweis:
Alfred Andersch, Die Rote. München 1963 (= dtv 141).
Alfred Andersch, Sansibar oder der letzte Grund. Zürich: Diogenes 1972.
Über Alfred Andersch, hrsg. von Gerd Haffmanns. Zürich: Diogenes 1974 (= detebe 53).

Er kam unbemerkt in die alte Gerberei an der Treene[1] rein. In der Dunkelheit tappte er vorsichtig die Stiegen hoch. Er konnte den Staub riechen, der im Haus lag, auf den Treppen und in den Räumen, deren Türen lose in den Angeln hingen oder herausgebrochen waren. Auf dem Speicher oben hing graues Licht, es kam durch ein großes Fenster, dessen Scheiben fehlten, und durch die Lücken im Dach, an den Stellen, wo die Dachpfannen vom Lattenrost geglitten waren. Es war noch gerade soviel Licht, daß der Junge alles sehen konnte, aber selbst wenn es ganz dunkel gewesen wäre, hätte er sich zurechtgefunden, denn er kannte den Speicher wie seine Hosentasche. In der einen Ecke, über der das Dach noch heil war, hatte er sich sein Versteck gebaut, einen Verhau aus Kisten und dahinter ein Lager aus Stroh und Säcken, mit einer alten Decke darüber, auf dem er liegen und in Ruhe lesen konnte, sogar bei Nacht; er hatte es ausprobiert, daß man das Licht einer Kerze oder Taschenlampe von draußen nicht sehen konnte, so gut hatte er sich verbarrikadiert. Es kam nie jemand auf den Speicher, die alte Gerberei stand seit Jahren zum Verkauf, aber niemand interessierte sich dafür, und der Junge lebte seit dem Frühjahr hier oben, in jeder Stunde, die er von zu Hause weg konnte.

Er ging in sein Versteck, legte sich hin, kramte eine Kerze hervor und zündete sie an. Dann zog er den „Huckleberry Finn"[2] aus der Tasche und begann zu lesen. Nach einer Weile hörte er damit auf und dachte nach, was er im Winter machen sollte, wenn es auf dem Speicher zu kalt sein würde. Ich muß mir einen Schlafsack besorgen, dachte er, aber auf einmal wußte er, daß er bald nicht mehr hier heraufkommen würde. Er hob das Brett hoch, unter dem er seine Bücher versteckt hatte, da lagen sie, und zum erstenmal betrachtete er sie mit einem Gefühl des Mißtrauens. Er hatte den Tom Sawyer [2] und die Schatzinsel und den Moby Dick und Kapitän Scotts letzte Fahrt und Oliver Twist und ein paar Karl-May-Bände, und er dachte: die Bücher sind prima, aber sie stimmen alle nicht mehr, so, wie es in den Büchern zugeht, so geht es heute nicht mehr zu, in den Büchern wird erzählt, wie Huck Finn einfach wegläuft und wie Ismael angeheuert wird, ohne daß er das geringste Papier besitzt, heutzutage ist das ganz ausgeschlossen, man muß Papiere haben und Einwilligungen, und wenn man weglaufen würde, wäre man sehr schnell wieder eingefangen. Aber, dachte er, man muß doch hinaus können, es ist doch unerträglich, daß man Jahre warten soll, um etwas zu sehen zu kriegen, und selbst dann ist es noch ungewiß. Er zog eine seiner Landkarten hervor und breitete sie aus, er hatte den Indischen Ozean erwischt und er las die Namen Bengalen und Chittagong und Kap Comorin und Sansibar und er dachte, wozu bin ich auf der Welt, wenn ich nicht Sansibar zu sehen bekomme und Kap Comorin und den Mississippi und Nantucket und den Südpol. Und zugleich wußte er, daß er mit den Büchern zu Ende war, weil er erkannt hatte, daß man Papiere brauchte; er legte die Bücher und die Landkarten wieder unter das Brett und machte das Brett wieder fest, und dann löschte er die Kerze und stand auf. Er spürte, daß der Speicher nichts mehr für ihn war, er war nur ein Versteck, und ein Versteck war zu wenig, was man brauchte, das war ein Mississippi. Sich verstecken hatte keinen

---

[1] Fluß
[2] Jugendbücher von Mark Twain

Sinn, nur Abhauen hatte einen Sinn, aber dazu gab es keine Möglichkeit. Er war bald sechzehn Jahre alt, und er hatte begriffen, daß er mit dem Speicher und mit den Büchern zu Ende war.

Der Junge ging zum Fenster, von dem aus man die ganze Stadt überblicken konnte, er sah auf die Türme im Flutlicht und auf die Ostsee, die eine dunkle Wand ohne Tür war. Auf einmal fiel ihm der dritte Grund ein. Während er auf Rerik[1] blickte, dachte er Sansibar, Herrgott nochmal, dachte er, Sansibar und Bengalen und Mississippi und Südpol. Man mußte Rerik verlassen, erstens, weil in Rerik nichts los war, zweitens, weil Rerik seinen Vater getötet hatte, und drittens, weil es Sansibar gab, Sansibar in der Ferne, Sansibar hinter der offenen See, Sansibar oder den letzten Grund.

(Aus: Alfred Andersch, Sansibar oder der letzte Grund. Zürich: Diogenes 1972, S. 76–77.)

Arbeitshinweise
1. Wie lebt der Junge auf dem Speicher?
2. Was kritisiert der Junge an den Büchern, die er gelesen hat? Liegt das an den Büchern?
3. Welche Bedeutung haben für ihn Sansibar oder der Mississippi?
4. Durch welche sprachlichen Eigentümlichkeiten veranschaulicht der Autor die Situation des Jungen?
5. Warum will er fort? Welche Schwierigkeiten bei der Sozialisation ergeben sich?
6. Diskutieren Sie das Verhalten des Jungen!
7. Analysieren und vergleichen Sie das Verhalten der Jungen bei Thomas Mann, Heinrich Mann, Wolfgang Borchert und Alfred Andersch! (Gruppenarbeit)

ULRICH PLENZDORF, Echte Jeans

Ulrich Plenzdorf wurde 1934 geboren. Er arbeitete mehrere Jahre als Szenarist bei der Defa-Filmgesellschaft und gehört zu den bekannt gewordenen jungen DDR-Schriftstellern.

Sein Buch „Die neuen Leiden des jungen W.", das auch als Theaterstück erschienen ist und schon von vielen Bühnen gespielt wurde, erzählt, wie Edgar Wibeau – einst bester Lehrling – die Lehre aufgibt, von zu Haus fortläuft und sich auf einem Abrißgelände Ost-Berlins in einer Wohnlaube versteckt, die den Eltern seines Freundes Willi gehört. Hier fühlt sich Edgar frei von allen Zwängen, frei von der Pflicht, sauber, pünktlich und ordentlich zu sein. Er schläft, faulenzt, malt. Er lernt auf dem Nachbargrundstück eine Kindergärtnerin kennen, die jedoch schon verlobt ist und bald heiraten will. Während der Arbeit an einer Erfindung für das Kollektiv auf dem Bau, wo Edgar zeitweilig etwas Geld verdient, stirbt er durch einen Elektroschock. Seine Gedanken und Erlebnisse wurden für einen Freund auf Band gesprochen

Der Schriftsteller Stephan Hermlin schrieb in einer DDR-Zeitschrift: *„Das Wichtige an Plenzdorfs Stück ist, daß es vielleicht zum erstenmal, jedenfalls in der Prosa, authentisch die Gedanken, die Gefühle der DDR-Arbeiterjugend zeigt."*

Lesehinweis:

Jerome D. Salinger, Der Fänger im Roggen. Reinbek: Rowohlt 1966 (rororo 851). Dieses Buch wird auch von Edgar immer wieder enthusiastisch erwähnt.

Ulrich Plenzdorf, Die neuen Leiden des jungen W. Frankfurt: Suhrkamp 1976 (= suhrkamp taschenbuch 300).

Rolf Schneider, Die Reise nach Jaroslaw. Neuwied: Luchterhand 1975.

Diskussion um Plenzdorf. In: Sinn und Form 25 (1973), Heft 1.

---
[1] Ort an der westlichen Ostseeküste

„Ed biß sich denn auch immer mehr fest. Er packte seine Sachen aus. Was heißt Sachen? Mehr als die Bilder hatte er eigentlich nicht, nur, was er auf dem Leib hatte. Seine Rupfenjacke, die hatte er sich selber genäht, mit Kupferdraht, und seine alten Jeans."

Natürlich Jeans! Oder kann sich einer ein Leben ohne Jeans vorstellen? Jeans sind die edelsten Hosen der Welt. Dafür verzichte ich doch auf die ganzen synthetischen Lappen aus der Jumo, die ewig tiffig aussehen. Für Jeans konnte ich überhaupt auf alles verzichten, außer der *schönsten Sache* vielleicht. Und außer Musik. Ich meine jetzt nicht irgendeinen Händelsohn Bacholdy[1], sondern echte Musik, Leute. Ich hatte nichts gegen Bacholdy oder einen, aber sie rissen mich nicht gerade vom Hocker. Ich meine natürlich echte Jeans. Es gibt ja auch einen Haufen Plunder, der bloß so tut wie echte Jeans. Dafür lieber gar keine Hosen. Echte Jeans dürfen zum Beispiel keinen Reißverschluß haben vorn. Es gibt ja überhaupt nur eine Sorte echte Jeans.

Wer echter Jeansträger ist, weiß, welche ich meine. Was nicht heißt, daß jeder, der echte Jeans trägt, auch echter Jeansträger ist. Die meisten wissen gar nicht, was sie da auf dem Leib haben. Es tötete mich immer fast gar nicht, wenn ich so einen fünfundzwanzigjährigen Knacker mit Jeans sah, die er sich über seine verfetteten Hüften gezwängt hatte und in der Taille zugeschnürt. Dabei sind Jeans Hüfthosen, das heißt Hosen, die einem von der Hüfte rutschen, wenn sie nicht eng genug sind und einfach durch Reibungswiderstand obenbleiben. Dazu darf man natürlich keine fetten Hüften haben und einen fetten Arsch schon gar nicht, weil sie sonst nicht zugehen im Bund. Das kapiert einer mit fünfundzwanzig schon nicht mehr. Das ist, wie wenn einer dem Abzeichen nach Kommunist ist und zu Hause seine Frau prügelt. Ich meine, Jeans sind eine Einstellung und keine Hosen. Ich hab überhaupt manchmal gedacht, man dürfte nicht älter werden als siebzehn – achtzehn. Danach fängt es mit dem Beruf an oder mit irgendeinem Studium oder mit der Armee, und dann ist mit keinem mehr zu reden. Ich hab jedenfalls keinen gekannt. Vielleicht versteht mich keiner. Dann zieht man eben Jeans an, die einem nicht mehr zustehen. Edel ist wieder, wenn einer auf Rente ist und trägt dann Jeans, mit Bauch und Hosenträgern. Das ist wieder edel. Ich hab aber keinen gekannt, außer Zaremba. Zaremba war edel. Der hätte welche tragen können, wenn er gewollt hätte, und es hätte keinen angestunken.

(Aus: Ulrich Plenzdorf, Die neuen Leiden des jungen W. Frankfurt: Suhrkamp 1973, S. 26–28.)

Arbeitshinweise
1. Welche Aussagen macht Edgar Wibeau über Jeans? Welche Unterscheidung trifft er?
2. Was ist ein „echter Jeansträger"?
3. Was meint Edgar mit dem Satz: „Jeans sind eine Einstellung und keine Hosen"?
4. Welche umgangssprachlichen Wörter und Vergleiche verwendet der Erzähler? Welche Funktion haben sie?
5. Woran ist erkennbar, daß der Text von einem DDR-Autor stammt? Welche Haltung nimmt Plenzdorf gegenüber dem Kommunismus ein?
6. Wie beurteilen Sie Edgars Vorstellungen? Können Sie seine Probleme verstehen?

---
[1] Anspielung auf den Musiker Mendelssohn-Bartholdy

Udo Lindenberg, **Cowboy-Rocker**

Lindenberg wurde 1946 in Gronau/Westfalen geboren. Er versuchte als erster in Deutschland Rockmusik und Undergroundtexte mit dem Schlagermarkt zu verbinden. Lindenberg erzählt in seinen Liedern von eigenen Erfahrungen, Erlebnissen und seinem Milieu. Mit elf Jahren hatte der junge Liedermacher zum erstenmal am Dixieland-Schlagzeug gesessen; später trat er in Frankreich und Nordafrika auf. Heute gehört Lindenberg zu einem der Repräsentanten der „Hamburger Szene", deren Zentrum „Önkel Pö's Carnegie Hall" im Hamburger Stadtteil Eppendorf ist. Seine Platten erreichen hohe Auflagen.

Über den hier abgedruckten Song schrieb 1975 der damals in Ost-Berlin lebende Liedersänger Wolf Biermann: *„Immerhin ist er politischer als die Politischen. Kennst du seine Cowboy-Rocker-Ballade? Dieser kleine blasse Rocker mit der rechten Hand am Gas seiner Moto Guzzi ist doch politischer als sämtliche singenden Gartenzwerge [. . .] Sein kleiner Rocker kommt aus dem Cowboy-Film, ausgerüstet mit den Papp-Muskeln aus der bürgerlichen Träumefabrik, und bei der ersten Probe auf die Realität erleidet er schmerzhaft die Diskrepanz zum wirklichen Leben. Die kleine Rocker-Story erweist sich als große Geschichte, die Lindenberg so erzählt, daß sehr politische Leidenschaften provoziert werden und fundamentale Einsichten in den Mechanismus der Erzeugung und Wirkungsweise von Illusionen auf dem Ideologie-Markt."* (Konkret. August 1975)

Schallplatten:
Alles klar auf der Andrea Doria (1973).
Ball Pompös (1974).
Votan Wahnwitz (1975).
Galaxo Gang (1976).
Dröhnland Symphonie (1978).
Panische Nächte (1978).

Lesehinweis:
Rock-Lexikon. Reinbek: Rowohlt [6]1975 (= rororo 6177).

Charles Bronson:
„Hey Baby, steig' auf, laß' uns beide, Du und ich,
laß uns jetzt nach Las Vegas reiten, die Sonne putzen!"

Udo:
Der Cowboy-Film ist zu Ende
Im Saal ist es längst schon wieder hell
Doch da hinten sitzt noch ein Junge
Die denken, der schläft
Sie sagen: „Hau ab, aber schnell
Das ist hier'n Kino
Und kein Pennerhotel!"
Der Junge wär' sehr gerne noch in Arizona geblieben
In der Goldgräberstadt Gun City
Oder in Laramy
Er hätte gerne noch weitergeträumt
Von sich und Charles Bronson
Ja, Charles ist sein Freund.

Und nun geht er ganz dicht an den Schaufenstern lang
Und überprüft darin seinen Cowboy-Gang
Dann setzt er sich auf sein Pferd aus Stahl
Und jetzt hört er die Stimme von Charles noch mal:

„Ey Mann, fahr' zu Deiner Rockerclique
Und sag' der Alten, die Du liebst, daß Du sie jetzt haben willst!"

Cowboy-Rocker:
„Hey Baby, steig' auf, laß' uns nach Las Vegas, die Sonne putzen!"

Das Mädchen:
„Willst Du mich anmachen, oder was ist hier los, Alter?
Das einzig Starke an Dir ist Deine Moto Guzzi
Aber sonst bist Du ja so ein Fuzzy!"

Und der Präsident meint: „Hör mal, Mann,
Mach meinen Engel nicht an
Sonst kriegst Du dermaßen was in die Schnauze . . .!"

(Aus: Udo Lindenberg, Ball Pompös & Das Panik-Orchester. Schallplatte. Hamburg: Teldec 1974.)

Arbeitshinweise
1. Welche Wirkung hatte der Film (Western) mit Charles Bronson auf den Cowboy-Rocker?
2. Welche Funktion haben die Worte des Präsidenten der Rocker-Clique?
3. Analysieren Sie den Jargon, der hier verwandt wird! Welche Funktion hat er in bezug auf Versuche zur Sozialisation?
4. Nehmen Sie zu der Beurteilung Wolf Biermanns (Vorspann) Stellung!
5. Erläutern Sie, welche Wirkung bestimmte Filme auf Sie haben! Warum?

HERMANN RAUHE, **Schlager als Lebenshilfe**

Rauhe, 1930 geboren, ist Professor für Erziehungswissenschaft und Leiter der Schulmusikabteilung der Hochschule für Musik in Hamburg.

Lesehinweis:
Schlager in Deutschland. Beiträge zur Analyse der Popularmusik und des Musikmarktes, hrsg. von Siegmund Helms. Wiesbaden: Breitkopf 1972.
Klaus Mehnert, Jugend im Zeitbruch. Woher – wohin? Stuttgart: DVA 1976.

Überwindung der Einsamkeit

Die Selbstentfremdung des in den Produktions- und Konsumtionsprozeß eingespannten Menschen wie seine sozio-politische und ökonomische Entfremdung spielen in der modernen Industriegesellschaft eine zentrale Rolle. David Riesman erklärt dieses Phänomen in seinem Buch „Die einsame Masse" (The Lonely Crowd) als Außenleitung des Menschen, die dadurch entsteht, „daß sich in allen Bereichen des Lebens die Konsumhaltung durchsetzt. Weder die Arbeit, noch die Politik, noch die Vergnügungen der Freizeit werden hier von innen her bewältigt, sondern sie werden zu Konsumartikeln". Sønstevold und Blaukopf sehen in ihrer Schrift „Die Musik der ‚einsamen Masse' " die gesellschaftliche Relevanz der Identifikation unter anderem darin, daß der Schlager „den Hörer von seinem Gefühl der Vereinsamung befreie und ihn in die Gemeinde der ‚fans' eingliedere". Der Schlager vermag die Einsamkeit nicht aufzuheben; er vermittelt aber, indem er sie anspricht, das Gefühl des Verstandenseins, des Nicht-allein-gelassenseins. Er spendet schon dadurch Trost, daß er dem Hörer ermöglicht, sich mit dem einsamen Star zu identifizieren.

Trost

Der Mensch hat von jeher des Trostes bedurft; aber noch nie war er in seiner Not so allein gelassen wie heute. Familie, Kirche und andere Gemeinschaften vermögen den Leidenden nicht mehr aufzurichten. Beschränkte früher der harte, lange Arbeitstag die Selbstreflexion auf ein Minimum oder sahen viele Menschen in der Arbeit selbst die Erfüllung ihres Lebens, so droht heute die zunehmende Freizeit um so deutlicher den seelischen Zustand des modernen Menschen, seine Vereinsamung und Leere, zu enthüllen. In das seelisch-geistige Vakuum strömt der Schlager ein, im wahrsten Sinne des Wortes eine Marktlücke ausfüllend: er spekuliert auf das Trostbedürfnis der unter Konsumzwang stehenden „einsamen Masse". Er verkündet Optimismus, Frohsinn, spendet Trost, indem er die Einsamkeit übertönt und den Menschen aus dem harten Alltag entrückt.

„Lebensbewältigung" durch Traum und Illusion
Im Streben nach Glück oder, negativ formuliert, im Vermeiden von Leiden hat Siegmund Freud die Antwort auf die Frage nach dem Sinn des Lebens gesehen. Schmerz, Enttäuschungen, unlösbare Aufgaben verweisen den Menschen auf Hilfsmittel, durch die er die grausame Realität zu bewältigen hofft. So gilt für Freud die Kunst als Ersatzbefriedigung, die sich zwar gegenüber der Realität als Illusion erweist, die aber „darum nicht minder psychologisch wirksam (ist) dank der Rolle, die die Phantasie im Seelenleben behauptet hat". Über die psychoanalytische Betrachtung hinaus läßt sich von Kunst sagen, daß sie die Wirklichkeit erschließt, indem sie sie verschlüsselt. Damit liegt in ihrem Wesen das Eingeständnis von Spiel, dessen illusionärer Charakter dem Betrachter bewußt ist. Dagegen scheint die Schlagermusik nach Vorsatz und Wirkung die Spannung zwischen Realität und Illusion aufheben zu wollen. Indem sie sich an den geheimen Wünschen des Verbrauchers orientiert, formuliert sie dessen Wachträume; gerade in ihnen verwischen sich unmerklich Wirklichkeit und Vorstellung, und indem der Schlager die Flucht in den Traum als eine Flucht in die unreflektierte heile Welt legalisiert, bietet er dem enttäuschten Menschen ein *Refugium im Unwahren*. Denn das, was sein könnte, was Kunst allein ihm zu offenbaren vermöchte, ist ihm peinlich; es erinnert ihn nur an die „Fragwürdigkeit und mögliche Erhebung der eigenen Existenz", die ihm schließlich doch verwehrt ist.

Es gehört weiterhin zum Spezifischen des Schlagers, daß er eher die *bestehenden gesellschaftlichen Verhältnisse bestätigt*, daß er im Illusionären und damit Unpolitischen dem Unmut ein Ventil schafft und mit lautstarker Fröhlichkeit oder sentimentaler Innerlichkeit von wirtschaftlichen und sozialen Schwierigkeiten ablenkt, als daß er Weltanschauungen zu artikulieren vermag. Selbst dort, wo Schlagertexte stärker realitätsbezogen sind, verschleiern in den meisten Fällen Arrangements und Aufnahmetechniken das Profil sprachlicher Artikulation.

Schlager als Vehikel individual- und sozialpsychologischer Prozesse
Einige weitere Funktionen des Schlagers, die zum Teil erst in Ansätzen untersucht wurden, seien in diesem Zusammenhang lediglich der Vollständigkeit halber erwähnt: Schlager können dienen als anregender Background beim Anfertigen von Schularbeiten, als klangaffektives und psychomotorisches Stimulans bei mechanischer Arbeit (Fließbandarbeit, Hausfrauentätigkeit), als Stimmungsmacher und Gefühlsaktualisator bei Geselligkeiten, als Tanzmusik, als Unterhaltungsmusik, als Vehikel von Gemeinschaftserlebnissen, als Auslöser und Verstärker von Omnipotenzgefühlen und Machterlebnissen, als Medium kompensatorischer Ersatzbefriedigung, als musikalisches Mittel projektiver Gefühlsartikulation, als Statussymbol (besonders Schlager der Teenager, Beatschlager), als Transportmittel sozialen Aufstiegs (man vergleiche den James-Last-Sound, der durch die Werbung bewußt als idealer „Party-Sound" aufgebaut wird. Wer sich James Lasts Platten kauft, kann auch bei sich zu Haus fröhliche Parties veranstalten, was an sich ein Privileg der „High Society" ist. Damit gewinnt er automatisch den Status einer höheren Gesellschaftsschicht).

Rock- und Beatschlager als Symbol jugendlicher Gruppierungen

Ein hoher Prozentsatz des sogenannten Rock und Beat wird durch Schlager bestritten, die nur in Aufmachung (Arrangement) und Interpretation dem Rock und Beat ähneln, von vielen Jugendlichen aber als solche angesehen werden und damit auch deren Funktion übernehmen. Daher muß hier die besondere Funktion von Rock und Beat wenigstens kurz erwähnt werden.

Noch mehr als der Jazz im Nachkriegsdeutschland von 1945 bis etwa 1955 wird der *Rock'n'Roll* Mitte der fünfziger Jahre in der westlichen Welt „zum Symbol einer aus den Fugen geratenen Jugend". Saalschlachten, Zusammenstöße mit der Polizei, Krawalle sind fast an der Tagesordnung. In verschiedenen sozialpsychologischen Untersuchungen, unter anderem in der von einem Forschungsteam unter Leitung Curt Bondys zusammengestellten Schrift „Jugendliche stören die Ordnung", sind diese Ausschreitungen als Reaktion der Jugend auf ihre eingeengte Stellung, auf ihre Statusunsicherheit (Statusverweigerung) in der Gesamtgesellschaft interpretiert worden. „Der im Berufsleben oft überforderte, einer streng durchrationalisierten Ordnung unterworfene Jugendliche sucht als Antwort auf Fließbandarbeit und Automation seinen Erlebnisdrang in der Freizeit spontan zu befriedigen. Nicht zuletzt in der hemmungslosen Hingabe an die aufreizende Musik des Rock'n'Roll bot sich ihm dabei die Möglichkeit, frei jeder eigenen Verantwortung in einem Kollektiv Gleichgesinnter unterzutauchen". Die Funktion als Symbol jugendlicher Rebellion tritt der Rock'n'Roll Anfang der sechziger Jahre an den Beat ab.

In welch starkem Maße der *Beat* als Protest- und Oppositionssymbol entstanden ist und verstanden wird, geht aus den detaillierten Ausführungen von Seiss, Dommermuth, Maier in dem soziologisch aufschlußreichen Buch „Beat in Liverpool" hervor. Der Beat entwickelt sich als Liverpooler Lokalidiom des Rock'n'Roll zu einer Musik, die „von Anfang an Ausdruck des Widerstandes einer ganzen Generation, unabhängig von ihrem intellektuellen Niveau und ihrem sozialen Status" ist „eine natürliche Protestform anarchisch-jugendlichen Lebensgefühls, wie es die etablierte Welt der Erwachsenen von jeher befremdet und schockiert hat ... eine Form jugendlicher, protestgefärbter Wirklichkeitsflucht", musikalisches Symbol für „...eine Art von eigenständiger, der Erwachsenenwelt...feindselig gegenüberstehender Jugendsubkultur." Der Mersey Sound (wie man den Beat nannte) ist „revolutionärer Protest, ,die Stimme von dreißigtausend Arbeitslosen und achtzigtausend verfallenen Elendswohnungen'". Jedoch zeigen empirische Untersuchungen, daß die Opposition vieler Beatfans weder „im Bewußtsein formuliert" noch klar artikuliert ist, denn sie weiß im Grunde nicht, „zu wem sie sprechen soll und mit welchen Mitteln". „Darum wendet sie sich an kein Gegenüber, sondern verhält sich invers [1] zu sich selbst, das heißt, sie stellt sich dar als Ausweichen, als Unfähigkeit zur Diskussion gesellschaftlicher Tatbestände, als Rückzug in Verhaltensformen, die viele Erwachsene zunächst noch erschrecken, weil sie diese nicht verstehen". Der Beat erscheint gerade deshalb als repräsentativ für die jugendliche Teilkultur, weil er die Musik der verschiedensten Gruppen innerhalb der Teilkultur ist: Während ein großer Teil der Beatfans das im Beat vorhandene

---
[1] umgekehrt

Oppositionspotential entweder nicht erkennt oder aber nicht aktiviert, bedienen sich andererseits politisch und gesellschaftlich engagierte Gruppen dieser Musik als Ausdruck ihres Protestes. Der Beat ist außerdem voll kommerzialisiert und damit als reiner Konsumartikel verfügbar; Warencharakter und Symbolgehalt eines engagierten sozialen Protestes sind die beiden polar entgegengesetzten Merkmale dieser Musik, derer sich daher jugendliche Gruppierungen mit unterschiedlichster Motivation bedienen können. Der Beat fungiert ferner als Medium bewußten und unbewußten Selbstausdruckes seiner Anhänger. Auch in diesem Fall kommt ihm teilweise Repräsentanz zu als Symbol eines narzißtisch[1] getönten Escapismus[2]. [...]

Das spezifische Gruppenverhalten von Beatfans läßt sich – stichwortartig zusammengefaßt – zurückführen auf das Bestreben „in" oder „up to date" zu sein und einer nicht bürgerlichen Gruppe, einer Gegenkultur (Sub- oder Teilkultur) anzugehören. „In-Sein" impliziert außer dem Zugehörigkeitsgefühl zu einer altershomogenen Gruppe eine gewisse Kennerschaft in bezug auf die konsumierte Musik und ihre Interpreten. „Up to date-Sein" bedeutet, daß man die neueste Musik „seiner" Gruppe oder „seiner" Beat-Richtung kennen und möglichst in Schallplattenaufnahmen besitzen muß, um mitreden zu können. (Diesem Bestreben tragen die „heißen Tips" der Schallplattenwerbung kommerziell fruchtbar Rechnung.)

Die Rolle des Beat, die weitgehend auch für entsprechend verpackte und stilistisch gefärbte Schlager zutrifft, ließe sich abschließend mit dem Schlagwort „Beat zwischen Rebellion, Resignation und Religion" umreißen.

(Aus: Schlager in Deutschland, hrsg. von Siegmund Helms. Wiesbaden: Breitkopf 1972, S. 353-356.)

Arbeitshinweise
1. Welche Schlagerformen unterscheidet Rauhe?
2.. Welches ist der entscheidende Hintergrund für Schlager?
3. Welche Ursachen und Wirkungen haben normale Schlager? Welches sind die Ursachen und Wirkungen der Rock- und Beatmusik? Wie wirkt diese Musik auf Sie?
4. Worin liegt der Unterschied zwischen Kunst und Schlager?
5. Welche Methode wendet der Verfasser an, um seine Aussagen zu belegen?
6. Stellen Sie eine Liste mit allen unbekannten Wörtern auf, und schlagen Sie die Bedeutung der Begriffe in einem Lexikon nach!

---

1 in sich selbst verliebt
2 Zerstreuungs- und Vergnügungssucht

4. EMANZIPATION DER FRAU

WALTHER VON DER VOGELWEIDE, **Herzeliebez frouwelîn**

Die Lebensdaten des berühmten Minnesängers sind nicht genau bekannt; man vermutet, daß er um 1170 im oberdeutschen Sprachgebiet geboren wurde und um 1230 in Würzburg gestorben ist, wo er die letzten Jahre seines einfachen Lebens auf einem kleinen Landgut verbracht hat, das ihm Kaiser Friedrich II. als Dank für seine Dienste als Lehen übertragen hatte: „ich hân mîn lêhen, al die werlt, ich hân mîn lêhen". Zuvor führte ihn aber ein langes und unstetes Wanderleben von Hof zu Hof: „Ich hân lande vil gesehen". (Vgl. auch KL, S. 355)

Der Minnesang wurde in höfischen Kreisen zur Unterhaltung vorgetragen. Der Frauendienst, die Verehrung des weiblichen Idealbildes in Gestalt der erwählten Ritterfrau, der unerreichbaren Herrin, ist das von der Gesellschaft geformte und gebilligte Ideal. Walther von der Vogelweide bricht aus dieser Konvention aus, indem er sich auch zur „niederen Minne" (Liebe zu einer nicht adligen Frau) bekennt.

Die Sprache dieser mittelalterlichen Dichtung wird als „mittelhochdeutsch" bezeichnet und unterscheidet sich auf vielfache Weise von der neuhochdeutschen. Schreibweise, Aussprache und die Bedeutung vieler Wörter haben sich im Laufe der Zeit gewandelt.

Die wichtigsten Charakteristika finden Sie in der folgenden Aufstellung:

1. *Schreibweise:* Das Mittelhochdeutsche kennt keine Großschreibung.
2. *Aussprache:* Die einfachen Vokale (a, e, i, o, u, ä, ö, ü) werden kurz gesprochen; die lang ausgesprochenen Vokale sind: â, ê, î, ô, û, æ, œ, iu.
   Die Zwielaute (Diphthonge) heißen: ei, ie (gesprochen: i-e, nicht î), ou, uo.
3. *Lautwandel* vom mhd. zum nhd.:
   a) Die kurzen Vokale werden im nhd. gedehnt (mhd.: săgen – nhd.: sāgen); das gilt auch für einsilbige Wörter, z. B. (mhd.: mir – nhd.: mîr).
   b) Die langen Vokale werden im nhd. diphthongiert:
   mhd.: mîn niuwez hûs
   nhd.: mein neues Haus
   c) Die mhd. Diphthonge werden im nhd. dagegen monophthongiert:
   mdh.: lieber süezer bruoder
   nhd.: lieber süßer Bruder
4. *Wörter, die verloren gegangen sind oder deren Bedeutung sich stark gewandelt hat:*

   muot   mhd.: Kraft des Denkens und Handelns
              nhd.: Tapferkeit
   arebeit   mhd.: Mühsal, Kampf
              nhd.: Arbeit
   liebe   mhd.: Lust
              nhd.: Liebe
   minne   mhd.: Liebe
              nhd.: –

Lesehinweis:

Walther von der Vogelweide, Gedichte. Frankfurt: Fischer 1966 (= Fischer Bücherei 6052).
Hans Uwe Rump, Walther von der Vogelweide in Selbstzeugnissen und Bilddokumenten. Reinbek: Rowohlt 1974 (= rowohlts monographien 209).
Kaiser. Ritter und Scholaren. Hohes und spätes Mittelalter. Reinbek: Rowohlt 1973 (= rororo Life 34).

I
Herzeliebez frouwelîn,
got gebe dir hiute und iemer guot!
Kund ich baz¹ gedenken dîn,
des hete ich willeclîchen² muot.
Waz mac ich dir sagen mê,
wan daz dir nieman holder ist? owê, dâ von ist mir vil wê.

II
Sie verwîzent³ mir daz ich
ze nidere wende mînen sanc.
Daz si niht versinnent sich
waz liebe sî, des haben undanc!
Sie getraf diu liebe nie,
die nâch dem guote und nâch der schœne minnent, wê wie minnent die?

III
Bî der schœne ist dicke⁴ haz;
zer schœne niemen sî ze gâch.
Liebe tuot dem herzen baz:
der liebe gêt diu schœne nâch.
Liebe machet schœne wîp:
des mac diu schœne niht getuon, si machet niemer lieben lîp.

IV
Ich vertrage als ich vertruoc
und als ich iemer wil vertragen.
Dû bist schœne und hâst genuoc:
waz mugen⁵ si mir dâ von sagen?
Swaz si sagen, ich bin dir holt,
und nim dîn glesîn⁶ vingerlîn für einer küneginne golt.

V
Hâst dû triuwe und stætekeit⁷,
sô bin ich des ân angest gar
Daz mir iemer herzeleit
mit dînem willen widervar.
Hâst aber dû der zweier niht,
so müezest dû mîn niemer werden. owê danne, ob daz geschiht!

---

1 besser, schöner
2 gutwillig
3 tadelnd vorwerfen
4 oft
5 können
6 gläsern
7 Beständigkeit

I
Meine geliebte kleine Herrin,
Gott behüte dich heute und immer!
Könnte ich schöner meine Wünsche ausdrücken –
ich tät es wahrlich gern.
Was aber kann ich dir mehr sagen
als daß dich niemand lieber haben kann? Ach das macht mir manchen Kummer.

II
Sie werfen mir vor, daß ich
an niedrig Geborne richte meinen Sang.
Daß sie nicht begreifen
was wirkliche Liebe ist – dafür sollen sie verwünscht sein!
Nie hat wahre Liebe sie getroffen,
die nach dem Grad von Reichtum und Schönheit entflammt werden, – ach was für
eine Liebe ist das?

III
Hinter äußerer Schönheit verbirgt sich oft ein böses Herz.
Solcher Schönheit laufe niemand eilig nach.
Ein liebes Herz steht so viel höher,
und hinter ihm geht die Schönheit.
Ein liebes und liebendes Herz macht die Frau schön;
dergleichen kann die Schönheit nicht vollbringen: sie macht das Herz nicht gut.

IV
Ich trage ihren Vorwurf wie ich ihn immer getragen habe
und ihn immer tragen werde.
Du bist schön, und du bist reich –
aber was können sie mir davon schon sagen?
Was immer sie sagen mögen – ich hab dich lieb,
und dein Ring mit dem Glasstein ist mir mehr als der Goldring der Königin.

V
Wenn du Beständigkeit und Treue hast,
so hab ich keine Sorge davor,
daß meinem Herzen je ein Leid
von deinem Herzen widerfahre.
Hast aber du sie nicht,
dann könntest du mir nie gehören. Ach, wenn es je so kommt ...

(Aus: Walther von der Vogelweide, Gedichte. Ausgewählt, übersetzt und mit einem Kommentar versehen von Peter Wapnewski. Frankfurt: Fischer 1966 (= Fischer Bücherei 6052), S. 72–73.)

Arbeitshinweise
1. Versuchen Sie den Text zu lesen, erläutern Sie Aufbau und Aussage des Gedichts!
2. Wie ist die Anrede „herzeliebez frouwelîn" zu verstehen?
3. Welche Begriffe hebt Walther in seinem Lied hervor, welche stellt er gegenüber?
4. Welche Folgen hat seine Entscheidung für sich selbst, für das Mädchen, für die Gesellschaft?
5. Welche Werte sind nach Walthers Auffassung die kostbarsten Eigenschaften eines Mädchens? Wie beurteilen Sie heute seine Wertung?

THEODOR FONTANE, **Effi Briest**

Fontane wurde 1819 in Neuruppin (Mark Brandenburg) geboren und starb 1898 in Berlin. Nach vielen Jahren, in denen er als Apotheker tätig war, widmete er sich mehr und mehr der Literatur. 1861 erschienen seine ersten Balladen, die ihn berühmt machten („John Maynard", „Gorm Grymme"). Die bekanntesten Romane sind „Irrungen, Wirrungen" (1888), „Effi Briest" (1895) und „Der Stechlin" (1897) sowie die Kriminalgeschichte „Unterm Birnbaum" (1885).

In seinen Romanen schildert Fontane realistisch die Welt der Adligen, Bürger und Offiziere des preußischen Deutschland in der 2. Hälfte des 19. Jahrhunderts. Soziale Spannungen werden von ihm in Menschenschicksalen dargestellt.

In dem Roman „Effi Briest" wird die junge und lebensfrohe Effi an den tüchtigen und ernsten Baron von Innstetten verheiratet, dem seine Karriere als hoher Staatsbeamter besonders wichtig ist. Während eines Sommerurlaubs an der Ostsee lernt Effi einen jungen Offizier (Crampas) kennen, in den sie sich für kurze Zeit verliebt.

Nach vielen Jahren fallen ihrem Mann durch einen Zufall die Briefe von Crampas an Effi in die Hände. Innstetten glaubt, nur durch ein Duell seine Ehre wiederherstellen zu können. Crampas wird getötet, die Ehe geschieden, die Tochter dem Vater zugesprochen. Die junge Frau wird von der Gesellschaft ausgeschlossen; sogar ihre Eltern verurteilen ihr Verhalten. Auf die Frage, wer die Schuld habe, antwortet der Vater mit den bekannten Worten: „Das ist ein *zu* weites Feld."

Hier ist der Anfang des 31. Kapitels aus dem Roman abgedruckt: Effi ist für ein paar Wochen zu einer Kur gefahren. Dort erhält sie einen Brief von ihren Eltern, in dem sie erfährt, daß ihr Mann die vor 7 Jahren von Crampas geschriebenen Briefe gefunden hat. Effi bricht ohnmächtig zusammen.

Lesehinweis:

Theodor Fontane, Effi Briest. Stuttgart: Reclam 1969 (= RUB 6961/63a).

Helmuth Nürnberger, Theodor Fontane in Selbstzeugnissen und Bilddokumenten. Reinbek: Rowohlt 1968 (= rowohlts monographien 145).

Theodor Fontane, Effi Briest. Erläuterungen und Dokumente. Stuttgart: Reclam 1972 (= RUB 6961/63 a).

Minuten vergingen. Als Effi sich wieder erholt hatte, setzte sie sich auf einen am Fenster stehenden Stuhl und sah auf die stille Straße hinaus. Wenn da doch Lärm und Streit gewesen wäre; aber nur der Sonnenschein lag auf dem chaussierten Wege und dazwischen die Schatten, die das Gitter und die Bäume warfen. Das Gefühl des Alleinseins in der Welt überkam sie mit seiner ganzen Schwere. Vor einer Stunde noch eine glückliche Frau, Liebling aller, die sie kannten, und nun ausgestoßen. Sie hatte nur erst den Anfang des Briefes gelesen, aber genug, um ihre Lage klar vor Augen zu haben. Wohin? Sie hatte keine Antwort darauf, und doch war sie voll tiefer Sehnsucht, aus dem herauszukommen, was sie hier umgab, also fort von dieser Geheimrätin, der das alles bloß ein „interessanter Fall" war, und deren Teilnahme, wenn etwas davon existierte, sicher an das Maß ihrer Neugier nicht heranreichte.

„Wohin?"

Auf dem Tische vor ihr lag der Brief; aber ihr fehlte der Mut, weiterzulesen. Endlich sagte sie: „Wovor bange ich mich noch? Was kann noch gesagt werden, das ich mir nicht schon selber sagte? Der, um den all dies kam, ist tot, eine Rückkehr in mein Haus gibt es nicht, in ein paar Wochen wird die Scheidung ausgesprochen sein, und das Kind wird man dem Vater lassen. Natürlich. Ich bin schuldig, und eine Schuldige kann ihr Kind nicht erziehen. Und wovon auch? Mich selbst werde ich wohl durchbringen. Ich will sehen, was die Mama darüber schreibt, wie sie sich mein Leben denkt."

Und unter diesen Worten nahm sie den Brief wieder, um auch den Schluß zu lesen.

„... Und nun Deine Zukunft, meine liebe Effi. Du wirst Dich auf Dich selbst stellen müssen und darfst dabei, soweit äußere Mittel mitsprechen, unserer Unterstützung sicher sein. Du wirst am besten in Berlin leben (in einer großen Stadt vertut sich dergleichen am besten) und wirst da zu den vielen gehören, die sich um freie Luft und lichte Sonne gebracht haben. Du wirst einsam leben, und wenn Du das nicht willst, wahrscheinlich aus Deiner Sphäre herabsteigen müssen. Die Welt, in der Du gelebt hast, wird Dir verschlossen sein. Und was das Traurigste für uns und für Dich ist (auch für Dich, wie wir Dich zu kennen vermeinen) – auch das elterliche Haus wird Dir verschlossen sein; wir können Dir keinen stillen Platz in Hohen-Cremmen anbieten, keine Zuflucht in unserem Hause, denn es hieße das, dies Haus von aller Welt abschließen, und das zu tun sind wir entschieden nicht geneigt. Nicht weil wir zu sehr an der Welt hingen und ein Abschiednehmen von dem, was sich ‚Gesellschaft' nennt, uns als etwas unbedingt Unerträgliches erschiene; nein, nicht *deshalb*, sondern einfach, weil wir Farbe bekennen und vor aller Welt, ich kann Dir das Wort nicht ersparen, unsere Verurteilung Deines Tuns, des Tuns unseres einzigen und von uns so sehr geliebten Kindes, aussprechen wollen ..."

Effi konnte nicht weiterlesen; ihre Augen füllten sich mit Tränen, und nachdem sie vergeblich dagegen angekämpft hatte, brach sie zuletzt in ein heftiges Schluchzen und Weinen aus, darin sich ihr Herz erleichterte.

(Aus: Theodor Fontane, Effi Briest. München: Nymphenburger Verlagshandlung 1969 (= Nymphenburger Taschenbuch – Ausgabe Bd. 12), S. 259–260.)

Arbeitshinweise

1. Welches Gefühl überwältigt Effi, nachdem sie aus ihrer Ohnmacht erwacht?
2. Ist Effi schuldig?
3. Welche Folgen ergeben sich für sie? Sind sie gerechtfertigt?
4. Was bedeutet die Einschränkung in dem Brief („soweit äußere Mittel mitsprechen")?
5. Warum zögern die Eltern, ihre Tochter auf das heimatliche Gut zurückzuholen? Welche Rolle spielen dabei die gesellschaftlichen Verpflichtungen um die Jahrhundertwende?
6. Wie beurteilen Sie den Brief? Finden Sie die von der Mutter ausgesprochene Verurteilung berechtigt? Wie würden Sie handeln?
7. Gibt es auch heute noch vergleichbare Verhaltensweisen? Denken Sie an das Problem der „unehelichen" Kinder!

ARTHUR SCHNITZLER, **Fräulein Else**

Arthur Schnitzler (1862–1931) wurde als Sohn eines Arztes in Wien geboren. Er studierte ebenfalls Medizin und war lange Jahre als Arzt tätig. Sein fachliches Interesse für Psychoanalyse hat auch seinen Niederschlag in seinem schriftstellerischen Werk gefunden. Er schuf einige bekannt gewordene Theaterstücke: „Liebelei" (1895) und „Der Reigen" (1900) und Erzählungen: „Leutnant Gustl" (1901), „Fräulein Else" (1924) und „Spiel im Morgengrauen" (1926).

Hier ist ein Abschnitt aus der Erzählung „Fräulein Else" abgedruckt. Die 19jährige Tochter eines Wiener Rechtsanwalts verbringt ihre Ferien in einem luxuriösen Hotel. Eines Tages erhält sie einen Brief von ihrer Mutter, in dem sie gebeten wird, sich von dem gleichfalls in dem Hotel wohnenden älteren Freund der Familie – dem Kunsthändler von Dorsday – 30 000 Gulden auszuleihen, da der Vater Geld unterschlagen hat und seine Verhaftung durch Dr. Fiala bevorsteht. Unter der Bedingung, daß sich Fräulein Else nackt zeigt, will der Bekannte das Geld ausleihen. Else begibt sich, nur mit einem Mantel bekleidet, in die Hotelhalle, bricht dort ohnmächtig zusammen und verursacht dadurch einen Skandal. Sie wird auf ihr Zimmer gebracht, wo sie sich kurz darauf vergiftet.

Der Autor verwendet für seine Erzählung die Form des „inneren Monologs": die in Wirklichkeit unausgesprochenen Gedanken, Assoziationen und Ahnungen der Personen werden in direkter Ich-Form wiedergegeben.

Lesehinweis:

Arthur Schnitzler, Meistererzählungen. Frankfurt: Fischer 1969.
Arthur Schnitzler, Meisterdramen. Frankfurt: Fischer 1971.
Hans Ulrich Lindken, Interpretationen zu Arthur Schnitzler. München: Oldenbourg 1970.

„*Guten Abend, Fräulein Else.*" – Um Gottes willen, er ist es. Ich sage nichts von Papa. Kein Wort. Erst nach dem Essen. Oder ich reise morgen nach Wien. Ich gehe persönlich zu Doktor Fiala. Warum ist mir das nicht gleich eingefallen? Ich wende mich um mit einem Gesicht, als wüßte ich nicht, wer hinter mir steht. „Ah, Herr von Dorsday." – „*Sie wollen noch einen Spaziergang machen, Fräulein Else?*" – „Ach, nicht gerade einen Spaziergang, ein bißchen auf und ab gehen vor dem Diner." – „*Es ist fast noch eine Stunde bis dahin.*" – „Wirklich?" Es ist gar nicht so kühl. Blau sind die Berge. Lustig wär's, wenn er plötzlich um meine Hand anhielte. – „*Es gibt doch auf der Welt keinen schöneren Fleck als diesen hier.*" – „Finden Sie, Herr von Dorsday? Aber bitte, sagen Sie nicht, daß die Luft hier wie Champagner ist." – „*Nein, Fräulein Else, das sage ich erst von zweitausend Metern an. Und hier stehen wir kaum sechzehnhundertfünfzig über dem Meeresspiegel.*" – „Macht das einen solchen Unterschied?" – „*Aber selbstverständlich. Waren Sie schon einmal im Engadin?*" – „Nein, noch nie. Also dort ist die Luft wirklich wie Champagner?" – „*Man könnte es beinah' sagen. Aber Champagner ist nicht mein Lieblingsgetränk. Ich ziehe diese Gegend vor. Schon wegen der wundervollen Wälder.*" – Wie langweilig er ist. Merkt er das nicht? Er weiß offenbar nicht recht, was er mit mir reden soll. Mit einer verheirateten Frau wäre es einfacher. Man sagt eine kleine Unanständigkeit, und die Konversation geht weiter. – „*Bleiben Sie noch längere Zeit hier in San Martino, Fräulein Else?*" – Idiotisch. Warum schau' ich ihn so kokett an? Und schon lächelt er in der gewissen Weise. Nein, wie dumm die Männer sind. „Das hängt zum Teil von den Dispositionen meiner Tante ab." Ist ja gar nicht wahr. Ich kann ja allein nach Wien fahren. „Wahrscheinlich bis zum zehnten." – „*Die Mama ist wohl noch in Gmunden?*" – „Nein, Herr von Dorsday. Sie ist schon in Wien, schon seit drei Wochen. Papa ist auch in Wien. Er hat sich heuer kaum acht Tage Urlaub genommen. Ich glaube, der Prozeß Erbesheimer macht ihm sehr viel Arbeit." – „*Das kann ich mir denken. Aber Ihr Papa ist wohl der einzige, der Erbesheimer herausreißen kann ... Es bedeutet ja schon einen Erfolg, daß es überhaupt eine Zivilsache geworden ist.*" – Das ist gut, das ist gut. „Es ist mir angenehm zu hören, daß auch Sie ein so günstiges Vorgefühl haben." – „*Vorgefühl? Inwiefern?*" – „Ja, daß der Papa den Prozeß für Erbesheimer gewinnen wird." – „*Das will ich nicht einmal mit Bestimmtheit behauptet haben.*" – Wie, weicht er schon zurück? Das soll ihm nicht gelingen. „Oh, ich halte etwas von Vorgefühlen und Ahnungen. Denken Sie, Herr von Dorsday, gerade heute habe ich einen Brief von zu Hause bekommen." Das war nicht sehr geschickt. Er macht ein etwas verblüfftes Gesicht. Nur weiter, nicht schlucken. Er ist ein guter alter Freund von Papa. Vorwärts. Vorwärts. Jetzt oder nie. „Herr von Dorsday, Sie haben eben so lieb von Papa gesprochen, es wäre geradezu häßlich von mir, wenn ich nicht ganz aufrichtig zu Ihnen wäre." Was macht er denn für Kalbsaugen? O weh, er merkt was. Weiter, weiter. „Nämlich in dem Brief ist auch von Ihnen die Rede, Herr von Dorsday. Es ist nämlich ein Brief von Mama." – „*So*" – „Eigentlich ein sehr trauriger Brief. Sie kennen ja die Verhältnisse in unserem Haus, Herr von Dorsday." – Um Himmels willen, ich habe ja Tränen in der Stimme. Vorwärts, vorwärts, jetzt gibt es kein Zurück mehr. Gott sei Dank. „Kurz und gut, Herr von Dorsday, wir wären wieder einmal so weit." – Jetzt möchte er am liebsten verschwinden. „Es handelt sich – um eine Bagatelle. Wirklich nur um eine Bagatelle, Herr von Dorsday. Und doch wie Mama schreibt, steht alles auf dem Spiel." Ich rede so blöd' daher wie eine Kuh. – *„Aber beruhigen Sie sich doch, Fräulein Else."* – Das hat er nett gesagt. Aber meinen Arm brauchte er darum nicht zu berühren. – *„Also was gibt's denn eigentlich, Fräulein Else? Was steht denn in dem traurigen Brief von Mama?"* – „Herr von Dorsday, der Papa" – Mir zittern die Knie. „Die Mama schreibt mir, daß der Papa" – *„Aber um Gottes willen, Else, was ist Ihnen denn? Wollen Sie nicht lieber – hier ist eine Bank. Darf ich Ihnen den Mantel umgeben? Es ist etwas kühl?"* – „Danke, Herr von Dorsday, oh, es ist nichts, gar nichts besonderes." So, da sitze ich nun plötzlich auf der Bank. Wer ist die Dame, die da vorüberkommt? Kenn' ich gar nicht. Wenn ich nur nicht weiterreden müßte. Wie er mich ansieht! Wie konntest du das von mir verlangen, Papa? Das war nicht recht von dir, Papa. Nun ist es einmal geschehen. Ich hätte bis nach dem Diner warten sollen. – *„Nun, Fräulein Else?"* – Sein Monokel baumelt. Dumm sieht das aus. Soll ich ihm antworten? Ich muß ja. Also geschwind, damit ich es hinter mir habe. Was kann mir denn passieren? Er ist ein Freund von Papa. „Ach Gott, Herr von Dorsday, Sie sind ja ein alter Freund unseres Hauses." Das habe ich sehr gut gesagt. „Und es wird Sie wahrscheinlich nicht wundern, wenn ich Ihnen erzähle, daß Papa sich wieder einmal in einer recht fatalen Situation befindet." Wie merkwürdig meine Stimme klingt. Bin das ich, die da redet? Träume ich vielleicht? Ich habe gewiß jetzt auch ein ganz anderes Gesicht als sonst. – *„Es wundert mich allerdings nicht übermäßig. Da haben Sie schon recht, liebes Fräulein Else, – wenn ich es auch lebhaft bedauere."* – Warum sehe ich denn so flehend zu ihm auf? Lächeln, lächeln. Geht schon. – *„Ich empfinde für Ihren Papa eine so aufrichtige Freundschaft, für Sie alle."* – Er soll mich nicht so ansehen, es ist unanständig. Ich will anders zu ihm reden und nicht lächeln. Ich muß mich würdiger benehmen. „Nun, Herr von Dorsday, jetzt hätten Sie Gelegenheit, Ihre Freundschaft für meinen Vater zu beweisen." Gott sei Dank, ich habe meine alte Stimme wieder. „Es scheint nämlich, Herr von Dorsday, daß alle unsere Verwandten und Bekannten – die Mehrzahl ist noch nicht in Wien – sonst wäre Mama wohl nicht auf die Idee gekommen. – Neulich habe ich nämlich zufällig in einem Brief an Mama Ihrer Anwesenheit hier in Martino Erwähnung getan – unter anderm natürlich." *„Ich vermutete gleich, Fräulein Else, daß ich nicht das einzige Thema Ihrer Korrespondenz mit Mama vorstelle."* – Warum drückt er seine Knie an meine, während er da vor mir steht. Ach, ich lasse es mir gefallen. Was tut's! Wenn man einmal so tief gesunken ist. – „Die Sache verhält sich nämlich so. Doktor Fiala ist es, der diesmal dem Papa besondere Schwierigkeiten zu bereiten scheint." – *„Ach, Doktor Fiala."* – Er weiß offenbar auch, was er von diesem Fiala zu halten hat. „Ja, Doktor Fiala. Und die Summe, um die es sich handelt, soll am fünften, das ist übermorgen um zwölf Uhr mittags, – vielmehr, sie muß in seinen Händen sein, wenn nicht der Baron Höning – ja, denken Sie, der Baron hat Papa zu sich bitten lassen, privat, er liebt ihn nämlich sehr." Warum red' ich denn von Höning, das wär' ja gar nicht notwendig gewesen. – *„Sie wollen sagen, Else, daß andernfalls eine Verhaftung unausbleiblich wäre?"* – Warum sagt er das so hart? Ich antworte nicht, ich nicke nur. „Ja." Nun habe ich doch ja gesagt. – *„Hm, das ist ja – schlimm, das ist ja wirklich sehr – dieser hoch-*

begabte geniale Mensch. – Und um welchen Betrag handelt es sich denn eigentlich, Fräulein Else?" – Warum lächelt er denn? Er findet es schlimm und er lächelt. Was meint er mit seinem Lächeln? Daß es gleichgültig ist wieviel? Und wenn er nein sagt! Ich bring' mich um, wenn er nein sagt. Also, ich soll die Summe nennen. „Wie, Herr von Dorsday, ich habe noch nicht gesagt, wieviel? Eine Million." Warum sag' ich das? Es ist doch jetzt nicht der Moment zum Spaßen? Aber wenn ich ihm dann sage, um wieviel weniger es in Wirklichkeit ist, wird er sich freuen. Wie er die Augen aufreißt? Hält er es am Ende wirklich für möglich, daß ihn der Papa um eine Million – „Entschuldigen Sie, Herr von Dorsday, daß ich in diesem Augenblick scherze. Es ist mir wahrhaftig nicht scherzhaft zumute." – Ja, ja drück' die Knie nur an, du darfst es dir ja erlauben. „Es handelt sich natürlich nicht um eine Million, es handelt sich im ganzen um dreißigtausend Gulden, Herr von Dorsday, die bis übermorgen mittag um zwölf in den Händen des Herrn Doktor Fiala sein müssen. Ja, Mama schreibt mir, daß Papa alle möglichen Versuche gemacht hat, aber wie gesagt, die Verwandten, die in Betracht kämen, befinden sich nicht in Wien." – O Gott, wie ich mich erniedrige. – „Sonst wäre es dem Papa natürlich nicht eingefallen, sich an Sie zu wenden, Herr von Dorsday, respektive[1] mich zu bitten –" – Warum schweigt er? Warum bewegt er keine Miene? Warum sagt er nicht ja? Wo ist das Scheckbuch und die Füllfeder? Er wird doch um Himmels willen nicht nein sagen? Soll ich mich auf die Knie vor ihm werfen? O Gott! O Gott –

„Am fünften sagten Sie, Fräulein Else?" – Gott sei Dank, er spricht. „Jawohl, übermorgen, Herr von Dorsday, um zwölf Uhr mittags. Es wäre also nötig – ich glaube, brieflich ließe sich das kaum mehr erledigen." – *„Natürlich nicht, Fräulein Else, das müßten wir wohl auf telegraphischem Wege"*, – ‚Wir', das ist gut, das ist sehr gut. – *„Nun, das wäre das wenigste. Wieviel sagten Sie, Else?"* – Aber er hat es ja gehört, warum quält er mich denn? „Dreißigtausend, Herr von Dorsday. Eigentlich eine lächerliche Summe." Warum habe ich das gesagt? Wie dumm. Aber er lächelt. Dummes Mädel, denkt er. Er lächelt ganz liebenswürdig. Papa ist gerettet. Er hätte ihm auch fünfzigtausend geliehen, und wir hätten uns allerlei anschaffen können. Ich hätte mir neue Hemden gekauft. Wie gemein ich bin. So wird man. – *„Nicht ganz so lächerlich, liebes Kind,"* – Warum sagt er ‚liebes Kind'? Ist das gut oder schlecht? – *„wie Sie sich das vorstellen. Auch dreißigtausend Gulden wollen verdient sein."* – „Entschuldigen Sie, Herr von Dorsday, nicht so habe ich es gemeint. Ich dachte nur, wie traurig es ist, daß Papa wegen einer solchen Summe, wegen einer solchen Bagatelle" – Ach Gott, ich verhasple mich ja schon wieder. „Sie können sich gar nicht denken, Herr von Dorsday, – wenn Sie auch einen gewissen Einblick in unsere Verhältnisse haben, wie furchtbar es für mich und besonders für Mama ist" – Er stellt den einen Fuß auf die Bank. Soll das elegant sein – oder was? – *„Oh, ich kann mir schon denken, liebe Else."* – Wie seine Stimme klingt, ganz anders, merkwürdig. – *„Und ich habe mir selbst schon manches Mal gedacht: schade, schade um diesen genialen Menschen."* – Warum sagt er ‚schade'? Will er das Geld nicht hergeben? Nein, er meint es nur im allgemeinen. Warum sagt er nicht endlich ja? Oder nimmt er das als selbstverständlich an? Wie er mich ansieht! Warum spricht er nicht weiter? Ah, weil die zwei Ungarinnen vorbeigehen.

---

[1] beziehungsweise

Nun steht er wenigstens wieder anständig da, nicht mehr mit dem Fuß auf der Bank. Die Krawatte ist zu grell für einen älteren Herrn. Sucht ihm die seine Geliebte aus? Nichts besonders Feines ‚unter uns', schreibt Mama. Dreißigtausend Gulden! Aber ich lächle ihn ja an. Warum lächle ich denn? Oh, ich bin feig. – *„Und wenn man wenigstens annehmen dürfte, mein liebes Fräulein Else, daß mit dieser Summe wirklich etwas getan wäre? Aber – Sie sind doch ein so kluges Geschöpf, Else, was wären diese dreißigtausend Gulden? Ein Tropfen auf einen heißen Stein."* Um Gottes willen, er will das Geld nicht hergeben? Ich darf kein so erschrockenes Gesicht machen. Alles steht auf dem Spiel. Jetzt muß ich etwas Vernünftiges sagen und energisch. „Nein, Herr von Dorsday, diesmal wäre es kein Tropfen auf einen heißen Stein. Der Prozeß Erbesheimer steht bevor, vergessen Sie das nicht, Herr von Dorsday, und der ist schon heute so gut wie gewonnen. Sie hatten ja selbst diese Empfindung, Herr von Dorsday. Und Papa hat auch noch andere Prozesse. Und außerdem habe ich die Absicht, Sie dürfen nicht lachen, Herr von Dorsday, mit Papa zu sprechen, sehr ernsthaft. Er hält etwas auf mich. Ich darf sagen, wenn jemand einen gewissen Einfluß auf ihn zu nehmen imstande ist, so bin ich es noch am ehesten, ich." – *„Sie sind ja ein rührendes, ein entzückendes Geschöpf, Fräulein Else."* – Seine Stimme klingt schon wieder. Wie zuwider ist mir das, wenn es so zu klingen anfängt bei den Männern. Auch bei Fred mag ich es nicht. – *„Ein entzückendes Geschöpf in der Tat."* – Warum sagt er ‚in der Tat'? Das ist abgeschmackt. Das sagt man doch nur im Burgtheater. – *„Aber so gern ich Ihren Optimismus teilen möchte – wenn der Karren einmal so verfahren ist."* – „Das ist er nicht, Herr von Dorsday. Wenn ich an Papa nicht glauben würde, wenn ich nicht ganz überzeugt wäre, daß diese dreißigtausend Gulden" – Ich weiß nicht, was ich weiter sagen soll. Ich kann ihn doch nicht geradezu anbetteln. Er überlegt. Offenbar. Vielleicht weiß er die Adresse von Fiala nicht? Unsinn. Die Situation ist unmöglich. Ich sitze da wie eine arme Sünderin. Er steht vor mir und bohrt mir das Monokel in die Stirn und schweigt. Ich werde jetzt aufstehen, das ist das beste. Ich lasse mich nicht so behandeln. Papa soll sich umbringen. Ich werde mich auch umbringen. Eine Schande dieses Leben. Am besten wär's, sich dort von dem Felsen hinunterzustürzen, und aus wär's. Geschähe euch recht, allen. Ich stehe auf. – *„Fräulein Else"* – „Entschuldigen Sie, Herr von Dorsday, daß ich Sie unter diesen Umständen überhaupt bemüht habe. Ich kann Ihr ablehnendes Verhalten natürlich vollkommen verstehen." – So, aus, ich gehe. – *„Bleiben Sie, Fräulein Else."* – Bleiben Sie, sagt er? Warum soll ich bleiben? Er gibt das Geld her. Ja. Ganz bestimmt. Er muß ja. Aber ich setze mich nicht noch einmal nieder. Ich bleibe stehen, als wär' es nur für eine halbe Sekunde. Ich bin ein bißchen größer als er. – *„Sie haben meine Antwort noch nicht abgewartet, Else. Ich war ja schon einmal, verzeihen Sie, Else, daß ich das in diesem Zusammenhang erwähne"* – Er müßte nicht so oft Else sagen – *„in der Lage, dem Papa aus einer Verlegenheit zu helfen. Allerdings mit einer – noch lächerlicheren Summe als diesmal, und schmeichelte mir keineswegs mit der Hoffnung, diesen Betrag jemals wieder sehen zu dürfen, – und so wäre eigentlich kein Grund vorhanden, meine Hilfe diesmal zu verweigern. Und gar wenn ein junges Mädchen wie Sie, Else, wenn Sie selbst als Fürbitterin vor mich hintreten –"* – Worauf will er hinaus? Seine Stimme ‚klingt' nicht mehr.

Oder anders! Wie sieht er mich denn an? Er soll achtgeben!! – *„Also, Else, ich bin bereit – Doktor Fiala soll übermorgen um zwölf Uhr mittags die dreißigtausend Gulden haben – unter einer Bedingung"* – Er soll nicht weiterreden, er soll nicht. „Herr von Dorsday, ich, ich persönlich übernehme die Garantie, daß mein Vater diese Summe zurückerstatten wird, sobald er das Honorar von Erbesheimer erhalten hat. Erbesheimers haben bisher überhaupt noch nichts gezahlt. Noch nicht einmal einen Vorschuß – Mama selbst schreibt mir" – *„Lassen Sie doch, Else, man soll niemals eine Garantie für einen anderen Menschen übernehmen, – nicht einmal für sich selbst."* – Was will er? Seine Stimme klingt schon wieder. Nie hat mich ein Mensch so angeschaut. Ich ahne, wo er hinauswill. Wehe ihm! – *„Hätte ich es vor einer Stunde für möglich gehalten, daß ich in einem solchen Falle überhaupt mir jemals einfallen lassen würde, eine Bedingung zu stellen? Und nun tue ich es doch. Ja, Else, man ist eben nur ein Mann, und es ist nicht meine Schuld, daß Sie so schön sind, Else."* – Was will er? Was will er – ? – *„Vielleicht hätte ich heute oder morgen das gleiche von Ihnen erbeten, was ich jetzt erbitten will, auch wenn Sie nicht eine Million, pardon – dreißigtausend Gulden von mir gewünscht hätten. Aber freilich, unter anderen Umständen hätten Sie mir wohl kaum Gelegenheit vergönnt, so lange Zeit unter vier Augen mit Ihnen zu reden"* – „Oh, ich habe Sie wirklich allzu lange in Anspruch genommen, Herr von Dorsday." Das habe ich gut gesagt. Fred wäre zufrieden. Was ist das? Er faßt nach meiner Hand? Was fällt ihm denn ein? – *„Wissen Sie es denn nicht schon lange, Else."* – Er soll meine Hand loslassen! Nun, Gott sei Dank, er läßt sie los. Nicht so nah, nicht so nah. – *„Sie müßten keine Frau sein, Else, wenn Sie es nicht gemerkt hätten. Je vous désire*[1]*. – Er hätte es auch deutsch sagen können, der Herr Vicomte*[2]. *„Muß ich noch mehr sagen?"* – „Sie haben schon zuviel gesagt, Herr Dorsday." Und ich stehe noch da. Warum denn? Ich gehe, ich gehe ohne Gruß. – *„Else! Else!"* – Nun ist er wieder neben mir. – *„Verzeihen Sie mir, Else. Auch ich habe nur einen Scherz gemacht, geradeso wie Sie vorher mit der Million. Auch meine Forderung stelle ich nicht so hoch – als Sie gefürchtet haben, wie ich leider sagen muß, – so daß die geringere Sie vielleicht angenehm überraschen wird. Bitte, bleiben Sie doch stehen, Else."* – Ich bleibe wirklich stehen. Warum denn? Da stehen wir uns gegenüber. Hätte ich ihm nicht einfach ins Gesicht schlagen sollen? Wäre nicht noch jetzt Zeit dazu? Die zwei Engländer kommen vorbei. Jetzt wäre der Moment. Gerade darum. Warum tu' ich es denn nicht? Ich bin feig, ich bin zerbrochen, ich bin erniedrigt. Was wird er nun wollen statt der Million? Einen Kuß vielleicht? Darüber ließe sich reden. Eine Million zu dreißigtausend verhält sich – Komische Gleichungen gibt es. – *„Wenn Sie wirklich einmal eine Million brauchen sollten, Else, – ich bin zwar kein reicher Mann, dann wollen wir sehen. Aber für diesmal will ich genügsam sein, wie Sie. Und für diesmal will ich nichts anderes, Else, als – Sie sehen."* – Ist er verrückt? Er sieht mich doch. – Ah, so meint er das, so! Warum schlage ich ihm nicht ins Gesicht, dem Schufte! Bin ich rot geworden oder blaß? Nackt willst du mich sehen? Das möchte mancher. Ich bin schön, wenn ich nackt bin. Warum schlage ich ihm nicht ins Gesicht? Riesengroß ist sein Gesicht.

---

[1] frz. Ich begehre Sie
[2] frz. Adelstitel für einen Grafen

Warum so nah, du Schuft? Ich will deinen Atem nicht auf meinen Wangen. Warum lasse ich ihn nicht einfach stehen? Bannt mich sein Blick? Wir schauen uns ins Auge wie Todfeinde. Ich möchte ihm Schuft sagen, aber ich kann nicht. Oder will ich nicht? – *„Sie sehen mich an, Else, als wenn ich verrückt wäre. Ich bin es vielleicht ein wenig, denn es geht ein Zauber von Ihnen aus, Else, den Sie selbst wohl nicht ahnen. Sie müssen fühlen, Else, daß meine Bitte keine Beleidigung bedeutet. Ja, ‚Bitte' sage ich, wenn sie auch einer Erpressung zum Verzweifeln ähnlich sieht. Aber ich bin kein Erpresser, ich bin nur ein Mensch, der mancherlei Erfahrungen gemacht hat, – unter andern die, daß alles auf der Welt seinen Preis hat und daß einer, der sein Geld verschenkt, wenn er in der Lage ist, einen Gegenwert dafür zu bekommen, ein ausgemachter Narr ist. Und – was ich mir diesmal kaufen will, Else, so viel es auch ist, Sie werden nicht ärmer dadurch, daß Sie es verkaufen. Und daß es ein Geheimnis bleiben würde zwischen Ihnen und mir, das schwöre ich Ihnen, Else, bei – bei all den Reizen, durch deren Enthüllung Sie mich beglücken würden."* – Wo hat er so reden gelernt? Es klingt wie aus einem Buch. – *„Und ich schwöre Ihnen auch, daß ich – von der Situation keinen Gebrauch machen werde, der in unserem Vertrag nicht vorgesehen war. Nichts anderes verlange ich von Ihnen, als eine Viertelstunde dastehen dürfen in Andacht vor Ihrer Schönheit. Mein Zimmer liegt im gleichen Stockwerk wie das Ihre, Else, Nummer fünfundsechzig, leicht zu merken. Der schwedische Tennisspieler, von dem Sie heut' sprachen, war doch gerade fünfundsechzig Jahre alt?"* Er ist verrückt! Warum lasse ich ihn weiterreden? Ich bin gelähmt. – *„Aber wenn es Ihnen aus irgendeinem Grunde nicht paßt, mich auf Zimmer Nummer fünfundsechzig zu besuchen, Else, so schlage ich Ihnen einen kleinen Spaziergang nach dem Diner vor. Es gibt eine Lichtung im Walde, ich habe sie neulich ganz zufällig entdeckt, kaum fünf Minuten weit von unserem Hotel. – Es wird eine wundervolle Sommernacht heute, beinahe warm, und das Sternenlicht wird Sie herrlich kleiden."* – Wie zu einer Sklavin spricht er. Ich spucke ihm ins Gesicht. – *„Sie sollen mir nicht gleich antworten, Else. Überlegen Sie. Nach dem Diner werden Sie mir gütigst Ihre Entscheidung kundtun."* Warum sagt er denn ‚kundtun'. Was für ein blödes Wort: kundtun. – *„Überlegen Sie in aller Ruhe. Sie werden vielleicht spüren, daß es nicht einfach ein Handel ist, den ich Ihnen vorschlage."* – Was denn, du klingender Schuft! – *„Sie werden möglicherweise ahnen, daß ein Mann zu Ihnen spricht, der ziemlich einsam und nicht besonders glücklich ist, und der vielleicht einige Nachsicht verdient."* – Affektierter Schuft. Spricht wie ein schlechter Schauspieler. Seine gepflegten Finger sehen aus wie Krallen. Nein, nein, ich will nicht. Warum sag' ich es denn nicht. Bring' dich um, Papa! Was will er denn mit meiner Hand? Ganz schlaff ist mein Arm. Er führt meine Hand an seine Lippen. Heiße Lippen. Pfui! Meine Hand ist kalt. Ich hätte Lust, ihm den Hut herunterzublasen. Ha, wie komisch wär' das. Bald ausgeküßt, du Schuft? – Die Bogenlampen vor dem Hotel brennen schon. Zwei Fenster stehen offen im dritten Stock. Das, wo sich der Vorhang bewegt, ist meines. Oben auf dem Schrank glänzt etwas. Nichts liegt oben, es ist nur der Messingbeschlag. – *„Also auf Wiedersehen, Else."* – Ich antworte nichts. Regungslos stehe ich da. Er sieht mir ins Auge. Mein Gesicht ist undurchdringlich. Er weiß gar nichts. Er weiß nicht, ob ich kommen werde oder nicht. Ich weiß es

auch nicht. Ich weiß nur, daß alles aus ist. Ich bin halbtot. Da geht er. Ein wenig gebückt. Schuft! Er fühlt meinen Blick auf seinem Nacken. Wen grüßt er denn? Zwei Damen. Als wäre er ein Graf, so grüßt er. Paul soll ihn fordern und ihn totschießen. Oder Rudi. Was glaubt er denn eigentlich? Unverschämter Kerl! Nie und nimmer. Es wird dir nichts anderes übrigbleiben, Papa, du mußt dich umbringen. – Die Zwei kommen offenbar von einer Tour. Beide hübsch, er und sie. Haben sie noch Zeit, sich vor dem Diner umzukleiden? Sind gewiß auf der Hochzeitsreise oder vielleicht gar nicht verheiratet. Ich werde nie auf einer Hochzeitsreise sein. Dreißigtausend Gulden. Nein, nein, nein! Gibt es keine dreißigtausend Gulden auf der Welt? Ich fahre zu Fiala. Ich komme noch zurecht. Gnade, Gnade, Herr Doktor Fiala. Mit Vergnügen, mein Fräulein. Bemühen Sie sich in mein Schlafzimmer. – Tu mir doch den Gefallen, Paul, verlange dreißigtausend Gulden von deinem Vater. Sage, du hast Spielschulden, du mußt dich sonst erschießen. Gern, liebe Kusine. Ich habe Zimmer Nummer soundsoviel, um Mitternacht erwarte ich dich. Oh, Herr von Dorsday, wie bescheiden sind Sie. Vorläufig. Jetzt kleidet er sich um. Smoking. Also entscheiden wir uns. Wiese im Mondschein oder Zimmer Nummer fünfundsechzig? Wird er mich im Smoking in den Wald begleiten?
(Aus: Arthur Schnitzler, Meistererzählungen. Frankfurt: Fischer 1969, S. 487–495.)

Arbeitshinweise
1. Wodurch ist das Gespräch zwischen Fräulein Else und Herrn von Dorsday zu Beginn gekennzeichnet?
2. Wodurch erfolgt eine Wende in dem Gesprächsverlauf? Wie reagiert Fräulein Else?
3. Erarbeiten Sie den Unterschied zwischen den Äußerungen (Dialog) und dem Denken (innerer Monolog) von Fräulein Else! Welche Wirkung erzielt das Darstellungsmittel des „inneren Monologs"?
4. Charakterisieren Sie das Verhalten der Personen (Fräulein Else, Eltern, Dorsday)!
5. Inwiefern übt Schnitzler Kritik an der spätbürgerlichen Gesellschaft? Wie beurteilen Sie Dorsdays Auffassung, daß alles auf der Welt seinen Preis habe?
6. Welches Bild der Frau wird hier vermittelt?

BERTOLT BRECHT, **Der Augsburger Kreidekreis**

Zur Biographie des Autors vgl. S. 13.
Im ersten Buch der Könige des Alten Testaments (Kap. 3, Verse 16–28) wird erzählt, wie zwei Mütter sich um ein Kind streiten und König Salomo Recht spricht:
„Zu der Zeit kamen zwei Huren[1] zum König und traten vor ihn. Und das eine Weib sprach: Ach, mein Herr, ich und dies Weib wohnten in einem Hause, und ich gebar bei ihr im Hause. Und über drei Tage, da ich geboren hatte, gebar sie auch. Und wir waren beieinander, daß kein Fremder mit uns war im Hause, nur wir beide. Und dieses Weibes Sohn starb in der Nacht; denn sie hatte ihn im Schlaf erdrückt. Und sie stand in der Nacht auf und nahm meinen Sohn von meiner Seite, da seine Magd schlief, und legte ihn an ihren Arm, und ihren toten Sohn legte sie an meinen Arm. Und da ich des Morgens aufstand, meinen Sohn zu säugen, siehe, da war er tot. Aber am Morgen sah ich ihn genau an, und siehe, es war nicht mein Sohn, den ich geboren hatte. Das andere Weib sprach: Nicht also; mein Sohn lebt, und dein Sohn ist tot. Jene aber sprach: Nicht also; dein Sohn ist tot, und mein Sohn lebt. Und redeten also vor dem König. Und der König sprach: Diese spricht: Mein Sohn lebt, und dein

---
[1] hier: Frauen

Sohn ist tot; jene spricht: Nicht also; dein Sohn ist tot, und mein Sohn lebt. Und der König sprach: Holet mir ein Schwert her! Und da das Schwert vor den König gebracht ward, sprach der König: Teilet das lebendige Kind in zwei Teile und gebt dieser die Hälfte und jener die Hälfte. Da sprach das Weib, des Sohn lebte, zum König (denn ihr mütterliches Herz entbrannte über ihren Sohn): Ach, mein Herr, gebt ihr das Kind lebendig und tötet es nicht! Jene aber sprach: Es sei weder mein noch dein; laßt es teilen! Da antwortete der König und sprach: Gebet dieser das Kind lebendig und tötet's nicht; die ist seine Mutter. Und das Urteil, das der König gefällt hatte, erscholl vor dem ganzen Israel, und sie fürchteten sich vor dem König; denn sie sahen, daß die Weisheit Gottes in ihm war, Gericht zu halten."

Außer dieser biblischen Vorlage stand Brecht noch eine alte chinesische Legende zur Verfügung. Allerdings hat er beide wesentlich verändert. Er schreibt selbst darüber: *„Die Kreidekreisprobe des alten chinesischen Romans und Stückes sowie ihr biblisches Gegenstück, Salomons Schwertprobe, bleiben als Proben des Muttertums (durch Ausfindung der Mütterlichkeit) wertvoll, selbst wenn das Muttertum anstatt biologisch nunmehr sozial bestimmt werden soll"* (Materialien, S. 18). Brecht hat diese Fabel außerdem in seinem Theaterstück „Der kaukasische Kreidekreis" verarbeitet.

Lesehinweis:
Bertolt Brecht, Der kaukasische Kreidekreis. Frankfurt: Suhrkamp 1969 (= edition suhrkamp 31).
Materialien zu Brechts „Der kaukasische Kreidekreis". Frankfurt: Suhrkamp 1966 (= edition suhrkamp 155).
Helmut Schwimmer, Bertolt Brecht, Kalendergeschichten. München: Oldenbourg ²1967.

Zu der Zeit des Dreißigjährigen Krieges besaß ein Schweizer Protestant namens Zingli eine große Gerberei mit einer Lederhandlung in der freien Reichsstadt Augsburg am Lech. Er war mit einer Augsburgerin verheiratet und hatte ein Kind mit ihr. Als die Katholischen auf die Stadt zumarschierten, rieten ihm seine Freunde dringend zur Flucht, aber, sei es, daß die kleine Familie ihn hielt, sei es, daß er seine Gerberei nicht im Stich lassen wollte, er konnte sich jedenfalls nicht entschließen, beizeiten wegzureisen.

So war er noch in der Stadt, als die kaiserlichen Truppen sie stürmten, und als am Abend geplündert wurde, versteckte er sich in einer Grube im Hof, wo die Farben aufbewahrt wurden. Seine Frau sollte mit dem Kind zu ihren Verwandten in die Vorstadt ziehen, aber sie hielt sich zu lange damit auf, ihre Sachen, Kleider, Schmuck und Betten zu packen, und so sah sie plötzlich, von einem Fenster des ersten Stockes aus, eine Rotte kaiserlicher Soldaten in den Hof dringen. Außer sich vor Schrecken ließ sie alles stehen und liegen und rannte durch eine Hintertür aus dem Anwesen.

So blieb das Kind im Hause zurück. Es lag in der großen Diele in seiner Wiege und spielte mit einem Holzball, der an einer Schnur von der Decke hing.

Nur eine junge Magd war noch im Hause. Sie hantierte in der Küche mit dem Kupferzeug, als sie Lärm von der Gasse her hörte. Ans Fenster stürzend, sah sie, wie aus dem ersten Stock des Hauses gegenüber von Soldaten allerhand Beutestücke auf die Gasse geworfen wurden. Sie lief in die Diele und wollte eben das Kind aus der Wiege nehmen, als sie das Geräusch schwerer Schläge gegen die eichene Haustür hörte. Sie wurde von Panik ergriffen und rannte die Treppe hinauf.

Die Diele füllte sich mit betrunkenen Soldaten, die alles kurz und klein schlugen. Sie wußten, daß sie sich im Haus eines Protestanten befanden. Wie durch ein Wunder blieb bei der Durchsuchung und Plünderung Anna, die Magd, unentdeckt. Die Rotte verzog sich, und aus dem Schrank herauskletternd, in dem sie gestanden war, fand Anna auch das Kind in der Diele unversehrt. Sie nahm es hastig an sich und schlich mit ihm auf den Hof hinaus. Es war inzwischen Nacht geworden, aber der rote Schein eines in der Nähe brennenden Hauses erhellte den Hof, und entsetzt erblickte sie die übel zugerichtete Leiche des Hausherrn. Die Soldaten hatten ihn aus seiner Grube gezogen und erschlagen.

Erst jetzt wurde der Magd klar, welche Gefahr sie lief, wenn sie mit dem Kind des Protestanten auf der Straße aufgegriffen wurde. Sie legte es schweren Herzens in die Wiege zurück, gab ihm etwas Milch zu trinken, wiegte es in Schlaf und machte sich auf den Weg in den Stadtteil, wo ihre verheiratete Schwester wohnte.

Gegen zehn Uhr nachts drängte sie sich, begleitet vom Mann ihrer Schwester, durch das Getümmel der ihren Sieg feiernden Soldaten, um in der Vorstadt Frau Zingli, die Mutter des Kindes, aufzusuchen. Sie klopften an die Tür eines mächtigen Hauses, die sich nach geraumer Zeit auch ein wenig öffnete. Ein kleiner alter Mann, Frau Zinglis Onkel, steckte den Kopf heraus. Anna berichtete atemlos, daß Herr Zingli tot, das Kind aber unversehrt im Hause sei. Der Alte sah sie kalt aus fischigen Augen an und sagte, seine Nichte sei nicht mehr da, und er selber habe mit dem Protestantenbankert[1] nichts zu schaffen. Damit machte er die Tür wieder zu. Im Weggehen sah Annas Schwager, wie sich ein Vorhang in einem der Fenster bewegte, und gewann die Überzeugung, daß Frau Zingli da war. Sie schämte sich anscheinend nicht, ihr Kind zu verleugnen.

Eine Zeitlang gingen Anna und ihr Schwager schweigend nebeneinander her. Dann erklärte sie ihm, daß sie in die Gerberei zurück und das Kind holen wolle. Der Schwager, ein ruhiger, ordentlicher Mann, hörte sie erschrocken an und suchte ihr die gefährliche Idee auszureden. Was hatte sie mit diesen Leuten zu tun? Sie war nicht einmal anständig behandelt worden.

Anna hörte ihm still zu und versprach ihm, nichts Unvernünftiges zu tun. Jedoch wollte sie unbedingt noch schnell in die Gerberei schauen, ob dem Kind nichts fehle. Und sie wollte allein gehen.

Sie setzte ihren Willen durch. Mitten in der zerstörten Halle lag das Kind ruhig in der Wiege und schlief. Anna setzte sich müde zu ihm und betrachtete es. Sie hatte nicht gewagt, ein Licht anzuzünden, aber das Haus in der Nähe brannte immer noch, und bei diesem Licht konnte sie das Kind ganz gut sehen. Es hatte einen winzigen Leberfleck am Hälschen.

---

[1] Bankert, abwertend für uneheliches Kind

Als die Magd einige Zeit, vielleicht eine Stunde, zugesehen hatte, wie das Kind atmete und an seiner kleinen Faust saugte, erkannte sie, daß sie zu lange gesessen und zu viel gesehen hatte, um noch ohne das Kind weggehen zu können. Sie stand schwerfällig auf, und mit langsamen Bewegungen hüllte sie es in die Leinendecke, hob es auf den Arm und verließ mit ihm den Hof, sich scheu umschauend, wie eine Person mit schlechtem Gewissen, eine Diebin.

Sie brachte das Kind, nach langen Beratungen mit Schwester und Schwager, zwei Wochen darauf aufs Land in das Dorf Großaitingen, wo ihr älterer Bruder Bauer war. Der Bauernhof gehörte der Frau, er hatte nur eingeheiratet. Es war ausgemacht worden, daß sie vielleicht nur dem Bruder sagen sollte, wer das Kind war, denn sie hatten die junge Bäuerin nie zu Gesicht bekommen und wußten nicht, wie sie einen so gefährlichen kleinen Gast aufnehmen würde.

Anna kam gegen Mittag im Dorf an. Ihr Bruder, seine Frau und das Gesinde saßen beim Mittagessen. Sie wurde nicht schlecht empfangen, aber ein Blick auf ihre neue Schwägerin veranlaßte sie, das Kind sogleich als ihr eigenes vorzustellen. Erst nachdem sie erzählt hatte, daß ihr Mann in einem entfernten Dorf eine Stellung in einer Mühle habe und sie dort mit dem Kind in ein paar Wochen erwarte, taute die Bäuerin auf, und das Kind wurde gebührend bewundert.

Nachmittags begleitete sie ihren Bruder ins Gehölz, Holz sammeln. Sie setzten sich auf Baumstümpfe, und Anna schenkte ihm reinen Wein ein. Sie konnte sehen, daß ihm nicht wohl in seiner Haut war. Seine Stellung auf dem Hof war noch nicht gefestigt, und er lobte Anna sehr, daß sie seiner Frau gegenüber den Mund gehalten hatte. Es war klar, daß er seiner jungen Frau keine besonders großzügige Haltung gegenüber dem Protestantenkind zutraute. Er wollte, daß die Täuschung aufrechterhalten wurde.

Das war nun auf die Länge nicht leicht.

Anna arbeitete bei der Ernte mit und pflegte ‚ihr' Kind zwischendurch, immer wieder vom Feld nach Hause laufend, wenn die andern ausruhten. Der Kleine gedieh und wurde sogar dick, lachte, so oft er Anna sah, und suchte kräftig den Kopf zu heben. Aber dann kam der Winter, und die Schwägerin begann sich nach Annas Mann zu erkundigen.

Es sprach nichts dagegen, daß Anna auf dem Hof blieb, sie konnte sich immer nützlich machen. Das schlimme war, daß die Nachbarn sich über den Vater von Annas Jungen wunderten, weil der nie kam, nach ihm zu sehen. Wenn sie keinen Vater für ihr Kind zeigen konnte, mußte der Hof bald ins Gerede kommen.

An einem Sonntagmorgen spannte der Bauer an und hieß Anna laut mitkommen, ein Kalb in einem Nachbardorf abzuholen. Auf dem ratternden Fahrzeug teilte er ihr mit, daß er für sie einen Mann gesucht und gefunden hätte. Es war ein totkranker Häusler[1], der kaum den ausgemergelten Kopf vom schmierigen Laken heben konnte, als die beiden in seiner niedrigen Hütte standen.

---

1 Tagelöhner mit kleinem Grundbesitz

Er war willig, Anna zu ehelichen. Am Kopfende des Lagers stand eine gelbhäutige Alte, seine Mutter. Sie sollte ein Entgelt für den Dienst, der Anna erwiesen wurde, bekommen.

Das Geschäft war in zehn Minuten ausgehandelt, und Anna und ihr Bruder konnten weiterfahren und ihr Kalb erstehen. Die Verehelichung fand Ende derselben Woche statt. Während der Pfarrer die Trauungsformel murmelte, wandte der Kranke nicht ein einziges Mal den glasigen Blick auf Anna. Ihr Bruder zweifelte nicht, daß sie den Totenschein in wenigen Tagen haben würden. Dann war Annas Mann und Kindsvater auf dem Wege zu ihr in einem Dorf bei Augsburg irgendwie gestorben, und niemand würde sich wundern, wenn die Witwe im Haus ihres Bruders bleiben würde.

Anna kam froh von ihrer seltsamen Hochzeit zurück, auf der es weder Kirchenglocken noch Blechmusik, weder Jungfern noch Gäste gegeben hatte. Sie verzehrte als Hochzeitsschmaus ein Stück Brot mit einer Scheibe Speck in der Speisekammer und trat mit ihrem Bruder dann vor die Kiste, in der das Kind lag, das jetzt einen Namen hatte. Sie stopfte das Laken fester und lachte ihren Bruder an.

Der Totenschein ließ allerdings auf sich warten.

Es kam weder die nächste noch die übernächste Woche Bescheid von der Alten. Anna hatte auf dem Hof erzählt, daß ihr Mann jetzt auf dem Weg zu ihr sei. Sie sagte nunmehr, wenn man sie fragte, wo er bliebe, der tiefe Schnee mache wohl die Reise beschwerlich. Aber nachdem weitere drei Wochen vergangen waren, fuhr ihr Bruder doch, ernstlich beunruhigt, in das Dorf bei Augsburg.

Er kam spät in der Nacht zurück. Anna war noch auf und lief zur Tür, als sie das Fuhrwerk auf den Hof knarren hörte. Sie sah, wie langsam der Bauer ausspannte, und ihr Herz krampfte sich zusammen.

Er brachte üble Nachricht. In die Hütte tretend hatte er den Todgeweihten beim Abendessen am Tisch sitzend vorgefunden, in Hemdsärmeln, mit beiden Backen kauend. Er war wieder völlig gesundet.

Der Bauer sah Anna nicht ins Gesicht, als er weiter berichtete. Der Häusler, er hieß übrigens Otterer, und seine Mutter schienen über die Wendung ebenfalls überrascht und waren wohl noch zu keinem Entschluß gekommen, was zu geschehen hätte. Otterer habe keinen unangenehmen Eindruck gemacht. Er hatte wenig gesprochen, jedoch einmal seine Mutter, als sie darüber jammern wollte, daß er nun ein ungewünschtes Weib und ein fremdes Kind auf dem Hals habe, zum Schweigen verwiesen. Er aß bedächtig seine Käsespeise weiter während der Unterhaltung und aß noch, als der Bauer wegging.

Die nächsten Tage war Anna natürlich sehr bekümmert. Zwischen ihrer Hausarbeit lehrte sie den Jungen gehen. Wenn er den Spinnrocken losließ und mit ausgestreckten Ärmchen auf sie zugewackelt kam, unterdrückte sie ein trockenes Schluchzen und umklammerte ihn fest, wenn sie ihn auffing.

Einmal fragte sie ihren Bruder: Was ist er für einer? Sie hatte ihn nur auf dem Sterbebett gesehen und nur abends, beim Schein einer schwachen Kerze. Jetzt erfuhr sie, daß ihr Mann ein abgearbeiteter Fünfziger sei, „halt so, wie ein Häusler ist".

Bald darauf sah sie ihn. Ein Hausierer hatte ihr mit einem großen Aufwand an Heimlichkeit ausgerichtet, daß ‚ein gewisser Bekannter' sie an dem und dem Tag zu der und der Stunde bei dem und dem Dorf, da wo der Fußweg nach Landsberg abgeht, treffen wolle. So begegneten die Verehelichten sich zwischen ihren Dörfern wie die antiken Feldherrn zwischen den Schlachtreihen, im offenen Gelände, das vom Schnee bedeckt war.

Der Mann gefiel Anna nicht.

Er hatte kleine graue Zähne, sah sie von oben bis unten an, obwohl sie in einem dicken Schafspelz steckte und nicht viel zu sehen war, und gebrauchte dann die Wörter ‚Sakrament der Ehe'. Sie sagte ihm kurz, sie müsse sich alles noch überlegen, bat ihn aber, er möchte ihr durch irgendeinen Händler oder Schlächter, der durch Großaitingen kam, vor ihrer Schwägerin ausrichten lassen, er werde jetzt bald kommen und sei nur auf dem Weg erkrankt.

Otterer nickte in seiner bedächtigen Weise. Er war über einen Kopf größer als sie und blickte immer auf ihre linke Halsseite beim Reden, was sie aufbrachte.

Die Botschaft kam aber nicht, und Anna ging mit dem Gedanken um, mit dem Kind einfach vom Hof zu gehen und weiter südwärts, etwa in Kempten oder Sonthofen, eine Stellung zu suchen. Nur die Unsicherheit der Landstraßen, über die viel geredet wurde, und daß es mitten im Winter war, hielt sie zurück.

Der Aufenthalt auf dem Hof wurde nachgerade schwierig. Die Schwägerin stellte am Mittagstisch vor allem Gesinde mißtrauische Fragen nach ihrem Mann. Als sie einmal sogar, mit falschem Mitleid auf das Kind sehend, laut ‚armes Wurm' sagte, beschloß Anna, doch zu gehen, aber da wurde das Kind krank.

Es lag unruhig mit hochrotem Kopf und trüben Augen in seiner Kiste, und Anna wachte ganze Nächte über ihm in Angst und Hoffnung. Als es sich wieder auf dem Wege zur Besserung befand und sein Lächeln zurückgefunden hatte, wurde eines Vormittags an die Tür geklopft, und herein trat Otterer.

Es war niemand außer Anna und dem Kind in der Stube, so daß sie sich nicht verstellen mußte, was ihr bei ihrem Schrecken auch wohl unmöglich gewesen wäre. Sie standen eine gute Weile wortlos, dann äußerte Otterer, er habe die Sache seinerseits überlegt und sei gekommen, sie zu holen. Er erwähnte wieder das Sakrament der Ehe.

Anna wurde böse. Mit fester, wenn auch unterdrückter Stimme sagte sie dem Mann, sie denke nicht daran, mit ihm zu leben, sie sei die Ehe nur eingegangen ihres Kindes wegen und wolle von ihm nichts, als daß er ihr und dem Kind seinen Namen gebe.

Otterer blickte, als sie von dem Kind sprach, flüchtig nach der Richtung der Kiste, in der es lag und brabbelte, trat aber nicht hinzu. Das nahm Anna noch mehr gegen ihn ein.

Er ließ ein paar Redensarten fallen: sie solle sich alles noch einmal überlegen, bei ihm sei Schmalhans Küchenmeister, und seine Mutter könne in der Küche schlafen. Dann kam die Bäuerin herein, begrüßte ihn neugierig und lud ihn zum Mittagessen. Den Bauern begrüßte er, schon am Teller sitzend, mit einem nachlässigen Kopfnicken, weder vortäuschend, er kenne ihn nicht, noch verratend, daß er ihn kannte. Auf die Fragen der Bäuerin antwortete er einsilbig, seine Blicke nicht vom Teller hebend, er habe in Mering eine Stelle gefunden, und Anna könne zu ihm ziehen. Jedoch sagte er nichts mehr davon, daß dies gleich sein müsse.

Am Nachmittag vermied er die Gesellschaft des Bauern und hackte hinter dem Haus Holz, wozu ihn niemand aufgefordert hatte. Nach dem Abendessen, an dem er wieder schweigend teilnahm, trug die Bäuerin selber ein Deckbett in Annas Kammer, damit er dort übernachten konnte, aber da stand er merkwürdigerweise schwerfällig auf und murmelte, daß er noch am selben Abend zurück müsse. Bevor er ging, starrte er mit abwesendem Blick in die Kiste mit dem Kind, sagte aber nichts und rührte es nicht an.

In der Nacht wurde Anna krank und verfiel in ein Fieber, das wochenlang dauerte. Die meiste Zeit lag sie teilnahmslos, nur ein paarmal gegen Morgen, wenn das Fieber etwas nachließ, kroch sie zu der Kiste mit dem Kind und stopfte die Decke zurecht.

In der vierten Woche ihrer Krankheit fuhr Otterer mit einem Leiterwagen auf dem Hof vor und holte sie und das Kind ab. Sie ließ es wortlos geschehen.

Nur sehr langsam kam sie wieder zu Kräften, kein Wunder bei den dünnen Suppen in der Häuslerhütte. Aber eines Morgens sah sie, wie schmutzig das Kind gehalten war, und stand entschlossen auf.

Der Kleine empfing sie mit seinem freundlichen Lächeln, von dem ihr Bruder immer behauptet hatte, er habe es von ihr. Er war gewachsen und kroch mit unglaublicher Geschwindigkeit in der Kammer herum, mit den Händen aufpatschend und kleine Schreie ausstoßend, wenn er auf das Gesicht niederfiel. Sie wusch ihn in einem Holzzuber und gewann ihre Zuversicht zurück.

Schon nach wenigen Tagen freilich konnte sie das Leben mit Otterer nicht mehr aushalten. Sie wickelte den Kleinen in ein paar Decken, steckte ein Brot und etwas Käse ein und lief weg.

Sie hatte vor, nach Sonthofen zu kommen, kam aber nicht weit. Sie war noch recht schwach auf den Beinen, die Landstraße lag unter der Schneeschmelze, und die Leute in den Dörfern waren durch den Krieg sehr mißtrauisch und geizig geworden. Am dritten Tag ihrer Wanderung verstauchte sie sich den Fuß in einem Straßengraben und wurde nach vielen Stunden, in denen sie um das Kind bangte, auf einen Hof gebracht, wo sie im Stall liegen mußte. Der Kleine kroch zwischen den Beinen der Kühe herum und lachte nur, wenn sie ängstlich aufschrie. Am Ende mußte sie den Leuten des Hofs den Namen ihres Mannes sagen, und er holte sie wieder nach Mering.

Von nun an machte sie keinen Fluchtversuch mehr und nahm ihr Los hin. Sie arbeitete hart. Es war schwer, aus dem kleinen Acker etwas herauszuholen und die winzige Wirtschaft in Gang zu halten. Jedoch war der Mann nicht unfreundlich zu ihr, und der Kleine wurde satt. Auch kam ihr Bruder mitunter herüber und brachte dies und jenes als Präsent, und einmal konnte sie dem Kleinen sogar ein Röcklein rot einfärben lassen. Das, dachte sie, mußte dem Kind eines Färbers gut stehen.

Mit der Zeit wurde sie ganz zufrieden gestimmt und erlebte viele Freude bei der Erziehung des Kleinen. So verging das Jahr.

Aber eines Tages ging sie ins Dorf Sirup holen, und als sie zurückkehrte, war das Kind nicht in der Hütte, und ihr Mann berichtete ihr, daß eine feingekleidete Frau in einer Kutsche vorgefahren sei und das Kind geholt habe. Sie taumelte an die Wand vor Entsetzen, und am selben Abend noch machte sie sich, nur ein Bündel mit Eßbarem tragend, auf den Weg nach Augsburg.

Ihr erster Gang in der Reichsstadt war zur Gerberei. Sie wurde nicht vorgelassen und bekam das Kind nicht zu sehen.

Schwester und Schwager versuchten vergebens, ihr Trost zuzureden. Sie lief zu den Behörden und schrie außer sich, man habe ihr Kind gestohlen. Sie ging so weit, anzudeuten, daß Protestanten ihr Kind gestohlen hätten. Sie erfuhr daraufhin, daß jetzt andere Zeiten herrschten und zwischen Katholiken und Protestanten Friede geschlossen worden sei.

Sie hätte kaum etwas ausgerichtet, wenn ihr nicht ein besonderer Glücksumstand zu Hilfe gekommen wäre. Ihre Rechtssache wurde an einen Richter verwiesen, der ein ganz besonderer Mann war.

Es war das der Richter Ignaz Dollinger, in ganz Schwaben berühmt wegen seiner Grobheit und Gelehrsamkeit, vom Kurfürsten von Bayern, mit dem er einen Rechtsstreit der freien Reichsstadt ausgetragen hatte, ‚dieser lateinische Mistbauer' getauft, vom niedrigen Volk aber in einer langen Moritat[1] löblich besungen.

Von Schwester und Schwager begleitet kam Anna vor ihn. Der kurze, aber ungemein fleischige alte Mann saß in einer winzigen kahlen Stube zwischen Stößen von Pergamenten und hörte sie nur ganz kurz an. Dann schrieb er etwas auf ein Blatt, brummte: „Tritt dorthin, aber mach schnell!" und dirigierte sie mit seiner kleinen plumpen Hand an die Stelle des Raums, auf die durch das schmale Fenster das Licht fiel. Für einige Minuten sah er genau ihr Gesicht an, dann winkte er sie mit einem Stoßseufzer weg.

Am nächsten Tag ließ er sie durch einen Gerichtsdiener holen und schrie sie, als sie noch auf der Schwelle stand, an: „Warum hast du keinen Ton davon gesagt, daß es um eine Gerberei mit einem pfundigen Anwesen geht?"

Anna sagte verstockt, daß es ihr um das Kind gehe.

„Bild dir nicht ein, daß du die Gerberei schnappen kannst", schrie der Richter. „Wenn der Bankert wirklich deiner ist, fällt das Anwesen an die Verwandten von dem Zingli."

Anna nickte, ohne ihn anzuschauen. Dann sagte sie: „Er braucht die Gerberei nicht."

---

1 „Mordtat", schaurige Begebenheit, seit dem 17. Jh. dem Publikum in leierndem Ton vorgetragenes Lied

„Ist er deiner?" bellte der Richter.

„Ja", sagte sie leise. „Wenn ich ihn nur so lange behalten dürfte, bis er alle Wörter kann. Er weiß erst sieben."

Der Richter hustete und ordnete die Pergamente auf seinem Tisch. Dann sagte er ruhiger, aber immer noch in ärgerlichem Ton:

„Du willst den Knirps, und die Ziege da mit ihren fünf Seidenröcken will ihn. Aber er braucht die rechte Mutter."

„Ja", sagte Anna und sah den Richter an.

„Verschwind", brummte er. „Am Samstag halt ich Gericht."

An diesem Samstag war die Hauptstraße und der Platz vor dem Rathaus am Perlachturm schwarz von Menschen, die dem Prozeß um das ‚Protestantenkind' beiwohnen wollten. Der sonderbare Fall hatte von Anfang an viel Aufsehen erregt, und in Wohnungen und Wirtshäusern wurde darüber gestritten, wer die echte und wer die falsche Mutter war. Auch war der alte Dollinger weit und breit berühmt wegen seiner volkstümlichen Prozesse mit ihren bissigen Redensarten und Weisheitssprüchen. Seine Verhandlungen waren beliebter als Plärrer und Kirchweih.

So stauten sich vor dem Rathaus nicht nur viele Augsburger; auch nicht wenige Bauersleute der Umgebung waren da. Freitag war Markttag, und sie hatten in Erwartung des Prozesses in der Stadt übernachtet.

Der Saal, in dem der Richter Dollinger verhandelte, war der sogenannte Goldene Saal. Er war berühmt als einziger Saal von dieser Größe in ganz Deutschland, der keine Säulen hatte; die Decke war an Ketten im Dachstuhl aufgehängt.

Der Richter Dollinger saß, ein kleiner runder Fleischberg, vor dem geschlossenen Erztor der einen Längswand. Ein gewöhnliches Seil trennte die Zuhörer ab. Aber der Richter saß auf ebenem Boden und hatte keinen Tisch vor sich. Er hatte selber vor Jahren diese Anordnung getroffen; er hielt viel von Aufmachung.

Anwesend innerhalb des abgeseilten Raums waren Frau Zingli mit ihrem Onkel, die zugereisten Schweizer Verwandten des verstorbenen Herrn Zingli, zwei gutgekleidete würdige Männer, aussehend wie wohlbestallte Kaufleute, und Anna Otterer mit ihrer Schwester. Neben Frau Zingli sah man eine Amme mit dem Kind.

Alle, Parteien und Zeugen, standen. Der Richter Dollinger pflegte zu sagen, daß die Verhandlungen kürzer ausfielen, wenn die Beteiligten stehen müßten. Aber vielleicht ließ er sie auch nur stehen, damit sie ihn vor dem Publikum verdeckten, so daß man den Richter höchstens nur sah, wenn man sich auf die Fußzehen stellte und den Hals ausrenkte.

Zu Beginn der Verhandlung kam es zu einem Zwischenfall. Als Anna das Kind erblickte, stieß sie einen Schrei aus und trat vor, und das Kind wollte zu ihr, strampelte heftig in den Armen der Amme und fing an zu brüllen. Der Richter ließ es aus dem Saal bringen.

Dann rief er Frau Zingli auf.

Sie kam vorgerauscht und schilderte, ab und zu ein Sacktüchlein an die Augen lüftend, wie bei der Plünderung die kaiserlichen Soldaten ihr das Kind entrissen hätten. Noch in derselben Nacht war die Magd in das Haus ihres Onkels gekommen und hatte berichtet, das Kind sei noch im Haus, wahrscheinlich in Erwartung eines Trinkgelds. Eine Köchin ihres Onkels habe jedoch, in die Gerberei geschickt, das Kind nicht vorgefunden, und sie nehme an, die Person (sie deutete auf Anna) habe sich seiner bemächtigt, um irgendwie Geld erpressen zu können. Sie wäre wohl auch über kurz oder lang mit solchen Forderungen hervorgekommen, wenn man ihr nicht zuvor das Kind abgenommen hätte.

Der Richter Dollinger rief die beiden Verwandten des Herrn Zingli auf und fragte sie, ob sie sich damals nach Herrn Zingli erkundigt hätten und was ihnen von Frau Zingli erzählt worden sei.

Sie sagten aus, Frau Zingli habe sie wissen lassen, ihr Mann sei erschlagen worden, und das Kind habe sie einer Magd anvertraut, bei der es in guter Hut sei. Sie sprachen sehr unfreundlich von ihr, was allerdings kein Wunder war, denn das Anwesen fiel an sie, wenn der Prozeß für Frau Zingli verlorenging.

Nach ihrer Aussage wandte sich der Richter wieder an Frau Zingli und wollte von ihr wissen, ob sie nicht einfach bei dem Überfall damals den Kopf verloren und das Kind im Stich gelassen habe.

Frau Zingli sah ihn mit ihren blassen blauen Augen wie verwundert an und sagte gekränkt, sie habe ihr Kind nicht im Stich gelassen.

Der Richter Dollinger räusperte sich und fragte sie interessiert, ob sie glaube, daß keine Mutter ihr Kind im Stich lassen könnte.

Ja, das glaube sie, sagte sie fest.

Ob sie denn glaube, fragte der Richter weiter, daß einer Mutter, die es doch tue, der Hintern verhauen werden müßte, gleichgültig, wie viele Röcke sie darüber trage?

Frau Zingli gab keine Antwort, und der Richter rief die frühere Magd Anna auf. Sie trat schnell vor und wiederholte mit leiser Stimme, was sie schon bei der Voruntersuchung gesagt hatte. Sie redete aber, als ob sie zugleich horchte, und ab und zu blickte sie nach der großen Tür, hinter die man das Kind gebracht hatte, als fürchtete sie, daß es immer noch schreie.

Sie sagte aus, sie sei zwar in jener Nacht zum Haus von Frau Zinglis Onkel gegangen, dann aber nicht in die Gerberei zurückgekehrt, aus Furcht vor den Kaiserlichen und weil sie Sorgen um ihr eigenes, lediges Kind gehabt habe, das bei guten Leuten im Nachbarort Lechhausen untergebracht gewesen sei.

Der alte Dollinger unterbrach sie grob und schnappte, es habe also zumindest eine Person in der Stadt gegeben, die so etwas wie Furcht verspürt habe. Er freute sich, das feststellen zu können, denn es beweise, daß eben zumindest eine Person damals einige Vernunft besessen habe. Schön sei es allerdings von der Zeugin nicht gewesen, daß sie sich nur um ihr eigenes Kind gekümmert habe, andererseits aber heiße es ja im Volksmund, Blut sei dicker als Wasser, und was eine rechte

Mutter sei, die gehe auch stehlen für ihr Kind, das sei aber vom Gesetz streng verboten, denn Eigentum sei Eigentum, und wer stehle, der lüge auch, und lügen sei ebenfalls vom Gesetz verboten. Und dann hielt er eine seiner weisen und derben Lektionen über die Abgefeimtheit der Menschen, die das Gericht anschwindelten, bis sie blau im Gesicht seien, und nach einem kleinen Abstecher über die Bauern, die die Milch unschuldiger Kühe mit Wasser verpantschten, und den Magistrat der Stadt, der zu hohe Marktsteuern von den Bauern nehme, der überhaupt nichts mit dem Prozeß zu tun hatte, verkündigte er, daß die Zeugenaussage geschlossen sei und nichts ergeben habe.

Dann machte er eine lange Pause und zeigte alle Anzeichen der Ratlosigkeit, sich umblickend, als erwarte er von irgendeiner Seite her einen Vorschlag, wie man zu einem Schluß kommen könnte.

Die Leute sahen sich verblüfft an, und einige reckten die Hälse, um einen Blick auf den hilflosen Richter zu erwischen. Es blieb aber sehr still im Saal, nur von der Straße herauf konnte man die Menge hören.

Dann ergriff der Richter wieder seufzend das Wort.

„Es ist nicht festgestellt worden, wer die rechte Mutter ist", sagte er. „Das Kind ist zu bedauern. Man hat schon gehört, daß die Väter sich oft drücken und nicht die Väter sein wollen, die Schufte, aber hier melden sich gleich zwei Mütter. Der Gerichtshof hat ihnen so lange zugehört, wie sie es verdienen, nämlich einer jeden geschlagene fünf Minuten, und der Gerichtshof ist zu der Überzeugung gelangt, daß beide wie gedruckt lügen. Nun ist aber, wie gesagt, auch noch das Kind zu bedenken, das eine Mutter haben muß. Man muß also, ohne auf bloßes Geschwätz einzugehen, feststellen, wer die rechte Mutter des Kindes ist."

Und mit ärgerlicher Stimme rief er den Gerichtsdiener und befahl ihm, eine Kreide zu holen.

Der Gerichtsdiener ging und brachte ein Stück Kreide.

„Zieh mit der Kreide da auf dem Fußboden einen Kreis, in dem drei Personen stehen können", wies ihn der Richter an.

Der Gerichtsdiener kniete nieder und zog mit der Kreide den gewünschten Kreis.

„Jetzt bring das Kind", befahl der Richter.

Das Kind wurde hereingebracht. Es fing wieder an zu heulen und wollte zu Anna. Der alte Dollinger kümmerte sich nicht um das Geplärr und hielt seine Ansprache nur in etwas lauterem Ton.

„Diese Probe, die jetzt vorgenommen werden wird", verkündete er, „habe ich in einem alten Buch gefunden, sie gilt als recht gut. Der einfache Grundgedanke der Probe mit dem Kreidekreis ist, daß die rechte Mutter an ihrer Liebe zum Kind erkannt wird. Also muß die Stärke dieser Liebe erprobt werden. Gerichtsdiener, stell das Kind in diesen Kreidekreis."

Der Gerichtsdiener nahm das plärrende Kind von der Hand der Amme und führte es in den Kreis. Der Richter fuhr fort, sich an Frau Zingli und Anna wendend:

„Stellt auch ihr euch in den Kreidekreis, faßt jede eine Hand des Kindes, und wenn ich ‚los' sage, dann bemüht euch, das Kind aus dem Kreis zu ziehen. Die von euch die stärkere Liebe hat, wird auch mit der größeren Kraft ziehen und so das Kind auf ihre Seite bringen."

Im Saal war es unruhig geworden. Die Zuschauer stellten sich auf die Fußspitzen und stritten sich mit den vor ihnen Stehenden.

Es wurde aber wieder totenstill, als die beiden Frauen in den Kreis traten und jede eine Hand des Kindes faßte. Auch das Kind war verstummt, als ahnte es, um was es ging. Es hielt sein tränenüberströmtes Gesichtchen zu Anna emporgewendet. Dann kommandierte der Richter „los".

Und mit einem einzigen heftigen Ruck riß Frau Zingli das Kind aus dem Kreidekreis. Verstört und ungläubig sah Anna ihm nach. Aus Furcht, es könne Schaden erleiden, wenn es an beiden Ärmchen zugleich in zwei Richtungen gezogen würde, hatte sie es sogleich losgelassen.

Der alte Dollinger stand auf.

„Und somit wissen wir", sagte er laut, „wer die rechte Mutter ist. Nehmt der Schlampe das Kind weg. Sie würde es kalten Herzens in Stücke reißen." Und er nickte Anna zu und ging schnell aus dem Saal, zu seinem Frühstück.

Und in den nächsten Wochen erzählten sich die Bauern der Umgebung, die nicht auf den Kopf gefallen waren, daß der Richter, als er der Frau aus Mering das Kind zusprach, mit den Augen gezwinkert habe.

(Aus: Bertolt Brecht, Gesammelte Werke, Bd. 11. Frankfurt: Suhrkamp 1967 (= werkausgabe edition suhrkamp), S. 321–336.)

Arbeitshinweise

1. Vergleichen Sie die Bibelfassung mit dem Text von Bertolt Brecht! Welche Gemeinsamkeiten bestehen, welche Unterschiede?
2. Womit wird die Umkehrung des Schlusses bei Brecht begründet?
3. Vergleichen Sie das Verhalten der beiden Frauen! Warum verhalten sie sich so?
4. Wie verhält sich der Richter? Wie ist seine Reaktion zu beurteilen? Berücksichtigen Sie dabei die in der Erzählung geschilderten sozialen Verhältnisse!
5. Wodurch ist die Sprache der Geschichte charakterisiert? Welche Funktion hat diese Sprache?
6. In welcher Weise hängt diese Erzählung mit der Kapitelüberschrift „Emanzipation der Frau" zusammen?

BERTOLT BRECHT, **Die Seeräuber-Jenny**

Zur Biographie des Autors vgl. S. 13.

Der folgende Text ist ein Song aus der „Dreigroschenoper" (1928). Polly, die Tochter des Bettlerkönigs Peachum, heiratet Mackie Messer, den Boß einer Verbrecherbande. Die Hochzeit findet im Freundeskreise in einem leeren Pferdestall statt. Dort singt Polly dieses Lied.

Lesehinweis:

Bertolt Brecht, Die Dreigroschenoper. Frankfurt: Suhrkamp 1973 (= edition suhrkamp 229).

1

Meine Herren, heute sehen Sie mich Gläser abwaschen
Und ich mache das Bett für jeden.
Und Sie geben mir einen Penny und ich bedanke mich schnell
Und Sie sehen meine Lumpen und dies lumpige Hotel
Und Sie wissen nicht, mit wem Sie reden.
Aber eines Abends wird ein Geschrei sein am Hafen
Und man fragt: Was ist das für ein Geschrei?
Und man wird mich lächeln sehn bei meinen Gläsern
Und man sagt: Was lächelt die dabei?
    Und ein Schiff mit acht Segeln
    Und mit fünfzig Kanonen
    Wird liegen am Kai.

2

Man sagt: Geh, wisch deine Gläser, mein Kind
Und man reicht mir den Penny hin.
Und der Penny wird genommen, und das Bett wird gemacht!
(Es wird keiner mehr drin schlafen in dieser Nacht.)
Und Sie wissen immer noch nicht, wer ich bin.
Aber eines Abends wird ein Getös sein am Hafen
Und man fragt: Was ist das für ein Getös?
Und man wird mich stehen sehen hinterm Fenster
Und man sagt: Was lächelt die so bös?
    Und ein Schiff mit acht Segeln
    Und mit fünfzig Kanonen
    Wird beschießen die Stadt.

3

Meine Herren, da wird wohl Ihr Lachen aufhörn
Denn die Mauern werden fallen hin
Und die Stadt wird gemacht dem Erdboden gleich
Nur ein lumpiges Hotel wird verschont von jedem Streich
Und man fragt: Wer wohnt Besonderer darin?
Und in dieser Nacht wird ein Geschrei um das Hotel sein
Und man fragt: Warum wird das Hotel verschont?
Und man wird mich sehen treten aus der Tür gen Morgen
Und man sagt: Die hat darin gewohnt?
    Und ein Schiff mit acht Segeln
    Und mit fünfzig Kanonen
    Wird beflaggen den Mast.

4
Und es werden kommen hundert gen Mittag an Land
Und werden in den Schatten treten
Und fangen einen jeglichen aus jeglicher Tür
Und legen ihn in Ketten und bringen vor mir
Und fragen: Welchen sollen wir töten?
Und an diesem Mittag wird es still sein am Hafen
Wenn man fragt, wer wohl sterben muß.
Und dann werden Sie mich sagen hören: Alle!
Und wenn dann der Kopf fällt, sag ich: Hoppla!
   Und das Schiff mit acht Segeln
   Und mit fünfzig Kanonen
   Wird entschwinden mit mir.
(Aus: Bertolt Brecht, Gesammelte Werke, Bd. 2. Frankfurt: Suhrkamp 1967 (= werkausgabe edition suhrkamp), S. 415f.)

Arbeitshinweise
1. Welche Aussagen werden über das Küchenmädchen Jenny getroffen? Worin besteht ihre berufliche Tätigkeit? Wie sieht ihre soziale Lage aus?
2. Wie wird Jenny von den „Herren" behandelt?
3. Wovon träumt das Küchenmädchen? Inwieweit sind diese Träume realitätsbezogen?
4. Erläutern Sie die besondere Form des Songs!

ERIKA RUNGE, **Hausfrau Erna E., Bottroper Protokoll**

Erika Runge wurde 1939 geboren. Sie studierte Literaturwissenschaft und lebt heute in München. Sie arbeitet hauptsächlich als Autorin und Regisseurin für das Fernsehen. Bekannt wurde sie durch ihre Bücher „Bottroper Protokolle" (1968) und „Frauen. Versuche zur Emanzipation" (1969). Alle Beiträge der Autorin gehen aus Interviews hervor. Über die Entstehung ihres Buches „Bottroper Protokolle" schrieb sie 1970: *„Ich fuhr 1966/67 ins Ruhrgebiet, um Material für ein Fernsehspiel zu sammeln. Die Krise im Kohlenbergbau war auf einem Höhepunkt, die wirtschaftlichen Folgen wirkten sich stark auf die Bergleute und die von ihnen Abhängigen aus. Mich interessierte nun, ob bei den Betroffenen ein neues Bewußtsein ihrer Lage entsteht und ob dieses Bewußtsein sie dazu bringt, aktiv zu werden und ihre Lage zu verändern."*

Lesehinweis:
Erika Runge, Bottroper Protokolle. Frankfurt: Suhrkamp 1968 (= edition suhrkamp 271).
Erika Runge, Frauen. Versuche zur Emanzipation. Frankfurt: Suhrkamp 1972 (= edition suhrkamp 359).

Wenn mein Mann mal Frühschicht hat, stehen wir um 5 Uhr auf, um 6 Uhr fängt die Frühschicht an, wenn er normale Frühschicht hat. Um $1/2$ 6 geht er ausm Haus. Wo ich den Kleinen noch nicht hatte, den Martin, hab ich mich noch hingelegt bis $1/2$ 7 immer, dann bin ich auch aufgestanden, wegen die beiden, Ralph und Simone. Ja, und jetzt muß ich auch aufbleiben, weil um 6 Uhr der Kleine kommt, denn hab ich ihn auch um $1/2$ 7 fertig, und dann kommt der raus, der Große, der wacht von alleine auf. Und denn zieh ich ihn an, und wenn ich ihn angezogen hab, dann mach ich eben noch mal was andres, dann ist die schon wieder da. Na, dann tun wir zusammen Frühstück essen, dann bring ich den Ralph jetzt zum Kindergarten, ja, und denn is 9 Uhr, 1/4 vor 9, bis ich wieder hier bin, dann geht die Arbeit hier los. 10 Uhr kommt der Kleine, der muß gebadet werden und muß auch versorgt werden. Dann wird eingekauft, schnell alles im Laufschritt gemacht, Essen gekocht für die Kinder, für mein Mann, 12 Uhr den Kleinen wieder abholen, den Ralph, ja und dann leg ich die auch noch immer hin. Ja, und wenn mein Mann dann kommt – erst tut er essen, dann beschäftigt er sich mit de Kinder, überhaupt mit der Simone. Ja, dann hat er ja auch noch andere Sachen zu tun, für die Gewerkschaft hauptsächlich, überhaupt jetzt, wo die Zeche stillgelegt wird. Meistens, nachmittags, geh ich dann mit die Kinder raus, wenn schön Wetter ist, die müssen ja auch frische Luft haben, dann geh ich meistens nach Hause zu meiner Mutter hin. Und ja, kommt man nach Hause, dann wirds wieder Zeit für Abendbrotmachen und dann die Kinder in Bett bringen, die Sachen auswaschen, die sie vom Tag hatten, ja, und dann bin ich mal froh, wenn ich zwei Stunden sitzen kann. Dann guck ich manchmal Fernsehen, oder ich stopf oder strick, muß ja immer was gemacht werden. Ins Bett gehn – ja, um 11, 1/2 11. Da, wo der Kleine noch nicht war, bin ich ja früher gegangen, wenn mein Mann dann abends weg war, dann bin ich auch schon mal um 9 gegangen, 1/2 10, aber so, jetzt komm ich erst immer um 11, 1/2 11 im Bett. Das ist jetzt jeden Abend. Man muß ja durchhalten.

Wir sind eigentlich von Ostpreußen. Mein Vater war schon 46 hier, wir kamen 48 her. 44 bin ich geboren. Mein Vater war vorher in der Landwirtschaft, dann hat er auf Zeche angefangen, hier in *Rheinbaben*. Ich hab drei Geschwister, eine Schwester und zwei Brüder. Meine Schwester ist auch verheiratet hier, die hat auch schon drei Kinder. Mein Bruder ist Bergmann auf *Rheinbaben,* hat auch drei Kinder, und mein kleiner Bruder, der ist 17 und auch Bergmann, Lehrling.

Ich hab hier meine Volksschule gemacht, dann hab ich zwei Jahre Lehre gemacht als Strickerin. Eigentlich wollt ich Konditorin werden, in der Bäckerei die Torten machen und so. Wo ich noch in der Schule war, hab ich meiner Mutter immer viel backen geholfen, wir haben zu Hause nur gebacken, jeden Sonntag oder auch Weihnachten, Plätzchen und Torten, alles ham wir selbst gemacht. Und da hatt ich nachher Lust gehabt, inne Konditorei, so Torten machen und so, auch die kleinen Plätzchen, Berliner Ballen und so. Auf einmal hab ich dann keinen Spaß mehr dran gehabt. Aber wo ich denn da in die Lehre ging, dat gefiel mir nachher alles nicht, da dacht ich doch: hätt ich man lieber den andern Beruf gewählt. Und da hieß es ja nur noch: wir wollen Geld verdienen. Ich ging in die Lehre rein, da war ich 14. Erst war man immer in e Schule, hat man nichts andres gekannt wie Schule – und dann auf einmal muß man, dann steht man auf eignen zwei Beinen. Erst, da gefiel mir dat nicht. Aber nachher denkt man: du mußt das sowieso schaffen, und du schaffst das. Strengt man sich schon von alleine an, nich? Es ging nachher. Aber es war ja auch keine große Strickerei.

Drei Jahre war ich dann in ne Strickfabrik, zwei Jahre Lehrzeit, und dann noch ein Jahr so. Im Haushalt war ich auch noch tätig, das kann man ja immer mal gebrauchen, nich. Im Haushalt hatt ich auch mehr gehabt, da hatt ich freie Kost, und ich konnte da meine Wäsche waschen, alles, und hab 100 Mark gekriegt im Monat.

Das war nur für mich. Da war ich 17 und hatte 100 Mark gehabt, das war viel. Die ham alle gesagt: das war viel gewesen. Und da war ich so ¾ Jahr gewesen, und dann bin ich nachher zu B. in die Kleiderfabrik. Da fing ich mit 1,38 Stundenlohn an und war im Akkord. Ich war noch keine 18, und das darf man ja nicht, und war am Band am arbeiten und im Akkord. Und die im Akkord haben alle über 2 Mark gehabt. Und ich hab mich mal beschwert, und da sagt der drauf, ich hätte ja schon meine Lehre ausgehabt, er könnte mich nicht mehr ans Jugendband setzen, wo keine Akkordarbeit ist, sie haben überall Akkordarbeit, nich. Da sage ich, dann soll er mich bei die Lehrmädchen hinsetzen, für 1,38. Da sagt er: „Nee, dat kommt nich in Frage, da ham wir kein Platz für." Da sag ich: „Tut mir ja leid, aber dann kann ich auch nicht weiter hier arbeiten. Für 1,38 im Akkord, da tu ich das nicht." Da bin ich nachher noch woanders hingekommen, und da wars genauso, da hatt ich 2 Pfennig dann mehr gekriegt, war auch Akkord gewesen, und da mußte man immer so viel Kästen schieben und sowat alles. Und wo ich dann nachher gesagt hab: „Ich geh nicht im Akkord." Da hat er mir auch nich mehr gegeben, und da hab ich dann auch aufgehört. Das tut ja keiner, für so wenig Geld im Akkord arbeiten. Wir haben jede 10 Tage Geld gekriegt, wat war dat: 50 Mark. 1961 war das. Hinterher war ich nochmal in der Strickerei gewesen. Da ging ich wohl auch klein ran, aber das hat sich nachher gesteigert, und da hatt ich nachher 68 Mark in der Woche, jeden Freitag 68 Mark, und das hat sich nachher gesteigert bis 70,75 Mark. Und dann konnte man sich dat ja mitnehmen, und da bin ich nachher auch geblieben.

Wir hatten hier in Bottrop son Klub gehabt, nen Jugendklub gehabt, Deutscher Freier Jugendklub nannte der sich, einfach n Jugendklub war das, nich, und da sind wir, die ganzen jungen Mädchen und die Jungens, alle da drin gewesen. Da haben wir uns kennengelernt, so flüchtig, mein Mann und ich. Nachher, von mein Nachbar der Junge, hatte Geburtstag gehabt, der war auch im Klub gewesen, der hat Geburtstag gehabt, da kam mein Mann auch zufällig gerade hin – so haben wir uns denn da kennengelernt. Wir haben da gefeiert, und anschließend bin ich, hat mein Mann mich nach Haus gefahren, der hatn Wagen gehabt zu der Zeit noch. Und n andern Tag kam er denn wieder, hat mich abgeholt, dann sind wir tanzen gegangen, dann sind wir auch mal abends zusammen im Kino gewesen. Ja, 4 Jahre sind wir jetzt verheiratet. Als der Ralph geboren wurde, hab ich noch gearbeitet. Der war ja so schwer krank gewesen, der hat ne Darmverschlingung gehabt und n Magenpförtnerkrampf. Da war er 3½ Wochen, wo er im Krankenhaus kam. Mit nem halben Jahr hab ich ihn denn rausgekriegt, da hab ich aufgehört zu arbeiten. Ja, und dann war er bei meine Mutter, ich hab ihn dann ja nicht gekriegt, meine Mutter hat ihn mir ja nicht gegeben. Der Junge war so krank gewesen, und ich hab noch bei meine Schwiegermutter wohnen müssen, wir hatten ja nicht sofort diese Wohnung, und da hab ich nur ein Zimmer gehabt, dadrauf mußt ich kochen und schlafen, da konnt ich den Jungen ja auch nicht gebrauchen.

Träume hatte ich ... Erstens: nicht so früh heiraten. Hatt ich überhaupt nicht vorgehabt. Und zweitens – mit 22 schon 3 Kinder, das ist auch n bißchen viel. Ich wollte, wo wir geheiratet hatten, und so, wie ich früher immer schon gesagt hatte: „Wenn ich mal später heirate, dann ein Kind, und dann geh ich so lange arbeiten, bis man alles hat." Hatt ich immer gesagt, früher. Da hab ich meinen Mann noch gar nicht gekannt, nich. Da sagt ich: „Ein Kind, arbeiten – und ich willn Auto haben." Fürn Auto würd ich auch noch arbeiten. Da sagt mein Mann nachher, wo ich meinen Mann kennengelernt hab: „Ja, du wolltst doch arbeiten gehn?" „Ja", sag ich, „wenn ich den Ralph nur hätte, wär ich bestimmt gegangen, denn den hätte meine Mutter genommen." Aber es ging ja nicht. Ja, und dann? Mit Geld so knausern, hätt ich mir auch nicht vorgestellt. Jede 10 Tage, es kommt drauf an, wieviele Schichten dat warn, kam er mal mit 120, 150, mal hat er auch 160 gehabt, zweimal im Monat. Und wenn er dann Rest-Lohn hatte, er hat ja denn einmal im Monat Rest-Lohn, ja, dann kam er mal mit 300 Mark nach Hause. Und damit kann man keine großen Sprünge machen. Hier die Miete kostet 109 Mark. Jetzt kriegen wir nochn Zuschuß von der Zeche, aber wenn der dann wegfällt, dann zahlen wir hier 150 Mark dafür. Und dann soll man das alles aufbringen. Bei dem wenigen Lohn, was er hat, und dann so viel Miete. Und die Kinder wolln essen, die Kinder wolln angezogen werden. Dat hab ich mir wirklich früher nie vorgestellt, daß mir das später mal so schlecht gehen würde. Ich konnte mein Geld für mich selbst behalten, früher, ich hab mich eingekleidet, alles. Ich hatte Sachen gehabt! Aber heutzutage – ich weiß nicht, wie ich mit dem Geld rumkommen soll, das mein Mann nach Hause bringt. Ich mach mir die Haare selbst, da hab ich ja kein Geld für, zum Frisör. Ich war beim Frisör gewesen, kurz bevor ich ins Krankenhaus kam mit dem Kleinen, da hab ich ne Lockwelle gehabt, ne einfache Lockwelle und Haare abgeschnitten, da hab ich 9 Mark bezahlt. Und da kann man nich jeden Monat für nachn Frisör gehen.

Meine Mutter kommt mir viel helfen, davon ab. Morgen fahr ich wieder zur Stadt, mein Mann hat Krankenschein gehabt, jetzt muß ich morgen Krankengeld abholn, jetzt kann ich ja nicht alle drei mitnehmen, muß meine Mutter morgen komm. Mein Mann, wenn der Zeit hat, der hilft mir auch. Der macht viel. Der paßt auf die Kinder auf, der tut schon mal saugen oder blankreiben, und dann tut er mir schon mal helfen abtrocknen. Aber ich sag ja: nur wenn er grade Zeit hat. Dat macht er schon. Und er sagt schon mal: „Geh und nimm die Simone und geh schon mal ne Stunde raus." Dann paßt er auf die andern beiden auf.

Wat ich früher alles gemacht hab, wo ich noch nich verheiratet war! Wir warn viel tanzen gewesen, und ich war auch in der Gewerkschaft drin. Gewerkschaftsjugend, bunten Nachmittag und so, das fehlt mir heutzutage. Ich hab auch mitgemacht, hat eine Hand die andre gewaschen, mal hat man dies gemacht, dann hat man das gemacht. N bunten Nachmittag, bekannte Solisten, die ham gesungen, und abends war dann anschließend, um 10 Uhr, war dann Tanz gewesen. Und da hat man auch Lose verkauft und son bißchen gemacht. War wirklich schön gewesen. Und – wie lange war ich schon nicht mehr tanzen. Ich geh so gerne tanzen! Mein Mann auch . . . Bin ja neugierig, wann wir dies Jahr mal Karneval feiern könn. Wir tun in der Wirtschaft feiern, das is immer einmalig. Bei *Fortuna*, im Fußballklub die Feste, einmalig . . . Ich glaub aber nich, daß dat dies Jahr geht. Wegen die Kinder und wegen dem wenigen Geld. Erst sind Feierschichten wieder, dann wird die Zeche stillgelegt, dann wieder die Sorgen. Wegen die Kinder, ach, da könnte man schon für ein Tag die Mutter holn, wär ja nich schlimm gewesen, aber die Geldsorgen . . . Ich hatte nie geglaubt, daß die Zeche mal stillgelegt wird.

Ich interessier mir eigentlich nicht für Politik. Mein Mann, der schimpft da schon immer. Sagt er: „Interessier dich mal n bißchen dafür, dat is gut für dich." Naja, wenn ich mal meine Arbeit fertig hab . . . Jetzt komm ich bald überhaupt nicht mehr zum Zeitunglesen. Sonst komm ich schon mal beim Frühstück und so zum Zeitunglesen, aber jetzt, wo die Kleinen schon alleine sitzen, alleine essen wolln, da komm ich überhaupt gar nicht mehr dazu, nich. Ich hör schon mal Tagesschau oder guck schon schnell inne Tageszeitung rein, wat da Neues drinsteht oder so, nich, aber muß schon sagen, sonst interessier ich mich auch nicht für Politik.

Und wegen *Rheinbaben,* die sind alle so am Sagen: „Dat wird noch wat geben, dat wird noch wat geben!" Ja, dat wird noch wat geben, dat steht fest. Aber wat soll man dagegen tun? Wir Armen könn ja auch nichts dagegen tun, daß die Zeche stillgelegt wird. Heute Mittag, wo ich einkaufen gegangen bin, da sagte mir die Geschäftsfrau auch: „Mein Gott", sagte se, „wat wird dat noch geben? Früher ham se die Taschen immer voll geholt, und heute holn sie se noch zur Hälfte." Ich sag: „Da seid ihr auch ein Teil mit Schuld. Verkauft doch eure Ware nicht so teuer, verkaufts doch n bißchen billiger." „Ja", sagt sie, „wenn wir die billiger machen, dann wird woanders wieder aufgeschlagen." Ich sag: „Dann müßt ihr alle zusammengreifen, dann müßt ihr alle zusammen sagen: jetzt ist stopp, jetzt wern wir mal die Preise n bißchen senken. Und dann werd ihr auch wieder eure Ware los." „Ja", sagt sie, „ich versteh das nicht. Und jetzt überhaupt noch, wenn die *Rheinbaben* stillegen, dann wer ich überhaupt nichts mehr los, dann können wir unser Geschäft bald schließen." Da sagt ich noch: „Kann ich nichts dafür. Ich kauf nur dat ein, was ich ganz nötig brauche und wat die Kinder brauchen, dat andre kann ich mir auch nicht mehr leisten." Jeden Tag hab ich sonst Obst gekauft, jetzt kann ich höchstens zweimal in der Woche, wenn hier Markt ist. Freitags hol ich Obst, und dann hol ich nochmal Mittwoch in der Stadt Obst. Und im Nu is ja dat Obst weg, weil die Kinder viel Obst essen. Und auch die Wirtschaften, wat wern die denn jetzt machen. Die wern jetzt alle langsam zumachen. Ganz bestimmt. Hier schießen doch immer nur Wirtschaften und Imbiß-Stuben aus de Erde raus. Aber Krankenhäuser oder sowas, das baun se nich. Hier in Bottrop gibt es zwei Krankenhäuser, und die sind überfüllt.

Ich war jetzt beim Hausarzt gewesen, und der Hausarzt, von selbst hat ers ja nicht gesagt, aber ich hab ihn gefragt, ob ich die Pille kriegen kann, und da hat er gesagt: „Ja." Meine Schwester, die hat sie ja direkt vom Arzt gekriegt, weil sie so unregelmäßig ihre Periode gehabt hat, und die braucht sie nicht zu bezahlen, die braucht nur 50 Pfennig fürs Rezept zahlen. Und wir müssen se zahlen, 5 Mark. Aber dafür gibt man lieber die 5 Mark aus. Ich könnt mir dat auch gar nicht vorstellen: 4 Kinder. Nee!

Meine Kinder solln alle 3 die Schule besuchen, dat sie was wern. Nämlich ich konnte dat nich, meine Eltern, die konnten dat einfach nicht aufbringen, es ist keiner von uns auf e höhere Schule gegangen, aber meine Kinder solln das machen. Da soll keiner aufn Pütt. Die Zeche wird et dann sowieso nich mehr geben. Aber so, die sollen irgendwie wat anderes wern. Die solln auf e Schule gehen. Dat hab ich auch schon zu mein Mann gesagt: „Dat kann ich nich haben, daß die mal so arm wern wie wir. Die sollns mal n bißchen besser haben wie wir." Nich is doch wahr! Unsereiner, der maloocht[1] und arbeitet und arbeitet und hat doch nichts.

Und ich hab schon gesagt, wenn der Kleine, der ganz Kleine, 2 oder 3 Jahre alt ist, daß ich dann einen hab für die zum Aufpassen, dann würd ich ne Arbeit nehmen, und wenns von morgens früh ist bis mittags, dann würde ich noch arbeiten gehen, ja. Man muß ja auch warten, wat mein Mann nachher für ne Beschäftigung hat, wieviel Geld er nach Hause bringt, man kann ja nicht sagen – je nachdem, wolln wir erstmal gucken. Wenn er genug verdienen sollte, ja – ein Auto möcht ich haben. Nämlich, ein Mann allein schafft dat nich, und dann noch die Familie und die teure Miete, schafft einer nich allein. Da möcht ich schon gerne arbeiten fürs Auto. Daß man Samstag oder Sonntag mal rausfahren kann und nich immer hier im Kohlenpott bleiben muß. Man will ja auch mal rausfahren und die Welt mal sehn, nich? Nach n Sauerland runter oder so. Et gibt hier in Deutschland so schöne Sachen, so schöne Städte, nich. Noch nie war ich weggewesen, ich war noch nie raus gewesen. Zur Erholung war ich wohl, zwei Mal, nach Norderney. Aber sonst ... Oder wir ham früher, vom Klub, schon mal son paar Fahrten gemacht, aber das war höchstens mal fürn halben Tag gewesen. Anschließend sind sie dann in die Wirtschaft gegangen, ham getanzt und so. Aber da sieht man nichts, ich möcht ja mal was sehn! Es gibt so schöne Gegenden hier in Deutschland, überhaupt hier so in der Gegend, oder nachn Sauerland runter. Ja, fürn Auto, daß man Samstag oder Sonntag mal wegfahren könnte, dafür würd ich noch arbeiten.

(Aus: Erika Runge, Bottroper Protokolle. Frankfurt: Suhrkamp 1968 (= edition suhrkamp 271), S. 48–55.)

Arbeitshinweise

1. *Beschreiben Sie den Tagesablauf der Hausfrau Erna E.!*
2. *Berichten Sie über ihre Herkunft, ihre Schulbildung, ihre Ausbildung und ihre bisherige Tätigkeit!*
3. *Welche Wunschträume hatte Erna E. früher als Mädchen, welche hat sie jetzt? Wie ist der Unterschied zu erklären?*
4. *Welches sind die zentralen Probleme dieser Frau? Was sagt sie über die Rolle ihres Mannes?*
5. *Wie denkt Erna E. über das politische, wirtschaftliche und soziale Geschehen in ihrer Umwelt? Sieht sie einen Zusammenhang zwischen ihrer eigenen Situation und der Umwelt?*
6. *Beschreiben Sie die Merkmale der gesprochenen Sprache, die von Erika Runge protokolliert wurde! Spricht die Hausfrau Erna E. falsches Deutsch?*
7. *Welche Absichten verfolgt die Autorin mit diesen Protokollen?*
8. *Welche Personengruppe soll mit diesen Protokollen besonders angesprochen werden?*

Arbeitshinweise (Plakat, S. 135)

1. *Auf welche Probleme will das Plakat aufmerksam machen?*
2. *Halten Sie die Gestaltung des Plakats für wirkungsvoll? Warum?*
3. *Erläutern Sie den Zusammenhang zwischen dem Plakat und dem Text von Erika Runge!*

---

[1] schuften, umgangssprachlich für: arbeiten

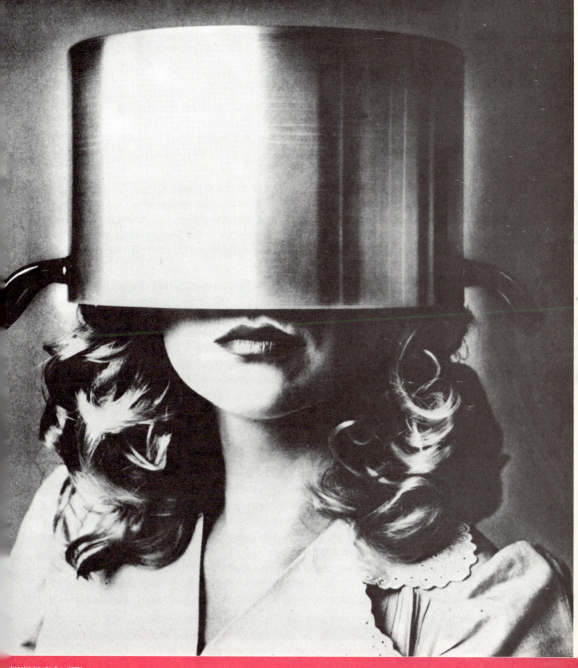

Simone de Beauvoir, Ehe

Simone de Beauvoir (1908 in Paris geboren) ist eine führende Vertreterin des französischen Existentialismus (Lehre von der absoluten Freiheit des Menschen). Sie studierte an der Universität Paris und unterrichtete von 1931 bis 1941 an verschiedenen Mädchen-Gymnasien. Noch während ihres Studiums hatte sie den Philosophen und Schriftsteller Jean-Paul Sartre kennengelernt, dessen ‚Lebensgefährtin' und geistige Weggenossin sie wurde. Seit 1943 lebt Simone de Beauvoir als freie Schriftstellerin in Paris. Der folgende Abschnitt ist dem Buch „Das andere Geschlecht" (1949) entnommen, in dem sie eine universelle Standortbestimmung der Frau vornimmt.

Lesehinweis:
Simone de Beauvoir, Das andere Geschlecht. Sitte und Sexus der Frau. Reinbek: Rowohlt ^{5}1973 (= rororo 6621).
Simone de Beauvoir, Memoiren einer Tochter aus gutem Haus. Reinbek: Rowohlt ^{8}1974 (= rororo 1066).

Das Schicksal, das die Gesellschaft herkömmlicherweise für die Frau bereit hält, ist die Ehe. Auch heute noch sind die meisten Frauen verheiratet, sie waren es, sie bereiten sich auf die Ehe vor, oder sie leiden darunter, daß sie nicht verheiratet sind. Unter dem Gesichtspunkt der Ehe sieht sich die Ledige, mag sie um diese betrogen sein, sich gegen ihre Einrichtung auflehnen oder ihr gleichgültig gegenüberstehen. [...]

Die wirtschaftliche Entwicklung der weiblichen Lebensbedingungen ist dabei, die Einrichtung der Ehe umzustürzen: Sie wird zu einer frei eingegangenen Vereinigung zweier autonomer Eigenpersönlichkeiten. Die Gatten verpflichten sich persönlich und gegenseitig. Der Ehebruch ist für beide Teile eine Aufkündigung des Vertrages. Die Scheidung ist dem einen wie dem andern unter gleichen Bedingungen zugänglich. Die Frau ist nicht mehr in ihrer Gebär-Funktion eingeengt. Diese hat zum großen Teil ihren Charakter einer natürlichen Hörigkeit verloren, sie stellt sich als eine Belastung dar, die sie freiwillig auf sich nimmt. Sie fügt sich auch in eine produktive Arbeit ein, da vielfach die Erholungszeit, die eine Schwangerschaft erfordert, der Mutter vom Staat oder vom Unternehmer vergütet werden muß. In der Sowjetunion wurde die Ehe einige Jahre hindurch als ein zwischen den Partnern abgeschlossener Vertrag angesehen, der allein auf der freien Entscheidung der Gatten beruhte. Anscheinend ist sie dort heute eine Dienstleistung, die der Staat den beiden auferlegt. Es hängt von der allgemeinen Gesellschaftsstruktur ab, ob in der Welt von morgen die eine oder die andere Tendenz überwiegt. Auf jeden Fall ist die Bevormundung durch den Mann im Verschwinden begriffen. Jedoch ist die Zeit, in der wir heute leben, vom Standpunkt der Frauenfrage aus noch eine Zeit des Übergangs. Nur ein Teil der Frauen nimmt am Produktionsprozeß teil, und gerade sie gehören einer Gesellschaftsschicht an, in der überalterte Strukturen, überalterte Wertbegriffe noch lebendig sind. Die moderne Ehe läßt sich nur vom Gesichtspunkt einer Vergangenheit begreifen, die sie fortsetzt.

Die Ehe bietet sich dem Mann und der Frau stets grundverschieden dar. Die beiden Geschlechter sind aufeinander angewiesen, aber diese Notwendigkeit hat nie zwischen ihnen zur Gegenseitigkeit geführt. Nie haben die Frauen eine Kaste gebildet, die mit der Männerkaste auf gleichem Fuß verkehrt und verhandelt hätte. Sozial gesehen ist der Mann ein autonomes und komplettes Individuum. Er wird vor allem als ein produktives Wesen angesehen, und sein Dasein rechtfertigt sich durch die Arbeit, die er der Gesamtheit liefert. Wir haben auseinandergesetzt, aus welchen Gründen die Rolle als Gebärerin und Hausfrau, in welche die Frau eingepfercht wird, ihr eine gleiche Würde nicht zugesichert hat. Gewiß ist der Mann auf sie angewiesen. Bei gewissen primitiven Völkern kommt es vor, daß der Junggeselle, da er unfähig ist, seinen Unterhalt allein zu sichern, zu einer Art Paria [1] wird. In ländlichen Gemeinwesen braucht der Bauer unbedingt eine Gehilfin. Und für die meisten Männer ist es vorteilhaft, gewisse Lasten auf eine Gefährtin abzuwälzen. Das Individuum möchte ein geregeltes Sexualleben, wünscht sich Nachkommen, und die Gesellschaft verlangt seinen Beitrag zu ihrem Fortbestand. Der Mann appelliert jedoch hierbei nicht an die Frau als solche: Die Gesellschaft der Männer gestattet jedem ihrer Mitglieder, sich als Gatte und Vater zu vollenden. Als Sklavin oder Abhängige dem Familienverband eingefügt, den Väter und Brüder beherrschen, ist die Frau immer gewissen Männern von anderen Männern zur Ehe gegeben worden. In primitiven Zeiten verfügen der Stamm, die väterliche Sippe über sie etwa wie über eine Sache: Sie bildet einen Teil der Naturallieferungen, die zwei Gruppen miteinander vereinbaren. Ihre Lage hat sich nicht grundlegend geändert, seit die Ehe im Lauf ihrer Entwicklung die Form eines Vertrages angenommen hat. Diese Entwicklung fand diskontinuierlich statt. Sie wiederholte sich in Ägypten, in Rom und in der modernen Zivilisation. Insofern die Frau ihre Mitgift oder ihren Erbanteil erhält, erscheint sie als eine juristische Person. Aber Mitgift und Erbe unterstellen sie noch der Familie. Lange Zeit hindurch wurden die Verträge zwischen Schwiegervater und Schwiegersohn, und nicht zwischen Frau und Mann abgeschlossen. Nur die Witwe genoß damals eine wirtschaftliche Selbständigkeit. Daher rührt der besondere Charakter der jungen Witwe in der erotischen Literatur. Die freie Gattenwahl des Mädchens war immer eingeengt, und die Ehelosigkeit erniedrigt sie – abgesehen von Ausnahmefällen, in denen diese einen sakralen Charakter besitzt – zu dem Rang eines Schmarotzers und einer Paria. Die Ehe ist der einzige Broterwerb und die einzige soziale Rechtfertigung ihres Daseins. Sie wird ihr aus zweierlei Gründen auferlegt: Sie soll der Gemeinschaft Kinder schenken. Die Fälle sind jedoch selten, in denen der Staat – wie in Sparta, ein wenig auch unter dem Nazi-Regime – sie unmittelbar in seinen Schutz nimmt und von ihr nichts weiter als die Mutterschaft verlangt. Selbst die Zivilisationen, welche die Erzeugerrolle des Vaters nicht kennen, fordern, daß sie unter dem Schutz eines Gatten steht. Außerdem hat sie die Funktion, die sexuellen Bedürfnisse eines Mannes zu befriedigen und seinen Hausstand zu besorgen. Die Last, die ihr die Gesellschaft auferlegt, wird als ein *Dienst* angesehen, der dem Gatten erwiesen wird. Er schuldet daher seiner Gattin auch Geschenke oder ein Leibgedinge und verpflichtet sich zu ihrem Unterhalt. Die Gesellschaft bedient sich seiner Vermittlung, um ihren Verpflichtungen gegenüber der Frau zu genügen, die sie ihm anvertraut. Die Rechte, welche die Gattin durch die Erfüllung ihrer

---

[1] Ausgestoßener

Pflichten erwirbt, drücken sich in den Verpflichtungen aus, denen sich der Mann unterworfen sieht. Er kann nicht nach Laune das Eheband zerreißen. Verstoßung und Scheidung können nur durch ein öffentlich-rechtliches Urteil erlangt werden, und manchmal schuldet der Gatte dann eine geldliche Entschädigung. [...]

Wenn die Frau sich verheiratet, erhält sie ein kleines Stückchen der Welt mit in die Ehe. Gesetzliche Sicherheiten schützen sie gegen die Launen des Mannes, aber sie wird ihm hörig. Wirtschaftlich ist er das Haupt der Gemeinschaft, und infolgedessen verkörpert *er* sie in den Augen der Gesellschaft. Sie nimmt seinen Namen an, nimmt an seiner Religionsgemeinschaft teil, gliedert sich seiner Klasse, seinem Milieu ein. Sie gehört zu seiner Familie, wird zu seiner „Ehehälfte". Sie folgt ihm nach, wohin ihn seine Arbeit ruft: Der Wohnort der Familie richtet sich im wesentlichen nach seiner Arbeitsstelle. Sie bricht mehr oder weniger gewaltsam mit ihrer Vergangenheit und wird der Welt ihres Gatten einverleibt. Sie schenkt ihm ihre Person, sie schuldet ihm ihre Jungfernschaft und eine unverbrüchliche Treue. Sie verliert einen Teil ihrer Rechte, die das Gesetz der Unverheirateten zuerkennt. [...]

Da er produktiv tätig ist, überschreitet er das Familieninteresse in Richtung auf die Gesellschaft und eröffnet der Familie eine Zukunft, indem er an der Errichtung der Zukunft der Gesamtheit mitarbeitet. Er verkörpert die Transzendenz. Die Frau bleibt der Erhaltung der Gattung und der Pflege des Haushalts vorbehalten, das heißt der Immanenz. In Wirklichkeit ist jede menschliche Existenz Transzendenz und Immanenz zugleich. Damit sie sich überschreitet, muß sie sich bewähren; damit sie die Zukunft ergreifen kann, muß sie in der Vergangenheit wurzeln; und bei aller Wechselwirkung mit dem Andern in sich selbst beharren. Diese beiden Momente sind in jeder lebendigen Bewegung enthalten. Dem *Mann* gestattet die Ehe gerade deren glückliche Synthese. In seinem Beruf, in seinem politischen Leben lernt er Änderung, Fortschritt kennen, er kann sich in Zeit und Raum ausströmen, und wenn er dieses Schweifens müde ist, gründet er einen Herd, setzt sich fest, verankert sich in der Welt. Abends findet er Sammlung in seinem Heim, in dem die Frau über Möbel und Kinder, über die Vergangenheit, die sie speichert, wacht. Sie selbst hat aber keine andere Aufgabe, als das Leben in seiner reinen Allgemeinheit zu bewahren und zu unterhalten. Sie pflanzt die unveränderliche Gattung fort, sie sichert den Gleichklang der Tage und den Bestand der Häuslichkeit, deren verschlossene Türen sie bewacht. Man erlaubt ihr kein unmittelbares Eingreifen in die Zukunft oder in die Welt. Sie überschreitet sich nach der Allgemeinheit hin nur über ihren Gatten als Vermittler.

(Aus: Simone de Beauvoir, Das andere Geschlecht. Reinbek: Rowohlt ⁵1973 (= rororo 6621), S. 399–403.)

Arbeitshinweise
1. *Wie sieht die Autorin das Verhältnis zwischen Mann und Frau in Vergangenheit und Gegenwart?*
2. *Worin liegen die Gründe für dieses Verhältnis?*
3. *In welche Richtung wird sich dieses Verhältnis nach Ansicht der Autorin verändern?*
4. *Was kritisiert Simone de Beauvoir?*
5. *Wie kann die Benachteiligung der Frau vermieden werden?*

ESTHER VILAR, **Liebe**

Esther Vilar wurde 1935 in Buenos Aires geboren; ihre Eltern waren aus Deutschland emigriert. Sie machte viele abenteuerliche Reisen durch Amerika, Afrika und Europa. Nach dem Studium (Medizin und Soziologie) arbeitete Esther Vilar eine Zeitlang als Ärztin in einem Krankenhaus.

Über ihr Buch „Der dressierte Mann" (1971), dessen letztes Kapitel hier abgedruckt ist, schrieb sie: *„Ich habe das Buch ‚Der dressierte Mann' bewußt provozierend geschrieben. Ich wollte eine Streitschrift verfassen, damit die Leute – Männer und Frauen – zur Diskussion und zum Widerspruch herausgefordert werden."*

Lesehinweis:

Esther Vilar, Der dressierte Mann. München: dtv. 1973 (= dtv 949).
Alice Schwarzer, Der „kleine Unterschied" und seine großen Folgen. Frankfurt: Fischer 1975.

Der Mann wird von der Frau so dressiert, daß er ohne sie nicht leben kann und deshalb alles tut, was sie von ihm verlangt. Er kämpft um sein Leben und nennt das *Liebe*. Es gibt Männer, die drohen ihrer Angebeteten mit Selbstmord, wenn sie nicht erhört werden. Das ist für sie kein Risiko: Sie haben nichts zu verlieren.

Aber auch die Frau kann ohne den Mann nicht existieren, sie ist für sich allein so lebensuntüchtig wie eine Bienenkönigin. Auch sie kämpft um ihr Leben, und auch sie nennt das *Liebe*. – Einer braucht den anderen, und es sieht so aus, als gäbe es doch wenigstens *ein* gemeinsames Gefühl zwischen ihnen. Aber die Ursachen und das Wesen dieses Gefühls und ihre Konsequenzen sind für Mann und Frau völlig verschieden.

Für die Frau bedeutet Liebe Macht, für den Mann Unterwerfung. Für die Frau ist Liebe ein Vorwand für kommerzielle Ausbeutung, für den Mann ein emotionsgetränktes Alibi für seine Sklavenexistenz. „Aus Liebe" tut die Frau Dinge, die ihr nützen, der Mann solche, die ihm schaden. Die Frau arbeitet „aus Liebe" nicht mehr, wenn sie heiratet; der Mann arbeitet, wenn er heiratet, „aus Liebe" für zwei. Die Liebe ist für beide Teile ein Kampf ums Überleben. Aber der eine überlebt nur durch Sieg, der andere nur durch Niederlage. Es ist eine Ironie, daß die Frauen auch ihre größeren Gewinne im Augenblick ihrer größten Passivität ernten und daß ihnen das Wort „Liebe" auch bei ihrem erbarmungslosesten Betrug am Mann den Glorienschein der Selbstlosigkeit gibt.

Der Mann vernebelt sich mit „Liebe" seinen feigen Selbstbetrug und macht sich glauben, seine sinnlose Sklaverei für die Frau und deren Geiseln sei ehrenhaft und habe einen höheren Sinn. Er ist zufrieden mit seiner Rolle, als Sklave ist er am Ziel seiner Wünsche. Und weil die Frau ohnehin nur Vorteile aus diesem System zieht, wird sich nichts ändern; das System zwingt sie zwar zur Korruption, aber niemand findet etwas dabei. Man darf von einer Frau nichts anderes erwarten als *Liebe,* solange sie damit alles andere eintauschen kann. Und den zum Sklaven dressierten Mann werden seine Anstrengungen immer nur im Sinn der Dressur weiterbringen, nie zu seinem Vorteil. Er wird immer noch mehr leisten, und je mehr er leistet, desto weiter wird die Frau sich von ihm entfernen. Je mehr er sich ihr anbiedert, desto anspruchsvoller wird sie werden. Je mehr er sie begehrt, desto weniger wird er selbst für sie begehrenswert sein. Je mehr er sie mit Komfort umgibt, desto bequemer, desto dümmer, desto unmenschlicher wird sie werden, und desto einsamer er selbst.

Nur die Frauen könnten den Teufelskreis von Dressur und Ausbeutung brechen. Sie werden es nicht tun, es gibt dafür keinen rationalen Grund. Auf ihre Gefühle darf man schon gar nicht hoffen –, Frauen sind gefühlskalt und ohne jedes Mitleid. **Die Welt wird also immer weiter in diesem Kitsch, in dieser Barbarei, in diesem Schwachsinn** *Weiblichkeit* **versinken, und die Männer, diese wunderbaren Träumer, werden niemals aus ihren Träumen erwachen.**

(Aus: Esther Vilar, Der dressierte Mann. Gütersloh: Bertelsmann 1971.)

Arbeitshinweise

1. *Was bedeutet Liebe – für die Frau bzw. den Mann?*
2. *Wie lautet die zentrale These Esther Vilars?*
3. *Welche Lösungsmöglichkeiten bestehen? Was halten Sie von den Ausführungen Esther Vilars?*
4. *Welcher sprachlichen Elemente bedient sich Esther Vilar? Was bezweckt der angewandte Stil?*
5. *Wie sehen Sie das Verhältnis zwischen Mann und Frau? Diskutieren Sie über das Problem der Emanzipation!*

LEONIE LAMBERT, **Wir leben in der Großfamilie**

Auf dem Fußboden im Flur sitzt Dr. med. Moira M., 30, und singt. Der kleine Boris hämmert auf dem Xylophon[1], Gregor und Eva hören bäuchlings zu. Moira hat Küchendienst.

In der Küche poltert Till. Er deckt den Tisch für neun Personen. Weil dem 30-jährigen Doktoranden der Germanistik nichts Besseres einfiel, gibt es heute zum Abendessen Spaghetti mit Tomatensauce.

Moira ist nicht mit Till verheiratet, und von den drei Kindern gehört ihr nur eines. Die knabenhaft wirkende Assistenzärztin mit dem schmalen angestrengten Gesicht lebt mit der dreijährigen Tochter Eva von ihrem Mann getrennt. Seit einem Jahr wohnt sie zusammen mit Till in einer Berliner Großfamilie – sechs Erwachsene, drei Kinder. Moira: „Jetzt haben sich die Probleme gelöst, an denen meine Ehe gescheitert ist."

Sie ist gescheitert an der Doppelrolle der Moira M. als Ärztin und Mutter und, so Moira, am Egoismus ihres Mannes: „Mein Mann bereitete sich damals auf sein Examen vor; er lebte völlig unregelmäßig und blieb abends meist nicht zu Hause. Ich war immer ziemlich fertig nach dem Dienst, aber täglich mußte ich das Kind irgendwo abholen und den ganzen Haushalt machen."

Für Moira lösten sich die Probleme, als sie mit ihrem Kind in eine Großfamilie zog: Hier teilen sich drei Männer und drei Frauen Hausarbeit und Kindererziehung. Moira muß nur noch

---
1 Musikinstrument

an einem Nachmittag in der Woche den Haushalt besorgen und mit den Kindern spielen. Wenn sie Nachtdienst hat, kann sie anschließend ausschlafen; ein anderer macht dann ihre Arbeit.

Sieben Männer, sechs Frauen und zwei Kinder, das ist eine andere Großfamilie in Bremen. Seit Mai 1970 bewohnen sie zwei Etagen eines Patrizierhauses: eine Schülerin, ein Lehrling, eine Kindergärtnerin und eine Geschäftsfrau, ein Musiker, ein Buchhalter, eine Verkäuferin, eine Bauzeichnerin, ein Architekt, ein Werkzeugmacher, ein Elektrotechniker und zwei Studenten – zwischen 19 und 34 Jahren. Zwei Paare sind verheiratet und haben je ein Kind, drei Männer und ein Mädchen sind noch allein.

Alle sind davon überzeugt, daß die Großfamilie eine gute, realistische Lebensform ist. Es stört sie nicht, daß der Begriff „Kommune" in der Bundesrepublik noch mit schweren Vorurteilen belastet ist; dank der Sensationsberichte über Gruppensex im Großfamilienbett, Hasch-Kommunen mit langhaarigen Bewohnern. Sie hoffen, daß man auch hier einmal so denkt wie in Schweden, wo Architekten und Planer Wohneinheiten für Großfamilien entwickelt und gebaut haben, oder wie in Dänemark, wo im Folketing[1] eine Gesetzesvorlage diskutiert wird, die die Großfamilie unter den gleichen Schutz stellen will wie die bürgerliche Familie.

Die Großfamilie, Wohngemeinschaft oder Kommune ist auch in Deutschland schon längst nicht mehr die abseitige Lebensform von Studenten und Revolutionären. In Städten wie Frankfurt, München, Köln, Düsseldorf, Hamburg und Bremen gibt es schätzungsweise je 100 bis 250 Wohngruppen, in denen Menschen aus ganz normalen Verhältnissen zusammenleben; in Berlin, begünstigt durch die vielen 8- bis 11-Zimmer-Altbauwohnungen, sind bereits an die 500 Großfamilien entstanden.

Kennengelernt und geprüft haben sich die Mitglieder der beiden Familien bei gemeinsamer Arbeit, durch den Kinderladen (einen modernen Kindergarten) und durch gemeinsame politische Interessen.

In der Großfamilie leben hat nach Aussage aller wesentliche Vorteile:

— Mit Hilfe der Gruppe kann eine Mutter ihren Beruf ausüben, ohne sich durch den nebenbei laufenden Haushalt und ihr schlechtes Gewissen Mann und Kind gegenüber zermürben zu lassen.

— Die Kindererziehung verläuft weniger eingleisig, weil die Kinder viele erwachsene Gesprächspartner zur Auswahl haben, nicht nur ihre Eltern. Für Einzelkinder löst sich außerdem das Problem der Einsamkeit.

— Die Lösung von Eheproblemen ist einfacher, weil die Gruppe die Spannungen schon in den Anfängen abfangen und lösen helfen kann.

— Junge Leute, die aus dem Elternhaus flüchten, sind nicht auf miese Zimmerwirtinnen angewiesen, sondern können mit Leuten zusammenleben, die sie sich ausgesucht haben, die ihre Sorgen und auch ihre Interessen teilen.

Der Durchschnittsbürger steht diesen Argumenten skeptisch gegenüber. Wie behauptet man in der Großfamilie seine persönlichsten Bedürfnisse, wenn es darüber in der Kleinfamilie schon zu Machtkämpfen kommt? Wird

---

[1] Das dänische Parlament

nicht das Tauziehen um die Vorrangstellung im Haus vom kleinen in einen größeren Rahmen übertragen? Ist es möglich, persönliche Probleme im großen Rahmen zu diskutieren?

Darüber sind sich die selbstkritischen Mitglieder der von uns befragten Großfamilien auch noch nicht ganz einig, weil sie noch zuwenig Erfahrung haben. Sie glauben auf jeden Fall, daß ihre Art zu leben helfen kann, die Probleme zwischen dem einzelnen und der Gesellschaft zu verringern.

Etliche Vertreter der Kirchen und Jugendbehörden glauben das auch: In Berlin und Hamburg zum Beispiel entstanden in der letzten Zeit unter Leitung von Pfarrern und Sozialarbeitern zahlreiche Wohngemeinschaften für Jugendliche. Hier werden sogar entlassene jugendliche Straftäter und Heimzöglinge in die freiwillige Gemeinschaft zurückgeführt. Durch das Leben in einer Gruppe, die ihnen Rückhalt bietet, gewinnen sie Verständnis für ein bürgerliches Leben.

Zu der Berliner Gruppe, in der Moira und Till leben, gehört auch die frühere Frau von Till. Doktorand Till, 30, war fünf Jahre mit der Lehrerin Gisela, 28, verheiratet, ihr Sohn Boris ist jetzt vier. Gisela: „Unsere Ehe hatte sich einfach totgelaufen. Es gab ständig zermürbende Diskussionen zwischen Till und mir. Ich hatte meinen Beruf und das Kind, Till jobbte, um sich sein Studium zu verdienen und kam nicht voran."
Till: „Ich habe damals nur theoretisch verstanden, was Gleichberechtigung der Frau heißt; danach verhalten habe ich mich nicht. Ich sah zwar ein, daß ich auch mal spülen, kochen und einkaufen müßte, aber entsprechend meiner Erziehung überwog dann eben doch die männliche Bequemlichkeit.

Erst in der Gruppe helfe ich praktisch mit; es fällt mir hier leichter, weil alle Beteiligten mitmachen, auch die Männer. Der Druck der Gruppe ist wirksamer als die Bitten von Gisela allein."
Till und Gisela leben getrennt. Sie ließen sich wegen des Kindes nicht scheiden und, wie Till sagt, „weil die Probleme für Gisela dadurch unlösbar geworden wären". Gisela und Till lernten Moira durch ihre Kinder im Kindergarten kennen. Dort hatten sie auch Angela und Erhard S. getroffen, deren dreijähriger Sohn Gregor im gleichen Kindergarten untergebracht war. Die Ehe zwischen Angela und Erhard kriselte, weil Angela nach dem Studium als Lehrerin nach Freiburg ging. Ihr Mann, der ebenfalls studiert hatte, wurde Assistent für politische Wissenschaften in Berlin. Nun waren sie zwar wieder in Berlin vereint, aber sie waren sich fremd, bevor sie mit Moira, Till, Gisela und dem Junggesellen Rainer in eine Wohnung zogen.

Erhard: „Ich hatte vorher immer ein schlechtes Gewissen, weil ich nur auf Kosten von Angela in Ruhe studieren konnte und immer meine Interessen durchsetzte. Das Kind hatte ich gewollt, mit dem meine Frau dann allein bei meinen Eltern wohnte. Für mich bedeutete das Zusammenleben mit meiner Familie in dieser Wohngruppe eine starke Umstellung; denn meine Freizeit ist durch die Pflichten im Haushalt etwas eingeengt. Ich halte diese Lösung trotzdem für gut, denn jetzt habe ich kein schlechtes Gewissen mehr gegenüber meiner Familie. Außerdem, und das ist für mich sehr wichtig, habe ich durch das Leben in der Gruppe bessere Möglichkeiten, über Probleme zu diskutieren und Informationen auszutauschen."

Seit einem Jahr leben Moira, Till, Gisela, Rainer und das Ehepaar Angela und Erhard S. zusammen. Die Kinder Boris, 4, Gregor, 3, und Eva, 3, leben wie Geschwister. Vorher waren sie isoliert in der Kleinfamilie und hatten unter den Konflikten ihrer Eltern zu leiden. Jetzt ist immer jemand für sie da, der mit ihnen spielt, der ihre Fragen beantwortet.

Auch Erwachsene haben es manchmal leichter, wenn sie zusammenleben. Ein Krach in einer Zweierbeziehung, der sich erfahrungsgemäß lange vor der Explosion anbahnt, wird oft schon im Entstehen von den anderen Familienmitgliedern erkannt und abgebogen.

Helmut Kentler, 42, Diplom-Psychologe und Leiter der Abteilung Sozialpädagogik und Erwachsenenbildung am Sozialpädagogischen Zentrum in Berlin, lebt als Junggeselle mit zwei Paaren in einer Wohngruppe ohne Kinder: „Ich habe weder bei Renate Moelle und Helmut Dorn noch bei dem Ehepaar Fröhlich erlebt, daß sie ernsthafte Spannungen hatten, die man dann Ehestreit nennt. Ich erkläre mir das so: Zwei Leute, die allein zusammenwohnen, werden sozusagen betriebsblind. Die Gruppe kann ausgleichen: Frau Fröhlich geht z. B. gern ins Theater und auf Messen; ihr Mann sitzt dagegen den ganzen Tag hinter seinen Büchern, und es ist ihm egal, ob er eine Picasso-Ausstellung gesehen hat oder nicht. Würden die beiden zu zweit wohnen, würde das allmählich zum Krach führen. Bei uns gehen aber Renate Moelle, Herr Dorn oder ich mit ihr ins Theater oder ins Kino. So schafft die Gruppe den Ausgleich für ein Bedürfnis, das der eigene Partner nicht decken kann."

Wie in einer Ehe, so müssen auch in der Großfamilie wirtschaftliche Fragen gelöst werden. Einhellig behaupten alle befragten Mitglieder von Großfamilien, daß es ihnen finanziell jetzt besser geht als vorher.

In Bremen zahlen die Familienmitglieder je nach Einkommen zwischen 70 und 150 Mark für Miete und zwischen 70 und 100 Mark im Monat für Verpflegung und Haushalt. Darin sind eingeschlossen: Frühstück, warmes Mittagessen – zur Auswahl stehen täglich eine vegetarische und eine Fleischmahlzeit und das Abendessen. Wie uns Fred Reimler, 30, gelernter Elektrotechniker und Großfamilien-Kassenrevisor, sagte, müssen Verpflegungssonderwünsche – wie mehr Kaffee oder mehr Obst – vom eigenen Taschengeld bezahlt werden, selbstverständlich auch persönliche Ausgaben wie neue Schuhsohlen, Kleidung und Kosmetika. Die Kosten für die beiden Autos der Familie werden aus der Gemeinschaftskasse bezahlt.

Die Haushalte der Berliner wie der Bremer Großfamilie sind vollautomatisiert: Kühlschränke, Waschmaschinen und Geschirrspülautomaten sind selbstverständliches Inventar, ebenso mehrere Duschen und ein Bad.

Gunter Soukup, 39, Sozialpädagoge und wissenschaftlicher Mitarbeiter der Pädagogischen Hochschule Berlin: „Es ist doch so, daß jede Kleinfamilie ein bestimmtes Repertoire an Haushaltsmaschinen braucht, und oft dauert es Jahre, bis man diesen Maschinenpark auf Raten abbezahlt hat. Eine Geschirrspülmaschine ist sicher nützlich, aber im Grunde unrentabel für eine Kleinfamilie. Sie lohnt sich erst dann, wenn sie ständig im Einsatz ist. Das gilt auch für die Waschmaschine."

Die Hälfte ihres Nettoeinkommens, „das zwischen fast nichts und recht viel schwankt", werfen die Mitglieder der Großfamilie von Moira und Till zusammen. Das ergibt einen Haushaltsetat von 2500 Mark bis 3000 Mark. Davon werden bestritten: Die Miete von 800 Mark, Telefon, Zeitungen, Zeitschriften, Essen, Kindergarten, Kinderspielzeug und -kleidung, Bücher, soweit sie für alle wichtig sind und auch bestimmte Sonderposten wie Autoreparaturen.

Alles Geld in einen Topf werfen die Mitglieder der Kentler-Gruppe. Vier Studenten-Stipendien und ein Dozentengehalt, zusammen etwa 3600 Mark für fünf erwachsene Personen. Taschengeld bekommt jeder zehn Mark pro Woche, wer mehr braucht, bekommt auch mehr, aber meist reicht es aus, denn auch Theater- oder Kinokarten werden aus der gemeinsamen Kasse bezahlt. Sogar der Urlaub wird vom Sammelkonto finanziert – Streit um Geld soll es bisher nicht gegeben haben.

Alle Mitglieder der drei so verschiedenen Großfamilien bestätigen:

– Vor dem Einzug in die große Familie haben sie doppelt bis viermal soviel Geld gebraucht;

– die Planung und Verteilung der praktischen Aufgaben und der Kindererziehung bringt mehr Freizeit und Unabhängigkeit,

– der private Bereich jedes einzelnen wird respektiert; jeder hat sein eigenes Zimmer, jeder kann allein sein, wenn er will,

– die Zweierbindungen innerhalb der Gruppe bleiben bestehen. Sie wurden zum Teil sogar gerettet oder gefestigt.

Gruppensex ist also nicht gefragt. Nach Ansicht des Diplom-Psychologen Helmut Kentler lassen sich sexuelle Bedürfnisse durch die Gruppe nicht lösen, weil dann doch immer wieder Zweierverbindungen entstehen, die von den Einzelgängern torpediert werden. Die Pärchen werden aus der Gruppe gedrängt, neue Leute kommen dazu, so lange, bis der ständige Wechsel die Gruppe aufreibt.

Natürlich kann es passieren, daß sich zwei ineinander verlieben, die innerhalb der Gruppe nicht zusammengehören. Das sind, nach Aussage aller, eben Probleme, mit denen man gemeinsam fertig werden muß.

Häufig scheitert der Wunsch einiger Leute, billiger, rationeller, nicht so isoliert zu leben, an der Wohnungsfrage. [...]

Wir haben Großfamilien getroffen, bei denen der Laden klappte und andere, die kaum die Anfangsschwierigkeiten bewältigen konnten, Gruppen, bei denen der Idealismus schon durch Mülleimerprobleme baden ging. Eines hatten alle gemeinsam, und das verstehen vielleicht am ehesten die älteren Leute: den Wunsch aus der Isolation unserer Einzelwesen-Gesellschaft herauszukommen, in der jeder sich selbst der Nächste ist.

(Aus: Stern, Jg. 24, Nr. 4 (1971), S. 64-76.)

Arbeitshinweise

1. Welche Funktion haben die ersten beiden Absätze? Wie sind sie aufgebaut?
2. Woran erkennt man die Form einer Reportage?
3. Welche Vorteile der „Großfamilie" werden genannt, welche Nachteile werden erkennbar?
4. Wie beurteilt die Reporterin das Zusammenleben?
5. Welche Probleme hat die Verfasserin vernachlässigt?
6. Diskutieren Sie, ob die hier geschilderte Form der Großfamilie für die Frau mehr oder weniger Freiheit bringt!
7. Ist es denkbar, daß diese Form des Zusammenlebens einmal die normale sein wird?

KINCADE, **Jenny Jenny**

Der englische Originaltext („Dreams Are Ten A Penny") und die Musik stammen von John Carter und Gill Shakespeare, der deutsche Text von Wolfgang Sauer. Der Interpret des Schlagers ist Kincade.

Wir waren Kinder und mochten uns schon sehr.
Wir träumten beide, wie wohl die Zukunft wär'.
Seit dem verging so manches Jahr
und deine Träume wurden wahr,
doch heut' steh' ich vor dir,
und ich sag dir

Jenny Jenny du brauchst keinen Penny,
Glück kauft man mit Geld nicht ein.
Jenny Jenny ohne einen Penny
zählt die Liebe ganz allein.

Heut' bist du reicher als du es je geträumt,
aber das Schönste hast du bisher versäumt.
Dir fehlt ein Mann, der zu dir steht,
der auch für dich durchs Feuer geht,
und dir seine Liebe gibt.
Du, ich sag dir

Jenny Jenny du brauchst keinen Penny,
Glück kauft man mit Geld nicht ein.
Jenny Jenny ohne einen Penny
zählt die Liebe ganz allein.

(Aus: top. Schlagertextheft Nr. 24. Hamburg: Musikverlag Hans Sikorski o. J., S. 30.)

Arbeitshinweise

1. Wie wird das Verhältnis der Geschlechter zueinander beschrieben? Nehmen Sie dazu Stellung!
2. Untersuchen Sie den Wirklichkeitsgehalt des Schlagers! Analysieren Sie auch andere Schlager!
3. Untersuchen Sie Form und Sprache des Schlagers!
4. Warum wollen viele Menschen solche Texte hören?
5. Worin besteht die Problematik der in Schlagern vermittelten Aussagen? (Vgl. auch S. 100 und S. 407).

Arbeitshinweise

1. Beschreiben Sie das Leitbild dieser Titelseite einer Illustrierten!
2. Ist diese Frau emanzipiert?
3. Wie beurteilen Sie solche Werbung?
4. Welche Informationen vermittelt Ihnen das Foto von Chargesheimer?
5. Warum steht dieses Foto hier neben der Petra-Titelseite?

← *(Aus: Chargesheimer, Menschen am Rhein. Frankfurt: Büchergilde Gutenberg 1960, S. 15.)*

SILVIA-ROMAN, **Liebe und Glück**

Der Text ist ein Auszug des Silvia-Serienromans Nr. 259, der im Untertitel als „dramatischer Roman um eine große Liebe" charakterisiert wird.

In der Bundesrepublik kommen wöchentlich rund 6 Millionen Heftromane auf den Markt (jedes Heft erreicht ungefähr 6 Leser), die hauptsächlich an Kiosken und Bahnhofsbuchhandlungen vertrieben werden. Man unterscheidet 6 verschiedene Formen: Frauen-, Wildwest-, Abenteuer-, Arzt-, Adels- und Kriminalromane.

Charakteristisch ist, daß die Hefte immer den gleichen Umfang haben, in regelmäßigen Abständen erscheinen und in der gleichen Art geschrieben werden; der Verfasser bleibt anonym.

[...] endlich, endlich war es dann soweit. Die ersten Wagen fuhren durch den Park, der Auffahrt zu.

Michaela hatte ganz trockene Lippen vor Aufregung, als sie den ersten Gästen die Hand reichen mußte.

Bald schwirrte ihr der Kopf von den vielen klingenden Namen, von dem zarten Lachen der Frauen und den bewundernden Blicken der Männer.

Die Tafel war gedeckt, und Michaela glaubte in ein Märchenland zu blicken. Die Blumendekoration war malerisch, das Silber glänzte, und das in makellosem Weiß schimmernde Porzellan rundete das herrliche Bild ab. Die Kerzen, die in vielen Leuchtern über die Tafel verteilt waren, wurden angezündet. Michaela ergriff den Arm ihres Tischherrn. Sie wußte, daß es Volker von Steinhausen war, aber sie hatte es nicht gewagt, ihn direkt anzusehen. Man unterhielt sich zwanglos beim Essen, das aus vielen Gängen bestand. Michaela wagte kaum aufzublicken. Sie merkte nicht, daß Volker von Steinhausen sie immer öfter anschaute.

Das junge Mädchen atmete auf, als das Essen beendet war. Die Musik begann zu spielen. Während sich die älteren Herrschaften zurückzogen, um einen Mokka zu trinken, begaben sich die jungen Leute in den angrenzenden Raum, wo alles zum Tanz vorbereitet war.

Die erste Weise erklang, es war ein Walzer.

„Darf ich um diesen Tanz bitten, Fräulein Graubach?" fragte Volker von Steinhausen. Sie nickte und ergriff seinen Arm.

Noch tanzte niemand weiter, die ganze große Tanzfläche schien nur für sie geschaffen zu sein. Michaela schwebte dahin. Volker von Steinhausen wandte keinen Blick von ihr.

„Sie tanzen wunderbar", murmelte er schließlich.

Als sie errötete, drückte er sie unwillkürlich etwas fester an sich.

„Sind sie verwandt mit der Gräfin von Wollstedten?" fragte er leise.

„Nein", erwiderte Michaela schüchtern. „Ich bin..."

„Nun?"

„Bitte, ich möchte es nicht sagen!"

„Dann lassen Sie mich überlegen. Ich versuche schon den ganzen Abend hinter das Geheimnis zu kommen. Sie haben das Wohlwollen der Gräfin, ich sah, wie sie Sie immer wieder lächelnd betrachtete. Aber der Name Graubach – ich muß gestehen, daß ich ihn noch nie gehört habe."

Michaela tanzte nun verkrampft. Warum um alles in der Welt mußte der Mann an ihrer Seite zu forschen beginnen? Warum mußte er ihr den Abend verderben? Was würde denn geschehen, wenn er erfuhr, daß sie die Tochter der Gesellschafterin war? Sicherlich würde er ihr keinen einzigen Blick mehr schenken.
„Daß ich Sie noch nie auf einer Gesellschaft getroffen habe, wundert mich", fuhr der junge Mann überlegend fort, „hätte ich Sie irgendwo gesehen, wüßte ich es mit Sicherheit, denn Sie sind so schön, daß man es nicht vergessen würde."
Michaela schluckte. Sie wußte nicht, was eine Dame auf solche Worte zu antworten hatte.
Ein neuer Tanz begann. Volker von Steinhausen ließ das Mädchen nicht aus den Armen. Immer wieder betrachtete er sie verzückt.
„Jetzt weiß ich es", sagte er strahlend.
„Was wissen Sie?"
„Wer Sie sind."
Sie erstarrte fast. „Wirklich?" hauchte sie entsetzt.
„Ja. Sie sind eine Märchenprinzessin, eigens für mich geschaffen. Kommen Sie, Prinzessin, machen Sie nicht ein so klägliches Gesicht, wir trinken ein Glas Sekt zusammen.
Er führte sie an die Hausbar. Michaela kostete zum erstenmal in ihrem Leben Sekt. Alles schien so unwirklich zu sein. Ja, es war wirklich wie in einem Märchen. [...]
„Wer sind Sie?" fragte er, als er ihr den Arm um die Schultern legte.
Und hier in der Dunkelheit konnte sie es ihm erzählen. Sie hatte das Gefühl, diesen Mann schon lange zu kennen. Sie merkte, wie ihr Herz stürmisch zu schlagen begann.
Michaela Graubach endete mit den Worten: „Nun wissen Sie alles, werden Sie mich verraten?"
Volker von Steinhausen nahm ihr Gesicht in beide Hände. „Ich verrate Sie nicht", murmelte er, „ich schwöre es Ihnen, wann aber sehen wir uns wieder?"
„Uns... wiedersehen?"
„Wollen Sie das nicht? Ich meine, mögen Sie mich nicht?"
Ihre Augen strahlten ihn so unverhohlen an, daß er die Antwort ablesen konnte. Volker von Steinhausen, zweiunddreißig Jahre alt, Gutsbesitzer und vielumschwärmter Mädchenheld, wußte in diesem Augenblick, daß er seinem Schicksal begegnet war. Noch nie in seinem Leben war ihm eine Stunde so kostbar erschienen. Noch nie hatte er sich so als Beschützer gefühlt.
Jedes andere Mädchen hätte er in einer solchen Situation in die Arme genommen, aber jetzt war alles anders. Er kam sich durch die Gegenwart dieses entzückenden Mädchens ganz verzaubert vor.
„Michaela", bat er, „wir müssen uns wiedersehen."
„Aber warum wollen Sie das?"
„Sagten Sie nicht, daß Sie einsam sind?"
„Ja, ich bin einsam."
„Ich auch, Michaela."

"Sie?" Das Mädchen lachte leicht auf, schüttelte den Kopf, daß die Haare flogen. "Das glaube ich Ihnen nicht."

"Ich würde Sie nicht anlügen, Michaela. Niemals, hören Sie? Ich schwöre Ihnen, daß ich zu Ihnen immer nur die Wahrheit sagen werde."

Sie blickten sich an. Die Sterne standen am Himmel. Die Jasminsträucher strömten einen betörenden Duft aus.

"Micha", flüsterte er, als hätte er Angst, daß jemand sie hören könnte. "Micha ... wann sehen wir uns?"

"Ich ... weiß nicht."

"Morgen?"

"Morgen schon?"

"Warum nicht? Niemand wird uns sehen, wenn Sie es nicht wollen. Der Garten ist so groß, und Sie sagten doch, daß Sie nur immer allein darin spazierengehen."

"Ich ... weiß nicht ... ich ..."

"Micha, bitte", drängte der Mann, der nun ihre beiden Hände ergriffen hatte. "Oder fürchten Sie sich vor mir?"

"Nein, warum sollte ich?"

Ganz sanft legte er wieder den Arm um sie, er drückte ihren Kopf an seine Schulter und murmelte: "Vielleicht glauben Sie mir nicht, Kindchen, aber ich weiß, daß es Schicksal ist, daß wir uns heute beide trafen. Alles im Leben hat seinen tiefen Sinn, glauben Sie auch daran?"

"Wir müssen zurück, Herr von Steinhausen."

"Sagen Sie einmal – nur einmal Volker zu mir."

Sie schaute ihm tief in die Augen, als sie leise seinen Namen flüsterte.

Er ergriff ihre Hand – und wie zwei Kinder gingen sie den Weg zurück, Volker von Steinhausen aber wußte, daß sein unruhiges Herz endlich einen ruhenden Pol gefunden hatte. Dieses Mädchen – und kein anderes – sollte seine Frau werden. Er wußte, daß er sehr vorsichtig und langsam vorzugehen hatte.

Eine Michaela Graubach konnte man nicht im Sturm erobern, dann würde sie wie ein scheues Vögelchen davonflattern. Er würde ihr beweisen, daß seine Gefühle für sie ernst und tief waren.

Er wunderte sich, daß er diese Gedanken hatte. Das war ihm bisher noch nicht passiert. Jetzt aber hatte sein Herz auf Anhieb gesprochen. Volker von Steinhausen stellte beglückt fest, daß es die Liebe auf den ersten Blick doch gab.

(Aus: Silvia-Roman Nr. 259)

Arbeitshinweise

1. Zeigen Sie an Beispielen (Inhalt, Sprache, Gehalt), wie die Beziehung der Geschlechter dargestellt wird!
2. Halten Sie diesen Romanauszug für realitätsbezogen?
3. Welche Funktion erfüllt eine solche Darstellung?
4. Welche Probleme beim Leser werden indirekt angesprochen?
5. Worin besteht die Fragwürdigkeit eines solchen Romans?
6. Verfassen Sie einen kleinen Roman nach demselben Prinzip des Silvia-Romans, oder schreiben Sie eine Satire!

5. LEHRJAHRE UND HERRENJAHRE

GEORGE GROSZ, **Der Spießer-Spiegel**

Grosz wurde 1893 in Berlin geboren. Nach dem Kunststudium an den Akademien von Dresden und Berlin hat Grosz für humoristische Zeitschriften gezeichnet. Besonders beschäftigte ihn das Aktuelle, zunächst der Krieg, den er auf das entschiedenste ablehnte, dann die Nachkriegsjahre, die er als hektisch und heuchlerisch verurteilte. In seinen Mappen „Das Gesicht der herrschenden Klasse" (1921) und der „Spießer-Spiegel" (1925) geißelte er vor allem Militarismus, Kapitalismus und Bourgeoisie. 1932 besuchte Grosz die USA und übernahm dort eine Professur. 1959 starb er – kurz nach seiner Rückkehr – in Berlin.

1931 schrieb Grosz folgendes über deutsche Tradition: *„Wie schnell das geht! Nach dem Kriege – glaubte ich – kein Mensch würde mehr an Uniform, Strammstehen und so denken. Wie dem auch sei, ich halte Deutschland jetzt für das interessanteste und auch rätselhafteste Land in Europa. Ich habe die Empfindung, als sei unser Land vom Schicksal zu einer großen Rolle berufen. Mir ist oft, als lebten wir in einer Epoche ähnlich jener des zu Ende gehenden Mittelalters ... Vielleicht haben wir ein solches Mittelalter vor uns. Wer weiß? Jedenfalls scheinen mir die humanistischen Ideen im Absterben, ebenso legt man auf die vor einem Jahrhundert so ekstatisch verkündeten Menschenrechte keinen allzu großen Wert mehr."*

Tucholsky schrieb über Grosz: *„Er zeichnet nicht nur, sondern zeigt die Figuren – welche patriotischen Hammelbeine! welche Bäuche! – mit ihrem Lebensdurst, ihrer gesamten Lebenssphäre in ihrer Welt! So wie diese Offiziere, Unternehmer, diese uniformierten Nachtwächter der öffentlichen Ordnung in jeder einzelnen Situation bei Grosz aussehen: so sind sie immer, ihr ganzes Leben lang."*

Die hier abgebildete Zeichnung ist die 2. Seite des „Spießer-Spiegels".

(Aus: George Grosz, Der Spießer-Spiegel & Das neue Gesicht der herrschenden Klasse. Frankfurt: Makol 1973, S. 4.)

Lesehinweis:

Lothar Fischer, George Grosz in Selbstzeugnissen und Bilddokumenten. Reinbek: Rowohlt 1976 (= rowohlts monographien 241).

Uwe M. Schneede, George Grosz. Der Künstler in der Gesellschaft. Köln: DuMont 1975 (= dumont kunst-taschenbücher 32).

Arbeitshinweise

1. *Halten Sie diese Zeichnung für realistisch? Beschreiben Sie die Eigenart der Zeichnung!*
2. *Welche Kritik übt Grosz mit dieser Zeichnung? Beachten Sie auch die Aussagen im Vorspann!*
3. *Warum steht die Karikatur am Anfang dieses Kapitels? Setzen Sie die Zeichnung mit den folgenden Texten in Beziehung! (Gruppenarbeit)*

GEORG WEERTH, **Der Lehrling**

Weerth wurde 1822 in Detmold geboren. Seit 1836 war er im Kaufmannsberuf tätig. 1843 ging Weerth nach England; dort freundete er sich mit Friedrich Engels und später auch mit Karl Marx an. Im Revolutionsjahr (1848) leitete er das Feuilleton der von Marx herausgegebenen „Neuen Rheinischen Zeitung" (Köln). Nach dem Scheitern der Revolution machte Weerth für verschiedene Firmen Geschäftsreisen in alle Weltteile. 1856 starb er in Havanna (Kuba).

In den „Humoristischen Skizzen aus dem deutschen Handelsleben" (1845–1848) kritisiert der Autor das Denken und die Praktiken der Bourgeoisie. Weerth verfolgte das Ziel: *„Ich für meinen Teil gehe stets darauf aus, alle Wunden und Blößen aufzudecken, denn man kann nur verbinden und amputieren, wenn man die Wunden besieht."*

Weerth hat in seinen Gedichten und Prosastücken die Probleme der Arbeiter vertreten; er gilt als der erste deutsche Arbeiterdichter.

Lesehinweis:

Georg Weerth, Humoristische Skizzen aus dem deutschen Handelsleben. Stuttgart: Reclam 1971 (= RUB 7948/49).

Florian Vaßen, Georg Weerth. Ein politischer Dichter des Vormärz und der Revolution von 1848/49. Stuttgart: Metzler 1971.

Wir stehen im Comptoir des Herrn Preiss. [. . .]

Über dem Ganzen ruht eine siegellackduftende Atmosphäre, und schaust du um dich, da mußt du unwillkürlich ausrufen: *Hier wird Geld verdient!*

Die Uhr schlägt acht, und knarrend dreht sich die Tür in den Angeln. Ein tritt der Herr Preiss.

Herr Preiss ist ein kleiner, aber stattlicher Mann, handfest und rund, ernsthaften Antlitzes, doch freundlichsten Bäuchleins. Unter den ergrauten Wimpern schimmern zwei flinke, unternehmende Falkenaugen. Seine Nase ist etwas gebogen, die Lippen sind fein geschnitten, das Kinn steht ein wenig nach vorn. Der Herr Preiss ist ein schöner alter Kaufmann. Er trägt graue Hosen, einen langen, grünen Rock, Halstuch und Weste sind weiß, und den fast kahlen Schädel bedeckt die Mütze mit großem Lederschirm. Der Herr Preiss nimmt die Brille aus dem Futteral und beginnt seine Morgenandacht: er liest den Amsterdamer Handels- und Börsenbericht. Lassen wir ihn lesen.

Wir wollen zurück nach der Türe sehen. Sie öffnet sich zum zweiten Male, und herein tritt der Buchhalter des Geschäftes, ein Vierzigjähriger; an der Hand führt er einen Knaben, kaum fünfzehn zählend.

Der Buchhalter ist lang und dürr; er besitzt eine rote Nase, und in dem feierlichen Ernste seines Antlitzes ist deutlich zu lesen, daß er 600 Taler verdient, jährlich, mit Mühe und Arbeit. Der Kopf des Knaben ist weniger ausdrucksvoll, er ist eher nichtssagend schön und gleicht einem gesunden Borsdorfer Apfel, an dem die Wespen des Jahrhunderts noch nicht genagt haben.

„Hier ist unser neuer Lehrling!" beginnt der Buchhalter, nachdem er den im Lesen vertieften Herrn einige Male spähend umwandelt hat.

„Ha, das fehlt auch noch!" erwidert der Herr Preiss. „Jetzt soll man sich wieder mit einem dummen Jungen abgeben!" Dann auf den zarten Handelsbeflissenen losschreitend, fährt er fort: „Aber kommen Sie nur näher, mein lieber Sohn; ich habe mit Ihrem Vater den Kontrakt schon geschlossen. Sie stehen nun auf der Schwelle eines neuen Lebens, und wenn Sie sich nur gut halten, so wird es Ihnen auch schon gut gehen – aber das findet sich alles erst später."

„Später, später!" wiederholt der Buchhalter bedeutsam. Das fromme, merkantilische Schlachtopfer errötet und verneigt sich ehrfurchtsvoll.

„Vor allen Dingen will ich Sie gleich mit Ihren Arbeiten näher bekannt machen. Arbeit ist unser Los, Arbeit ist unsre Bestimmung; mit der Arbeit verdienen wir unsern Käse und unser Brot, unsern roten und weißen Wein; die Arbeit bringt uns Lilien und Rosen.

Am besten tun Sie, wenn Sie am Morgen in aller Frühe aufstehen. Sie verrichten Ihr Gebet und gehen dann auf die Post, indem Sie den Offizianten[1] erklären, Sie wären der neue Lehrling des Herrn Preiss und wünschten die Briefe zu erhalten. Das erste Mal soll jemand mit Ihnen gehen, damit Sie von vornherein gehörig legitimiert sind.

Die Briefe, diese viereckigen, weißen Geheimnisse, ergreifen Sie sorgfältig und machen sich in entsetzlicher Hast damit aus dem Staube. Blitzschnell müssen Sie mir die Briefe überbringen, keine Minute lang auf der Straße verweilen, nichts darf Sie aufhalten; und wäre auch die Welt am Untergehen, so müssen Sie doch erst hierherlaufen und mir die Briefe einhändigen. Oh, es wäre schrecklich, wenn Sie je einmal in diesem Punkte nachlässig wären; denn sehen Sie, von den Briefen hängt alles ab – also merken Sie sich das!

---

[1] Angestellte, Unterbeamte

Haben Sie die Briefe überbracht, so verfügen Sie sich zu dem Herrn Buchhalter und fragen ihn, ob er Wechsel einzukassieren hat. Die Wechsel des Lebens sind vielfältig; Solawechsel[1], Tratten[2] und protestierte; manchmal sind sie betrübend, manchmal erfreulich. Die protestierten gehören zu den betrübenden, und die besten sind die, welche man nicht zu bezahlen hat. Glücklich der, welcher in gemäßigtem Wechselverhältnis mit der Gesellschaft steht: ihn werden nicht Rost, nicht Motten und nicht die Zinsen der Bankiers fressen; Ruhe wird seinen Schritt umsäuseln, und der Pfeffer eines Mahnbriefes wird nie den Mohn seines Schlafes stören.

Mit den Wechseln, die Ihnen der Buchhalter gibt, treten Sie in die Häuser, wo sie fällig sind; das heißt, wo die Wechsel fällig sind – Gott bewahre uns vor fallenden Häusern! Das Wechseleinkassieren ist ein wichtiges, ernstes Geschäft, wie denn überhaupt alles wichtig ist, wobei Geld im Spiele ist. Merken Sie sich das. Mit Geld ist nicht zu spaßen; mit dem Gelde muß man vorsichtig sein wie mit seiner Seele; Geld ist das A und O des Daseins, Geld ist alles – vergessen Sie das nie!

Ich will annehmen, Sie hätten einen Wechsel auf die Herren Müller & Comp. – Da gehen Sie auf das Comptoir des Herrn Müller und sagen laut und deutlich: ‚Herr Müller! Hier habe ich einen Wechsel von Herrn Preiss und bitte um den Betrag.' Der Herr Müller wird den Wisch von oben bis unten besehen, er wird auch Sie einmal vom Wirbel bis zur Zehe mustern und wird, wenn die Sache übrigens in Ordnung ist, in seine Geldkiste greifen, um Ihnen die fragliche Summe vorzuzählen.

Dies ist ein Augenblick, von welchem vieles abhängt.

Ich muß Ihnen nämlich bemerken, daß es in der Handelswelt gar nicht auffällt, wenn sich der eine gegen den andern so gut wehrt, wie er kann. Im Handel hört alle Freundschaft auf, im Handel sind alle Menschen die bittersten Feinde. Ich will Ihnen das jetzt näher auseinandersetzen. Sie stehen vor Herrn Müller, um das Geld in Empfang zu nehmen. Er sah Sie an, er beschaut Sie nochmals, er denkt: ‚Das scheint ein junger, unerfahrener Mensch zu sein', und zu gleicher Zeit fällt ihm ein, daß er einige schlechte Münzsorten in seiner Kasse hat, daß es die höchste Zeit ist, dieselben wieder einmal in die Welt zu bringen, und daß Sie vielleicht der Mann sein würden, der ihn hierbei unterstützen könnte – und immer weiter denkt der Herr Müller, spricht aber kein Wort, sondern greift in seine Geldkiste und hat kein Mitleid mit Ihrer Jugend, mit Ihrer Anmut und Ihrem Unverstande, und, das versichere ich Ihnen, wenn Sie nicht gehörig aufpassen, da mischt Ihnen der Herr Müller ein paar beschnittene Dukaten, ein paar hannöversche Fünfgroschenstücke oder einige Blafferts[3] unter Ihr Geld, so sicher wie zwei mal zwei vier ist – sehen Sie – und dann ist der Teufel los!

Es versteht sich von selbst, daß ich den Herrn Müller nur als ein unschuldiges Beispiel anführe. Der Herr Müller ist ein ehrenwerter Mann. Aber was geht Sie das an? Da doch jedenfalls die Möglichkeit vorhanden ist, daß selbst dem ehrenwerten Herrn Müller einmal etwas Menschliches passiert, so sind Sie unter allen Verhältnissen des Lebens verpflichtet, den Herrn Müller für einen – ich will grade nicht

---

1 Eigenwechsel   2 gezogene Wechsel   3 Silbermünzen in Groschenform (seit 1425)

sagen: Schuft – jedenfalls aber für das zu halten, was einem Schufte zwischen Hell und Dunkel aufs frappanteste ähnlich sehen könnte. Sie müssen sich steif und fest einbilden, der Herr Müller wolle Sie übertölpeln, und deswegen müssen Sie ihm auf die Finger passen, und dann werden Sie auch nie einen König Hieronymus, einen Coburger Dreier oder einen Dänischen Fuchs[1] mit nach Hause bringen. Verstehen Sie mich?"

Dem jugendlichen Lehrling fiel es wie Schuppen von den Augen. Die Worte des Herrn Preiss durchdrangen ihn mit ihrer ganzen unermeßlichen Wahrheit.

„Haben Sie für Ihren Wechsel das richtige Geld zu den richtigen Kursen in Empfang genommen, so stecken Sie alles in Ihren Sack, binden den Sack mit einem Bindfaden zu und fassen den Sack mit der Hand so fest an, als es Ihre Kräfte erlauben.

Wie Sie es mit *einem* Wechsel machen, so machen Sie es mit allen, und sind Sie fertig, so kehren Sie unverzüglich nach Hause zurück. Unverzüglich, sage ich Ihnen! Das Geld in den Händen, schauen Sie weder rechts noch links, bis Sie wieder auf unserm Comptoir stehen, wo Sie der Herr Buchhalter mit offenen Armen empfangen wird, wenn Sie keinen Bock geschossen haben.

Oh, schießen Sie keine Böcke! Hüten Sie sich vor den Böcken, nichts ist entsetzlicher als ein Bock.

Aus der Stadt zurückgekommen, beginnen Sie die Comptoirarbeiten. Sehen Sie, hier ist das Kopierbuch. Das gehört Ihnen, das sollen Sie nun in Zukunft führen. Sie werden viel dadurch lernen, und die Beschäftigung ist interessant. Fast das ganze Geschäft läuft durch dieses Buch. Jeder Brief, den wir schreiben, muß hier kopiert werden. Obenhin schreiben Sie den Namen des Menschen, an den die Epistel gerichtet ist, und dann schlankweg alles, was folgt, bis zu den Empfehlungen, Grüßen und freundschaftlichen Versicherungen. Dergleichen Sachen brauchen Sie nie zu kopieren, denn es versteht sich von selbst, daß wir ‚achtungsvoll' unterzeichnen, wenn jemand eine gute Bestellung gab, daß wir ihn mit unendlicher Wärme und Liebe umfassen, wenn er bestellte und zugleich bezahlte, und daß wir ihm unsre grenzenlose Verachtung zu erkennen geben und bloß ‚höflich' grüßen, wenn er auf zwei Mahnbriefe nichts erwiderte.

Machen Sie die Buchstaben so schön wie möglich, und vor allen Dingen nehmen Sie sich mit den Zahlen in acht. Das ist eine ernsthafte Geschichte. Wenn eine Zahl nicht richtig ist, da fährt gleich die Konfusion hinein von allen Ecken. Am Buchstaben ist mir nicht so viel gelegen, aber an der Zahl – hören Sie mal, guter Freund, kopieren Sie mir die Zahlen richtig, sonst sind wir geschiedene Leute. Zahlen regieren die Welt.

Ich brauche Ihnen wohl nicht zu sagen, daß es mit dem Abschreiben der Briefe nicht allein getan ist; es versteht sich von selbst, daß Sie sich auch den tiefen Sinn dessen, was Sie kopieren, einzuprägen haben. Das Kulante des Stils, die Eleganz der Wendungen, das Treffende in den Ausdrücken und Benennungen, die Höflichkeit inmitten der größten Grobheit und das Einschmeichelnde bei der heftig-

---

[1] volkstümliche Bezeichnung für schlechte Münzen

sten Erbitterung – alles, alles haben Sie sich zu bemerken, alles Ihrem Gedächtnis einzuprägen, damit Sie einst selbst Korrespondent werden können, damit ich Sie einst zur Höhe meines Geschäftes avancieren lassen kann.

Auch der einzelnen Manipulationen, welche die Korrespondenz berührt, müssen Sie sich stets zu erinnern wissen, und die Namen unsrer Kunden bemerken Sie sich und die Art, wie wir sie entweder über den Löffel barbierten, wie wir sie auf den Händen trugen oder wie wir sie im Gedränge untergehen ließen; denn daraus können Sie stets abnehmen, wes Geistes Kinder sie sind und welchen Kredit sie verdienen.

Sie sehen, ich übertrage Ihnen eine herrliche Arbeit. Das Kopierbuch ist das Evangelium des Comptoirs – und nun schreiben Sie es auch recht hübsch, damit ich Freude an Ihnen erlebe.

Groß ist der Handel und weltumfassend! Glücklich der, welcher unter seinen Fittichen ruht, denn ihm wird wohl sein wie einem Maienkäfer unter den Linden.

Sind die Comptoirarbeiten vorüber, da bricht ein neues Leben für Sie an. Sie beschäftigen sich nämlich dann auf dem Warenlager, in den Magazinen. Man wird Sie Muster anfertigen, Pakete machen und Ballen versenden lassen, wodurch Sie sich um unschätzbare Kenntnisse bereichern werden. Qualitäten und Preise der verschiedenen Waren erlernen Sie spielend, indem Sie dem Abschlusse manches Kaufes beiwohnen. Sie sehen, welche Sorte für diese Gegend zieht und welche für eine andre paßt, Sie lernen die Sitten und Gewohnheiten der verschiedenen Völker kennen, ihre Fehler und ihre Tugenden, ihre Zahlungsfähigkeit und, ach! – auch ihre Insolvenz[1]!

Menschen lernen Sie kennen, indem Sie mit Käufern und Verkäufern umgehen; studieren Sie ja die Schwächen eines jeden, denn das wird nie zu Ihrem Schaden sein. Merken Sie sich jedes Lächeln Ihres Gegenmannes, das geringste Zucken seiner Mundwinkel, die leiseste Bewegung seiner Augen, denn das Äußere des Menschen spiegelt oft genug das Innere seiner Seele wider. Die Seele aber steht in genauem Zusammenhang mit dem Geldbeutel, und die Börse Ihres Gegners ist stets von speziellem Interesse für Sie.

Dunkel nur deute ich Ihnen die vielen Genüsse an, welche die Lust Ihrer Jugend und die Seligkeit Ihres Alters sein werden.

Gibt es etwas Schöneres als den Handel und Wandel? Gibt es ein vollkommeneres Wesen auf Erden als einen vollkommenen Kaufmann?

Ein vollkommenes Wesen soll vor allen Dingen seine Zeit begreifen und sein Jahrhundert; ein guter Kaufmann verstand von jeher beides, denn er verstand sich auf sein eignes Interesse!

Ruhig, im Bewußtsein seiner Würde steht er da, und alle Künste und Wissenschaften der Welt drängen sich zu ihm heran, um ihm zu huldigen, um ihm zu dienen. Philosophie, Mathematik, Geographie, Ökonomie, die ganze Rechtswissenschaft samt der Medizin und allen übrigen Herrlichkeiten von einem Pole bis zum andern, was waren sie, wenn sie der Kaufmann nicht in preußisch Kurant[1] verwandelte!

---

1 Zahlungsunfähigkeit

Glücklich preise ich Sie, daß ein gutes Schicksal Sie in den Port des Kommerzes führte. Arbeiten Sie treulich von 7 Uhr morgens bis 9 Uhr abends, und gehen Sie endlich nach Hause und legen Sie sich zu Bett, da lassen Sie alles, was Sie am Tage sahen und hörten, noch einmal an Ihrer Seele vorübergehen, Briefe und Wechsel, Dukaten und Krontaler, Geldsäcke und Kopierbücher, Kurse und Warenproben, Konkurrenten und Geschäftsfreunde, und stärken Sie sich hierauf zu neuer Tätigkeit durch einen kurzen, aber erquickenden Schlaf.

Verstehen Sie mich? Ich hoffe, Sie haben mich verstanden. Aber jetzt noch eins! Nämlich –", hier machte der Herr Preiss eine lange Pause, er legte die Hand auf die Schulter des Lehrlings und sah ihn mit einem durchbohrenden Blicke an, „– nämlich, hören Sie, junger Mann! Ich habe Vertrauen in Sie; Sie sind von rechtschaffener Familie, und ich bin bereit, Sie in mein Geschäft durchaus einzuweisen; ich will Ihnen Gelegenheit geben, in dieser Welt fortzukommen; ich kann Ihnen versichern, wer in meiner Schule gewesen ist, der kommt fort – hören Sie! Vier Jahre lang werden Sie einstweilen bei mir bleiben, denn so lautet der Kontrakt, den ich mit Ihrem Vater geschlossen habe; diese vier Jahre werden Ihnen herumgehen wie ein Tag; denn keine Stunde sollen Sie müßig sein, und ich will Ihnen genug zu tun geben – hören Sie aufmerksam zu – eins befehle ich Ihnen vor allem, ich will, daß Sie dieses eine halten sollen vor allem andern – nämlich, was Sie auch hören und was Sie auch sehen werden auf meinem Comptoir oder auf meinem Lager, kurz, was Ihnen auch begegnet im ganzen Umkreise meines Geschäftes, erwähnen Sie davon nicht das geringste, sobald Sie die Schwelle meines Hauses verlassen haben! Verstehen Sie mich? – Stumm wie ein Fisch!"

„Stumm wie das Grab!" flüsterte der erschrockene Lehrling; er atmete tief auf, und seine unschuldigen Augen neigten sich vor den Flammenblicken des gewaltigen Prinzipals.

Während der Konversation des Herrn Preiss und des Lehrlings waren die übrigen Arbeiter ins Comptoir getreten und hatten sich lautlos an ihre Plätze gesetzt. Eine Totenstille entstand in dem mystischen Raume, und man hörte bald nur noch das Kritzeln der Federn, die in geschäftiger Eile über das Papier tanzten.

(Aus: Georg Weerth, Humoristische Skizzen aus dem deutschen Handelsleben. Stuttgart: Reclam 1971 (= RUB 7948/49), S. 3–12.)

Arbeitshinweise

1. Welche Vorstellungen über Lehrzeit und Kaufmannsberuf entwickelt Herr Preiss? Welche Regeln sind für ihn bestimmend?
2. Charakterisieren Sie die Sprache des Herrn Preiss (Bilder, Vergleiche, Anspielungen)!
3. Welche Funktion hat diese Sprache? Was bewirken die Anspielungen auf die Bibel?
4. Was kritisiert Weerth? An welchen Normen orientiert sich der Autor? Ist diese Kritik heute veraltet?
5. Welche Bedeutung hat der Name „Preiss"? Wie sieht der Kaufmann das Verhältnis zwischen Mensch und Geld?
6. Welches Verhältnis besteht in einer Satire zwischen Autor, Wirklichkeit, Norm und Leser?

---
1 gängige Münzen, deren Wert dem Material entsprach, aus dem sie geprägt wurden

Hans Fallada, **Aus dem Leben eines Verkäufers**

Fallada (1893–1947), der eigentlich Rudolf Ditzen heißt, wurde vor allem durch seine Gesellschaftsromane bekannt, die in einem reportagehaften Stil die Alltagswelt der kleinen Leute, ihre wirtschaftlichen und sozialen Probleme in der Zeit zwischen den beiden Weltkriegen schildern.

Der folgende Auszug ist dem Roman „Kleiner Mann – was nun?" entnommen. Das Buch erzählt die Geschichte des einfachen Angestellten Pinneberg und seiner Frau Lämmchen, die nach Berlin kommen und während der Weltwirtschaftskrise von 1929 in Not geraten.

Lesehinweis:

Hans Fallada, Kleiner Mann – was nun? Reinbek: Rowohlt 1967 (= rororo 1).

Hans Fallada, Wer einmal aus dem Blechnapf frißt. Reinbek: Rowohlt 1952 (= rororo 54/55).

Jürgen Manthey, Hans Fallada in Selbstzeugnissen und Bilddokumenten. Reinbek: Rowohlt 1964 (= rowohlts monographien 78).

Es ist der einunddreißigste Oktober, morgens neuneinhalb Uhr, Pinneberg ist in der Herrenkonfektions-Abteilung von Mandel dabei, graue, gestreifte Hosen zu ordnen.

„Sechzehn fünfzig ... Sechzehn fünfzig ... Sechzehn fünfzig ... Achtzehn neunzig ... zum Donnerwetter, wo sind die Hosen zu Siebzehn fünfundsiebzig? Wir hatten doch noch Hosen zu Siebzehn fünfundsiebzig! Die hat doch wieder dieser Schussel von Keßler versaubeutelt. Wo sind die Hosen –?"

Etwas weiter in den Verkaufsraum hinein bürsten die Lehrlinge Beerbaum und Maiwald Mäntel ab. Maiwald ist Sportsmann, auch die Lehrzeit als Konfektionär kann Sport sein. Maiwalds letzter Rekord waren: einhundertneun Mäntel in der Stunde tadellos gebürstet, allerdings mit zuviel Schwung. Ein Galalithknopf zerbrach und Jänecke, der Substitut, gab dem Maiwald was aufs Dach.

Der Abteilungsleiter Kröpelin hätte sicher nichts gesagt. Kröpelin hatte alles Verständnis dafür, daß immer mal was vorkam. Aber Jänecke, der Substitut, konnte erst Abteilungsvorsteher werden, wenn Kröpelin kein Abteilungsvorsteher mehr war, also mußte er scharf, eifrig und stets auf das Wohl der Firma bedacht sein.

Die Lehrlinge zählen ziemlich laut: „Siebenundachtzig, achtundachtzig, neunundachtzig, neunzig..." [...]

Pinneberg sortiert weiter. Sehr still heute für einen Freitag. Erst ein Käufer ist dagewesen, hat einen Monteuranzug gekauft. Natürlich hat Keßler das gemacht, hat sich vorgedrängt, trotzdem Heilbutt, der erste Verkäufer, dran gewesen wäre. Heilbutt aber ist Gentleman, Heilbutt sieht über so etwas hinweg, Heilbutt verkauft auch so genug, und vor allem Heilbutt weiß, wenn ein schwieriger Fall kommt, läuft Keßler doch zu ihm um Hilfe. Das genügt Heilbutt. Pinneberg würde das nicht genügen, aber Pinneberg ist nicht Heilbutt. Pinneberg kann die Zähne zeigen, Heilbutt ist viel zu vornehm dazu.

Heilbutt steht jetzt hinten am Pult und rechnet etwas. Pinneberg betrachtet ihn, er überlegt, ob er Heilbutt nicht fragen soll, wo die fehlenden Hosen liegen könnten. Es wäre ein guter Grund, mit Heilbutt ein Gespräch anzuknüpfen, aber Pinneberg überlegt es sich besser: nein, lieber nicht. Er hat ein paarmal versucht, sich mit Heilbutt zu unterhalten, Heilbutt war immer tadellos höflich, aber irgendwie fror die Unterhaltung ein.

Pinneberg will sich nicht aufdrängen, gerade weil er Heilbutt bewundert, will er sich nicht aufdrängen. Es muß zwanglos kommen, es wird schon kommen. Und dabei hat er die phantastische Idee, Heilbutt möglichst heute noch in die Wohnung in der Spenerstraße einzuladen. Er muß seinem Lämmchen Heilbutt zeigen, aber vor allem muß er Heilbutt das Lämmchen zeigen. Er muß beweisen, daß er kein gewöhnlicher flacher Verkäufer ist, er hat Lämmchen. Wer von den anderen hat so was?

Langsam kommt Leben in das Geschäft. Eben noch standen sie alle herum, schrecklich gelangweilt, nur ganz offiziell beschäftigt, und nun verkaufen sie plötzlich. Wendt ist in Arbeit, Lasch verkauft, Heilbutt verkauft. Nun Keßler, der hat es auch nicht abwarten können, eigentlich wäre Pinneberg dran gewesen. Aber schon hat auch Pinneberg seinen Käufer, jüngeren Herrn, einen Studenten. Doch Pinneberg hat kein Glück: der Student mit den Schmissen verlangt kurz und knapp einen blauen Trenchcoat.

Es schießt durch Pinnebergs Hirn: ‚Keiner am Lager. Der läßt sich nichts aufschwatzen. Keßler wird grinsen, wenn ich 'ne Pleite schiebe. Ich muß die Sache machen...'

Und schon hat er den Studenten vor einem Spiegel: „Blauer Trenchcoat, jawohl. Einen Moment bitte. Wenn wir erst mal diesen Ulster überprobieren dürften?"

„Ich will doch keinen Ulster", erklärt der Student.

„Nein, selbstverständlich nicht. Nur der Größe wegen. Wenn der Herr sich bemühen wollen. Sehen Sie – ausgezeichnet, was?"

„Na ja", sagt der Student. „Sieht gar nicht so schlecht aus. Und nun zeigen Sie mir mal einen blauen Trenchcoat."

„Neunundsechzig fünfzig", sagt Pinneberg beiläufig und fühlt vor, „eines unserer Reklameangebote. Im vorigen Winter kostete der Ulster noch neunzig. Angewebtes Futter. Reine Wolle..."

„Schön", sagt der Student. „Den Preis wollte ich ungefähr anlegen, aber ich möchte einen Trenchcoat. Zeigen Sie mir mal..."

Pinneberg zieht langsam und zögernd den schönen Marengo-Ulster aus. „Ich glaube nicht, daß Ihnen irgend etwas anderes so gut stehen würde. Blauer Trenchcoat ist eigentlich ganz abgekommen. Die Leute haben ihn sich übergesehen."

„Also, nun zeigen Sie mir endlich –!" sagt der Student sehr energisch. Und sachter: „Oder wollen Sie mir keinen verkaufen?"

„Doch, doch. Alles, was Sie wollen." Und er lächelt auch, wie der Student bei seiner Frage eben gelächelt hat. „Nur –", er überlegt fieberhaft. Nein, nicht schwindeln, man kann es ja versuchen: „Nur, ich kann Ihnen keinen blauen Trenchcoat verkaufen." Pause. „Wir führen keinen Trenchcoat mehr."

„Warum haben Sie mir das nicht gleich gesagt?!" sagt der Student, halb verblüfft, halb ärgerlich.

„Weil ich Sie nur davon überzeugen wollte, wie ausgezeichnet Ihnen dieser Ulster steht. Bei Ihnen kommt er wirklich zur Geltung. Sehen Sie", sagt Pinneberg halblaut und lächelt, wie um Entschuldigung bittend, „ich wollte Ihnen nur zeigen, wieviel besser der ist als ein blauer Trenchcoat. Das war so eine Mode – na ja! Aber dieser Ulster . . ."

Pinneberg sieht ihn liebevoll an, streicht einmal über den Ärmel, hängt ihn wieder über den Bügel und will ihn in den Ständer zurückhängen.

„Halt!" sagt der Student. „Ich kann ja immer noch mal . . ., schlecht sieht er ja nicht gerade aus . . ."

„Nein, schlecht sieht er nicht aus", sagt Pinneberg und hilft dem Herrn wieder in den Mantel. „Der Ulster sieht direkt vornehm aus. Aber vielleicht darf ich dem Herrn noch andere Ulster zeigen? Oder einen hellen Trenchcoat?"

Er hat gesehen, die Maus ist beinahe in der Falle, sie riecht den Speck schon, jetzt darf er es riskieren.

„Helle Trenchcoats haben Sie also doch!" sagt der Student grollend.

„Ja, wir haben da was . . .", sagt Pinneberg und geht an einen anderen Ständer.

In diesem Ständer hängt ein gelbgrüner Trenchcoat, zweimal ist er schon im Preise zurückgesetzt worden, seine Brüder vom selben Konfektionär, von derselben Farbe, vom gleichen Schnitt haben längst ihre Käufer gefunden. Dieser Mantel, das scheint ein Schicksal, will nicht von Mandel fort . . .

Jedermann sieht in diesem Mantel irgendwie komisch verbogen, falsch oder halb angezogen aus . . .

„Wir haben da was . . .", sagt Pinneberg. Er wirft den Mantel über seinen Arm. „Ich bitte sehr, ein heller Trenchcoat. Fünfunddreißig Mark."

Der Student fährt in die Ärmel. „Fünfunddreißig?" fragt er erstaunt.

„Ja", antwortet Pinneberg verächtlich. „Solche Trenchcoats kosten nicht viel."

Der Student prüft sich im Spiegel. Und wieder bewährt sich die Wunderwirkung dieses Stücks. Der eben noch nette junge Mann sieht aus wie eine Vogelscheuche. „Ziehen Sie mir das Ding nur schnell wieder aus", ruft der Student, „das ist ja grauenhaft."

„Das ist ein Trenchcoat", sagt Pinneberg ernst.

Und dann schreibt Pinneberg den Kassenzettel über neunundsechzig fünfzig aus, er gibt ihn dem Herrn, er macht seine Verbeugung: „Ich danke auch verbindlichst."

„Nee, *ich* danke", lacht der Student und denkt jetzt sicher an den gelben Trenchcoat.

‚Na also, geschafft', denkt Pinneberg. Er überblickt schnell die Abteilung. Die anderen verkaufen noch oder verkaufen schon wieder. Nur Keßler und er sind frei. Also ist Keßler der nächste dran. Pinneberg wird sich schon nicht vordrängen. Aber, während er gerade Keßler ansieht, geschieht das Seltsame, daß Keßler Schritt um Schritt gegen den Hintergrund des Lagers zurückweicht. Ja, es ist gerade so, als wollte Keßler sich verstecken. Und wie Pinneberg gegen den Eingang schaut, sieht er auch die Ursache solch feiger Flucht: Da kommen erstens eine Dame, zweitens noch eine Dame, beide in den Dreißigern, drittens noch eine Dame, älter, Mutter oder Schwiegermutter, und viertens ein Herr, Schnurrbart, blaßblaue Augen, Eierkopf. ‚Du feiges Aas', denkt Pinneberg empört. ‚Vor so was reißt du natürlich aus. Na warte!'

Und er sagt mit einer sehr tiefen Verbeugung: „Was steht bitte zu Diensten, meine Herrschaften?", und dabei läßt er seinen Blick ganz gleichmäßig auf jedem der vier Gesichter ruhen, damit keines zu kurz kommt.

Eine Dame sagt ärgerlich: „Mein Mann möchte einen Abendanzug. Bitte, Franz, sag doch dem Verkäufer selbst, was du willst!"

„Ich möchte...", fängt der Herr an.

„Aber Sie scheinen ja nichts wirklich Vornehmes zu haben", sagt die zweite Dame in den Dreißigern.

„Ich habe euch gleich gesagt, geht nicht zu Mandel", sagt die Ältliche. „Mit so was muß man zu Obermeyer."

„...einen Abendanzug haben", vollendet der Herr mit den blaßblauen Kugelaugen.

„Einen Smoking?" fragt Pinneberg vorsichtig. Er versuchte, die Frage gleichmäßig zwischen den drei Damen aufzuteilen und doch auch den Herrn nicht zu kurz kommen zu lassen, denn selbst ein solcher Wurm kann einen Verkauf umschmeißen.

„Smoking!" sagen die Damen empört.

Und die Strohblonde: „Einen Smoking hat mein Mann natürlich. Wir möchten einen Abendanzug."

„Ein dunkles Jackett", sagt der Herr.

„Mit gestreiftem Beinkleid", sagt die Dunkle, die die Schwägerin zu sein scheint, aber die Schwägerin der Frau, so daß sie als die Schwester des Mannes wohl noch ältere Rechte über ihn hat.

„Bitte schön", sagt Pinneberg.

„Bei Obermeyer hätten wir jetzt schon das Passende", sagt die ältere Dame.

„Nein, doch nicht so was", sagt die Frau, als Pinneberg ein Jackett in die Hand nimmt.

„Was könnt ihr denn hier anders erwarten?"

„Ansehen kann man sich jedenfalls. Das kostet nichts. Zeigen Sie nur immer, junger Mann."

„Probier das mal an, Franz!"

„Aber, Else, ich bitte dich! Dies Jackett..."

„Nun, was meinst du, Mutter –?"

„Ich sage gar nichts, fragt mich nicht, ich sage nichts. Nachher habe ich den Anzug ausgesucht."

„Wenn der Herr die Schulter etwas anheben wollte?"

„Daß du die Schultern nicht anhebst! Mein Mann läßt immer die Schultern hängen. Dafür muß es eben unbedingt passend sein."

„Dreh dich mal um, Franz."

„Nein, ich finde, das ist ganz unmöglich."

„Bitte, Franz, rühr dich etwas, du stehst da wie ein Stock."

„Das ginge vielleicht eher."

„Warum ihr euch hier bei Mandel quält . . .?"

„Sagen Sie, soll mein Mann ewig in diesem einen Jackett rumstehen? Wenn wir hier nicht bedient werden..."

„Wenn wir vielleicht dies Jackett anprobieren dürften..."

„Bitte, Franz."

„Nein, das Jackett will ich nicht, das gefällt mir nicht."

„Wieso gefällt dir denn das nicht? Das finde ich sehr nett!"

„Fünfundfünfzig Mark."

„Ich mag es nicht, die Schultern sind viel zu wattiert."

„Wattiert mußt du haben, bei deinen hängenden Schultern."

„Saligers haben einen entzückenden Abendanzug für vierzig Mark. Mit Hosen. Und hier soll ein Jackett..."

„Verstehen Sie, junger Mann, der Anzug soll was hermachen. Wenn wir hundert Mark ausgeben sollen, können wir auch zum Maßschneider gehen." [...]

„Probier dies mal über, Franz."

„Nein, ich probier nichts mehr über, ihr macht mich doch bloß schlecht."

„Was soll denn das wieder heißen, Franz? Willst du einen Abendanzug haben oder ich?"

„Du!"

„Nein, du willst ihn."

„Du hast gesagt, der Saliger hat einen, und ich mache mich einfach lächerlich mit meinem ewigen Smoking."

„Dürfte ich gnädiger Frau noch dies zeigen? Ganz diskret, etwas sehr Vornehmes."
Pinneberg hat sich entschlossen, auf Else, die Strohblonde, zu tippen.

„Das finde ich wirklich ganz nett. Was kostet er?"

„Allerdings sechzig. Aber es ist auch etwas ganz Exklusives. Gar nichts für die Masse." [...]

„Also Franz, jetzt ziehst du das Jackett an."

„Er hat es doch schon angehabt!"

„Nicht dies!"

„Doch."

„Also, jetzt gehe ich, wenn ihr euch hier streiten wollt."

„Ich gehe auch. Else will wieder um jeden Preis ihren Willen durchsetzen."

Allgemeine Aufbruchsstimmung. Die Jacketts werden, während die spitzen Reden hin und her fliegen, hierhin geschoben, dorthin gezerrt...

„Bei Obermeyer..."

„Nun bitte ich dich, Mutter!"

„Also wir gehen zu Obermeyer."

„Aber sagt bitte nicht, daß ich euch dahin gelotst habe!"

„Natürlich hast du!"

„Nein, ich..."

Vergebens hat Pinneberg versucht, ein Wort anzubringen. Nun, in der höchsten Not, wirft er einen Blick um sich, er sieht Heilbutt, sein Blick begegnet dem des anderen... Es ist ein Hilfeschrei.

Und zugleich tut Pinneberg etwas Verzweifeltes. Er sagt zu dem Eierkopf: „Bitte, Ihr Jackett, mein Herr!"

Und er zieht dem Mann das strittige Sechzigmark-Jackett an, und kaum sitzt es, ruft er auch schon: „Ich bitte um Verzeihung, ich habe mich versehen." Und ganz ergriffen: „Wie Sie das kleidet."

„Ja, Else, wenn du das Jackett..."

„Ich habe immer gesagt, dies Jackett..."

„Nun, sage du mal, Franz..."

„Was kostet dies Jackett?"

„Sechzig, gnädige Frau."

„Aber für sechzig, Kinder, ich finde das ja Wahnsinn. Bei den heutigen Zeiten sechzig. Wenn man schon durchaus bei Mandel kauft..."

Eine sanfte, aber bestimmte Stimme neben Pinneberg sagt: „Die Herrschaften haben gewählt? Unser elegantestes Abendjackett."

Stille.

Die Damen sehen auf Herrn Heilbutt. Herr Heilbutt steht da, groß, dunkel, bräunlich, elegant.

„Es ist ein wertvolles Stück", sagt Herr Heilbutt nach einer Pause. Und dann verneigt er sich und geht weiter, entschwindet, irgendwohin, hinter einen Garderobenständer, vielleicht war es Herr Mandel selber, der hier durchging?

„Für sechzig Mark kann man aber auch was verlangen", sagt die unzufriedene Stimme der Alten. Doch sie ist nicht mehr ganz unzufrieden.

„Gefällt es dir denn auch, Franz?" fragt die blonde Else. „Auf dich kommt es doch schließlich an."

„Na ja...", sagt Franz.

„Wenn wir nun auch passende Beinkleider...", beginnt die Schwägerin.

Aber das wird nicht mehr tragisch mit den Beinkleidern. Man ist sich sehr rasch einig, es wird sogar ein teures Beinkleid. Der Kassenzettel lautet insgesamt über fünfundneunzig Mark, die alte Dame sagt noch einmal: „Bei Obermeyer, sage ich euch..." Aber niemand hört auf sie.

Pinneberg hat an der Kasse noch eine Verbeugung gemacht, eine Extraverbeugung. Nun kehrt er zurück an seinen Stand, er ist stolz wie ein Feldherr nach gewonnener Schlacht und zerschlagen wie ein Soldat. Bei den Beinkleidern steht Heilbutt und sieht Pinneberg entgegen.

„Danke", sagt Pinneberg. „Sie haben den Tippel[1] gerettet, Heilbutt."

„Ich doch nicht, Pinneberg", sagt Heilbutt. „Sie hätten schon so keine Pleite geschoben. Sie nicht. Sie sind doch der geborene Verkäufer, Pinneberg."

(Aus: Hans Fallada, Kleiner Mann – was nun? Reinbek: Rowohlt 1967 (= rororo 1), S. 92-98.)

Arbeitshinweise

1. Gliedern Sie den Text, und geben Sie den Inhalt wieder!
2. Wie werden die Verkäufer dargestellt, und welches Verhältnis haben sie untereinander?
3. Schildern Sie die Methoden des Verkaufs! Wie verhält sich der Student, wie der Personenkreis um den Mann? Warum verhalten sie sich so?
4. Wodurch wirkt die Sprache lebendig? Zeigen Sie die Besonderheiten der Sprache auf!
5. Interpretieren Sie das Wort „Schlacht" aus dem Zusammenhang des Textes!
6. Unterscheidet sich die heutige Situation der Verkäufer von der hier aufgezeigten? Berichten Sie über Ihre eigenen Erfahrungen beim Einkauf!

---

[1] Kunde ohne Kaufabsicht

Leitsätze für Lehrlinge

Die folgenden Leitsätze stammen aus dem Jahr 1970.

Lesehinweis:

Klassenbuch. Ein Lesebuch zu den Klassenkämpfen in Deutschland, 3 Bde. Neuwied: Luchterhand 1972 (= Sammlung Luchterhand 79–81).

Lehrlingsprotokolle, hrsg. von Klaus Tscheliesnig. Frankfurt: Suhrkamp ^{3}1976 (= edition suhrkamp 511).

Deine Vorgesetzten

Von Zeit zu Zeit solltest Du über die Menschen nachdenken, mit denen Du zu tun hast, um die richtige Einstellung zu ihnen zu finden. Das kommt Dir selbst zugute.

Sicherlich hast Du auch schon einmal über Deine Vorgesetzten nachgedacht. Als Du in den Betrieb kamst, waren sie schon da. Du konntest sie Dir also nicht aussuchen. Aber die Betriebsleitung, die ein sehr gutes Urteil hat, suchte sie für Dich aus. Natürlich nicht nur für Dich, sondern auch für viele Lehrlinge vor Dir und nach Dir.

Deine Vorgesetzten sind ausgesuchte Fachleute, die viel können und wissen. Sie haben nicht nur jahrelange Berufserfahrung, sondern auch große Erfahrung im Umgang mit Lehrlingen. Du kannst ihnen also so leicht nichts vormachen. Wenn du klug bist, probierst Du das auch gar nicht, sondern Du überlegst Dir folgendes:

Das Können und Wissen Deiner Vorgesetzten kann Dir sehr nützlich sein. Du hast Interesse daran, möglichst viel von ihnen zu lernen. Das ist nicht schwer, denn sie wollen Dir ja etwas beibringen, Dir helfen und Dich beraten. Du bist also der Nehmende, sie sind die Gebenden.

Wenn du aber von einem Menschen etwas wissen oder bekommen willst, wirst Du ihm gegenüber besonders höflich und zuvorkommend sein. Du wirst versuchen, sein Vertrauen zu gewinnen. Wenn der Betreffende gleichzeitig Dein Vorgesetzter ist, wirst Du auch seine Anordnungen befolgen. Das ist ganz natürlich so. Stell' Dir einmal vor, Du wärst der Vorgesetzte und hättest zwei Lehrlinge, denen Du etwas beibringen sollst. Der eine ist unordentlich, unpünktlich, frech und lügt. Der andere hat ein frisches und korrektes Auftreten, ordnet sich ein, ist ehrlich und bemüht sich. Welchem der beiden Lehrlinge würdest Du wohl mehr beibringen? [...]

Denken

In einigen Büros eines weltbekannten Unternehmens findet man an der Wand ein einziges Wort: „Denken". In großen schwarzen Buchstaben steht es da als Begründung für den Erfolg dieses Unternehmens und die Bekanntheit seines Namens, aber auch als Aufforderung und Mahnung an seine Mitarbeiter.

Am Anfang dieses gewaltigen Unternehmens stand nämlich ein Mann, der nachdachte, wie er etwas besser machen könne. Dann waren es mehrere und bald sehr viele, die darüber nachdachten. Was diese denkenden Menschen vollbracht haben, hat die Welt aufhorchen lassen und ihr einen beachtlichen technischen Fortschritt gebracht.

Wenn Du siehst, was der Mensch im Vergleich zum Tier geschaffen hat, so wird Dir deutlich, was denken bedeutet, denn dadurch wurde der Mensch zum herrschenden Geschöpf dieser Welt. Und wenn Du den Aufstieg großer Männer betrachtest, vom kleinen Zeitungsjungen zum Unternehmer, der tausenden Menschen Arbeit gibt und Millionenwerte schafft, dann wird Dir erneut deutlich, was der vermag, der denkt.

Aber auch in dem Bereich, wo Du jetzt stehst, in der Werkbank, kannst Du mehr schaffen und besser vorwärtskommen, wenn Du denkst. Du kannst dadurch rationeller arbeiten, Deine Arbeit erleichtern und durch bessere Einteilung beschleunigen. Du kannst Material und Werkzeug sparen. Vielleicht gelingt es Dir sogar, Verbesserungsvorschläge zu machen. Nichts ist vollkommen im Betrieb, alles ist noch verbesserungsfähig.

Aber auch Du selbst bist noch verbesserungsfähig, Deine Arbeitsweise, Dein Können und Wissen, Dein Auftreten und Deine Einstellung. Es lohnt sich, darüber einmal nachzudenken.

Weißt Du schon, wo Deine größten Fehler liegen? Manchmal gibt Dir ein guter Freund einen Wink, manchmal die Ermahnung des Meisters. Vor allem aber die Hinweise der Eltern, die Dich schon länger und sehr genau kennen. Es wäre dumm, das alles in den Wind zu schlagen. Besser ist es, darüber nachzudenken!
[...]

Was ist echte Kritik?
Es gibt nichts Leichteres, als abfällige Bemerkungen über Personen oder Sachen zu machen, die einem mißfallen. Dabei braucht man sich gar nicht anzustrengen und vor allem nicht in geistige Unkosten zu stürzen. Man gibt seinem Unwillen einfach nach und findet schon die rechten Worte, um sich Luft zu verschaffen. Die große Masse macht es so und Du hast es sicherlich auch schon so gemacht.

Ist das aber eine echte Kritik? Oder ist das nicht vielmehr eine unbeherrschte Gefühlsreaktion?

Kritik ist mehr als nur eine Gefühlsäußerung. Sie verlangt, daß man sich mit der kritisierten Person oder Sache auseinandersetzt. Daß man das Für und Wider gegeneinander abwägt und dazu Stellung nimmt.

Den meisten aber ist das zu anstrengend. Sie wollen nur ihren Unwillen ausdrücken und werden dabei oft sehr unsachlich. Diese Form einer Kritik ist abzulehnen. Sie ist nur als entartete Kritik zu bezeichnen, denn sie ist primitiv und wirkt zerstörend. Echte Kritik aber zerstört nicht, sondern baut auf. Sie will das Schlechte und Unvollkommene anprangern, um es auszumerzen und dafür etwas Besseres zu setzen. Echte Kritik will also verbessern! Deshalb kann nur der echte Kritik üben, der weiß, wie es besser zu machen ist. Und nur der ist berechtigt, Kritik zu üben, der gleichzeitig einen Verbesserungsvorschlag macht.

Vielleicht denkst Du daran, wenn Deine Kollegen das nächstemal im Betrieb oder in der Berufsschule über etwas „meckern". Dann stimme nicht gleich in den Chor ein, sondern überlege Dir, wie es besser gemacht werden könnte. Und wenn Dir keine bessere Lösung einfällt, schweige lieber oder frage einfach die Kritiker: „Wie würdet ihr das besser machen?" Vielleicht werden sie dann plötzlich still.

Mußt Du opponieren?
Es gibt Lehrlinge, die stehen ununterbrochen in Opposition, entweder gegen ihre Kollegen, gegen ihren Meister, gegen die Anordnungen der Betriebsleitung oder gegen die Berufsschule. Sie können gar nicht mehr anders, als opponieren. Sie haben sich das schon so angewöhnt, denn – sie können dabei so schön angeben!

Ist das aber der Sinn einer Opposition?

Mit der Opposition verhält es sich so ähnlich wie mit der Kritik. Sie kann gut sein, wenn das, was sie will, eine Verbesserung bedeutet. Sie ist nicht gut, wenn nur Vorteile für einen oder eine kleine Gruppe erstrebt werden, durch die andere benachteiligt sind. Das Allgemeinwohl steht in einer Gemeinschaft immer obenan.

Aber auch das „Wie" ist bei einer Opposition entscheidend. Wenn eine Gruppe unsachlich und pöbelhaft opponiert, wird man sie mit Recht zur Ordnung rufen. Disziplin und Ordnung dienen ja dem Allgemeinwohl. Wer dagegen verstößt, kann auch nicht behaupten, daß er das allgemeine Wohl zum Ziel hat.

Eine gesunde Opposition setzt aber auch voraus, daß die opponierende Gruppe die Dinge, für die sie sich einsetzt, voll und ganz beurteilen kann. Im anderen Fall ist eine gesunde Opposition unmöglich. Deshalb gibt es eine gesunde Opposition nur auf gleicher Ebene, unter gleichwertigen Partnern. Als Lehrlinge fehlen Dir die Kenntnisse und Informationen der Betriebsleitung, des Ausbildungsleiters, der Berufsschulleitung. Du müßtest Dir also erst einmal diese Kenntnisse, Informationen und Erfahrungen aneignen, um die von diesen Stellen getroffenen Entscheidungen beurteilen zu können. Für eine gesunde Opposition fehlen Dir in diesen Fällen also alle Voraussetzungen. Hast Du es überhaupt nötig, zu opponieren? Dir steht ein viel bequemerer und besserer Weg zur Verfügung: Der Weg zu Deinem Ausbildungsleiter. Er kennt die Probleme der Lehrlinge sehr genau und wird Dich deshalb auch verstehen. Er hat aber auch den notwendigen Überblick über das betriebliche Geschehen und darüber hinaus. Deshalb kann er Dir raten und helfen. Und er tut es gern. Wozu also Opposition?

(Aus: Klassenbuch, Bd. 3. Neuwied: Luchterhand 1972 (= Sammlung Luchterhand 81), S. 191-194.)

Arbeitshinweise
1. Welches Bild entwirft die Betriebsleitung von sich selbst?
2. Wie sieht nach diesen Leitsätzen ein guter Lehrling aus, wie ein schlechter?
3. Analysieren Sie die Attribute! Welche Funktion haben sie?
4. Diskutieren Sie über den Satz: „Du bist also der Nehmende, sie sind die Gebenden."
5. „Wozu also Opposition?" Nehmen Sie Stellung zu dieser Frage!
6. Was versteht die Betriebsleitung unter „Allgemeinwohl"?
7. Warum hat die Betriebsleitung ein Interesse daran, daß die Lehrlinge sich so verhalten?
8. Setzen Sie die Leitsätze mit Brechts „Fragen eines lesenden Arbeiters" (vgl. S. 13) in Beziehung!

INDUSTRIE- UND HANDELSKAMMER HANNOVER-HILDESHEIM

Berufsausbildungsvertrag

(§§ 3, 4 Berufsbildungsgesetz — BBiG)

.... Zwischen dem nebenbezeichneten
.... Ausbildenden (Unternehmen)

....

und .... (Auszubildender)

in .... Straße ....

geb. am .... gesetzlich vertreten durch ¹) ....

in .... Straße ....

wird nachstehender Vertrag zur Ausbildung im Ausbildungsberuf

....

nach Maßgabe der Ausbildungsordnung ²) geschlossen:

§ 1 — Ausbildungszeit

1. **(Dauer)**
   Die Ausbildungszeit beträgt nach der Ausbildungsordnung .... Monate.

   Hierauf wird die Berufsausbildung zum ....

   eine Vorbildung/Ausbildung in ....

   mit .... Monaten angerechnet.

   Das Berufsausbildungsverhältnis beginnt am .... und endet am ....

2. **(Probezeit)**
   Die Probezeit beträgt .... Monate ³). Wird die Ausbildung während der Probezeit um mehr als ein Drittel dieser Zeit unterbrochen, so verlängert sich die Probezeit um den Zeitraum der Unterbrechung.

3. **(Vorzeitige Beendigung des Berufsausbildungsverhältnisses)**
   Besteht der Auszubildende vor Ablauf der unter Nr. 1 vereinbarten Ausbildungszeit die Abschlußprüfung, so endet das Berufsausbildungsverhältnis mit Bestehen der Abschlußprüfung.

4. **(Verlängerung des Berufsausbildungsverhältnisses)**
   Besteht der Auszubildende die Abschlußprüfung nicht, so verlängert sich das Berufsausbildungsverhältnis auf sein Verlangen bis zur nächstmöglichen Wiederholungsprüfung, höchstens um ein Jahr.

§ 2 — Ausbildungsstätte(n)

Die Ausbildung findet vorbehaltlich der Regelungen nach § 3 Nr. 12 in ....

....

und den mit dem Betriebssitz für die Ausbildung üblicherweise zusammenhängenden Bau-, Montage- und sonstigen Arbeitsstellen statt.

¹) Vertretungsberechtigt sind beide Eltern gemeinsam, soweit nicht die Vertretungsberechtigung nur einem Elternteil zusteht. Ist ein Vormund bestellt, so bedarf dieser zum Abschluß des Ausbildungsvertrages der Genehmigung des Vormundschaftsgerichtes.
²) Solange die Ausbildungsordnung nicht erlassen ist, sind gem. § 108 Abs. 1 BBiG die bisherigen Ordnungsmittel anzuwenden.
³) Die Probezeit muß mindestens einen Monat und darf höchstens drei Monate betragen.

§ 3 — Pflichten des Ausbildenden

Der Ausbildende verpflichtet sich,

1. **(Ausbildungsziel)**
   dafür zu sorgen, daß dem Auszubildenden die Fertigkeiten und Kenntnisse vermittelt werden, die zum Erreichen des Ausbildungszieles nach der Ausbildungsordnung erforderlich sind, und die Berufsausbildung nach den beigefügten Angaben zur sachlichen und zeitlichen Gliederung des Ausbildungsablaufs so durchzuführen, daß das Ausbildungsziel in der vorgesehenen Ausbildungszeit erreicht werden kann;

2. **(Ausbilder)**
   selbst auszubilden oder einen persönlich und fachlich geeigneten Ausbilder ausdrücklich damit zu beauftragen und diesen dem Auszubildenden jeweils schriftlich bekanntzugeben;

3. **(Ausbildungsordnung)**
   dem Auszubildenden vor Beginn der Ausbildung die Ausbildungsordnung kostenlos auszuhändigen;

4. **(Ausbildungsmittel)**
   dem Auszubildenden kostenlos die Ausbildungsmittel, insbesondere Werkzeuge, Werkstoffe und Fachliteratur zur Verfügung zu stellen, die für die Ausbildung in den betrieblichen und überbetrieblichen Ausbildungsstätten und zum Ablegen von Zwischen- und Abschlußprüfungen, auch soweit solche nach Beendigung des Berufsausbildungsverhältnisses und in zeitlichem Zusammenhang damit stattfinden, erforderlich sind [*)];

5. **(Besuch der Berufsschule und von Ausbildungsmaßnahmen außerhalb der Ausbildungsstätte)**
   den Auszubildenden zum Besuch der Berufsschule anzuhalten und freizustellen. Das gleiche gilt, wenn Ausbildungsmaßnahmen außerhalb der Ausbildungsstätte vorgeschrieben oder nach Nr. 12 durchzuführen sind;

6. **(Berichtsheftführung)**
   dem Auszubildenden vor Ausbildungsbeginn und später die Berichtshefte für die Berufsausbildung kostenfrei auszuhändigen und ihm Gelegenheit zu geben, das Berichtsheft in der Form des Ausbildungsnachweises während der Ausbildungszeit zu führen sowie die ordnungsgemäße Führung durch regelmäßige Abzeichnung zu überwachen, soweit Berichtshefte im Rahmen der Berufsausbildung verlangt werden;

7. **(Ausbildungsbezogene Tätigkeiten)**
   dem Auszubildenden nur Verrichtungen zu übertragen, die dem Ausbildungszweck dienen und seinen körperlichen Kräften angemessen sind;

8. **(Sorgepflicht)**
   dafür zu sorgen, daß der Auszubildende charakterlich gefördert sowie sittlich und körperlich nicht gefährdet wird;

9. **(Ärztliche Untersuchungen)**
   von dem jugendlichen Auszubildenden sich eine Bescheinigung gemäß § 45 Jugendarbeitsschutzgesetz darüber vorlegen zu lassen, daß dieser
   a) vor der Aufnahme der Ausbildung untersucht und
   b) vor Ablauf des ersten Ausbildungsjahres nachuntersucht worden ist;

10. **(Eintragungsantrag)**
    unverzüglich nach Abschluß des Berufsausbildungsvertrages die Eintragung in das Verzeichnis der Berufsausbildungsverhältnisse bei der zuständigen Stelle unter Beifügung der Vertragsniederschriften zu beantragen; entsprechendes gilt bei späteren Änderungen des wesentlichen Vertragsinhaltes;

11. **(Anmeldung zu Prüfungen)**
    den Auszubildenden rechtzeitig zu den angesetzten Zwischen- und Abschlußprüfungen anzumelden und für die Teilnahme freizustellen;

12. **(Ausbildungsmaßnahmen außerhalb der Ausbildungsstätte)**

    ....
    ....
    ....

§ 4 — Pflichten des Auszubildenden

Der Auszubildende hat sich zu bemühen, die Fertigkeiten und Kenntnisse zu erwerben, die erforderlich sind, um das Ausbildungsziel zu erreichen. Er verpflichtet sich insbesondere,

1. **(Lernpflicht)**
   die ihm im Rahmen seiner Berufsausbildung übertragenen Verrichtungen und Aufgaben sorgfältig auszuführen;

2. **(Berufsschulunterricht, Prüfungen und sonstige Maßnahmen)**
   am Berufsschulunterricht und an Prüfungen sowie an Ausbildungsmaßnahmen außerhalb der Ausbildungsstätte teilzunehmen, für die er nach § 3 Nr. 5 und 11 freigestellt wird;

3. **(Weisungsgebundenheit)**
   den Weisungen zu folgen, die ihm im Rahmen der Berufsausbildung vom Ausbildenden, vom Ausbilder oder von anderen weisungsberechtigten Personen, soweit sie als weisungsberechtigt bekannt gemacht worden sind, erteilt werden;

4. **(Betriebliche Ordnung)**
   die für die Ausbildungsstätte geltende Ordnung zu beachten;

5. **(Sorgfaltspflicht)**
   Werkzeug, Maschinen und sonstige Einrichtungen pfleglich zu behandeln und sie nur zu den ihm übertragenen Arbeiten zu verwenden;

6. **(Betriebsgeheimnisse)**
   über Betriebs- und Geschäftsgeheimnisse Stillschweigen zu wahren;

7. **(Berichtsheftführung)**
   ein vorgeschriebenes Berichtsheft ordnungsgemäß zu führen und regelmäßig vorzulegen;

8. **(Benachrichtigung)**
   bei Fernbleiben von der betrieblichen Ausbildung, vom Berufsschulunterricht oder von sonstigen Ausbildungsveranstaltungen dem Ausbildenden unter Angabe von Gründen unverzüglich Nachricht zu geben und ihm bei Krankheit oder Unfall spätestens am dritten Tag eine ärztliche Bescheinigung zuzuleiten.

[*)] Der Auszubildende kann das Prüfungsstück gegen Erstattung der Materialselbstkosten erwerben.

9. **(Ärztliche Untersuchungen)**
soweit auf ihn die Bestimmungen des Jugendarbeitsschutzgesetzes Anwendung finden, sich gemäß § 45 dieses Gesetzes ärztlich
  a) vor Beginn der Ausbildung untersuchen,
  b) vor Ablauf des ersten Ausbildungsjahres nachuntersuchen zu lassen
und die Bescheinigungen hierüber dem Ausbildenden vorzulegen.

§ 5 — Vergütung und sonstige Leistungen

1. **(Höhe und Fälligkeit)**
Der Ausbildende zahlt dem Auszubildenden eine angemessene Vergütung; sie beträgt z. Z. monatlich

DM .... brutto im ersten Ausbildungsjahr   DM .... brutto im dritten Ausbildungsjahr

DM .... brutto im zweiten Ausbildungsjahr   DM .... brutto im vierten Ausbildungsjahr

Soweit Vergütungen tariflich geregelt sind, gelten mindestens die tariflichen Sätze.
Eine über die vereinbarte regelmäßige Ausbildungszeit hinausgehende Beschäftigung wird besonders vergütet.
Die Vergütung wird spätestens am letzten Arbeitstag des Monats gezahlt. Das auf die Urlaubszeit entfallende Entgelt (Urlaubsentgelt) wird vor Antritt des Urlaubs ausgezahlt.
Die Beiträge für die Sozialversicherung tragen die Vertragschließenden nach Maßgabe der gesetzlichen Bestimmungen.

2. **(Kosten für Maßnahmen außerhalb der Ausbildungsstätte)**
Der Ausbildende trägt die Kosten und Nebenkosten für Maßnahmen außerhalb der Ausbildungsstätte gemäß § 3 Nr. 5 Satz 2, soweit sie nicht anderweitig gedeckt sind.

3. **(Berufskleidung)**
Wird vom Ausbildenden eine besondere Berufskleidung vorgeschrieben, so wird sie von ihm zur Verfügung gestellt.

4. **(Fortzahlung der Vergütung)**
Dem Auszubildenden wird die Vergütung auch gezahlt
  a) für die Zeit der Freistellung gem. § 3 Nr. 5 und 11
  b) bis zur Dauer von 6 Wochen, wenn er
    aa) sich für die Berufsausbildung bereithält, diese aber ausfällt,
    bb) infolge unverschuldeter Krankheit nicht an der Berufsausbildung teilnehmen kann **oder**
    cc) aus einem sonstigen, in seiner Person liegenden Grund unverschuldet verhindert ist, seine Pflichten aus dem Berufsausbildungsverhältnis zu erfüllen.

§ 6 — Ausbildungszeit und Urlaub

1. **(Tägliche Ausbildungszeit)**
Die regelmäßige tägliche Ausbildungszeit beträgt .... Stunden [5]).

2. **(Urlaub)**
Der Ausbildende gewährt dem Auszubildenden Urlaub nach den geltenden Bestimmungen. Es besteht ein Urlaubsanspruch

  auf .... Werktage oder .... Arbeitstage im Jahre ....

  auf .... Werktage oder .... Arbeitstage im Jahre ....

  auf .... Werktage oder .... Arbeitstage im Jahre ....

  auf .... Werktage oder .... Arbeitstage im Jahre ....

  auf .... Werktage oder .... Arbeitstage im Jahre ....

3. **(Lage des Urlaubs)**
Der Urlaub soll zusammenhängend und in der Zeit der Berufsschulferien erteilt und genommen werden. Während des Urlaubs darf der Auszubildende keine dem Urlaubszweck widersprechende Erwerbsarbeit leisten.

§ 7 — Kündigung

1. **(Kündigung während der Probezeit)**
Während der Probezeit kann das Berufsausbildungsverhältnis ohne Einhaltung einer Kündigungsfrist und ohne Angabe von Gründen gekündigt werden.

2. **(Kündigungsgründe)**
Nach der Probezeit kann das Berufsausbildungsverhältnis nur gekündigt werden
  a) aus einem wichtigen Grund ohne Einhalten einer Kündigungsfrist,
  b) vom Auszubildenden mit einer Kündigungsfrist von 4 Wochen, wenn er die Berufsausbildung aufgeben oder sich für eine andere Berufstätigkeit ausbilden lassen will.

3. **(Form der Kündigung)**
Die Kündigung muß schriftlich, im Falle der Nr. 2 unter Angabe der Kündigungsgründe erfolgen.

4. **(Unwirksamkeit einer Kündigung)**
Eine Kündigung aus einem wichtigen Grund ist unwirksam, wenn die ihr zugrunde liegenden Tatsachen dem zur Kündigung Berechtigten länger als 2 Wochen bekannt sind. Ist ein Schlichtungsverfahren gem. § 9 eingeleitet, so wird bis zu dessen Beendigung der Lauf dieser Frist gehemmt.

---

[5]) Nach dem Jugendarbeitsschutzgesetz beträgt die höchstzulässige tägliche Arbeitszeit (Ausbildungszeit) bei noch nicht 18 Jahre alten Personen acht Stunden. Im übrigen sind die Vorschriften des Jugendarbeitsschutzgesetzes über die höchstzulässigen Wochenarbeitszeiten zu beachten.

5. **(Schadensersatz bei vorzeitiger Beendigung)**
   Wird das Berufsausbildungsverhältnis nach Ablauf der Probezeit vorzeitig gelöst, so kann der Ausbildende oder der Auszubildende Ersatz des Schadens verlangen, wenn der andere den Grund für die Auflösung zu vertreten hat. Das gilt nicht bei Kündigung wegen Aufgabe oder Wechsels der Berufsausbildung (Nr. 2 b). Der Anspruch erlischt, wenn er nicht innerhalb von 3 Monaten nach Beendigung des Berufsausbildungsverhältnisses geltend gemacht wird.

6. **(Aufgabe des Betriebes, Wegfall der Ausbildungseignung)**
   Bei Kündigung des Berufsausbildungsverhältnisses wegen Betriebsaufgabe oder wegen Wegfalls der Ausbildungseignung verpflichtet sich der Ausbildende, sich mit Hilfe der Berufsberatung des zuständigen Arbeitsamtes rechtzeitig um eine weitere Ausbildung im bisherigen Ausbildungsberuf in einer anderen geeigneten Ausbildungsstätte zu bemühen.

§ 8 — Zeugnis

Der Ausbildende stellt dem Auszubildenden bei Beendigung des Berufsausbildungsverhältnisses ein Zeugnis aus. Hat der Ausbildende die Berufsausbildung nicht selbst durchgeführt, so soll auch der Ausbilder das Zeugnis unterschreiben. Es muß Angaben enthalten über Art, Dauer und Ziel der Berufsausbildung sowie über die erworbenen Fertigkeiten und Kenntnisse des Auszubildenden, auf Verlangen des Auszubildenden auch Angaben über Führung, Leistung und besondere fachliche Fähigkeiten.

§ 9 — Beilegung von Streitigkeiten

Bei Streitigkeiten aus dem bestehenden Berufsausbildungsverhältnis ist vor Inanspruchnahme des Arbeitsgerichts der nach § 111 Abs. 2 des Arbeitsgerichtsgesetzes errichtete Ausschuß anzurufen.

§ 10 — Erfüllungsort

Erfüllungsort für alle Ansprüche aus diesem Vertrag ist der Ort der Ausbildungsstätte.

§ 11 — Sonstige Vereinbarungen

Rechtswirksame Nebenabreden, die das Berufsausbildungsverhältnis betreffen, können nur durch schriftliche Ergänzung im Rahmen des § 11 dieses Berufsausbildungsvertrages getroffen werden.

Vorstehender Vertrag ist in zwei gleichlautenden Ausfertigungen (bei Mündeln dreifach) ausgestellt und von den Vertragsschließenden eigenhändig unterschrieben worden.

...., den ....

Der Ausbildende: **Der Auszubildende:**

....
(Stempel und Unterschrift)   (Voller Vor- und Zuname)

Die gesetzlichen Vertreter des Auszubildenden:
(Falls ein Elternteil verstorben, bitte vermerken)

Vater: .... und Mutter: ....

oder

Vormund: ....
(Volle Vor- und Zunamen)

Dieser Vertrag ist in das Verzeichnis der Berufsausbildungsverhältnisse eingetragen.

Arbeitshinweise

1. Analysieren Sie die Bedingungen des Vertrages (§§ 1, 2)!
2. Welche Pflichten haben Ausbildende und Auszubildende? Wie beurteilen Sie diese Pflichten?
3. Wie beurteilen Sie die Gründe für eine Kündigung? Reichen die Rechte für die Betroffenen aus?
4. Analysieren Sie die Sprache des Vertrages!
5. Vergleichen Sie die Situation des Lehrlings im 19. Jahrhundert (Georg Weerth, Der Lehrling) mit der des Auszubildenden in der Bundesrepublik (Stand 1977)!
6. Wie beurteilen Sie in diesem Zusammenhang die „Rechte und Pflichten des Lehrlings" von Floh de Cologne?

FLOH DE COLOGNE, Rechte und Pflichten des Lehrlings

„Floh de Cologne" ist eine politische Beatgruppe aus Köln.

1. Der Lehrling hat das Recht, gehorchen zu müssen
2. Der Lehrling hat freiwillig auch berufsfremde Arbeiten auszuführen, weil man alles mal gemacht haben muß
3. Werkstattausfegen nach Feierabend macht Spaß, weil der Meister das früher auch machen mußte
4. Der Lehrling hat das unabdingbare Recht, die billigste Arbeitskraft auf dem Arbeitsmarkt zu sein. Dieses Recht ist unantastbar
5. Der Lehrling hat das Recht, während seiner Lehrzeit vom Meister mindestens einmal persönlich angesprochen zu werden. Das Wort „Mahlzeit" gilt als ausreichend im Sinne des Lehrvertrages
6. Der Lehrling hat das Recht, mit seiner Arbeitskraft den Lehrherrn zu bereichern
7. Es ist die Pflicht aller Lehrlinge im Betrieb, dem Lehrherrn ein größeres Auto, ein neues Haus und einen gesicherten Lebensabend zu erlernen
8. Der Lehrling hat zwar ein Recht auf fachgerechte Ausbildung, aber der Meister kann sich nicht auch noch darum kümmern
9. Der Lehrling ist nicht nur dazu aufgefordert, frei seine Meinung zu sagen, sondern er fliegt dann auch raus.

    Und hier das Rätsel für den Lehrling:
    Welche Jahre sind keine Herrenjahre?
    (Antwort: Die Wechseljahre)

(Aus: Floh de Cologne, Profitgeier und andere Vögel. Agitationstexte, Lieder und Berichte. Berlin: Wagenbach 1971, S. 8.)

Arbeitshinweise

1. Welche Interessen haben die Ausbilder und Vorgesetzten, welche die Lehrlinge? Welche Probleme ergeben sich?
2. Beschreiben Sie die sprachlichen Mittel! Welche Wirkung haben sie?
3. Aus welcher Sicht ist dieser Text geschrieben?
4. Bestimmen Sie die Zielsetzung des Textes!
5. Halten Sie die Kritik für übertrieben? Vergleichen Sie diesen Text mit der 2. Seite des Berufsausbildungsvertrages (S. 169)!

WALTER BENJAMIN, **Bürobedarf**

Benjamin wurde 1892 in Berlin geboren. Er studierte Philosophie. Seit 1924 bekannte er sich zum Marxismus. Sein Versuch, Professor zu werden, scheiterte aus politischen Gründen. 1933 emigrierte er nach Paris und wurde dort Mitglied des „Instituts für Sozialforschung". 1940 erhielt er durch Bemühungen von Freunden zwar ein Visum für die USA, wurde aber bei seiner Flucht an der spanischen Grenze festgehalten. Daraufhin beging er Selbstmord, um nicht der Gestapo ausgeliefert zu werden.

Lesehinweis:
Werner Fuld, Walter Benjamin. Zwischen den Stühlen. Eine Biographie. München: Hanser 1979.

Das Chefzimmer starrt von Waffen. Was als Komfort den Eintretenden besticht, das ist in Wahrheit ein cachiertes Arsenal[1]. Ein Telefon auf dem Schreibtisch schlägt alle Augenblicke an. Es fällt einem an der wichtigsten Stelle ins Wort und gibt dem Gegenüber Zeit, sich seine Antwort zurechtzulegen. Indessen zeigen Brocken vom Gespräch, wie viele Angelegenheiten hier verhandelt werden, die wichtiger sind als die, die an der Reihe ist. Man sagt sich das, und langsam fängt man an, von seinem eigenen Standpunkte abzurutschen. Man beginnt sich zu fragen, von wem da die Rede ist, vernimmt mit Schrecken, daß der Unterredner morgen nach Brasilien fährt, und ist bald mit der Firma derart solidarisch, daß die Migräne, über die er sich am Telephon beklagt, als bedauerliche Betriebsstörung (statt als Chance) verzeichnet wird. Gerufen oder ungerufen tritt die Sekretärin ein. Sie ist sehr hübsch. Und ist ihr Brotherr gegen ihre Reize, sei's gefeit, sei's als Bewunderer längst mit ihr im reinen, so wird der Neuling mehr als einmal nach ihr sehen, und sie versteht es, ihrem Chef zu Dank zu handeln. Sein Personal ist in Bewegung, Kartotheken aufzutischen, in denen der Gastfreund in den verschiedensten Zusammenhängen sich rubriziert[2] weiß. Er beginnt zu ermüden. Der andere aber, der das Licht im Rücken hat, liest aus den Zügen des blendend bestrahlten Gesichts mit Befriedigung das ab. Auch der Sessel tut seine Wirkung; man sitzt darin so tief zurückgelehnt wie beim Dentisten und nimmt das peinliche Verfahren dann zuletzt noch für den ordnungsmäßigen Verlauf der Dinge. Eine Liquidation[3] folgt früher oder später auch dieser Behandlung.

(Aus: Walter Benjamin, Einbahnstraße. Frankfurt: Suhrkamp 1955 (= Bibliothek Suhrkamp 27), S. 97f.)

Arbeitshinweise
1. Wie beschreibt der Autor das Chefzimmer? Was bezeichnet er als „Bürobedarf"?
2. Warum nennt er die Gegenstände „Waffen"? Wie wirken sie auf den Besucher?
3. Welche Wörter unterstützen das Gefährliche und Beängstigende?
4. Beschreiben Sie, wie es Ihnen ergeht, wenn Sie in das Zimmer des Direktors bzw. des Chefs gerufen werden! Versuchen Sie die Gründe dafür herauszufinden! Überlegen Sie Veränderungsmöglichkeiten!

---
1 verdecktes Waffenlager
2 rubrizieren = einordnen, einstufen
3 Kostenrechnung; aber auch „Liquidierung" = Beseitigung einer Person

6. WERBUNG UND KONSUM

Werbesprüche und Plakate

Der Begriff Werbung wird in Dr. Gablers Wirtschaftslexikon wie folgt definiert: Gesamtheit aller Maßnahmen, durch die Einzelpersonen oder Personenmehrheiten in ganz bestimmter Weise veranlaßt werden sollen, Werbezwecke so in sich aufzunehmen, daß diese bei der Bildung von Einstellungen und Meinungen sowie beim Fällen von Entscheidungen, die sich auf das Objekt der Werbung beziehen, zur Geltung kommen. Im weitesten Sinne ist W. „eine Beeinflussungsform, durch die versucht wird, die von ihr Umworbenen für den Werbezweck zu gewinnen" (Seyffert).

1824 wurden zum erstenmal Plakatsäulen durch London gefahren. 1855 errichtete Litfaß in Berlin die nach ihm benannten Säulen. Seit 1923 gibt es im Rundfunk, seit 1956 im Fernsehen Werbung. 1969 kostete 1 Minute Werbung im Fernsehen (ARD) 58350,— DM, eine farbige Anzeigenseite in „Hör zu" (Auflage 4077561) 87532,— DM.

1. Drei Dinge braucht der Mann: Feuer. Pfeife. Stanwell.
2. Es war schon immer etwas teurer, einen besonderen Geschmack zu haben. Tabak von seiner besten Seite. Kostbare Würztabake werden überall in der Welt gekauft. Für den besonderen Geschmack der Atika. Atika naturmild. Mit Würztabaken. Nikotinarm im Rauch.
3. Peter Stuyvesant
   „Golden Luxury" – ein Kompliment an alle Menschen, die sich ihre eigenen Maßstäbe setzen, ihren eigenen Stil haben, den sie auch in der „Golden Luxury" wiederfinden. „Golden Luxury" von Peter Stuyvesant, eine Top Choice Cigarette, nikotinarm im Rauch und elegant präsentiert in einer Gold-Box. Nikotinarm im Rauch.
4. Zünd sie an – freu Dich dran ... an der sprichwörtlichen Leichtheit und dem feinwürzigen Geschmack der neuen Milde Sorte – Feinauslese.
5. Marlboro. Der Geschmack von Freiheit und Abenteuer.
6. Im Konsum kaufen kluge Kunden!
7. Hallo, Hausfrauen! Ich, der Tiefenlöser, lös' jetzt den Schmutz ...
   Blubb.
   Das wird Wäsche ... Blubb. Warum? Na, ich hol' doch den Schmutz von innen raus. Tief aus der Faser ... Blubb.
   Biologisch-aktives Vor-Waschmittel
   Henko-mat mit Tiefenlöser
   Löst den Schmutz von innen heraus. Steigert das Weiß.
8. Glanz durch Kraft. Der General macht spurenlos rein.
9. Duftbaden und träumen: Sandelholz von Sopree.
   Baden Sie in „Sandelholz", dem herb-süß duftenden Badetraum aus der Duftbad-Serie Sopree.
   Lassen Sie sich umschmeicheln von diesem wundervollen Duft, der Sie in die schönsten Träume entführt.

Sopree Duftschaumbad mit rückfettenden, pflegenden Wirkstoffen gibt es in 3 verzaubernden Duftnoten: Sandelholz. Spanischer Garten, Frühlingswiese. Sopree.
3 Düfte laden zum Träumen und Baden.

10. Lieber Lift
weil's löscht und schmeckt.
11. Der Ford Fiesta.
Das neue Format.
Klasse statt Masse.
12. Bauknecht weiß, was Frauen wünschen.
13. Pst – es schläft.
Kurz vor der Einfahrt in die Autobahn sind ihm die Augen zugefallen!
Seit bald zwei Stunden schläft es.
Wir haben das Radio abgestellt.
Wir haben das Fenster geschlossen.
Wir unterhalten uns nur noch leise.
Sein Bettchen ist die Polsterbank des VW 1500.
Darum liegt es so weich.
Die Unebenheiten der Straße verschluckt eine Federung, bei der jedes Rad einzeln aufgehängt ist. Das Kind spürt von der ganzen Fahrt nichts.
Dabei schläft es sozusagen Wand an Wand mit dem im Heck liegenden Motor des VW 1500!
Noch auf dem Kiesweg zur Haustür schläft es, und als der Wagen bremst (sanft, ganz sanft!), schläft es weiter.
Meine Frau trägt es in sein Bettchen – diesmal ins richtige. Es merkt keinen Unterschied und schläft noch immer.
Der Volkswagen aber schläft im Freien.

Arbeitshinweise
1. Wo gibt es überall Werbung? Welche Form halten Sie für die effektivste?
2. Wie groß ist der Werbeteil in Illustrierten und Zeitungen im Vergleich zum Textteil? Warum?
3. Welche sprachlichen Eigenarten kennzeichnen die Werbesprüche? Welche Wirkung erzielen sie? Untersuchen Sie auch andere Werbeanzeigen (Slogan, Text, Bild)!
4. Welche Leitbilder vermitteln die Anzeigen für bestimmte Konsumgüter (z. B. Zigaretten oder Autos)?
5. Wodurch ist die VW-Werbung (13) besonders gekennzeichnet?
6. Welche Informationen erhalten Sie durch Werbung?
7. Inwiefern bietet die VW-Anzeige Informationen für den Käufer? (S. 176)
8. Mit welchen Mitteln wird der Käufer beeinflußt?
9. Beschreiben Sie das Leitbild der Henkell-Trocken-Werbung! (S. 177)
10. Welche Funktion hat dieses Leitbild?
11. Prüfen Sie anhand von anderen Werbeslogans, in welcher Form der Adressatenkreis angesprochen wird und mit welchen Mitteln um sein Interesse geworben wird!
12. Entwerfen Sie eigene Werbe-Slogans für ein noch zu erfindendes Produkt (z. B. Hausaufgabencomputer)!

1968

1969

1970

1971

1972

1973

Nichts ist so wirtschaftlich für eine Frau wie ein Stil, der nicht aus der Mode kommt.

Und der bedeutendste Vertreter dieser Stilrichtung ist der Käfer.

Er ist viel zu problemlos und robust, als daß man ihn nur einen Sommer lang fahren würde, um ihn dann abzulegen.

Sein Motor ist unverwüstlich und für die Wartung gibt es überall in nächster Nähe eine VW-Werkstatt. Die VW-Mechaniker kennen vielleicht den letzten Modeschrei nicht.

Aber dafür kennen sie den Käfer. In- und auswendig. Und die Ersatz- und Austauschteile kommen aus dem gleichen Haus, das den Käfer kreiert hat: Von VW.

Außerdem kennt der Käfer keine Saison. Im Sommer kommt er nicht ins Schwitzen, weil sein Motor luftgekühlt ist.

Und besonders im Winter springt er sofort an. Sein Lack widersteht sogar dem stärksten Frost, weshalb Sie ihn beruhigt unter Laterne parken können.

Und wenn Sie den Käfer fahren, wer Sie sehr schnell feststellen, mit wie wenig Käfer zufrieden ist.

 Es bleibt Ihnen also genug das Neueste aus Paris.
Wenn doch alles im Leben so funktionieren würde wie der Kä

VANCE PACKARD, **Die geheimen Verführer**

Packard wurde 1914 in Granville/USA geboren. Er veröffentlichte tiefenpsychologische und sozialkritische Essays. Seine kulturkritischen Bücher „Die große Verschwendung" und „Die geheimen Verführer" gehören zu den meistdiskutierten Büchern der letzten Jahre.

Lesehinweis:
Vance Packard, Die geheimen Verführer. Der Griff nach dem Unbewußten in jedermann. Frankfurt: Ullstein o. J. (= Ullstein Buch 402).

> *„Sie müssen eine Verpackung haben, von der die Frau wie von einer vor ihren Augen auf- und niedertanzenden Taschenlampe gefesselt und fasziniert wird."* – Gerald Stahl, geschäftsführender Vizepräsident, Package Designers Council[1]

Die Firma DuPont hat einige Jahre lang die Einkaufsgepflogenheiten amerikanischer Hausfrauen im „supermarket" (Selbstbedienungsladen) genannten modernen Dschungel beobachtet. Die Ergebnisse wiesen der Industrie so aufregende neue Wege, daß Hunderte führender Lebensmittelfirmen und Werbeagenturen Abdrucke des Berichts anforderten. Ehemänner, die sich über die hohen Unterhaltskosten für die Familien ärgern, würden die Ergebnisse zwar ebenfalls aufregend, vor allem aber erschreckend finden.

Die einleitende Feststellung des 1954 veröffentlichten Berichtes behauptet begeistert in Fettdruck: „Den Ladenbesucher von heute leitet im Selbstbedienungsgeschäft mehr und mehr der Gedanke: ‚Wenn eine Ware irgendwie meine Aufmerksamkeit fesselt und aus irgendeinem Grunde besonders gut aussieht, *will ich sie haben'.*" Diese Schlußfolgerung basierte auf dem Studium der Einkaufsgepflogenheiten von 5338 Ladenbesuchern in 250 Selbstbedienungsgeschäften.

DuPonts Befrager haben ermittelt, daß die heutige Ladenbesucherin sich nicht die Mühe macht, eine Liste dessen aufzustellen, was zu kaufen nötig ist, zumindest keine vollständige Liste. Kaum eine Ladenbesucherin von fünfen hat eine vollständige Liste, aber dennoch schaffen die Frauen es stets, ihre Drahtkärrchen zu füllen, wobei sie oftmals, dem DuPont-Bericht zufolge, stöhnen: „So viel habe ich gewiß nie haben wollen!" Warum braucht die Frau keine Liste? DuPont antwortet offen heraus: „Weil heutzutage sieben von zehn Käufen im Geschäft beschlossen werden, wo die Ladenbesucherinnen aus dem Impuls heraus kaufen !!!"

Der Anteil der Impulskäufe an Lebensmitteln ist seit etwa zwei Jahrzehnten beinahe jedes Jahr gestiegen, und DuPont bemerkt, daß dieser Anstieg an Impulskäufen mit den zunehmenden Selbstbedienungs-Einkaufsstätten zusammenfällt. Andere Untersuchungen beweisen, daß in Lebensmittelläden, wo die Ladenbesucher von Verkaufspersonal bedient werden, halb soviel Impulskäufe getätigt werden wie in Selbstbedienungsläden. Wenn eine Frau einen Verkäufer vor sich hat, überlegt sie vorher, was sie braucht.

Die Impulskäufe an scharfriechenden Nahrungsmitteln wie Käse, appetitlich hergerichteten Dingen wie Essigfrüchten oder Fruchtsalat in Gläsern oder Süßigkeiten, Kuchen, Imbißaufstrich und anderen einladenden Sachen, liegen mit 90

---
1 Formgestalter für Verbrauchsgüter

Prozent sogar über dem Durchschnitt aller Einkäufe. Andere Beobachter haben die Zahlen des DuPont-Berichtes über Impulskäufe im allgemeinen bestätigt. Die Folding Paper Box Association stellte fest, daß zwei Drittel sämtlicher Einkäufe ganz oder teilweise impulsiv erfolgten. Die Zeitschrift *The Progressive Grocer* gibt die Zahl der Impulskäufe etwa ebenso hoch an wie DuPont: mit sieben von zehn Käufen. Und *Printer's Ink* bemerkte mit mühsam unterdrücktem Frohlocken, daß die Einkaufsliste aussterbe, wenn nicht gar tot sei.

Einer jener Motivanalytiker, die gern wissen wollten, warum in Selbstbedienungsläden die Impulskäufe so stark angestiegen sind, war James Vicary. Er vermutete, daß beim Einkaufen in Selbstbedienungsläden in den Frauen psychologisch etwas Besonderes vorgehen müsse. Vielleicht, so meinte er, unterliegen sie erhöhter innerer Spannung, wenn sie sich so vielen Möglichkeiten gegenübersehen, so daß sie sich zum raschen Einkaufen gedrängt fühlen. Er wollte herausbekommen, ob das stimmte. Der beste Weg zu ermitteln, was im Innern der Ladenbesucherin vorgeht, wäre ein Galvanometer[1] oder Lügendetektor gewesen. Den konnte man selbstverständlich nicht beschreiten. Der zweitbeste war eine versteckte Filmkamera, die bei den einkaufenden Frauen die Häufigkeit des Lidschlags pro Minute festhielt. Die Häufigkeit des Lidschlags ist ein recht guter Gradmesser für den inneren Spannungszustand eines Menschen. Der Durchschnittsmensch hat, Mr. Vicary zufolge, normalerweise etwa zweiunddreißig Lidschläge je Minute. Ist er gespannt, wird der Lidschlag häufiger, bei außergewöhnlicher Spannung bis zu fünfzig- oder sechzigmal je Minute. Ist er auffallend entspannt, kann der Lidschlag dagegen unter normal sinken, bis auf zwanzig oder weniger je Minute.

Mr. Vicary baute seine Kamera auf und folgte nun den Damen, sobald sie das Geschäft betraten. Das Ergebnis war auch für ihn verblüffend. Die Lidschlaghäufigkeit steigerte sich nicht etwa als Zeichen wachsender Spannung, sondern fiel immer mehr ab bis zu der weit unter normal liegenden Häufigkeit von vierzehn Lidschlägen je Minute. Die Damen gerieten in eine „hypnoidale[1] Trance[2]", wie Mr. Vicary es nennt, eine leichte Form von Trance, die, wie er erklärt, das erste Stadium der Hypnose ist. Mr. Vicary erblickt die Hauptursache der Trance darin, daß die Selbstbedienungsläden mit Erzeugnissen vollgepackt sind, die in früheren Jahren nur Könige und Königinnen sich leisten konnten, und hier, in diesem Märchenland, waren sie allen erreichbar. Mr. Vicary stellt die Theorie auf: „In unserer Generation kann eben jeder König oder Königin sein und durch diese Geschäfte gehen, wo die Waren rufen ‚kauf mich, kauf mich'."

Interessanterweise waren viele Frauen derart in Trance, daß sie an Nachbarn und alten Bekannten vorbeigingen, ohne sie zu bemerken oder zu grüßen. Manche hatten einen gläsern starren Blick. Sie waren, während sie durch das Geschäft gingen und wahllos nach Dingen in den Regalen griffen, so entrückt, daß sie blicklos gegen Kisten rannten und nicht einmal die Kamera bemerkten, obwohl sie manchmal im Abstand von weniger als einem halben Meter an der Stelle vorüber-

---

[1] Strommesser
[2] Hypnose = schlafähnlicher Bewußtseinszustand, der durch Beeinflussung künstlich hervorgerufen werden kann
[3] schlafähnlicher Zustand, Bewußtlosigkeit

gingen, wo die versteckte Kamera surrte. Wenn die Frauen ihre Wägelchen gefüllt (oder sich sattgekauft) hatten und zur Kasse gingen, steigerte sich der Lidschlag bis zu fünfundzwanzigmal je Minute. Das ist noch etwas unter normal. Dann aber, beim Klingeln der Registrierkasse und beim Klang der Stimme der Angestellten, die um den Betrag bat, stieg die Lidschlaghäufigkeit über normal bis zu dem ungewöhnlich hohen Satz von fünfundvierzig Lidschlägen je Minute. In vielen Fällen stellte sich heraus, daß die Frauen nicht genug Geld besaßen, um all die hübschen Dinge zu bezahlen, die sie in das Wägelchen gelegt hatten.

Auf diesem vielversprechenden Feld der Impulskäufe haben sich Psychologen und Verkaufsexperten zusammengetan, um die Frau zu überreden, Erzeugnisse zu kaufen, die sie eigentlich nicht braucht oder gar haben will, bis sie ihr einladend zufällig vor die Augen kommen. Die sechzig Millionen Amerikanerinnen, die allwöchentlich Selbstbedienungsläden aufsuchen, genießen bei ihren Einkäufen und „Ver-Käufen" die „Hilfe" der von der Nahrungsmittelindustrie angestellten Psychologen und Psychiater. Am 18. Mai 1956 erschien in *The New York Times* ein bemerkenswertes Interview mit einem jungen Manne namens Gerald Stahl, geschäftsführender Vizepräsident des Package Designers Council. Er sagte: „Psychiater meinen, die Warenauswahl sei so groß, daß die Leute Hilfe brauchten – deshalb begrüßen sie eine Verpackung, die sie hypnotisiert, danach zu greifen." Er empfahl den Nahrungsmittelverpackern, ihre Verpackungen hypnotischer zu gestalten, damit die Hausfrau die Hand lieber danach ausstrecke als nach einem der vielen Rivalen.

Mr. Stahl hat entdeckt, daß die Durchschnittsfrau für jede Reihe im Selbstbedienungsgeschäft genau zwanzig Sekunden braucht, falls sie nicht herumtrödelt; deshalb müsse eine gutgestaltete Verpackung die Frau hypnotisieren wie das vor ihren Augen auf- und niedertanzende Licht einer Taschenlampe. Manche Farben, wie Rot und Gelb, unterstützen solche hypnotischen Bestrebungen. Einfach den Namen und Hersteller des Produkts auf die Packung zu setzen, ist altmodisch und hat, wie er sagt, auf die Frau von heute überhaupt keine Wirkung. Solange sie die Schachtel nicht aus dem Fach genommen und in der Hand hat, kann sie nicht deutlich lesen. Damit sie aber nach der Schachtel greift und sie in die Hand nimmt, verwenden die Gestalter jetzt „Symbole mit Entrückungswert". Als Beispiele für solchen „Entrückungswert" erwähnte Mr. Stahl die glasierten Kuchen auf den Packungen mit backfertigen Kuchenmehlen, brutzelnde Steaks und in Butter schmorende Pilze, bei deren Anblick einem das Wasser im Munde zusammenläuft. Der Gedanke dabei ist, mehr das Brutzeln als das Fleisch anzupreisen. Solche Bilder lassen die Phantasie der Frau auf das Endprodukt überspringen. Um 1956 herum hatten Verpackungsgestalter sogar eine Schachtel entworfen, bei der, wenn die entrückte Ladenbesucherin danach griff und daran herumfingerte, ein leises Verkaufsgespräch oder der Markenname ertönte. Die Worte befinden sich auf einem Streifen, der zu sprechen beginnt, sobald der Finger darübergleitet.

Die Verpackungsleute glauben – und das ist verständlich –, die Verpackung löse den Impulskauf aus oder verhindere ihn; einige neutrale Fachleute sind derselben Meinung. Der Einkäufer eines Lebensmittelfilialbetriebes berichtete über seine

Erfahrungen bei der Beobachtung einkaufender Frauen: Die Durchschnittsfrau „greift einen, zwei oder drei Artikel heraus, legt sie zurück ins Regal, dann nimmt sie einen heraus und behält ihn. Ich frage sie, warum sie ihn behält. Sie sagt: ‚Die Verpackung gefällt mir'."

Das Color Research Institute, auf das Entwerfen von Verpackungen mit Tiefenwirkung spezialisiert, würde nicht einmal zu Versuchszwecken eine Verpackung herausgehen lassen, bevor sie nicht Okular- oder Blickbewegungstests unterworfen worden ist, die aufzeigen, wie das Auge des Verbrauchers über die Pakkung im Regal wandern wird. Danach läßt sich der Aufmerksamkeitswert des Entwurfes abschätzen.

Manche Psychologen behaupten, das Frauenauge werde am raschesten von rotverpackten, das Männerauge von blauverpackten Waren angezogen. Forscher auf diesem Gebiet haben über die hohe Empfänglichkeit der Frau für Rot nachgegrübelt. Eine interessante Theorie darüber hat der Verpackungsgestalter Frank Gianninoto entwickelt. Er behauptet, die Mehrzahl der einkaufenden Frauen lasse die Brille zu Hause oder werde sie, solange es irgendwie vermeidbar sei, niemals in der Öffentlichkeit tragen. Um erfolgreich zu sein, müsse sich daher eine Verpackung „von dem verschwommenen Wirrwarr" abheben.

Ich möchte hinzufügen, daß andere Kaufleute der Meinung sind, daß im Selbstbedienungsladen-Dschungel der Platz auf dem Regal der allerwichtigste Faktor für den Impulskauf ist. Viele geschickte Kaufleute achten darauf, daß die Dinge, bei denen die Gewinnspanne am größten ist, möglichst in Augenhöhe stehen.

Mitte der fünfziger Jahre waren die meisten modernen Selbstbedienungsläden so sorgsam berechnet angelegt, daß die gewinnbringenden Impulsartikel mit Sicherheit bemerkt wurden. In vielen Geschäften standen sie in dem ersten oder dem einzigen Gang, durch den der Ladenbesucher sich bewegen konnte. Zu den stärksten Versuchern gehören anscheinend die Artikel in Glasgefäßen, wo der Inhalt sichtbar ist, oder die unverpackten Nahrungsmittel, die man riecht und sieht. Gratisproben von Essiggemüse und kleinen Käsewürfeln auf Zahnstochern haben sich als zuverlässige Absatzförderer erwiesen. Der Leiter eines Selbstbedienungsladens in Indiana, der in ganz Amerika für seine fortschrittliche psychologische Verkaufstechnik bekannt ist, erzählte mir, daß er einmal in wenigen Stunden eine halbe Tonne Käse verkauft habe, indem er einfach einen zehn Zentner schweren Käselaib auslegte und die Kunden einlud, „Kosthäppchen davon abzuschnippeln und dann das Stück, das sie kaufen wollten, selbst abzuschneiden. Sie erhielten das abgeschnittene Stück umsonst, wenn sie dessen Gewicht bis auf eine Unze (28 Gramm) genau schätzen konnten". Er meint, daß schon die bloße Massigkeit des Käselaibes den Verkauf kräftig beeinflußt hat. „Die Leute sehen gern viel Ware", erklärte er. „Wenn nur drei oder vier Dosen von einem Artikel im Regal stehen, sind sie einfach nicht loszuwerden." Die letzte Packung mögen die Leute eben nicht. Ein Test der Zeitschrift *The Progressive Grocer* ergab, daß die Kunden bei gefüllten Regalen 22 Prozent mehr kaufen. Der Konformitätsdrang scheint in vielen von uns zu stecken.

Offensichtlich werden die Leute ebenfalls zu Impulskäufen angeregt, wenn ihnen eine kleine Besonderheit geboten wird. Ein Selbstbedienungsgeschäft in Kalifornien entdeckte, daß ein Stückchen Butter auf jedem besseren Steak ein Ansteigen der Umsätze um 19 Prozent verursachte. Die Jewel Tea Company richtete in vielen ihrer Selbstbedienungsläden Extratheken für Artikel mit hoher Gewinnspanne ein, nachdem man entdeckt hatte, daß Frauen einfach aus einer Augenblickslaune heraus ebenso freigebig Geld für Delikatessen ausgeben wie für einen neuen Hut. Die Coca-Cola-Gesellschaft machte die interessante Entdeckung, daß Kunden in einem Selbstbedienungsladen, die mal Pause machen und an der alkoholfreien Bar sich erfrischen, erheblich mehr Geld auszugeben pflegen. Die Coca-Leute bewiesen dies mit einem Test, bei dem sie den Kunden Gratisgetränke anboten. Etwa 80 Prozent nahmen das Cola an und gaben durchschnittlich 2,44 Dollar mehr aus als der Durchschnittskunde des Geschäftes.

Die einzigen, die im Selbstbedienungsladen anscheinend noch stärker als die Hausfrauen zum Geldausgeben neigen, sind die Ehemänner und die Kinder. Die Geschäftsführer von Selbstbedienungsläden sind ziemlich einhellig der Ansicht, daß Männer leichte Ziele für alle Sorten von Impulsartikel sind, und führen Fälle an, wo Ehemänner um ein Brot in das Geschäft geschickt worden waren und beim Hinausgehen beide Arme mit Imbißleckereien voll beladen hatten. Tüchtige „supermarket"-Geschäftsführer haben sich die stärkere Impulsivität kleiner Kinder für die Verkaufsförderung zunutze gemacht. Der bereits erwähnte Leiter des Selbstbedienungsladens in Indiana hat ein Dutzend Drahtwägelchen, welche die kleinen Kinder im Laden umherschieben können, während die Mütter mit den großen Wagen einkaufen. Die Leute finden diese winzigen Wägelchen sehr niedlich, und der Geschäftsführer hält sie für sehr einträglich. Die Kinder schwirren in den Gängen hin und her und ahmen die Impulskäufe der Mütter nach, nur in größerem Maßstabe. Sie strecken sich – ich vermute, hypnotisiert – und grapschen nach den Schachteln mit Keks, Kandis, Hundekuchen und allem übrigen, das sie entzückt oder interessiert. Natürlich tauchen Schwierigkeiten auf, wenn Mutter und Kind aus der Trance erwachen und zusammen an der Kasse stehen. Was dann geschieht, schilderte der Geschäftsführer folgendermaßen: „Gewöhnlich gibt es Zank, wenn die Mutter all die Sachen sieht, die das Kind in seinem Kärrchen hat, und sie will es veranlassen, das Zeug zurückzugeben. Das Kind wird Dinge weglegen, aus denen es sich nicht viel macht, wie etwa Kaffee, gewöhnlich aber brüllt es und stampft mit den Füßen, ehe es Keks, Kandis, Eiskrem oder Erfrischungsgetränke abliefert; man behält sie daher gewöhnlich für die Familie."

Alle diese Faktoren schlauer Verführung mögen zu der Tatsache beitragen, daß die amerikanische Durchschnittsfamilie heute etwa 30 Prozent ihres Einkommens für Nahrungsmittel aufwendet, während sie in früheren Jahren etwa 23 Prozent dafür ausgegeben hat. Der Geschäftsführer aus Indiana schätzt, daß jede „supermarket"-Besucherin mit Bedachtsamkeit und Vorplanung ein Viertel der Ernährungskosten für die Familie einsparen könnte.

(Aus: Vance Packard, Die geheimen Verführer. Der Griff nach dem Unbewußten in jedermann. Düsseldorf: Econ 1969.)

Arbeitshinweise

1. Welche Methoden können den Verkauf von Waren erhöhen?
2. Welche Wirkung erzielen tiefenpsychologische Verkaufsformen?
3. Diskutieren Sie folgende These Packards aus dem Schluß seines Buches: „Wir verfügen jedoch über eine starke Verteidigungswaffe gegen derartige Verführer: Es steht uns frei, uns nicht verführen zu lassen. Wir haben diese Wahl in praktisch allen Situationen, und man kann uns nicht ernstlich ‚manipulieren', wenn wir wissen, was gespielt wird."
4. Packard stellt folgende Frage: „Ist es moralisch, einem vernunftwidrigen und impulsiven Handeln der Hausfrau beim Einkauf der Lebensmittel für die Familie Vorschub zu leisten?" Nehmen Sie Stellung zu dieser Frage!
5. Diskutieren Sie folgende These: „Die Werbung spielt zum Beispiel eine lebenswichtige Rolle nicht nur für die Entfaltung unseres gesellschaftlichen Wachstums, sondern sie ist eine farbenreiche, unterhaltsame Seite des amerikanischen Lebens und viele Schöpfungen der Werbefachleute sind geschmackvolle, ehrliche, künstlerische Arbeiten."
6. Ein Werbeleiter sagt zu Packard: „Die Schönheitsmittelfabrikanten verkaufen nicht Lanolin, sie verkaufen Hoffnung. Wir kaufen nicht mehr Apfelsinen, wir kaufen Lebenskraft. Wir kaufen nicht bloß ein Auto, wir kaufen Ansehen." Erläutern Sie diese Aussage! Welche Schlußfolgerungen können Sie daraus ziehen?
7. Welchen Wert messen Sie der Verpackung bei?
8. Schildern Sie Ihre eigenen Erlebnisse und Erfahrungen von einem Einkauf im Selbstbedienungsladen!

Willi Bongard, „Hurra – die Reklame ist abgeschafft!"

Bongard wurde 1931 geboren. Er studierte Wirtschaftswissenschaften und ist heute als Wirtschaftsredakteur tätig. In vielen Großstädten (u. a. New York) interviewte er Motiv- und Marktforscher, befragte Werbefachleute und sprach mit Textern, Grafikern und Fotografen. In seinem Buch „Männer machen Märkte" (1963) läßt er den Leser hinter die Kulissen jenes Gewerbes blicken, das in der Konsumgesellschaft unserer Tage immer stärker in Erscheinung tritt: die Werbung. Der hier abgedruckte Text ist der Schluß seines Buches.

Lesehinweis:
Willi Bongard, Männer machen Märkte. Mythos und Wirklichkeit der Werbung. Frankfurt: Ullstein o. J. (= Ullstein Buch 567).

> „You can fool some of the people all the time, and all of the people some of the time, but you cannot fool all of the people all the time." Abraham Lincoln[1]

Hand aufs Herz! Haben nicht auch Sie schon einmal diesen ganzen „Reklamerummel" zum Teufel gewünscht? Wenn der Briefkasten wieder mit Postwurfsendungen verstopft, Ihr Illustriertenroman im Anzeigendickicht versteckt war, die Kinoreklame kein Ende und der Hauptfilm keinen Anfang nehmen wollte, wenn der Werbefunk Sie zum Frühstück mit Hymnen auf Scheuer- und Kindernahrungsmittel berieselte, statt Sie mit der ersehnten Zeitansage zu bedienen.

---
[1] 16. Präsident der USA (von 1861 - 1865)

Noch gestern wäre ich bereit gewesen, in jede Art von Zornesausbruch über diese „Plage unserer Tage" einzustimmen, mich an einem Meuchelmord an der „Dame Reklame" zu beteiligen, wenn, ja, wenn mir dieser Tage nicht geträumt hätte:

Die Reklame war über Nacht abgeschafft worden! Mit Stumpf und Stiel ausgerottet. Durch allerhöchste Order, bestätigt von der allerletzten Instanz des Bundeswirtschafts-Vernunfts-Gerichtshofes.

Mit einem Schlag war jenen vielzitierten „geheimen Verführern" das Handwerk gelegt, so träumte mir, war das Kalbfell der Reklametrommel zersprungen. Triumph des „gesunden Verbraucherempfindens"! Alle Beleidigungen des guten Geschmacks waren mit einem Male gesühnt. Überall herrschte eitel Freude und Jubel. Der abendliche Werbefunk hatte plötzlich ausgesetzt, um die frohe Botschaft in der schlichten Form einer „Werbeabschaffungsdurchführungsverordnung" zu verkünden. Die, ach, so kostbaren Minuten, die bisher mit lästigen Werbespots[1] vertan worden waren, wurden sinnvoll durch eine Wiederholung der Schulfunksendung vom Vormittag ausgefüllt. Die Menschen stürzten vor Begeisterung auf die Straße, als hätte es plötzlich das Manna[2] der wirtschaftlichen Vernunft geregnet ...

Eben hier, auf den Straßen, gab es freilich die ersten enttäuschten Gesichter. Die Schaufenster waren von Werbemittelvertilgungs-Sonderkommissionen bundeseinheitlich mit grauem Packpapier verklebt worden. Damit war dem Zusatzantrag des radikalen „Wenn-schon-denn-schon"-Flügels der Konsumschutzgemeinschaft entsprochen worden, dem die aufdringlichen, üppigen Schaufensterauslagen von jeher ein Dorn im Auge waren. Die Schaufensterfronten der Geschäftsstraßen glichen nunmehr eher Klagemauern. Das aufreizende Geflimmer der Lichtreklame war jenen beruhigenden grauen Schatten gewichen, wie ich sie aus der Zeit der Verdunkelungsvorschriften in Erinnerung hatte. Die Nacht war nun endlich auch in den Citys wieder zu ihrem Recht gekommen – und auch die gute, alte Taschenlampe, mit deren Hilfe auf praktische Weise zwischen Apotheken und Nachtbars unterschieden werden konnte. Ich verbrachte die erste ruhige Nacht, seit das nimmermüde Wechselspiel der roten „Machmal" – und der gelben „Pause" – Leuchtschrift nicht mehr durch die Gardinen an meine Schlafzimmerdecke projiziert wurde ...

Die Nachtausgaben – erstmals ohne Anzeigenteil – wurden den Zeitungsjungen nur so aus der Hand gerissen. Deren Umfang war etwa auf die Hälfte zusammengeschrumpft; dafür war der Preis verdoppelt. Die Titelseiten enthielten „An-unsere-Leser-Bitten", in denen um Verständnis dafür geworben wurde, daß durch den Wegfall der Anzeigen eine völlig neue Lage entstanden sei. Die großen Illustrierten wurden anderntags in den Belletristik[3]-Abteilungen der Fachbuchhandlungen in der Lolita-Preislage angeboten. Die weniger auflagenstarken Illustrierten kündigten einen Wechsel zu halbjährlicher Erscheinungsweise an.

---
1 Werbespruch
2 himmlisches Brot
3 schöngeistige Literatur

Die wahren Segnungen der „Aktion Reklametod" jedoch offenbarten sich mir selbst beim Einkauf um die Ecke. Dem besonders werbeaufwendigen „Markenschwindel" mit seinen verschwenderisch aufgemachten Verpackungen war durch einheitliche schlichte DIN-Behälter ein Ende gemacht. Durch sinnige Kombination der Ziffern 0 bis 9 waren die hochtrabenden Markenbezeichnungen ersetzt. Der Normenfachausschuß der Bundeskonsumentenschutzgemeinschaft hatte sich dieser Aufgabe besonders liebevoll angenommen.

Ich entschied mich nach kurzem Zögern – für die Zigarettenmarke 0814, wobei ich mich darüber aufklären ließ, daß 0 für „Filterzigarette", 8 für „Virginiatabak", 1 für „Kingsize" und 4 für „Duft der großen weiten Welt" stand. Übersichtlicher, leuchtete mir ein, ging's nicht mehr. Der Unterschied gegenüber einer, sagen wir, 0815-Zigarette wurde jedenfalls deutlich. Endlich hatte ich das Gefühl, zu einer Zigarettenmarke nicht mehr durch geheimnisvolle Werbemächte verführt worden zu sein, sondern eine wirklich freie Wahl getroffen zu haben . . .

Ich wäre durchaus bereit gewesen, der neuen Verkaufstechnik uneingeschränkt Beifall zu zollen, wenn sich der Einkauf nicht so lange hingezogen hätte. Ehe ich mich über die Vorzüge des Waschpulvers 4712 informiert hatte und die Bedeutung der Whisky-Bezeichnung 00 entschlüsselt hatte, war Ladenschluß.

Ich tröstete mich damit, daß gewisse Anfangsschwierigkeiten sicherlich bald überwunden sein würden. Hilfestellung leisteten ohnedies die halbstaatlichen Informationsbüros der Bundeskonsumentenschutzgemeinschaft, die einen unentgeltlichen Einkaufslotsendienst organisiert hatten, von dem ich eine Zeitlang regelmäßig Gebrauch machte. Bis mir die Ratschläge meines Lotsen zu dumm wurden und ich entdecken mußte, daß er mir immer die gleichen Artikel aufschwatzte.

Des Rätsels Lösung war, wie sich in einem langwierigen Verfahren vor dem „Schleich-Werbungs-Gerichtshof" herausstellte, daß mein „Lotse" in den Diensten eines besonders gewitzten Markenartikelherstellers stand, der sich der neuen Lage geschickt angepaßt hatte. Die Methode hatte unter der Bezeichnung „Untergrundwerbung" bereits Schule gemacht. Sie bestand darin, sich die Einkaufslotsen durch Schmiergelder gefügig zu machen. Als das bekannt wurde, muß ich durch einen Simultan[1]-Aufschrei der auf solch verruchte Weise genasführten Bundesverbraucherschaft aus meinem Traum aufgeweckt worden sein. Ein Blick auf meine Schlafzimmerdecke und das ach so vertraute farbige Wechselspiel von „Mach mal" und „Pause" verschaffte mir Gewißheit, daß alles beim alten geblieben war. Eine tröstliche Gewißheit.

(Aus: Willi Bongard, Männer machen Märkte. Mythos und Wirklichkeit der Werbung. Oldenburg: Stalling 1963.)

Arbeitshinweise
1. *Welche Haltung nimmt Bongard gegenüber der Werbung ein?*
2. *Welche Argumente und Beispiele führt er an, um seinen Standpunkt zu erläutern? Halten Sie diese für stichhaltig?*
3. *Mit welchen sprachlichen Mitteln versucht er seine Ansicht zu bekräftigen?*
4. *Sammeln Sie alle Argumente, die für und gegen die Werbung sprechen! Diskutieren Sie über die Werbung, und äußern Sie eine begründete, selbständige Meinung!*

---

1 gleichzeitig

GEORGE GROSZ, **Shopping**

Zur Biographie vgl. S. 151.

(Aus: George Grosz, Der Spießer-Spiegel & Das neue Gesicht der herrschenden Klasse. Frankfurt: Makol 1973.)

Arbeitshinweise
1. *Beschreiben Sie die Zeichnung!*
2. *Auf welches Problem will der Zeichner aufmerksam machen? Beachten Sie den Zeitpunkt der Entstehung (vgl. S. 151)!*
3. *Hat die Zeichnung heute noch Gültigkeit?*

INGEBORG BACHMANN, **Reklame**

Ingeborg Bachmann wurde 1926 in Klagenfurt/Österreich geboren. Sie studierte Musik und Philosophie. Seit 1953 hielt sich die Dichterin immer wieder in Rom auf, wo sie 1973 an den Folgen einer schweren Verbrennung starb.

Ihre bekanntesten Gedichtbände heißen „Die gestundete Zeit" (1953) und „Anrufung des Großen Bären" (1959).

Zentrales Thema ihrer Werke ist die den Menschen verlorengegangene Liebe; ihre Lyrik ist oft gekennzeichnet durch Existenzbedrohung und Widerstand.

Lesehinweis:

Ingeborg Bachmann, Die gestundete Zeit. Anrufung des Großen Bären. Gedichte. München: Piper 1974 (= Serie Piper 78).

Ingeborg Bachmann, Das dreißigste Jahr. München: dtv 1966 (= dtv 344).

Wohin aber gehen wir
ohne sorge sei ohne sorge
wenn es dunkel und wenn es kalt wird
sei ohne sorge
aber
mit musik
was sollen wir tun
heiter und mit musik
und denken
heiter
angesichts eines Endes
mit musik
und wohin tragen wir
am besten
unsre Fragen und den Schauer aller Jahre
in die Traumwäscherei ohne sorge sei ohne sorge
was aber geschieht
am besten
wenn Totenstille

    eintritt

(Aus: Ingeborg Bachmann, Anrufung des Großen Bären. München: Piper 1956.)

Arbeitshinweise
1. Notieren Sie alles, was Ihnen an Ungewöhnlichem auffällt!
2. Welche Bedeutung haben die in dem Gedicht aufgeworfenen Fragen? Welcher Art sind die Antworten?
3. Welches Verhältnis besteht zwischen Frage und Antwort? Warum ist am Schluß eine Lücke im Text?
4. Warum ist das Wort „Traumwäscherei" im kursiv gedruckten Teil groß geschrieben?
5. Wie muß das Gedicht gesprochen werden?

HANS MAGNUS ENZENSBERGER, **Das Plebiszit der Verbraucher**

Zur Biographie des Autors vgl. S. 55.

Die Essays aus dem 1. Band der „Einzelheiten" beschäftigen sich mit dem Problem der „Bewußtseins-Industrie". Enzensberger analysiert einen Produktionsprozeß: die Herstellung nicht von Waren, sondern von Bewußtseins-Inhalten. „Die Bewußtseins-Industrie", so schreibt er, „ist die eigentliche Schlüsselindustrie des 20. Jahrhunderts." In dem hier auszugsweise abgedruckten Essay untersucht er einen Versandhauskatalog.

Lesehinweis:

Hans Magnus Enzensberger, Einzelheiten I. Bewußtseins-Industrie. Frankfurt: Suhrkamp 1962 (= edition suhrkamp 63).

Der Katalog des Versandhauses N. in Frankfurt ist ein Bestseller ohne Autor. Er ist anonym nicht nur, weil er eine Gruppe unbekannter Werbetexter zu seinen Verfassern hat, sondern in einem weit radikaleren Sinn. Jene Werbetexter gehorchen den Anweisungen ihres Managements. Diese Anweisungen aber gehorchen ihrerseits der Verkaufsstatistik. Der Erfolg des Angebotes und damit des Kataloges hängt davon ab, daß es ihnen gelingt, den Zufall zu eliminieren[1]. Daß ein Artikel „sich rentiert", qualifiziert ihn noch nicht zur Aufnahme in diese monströse Offerte. Er muß so beschaffen sein, daß sich eine Mehrheit auf ihn einigen kann. Der Katalog ist somit mehr als das Resultat einer normalen kaufmännischen Kalkulation: er ist das Resultat eines unsichtbaren Plebiszits[2]. Dies ist es, was ihn auch für diejenigen unter seinen Lesern unschätzbar macht, die von den Offerten des Versandhauses keinen Gebrauch zu machen beabsichtigen.

Es ist nicht möglich, von dem Ergebnis dieses Plebiszits mit ein paar dürren Worten auch nur eine halbwegs ausreichende Vorstellung zu geben. Dazu ist es allzu trostlos. Die Mehrheit unter uns hat sich für eine kleinbürgerliche Hölle entschieden, aus der es kein Entrinnen zu geben scheint. Diese Welt ist vollkommen geschlossen und gegen jede Störung abgedichtet. Jeder neue Gegenstand, der in sie eindringt, wird von ihr sofort assimiliert[3] und adaptiert[4]. So gibt es „Schweden-Einbauküchen" und „Moderne Möbel in nordischem Stil", vor deren dumpfer Mediokrität[5] jedes altdeutsche Herrenzimmer erblassen würde. Freilich, an einer extensiven[6] Kritik dieser Gegenstände müssen wir es hier fehlen lassen. Stattdessen empfiehlt sich ein Blick auf die Sprache, in der das Katalogwerk abgefaßt ist, und zwar nicht nur, weil sich das für eine Rezension[7] gehört, sondern vor allem, weil der Text der Sache mit einer Genauigkeit folgt, die Bewunderung verdiente, wäre sie weniger unfreiwillig: er ist barbarisch wie das, was er beschreibt.

---

1 ausscheiden, beseitigen
2 Volksabstimmung
3 angleichen
4 anpassen
5 Mittelmäßigkeit
6 weitgehend, ausführlich
7 Besprechung eines Buches oder einer Theateraufführung (in einer Zeitung)

„In diesen Tagen", so feierlich-verschwitzt beginnt der erste Satz des Buches, „da mein Katalog die Reise zu Millionen Kunden ... antritt, ist mir" – sentimentales Tremolo[1] – „ein wenig weh zumute, denn es heißt Abschied zu nehmen", – *zu* nehmen! – „Abschied von dem (alten) Versandgebäude". Später, wenn von den lieben Kleinen die Rede ist, wird über dem gerührten Zittern in der Stimme des Texters ein neckischer Oberton zu vernehmen sein: „Welches Kind möchte nicht mit den vielen Vögelchen um die Wette singen. Darum machen Sie Ihrer Kleinen die Freude und bestellen Sie dieses Modell ... In naturgetreuer Schönheit heben sich ... die kleinen Röschen ... ab, die die kindliche Note unterstreichen ... wenn das Sandmännchen kommt." Die kindliche Note klingt natürlich anders, je nachdem, ob sie von der Vegetation unterstrichen wird oder von einem „Raketentransporter I a Ausführung in olivgrün, zehnfach bereit ... Rakete mit Schaumgummispitze, abschießbar. Soldat als Fahrer. Raketenbahn dreh- und schwenkbar. DM 8,90." Überschrift: „Das schönste Spielzeug für Ihr Kind". Von jeher war das Markige die Kehrseite der Sentimentalität, so auch, ganz offenbar, im Versandgeschäft. „Mancher Kampf mußte geführt, mancher Widerstand überwunden werden", schreibt sein Besitzer. Der Kunde, der seinen letzten, hinhaltenden Widerstand aufgegeben hat, darf hingegen mit erstklassiger Betreuung rechnen. „Das nächste N.-Paket ... bringt Ihnen ganz persönliche Grüße", verheißt ihm die Firma auf eben der Seite, auf der sie ihn davon unterrichtet, daß seine Bestellung automatisch erledigt wird – durch eine Großrechenanlage. Immer wieder wird ihm versichert, er werde „hell begeistert", „zusätzlich erfreut" sein. Die Ware wird „schnell alle Herzen erobern", „durch dankbare Tragfähigkeit erfreuen", „der Liebe aller Frauen sicher sein". Sie ist „mit Trageigenschaften ausgestattet", „mit Gütepaß" und „Hochveredelung" „ausgerüstet". Sie „verdient" nicht nur „das Prädikat ,Wertvoll'", sie „verdient das Prädikat ,Wertvoll' mit Recht". Die Kleider heißen altdeutsch „Kunigunde" und „Gudula", folkloristisch „Grindelwald" und „Edelweiß", touristisch „Festival" und „Ibiza". „Fawsia" und „Soraya" sorgen für den Duft der großen Welt im Mief der Mittelmäßigkeit. Reich vertreten ist das pseudotechnische Rotwelsch[2], das in Madison Avenue[3] erfunden worden ist. Der Kunde hat die Wahl zwischen IRISETTE und OPTILON, SUPPREMA und KINGFLASH, TUBOFLEX und DANUFLOR, MINICARE und ERBAPRACTIC, SKAI und LAVAFIX, NO IRON FINISH und NINO-IRIX-AUTOMAGIC. Dieses Gemauschel erobert alle Herzen im Nu. Zwar weiß niemand genau, was es bedeutet; doch gibt es Jedermann zu verstehen, daß er an den allerletzten sensationellen Fortschritten der Technologie teilhaben darf. Die Mehrheit, deren Wünsche und Vorstellungen der Katalog reflektiert, ist offensichtlich *für* den Fortschritt. Unter einer Bedingung: der historische Prozeß darf Fahrradklingeln und Hosenträger verändern, nicht jedoch das Bewußtsein. Für die gußeiserne Entschlossenheit, mit der diese Forderung vertreten wird, spricht die Bücherliste, die dem Katalog beiliegt. „Eine Zierde für den Bücherschrank sind unsere prachtvoll ausgestatteten Geschenkbände": *Die letzten Tage von Pompeji, Friedemann Bach, Quo vadis, Der Graf von Monte Christo, Soll und Haben, Ben Hur, Der Glöckner von Notre-Dame.* Unversehrt, unerschüttert durch

---

1 Beten, Zittern
2 Gaunersprache
3 bekannte Geschäftsstraße in New York

Weltkriege steht der Kanon des Kleinbürgers da, in den, freilich aus Versehen, auch der eine oder andere Roman von Tolstoi, Dostojewski und Fontane eingegangen ist. Der reaktionäre Unrat, der sich unter der blankpolierten Polyester-Platte[1] verbirgt, kommt überall zum Vorschein, wo der Katalog Kunstersatz anbietet. 49 Mark kostet der „Eibsee mit Zugspitze", ebenso wie das „Bauernhaus im Schwarzwald", „gemalt mit besten Künstlerfarben auf guter Malleinwand – Ölgemälde deutscher Meister". Und was spielt sich auf der Super-Luxus-Stereo-Konzerttruhe ab? Antwort? *Der Hohenfriedberger Marsch, das Largo* von Händel, *Wenn du noch eine Mutter hast, Schön ist's bei den Soldaten, Träumerei* von Schumann, *Trink, trink, Brüderlein trink, Soldaten, Kameraden, Mütterlein, Das alte Försterhaus, Der Badenweiler Marsch, Das waren doch noch Zeiten,* das *Ave Maria* von Gounod[2], *Mamatschi, Zillertal du bist mei Freud, Adieu mein kleiner Gardeoffizier, O sole mio.* Stumpfsinn auf zwei Kanälen, mit acht Röhren und 17 Kreisen, Balanceregler und Vollstereo-Kristallsystem in Edelholzgehäuse.

Das sind die Sorgen eines Intellektuellen, der den einfachen Leuten ihre Feierabendfreuden mißgönnt und der Marktwirtschaft, der teuern, am Zeuge flicken möchte; es ist das arrogante Gespöttel eines Snobs, der sich erhaben dünkt über seine Volksgenossen: so werden die Biedermänner keifen, die ihre finstern Geschäfte mit der Behauptung tarnen, über den Geschmack lasse sich nicht streiten. Die Barbarei ist ihr Lebenselement, und was sie Toleranz nennen, ist ein Pseudonym für ihren Zynismus. Ein Zyniker ist jeder, der für den Bewußtseinszustand seiner Mitmenschen nur ein Achselzucken übrig hat. Das deutsche Proletariat und das deutsche Kleinbürgertum lebt heute, 1960, in einem Zustand, der der Idiotie näher ist denn je zuvor. Ist es Snobismus, diese bedrohliche Tatsache mit einem Schrei des Bedauerns festzuhalten? Es liegt uns ferne, Herrn N., den Veranstalter des Katalogs, den wir vor uns haben, zu verteidigen. Die Dienstbereitschaft seiner Firma ist von der Art, die zu allem bereit wäre, was verlangt wird. Aber niemand wird Herrn N. allein in die Schuhe schieben können, was er mit so großer Umsicht registriert und ausnutzt: ein gesellschaftliches Versagen, an dem wir alle schuld sind: unsere Regierung, der die Verblödung einer Mehrheit gelegen zu kommen scheint; unsere Industrie, die ihr blühende Geschäfte verdankt; unsere Gewerkschaften, die nichts gegen eine geistige Ausbeutung unternehmen, von der das materielle Elend der Vergangenheit nichts ahnen konnte; und unsere Intelligenz, welche die Opfer dieser Ausbeutung längst abgeschrieben hat.

(Aus: Magnus Enzensberger, Einzelheiten I. Frankfurt: Suhrkamp 1962 (= edition suhrkamp 63). S. 168–172.)

Arbeitshinweise

1. Wie verhält sich – nach Enzensberger – die Mehrheit der Menschen?
2. Was versteht der Autor unter „kleinbürgerlicher Hölle"?
3. Welche Feststellungen trifft Enzensberger in bezug auf die Sprache der Versandhauskataloge?
4. Analysieren Sie den letzten Absatz des Textes! Welche Rolle spielen die Intellektuellen?
5. Was versteht der Autor unter „Bewußtseins-Industrie"? Welches Bewußtsein haben die meisten Menschen? Wie ist es zustande gekommen?
6. Wie könnte dieses Bewußtsein geändert werden?
7. Welche Sprache wendet Enzensberger für seine Untersuchung an? Was will er mit dem angewandten Stil erreichen?

---

1 Kunststoffe (besonders in der Lackindustrie verwendet)   2 Charles Gounod (1818–1893), frz. Komponist

WOLFGANG HILDESHEIMER, Eine größere Anschaffung

Hildesheimer wurde 1916 in Hamburg geboren. Er hielt sich längere Zeit in England und Palästina auf.

In seinen „Lieblosen Legenden" will der Autor mit einem boshaft-unschuldigen Lächeln den weit verbreiteten Glauben, daß alles in der Welt erklärt werden könne, ein wenig erschüttern. Vieles von dem, was erzählt wird, ist in hohem Maße unwahrscheinlich. Aber es wird erzählt, als wäre es das Selbstverständlichste von der Welt. Die Menschen sind gewöhnlich anders, als sie vorgeben: Wünsche und Gedanken brechen immer wieder aus der gewohnten Ordnung der Dinge aus, die unser Verstand im Alltag als die einzig mögliche und richtige ansieht.

Lesehinweis:

Wolfgang Hildesheimer, Lieblose Legenden. Frankfurt: Suhrkamp 1962 (= Bibliothek Suhrkamp 84).

Über Wolfgang Hildesheimer, hrsg. von Dierk Rodewald. Frankfurt: Suhrkamp 1971 (= edition suhrkamp 488).

Eines Abends saß ich im Dorfwirtshaus vor (genauer gesagt, hinter) einem Glas Bier, als ein Mann gewöhnlichen Aussehens sich neben mich setzte und mit gedämpft-vertraulicher Stimme fragte, ob ich eine Lokomotive kaufen wolle. Nun ist es zwar ziemlich leicht, mir etwas zu verkaufen, denn ich kann schlecht nein sagen, aber bei einer größeren Anschaffung dieser Art schien mir doch Vorsicht am Platze. Obgleich ich wenig von Lokomotiven verstehe, erkundigte ich mich nach Typ, Baujahr und Kolbenweite, um bei dem Mann den Anschein zu erwekken, als habe er es hier mit einem Experten zu tun, der nicht gewillt sei, die Katze im Sack zu kaufen. Ob ich ihm wirklich diesen Eindruck vermittelte, weiß ich nicht; jedenfalls gab er bereitwillig Auskunft und zeigte mir Ansichten, die das Objekt von vorn, von hinten und von den Seiten darstellten. Sie sah gut aus, diese Lokomotive, und ich bestellte sie, nachdem wir uns vorher über den Preis geeinigt hatten. Denn sie war bereits gebraucht, und obgleich Lokomotiven sich bekanntlich nur sehr langsam abnützen, war ich nicht gewillt, den Katalogpreis zu zahlen.

Schon in derselben Nacht wurde die Lokomotive gebracht. Vielleicht hätte ich dieser allzu kurzfristigen Lieferung entnehmen sollen, daß dem Handel etwas Anrüchiges innewohnte, aber arglos, wie ich war, kam ich nicht auf die Idee. Ins Haus konnte ich die Lokomotive nicht nehmen, die Türen gestatteten es nicht, zudem wäre es wahrscheinlich unter der Last zusammengebrochen, und so mußte sie in die Garage gebracht werden, ohnehin der angemessene Platz für Fahrzeuge. Natürlich ging sie der Länge nach nur etwa halb hinein, dafür war die Höhe ausreichend; denn ich hatte in dieser Garage früher einmal meinen Fesselballon untergebracht, aber der war geplatzt.

Bald nach dieser Anschaffung besuchte mich mein Vetter. Er ist ein Mensch, der, jeglicher Spekulation und Gefühlsäußerung abhold, nur die nackten Tatsachen gelten läßt. Nichts erstaunt ihn, er weiß alles, bevor man es ihm erzählt, weiß es besser und kann alles erklären. Kurz, ein unausstehlicher Mensch. Wir begrüßten einander, und um die darauffolgende peinliche Pause zu überbrücken, begann ich: „Diese herrlichen Herbstdüfte..." – „Welkendes Kartoffelkraut", entgegnete er, und an sich hatte er recht. Fürs erste steckte ich es auf und schenkte mir von dem Kognak ein, den er mitgebracht hatte. Er schmeckte nach Seife, und ich gab dieser Empfindung Ausdruck. Er sagte, der Kognak habe, wie ich auf dem Etikett ersehen könne, auf den Weltausstellungen in Lüttich und Barcelona große Preise, in St. Louis gar die goldene Medaille erhalten, sei daher gut. Nachdem wir schweigend mehrere Kognaks getrunken hatten, beschloß er, bei mir zu übernachten, und ging den Wagen einstellen. Einige Minuten darauf kam er zurück und sagte mit leiser, leicht zitternder Stimme, daß in meiner Garage eine große Schnellzugslokomotive stünde. „Ich weiß", sagte ich ruhig und nippte von meinem Kognak, „ich habe sie mir vor kurzem angeschafft." Auf seine zaghafte Frage, ob ich öfters damit fahre, sagte ich, nein, nicht oft, nur neulich, nachts, da hätte ich eine benachbarte Bäuerin, die ein freudiges Ereignis erwartete, in die Stadt ins Krankenhaus gefahren. Sie hätte noch in derselben Nacht Zwillingen das Leben geschenkt, aber das habe wohl mit der nächtlichen Lokomotivfahrt nichts zu tun. Übrigens war das alles erlogen, aber bei solchen Gelegenheiten kann ich der Versuchung nicht widerstehen, die Wirklichkeit ein wenig zu schmücken. Ob er es geglaubt hat, weiß ich nicht, er nahm es schweigend zur Kenntnis, und es war offensichtlich, daß er sich bei mir nicht mehr wohl fühlte. Er wurde ganz einsilbig, trank noch ein Glas Kognak und verabschiedete sich. Ich habe ihn nicht mehr gesehen.

Als kurz darauf die Meldung durch die Tageszeitungen ging, daß den französischen Staatsbahnen eine Lokomotive abhanden gekommen sei (sie sei eines Nachts vom Erdboden – genauer gesagt vom Rangierbahnhof – verschwunden), wurde mir natürlich klar, daß ich das Opfer einer unlauteren Transaktion geworden war. Deshalb begegnete ich auch dem Verkäufer, als ich ihn kurz darauf im Dorfgasthaus sah, mit zurückhaltender Kühle. Bei dieser Gelegenheit wollte er mir einen Kran verkaufen, aber ich wollte mich in ein Geschäft mit ihm nicht mehr einlassen, und außerdem, was soll ich mit einem Kran?

(Aus: Wolfgang Hildesheimer, Lieblose Legenden. Frankfurt: Suhrkamp 1962 (= Bibliothek Suhrkamp 84), S. 88–91.)

Arbeitshinweise
1. *Welche Rollen spielen der Erzähler (Käufer), der Verkäufer und der Vetter in der Geschichte?*
2. *Warum kann ein Mensch wie der Vetter die hier erzählte Geschichte nicht verstehen? Beachten Sie den Satz „Übrigens war das alles erlogen...!" Was betrachtet der Erzähler als Wahrheit und was als Lüge?*
3. *Wodurch ist die Sprache charakterisiert?*
4. *Wie ist die letzte Frage in der Geschichte zu verstehen?*

7. TECHNIK UND INDUSTRIELLE ARBEITSWELT

MARIE LUISE KASCHNITZ, **Die alten und die neuen Berufe**

Marie Luise Kaschnitz (1901–1974) entstammt elsässischem Adel. Die Dichterin wuchs als Tochter eines Offiziers in Potsdam und Berlin auf und erlernte den Beruf des Buchhändlers. Viele Jahre lebte sie in Rom, wo ihr Mann Direktor des Deutschen Archäologischen Instituts war.

In ihrer häufig autobiographisch geprägten Dichtung versucht sie Antworten auf Probleme der Gegenwart zu finden. Für ihr an Romanen, Erzählungen, Gedichten, Essays und Hörspielen reichhaltiges Werk erhielt die Autorin 1955 den Georg-Büchner-Preis.

Lesehinweis:

Marie Luise Kaschnitz, Orte. Aufzeichnungen. Frankfurt: Insel 1973.

Marie Luise Kaschnitz, Ferngespräche. Frankfurt: Fischer 1969 (= Fischer Bücherei 997).

Marie Luise Kaschnitz, Nicht nur von hier und heute. Ausgewählte Prosa und Lyrik. Hamburg: Claassen 1971.

Der Bäcker der Fleischer der Seiler der Handschuhmacher der Rikschafahrer[1] der Fischer der Kupferschmied der Ebenist[2] die Hebamme der Holzfäller der Gefangenenwärter der Henker. Der Fahrstuhlführer der Raumpilot der Werbefachmann der Müllplanologe der Reiseleiter der Fernsehreporter die Phonotypistin der Herzverpflanzer der Programmierer der Froschmann der Gefangenenwärter der Henker.

(Aus: Marie Luise Kaschnitz, Steht noch dahin. Neue Prosa. Frankfurt: Insel 1970.)

Arbeitshinweise
1. *Wodurch unterscheiden sich die beiden Aufzählungen?*
2. *Worin liegt die Wirkung dieser scheinbar einfachen Aufzählung?*
3. *Welche Absicht verfolgt der Text?*

---

1 Rikscha = Zweirädriger Wagen, der von einem Menschen gezogen wird (zur Personenbeförderung)
2 Kunsttischler (18. Jahrhundert)

STEFAN ANDRES, **Das Trockendock**

Andres wurde 1906 in Breitwies bei Trier geboren; nach dem Besuch einer Klosterschule studierte er Theologie und Germanistik. Nach ausgedehnten Reisen zu den Stätten der Antike in Italien und Griechenland lebte er von 1937 bis 1949 als freier Schriftsteller in Positano bei Neapel in Italien, dann bis 1961 in Unkel am Rhein und danach bis zu seinem Tod in Rom. Bekannt wurde er besonders durch die beiden Erzählungen „El Greco malt den Großinquisitor" (1936) und „Wir sind Utopia" (1942). Andres fordert den Sieg des Evangeliums über alle Menschen und die Vorherrschaft des Geistes über die Macht. Seine Werke sind stark vom religiösen Denken geprägt.

Lesehinweis:

Stefan Andres, Wir sind Utopia. München: Piper 1951.

Stefan Andres, Novellen und Erzählungen. München: Piper 1962.

Das erste Trockendock in Toulon, das gegen Ende des 18. Jahrhunderts von einem Ingenieur namens Grognard erbaut wurde, verdankt seinen Ursprung einer merkwürdigen Begebenheit. Schauplatz war ein Seearsenal, im eigentlichen Sinne aber das Gesicht eines Galeerensträflings – das Antlitz eines für einen Augenblick um seine Freiheit verzweifelt ringenden Menschen.

Bevor es den von Grognard erbauten Wasserbehälter gab, der mit seinem steigenden Spiegel das Schiff in den Fluß hinausschob, war es üblich, daß ein Galeerensträfling die letzten Dockstützen des vom Stapel laufenden Schiffes, freilich unter Lebensgefahr, wegschlug, worauf dann im gleichen Augenblick der Koloß donnernd und mit funkenstiebendem Kiel ins Wasser schoß. Gelang es dem die Stützen fortschlagenden gefangenen Manne, nicht nur dem Schiff die erste Bewegung zu geben, sondern auch sich selbst mit einem gedankenschnellen riesigen Satz aus der Nachbarschaft des herabrutschenden hölzernen Berges zu bringen, dann war er im gleichen Augenblick in seine Freiheit und in ein neues Leben gesprungen; gelang es ihm nicht, blieb von seinem Körper nichts übrig als eine schleimige Blutspur.

Der Ingenieur Grognard, der sich erstmalig zu einem solchen Stapellauf eingefunden hatte, ergötzte seine Augen an den übrigen festlichen Gästen auf den Tribünen und ließ, ganz den düsteren und ehernen Wundern des Arsenals hingegeben, den Silberknauf seines Stockes zu den immer neuen Märschen mehrerer Militärkapellen auf die hölzerne Balustrade fallen, wo er sich mit andern Ehrengästen befand. Die Kommandos gingen in der Musik unter, gleichwohl bewegten sich die

Arbeiter, die freien und die Sträflinge, des gewohnten Vorgangs wie stumme Ameisen kundig, mit Tauen und Ketten und Stangen hantierend, als hinge ein jeder an einem unsichtbaren Faden.

Grognard hatte einen der besten Plätze, er stand dem Bug, etwa fünfzig Schritt entfernt, gerade gegenüber. Wiewohl er vom Hörensagen wußte, auf welch gefährliche Weise man das Schiff flott machte und ins Wasser ließ, so hatte er sich doch nicht den Vorgang aus den Worten in eine deutliche Vorstellung überführt. Ja, er war sogar unbestimmt der Ansicht, daß es menschlich und gut sei, wenn ein ohnehin verwirktes Leben durch einen kühnen Einsatz sich entweder für die Allgemeinheit nützlich verbrauche oder für sich selber neu beginne. Nun aber, als endlich die Stützen am Schiffsrumpf alle bis auf die am Bug fortgenommen; als die Arbeiter zurückkommandiert und die Matrosen an Bord gegangen waren; als schließlich die Musik mit ihren in die Weite schreitenden Takten plötzlich abbrach; als nur noch ein Trommelwirbel dumpf und knöchern gegen die düsteren Mauern des Arsenals anrollte – und verstummte –, da kam ein einzelner Mann in seiner roten Sträflingsjacke mit den schweren hufnagelbeschlagenen Schuhen über das Pflaster gegen das Schiff geschlurft. Er trug einen riesigen Zuschlaghammer in der Hand, der zuerst herabhing, dann, je näher der Mann dem schwarzen Schiffsbauch kam, sich zögernd hob und, als seine winzige Gestalt der Fregatte so nahe war, daß ihr gewölbter Rumpf ihn wie ein schwarzer Fittich überschattete, einmal pickend und vorsichtig pochend eine Stütze berührte, schließlich aber in der Hand des Mannes auf dieselbe Weise herabhing.

Es lag eine gefährliche Stille über der Fregatte und den Zuschauern. Grognard bemerkte, daß er zitterte und mit dem Silberknauf seines Stockes die vorsichtig antastende Bewegung des Zuschlaghammers mitgetan hatte. Und als ob dieses winzige Geräusch des Stockes sein Ohr erreicht hätte, – der Sträfling wandte sich plötzlich wie hilfesuchend um. Grognard konnte die Nummer an der grünfarbenen Mütze des lebenslänglich Verurteilten lesen – es war die Nummer 3222 – und zugleich mit der Zahl und wie durch sie hindurch sah er das zitternde Lächeln, in welchem der Sträfling seine Zähne entblößte und einmal langsam die Augen verdrehte, als wollte er Schiff, Zuschauer, Mauern und Himmel mit diesem einen Blick gierig verschlingen. Aber sofort wandte er sich wieder dem Schiff zu – mit einem Ruck, so als könnte die Fregatte etwa hinter ihm arglistig ohne sein Zutun entrinnen. Einen Atemzug lang blieb er regungslos stehen, den Hammer gesenkt, dann hob er ihn langsam... Es ging ein Stöhnen über den Platz, man wußte nicht, kam es aus dem Publikum, dem ächzenden Gebälk des Schiffes oder der Brust des Mannes, der im gleichen Augenblick zuschlug: einmal, zweimal, hin- und herspringend gelenkig wie ein Wiesel und wild wie ein Stier, und dreimal zuschlug und viermal –, man zählte nicht mehr. Das Schiff knackte, mischte seine vom Hammer geweckte Stimme in dessen Schläge – und da, als noch ein Schlag kam, sprang es mit einem Satz vor, und auch der Mann sprang, den Hammer wie in Abwehr gegen den plötzlich bebenden Schiffsrumpf werfend, sprang noch einmal, blieb aber, als nun alles aufschrie, das Gesicht in den Händen, stehen, wie ein Mensch im Traum – und der Schiffsrumpf rüttelte zischend und dröhnend über ihn fort.

Dieser Vorgang, der nur wenige Atemzüge lang gedauert hatte, löste einen brünstigen vieldeutigen Schrei aus, der hinter der Fregatte herschnob – über die blutige Spur fort, die alsbald einige Sträflinge mit Sand zu tilgen kamen.

Auch Grognard hatte im allgemeinen Jubel einen Schrei getan und mit dem Schrei zugleich einen Schwur. Dieser Schwur aber enthielt im ersten Augenblick seines Entstehens einen Kern: und in diesem barg sich das Bild eines Trockendocks.

Als hätte er gewußt, daß seine Lächerlichkeit damit besiegelt sei, wenn er die eigentliche Triebkraft zu diesem Plan enthüllte: er führte nur Beweggründe ins Feld, die das öffentliche Wohl und den Fortschritt betrafen. Und als endlich trotz aller Widerstände das Dock mit Becken und Schleusentor fertig war, geschah es, daß der Urheber, der sich nun von jenem zwischen Hoffnung und Todesangst verzerrten Lächeln des Galeerensträflings erlöst glaubte, von einem Gefangenen mit einem Hammer niedergeschlagen wurde – es war, als Grognard gerade den Platz am Trockendock überschritt. Der Gefangene trug die grüne Wollmütze der Lebenslänglichen und schleppte seine Kette gemächlich hinter sich her. Eine Weile war er um Grognard in immer enger werdenden Kreisen langsam herumgegangen, bis er schließlich vor ihm stand. Grognard sah offenbar zuerst nur die Mütze und die Nummer daran, bei deren Anblick er wie über einer geheimnisvollen Zahl jäh erstarrte. Doch da schrie auch schon der Mensch, seinen Hammer schwingend: „Das ist der Mann des Fortschritts, der uns den Weg zur Freiheit nahm! Zur Hölle mit dir!" Die herbeieilenden Wachen, die sich des Sterbenden annahmen, sahen, wie der noch einmal die Augen aufschlug, und hörten, wie er mit einer Stimme, die voller Verwunderung schien, flüsterte: „Ah – 3222 – Pardon – ich habe mich geirrt!"

(Aus: Stefan Andres, Die Verteidigung der Xanthippe. München: Piper 1961.)

Arbeitshinweise
1. Wie ist die Kurzgeschichte aufgebaut?
2. Was wird über Grognard gesagt? Worum bemüht er sich? Was erfahren wir über die Sträflinge?
3. Wie wird das Schiff beschrieben? Untersuchen Sie die Bilder und Vergleiche!
4. Erläutern Sie den Zusammenhang zwischen dem Schiff (Stapellauf) und den Menschen, die mit dem Schiff zu tun haben!
5. Wie ist der letzte Satz zu verstehen?
6. Was bedeutet Fortschritt? Diskutieren Sie die Vor- und Nachteile!

KARL MARX UND FRIEDRICH ENGELS, **Bourgeoisie und Proletariat**

Karl Marx wurde 1818 in Trier geboren. Von 1835 bis 1841 studierte er in Bonn und Berlin Rechtswissenschaft und Philosophie. Da Marx aus politischen Gründen keine Professur erhalten konnte, wurde er Mitarbeiter, später Chefredakteur der in Köln erscheinenden „Rheinischen Zeitung" (1842/43), die aber wegen ihrer kritischen Haltung von der preußischen Regierung verboten wurde. Marx ging deshalb 1843 nach Paris, wo er die neuesten Richtungen der sozialistischen Arbeiterbewegung kennenlernte. 1844 begründete ein Treffen mit Engels die lebenslange Zusammenarbeit und Freundschaft der beiden.

Friedrich Engels wurde 1820 in Wuppertal-Barmen geboren und starb 1895 in London. Engels – Sohn eines Fabrikanten – wurde Kaufmann. Während seiner Tätigkeit im väterlichen Zweiggeschäft in Manchester lernte er die Arbeiterprobleme und sozialen Verhältnisse in England kennen, wie sie sich durch die Industrielle Revolution herausgebildet hatten.

Das Ergebnis seiner sozialen Studien veröffentlichte Engels 1845 in dem Buch „Die Lage der arbeitenden Klasse in England".

1848 unterstützten Karl Marx und Friedrich Engels die bürgerliche Revolution in Deutschland. Nach ihrem Scheitern kehrte Engels 1850 wieder in das väterliche Geschäft nach Manchester zurück. Seit dieser Zeit half er finanziell der Familie Marx, die sich immer wieder in arger Not befand.

Nach dem Scheitern der deutschen Revolution arbeitete Marx vor allem an seinem Hauptwerk „Das Kapital", dessen erster Band 1867 erschien. Marx starb 1883 in London.

Kurz vor der Revolution von 1848 in Frankreich und Deutschland erschien das „Manifest der Kommunistischen Partei", das die bürgerliche Gesellschafts- und Wirtschaftsordnung einer radikalen Kritik unterzieht und den Aufruf zum Klassenkampf an das internationale Proletariat enthält.

Lesehinweis:

Karl Marx und Friedrich Engels, Manifest der Kommunistischen Partei. Stuttgart: Reclam 1969 (= RUB 8323).
Werner Blumenberg, Karl Marx in Selbstzeugnissen und Bilddokumenten. Reinbek: Rowohlt 1962 (= rowohlts monographien 76).

In demselben Maße, worin sich die Bourgeoisie, d.h. das Kapital, entwickelt, in demselben Maße entwickelt sich das Proletariat, die Klasse der modernen Arbeiter, die nur so lange leben, als sie Arbeit finden, und die nur so lange Arbeit finden, als ihre Arbeit das Kapital vermehrt. Diese Arbeiter, die sich stückweis verkaufen müssen, sind eine Ware, wie jeder andere Handelsartikel und daher gleichmäßig allen Wechselfällen der Konkurrenz, allen Schwankungen des Marktes ausgesetzt.

Die Arbeit der Proletarier hat durch die Ausdehnung der Maschinerie und die Teilung der Arbeit allen selbständigen Charakter und damit allen Reiz für die Arbeiter verloren. Er wird ein bloßes Zubehör der Maschine, von dem nur der einfachste, eintönigste, am leichtesten erlernbare Handgriff verlangt wird. Die Kosten, die der Arbeiter verursacht, beschränken sich daher fast nur auf die Lebensmittel, die er zu seinem Unterhalt und zur Fortpflanzung seiner Rasse bedarf. Der Preis einer Ware, also auch der Arbeit, ist aber gleich ihren Produktionskosten. In demselben Maße, in dem die Widerwärtigkeit der Arbeit wächst, nimmt daher der Lohn ab. [...]

Die wesentliche Bedingung für die Existenz und für die Herrschaft der Bourgeoisklasse ist die Anhäufung des Reichtums in den Händen von Privaten, die Bildung und Vermehrung des Kapitals; die Bedingung des Kapitals ist die Lohnarbeit. Die Lohnarbeit beruht ausschließlich auf der Konkurrenz der Arbeiter unter sich. Der Fortschritt der Industrie, dessen willenloser und widerstandsloser Träger die Bourgeoisie ist, setzt an die Stelle der Isolierung der Arbeiter durch die Konkurrenz ihre revolutionäre Vereinigung durch die Assoziation. Mit der Entwicklung der großen Industrie wird also unter den Füßen der Bourgeoisie die Grundlage selbst hinweggezogen, worauf sie produziert und die Produkte sich aneignet. Sie produziert vor allem ihren eigenen Totengräber. Ihr Untergang und der Sieg des Proletariats sind gleich unvermeidlich. [...]

Das Proletariat wird seine politische Herrschaft dazu benutzen, der Bourgeoisie nach und nach alles Kapital zu entreißen, alle Produktionsinstrumente in den Händen des Staats, d.h. des als herrschende Klasse organisierten Proletariats, zu zentralisieren und die Masse der Produktionskräfte möglichst rasch zu vermehren.

Es kann dies natürlich zunächst nur geschehen vermittelst despotischer Eingriffe in das Eigentumsrecht und in die bürgerlichen Produktionsverhältnisse, durch Maßregeln also, die ökonomisch unzureichend und unhaltbar erscheinen, die aber im Laufe der Bewegung über sich selbst hinaustreiben und als Mittel zur Umwälzung der ganzen Produktionsweise unvermeidlich sind. [...]

Sind im Laufe der Entwicklung die Klassenunterschiede verschwunden und ist alle Produktion in den Händen der assoziierten Individuen konzentriert, so verliert die öffentliche Gewalt den politischen Charakter. Die politische Gewalt im eigentlichen Sinne ist die organisierte Gewalt einer Klasse zur Unterdrückung einer andern. Wenn das Proletariat im Kampfe gegen die Bourgeoisie sich notwendig zur Klasse vereint, durch eine Revolution sich zur herrschenden Klasse macht und als herrschende Klasse gewaltsam die alten Produktionsverhältnisse aufhebt, so hebt es mit diesen Produktionsverhältnissen die Existenzbedingungen des Klassengegensatzes, die Klassen überhaupt, und damit seine eigene Herrschaft als Klasse auf.

An die Stelle der alten bürgerlichen Gesellschaft mit ihren Klassen und Klassengegensätzen tritt eine Assoziation, worin die freie Entwicklung eines jeden die Bedingungen für die freie Entwicklung aller ist. [...]

Auf Deutschland richten die Kommunisten ihre Hauptaufmerksamkeit, weil Deutschland am Vorabend einer bürgerlichen Revolution steht und weil es diese Umwälzung unter fortgeschritteneren Bedingungen der europäischen Zivilisation überhaupt und mit einem viel weiter entwickelten Proletariat vollbringt als England im 17. und Frankreich im 18. Jahrhundert, die deutsche bürgerliche Revolution also nur das unmittelbare Vorspiel einer proletarischen Revolution sein kann.

Mit einem Wort, die Kommunisten unterstützen überall jede revolutionäre Bewegung gegen die bestehenden gesellschaftlichen und politischen Zustände.

In allen diesen Bewegungen heben sie die Eigentumsfrage, welche mehr oder minder entwickelte Form sie auch angenommen haben möge, als die Grundfrage der Bewegung hervor.

Die Kommunisten arbeiten endlich überall an der Verbindung und Verständigung der demokratischen Parteien aller Länder.

Die Kommunisten verschmähen es, ihre Ansichten und Absichten zu verheimlichen. Sie erklären es offen, daß ihre Zwecke nur erreicht werden können durch den gewaltsamen Umsturz aller bisherigen Gesellschaftsordnung. Mögen die herrschenden Klassen vor einer kommunistischen Revolution zittern. Die Proletarier haben nichts in ihr zu verlieren als ihre Ketten. Sie haben eine Welt zu gewinnen.

Proletarier aller Länder, vereinigt euch!
(Aus: Karl Marx/Friedrich Engels, Werke, Bd. 4. Berlin: Dietz 1969, S. 468f., 473f., 481f. und 493.)

Arbeitshinweise
1. *Was ist eine Klasse (im gesellschaftlichen Bereich)?*
2. *Was verstehen Marx und Engels unter Bourgeoisie?*
3. *Was verstehen Marx und Engels unter Proletariat?*
4. *Welches Verhältnis besteht zwischen beiden Klassen? Wie entwickelt sich dieses Verhältnis?*
5. *Worin sehen Marx und Engels das Ziel der Kommunisten? Wie wird es begründet?*
6. *Wodurch ist die Sprache des Manifests charakterisiert?*
7. *Welche Funktion hat dieses Manifest?*
8. *Diskutieren Sie die Thesen von Marx und Engels!*
9. *Untersuchen Sie Bedeutung und Auswirkung des Ausrufes „Proletarier aller Länder, vereinigt euch"!*

JÜRGEN VON MANGER, **Drei Maireden**

Jürgen von Manger (1923 in Koblenz geboren) begann seine Laufbahn nach dem Krieg als Schauspieler in Hagen. Großen Erfolg erzielte er als Kabarettist mit der Figur des Adolf Tegtmeier (1962), mit dessen Rolle er die Sprech- und Denkweise der Menschen des Ruhrgebiets im Radio, Fernsehen, auf Schallplatten und Gastspielreisen bekannt machte. Probleme des Alltags werden von ihm heiter, nachdenklich, hintergründig, satirisch angesprochen.

Lesehinweis:

Jürgen von Manger, Bleibense Mensch! Träume, Reden und Gerede des Adolf Tegtmeier. München: dtv 1974 (= dtv 1018).

Schallplatten:
Stegreifgeschichten

Der Personalratsvorsitzende spricht:

Meine liebe Arbeitskolleginnen und -kollegen!

Nachdem unser Doppelquartett durch seine schöne Weisen den ersten Morgengruß für uns ... äh ... gemacht hat, möchte auch ich Ihnen an diesem schönen Maienmorgen einen recht guten Verlauf ... also, daß wir einen recht guten Verlauf haben, möchte ich es Ihnen wünschen – Ihnen allen!

Wir sind ja heute wieder am ersten Mai angekommen, dem Tag, an welchem die Arbeit ruht, aber ihrer doch einmal gedacht wird, zur Ehre des arbeitenden Menschen, weil es ja der arbeitende Mensch ist, nicht wahr, der das Schicksal eines Volkes bestimmt, und wir dürfen voll Stolz fragen, wer es denn wohl war, der nach den großen Zusammenbruch durch seiner Hände Arbeit die Sache ... nicht wahr ... daß die Räder wieder rollen konnten für ... äh ... das Vaterland, und eine Blüte ohnegleichen das Vaterland ... woll'n ma sagen, daß es wieder aufblühen konnte, das Vaterland.

Kolleginnen und Kollegen, ich will Ihnen hier keine große Volksrede halten, Sie merken schon, das liegt mir überhaupt nicht. Aber was ich noch sagen wollte, ist der Ernst des Tages, den wir einmal nicht vergessen sollten, auch wenn es uns gelungen ist, heute zum Drachenfels zu fahren, daß wir wieder neue Kräfte dabei sammeln, das ist dann ja auch zum Wohle der vielen Menschen in Stadt und Land!

Aber, meine liebe Arbeitskollegen, wir wollen trotz den Drachenfels im Auge behalten, daß die Errungenschaften erkämpft worden sind von unsere Vorgänger ... oder Väter, und daß wir nun nicht auf den Lorbeeren ausruhen können, denn das wäre *sehr gefährlich*!

Sicher, wir haben es durchgesetzt, daß wir heute als *Menschen* dastehen, und sogar die Betriebsleitung muß es inzwischen anerkennen. Aber Kollegen – Wachsamkeit muß trotzdem die Parole sein, damit es nicht bei Nacht und Nebel wieder anders wird, wie einige Herrschaften gerne hätten und sind schon wieder am Drehen!!!

Nun, ich sagte bereits, ich will mich kurz fassen, wir wollen heute nicht an diese Dinge denken, sondern die Stunden genießen, wie die Kegel fallen – das nur mal als Spaß gesagt. Das heißt, da ist sogar ein tiefer Sinn dadrin! Wir wissen ja noch nicht, wie Petrus gesonnen ist, da hinten am Himmel das sieht nicht grad schön aus ... sind paar ganz dicke, schwatte Wolken mit bei. Wenn es nun regnen sollte, haben wir zwei gedeckte Kegelbahnen zur Verfügung – Bundeskegelbahn, is klar –, und wollen wir die Zeit schon rumkriegen.

So, ich glaube, die Autobusse sind da, dann kann's ja losgehn. Ich persönlich fahre leider mit Direktor Sommerkamp, daß wir vorher nochmals alles nach dem Rechten sehen. Ich wünsche Ihnen gute Fahrt und viele schöne Stunden und Erlebnisse mit alle Kolleginnen und Kollegen.

Der Firmenchef spricht:

Sehr geehrte Damen und Herren!
Meine Arbeitskameraden!
Liebe Betriebsfamilie!

Ich darf Sie am heutigen Festtage recht herzlich begrüßen, und ich muß Ihnen sagen, ich konnte eben gar nicht anders, als Sie »*liebe Betriebsfamilie*« nennen, ich weiß nicht, ob Sie das überhaupt bemerkt haben, seien Sie mir jedenfalls deshalb nicht böse. Aber wenn ich Sie alle hier vor mir sitzen sehe: so nett, so schmunzelnd, guter Laune, nicht wahr, also wirklich eine große Betriebsfamilie, dann freut mich das doch immer wieder, daß das bei uns so schön und liebenswert ist. Und Sie wissen, eine Familie, die sich gern hat und zusammenhält, ist doch immer noch die Zelle des Wohlstandes, die Zelle, nicht wahr, aus der dann auch die Zukunft unserer Kinder ... äh ... rinnt, nicht wahr. Wir ziehen ja nun einmal alle an einem Strang, und es ist auch im Betrieb wie in einer guten Familie, wo der Hausvater, nicht wahr, sagt: das und das muß gemacht werden, und jeder weiß, Vater macht das schon gut, der denkt bei allem ja nur an die Seinen ... und so weiter ... und so fort. Da läßt man sich dann auch nicht von außen irgendwie beeindrucken, sondern sagt: »Bitteschön, das ist bei uns alles in Ordnung, da brauchen wir niemand, der uns da reinredet!« ... nicht wahr ... äh ... Sie wissen ja – nicht wahr ... – Schön!

Nun, meine lieben Damen und Herren, meine sehr geehrten, der heutige Tag – das wünsche ich auch im Namen der übrigen Geschäftsleitung – möge Ihnen nach einem langen, harten Jahr der Arbeit verdiente Ausspannung geben und Erholung bringen, damit Sie dann ab morgen mit neuer Kraft – natürlich nicht, wie es eben Ihr Personalratsvorsitzender, der Herr Nottebaum, so nett sagte ... na, Sie kennen ja Herrn Nottebaum, der ist nun mal ein Spaßvogel, und hat also sehr nett, nicht wahr, da diesen Scherz gesagt ... oder gemacht.

Im übrigen darf ich Ihnen sagen, daß wir es nicht zuletzt Herrn Nottebaum, dem Personalratsvorsitzenden, verdanken, wenn wir diese Feier heute hier feiern können. Der hat ja nun wirklich schon viel durchsetzen können bei mir, hat schon so manches ausgeheckt, wovon Sie vielleicht gar nichts ahnen, ja wirklich, der setzt mir manchmal aber ganz hart zu. So kam er auch vor einigen Wochen, ließ sich bei mir anmelden und sagte: »Können wir dies Jahr wieder unsern netten Ausflug machen?«

Nun, meine Damen und Herren, Sie wissen ja – die ganz, ganz rosigen Zeiten der Wirtschaft, wie wir sie gehabt haben, die sind doch sicherlich vorbei – nicht nur bei uns! – wir werden uns alle in Deutschland bald sehr nach der Decke strecken müssen, und deshalb habe ich auch auf diesen Vorschlag von Herrn Nottebaum hin ernsthaft überlegen müssen, ob wir solch eine Betriebsfeier überhaupt *verkraften* können. Also, ich kann Ihnen sagen, ich habe nicht nur eine, ich habe mehrere Nächte schlaflos zugebracht – meine Frau wird Ihnen das gerne bestätigen.

Aber Sie wissen vielleicht, ich persönlich stamme vom Lande, bin ein ganz robuster Bursche, ich habe eine sehr, sehr harte, ländliche Jugend gehabt, habe damals ganz von unten anfangen müssen – wie mancher von Ihnen auch ... nicht wahr.

Ich schäme micht aber auch nicht, daß ich mal Vaters Kühe hüten mußte, oder den Schweinestall säubern ... ja, das habe ich alles gemacht! Mein Vater wiederum, der einen großen Hof hatte, der pflegte immer zu sagen: Du sollst dem Ochsen, der da drischt, nicht das Maul verbinden! Nicht wahr, das sagte der immer so sehr nett! Und überhaupt, er war sehr sozial eingestellt, die Leute gingen für ihn durch dick und dünn. Na ja. »*Du sollst dem Ochsen, der da drischt, nicht das Maul verbinden!*«, das war also Vaters ständige Redensart, weil er seinen Arbeitern so viel gönnte. Und an diesen Ausspruch mußte ich denken, als Ihr Personalratsvorsitzender damals bei mir war. Ich habe mir gesagt: wer hier im Betrieb Tag für Tag seine Arbeit getan hat, der soll auch einmal feiern, soll ausspannen – der hat sogar das Recht dazu! Das wäre ja noch schöner! Und da muß eben das Geld her, und wenn ich's aus meiner eigenen Tasche zahlen müßte, denn ... wie gesagt ... – das wäre ja noch schöner!

Nun, meine Lieben, Sie sehen, wir haben es geschafft. Die Sache hat hingehauen, wenn ich mal so sagen darf, und wir sitzen also jetzt in fröhlicher Runde, zu frohem Tun versammelt. Ich will Sie nicht länger mit meiner langen Rede aufhalten und ... äh ... von wichtigeren Dingen abhalten. Ich meinerseits hoffe, daß wir einen schönen Festtag verleben mit viel Frohsinn und Freude, der unsere große, schöne Betriebsfamilie noch enger – wenn das überhaupt möglich ist, nicht wahr, es ist ja schon alles so sehr, sehr nett bei uns! – also noch enger zusammenschweißt, so daß wir auch all den Fährnissen, die vielleicht in kurzer oder längerer Zukunft auf uns zukommen, die Japaner sind ja ganz schlimm und werden immer gefährlicher – Sorgen um den Arbeitsplatz und was es da alles geben wird – ja, es sieht leider wirklich nicht rosig aus!

Aber mein Wahlspruch ist:
    Schau nur vorwärts, nie zurück,
    – in der *Arbeit* liegt Dein Glück!

Deshalb wollen wir an die graue Zukunft heute nicht denken, sondern wir wollen uns bewußt sein, daß wir immer zusammenstehen, komme, was da wolle. Und in diesem Sinne wollen wir recht, recht fröhlich sein, und ich wünsche Ihnen zu allem, was heute noch passiert: sehr viel Vergnügen!

Der Personalratsvorsitzende spricht noch einmal:

Meine liebe Arbeitskolleginnen und -kollegen!

Ich glaube, ich brauche Sie gar nicht erst fragen, wie das Mittagessen Anklang gefunden hat, sondern die zufriedenen Mienen, die ich hier um mich sitzen sehe, die sagen schon das Richtige. Hier oben is übrigens noch ein ganzer Pott von den Pudding über – wenn irgendwo Bedarf is, ich meine nur.

Nun, wenn Ihr alle de Tasse Kaffee vor Euch stehn habt und die Zigarrenkiste da rum is, erlauben Sie mir bitte, daß ich noch einige Worte zum Ernst des heutigen Tages beisteuere ... also, daß ich es Ihnen ins Gedächtnis rufe.

Denn daß wir hier so schön sitzen, als Menschen, war ja nich immer so. Sie wissen, daß der 1. Mai eigentlich der Tag ist, an dem der Arbeiter früher durch die Städte zog und seine Forderungen der Gesellschaft ins Gesicht ... äh ... schleuderte, oder woll'n ma sagen, daß er es verlangte und auch Mensch sein wollte, und seinen gerechten Anteil, daß man ihm den immer noch vorenthielt. Ja, Kolleginnen und Kollegen, es war ein langer und harter Weg, das muß man sich immer wieder im Gedächtnis rufen, und das wollen wir auch heute an diesem schönen Drachenfels nicht vergessen, wie es alles gewesen ist. Sondern der gerechte Anteil am Sozialprodukt der gehört doch wohl dem, der es ja erst ermöglicht hat durch seiner Hände Arbeit! Das soll doch der Wirtschaftsminister einmal zugeben, nicht wahr, wenn der Mann sich trauen könnte!

Nun, aber daran wollen wir heute nicht denken, »*Der Mai ist gekommen, die Bäume schlagen aus*«, das Lied, was wir schon als Kinder gesungen haben ... und ich hoffe und wünsche, daß wir diesen schönen Tag in Frohsinn und Kollegialität begehen können.

Wir haben es jetzt so vor: wer will, kann gleich draußen bißchen auf diese schöne Wiese, der Wirt will auch noch'n paar Liegestühle rausrücken – also daß man sich da ergehen kann. Kaffeetrinken ham wir für $^1/_2 5$ Uhr angesetzt, wir sind ja alle noch viel zu voll. Die eine Kegelbahn unten im Keller is nur für uns reserviert. Abendessen is 19 Uhr, daran anschließend dann das Bunte Programm mit ein paar tolle Überraschungen.

Na, ich glaube, wir werden aber trotzdem einige schöne Stunden verleben – ach so, noch was: wer sich bei die Eselgruppe gemeldet hat, wir sollen in fünf Minuten da sein. Es sind übrigens noch einige Plätze frei. 5 Biermarken und den Schokoladenabschnitt – is ein Esel, daß man da schön raufgeschleppt wird von die Viecher und kommt nich so am Schwitzen. Soll von oben noch'n schönerer Anblick sein als von hier.

Nun, Kolleginnen und Kollegen:
>Freut Euch des Lebens,
>solange das Lämpchen glüht.
>Pflücket die Rose,
>eh sie verblüht!

In diesem Sinne wünsche ich Ihnen vom Personalrat aus:
»Alles Gute!«

(Aus: Jürgen von Manger, *Bleibense Mensch! Träume, Reden und Gerede des Adolf Tegtmeier.* München: dtv 1974 (= dtv 1018), S. 40-46.)

Arbeitshinweise

1. Welche Gedanken entwickelt der Personalratsvorsitzende in seiner ersten Rede? Untersuchen Sie die sprachlichen Besonderheiten! Welches Ziel verfolgt Manger mit dieser Art der Darstellung?
2. Worin sieht der Firmenchef den Wert der „Betriebsfamilie"? Berücksichtigen Sie die unterschiedlichen Anreden!
3. Was sagt der Firmenchef über sich, den Personalratsvorsitzenden und die Zukunft?
4. Welches Resumee zieht der Personalratsvorsitzende (2. Rede)?
5. Worauf will Manger mit diesen Reden aufmerksam machen? Mit welchen sprachlichen Mitteln verdeutlicht er seine Intention?

Henry Ford. **Das Fließband**

Henry Ford wurde 1863 in Dearborn/Michigan (USA) geboren und starb 1947 in Detroit. Er stieg vom Zeitungsjungen zum Konzernbesitzer auf. 1892 konstruierte er sein erstes Automobil und gründete 1903 die Ford Motor Company. Weltruf erlangte Ford durch die Produktion des Modells T (Tin Lizzi), von dem in den 19 Jahren von 1908 bis 1927 mehr als 15 Millionen Wagen verkauft wurden.

Ford hat zum erstenmal den Gedanken verwirklicht, durch Arbeitsteilung und Rationalisierung das Produktionsvolumen zu vergrößern. Zu diesem Zweck setzte er das Mittel der Fließbandarbeit ein. (Beachten Sie Frage 6, S. 206)

Definition des Fließbandes aus einem Lexikon: „Mittel zur Rationalisierung der Fertigung bei Massenfertigung: die einzelnen Arbeitsplätze sind im Fertigungsablauf nacheinander geschaltet und durch ein ständig oder ruckartig laufendes Transport-„Band" (Bandstraßen) miteinander verbunden (dadurch Senkung innerbetrieblicher Transportkosten). Mit dem Tempo des Bandes wird das Arbeitstempo bestimmt. Voraussetzungen: weitestgehende Arbeitsteilung und genaueste Arbeitsvorbereitung. → Fließfertigung." (Aus: Dr. Gablers Wirtschaftslexikon)

Lesehinweis:

Henry Ford, Erfolg im Leben. Mein Leben und Werk. München: List 1952 (= List Bücher 4).

Repetitive Arbeit – die ständige Wiederholung ein und derselben Tätigkeit in ein und derselben Weise hat für bestimmte Menschen etwas Abschreckendes. Mir wäre es ein grauenvoller Gedanke. Unmöglich könnte ich tagaus, tagein das gleiche tun; für andere, ja für die meisten Menschen ist das Denkenmüssen eine Strafe. Ihnen schwebt als Ideal eine Arbeit vor, die keinerlei Ansprüche an den Schöpferinstinkt stellt. Arbeiten, die Denken im Verein mit Körperkraft beanspruchen, finden selten Abnehmer – wir sind stets auf der Suche nach Leuten, die eine Sache um ihrer Schwierigkeit willen lieben. Der Durchschnittsarbeiter wünscht sich – leider – eine Arbeit, bei der er sich weder körperlich noch vor allem geistig anzustrengen braucht. Menschen mit, sagen wir, schöpferischen Begabungen, denen infolgedessen jegliche Monotonie ein Greuel ist, neigen sehr leicht zu der Ansicht, daß ihre Mitmenschen ebenso ruhelos sind, und spenden ihr Mitgefühl ganz unnötigerweise dem Arbeiter, der tagaus, tagein fast die gleiche Verrichtung tut.

Wenn man der Sache auf den Grund geht, wiederholt sich fast jede Arbeit. Jeder Geschäftsmann muß gewissenhaft einen bestimmten Kreislauf befolgen; das Tagewerk eines Bankdirektors beruht fast nur auf Geläufigkeit; die Arbeit der Unterbeamten und Bankangestellten ist reine Geläufigkeit. Ja, für die meisten Menschen ist es eine Lebensnotwendigkeit, einen gewissen Kreislauf einzuführen und die meiste Arbeit wiederholend zu gestalten – da sie sonst nicht genug schaffen würden, um davon leben zu können. Dagegen besteht nicht die geringste Notwendigkeit, einen schöpferisch begabten Menschen an eine eintönige Arbeit zu fesseln, da die Nachfrage nach schöpferischen Menschen überall dringend ist. Niemals wird es Arbeitsmangel für solche geben, die wirklich etwas können; wir müssen jedoch zugeben, daß der Wille zum Können im allgemeinen fehlt. Selbst dort, wo der Wille vorhanden ist, fehlt es nur gar zu oft an Mut und Ausdauer zum Lernen. Der Wunsch allein, etwas zu leisten, genügt nicht. [...]

Wenn ein Mann außerstande ist, seinen Lebensunterhalt ohne Hilfe einer Maschine zu verdienen, ist es dann recht, ihm die Maschine zu entziehen, nur weil die Bedienung eintönig ist? Sollen wir ihn lieber verhungern lassen? Ist es nicht besser, ihm zu einem anständigen Leben zu verhelfen?

Ich habe bisher nicht finden können, daß repetitive Arbeit den Menschen schädigt. Salonexperten haben mir zwar wiederholt versichert, daß repetitive Arbeit auf Körper und Seele zerstörend wirke – unsere gründlichen Untersuchungen widersprechen dem jedoch. Wir hatten einen Arbeiter, der tagaus, tagein fast nichts anderes zu tun hatte, als eine bestimmte Tretbewegung mit einem Fuß auszuführen. Er meinte, die Bewegung mache ihn einseitig; die ärztliche Untersuchung war zwar negativ, er erhielt aber selbstverständlich eine Tätigkeit zugewiesen, bei der eine andere Muskelgruppe in Tätigkeit gesetzt wurde. Wenige Wochen später bat er wieder um seine alte Arbeit. Trotzdem liegt die Vermutung nahe, daß die Ausübung ein und derselben Bewegung acht Stunden am Tag abnorme Wirkungen auf den Körper ausüben muß, wir haben dies jedoch in keinem einzigen Fall konstatieren können. Auf Wunsch werden unsere Leute regelmäßig versetzt; es wäre eine Kleinigkeit, dies überall durchzuführen, wenn sie nur dazu bereit wären. Sie mögen aber keine Veränderung, die sie nicht selbst vorgeschlagen haben. Wohl die stumpfsinnigste aller Verrichtungen in unserer Fabrik besteht darin, daß ein Mann einen Maschinenteil mit einem Stahlhaken aufnimmt, in einem Bottich mit Öl herumschwenkt und neben sich in einen Korb legt. Die Bewegung ist stets die gleiche. Er braucht dazu weder Muskelkraft noch Intelligenz. Trotzdem verharrt der Mann seit acht langen Jahren an dem nämlichen Posten. Er hat seine Ersparnisse so gut angelegt, daß er heute etwa vierzigtausend Dollar besitzt – und widersetzt sich hartnäckig jedem Versuch, ihm eine bessere Arbeit anzuweisen! [...]

Die Disziplin ist überall scharf. Kleinliche Vorschriften kennen wir nicht; was es an Vorschriften gibt, läßt sich gerechtermaßen nicht anfechten. Willkürliche oder ungerechte Entlassungen werden dadurch vermieden, daß das Entlassungsrecht allein von dem Leiter der Personalabteilung ausgeübt wird, der nur selten davon Gebrauch macht. [...]

Wir erwarten von den Leuten, daß sie tun, was ihnen gesagt wird. Unsere Organisation ist so bis ins einzelne durchgeführt und die verschiedenen Abteilungen greifen so ineinander, daß es völlig ausgeschlossen ist, den Leuten auch nur vorübergehend ihren Willen zu lassen. Ohne die strengste Disziplin würde völliges Chaos herrschen. Meiner Meinung nach darf es in industriellen Betrieben auch gar nicht anders sein. Die Leute sind dazu da, um gegen einen möglichst hohen Lohn eine möglichst große Menge Arbeit zu schaffen. Wollte man jeden seine Wege gehen lassen, würde die Produktion und somit auch der Lohn darunter leiden.

Wem unsere Art zu arbeiten nicht zusagt, muß gehen. Die Gesellschaft versucht in jedem Fall, den Arbeitnehmer gerecht und vorurteilslos zu behandeln. Es liegt im natürlichen Interesse sowohl der Werkführer wie der Abteilungsvorsteher, daß in ihren Abteilungen möglichst wenige Entlassungen vorkommen. Dem Arbeiter wird reichlich Gelegenheit gegeben, sich zu beschweren, wenn er ungerecht behandelt worden ist – er erhält dann volle Genugtuung. Selbstverständlich ist es nicht möglich, Ungerechtigkeiten ein für allemal auszuschließen – aber die Absichten unserer Gesellschaft sind, wie ich sie geschildert habe, und wir wenden jedes Mittel an, um sie durchzusetzen.

(Aus Henry Ford, Erfolg im Leben. München: List 1952 (= List-Taschenbuch 4), S. 66-71.)

Arbeitshinweise
1. Welche Argumente zur Fließbandarbeit bringt Ford vor?
2. Wie begründet er seine Argumente? Mit welchen Beispielen versucht er sie zu belegen?
3. Von welchen Voraussetzungen geht Ford aus, sind sie überzeugend?
4. Welche sprachlichen Besonderheiten kennzeichnen seinen Bericht?
5. Welches Verhältnis besteht zwischen Fords Denken und seiner sozialen Stellung?
6. Nehmen Sie kritisch zu dem biographischen Vorspann Stellung! Beachten Sie dabei die Fragestellung von Brechts Gedicht „Fragen eines lesenden Arbeiters" (S. 14)!

Günter Wallraff, Am Fließband

Wallraff wurde 1942 in Köln geboren. Er faßte nach abgeschlossener Buchhandelslehre den Entschluß, Hilfsarbeiter in verschiedenen Fabriken zu werden, um anschließend darüber zu berichten. Er arbeitete am Fließband bei Ford, auf einer Werft in Hamburg und im Akkord bei Siemens.

Wallraff entwickelte einen neuen Reportagestil, mit dem er auf Mißstände am Arbeitsplatz aufmerksam machen will.

Vor einiger Zeit riefen seine Berichte über den Gerlingkonzern (als einfacher Angestellter beobachtete Wallraff Lebensgewohnheiten und Geschäftspraktiken des Managements), seine Aktion in Athen (während der Zeit der Militärdiktatur fesselte er sich an einen Laternenmast und verteilte Flugblätter, die Freiheit forderten, worauf er gefangen genommen wurde), seine Aufdeckung eines Militärputsches in Portugal und seine Reportagen über die Bildzeitung Schlagzeilen hervor.

Wallraff ist Mitbegründer des „Werkkreises Literatur der Arbeitswelt" (1970).

Lesehinweis:

Günter Wallraff, Industriereportagen. Als Arbeiter in deutschen Großbetrieben. Reinbek: Rowohlt 1970 (= rororo 6723).

Günter Wallraff, 13 unerwünschte Reportagen. Köln: Kiepenheuer & Witsch 1969 (= pocket 7).

Günter Wallraff und Bernt Engelmann, Ihr da oben – Wir da unten. Köln: Kiepenheuer & Witsch 1973.

Hanno Möbius, Arbeiterliteratur in der Bundesrepublik. Eine Analyse von Industriereportagen und Reportageromanen. Köln: Pahl–Rugenstein 1970.

„Für Angestellte oder für Lohnempfänger?" fragt das Fräulein vom Personalbüro am Telefon.

Ich bin nicht der einzige, der sich am nächsten Morgen bei G. bewirbt. In dem modern möblierten Raum sind alle fünfzig Plätze besetzt. Ein paar Männer lehnen an den Wänden. Die meisten Italiener, Griechen und Türken sind ärmlich angezogen.

Über der Tür zum Personalbüro hängt ein Schild, worauf in drei Sprachen steht: „Nur nach Aufforderung durch den Lautsprecher eintreten!"

Ich habe einen Fragebogen ausgefüllt und in den Schlitz an der Wand geworfen. Meine ‚Personalien', ‚bisherige Ausbildung', ob ich ‚Schulden' habe, ‚Pfändungen in Sicht' sind und ob ich ‚vorbestraft' bin?

Der Lautsprecher ruft meinen Namen auf: „Kommen Sie bitte herein."

Der Herr im Personalbüro begreift nicht, daß ich unbedingt ans Fließband will. Er bietet mir einen Schreibposten in der Betriebsprüfung an und telefoniert schon mit der zuständigen Stelle. Er ist gekränkt, als ich entschieden abwinke.

Ich sage ihm: „Ich hab den ganzen Bürokram satt. Möchte von unten anfangen wie mein verstorbener Vater, der auch am Band gearbeitet hat." Er läßt nicht nach: „Sie wissen nicht, was Ihnen bevorsteht! Das Band hat's in sich! Und wollen Sie auf das Geld verzichten, das Sie im Büro mehr verdienen? Außerdem sind am Band fast nur noch ausländische Arbeiter beschäftigt." Dieses ‚nur ausländische Arbeiter' klingt wie ‚zweitklassige Menschen'.

Als er einsieht, daß er mich nicht überzeugen kann, entläßt er mich mit der Bemerkung: „Sie werden ganz bestimmt noch an mich denken. Wenn es zu spät ist. Wer einmal am Band ist, kommt so leicht nicht wieder davon weg."

Der Betriebsarzt will wissen, in welche Abteilung ich möchte. Als ich sage, „ans Band", schüttelt er den Kopf. „Freiwillig ans Band? Das gibt's doch nicht." Auch hier muß ich einen Bogen ausfüllen, auf dem nach allen möglichen Krankheiten gefragt wird. Ob ich ‚nachts schwitze'? Ob ‚Glieder fehlen'? Ob ich ‚in einer Heil- und Pflegeanstalt behandelt' worden bin?

Ich bin angenommen worden. Morgen geht's los.

Der erste ‚Arbeitstag' ist mit Vorträgen ausgefüllt. Zwei Fremdarbeiter werden wieder fortgeschickt. Sie müssen erst zur Polizei und eine Aufenthaltsgenehmigung beibringen. Sie sagen, daß sie dort schon waren und erst eine Arbeitsstelle nachweisen müßten, um eine Aufenthaltsgenehmigung zu bekommen.

Die vortragenden Herren betonen, daß auch sie einmal ‚von ganz unten angefangen' haben. „Sogar unser technischer Direktor hat als kleiner Facharbeiter begonnen. Hatte natürlich den Vorteil, daß er von USA rübergekommen ist. Typischer Selfmademan." (Daß es so etwas auch nur in der Gründerzeit der G.-Werke gab, verschweigt man wohlweislich.)

Zuletzt erscheint jemand vom Betriebsrat. Einer von uns ruft ihm das Stichwort ‚Kollege' zu, das er auch freudig aufgreift, seine Rede beginnt mit ‚Liebe Kollegen'.

Er erklärt, daß uns bei den G.-Werken nichts geschenkt wird. „Hier ist jeder zu 140 Prozent in die Produktion eingespannt. Acht-Stunden-Tag, schön und gut, aber wer seine acht Stunden auf dem Buckel hat, weiß auch, was er getan hat." Wir erfahren von einem Rechtsstreit zwischen der IG Metall und dem Werk. Vom Beitritt des Werkes in den Arbeitgeberverband und von einem ‚ominösen'[1] Tarifvertrag. „Mehr darüber zu sagen erlaubt mir das Betriebsverfassungsgesetz nicht." Er berichtet noch, daß der Betriebsrat zur Zeit einen innerbetrieblichen Kampf mit der Direktion führe. „In einer Halle ist die Entlüftung katastrophal. Bisher hat man unseren Antrag wegen zu hoher Kosten abgewimmelt, aber wir werden nicht lockerlassen."

Er schließt seinen Vortrag mit der Aufforderung, der Gewerkschaft beizutreten. „Der organisierte Arbeiter hat mehr Rechte. Er läßt nicht über seinen Kopf hinweg bestimmen."

Zwei Tage später beginne ich mit der Spätschicht. Mit einer Gruppe Italiener werde ich zur Y-Halle geführt. Ein Italiener bringt mich auch zu meinem künftigen Arbeitsplatz.

Manches ist ungewohnt für mich. Das Stempeln zum Beispiel. (Bei nur einer Minute Verspätung wird eine Viertelstunde vom Lohn einbehalten.) Oder das Öffnen und Vorzeigen der Aktentasche beim Passieren des Pförtners. (Bei verschärfter Kontrolle kann eine Art Leibesvisitation vorgenommen werden.)

„Das Band frißt Menschen und spuckt Autos aus", hatte mir ein Werkstudent gesagt, der selbst lange Zeit am Band gearbeitet hatte. Wie das gemeint war, sollte ich bald erfahren. Alle anderthalb Minuten rollt ein fertiger Wagen vom Band. Ich

---
[1] bedenklich, anrüchig

bin am letzten Bandabschnitt eingesetzt. Muß kleinere Lackfehler ausbessern, die es an jedem Wagen noch gibt. ‚Da ist weiter nichts dabei', denke ich anfangs, als ich sehe, wie langsam das Band vorwärtskriecht.

Eine Frau arbeitet mich ein. Sie ist schon vier Jahre am Band und verrichtet ihre Arbeit ‚wie im Schlaf', wie sie selbst sagt. Ihre Gesichtszüge sind verhärtet.

Linke Wagentür öffnen. Scharniersäule nachstreichen. Das abgeschliffene Scharnier neu streichen. Griff für die Kühlerhaube herausziehen. (Er klemmt oft.) Kühlerhaube aufklappen. Wagennummer mit Lack auslegen. Rechte Wagentür wie bei der linken. Kofferraum öffnen und nach eventuellen Lackfehlern suchen. Zusätzlich noch auf sonstige Lackfehler achten, die bei sorgfältiger Prüfung immer zu finden sind. Mit zwei Pinseln arbeiten. Der große für die Scharniersäule, die von der Wagentür halb verdeckt ist und an die man schlecht herankommt; der kleine für feinste Lackfehler zum Auslegen, was besonders viel Zeit in Anspruch nimmt. Außerdem immer wieder zu den Lacktöpfen zurücklaufen, Pinsel säubern und Farbtöpfe wechseln, weil die Wagen auf dem Band in kunterbunter Reihe erscheinen. Zusätzlich auf den Laufzetteln der Wagen meine Kontrollnummer vermerken.

Noch arbeiten wir zu zweit. Ich begreife nicht, wie die Frau allein damit fertig geworden ist. Nach zwei Tagen Einarbeiten wird die Frau versetzt, zum Wagenwaschen. Damit ist sie nicht einverstanden. Sie fürchtet um ihre Hände, die vom Benzin ausgelaugt werden. Aber danach fragt keiner. Der Meister geht ihr aus dem Weg.

Ich frage sie, ob sie sich nicht an einen ‚Vertrauensmann' wenden kann, aber von dessen Existenz weiß sie nichts.

Allein werde ich mit der Arbeit nicht fertig. Ich übersehe kleine Lackschäden, aber man ist nachsichtig. „Mit der Zeit haut das schon hin."

Punkt 15.10 Uhr ruckt das Band an. Nach drei Stunden bin ich selbst nur noch Band. Ich spüre die fließende Bewegung des Bandes wie einen Sog in mir.

Wenn das Band einmal einen Augenblick stillsteht, ist das eine Erlösung. Aber um so heftiger, so scheint es, setzt sich danach wieder in Gang. Wie um die verlorene Zeit aufzuholen.

Die Bandarbeit ist wie das Schwimmen gegen einen starken Strom. Man kann ein Stück dagegen anschwimmen. Das ist erforderlich, wenn man einmal zur Toilette muß oder im gegenüberliegenden Automaten einen Becher Cola oder heißen Kaffee ziehen will. Drei, vier Wagen kann man vorarbeiten. Dann wird man unweigerlich wieder abgetrieben.

J., vom Band nebenan, 49 Jahre alt, erinnert sich an frühere Zeiten: „Da ging es noch gemütlicher am Band zu. Wo früher an einem Band drei Fertigmacher standen, arbeiten heute an zwei Bändern vier. Hin und wieder kommt der Refa-Mann[1] mit der Stoppuhr und beobachtet uns heimlich. Aber den kenne ich schon. Dann weiß ich: bald wird wieder jemand eingespart oder es kommt Arbeit dazu."

Aber J. beklagt sich nicht. „Man gewöhnt sich daran. Hauptsache, ich bin noch gesund. Und jede Woche ein paar Flaschen Bier."

---

1 Refa = Reichsausschuß für Arbeitszeitermittlung

Jeden Tag nach Schichtende, 23.40 Uhr, setzt er noch ein paar Überstunden dran und kehrt mit zwei andern unseren Hallenabschnitt aus. Ich bin nach acht Stunden erledigt. Die Frühschicht soll besser sein, hat man mir gesagt. „Man gewöhnt sich mit der Zeit an alles."

Einer von meinem Bandabschnitt erzählt, wie der dauernde Schichtwechsel „langsam, aber sicher" seine Ehe kaputtmacht. Er ist jungverheiratet – ein Kind –, seit drei Monaten neu am Band. „Wenn ich nach Hause komme, bin ich so durchgedreht und fertig, daß mich jeder Muckser vom Kind aufregt. Für meine Frau bin ich kaum mehr ansprechbar. Ich sehe kommen, daß sie sich scheiden läßt. Bei der Spätschicht ist es am schlimmsten. Meine Frau ist jetzt für eine Zeitlang mit dem Kind zu ihrer Mutter gezogen. Das ist mir fast lieber so."

Wer am Band mein Meister ist, weiß ich nicht. Es kam einmal jemand vorbei – an seinem hellbraunen Kittel ein Schildchen: „Meister Soundso" – und fragte nach meinem Namen. Er sagte: „Ich weiß, Sie sind neu. Ich komme jeden Tag hier mal vorbei. Falls Sie was haben sollten, fragen Sie nur." Von ihm erfahre ich auch, daß ich „Fertigmacher" werden soll. Was das ist, erfahre ich nicht. Und wie man so etwas wird und wie lange es dauert, verrät er auch nicht.

Die vor mir am Band arbeiten und die hinter mir, kenne ich nicht. Ich weiß auch nicht, was sie tun. Manchmal begegnen wir uns am Band im gleichen Wagen. Sie sind mit der Montage an ihrem Abschnitt nicht fertig geworden und in mein Revier abgetrieben – oder umgekehrt. Dann sind wir uns gegenseitig im Weg.

Da schlägt mir einer eine Wagentür ins Kreuz, oder ich beschütte einen mit Lack. Sich entschuldigen, ist hier nicht drin. Jeder wird so von seinen Handgriffen in Anspruch genommen, daß er den andern übersieht.

Das Zermürbende am Band ist das ewig Eintönige, das Nichthaltmachenkönnen, das Ausgeliefertsein. Die Zeit vergeht quälend langsam, weil sie nicht ausgefüllt ist. Sie erscheint leer, weil nichts geschieht, was mit dem wirklichen Leben zu tun hat.

Ungefähr alle zehn Minuten ein Blick auf die Hallenuhr. Wenn wenigstens jede Stunde das Band für einige Minuten stillstünde, man hätte etwas, worauf man hinarbeiten könnte. Die Zeit von 6.40 Uhr bis zur Mittagspause 12.00 Uhr und von 12.30 Uhr bis Schichtende 15.10 Uhr ist zu lang.

Man hat mir von einem Arbeiter erzählt, der sich auf seine Art gegen das Band zu wehren wußte. Er soll am vorderen Bandabschnitt eingesetzt gewesen sein. Um eine einzige Zigarette rauchen zu können, beging er Sabotage am Band. Statt seinen Preßluftbohrer an die vorgesehene immer gleiche Stelle der Karosserie zu halten, bohrte er kurz ins Band hinein, und alles stand augenblicklich still: Tausende Mark Ausfall für das Werk, für ihn drei bis fünf Minuten Pause, die er sich nahm, weil das Werk sie ihm nicht gab. Drei- oder viermal hatte er's innerhalb von zwei Wochen getan, dann kam's heraus, und er flog.

Donnerstag nachmittag findet für alle, die mit Lack arbeiten, eine Feuerwehrübung statt. Der Werkfeuerwehrmeister weist jeden einzeln in die Bedienung der Handfeuerlöscher ein. Er erklärt, daß jeder einen Brand bis zum Eintreffen der

Werkfeuerwehr „beherzt und mutig, unter persönlichem Einsatz" zu bekämpfen habe, um die „kostbaren Maschinen" zu retten. Wie man unter Umständen sein Leben retten kann, erklärt er nicht. Vor einer „sehr wirkungsvollen, automatischen Löschanlage" warnt er uns: „Wenn in diesen Hallenabschnitten, wo die teuersten Maschinen montiert sind, Feuer ausbricht, schaltet sich automatisch die Lösch- und Warnanlage ein. Bei einem langanhaltenden Heulton müssen Sie innerhalb von 10 bis 15 Sekunden diesen Abschnitt verlassen haben. Sonst werden Sie durch die ausströmenden Chemikalien ohnmächtig und fallen den Flammen zum Opfer."

Zum Schluß stellt er noch die Vollzähligkeit der Versammelten fest. Die Deutschen ruft er mit „Herr..." auf, bei den italienischen, griechischen und türkischen Arbeitern spart er sich diese Anrede.

Gleich an zwei aufeinanderfolgenden Tagen stand das Band jeweils für längere Zeit still. Eine Viertelstunde vor Schichtwechsel betrete ich wie gewöhnlich die Y-Halle. Um diese Zeit beginnt immer der Endspurt. Die Männer versuchen, dem Band ein oder zwei Minuten zuvorzukommen, um den ersten Bus noch zu erreichen, der eine Minute nach Schichtende abfährt.

Heute ist es in der riesigen Halle ungewöhnlich still, so weit man sehen kann, fast menschenleer. Die Neonbeleuchtung ausgeschaltet. Das Band steht still. Fast umheimlich wirkt dieses ungewöhnliche Bild. In einem Wagen entdecke ich Arbeiter und setze mich zu ihnen. Sie sind ebenso ratlos.

Unsere Schicht müßte längst begonnen haben, als wir den Grund für den ‚Produktionsstillstand' erfahren. „Betriebsversammlung." Nur zwei von uns haben zufällig davon gehört und teilgenommen. Die zwei Stunden, die sie dafür vorher erscheinen mußten, werden bezahlt. Die andern sind enttäuscht und wütend. „Warum hat man das nicht ausgehängt, wie man es sonst mit jedem Mist macht?" – „Das ging uns alle an. Da kommt manches zur Sprache, was man sonst lieber totschweigt!" Oder: „Für Überstunden sind wir gut genug. Hier hätten wir mal unser Geld bekommen, ohne dafür schuften zu müssen." Die beiden, die teilgenommen haben, sind früher weggegangen und berichten: „Schöne und salbungsvolle Reden der Direktoren. Aber geändert wird nichts. Jedes Jahr die gleichen Sprüche. ‚Wollen Ihnen auch diesmal unseren besonderen Dank aussprechen für die geleistete Arbeit und die erneute Steigerung der Produktion', worauf einer dazwischenrief: ‚Danke schön kostet nichts, wir wollen höheren Lohn, wenn das Band schon nicht langsamer läuft.' Das bekamen sogar unsere ‚Amigos' am Ende vom Saal mit und trampelten Beifall. Man hat wieder die 10 Mark Urlaubsgeld pro Tag gefordert. Darauf die üblichen Versprechungen, daß man sehen will, was sich ändern läßt, tun will, was man kann, nichts als Vertröstungen." Zum Schluß sagt noch einer in unserer privaten Versammlung das Wort „Streik". Es bleibt in der Luft hängen, da die Beleuchtung plötzlich aufflammt und das Band ruckartig anläuft. Am nächsten Tag setzt das Band zum zweitenmal aus. Es lief auf vollen Touren, pausenlos, ein Wagen hinter dem anderen, ohne Lücke, wie um die verlorene Zeit von gestern wieder aufzuholen. Vielleicht ist es heißgelaufen?

Als ein paar Minuten vergangen sind und die Männer schon einige Wagen vorgearbeitet haben, lassen sie ihre Werkzeuge sinken und stehen erwartungsvoll da. Aber es tut sich nichts. Die Meister rennen aufgeregt umher. Langsam sickert es durch: „Das Band ist defekt. Es muß repariert werden."

Das ist eine Ewigkeit nicht mehr vorgekommen. Antonio, der mit dem Besen, erweist sich als Herr der neuen Lage. Er kehrt den Besen einfach um und vollführt mit ihm Balanceakte. Er muß sonst den ganzen Tag kehren, das Band und drumherum, hat aber noch die abwechslungsreichste Arbeit von uns. Er ist auch der einzige, der manchmal bei seiner Arbeit pfeift. Die Meister wissen nicht, wie sie ihre Leute beschäftigen sollen. Einer fordert mich auf: „Sitzen Sie nicht da herum. Tun Sie wenigstens so, als ob Sie was täten. Wie sieht das sonst aus!"

Die Frau, die mich in den ersten beiden Tagen eingearbeitet hat und deren Namen ich nicht weiß, beklagt sich: „Ich arbeite ebensogut wie ein Mann. Kriege aber längst nicht den gleichen Stundenlohn. Wo bleibt da die Gleichberechtigung?" Sie erzählt noch, daß sie mehrmals krank war und man ihr trotz eines Attestes vom Vertrauensarzt mit der Kündigung drohte. „Der Arbeitsplatz ist schlecht gesichert. Ich bin fast fünf Jahre bei den G.-Werken, und innerhalb von 14 Tagen hätte man mich ohne Angabe eines Grundes raussetzen können." Ihr Mann ist ebenfalls bei den G.-Werken als „Springer" beschäftigt. „Er ist überall und nirgends." Sie sind beide in der gleichen Halle und sehen sich dort höchstens ein- bis zweimal im Jahr.

Ein anderer, Autoelektriker, will jetzt auf einer Abendschule die Mittlere Reife nachholen, um aufs Büro zu kommen; weil das Bandtempo ihn ‚kaputtmacht'.

Es dauert etwa eine Stunde, bis das Band wieder instand gesetzt ist. Danach läuft es um so schneller und hält in den folgenden Tagen nicht mehr an.

Eine Gewöhnung an die Fließarbeit tritt auch nach den ersten vier Wochen nicht ein. Nach Schichtschluß bin ich jedesmal erledigt. In dem vollgepfropften Arbeiterbus schlafe ich fast im Stehen ein. Selbst die italienischen Arbeiter sind verstummt. Die Fracht Menschen im Bus ist still und apathisch.

Zu Hause brauche ich Stunden, um mich von der Arbeit auf die Freizeit umzustellen. Acht Stunden lang war ich Rädchen am Getriebe Band, jetzt will ich endlich wieder Mensch sein. Aber wenn ich nach drei Stunden halbwegs wieder zu mir gekommen bin, ist es zu spät, noch etwas mit dem ‚Feierabend' anzufangen.

Die zwei Stunden von 19.00 bis 21.00 Uhr bedeuten auch nur ein Atemschöpfen, um für die Schicht am nächsten Morgen wieder fit zu sein. Den Schlaf von 21 bis 5 Uhr brauche ich dazu. Ich stumpfe bei der monotonen Arbeit mehr und mehr ab. Vielleicht ist das die Gewöhnung. Eingespannt in den Rhythmus der wechselnden Schichten, bin ich nur noch für die Arbeit da. Essen, trinken, schlafen zur Erhaltung der Arbeitskraft. Was darüber hinausreicht, ist Luxus, den man sich bei dieser Arbeit nicht oft leisten kann.

Einige Male sind größere Gruppen von Schülern und Studenten an unserem Bandabschnitt vorbeigeführt worden. Sie haben an einer Werkbesichtigung teilgenommen.

Mir ist der Zusammenhang des Produktionsablaufs fremd. Ich weiß, daß in der Y-Halle Tausende von Arbeitern beschäftigt sind. Wo und wie sie eingesetzt sind, weiß ich nicht. Ich weiß nicht einmal, was unmittelbar vor mir am Band geschieht. Durch Zufall habe ich jetzt denjenigen kennengelernt, von dem ein Teil meiner Arbeit abhängt. Er steht am Band 30 bis 50 Meter vor mir und notiert auf den Laufzetteln der Wagen Lackschäden, die ich ausbessern muß. Er ist stolz darauf, daß er nicht mehr zur „Produktion" gehört, sondern zur „Inspektion". Er muß die Wagen auf vier Bändern gleichzeitig kontrollieren. Er meint: „Praktisch ist das einfach nicht zu schaffen." Darum übersieht er auch so viele Lackschäden, nach denen ich dann suchen muß, obwohl das seine Aufgabe wäre.

Er ist bereits sieben Jahre bei den G.-Werken. Er meint: „Lieber heute als morgen würde ich hier Schluß machen. Aber wenn du so lange Zeit bei einer großen Firma bist, traust du dich nicht mehr. Kündigungsschutz, erneutes Einarbeiten und so. Als ich anfing, wurde hier doppelt soviel bezahlt wie in anderen Werken. Heute ist es im Verhältnis zur geleisteten Arbeit weniger als anderswo."

Viele wollen bei der nächsten Gelegenheit kündigen: „Noch ein Jahr, zwei Jahre, dann bin ich drei Jahre, fünf Jahre oder zehn Jahre dabei. Dann mach ich Schluß hier, eh' es zu spät ist und ich mich kaputtgearbeitet habe." So reden sie.

Alle setzen ihre Hoffnung aufs Lottospielen. „Wenn die sechs Richtigen kommen, bin ich am gleichen Tag hier weg." An die Säule über dem Feuermelder hat jemand eine Karikatur geheftet: ein Arbeiter, der aufs Fließband pißt. Darunter steht: „Sechs Richtige. Ich kündige!!!" [. . .]

Wer jetzt von „Freizeitplanung" redet, hat selbst noch nicht in Wechselschicht am Fließband gearbeitet. „Der Mensch läßt sich nicht in eine produzierende und eine konsumierende Hälfte aufspalten", stellt der Soziologe Walter Dirks in seinem Beitrag zu der Schrift „Gibt es noch ein Proletariat?" fest. Läßt seine Arbeit ihn leer und unausgefüllt, so bringt er umgekehrt auch die Initiative nicht auf, seine Freizeit sinnvoll auszufüllen.

Was fangen die Arbeiter mit ihrer Freizeit an? Kennen sie sich auch am Abend noch? Am Band arbeiten alle nebeneinander und nicht zusammen. Man spricht zwar von „Teamwork" und „Kooperation". Aber das besteht darin, daß eine Gruppe die Arbeit der anderen Gruppe kontrolliert und die kontrollierende Gruppe wiederum von einer darüberstehenden Instanz überprüft wird. Man weiß voneinander nicht mehr als den Vornamen und oft nicht mal den. „He, Schlosser! He, Lackierer! He, Fertigmacher!" ruft der Spitzenmann nur, wenn er einen Fehler entdeckt hat und der Betreffende nach vorn muß.

So unpersönlich und anonym der Kontakt am Arbeitsplatz ist, so kontaktarm ist man zwangsläufig auch in der Freizeit.

Während meiner dreimonatigen Zeit bei G. habe ich mir ein ziemlich genaues Bild über etwa fünfzig Arbeiter verschaffen können. Meist Arbeiter aus meinem Bandabschnitt, aber auch aus den angrenzenden, von meiner Schicht, zum Teil auch von der Gegenschicht. Ich unterhielt mich mit ihnen in der halbstündigen Pause oder vor und nach der Schicht.

Die Meister muß ich dabei ausklammern. Sie gehören nicht mehr zu den Arbeitern. Sie brauchen auch nicht zu stempeln. Sie kommen oft früher und gehen meist später. Sie spüren Verantwortung in ihrer Arbeit. Und wenn sie abends auch nur in das Produktionsbuch die Stückzahl der produzierten Wagen eintragen, die wieder erfüllt oder gar übertroffen wurde, dann sehen sie das als ihre Leistung an. Die Selbstbestätigung, die sie in ihrer Arbeit finden, überträgt sich auch auf ihre Freizeitbeschäftigung. Mein Meister zum Beispiel hat etliche Preise als Amateurfotograf erhalten. Obendrein sammelt er noch Briefmarken.

Der Superintendent, die rechte Hand des Hallenabschnittsleiters, ist Mitglied im Werkschor und schreibt noch Operetten, wie er mir erzählt. Er wirft mir einmal vor daß ich in meiner Reportage die Bandarbeit als „monoton und abstumpfend" bezeichnet habe. „Lieber Mann, ich übernehme Ihre Arbeit jederzeit und lerne noch sechs Sprachen dabei", meint er. „Ich war früher selbst am Band und habe noch die Noten dabei gelernt. Bis ich dann in die Grube am Ende vom Band stürzte und aufs Büro versetzt wurde." Da begann seine „Karriere" als Sänger und Komponist.

Unter den fünfzig Befragten habe ich keinen entdeckt, der einem ausgesprochenen „Hobby" nachging.

„Was heißt Hobby? Nach der Arbeit ein paar Flaschen Bier und Faulenzen, das ist mein Hobby", antwortet mir ein Türeinpasser, 25 Jahre alt. Sonst nennt man mir einmal „Bierdeckelsammeln" und dreimal „Briefmarkensammeln". Über 90 Prozent dieser Gruppe besitzen einen Fernsehapparat. Unterhaltung und Sport interessiert sie allein am Fernsehen. Der Lackierer S., 50 Jahre alt, zwei Kinder: „Ohne käm ich nicht mehr aus! Seit er im Hause ist, geh ich auch nicht mehr in die Wirtschaft. Nur die schweren Filme sollte man nicht bringen. Wir wollen Zerstreuung und keine zusätzlichen Probleme."

„Ich bezahl meine Kirchensteuer, und damit hat sich's." – „Soll ich mir den Quatsch von der Kanzel anhören? Die Pfarrer glauben doch selbst nicht an den Unsinn!" – „Am Wochenende wird ausgeschlafen." – „Sollen die sich das anhören, die aufs Büro gehen. Für die ist die Predigt auch bestimmt!" sind die Antworten auf meine Frage nach religiöser Betätigung.

Ein einziger besucht sonntags noch die Messe, ein 20jähriger Katholik, der offenbar von seiner strenggläubigen Mutter dazu angehalten wird. Er bezeichnet sich selbst als „gläubig", wirft aber ein: „Was der Pastor von der Kanzel herunter predigt, ist mehr für die Reichen bestimmt. An uns redet er vorbei, weil er gar nicht weiß, wie es uns geht."

„Politik ist eine schmutzige Sache. Da soll man seine Finger davon lassen. Ich war früher in der Partei, und es hat mir nichts eingebracht", antwortet ein 52jähriger Aussiedler aus Ostpreußen.

„Die Großen machen doch immer, was sie wollen. Wir werden extra dumm gehalten und wissen gar nicht, was da oben wirklich gespielt wird. Ich gehe auch nicht mehr wählen. Die stecken doch unter einer Decke", sagt der 37jährige Fertigmacher F.

Allgemeines Desinteresse! Alle – ausgenommen der Vertrauensmann – läßt Politik ‚völlig kalt'. Einer sagt: „Das geht nicht mehr lange gut. Die Preise steigen und steigen, und die Löhne hinken immer mehr nach. Es dauert nicht mehr lange, und die Wirtschaft kracht zusammen. Dann haben wir den Kommunismus hier. Die haben im Osten schon den Tag vorausberechnet, wo das eintritt und sie uns in die Tasche stecken können." Der Blechschlosser W. äußert sich ähnlich: „Die warten drüben nur drauf, bis bei uns die große Pleite kommt. Dann haben wir auch die Wiedervereinigung, nur anders, als wir es uns gedacht haben."

Die so sprechen, sind keine Kommunisten. Auf meine Frage, ob sie die KPD wählen würden, falls sie erlaubt wäre, wehren sie ab. Aus ihren Worten spricht die große Unzufriedenheit mit ihrer jetzigen Lage. Insgeheim wünschen sie, daß alles anders wird, „egal wie". Etwa 50 Prozent bezeichnen sich selbst als „Sportler", fast alle von ihnen sind noch keine 30. Nur sechs davon betreiben auch aktiv Sport und gehören einem Verein an.

Der 22jährige Fertigmacher W.: „Früher spielte ich in der Kreisklasse Fußball. Jetzt reicht's nur noch für die Bezirksklasse. Die Wechselschicht erlaubt kein regelmäßiges Training, und am Feierabend steht mir der Sinn meist nicht nach sportlichem Ausgleich."

Ein anderer Fußballer: „Ich würde auch lieber reiten oder Tennis spielen im Werksklub, aber das kann sich unsereins bei den hohen Beiträgen nicht leisten. Das ist ein ‚Klub der höheren Angestellten'."

Manche möchten gern einen Volkshochschulkursus belegen. Aber auch hier macht ihnen die Wechselschicht einen Strich durch die Rechnung. Bei einzelnen zeichnet sich ein gewisser Bildungshunger ab.

Der Schlosser H. drückt es so aus: „Wenn ich bei der Arbeit bin und merke, wie ich dabei abstumpfe, nehme ich mir in dem Augenblick vor, zu Hause machst du das wett. Indem ich lese und mir Englisch selbst beibringe. Aber wenn dann Feierabend ist, habe ich nicht mehr die Energie dazu. Es fällt mir schon schwer, das aufzunehmen, was täglich in der Zeitung steht."

Andere Aussprüche: „Wir sind letzten Endes nur für die Arbeit da."

Oder: „Wir leben, um zu arbeiten."

Ich kenne keine Arbeiter, die außerhalb ihres Arbeitsplatzes Verbindung zueinander hätten. Der 56jährige T., der an dem stillstehenden Reparaturband eingesetzt ist, erzählt: „Früher war das eine andere Zeit. Da kamen wir sonntags mit den Familien zusammen. Da haben wir zu fünf Mann ein ganzes Auto zusammengebaut. Wir hatten alle denselben ‚Beruf' und waren noch was. Heute sind die Ungelernten gefragter. Die lassen alles mit sich machen." Ich erkundige mich, was er an seinem Feierabend macht, und er fängt an, von seinem Schrebergarten zu schwärmen: „Mein kleines Gärtchen möchte ich nicht mehr hergeben. Da arbeite ich jeden Abend drin und kann mich auf einer Bank ausruhen, wenn alles um mich herum blüht. Und ich bin nicht auf das teure Obst und Gemüse angewiesen. Den Urlaub verbring ich mit meiner Frau auch im Garten. Was soll ich denn groß verreisen?" Er verrät noch, daß er hin und wieder aus Leichtmetallresten, die ihm ein Arbeiter vom Schrott überläßt, Spielautos für seine Enkelkinder bastelt. „Weißt du, die ganz alten Modelle. ‚Eifel' und noch früher. Als wir noch Herr übers Band waren." [...]

Keiner hat gewußt, daß ich über meine Arbeit schreibe. Jetzt ist der Wirbel um so größer. Ich werde plötzlich von meinem Platz weggerufen. Mein Meister sagt: „Gehen Sie mit dem Herrn." Der fragt: „Kennen Sie mich nicht?" Ich sehe ihn mir genauer an. „Wie, Sie wissen nicht, wer ich bin?" Ich kenne ihn nicht. Er nennt seinen Namen und sagt: „Ich bin der Leiter in Ihrem Hallenabschnitt."

Er führt mich durch die riesige Y-Halle bis ans Ende, wir gehen stumm nebeneinander, eine Treppe hinauf, und plötzlich bin ich in einer anderen Welt. Der brandende Arbeitslärm wird von schalldichten Wänden geschluckt. Ein farbiger, freundlicher Raum, ein Konferenzsaal. „Nehmen Sie Platz."

Mir gegenüber sitzt der „Hallengott", der Leiter der gesamten Halle, in der 10 000 Arbeiter beschäftigt sind. Der Mittvierziger wurde mehrere Jahre in den USA auf Manager trainiert. An den beiden Seiten des Konferenztisches haben noch einige würdig dreinschauende Herren Platz genommen. Das halbe „Refa-System" ist hier aufgefahren, der „A-Mann" und der „B-Mann", wie ich später vom „C-Mann" erfahre, der nicht daran teilgenommen hat. Außerdem ist noch der Chef vom „A-Mann" da.

Die Namen all dieser Spitzenleute kennt kein Arbeiter. In meiner lackbespritzten Arbeitsschürze komme ich mir schmutzig und armselig vor gegenüber den blütenweißen Hemden.

„Lassen wir es kurz und schmerzlos über die Bühne gehen", sagt mein Gegenüber, der „Hallengott". Die blütenweißen Hemden nicken.

Mein Artikel paßt dem Werkleiter nicht. Er findet ihn „zumindest gewaltig übertrieben". Die Arbeiter am Band waren anderer Ansicht. Sie sagten: „Sei erst mal ein Jahr hier, dann schreibst du noch ganz andere Dinger." Der Werkleiter beginnt seinen Monolog mit einem Zugeständnis: „Ich weiß ja, der bestbezahlte deutsche Automobilarbeiter bekommt noch zuwenig im Verhältnis zu seiner Leistung." Das sagt er „rein als Privatmann", überhaupt will er sich mit mir „nur ein wenig privat unterhalten". Sein Ton wird, als er das sagt, schärfer.

„Das Wertvollste, was wir bei G. haben, ist immer noch der Mensch. Seine Würde achten wir über alles, und Sie schreiben solche Artikel", stellt er fest. „Unser laufendes Modell hat noch nicht mal sein vorgeplantes Soll in den Produktionszahlen erreicht, und in Kürze läuft schon das übernächste Modell übers Band." Ich versuche einzuwerfen, daß man das „Soll" eben zu hoch gesteckt hat. Er unterbricht mich und weiß einen besseren Grund: „Wenn ich sehe, wie alle ihren Arbeitsplatz verlassen, sobald der Getränkewagen vorfährt. Sehr blamabel, muß ich schon sagen!"

Seine „USA-Eindrücke" stellt er als Vorbild dagegen. „Dort steht und fällt die ganze Linie mit jedem einzelnen Mann. Und Krankfeiern gibt's dort auch nicht. Wenn ich daran denke, daß hier von den Krankgemeldeten über ein Drittel durchaus einsatzfähig wäre, raubt mir das nachts den Schlaf." Und nun wird seine Stimme sehr laut: „Was Sie schreiben, ist diffamierende Lüge. Sie ziehen unser Firmen-Image in den Dreck. Ich werde Sie eigenhändig die Treppe runterschmeißen, als Privatmann, versteht sich."

Diese Drohung stößt er noch ein paarmal aus. Ich überlege, ob ich gehen soll. Aber ich bleibe. Eine besondere Überraschung zum Schluß kommt noch. Der Leiter vom Werkschutz erscheint, trägt sehr sachlich etwas über den „Verstoß gegen die Arbeitsordnung" und „Hausfriedensbruch" vor. Vorausgegangen war, daß ich vor der Schicht am Werktor fotografiert hatte. Das verstößt gegen die Arbeitsordnung. Ich gebe den Film freiwillig zurück. Dann kann ich gehen.

Wie ideal alles vom grünen Tisch her aussieht und wie anders die Wirklichkeit ist, wird mir noch klar.

Als der „Hallengott" von Menschenwürde sprach, erwähnte er unter anderem die „Hitzeerleichterung", die man den Arbeitern gestattet.

Ich berichte ihnen nachher davon. Die lachen mich aus. „Ja, zuletzt vor zwei Jahren haben wir einmal davon ‚profitiert'. Das Band stand für 10 Minuten still. Dafür lief es nachher um so schneller. Hauptsache, die Stückzahl der produzierten Wagen stimmt. Solche Hitzepausen sind Mumpitz und reine Theorie", sagen die Arbeiter.

Vorgesehen sind alle drei Stunden 10 Minuten Pause, wenn das Thermometer morgens um 9 Uhr 25 Grad im Schatten zeigt. Das zuständige Thermometer hängt am Haupttor neben dem Direktionsgebäude, wo ständig ein frischer Wind vom Rhein her weht. Da sind 25 Grad auch bei der mörderischsten Hitze morgens nicht drin. Ich habe jetzt während der heißen Tage die Temperatur in unserem Hallenabschnitt gemessen. Wir arbeiten zwischen zwei Lacköfen. Temperatur: 38 Grad um die Mittagsstunden. Hierher dringt kein frischer Wind vom Rhein.

(Aus: Günter Wallraff, Industriereportagen. Reinbek: Rowohlt 1970 (= rororo 6723), S. 7–27.)

Arbeitshinweise
1. *Erarbeiten Sie, wie die Gastarbeiter, die deutschen Arbeiter und die Frauen in der Fabrik behandelt werden! Diskutieren Sie über das gesellschaftliche Problem der Gleichberechtigung!*
2. *Welche Aussagen werden über das Band gemacht? Wie wirkt die Fließbandarbeit auf den Menschen?*
3. *Welche Folgen hat die Fließbandarbeit für das Leben der Arbeiter?*
4. *Welches Verhältnis haben die Arbeiter zu ihrer Arbeit? Welches Verhältnis besteht zwischen den Menschen in der Fabrik?*
5. *Welche Rolle spielen die Direktoren und Manager in der Fabrik?*
6. *Mit welchen sprachlichen Mitteln arbeitet Wallraff?*
7. *Stellen Sie die Argumente zusammen, die für und gegen die Fließbandarbeit sprechen, nennen Sie Alternativen und diskutieren Sie darüber! (vgl. Ford. S. 204)*

Arbeitshinweise (Fotos vom Fließband, S. 218f.)
1. *Was veranschaulichen diese Fotos?*
2. *Setzen Sie die Fotos mit den Texten von Ford und Wallraff in Beziehung!*
3. *Nehmen diese Fotos die Kritik Wallraffs am Fließband zurück?*

Max von der Grün, Die Entscheidung

Von der Grün wurde 1926 in Bayreuth geboren. Er absolvierte eine kaufmännische Lehre in einer Porzellanfabrik. Im Krieg geriet von der Grün in Gefangenschaft. Von 1948 bis 1951 arbeitete er im Bergwerk. Von 1951 bis 1963 war er ununterbrochen im Ruhrgebiet auf einer Zeche tätig: als Lehrhauer, Hauer und – nach einem schweren Unfall – als Grubenlokomotivführer.

Seit 1964 lebt von der Grün als freier Schriftsteller in Dortmund. Er gehört zu den führenden Schriftstellern der Gruppe 61, die sich die Aufgabe gestellt hat, Probleme der Arbeitswelt literarisch zu behandeln.

Lesehinweis:

Max von der Grün, Irrlicht und Feuer. Reinbek: Rowohlt 1967 (= rororo 916).

Max von der Grün, Stellenweise Glatteis. Neuwied: Luchterhand 1972.

Max von der Grün, Am Tresen gehn die Lichter aus. Erzählungen. Reinbek: Rowohlt 1974 (= rororo 1742).

Gruppe 61. Arbeiterliteratur – Literatur der Arbeitswelt? hrsg. von H. L. Arnold. München: Boorberg 1971.

Max von der Grün. Materialienbuch. Hrsg. von Stephan Reinhardt. Neuwied: Luchterhand 1978 (= Sammlung Luchterhand 237).

Der Schweißer Egon Witty stand vor dem Büro seines Meisters, er hatte während eines Arbeitstages oft da vorzusprechen, und jetzt wollte er die Detailzeichnungen für das Gestänge der neuen Montagehalle holen, damit die Schweißarbeiten begonnen werden konnten.
Der Schweißer Egon Witty hatte Zukunft. Er war dreißig Jahre alt, verheiratet mit einer Frau, die einer bekannten Filmschauspielerin ähnelte, aber viel Verstand mitbrachte und Fürsorge für ihn und seine Pläne; er hatte zwei Mädchen in noch nicht schulpflichtigem Alter, und er war von der Betriebsleitung ausersehen, in einem halben Jahr den Posten des Meisters zu übernehmen, wenn der alte Mann in Pension ging.
Der Schweißer Witty hatte also Zukunft.
Der Schweißer Egon Witty blieb vor dem Büro seines Meisters stehen, es gab keinen Grund, warum er stehen blieb und in die Sonne blinzelte, es gab keinen Grund, warum er nicht, wie alle Tage, sofort eintrat und seine Sache vortrug.
Er blieb vor dem Büro stehen und blinzelte in die Sonne.
Es war ein ungewöhnlich heißer Tag.
Was wird sein, wenn ich Meister bin? dachte er. Was wird sein? Was wird sich im Betrieb und in meinem Leben verändern? Wird sich überhaupt etwas verändern? Warum soll sich etwas verändern? Bin ich ein Mensch, der verändern will? Er

stand starr und beobachtete mit abwesendem Blick das geschäftige Treiben auf dem Eisenverladeplatz, der hundert Meter weiter unter einer sengenden Sonne lag. Die Männer dort arbeiteten ohne Hemd, ihre braunen Körper glänzten im Schweiß. Ab und zu trank einer aus der Flasche. Ob sie Bier trinken? Oder Coca?

Was wird sein, wenn ich Meister bin? Mein Gott, was wird dann sein? Ja, ich werde mehr Geld verdienen, kann mir auch einen Wagen leisten, und die Mädchen werde ich zur Oberschule schicken, wenn es so weit ist. Vorausgesetzt, sie haben das Zeug dazu. Eine größere Wohnung werde ich beziehen, von der Werksleitung eingewiesen in die Siedlung, in der nur Angestellte der Fabrik wohnen. Vier Zimmer, Kochnische, Bad, Balkon, kleiner Garten – und Garage. Das ist schon etwas. Dann werde ich endlich heraus sein aus der Kasernensiedlung, wo die Wände Ohren haben, wo einer dem andern in den Kochtopf guckt und der Nachbar an die Wand klopft, wenn meine Frau den Schallplattenapparat zu laut aufdreht und die Pilzköpfe plärren läßt.

Meister, werden dann hundert Arbeiter zu mir sagen – oder Herr. Oder Herr Meister – oder Herr Witty. Wie sich das wohl anhört: Herr Witty! Meister! Er sprach es mehrmals laut vor sich hin.

Der Schweißer Egon Witty blinzelte in die Sonne, und er sah auf den Verladeplatz, der unter einer prallen Sonne lag, und er rätselte, was die Männer mit den entblößten Oberkörpern wohl tranken: Bier? Coca?

Schön wird das sein, wenn ich erst Meister bin, ich werde etwas sein, denn jetzt bin ich nichts, nur ein Rad im Getriebe, das man auswechseln kann. Räder sind ersetzbar, nicht so leicht aber Männer, die Räder in Bewegung setzen und überwachen. Ich werde in Bewegung setzen und überwachen, ich werde etwas sein, ich werde bestimmen, anordnen, verwerfen, begutachten, für gut befinden. Ich werde die Verantwortung tragen. Ich allein. Verantwortung? Verant…wor…tung?

Da wußte er plötzlich, warum er gezögert hatte, in das Büro des Meisters zu gehen wie all die Tage vorher, forsch, in dem sicheren Gefühl, hier bald der Meister zu sein. Herr! Oder: Meister!

Wie sich das anhört: Herr Witty! Meister!

Nein, dachte er, ich kann diese Verantwortung unmöglich auf mich nehmen, ich bin nicht der richtige Mann dafür, ich kann das nicht, ich habe nicht die Sicherheit des Alten; der zweifelt nie, der weiß einfach, wann was wo zu geschehen hat und auch wie. Ich muß einen Menschen haben, der mir die letzte Entscheidung abnimmt, der mir sagt, wann was wo zu geschehen hat und wie.

Ich habe Angst. Einfach Angst.

Eine saubere Naht kann ich schweißen, millimetergenau Eisen zerteilen, und ich kann Pläne lesen und weiß: wo, was, wie, warum, wann. Aber ich weiß nicht, ob das absolut richtig ist. Ich weiß es nicht.

Nein, ich kann diese Stelle nicht übernehmen, ich bin zu unsicher, ich müßte immer fragen, ob es richtig ist. Weil ich nun eben so bin. Ich werde dann nicht Herr heißen und nicht Meister. Kollegen werden lächeln und Feigling sagen. Sollen Sie. In die Angestelltensiedlung kann ich dann auch nicht umziehen, das ist schade, werde weiterhin in meiner Kaserne wohnen. Und die Mädchen? Noch ist es nicht so weit, kommt Zeit, kommt Rat, vielleicht haben sie das Zeug gar nicht für die Oberschule. Und das Auto? Wird dann wohl nichts werden, muß weiter meine Frau auf dem Moped in die Stadt zum Einkaufen fahren, vielleicht reicht es zu einem Auto, wenn ich jeden Tag Überstunden mache. Ich kann arbeiten für zwei, ich traue mir alles zu, ich kann gut arbeiten und schnell und sauber, aber ich kann diese Verantwortung nicht tragen, ich habe einfach Angst, eine dumme, erbärmliche Angst. Vor meiner Unsicherheit? Wovor habe ich denn nun Angst?

Der Schweißer Egon Witty stand vor dem Büro seines Meisters und blinzelte in die Sonne. Trinken die Männer dort auf dem Platz unter der stechenden Sonne nun Bier oder Coca?

Mein Gott wäre das schön: Meister sein. Eine gute Stellung, eine Lebensstellung, und dann mit Herr angeredet werden oder mit Meister. Meine Frau freut sich auf meine Beförderung – sie wird enttäuscht sein und zornig und mich einen Narren schimpfen, der nicht weiß, was er will. Sie wird mich einen Drückeberger nennen und einen, der keinen Mumm in den Knochen hat, der den Mund dort aufreißt, wo es nicht nötig ist. Sie wird das heute abend alles sagen, wenn ich ihr von meinem Entschluß erzähle. Ich kann ihr alles erklären, alles, aber nicht, daß ich Angst habe, eine kleine, saublöde Angst, sie wird nie verstehen, was Angst ist. Sie wird zu mir sagen: warum? Du kennst doch dein Fach, dir kann keiner was vormachen, du kennst wie kein zweiter dieses Fach. Soll ein Halbidiot an deine Stelle treten? Sie ist stolz auf mich; denn von überall und von jedermann hört sie, daß ich tüchtig bin, daß ich Übersicht und Umsicht habe. Ich sei enorm gescheit, hat ihr der Direktor auf der letzten Betriebsfeier gesagt. Ja, sie ist stolz auf mich, sehr. Was wird sie wohl heute abend sagen? Ich sehe schon ihr erschrecktes Gesicht.

Sie wissen alle, was ich kann, der Herr Direktor, der Meister und auch meine Frau, aber sie wissen nicht, daß ich Angst habe, eine kleine, erbärmliche Angst. Ich kann ihnen das nicht sagen, nicht erklären, nicht begründen, sie verstehen mich nicht, nicht der Direktor, nicht der Meister, nicht meine Frau. Wohl kann ich eine saubere Naht schweißen, Pläne lesen und weiß: was, wie, wann, warum. Aber ich weiß nicht, warum ich Angst habe, warum ich unsicher bin, wo ich doch in meinem Beruf für alle anderen Sicherheit ausstrahle. Ich kann es ihnen nicht erklären, sie würden mich auslachen und sagen: Du bist doch kein Kind mehr. Ja, das werden sie sagen, sie werden mich für launisch halten, sie werden glauben, ich will mich interessant machen, um vielleicht mehr Gehalt herauszuschlagen.

Dem Meister werde ich das jetzt sagen, er soll einen anderen vorschlagen, einen, der keine Angst hat und der nicht weiß, was das ist. Der Schweißer Egon Witty blinzelte in die Sonne und auf den Verladeplatz. Die Männer dort! Trinken sie nun Bier? Oder Coca? Bei der Hitze sollten sie kein Bier trinken.

Die Bürotür schlug heftig nach außen auf, der Meister hätte Witty beinah umgerannt. Der grauhaarige Mann sah auf und lachte breit, als er Witty erkannte.

Ach, rief er, da bist du ja. Ich wollte gerade zu dir in die Halle.

Zu mir?

Ja. Du hast Glück gehabt.

Glück?

Ja, Glück. Natürlich. Am Ersten ist für mich der Letzte. Ich höre auf. In drei Tagen also. Dann bist du hier der Herr. Der Arzt sagt, ich darf nicht mehr, ab sofort, Herz weißt du. Ich wußte ja gar nicht, daß es so schlimm steht.

Jaja, sagte Witty.

Na Mensch, du stehst hier herum wie ein Ölgötze. Freust du dich nicht? Mir darfst du deine Freude ruhig zeigen, ich alter Knochen bin hier sowieso überflüssig geworden, du machst das alles viel besser. Und dann, du warst doch im letzten Jahr schon der Meister, ich habe doch nur Unterschriften gegeben. Na, Mensch, das kam zu plötzlich, verstehe, das hat dich erschlagen. Was? Dicker Hund? Morgen wird gefeiert, mein Ausstand, und du zahlst deinen Einstand.

Der Schweißer Egon Witty ging. Er blieb mitten auf dem Platz stehen und blinzelte in die Sonne und auf den Eisenverladeplatz. Ob sie Bier trinken, oder Coca?

Ich muß umkehren und es dem alten Herrn sagen. Von meiner Angst muß ich ihm erzählen und sagen, warum ich Angst habe. Er wird mich verstehen, bestimmt, wenn mich einer versteht, dann er; denn er hat auch einmal Angst gehabt. Er hat es mir vor Jahren einmal erzählt, da sagten wir noch Sie zueinander. Bis zu den Knien hat er im Schnee gestanden und die Arme hochgereckt, als die Russen auf sie zukamen. Wissen Sie, was ich da dachte? hatte er einmal erzählt. Nichts dachte ich, absolut gar nichts, ich hatte nur eine wahnsinnige Angst. Wissen Sie, was Angst ist? Nein? Da geht es hinten und vorne los. Das ist Angst. Und warum? Weil man in dem Moment nicht weiß, was kommt. Man weiß es nicht, man hat so viel gehört und auch gesehen, aber in dem Moment weiß man nicht, was kommt. Und dann ist die Angst da. Als der erste Russe ihn auf deutsch ansprach, war die Angst weg, erzählte er damals auch. Er mußte lachen, gab ihm eine Zigarette. Das Lachen und die Zigarette saugten seine Angst auf. Aber seine Angst ist nicht meine, mich lachen die Menschen an, sie geben mir Zigaretten, die Angst ist trotzdem da. Der Meister wird mich trotzdem verstehen. Nur wer nie Angst hatte, sagt, das sind Kindereien. Der Meister wird mich verstehen.

Egon Witty kehrte um.

Vor der Tür zum Büro blieb er wieder stehen, blinzelte in die Sonne und auf den Verladeplatz. Trinken die Männer nun Bier, oder Coca?

Er trat ein, forsch wie immer. Der Meister sah auf, erstaunt, dann nahm er die Brille ab und lächelte breit.

Na? Was gibt's? fragte er.

Ich...ich...ich...stotterte Witty. Dann sagte er fest: Ich habe die Pläne für Halle drei vergessen.

Ach so, ja, hier. Zehn Stück. Gleich in Zellophanhüllen stecken, damit sie nicht so schmutzig werden.

Der Schweißer Egon Witty wollte noch etwas sagen, aber der Meister saß schon wieder hinter seinem Tisch und füllte eine Tabelle aus.

Witty nahm die Pläne und ging über den Verladeplatz.

Die Männer dort tranken Bier.

(Aus: Max von der Grün, Fahrtunterbrechung und andere Erzählungen. Frankfurt: EVA 1965, S. 24–30.)

Arbeitshinweise
1. Welches ist das zentrale Thema der Erzählung?
2. Erarbeiten Sie die einzelnen Phasen des Kampfes, die sich in Egon Witty abspielen!
3. Welche Gründe sprechen dafür, den angebotenen Posten als Meister anzunehmen? Welche Bedenken werden angeführt?
4. Welche Wandlung vollzieht sich in Egon Witty? Wodurch ist sie verursacht?
5. Stellen Sie die Wortwiederholungen zusammen! Welche Funktion haben sie?
6. Warum hat Egon Witty Angst?
7. Wie würden Sie in einer vergleichbaren Situation handeln?

MANFRED OESTERLE, **Der Steuermann**

„Hast du Schwein mir nicht vor sieben Wochen in die Hand versprochen, bei der nächsten Störung dürfte ich den Handgriff tun?"   *(Simplicissimus)*

Arbeitshinweise
1. Beschreiben und deuten Sie die Karikatur!
2. Auf welches Problem will der Zeichner aufmerksam machen?
3. Vergleichen Sie die Karikatur mit dem Text von Wallraff (vgl. S. 207 ff.)! Welche technische und gesellschaftliche Entwicklung hat stattgefunden?

Dieter Forte, **Ein Tag beginnt**

Forte ist 1935 in Düsseldorf geboren. Er war kaufmännischer Lehrling, Werbefachmann und Pressefotograf, bevor er Schriftsteller wurde. Er gehört ebenfalls zur Gruppe 61. In „Ein Tag" (der Beginn ist hier abgedruckt) beschreibt Forte, wie ein gewöhnlicher Alltag verläuft. Der Text ist auch dem Almanach „Aus der Welt der Arbeit" entnommen. Vgl. auch S. 220ff.
Fortes Theaterstück „Martin Luther und Thomas Münzer oder die Einführung der Buchhaltung" (1971) wurde auf vielen Bühnen erfolgreich aufgeführt.

Lesehinweis:
Dieter Forte, Martin Luther und Thomas Münzer oder die Einführung der Buchhaltung. Berlin: Wagenbach 1971.

Wecker klingelt. Sieben Uhr. Na ja, ist die Nacht vorbei. Kann der Rummel wieder losgehen. Der Tag bricht an, wie es so schön heißt. Möchte nur wissen, was da anbrechen soll. Wird genauso dämlich wie gestern und wie alle anderen Tage. Passiert bestimmt nichts. Immer derselbe Quatsch. Aufstehen, anziehen, Tasse Kaffee, den Flur entlang. Ein endloser Schlauch. Schmutziges Himmelblau. Alle drei Meter eine Tür. Insgesamt achtzehn. Himmelblau. Was die sich wohl dabei gedacht haben? Jedes Stockwerk eine andere Farbe. Freundlichkeit, Ordnung. Und ausgerechnet Himmelblau. Soll wohl Weite vortäuschen. Weite zwischen achtzehn Türen. Der Fahrstuhlknopf. Ein rotes Lämpchen, Begrüßung und Anmeldung zum Tag. Teilnahmebedingung für alle hinter diesen Türen. Alles dreimal verriegelt. Türschloß, Sicherheitsschloß, Sicherheitskette. Dazu noch ein Spion. Sicherheit. Dabei leben sie in aufeinandergestapelten Schubladen. Na ja, Einbildung ist alles. Nichts Komischeres als so'n Hochhaus von außen. Emsige Bienen in ihren Waben. Und jeder meint, er wär was Besonderes. Der Aufzug – blaßgelb und ewig neidisch auf vorüberziehendes Himmelblau und Abendrot und Wiesengrün. Neun – acht – sieben – vorgetäuschte Weite – verschmierter Sonnenuntergang – abgebröckelte Sommerwiese. Tragkraft: 300 Kilogramm oder 4 Personen. Verordnung vom 8. September 1926. Es ist verboten, Personen in Aufzügen zu befördern, bei denen das Mitfahren von Personen verboten ist.

Erdgeschoß. Der Hausmeister, mürrisch, verteilt Zeitungen. Die Straße. Hastende Gestalten, zugeknöpfte Mäntel, bespritzte Hosenbeine, nicht immer klar, ob Mann oder Frau, aber wen stört das. Bei Rot auf Grün warten. Steh – geh. Auf Abbieger achten. Weiter. Litfaßsäule wird beklebt. Theater müßte man auch mal wieder gehen. Aber alleine? Noch mal Rot – Grün. Na, wie lange denn noch? Endlich. Himmel ist grau. Wird gleich wieder regnen. Himmelblau haben nur noch die Maler. Windige Ecke hier. Früher stand hier die Blumenfrau. Lohnt wohl nicht mehr. Und noch früher dieser alte Mann. Windräder, Holzpuppen, Rasseln, bunte Stofftiere. Alles an einer langen Holzstange. Luftballons auch. Stand immer hier. Auch wenn's regnete. Hab nie gesehen, daß da einer was gekauft hat. Jetzt haben sie da seinen Namen eingemeißelt. Grauer Stein.

Ja, was ist denn nun? Steht da mit seinem Stadtplan mitten im Weg. Will er nun fragen oder was ist? Nein. Schaut lieber in seinen Plan. Rot – Grün. Die bauen immer noch. Ob die mal fertig werden? Was? Was? Ich kann sie nicht verstehen. Die Preßlufthämmer! Was der wohl gewollt hat? Hält mich da fest. Warum sucht er sich auch gerade die Baustelle aus. Verrückt. Was der wohl wollte?

Schon zwanzig vor. Beeilen. U-Bahn. Rolltreppe abwärts. Vordermann: graukarierter Mantel. Hintermann: Zeitung. Weiter vorn nur Hüte, naß und glänzend. Drehkreuz. Die Karte – eine Blondine hinter Glas. Ein müde nickender Automat. Schnell hineinschieben. Irgendeine Ecke. Jeden Morgen das gleiche. Müdes Vieh, das in seinen Waggon getrieben wird.

Voll wie immer. Mäntel und Zeitungen. Papier, auf dem steht, was passiert sein soll, und Fotos, die es bezeugen. Feuchte Mäntel, braun, grau, kariert, gestreift. In den Kurven spürt man Körper – aber nur schwach. Gut abgepolstert. Diese Gesichter. Lesen oder starren ins Leere. Wenn's sich gar nicht anders machen läßt, sehen sie krampfhaft durch einen hindurch. Schaut man sie an, werden sie gleich unruhig. Halten einem lieber 'ne rote Schlagzeile vors Gesicht. Deckung. Und sind noch böse, wenn man mitliest. Als ob sie ein anderes Blatt hätten als ihr Nebenmann. Idioten. Lieber 'raussehen. Die Scheiben haben sie auch verkleistert. Geschnörkelt violett: Auch für dich starb Christus am Kreuz. Und in Gelb: Citrella – so fruchtig frisch. Da kann man dann wählen. Und draußen zucken die Tunnellichter. Weg – weg – weg monoton und frierend und endlos. Was der eben wohl gewollt hat? Warum sucht er sich auch 'ne Baustelle aus. Die Wände glitzern. Wie Diamanten. Oder Brillanten. Weiß nicht. Ein Gegenzug. Mantel – Zeitung, Mantel – Zeitung, Mantel – Zeitung. Kleingehackt durch Fensterkreuze. Am besten, man schließt die Augen. Um nicht die Mäntel zu sehen, die Zeitungen und diese Gesichter. Starren krampfhaft auf die Buchstaben. Immer derselbe Quatsch. Tagaus, tagein. Man sollte denen mal alte Zeitungen andrehen. Würden die gar nicht merken. Bestimmt nicht. Die kaufen sowieso nur Zeitungen, um in der U-Bahn nicht irgendwen ansehen zu müssen. Hinten im Wagen quatscht einer über Uwe. Irgendeiner quatscht immer über Uwe.

Endlich. Nichts wie 'raus. Drehkreuz. Eine müde Rothaarige. Rolltreppe. Vor dir ein Gummimantel. Hinter dir – lohnt sich nicht umzudrehen.

Die Straße. Rot. Alles rennt. Ein Bus spritzt. Grün. Zebrastreifen. Drei Minuten vor acht. Kommt noch hin. Wird regnen heut. Den ganzen Tag. Na ja, ist egal, seh's sowieso nicht.

Pförtner. Graue Uniform. Sieht gelangweilt aus. Kein Wunder. Den ganzen Tag diese Gesichter. Nummer 890. Abheben. Anwesend. Fahrstuhl. Drei Mann vor mir. Flüchtig bekannt. Keiner wagt zu grüßen.

Rein, Tür zu. Front zu den Nummern. Wie jeden Morgen. Starren auf die tanzenden Zahlen, als erwarteten sie dort eine Offenbarung. Zwei – drei – vier – Tragkraft: 600 Kilogramm oder 8 Personen. Sind froh, daß sie wohin starren können. Für Zeitungen ist ja kein Platz. Verordnung vom 8. September 1926: Es ist verboten, Personen in Aufzügen zu befördern, bei denen –
(Aus: Aus der Welt der Arbeit. Almanach der Gruppe 61 und ihrer Gäste. Neuwied: Luchterhand 1966, S. 53ff.)

Arbeitshinweise
1. *Wer ist der Erzähler?*
2. *Welche Informationen erhalten wir durch diesen Text?*
3. *Wodurch ist der Stil gekennzeichnet?*
4. *Untersuchen Sie die Bilder und Vergleiche!*
5. *Welches Verhältnis besteht zwischen den Menschen? Was nimmt der Erzähler von den anderen Menschen auf?*

HEINRICH BÖLL, **Anekdote zur Senkung der Arbeitsmoral**

Heinrich Böll hat einmal das Erfolgs- oder Leistungsprinzip als Deutschlands größtes Problem bezeichnet: Dieses „Erfolgsethos" sei mörderisch und selbstzerstörerisch. Die Deutschen hätten „eine verrückte Vorstellung davon, was ein Mensch braucht. Diejenigen unter uns, die 1945 überlebten, wissen es besser." Bundeskanzler Willy Brandt sagte in seiner Regierungserklärung 1972: „Demokratie braucht Leistung."
Zur Biographie Heinrich Bölls vgl. S. 374.

Lesehinweis:

Heinrich Böll, Der Lorbeer ist immer noch bitter. Literarische Schriften. München: dtv 1974 (= dtv 1023).

Heinrich Böll, Aufsätze. Kritiken. Reden. 2 Bde. München: dtv 1969 (= dtv 616/617).

Heinrich Böll, Irisches Tagebuch. München: dtv 1971 (= dtv 1).

Der Schriftsteller Heinrich Böll. Ein biographisch-bibliographischer Abriß, hrsg. von Werner Lengning. München: dtv [5]1977 (= dtv 530).

Hermann Stresau, Heinrich Böll. Berlin: Colloquium 1968 (= Köpfe des XX. Jh. 35).

Wilhelm Johannes Schwarz, Der Erzähler Heinrich Böll. Bern: Francke [2]1968.

In einem Hafen an einer westlichen Küste Europas liegt ein ärmlich gekleideter Mann in seinem Fischerboot und döst. Ein schick angezogener Tourist legt eben einen neuen Farbfilm in seinen Fotoapparat, um das idyllische Bild zu fotografieren: blauer Himmel, grüne See mit friedlichen schneeweißen Wellenkämmen, schwarzes Boot, rote Fischermütze. Klick. Noch einmal: klick, und da aller guten Dinge drei sind und sicher sicher ist, ein drittes Mal: klick. Das spröde, fast feindselige Geräusch weckt den dösenden Fischer, der sich schläfrig aufrichtet, schläfrig nach seiner Zigarettenschachtel angelt; aber bevor er das Gesuchte gefunden, hat ihm der eifrige Tourist schon eine Schachtel vor die Nase gehalten, ihm die Zigarette nicht gerade in den Mund gesteckt, aber in die Hand gelegt, und ein viertes Klick das des Feuerzeugs, schließt die eilfertige Höflichkeit ab. Durch jenes kaum meßbare, nie nachweisbare Zuviel an flinker Höflichkeit ist eine gereizte Verlegenheit entstanden, die der Tourist – der Landessprache mächtig – durch ein Gespräch zu überbrücken versucht.

„Sie werden heute einen guten Fang machen." Kopfschütteln des Fischers.
„Aber man hat mir gesagt, daß das Wetter günstig ist." Kopfnicken des Fischers.
„Sie werden also nicht ausfahren?"

Kopfschütteln des Fischers, steigende Nervosität des Touristen. Gewiß liegt ihm das Wohl des ärmlich gekleideten Menschen am Herzen, nagt an ihm die Trauer über die verpaßte Gelegenheit.

„Oh, Sie fühlen sich nicht wohl?"

Endlich geht der Fischer von der Zeichensprache zum wahrhaft gesprochenen Wort über. „Ich fühle mich großartig", sagt er. „Ich habe mich nie besser gefühlt." Er steht auf, reckt sich, als wolle er demonstrieren, wie athletisch er gebaut ist. „Ich fühle mich phantastisch."

Der Gesichtsausdruck des Touristen wird immer unglücklicher, er kann die Frage nicht mehr unterdrücken, die ihm sozusagen das Herz zu sprengen droht: „Aber warum fahren Sie dann nicht aus?"

Die Antwort kommt prompt und knapp. „Weil ich heute morgen schon ausgefahren bin."

„War der Fang gut?"

„Es war so gut, daß ich nicht noch einmal auszufahren brauche, ich habe vier Hummer in meinen Körben gehabt, fast zwei Dutzend Makrelen gefangen ..."

Der Fischer, endlich erwacht, taut jetzt auf und klopft dem Touristen beruhigend auf die Schultern. Dessen besorgter Gesichtsausdruck erscheint ihm als ein Ausdruck zwar unangebrachter, doch rührender Kümmernis.

„Ich habe sogar für morgen und übermorgen genug", sagte er, um des Fremden Seele zu erleichtern. „Rauchen Sie eine von meinen?"

„Ja, danke."

Zigaretten werden in Münder gesteckt, ein fünftes Klick, der Fremde setzt sich kopfschüttelnd auf den Bootsrand, legt die Kamera aus der Hand, denn er braucht jetzt beide Hände, um seiner Rede Nachdruck zu verleihen.

„Ich will mich ja nicht in Ihre persönlichen Angelegenheiten mischen", sagt er, „aber stellen Sie sich mal vor, Sie führen heute ein zweites, ein drittes, vielleicht sogar ein viertes Mal aus und Sie würden drei, vier, fünf, vielleicht gar zehn Dutzend Makrelen fangen ... stellen Sie sich das mal vor." Der Fischer nickt.

„Sie würden", fährt der Tourist fort, „ nicht nur heute, sondern morgen, übermorgen, ja, an jedem günstigen Tag zwei-, dreimal, vielleicht viermal ausfahren – wissen Sie, was geschehen würde?"

Der Fischer schüttelt den Kopf.

„Sie würden sich in spätestens einem Jahr einen Motor kaufen können, in zwei Jahren ein zweites Boot, in drei oder vier Jahren könnten Sie vielleicht einen kleinen Kutter haben, mit zwei Booten oder dem Kutter würden Sie natürlich viel mehr fangen – eines Tages würden Sie zwei Kutter haben, Sie würden ...", die Begeisterung verschlägt ihm für ein paar Augenblicke die Stimme, „Sie würden ein kleines Kühlhaus bauen, vielleicht eine Räucherei, später eine Marinadenfabrik, mit einem eigenen Hubschrauber rundfliegen, die Fischschwärme ausmachen und Ihren Kuttern per Funk Anweisung geben, Sie könnten die Lachsrechte erwerben, ein Fischrestaurant eröffnen, den Hummer ohne Zwischenhändler direkt nach Paris exportieren – und dann ...", wieder verschlägt die Begeisterung dem Fremden die Sprache. Kopfschüttelnd, im tiefsten Herzen betrübt, seiner Urlaubsfreude schon fast verlustig, blickt er auf die friedlich hereinrollende Flut, in der die ungefangenen Fische munter springen. „Und dann", sagte er, aber wieder verschlägt ihm die Erregung die Sprache.

Der Fischer klopft ihm auf den Rücken, wie einem Kind, das sich verschluckt hat.

„Was dann?" fragt er leise.

„Dann", sagt der Fremde mit stiller Begeisterung, „dann könnten Sie beruhigt hier im Hafen sitzen, in der Sonne dösen – und auf das herrliche Meer blicken."

„Aber das tu ich ja schon jetzt", sagte der Fischer, „ich sitze beruhigt am Hafen und döse, nur Ihr Klicken hat mich dabei gestört."

Tatsächlich zog der solcherlei belehrte Tourist nachdenklich von dannen, denn früher hatte er auch einmal geglaubt, er arbeite, um eines Tages nicht mehr arbeiten zu müssen, und es blieb keine Spur von Mitleid mit dem ärmlich gekleideten Fischer in ihm zurück, nur ein wenig Neid.

(Aus: Heinrich Böll, Aufsätze, Kritiken, Reden. Köln: Kiepenheuer & Witsch 1967, S. 464-467.)

Arbeitshinweise
1. *Wie werden die beiden Personen beschrieben, die sich im Hafen begegnen? Wodurch unterscheiden sie sich?*
2. *Analysieren Sie das Gespräch zwischen dem Fischer und dem Touristen!*
3. *Welche Ratschläge erteilt der Tourist dem Fischer? Was halten Sie von den Empfehlungen?*
4. *Warum empfindet der Tourist zum Schluß „ein wenig Neid"?*
5. *Diskutieren Sie die Vor- und Nachteile des Erfolgs- und Leistungsprinzips! Beachten Sie die Aussagen im Vorspann!*

8. VERKEHR

Robert Musil, **Der Verkehrsunfall**

Musil wurde 1880 in Klagenfurt (Österreich) geboren. Er starb 1942 in Genf. Als Junge hatte er die Militärschule besucht und danach Maschinenbau und Philosophie studiert. Von 1914–1918 war er als Offizier an der italienischen Front. Aus Österreich emigrierte er 1938 in die Schweiz.

Seine Erfahrungen als Schüler hat er in der Erzählung „Die Verwirrungen des Zöglings Törleß" (1906) festgehalten. Sein Hauptwerk, aus dem auch der hier abgedruckte Abschnitt stammt, ist „Der Mann ohne Eigenschaften" (1931). In diesem Roman erzählt Musil von der sterbenden Donaumonarchie und ihrer kranken Gesellschaft vor dem 1. Weltkrieg. Jenes Österreich dient ihm als Spiegel für alle Krankheiten dieses Jahrhunderts.

Lesehinweis:
Robert Musil, Sämtliche Erzählungen. Reinbek: Rowohlt 1968.

Wilfried Berghahn, Robert Musil in Selbstzeugnissen und Bilddokumenten. Reinbek: Rowohlt 1963 (= rowohlts monographien 81).

Es soll also auf den Namen der Stadt kein besonderer Wert gelegt werden. Wie alle großen Städte bestand sie aus Unregelmäßigkeit, Wechsel, Vorgleiten, Nichtschritthalten, Zusammenstößen von Dingen und Angelegenheiten, bodenlosen Punkten der Stille dazwischen, aus Bahnen und Ungebahntem, aus einem großen rhythmischen Schlag und der ewigen Verstimmung und Verschiebung aller Rhythmen gegeneinander, und glich im ganzen einer kochenden Blase, die in einem Gefäß ruht, das aus dem dauerhaften Stoff von Häusern, Gesetzen, Verordnungen und geschichtlichen Überlieferungen besteht. Die beiden Menschen, die darin eine breite, belebte Straße hinaufgingen, hatten natürlich gar nicht diesen Eindruck. Sie gehörten ersichtlich einer bevorzugten Gesellschaftsschicht an, waren vornehm in Kleidung, Haltung und in der Art, wie sie miteinander sprachen, trugen die Anfangsbuchstaben ihrer Namen bedeutsam auf ihre Wäsche gestickt, und ebenso, das heißt nicht nach außen gekehrt, wohl aber in der feinen Unterwäsche ihres Bewußtseins, wußten sie, wer sie seien und daß sie sich in einer Haupt- und Residenzstadt auf ihrem Platze befanden. [...]

Diese beiden hielten nun plötzlich ihren Schritt an, weil sie vor sich einen Auflauf bemerkten. Schon einen Augenblick vorher war etwas aus der Reihe gesprungen, eine quer schlagende Bewegung; etwas hatte sich gedreht, war seitwärts gerutscht, ein schwerer, jäh gebremster Lastwagen war es, wie sich jetzt zeigte, wo er, mit einem Rad auf der Bordschwelle, gestrandet dastand. Wie die Bienen um das Flugloch hatten sich im Nu Menschen um einen kleinen Fleck angesetzt, den sie in ihrer Mitte freiließen. Von seinem Wagen herabgekommen, stand der Lenker darin, grau wie Packpapier, und erklärte mit groben Gebärden den Unglücksfall. Die Blicke der Hinzukommenden richteten sich auf ihn und sanken dann vorsichtig in die Tiefe des Lochs, wo man einen Mann, der wie tot dalag, an die Schwelle des Gehsteigs gebettet hatte. Er war durch seine eigene Unachtsamkeit zu Schaden gekommen, wie allgemein zugegeben wurde. Abwechselnd knieten Leute bei ihm nieder, um etwas mit ihm anzufangen; man öffnete seinen Rock und schloß ihn wieder, man versuchte ihn aufzurichten oder im Gegenteil, ihn wieder hinzulegen; eigentlich wollte niemand etwas anderes damit, als die Zeit ausfüllen, bis mit der Rettungsgesellschaft sachkundige und befugte Hilfe käme.

Auch die Dame und ihr Begleiter waren herangetreten und hatten, über Köpfe und gebeugte Rücken hinweg, den Daliegenden betrachtet. Dann traten sie zurück und zögerten. Die Dame fühlte etwas Unangenehmes in der Herz-Magengrube, das sie berechtigt war für Mitleid zu halten; es war ein unentschlossenes, lähmendes Gefühl. Der Herr sagte nach einigem Schweigen zu ihr: „Diese schweren Kraftwagen, wie sie hier verwendet werden, haben einen zu langen Bremsweg." Die Dame fühlte sich dadurch erleichtert und dankte mit einem aufmerksamen Blick. Sie hatte dieses Wort wohl schon manchmal gehört, aber sie wußte nicht, was ein Bremsweg sei, und wollte es auch nicht wissen; es genügte ihr, daß damit dieser gräßliche Vorfall in irgend eine Ordnung zu bringen war und zu einem technischen Problem wurde, das sie nicht mehr unmittelbar anging. Man hörte jetzt auch schon die Pfeife eines Rettungswagens schrillen, und die Schnelligkeit seines Eintreffens erfüllte alle Wartenden mit Genugtuung. Bewundernswert sind diese sozialen Einrichtungen. Man hob den Verunglückten auf eine Tragbahre und schob ihn mit dieser in den Wagen. Männer in einer Art Uniform waren um ihn bemüht, und das Innere des Fuhrwerks, das der Blick erhaschte, sah so sauber und regelmäßig wie ein Krankensaal aus. Man ging fast mit dem berechtigten Eindruck davon, daß sich ein gesetzliches und ordnungsmäßiges Ereignis vollzogen habe. „Nach den amerikanischen Statistiken", so bemerkte der Herr, „werden dort jährlich durch Autos 190 000 Personen getötet und 450 000 verletzt."

„Meinen Sie, daß er tot ist?" fragte seine Begleiterin und hatte noch immer das unberechtigte Gefühl, etwas Besonderes erlebt zu haben.

„Ich hoffe, er lebt", erwiderte der Herr. „Als man ihn in den Wagen hob, sah es ganz so aus."

(Aus: Robert Musil, Der Mann ohne Eigenschaften. Reinbek: Rowohl 1972, S. 10–11.)

Arbeitshinweise
1. Wie ist die Reaktion der am Unfall beteiligten Personen? Wie sieht die Hilfe der Menschen aus?
2. Analysieren Sie den Aufbau des Textes!
3. Was ist das Besondere am Stil dieses Romanausschnitts? In welcher Art und Weise berichtet der Erzähler von dem Ereignis?
4. Was will der Autor mit diesem Text erreichen?
5. Vergleichen Sie diesen Text mit einem Bericht über Verkehrsunfälle in der Tageszeitung!
6. Wie würden Sie sich verhalten?

Erich Kästner, **Im Auto über Land**

Kästner wurde 1899 in Dresden geboren. Zunächst war er als Volksschullehrer tätig, später als Redakteur. Bekannt wurde er durch seine Kinder- und Jugendbücher („Emil und die Detektive", „Das fliegende Klassenzimmer"), die zum größten Teil auch verfilmt wurden.

Kästner versucht immer wieder, die Leute zum Lachen zu bringen – auch über sich selbst. Seine ironisch-humorvoll-kritischen Schriften wurden 1933 von den Nationalsozialisten verbrannt.

Lesehinweis:

Kästner für Erwachsene, hrsg. von R. W. Leonhardt. Frankfurt: Fischer 1966.

Luiselotte Enderle, Erich Kästner in Selbstzeugnissen und Bilddokumenten. Reinbek: Rowohlt 1966 (= rowohlts monographien 120).

An besonders schönen Tagen
ist der Himmel sozusagen
wie aus blauem Porzellan.
Und die Federwolken gleichen
weißen, zart getuschten Zeichen,
wie wir sie auf Schalen sahn.

Alle Welt fühlt sich gehoben,
blinzelt glücklich schräg nach oben
und bewundert die Natur.
Vater ruft, direkt verwegen:
„ 'N Wetter, glatt zum Eierlegen!"
(Na, er renommiert wohl nur.)

Und er steuert ohne Fehler
über Hügel und durch Täler.
Tante Paula wird es schlecht.
Doch die übrige Verwandtschaft
blickt begeistert in die Landschaft.
Und der Landschaft ist es recht.

Um den Kopf weht eine Brise
von besonnter Luft und Wiese,
dividiert durch viel Benzin.
Onkel Theobald berichtet,
was er alles sieht und sichtet.
Doch man sieht's auch ohne ihn.

Den Gesang nach Kräften pflegend
und sich rhythmisch fortbewegend
strömt die Menschheit durchs Revier.
Immer rascher jagt der Wagen.
Und wir hören Vatern sagen:
„Dauernd Wald, und nirgends Bier."

Aber schließlich hilft sein Suchen.
Er kriegt Bier. Wir kriegen Kuchen.
Und das Auto ruht sich aus.
Tante schimpft auf die Gehälter.
Und allmählich wird es kälter.
Und dann fahren wir nach Haus.

(Aus: Erich Kästner, Gesammelte Schriften für Erwachsene, Bd. 1. München: Knaur 1969, S. 303f.)

Arbeitshinweise

1. Welcher Zusammenhang besteht zwischen der sprachlichen Form und dem Thema des Gedichts?
2. Wie schildert Kästner diese Autofahrt? Was will er damit erreichen?
3. Welches Verhältnis hat – nach Kästner – der Mensch zum Auto, welches zur Natur?

PAUL FLORA, **Touristen**

Flora (1922 in Glurns/Österreich geboren) wurde durch seine satirisch-humorvollen Zeichnungen, Grafiken und politischen Karikaturen, die ein Thema knapp und überzeugend widerspiegeln, bekannt. Seit vielen Jahren ist er Mitarbeiter (Karikaturist) der Wochenzeitung „Die Zeit". Er prägte einmal den Ausspruch: „*Wenn Arbeit adelt, dann bleibe ich lieber bürgerlich.*"

Lesehinweis:

Paul Flora, Auf in den Kampf. Cartoons. München: dtv ^{2}1974 (= dtv 859).

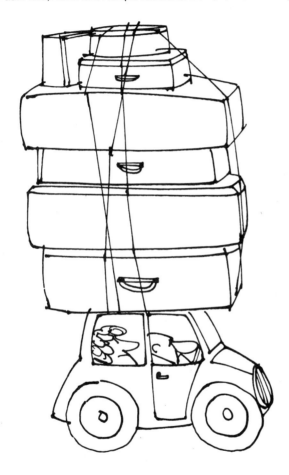

(Aus: Paul Flora, Als der Großvater auf die Großmutter schoß. Zürich: Diogenes 1971.)

Arbeitshinweise
1. *Beschreiben Sie die Karikatur! Worin liegt die besondere Wirkung?*
2. *Was kritisiert der Karikaturist? Stellen Sie einen Zusammenhang zu dem Text von Musil, Kästner und Krüger her!*

Horst Krüger, **Auf deutscher Autobahn**

Krüger wurde 1919 in Magdeburg geboren. Er studierte Philosophie und Literaturwissenschaft. Viele Jahre leitete er das literarische Nachtstudio im Südwestfunk in Baden-Baden; heute ist er vor allem als Publizist für Funk und Presse tätig.

Im Jahre 1974 starben auf Deutschlands Straßen 14614 Menschen, im deutschen Luftraum 86, auf deutschen Binnenschiffahrts- und Küstenwasserstraßen insgesamt 23, bei der Bundesbahn 284, in Deutschlands Bergen 60, alles in allem waren es 15067 Tote durch Verkehrsunfall. An Verletzten aus Straßenunfällen gab es 447142, im Wasser 91, bei Luftunfällen 132, bei der Bundesbahn 1324 und in den Bergen 10751.

Lesehinweis:

Horst Krüger, Deutsche Augenblicke. München: dtv 1972 (= dtv 837).
Horst Krüger, Das zerbrochene Haus. Eine Jugend in Deutschland. München: dtv 1966 (= dtv 511).
Hans Dollinger, Die totale Autogesellschaft. München: Hanser 1972.

Ferienzeit, Badezeit – das zieht uns jetzt mächtig in den Süden. Sonne, Wasser, Amore, das drängt sich jetzt auf der Autobahn. Das windet sich über hundert Bundesstraßen, strömt über viele Zubringer, schleust sich in Kreisel ein, verteilt sich nach rechts und links und fädelt sich endlich in die Gerade ein und rollt und rollt und wird doch schon langsamer.

Schon kurz hinter Frankfurt herrscht drangvolle Enge. Es stockt. Das sind so die Nöte des Wohlstands, sagt man. Engpässe der Konsumgesellschaft: Stauung der Sehnsucht, Fernweh auf Bremsen – Auffahrunfälle und Blechschäden; das muß man in Kauf nehmen. Das sind so die Künste im freien Deutschland: von Darmstadt bis Mannheim im ersten Gang fahren, und möglichst noch, ohne den Kühler zum Kochen zu bringen. Wer kann das? Wer kocht dabei nicht? Es kriecht eine Schlange durch unser Land, eine blitzende Kobra windet sich auf dem Asphalt. Es ist die Urlaubsschlange, kilometerlang. Sie hat viel Gift und Galle in sich. Es blitzen böse Augen aus manchem Glied. Gesichter, die hart und verbissen sind. Ihr Äußeres ist überaus kostbar. Noch immer geht nichts über Schlangenhaut.

Bei Heidelberg löst sich das Ganze allmählich auf. Manchmal ist es ein Rätsel, wie solche Schlangen entstehen, wie sie liquidiert werden. Nun müßte doch etwas kommen, etwas Deutliches, Umständliches, das alles erklärte: eine Baustelle, eine Umleitung, ein Unfall wäre jetzt gut. Man fiebert zersplittertem Glas, einer richtigen Karambolage entgegen. Man hat ein Recht darauf nach so langem Stehen, aber es kommt nichts. Die Stauung löst sich einfach so auf. Wie eine Ziehharmonika zieht sie sich wieder auseinander, langsam, wird flott, läuft wieder.

Enttäuschung mischt sich in die Erfahrung neuer Beweglichkeit. Ganz in der Tiefe ist man verletzt; man möchte ein Opfer für seine Qual. Ein Toter wäre jetzt gut, ja. Er würde versöhnen für drei oder vier Stauungen noch, die kommen. Uralter Ritus auf deutscher Autobahn. Das Menschenopfer beschwichtigt noch immer die

Götter. Aber es kommt nichts, das Opfer bleibt aus. Es kommen Bruchsal und Karlsruhe. Wälder, Wiesen, Kornfelder, Siedlungen fliegen am Fenster vorbei. Das kleine Gefühlchen, geprellt zu sein, verliert sich schon bald im badischen Land. Jetzt kommen die Ferien, der Süden, die Sonne. Der Götter ewiges Himmelblau: Näher, mein Gott, zu dir!

Plötzlich neue Stauung. Ganz kurz vor Offenburg, und niemand hätte das hier auf der glatten, freien Bahn erwarten brauchen. Es kommt so plötzlich, daß überall Bremsen quietschen, Räder blockieren, Bremsspuren gezogen werden wie mit dem Radiergummi. Ferienfreuden fliegen nach vorn. Strohhüte und Wasserbälle kullern einen Augenblick über das Steuerrad. Halt dich doch fest, mein Gott, siehst du denn nichts? Aufatmen, na ja, ging noch mal gut – und dann ist man plötzlich ganz knapp hinter seinem Vordermann zum Stehen gekommen, der auch ganz knapp hinter seinem Vordermann steht, und dieser wieder hinter seinem und jener hinter diesem und immer so weiter. Das ging noch mal gut. So reicht sich das kleine Glück nach vorne, addiert sich vielhundertfach in der Schlange und wird vielleicht vorn in einem kleinen Unglück enden. Man wird das ja sehen.

Das Fenster herunter, ein Schluck aus der Teeflasche, die Pfeife her, tief einatmen, Luft schöpfen. Riechst du was? Es riecht doch schon anders hier. Ruhe in solchen Fällen ist immer noch erste Bürgerpflicht. Erwägungen über die Landschaft: schon Tabakanbau bei Lahr: Stumpen und Zigarillos, Vorahnung des Orients. Viel Wein an den Berghängen: die Spuren des Bacchus[1] in Baden. Die Ferien beginnen genau zwischen Straßburg und Baden-Baden. Und während man das fühlt, riecht, schmeckt, geht es langsam weiter. Achtung, ersten Gang einlegen, rollen, bremsen, auskuppeln, wieder einlegen, Gas geben. Einen Augenblick geht es voran, dann stockt es wieder. Dann wieder voran, dann nicht, das ist wieder die alte Tour. Wir Bundesdeutschen kennen das.

Plötzlich ist man vorn. Damit hatte man gar nicht gerechnet. Plötzlich sieht man alles: ein Unglück wird vorn serviert, ein blutiges Schauspiel liegt ausgebreitet wie auf einer Bühne, wie Shakespeare im vierten Akt – schwer zu beschreiben. Die Helden sind niedergestreckt: auch Romeo, auch Julia. Das war einmal ein Auto, das war einmal eine Liebe, das war einmal ein verborgenes Ferienglück, das gen Süden wollte, und liegt jetzt da auf dem Grünstreifen und rührt sich nicht mehr. Das Auto, ach, dieses Hüpferchen von einem Auto, dieses Wägelchen, das eigentlich nur so auf Rummelplätzen im Quadrat fahren sollte, dieses winzige Ferienglück eines Liebespaars, kleine Leute, die wie die Großen auch in den Süden wollten – es liegt zerfetzt und zerquetscht an der verbogenen Leitplanke. Einen Augenblick mutet es wie eine moderne Drahtplastik an, eine kühne und zugleich gespenstische Neuschöpfung des Zufalls, Pop Art oder Mobile oder so.

Auf dem Gras liegt ein Mädchen in einem weißen, hellgeblümten Kleid. Sie liegt wie im Urlaub im Gras, blond und still, und das Ganze sieht aus wie von einem Sonntagsmaler gemalt: so steif und bunt und richtig zum Greifen. Neben ihr liegt ein junger Mann, der Romeo. Das weiße Sporthemd ist auf der rechten Seite aufgerissen, ist rot, ist braun, ist schwarz von Blut. Das Blut zieht sich am rechten Arm

---

1 Gott des Weines

herunter, und der Arm ist noch dran, aber die Hand fehlt, ist ab, ist einfach abgerissen, muß irgendwo hängengeblieben sein. Sanitäter sind eben dabei, ihm den Arm abzubinden. Blut versickert am Straßenrand. Sie tragen eine Bahre herbei – und ich? Ich fahre ganz langsam vorbei, gleite lautlos und stumm über die Bühne des Todes. Will alles sehen, will alles mitbekommen, will nichts versäumen: halt das doch fest. Uraltes Lied: Mitten im Leben sind wir – und rasch tritt der Tod uns an. Uraltes Lied: das ist sein Zeichen – heute. Nicht Kruzifix, nicht Sense, kein Knochenmann. Das war nur Vorgeschichte. Der Totentanz in unserer Zeit spielt auf der Autobahn. Und seine Geige ist der Wagen.

Paß doch nur auf! Siehst du denn nichts? Reiß dich doch los! Da stehen zwei Grüne und pumpen mit ihren Knien und rudern mit ihren Armen. Sie machen uns Zögernden Dampf. Nun los, nun schnell, nun Gas, nun haut doch schon ab! Zwei Polizisten stehen am Autobahnrand, stehen wie grüne, lederne Turner, krachend vor Kraft, vor Energie und Wille, und gehen immer in die Knie und kommen wieder hoch und rudern mit den Armen. Sie pumpen wie Herzchirurgen das Leben wieder an, geben Zeichen, schwitzen, winken, pumpen: Nun los, nun Gas, nun haut doch schon ab! Sie machen diese kraftvollen Freiübungen richtig im Takt und erinnern mich einen Augenblick an altrömische Galeereneinpeitscher, die ich im Kino sah, oder auch an meinen Unteroffizier damals im Kriege: Knie beugt, Arm vorstrecken, Gewehr in Vorhalte: Mensch stehen Sie doch gerade, Kerl. Knie streckt, Arme runter, den Hintern durchdrücken. Nun los, ihr Leute, Ferienvieh. Es warten der Süden, das Meer und die Sonne. Knie beugt, Arme vor, Gewehr in Vorhalte – nun los nach Rimini, nach Cattolica, Riccione. „Mensch, geben Sie doch endlich Gas!" schreit mir der Grüne strahlheiß ins offene Fenster und ist schon vorbei. Und geht wieder in die Knie ganz runter, schnellt wieder hoch und pumpt und pumpt so langsam die träge Schlange an. Ich sehe das nur noch im Rückspiegel. Ein schwerer Dienst, das ist sicher. Ich bin schon vorbei. Er bleibt.

Ich werde am Strand von Italien liegen. Ich werde auf bunten Terrassen zu Mittag essen und an den Abenden öfters in der Taverne Lacrimae Christi schlürfen. Das ist Pompejis Spezialität. Und ab und zu werde ich diese beiden Polizisten sehen. Die stehen hinter dir, begleiten dich überall. Aus welchem Lande kommst du?
(Aus: Horst Krüger, Deutsche Augenblicke. München: Piper 1969, S. 41–45.)

Arbeitshinweise
1. *Analysieren Sie die Bilder und Vergleiche in diesem Feuilleton!*
2. *Wie ist der Satz zu verstehen: „Ein Toter wäre jetzt gut, ja." (S. 234)?*
3. *Wie beurteilen Sie Krügers Beobachtungen in bezug auf menschliche Verhaltensweisen beim Autofahren? Welches Verhältnis besteht zwischen den Menschen? Können Sie die Beobachtungen des Autors bestätigen?*

KURT KUSENBERG, **Schnell gelebt**

Kusenberg wurde 1904 in Göteborg/Schweden geboren, verbrachte seine Jugend in Lissabon und studierte in München, Freiburg und Berlin Kunstgeschichte. Seit über zwei Jahrzehnten ist er als Kunstkritiker für verschiedene Zeitungen tätig. Heute lebt Kusenberg als Schriftsteller in Hamburg; als Lektor des Rowohlt-Verlags hat er sich als Herausgeber der Taschenbuchreihe „rowohlts monographien" einen Namen gemacht.

Bekannt wurden seine humorvollen, witzigen, zum Teil skurrilen Geschichten, in denen oft Wirkliches und Phantastisches vermischt wird. Seine Maxime heißt: *„Unsinn reinigt den Geist und heilt."*

Lesehinweis:

Kurt Kusenberg, Mal was andres. Reinbek: Rowohlt 1954 (= rororo 113).

Kurt Kusenberg, Gesammelte Erzählungen. Reinbek: Rowohlt 1969.

Schon als Kind erregte er Verwunderung. Er wuchs wie aus der Pistole geschossen und gab das Wachsen ebenso plötzlich wieder auf. Beim Sprechen verhaspelte er sich, weil die Gedanken den Worten entliefen; er war blitzschnell in seinen Bewegungen und wurde oft gleichzeitig an verschiedenen Orten gesehen. Alljährlich übersprang er eine Schulklasse; am liebsten hätte er sämtliche Klassen übersprungen.

Aus der Schule entlassen, nahm er eine Stellung als Laufbursche an. Er war der einzige Laufbursche, der je gelaufen ist. Von seinen Botengängen kehrte er so rasch wieder zurück, daß man nicht annehmen konnte, er habe sie wirklich ausgeführt, und ihn deshalb entließ. Er warf sich auf die Kurzschrift und schrieb bald fünfhundert Silben in der Minute. Trotzdem mochte kein Büro ihn behalten, denn er datierte die Post um Wochen vor und gähnte gelangweilt, wenn seine Vorgesetzten zu langsam diktierten.

Nach kurzem Suchen, das ihn endlos dünkte, stellte man ihn als Omnibusfahrer ein. Mit Schaudern dachte er später an diese Tätigkeit zurück, die darin bestand, einen fahrenden Wagen fortwährend anzuhalten. Vor ihm winkten Straßenfluchten, die zu durcheilen genußvoll gewesen wäre. An den Haltestellen aber winkten Leute, die einsteigen wollten, und ihnen mußte er folgen.

Eines Tages aber achtete er der Winkenden nicht, sondern entführte den Omnibus in rasender Gangart weit über das Weichbild der Stadt; so fand auch diese Betätigung ein Ende. Der Fall kam in die Zeitungen und erregte die Aufmerksamkeit sportlicher Kreise. Seine Laufbahn vom Sechstagefahrer bis zum Rennfahrer war ein einziger Triumphzug. Große Firmen rissen sich um seine Gunst; die geldkräftigste obsiegte, sie machte ihn zum Teilhaber. In leitender Stellung bewährte er sich und war ein gefürchteter Verhandlungsführer, der seine Gegner verwirrte und überrannte.

Wenige Stunden nach dem Entschluß, einen Hausstand zu gründen, hielt er um die Olympiasiegerin im Hundertmeterlauf an, jagte mit ihr vom Stadion in das Standesamt und erzwang eine Notheirat. Gleiche Neigungen verbanden sich zu einzigartigen Leistungen. Die junge Frau setzte alles daran, hinter ihm nicht zurückzustehen. Sie erledigte ihre häuslichen Pflichten mit dem Zeitraffer, trug im Winter schon Sommerkleidung und gebar vor der Zeit, nämlich mit fünf Monaten, ein Fünfmonatskind, das schon in der Wiege fließend sprach und das Laufen noch vor dem Gehen erlernte. Sie erfand neue Schnellgerichte, die man im Flug einnahm und sogleich verdaute. Die Dienstboten wechselten täglich, später stündlich; endlich geriet sie an einen Speisewagenkoch und zwei Flugzeugkellner, die das Zeitmaß begriffen und blieben. Sie war ihrem Gatten in jeder Hinsicht eine Stütze.

Der fuhr fort, sein Leben zu beschleunigen. Da er viel schneller schlief als andere Leute, benötigte er weniger Schlaf. Wenn er sich ins Bett warf, träumte er schon, und bevor ihn der Traum recht umfangen hatte, war er bereits wieder wach. Er frühstückte in der Badewanne und las beim Anziehen die Zeitung. Eine eigens erbaute Rutschbahn beförderte ihn aus der Wohnung in das Auto, das mit angelassenem Motor vor der Haustür hielt und sofort davonschoß.

Er sprach so knapp, als telegraphiere er, und wurde von langsamen Menschen selten verstanden. Er versäumte keine sportliche Veranstaltung, bei der es um Schnelligkeit ging, und setzte Preise für Höchstleistungen aus; sie kamen nie zur Verteilung, weil die Bedingungen unerfüllbar waren. Einen Teil seines schnell erworbenen Vermögens steckte er in den Raketenbau. Die erste bemannte Rakete, die abgeschossen wurde, enthielt ihn. Es war die schönste Fahrt seines Lebens.

Die Folgen eines so hastigen Daseins blieben nicht aus. Er alterte bedeutend rascher als seine Umwelt, war mit fünfundzwanzig Jahren silbergrau und mit dreißig ein gebrechlicher Greis. Ehe die Wissenschaft sich des seltsamen Falles annehmen konnte, starb er und zerfiel, da er die Verbrennung nicht abwarten wollte, im gleichen Augenblick zu Asche. Es blieb ihm erspart, die Enttäuschung zu erleben, daß die Nachrufe einen Tag zu spät in den Zeitungen erschienen. Seitdem er gestorben ist, kriecht die Minute wieder auf sechzig Sekunden dahin.

(Aus: Kurt Kusenberg, Mal was andres. Reinbek: Rowohlt 1967 (= rororo 113), S. 96–97.)

Arbeitshinweise
1. *Welche Probleme sollen mit dieser Erzählung enthüllt werden? Welche Einzelerscheinungen in unserer Zeit werden kritisiert?*
2. *Kennzeichnen Sie die besondere Form der Erzählung (Aufbau, Stilmittel) und untersuchen Sie die Paradoxien!*
3. *Worin liegt die Bedeutung des letzten Satzes?*

Paul Klee, **Abfahrt der Schiffe**

Klee wurde 1879 in Münchenbuchsee bei Bern geboren. In den Jahren 1898 bis 1914 erhielt er von vielen bedeutenden Künstlern (Franz Marc, Pablo Picasso) wichtige Anregungen. Von 1921 bis 1930 hielt er sich als Meister am Bauhaus (= Hochschule für Gestaltung) in Weimar und Dessau auf. 1933 siedelte Klee nach Bern über; kurze Zeit später wurden seine Werke von den Nationalsozialisten als „entartet" beschlagnahmt. 1940 starb er in Locarno.

Als der Architekt Walter Gropius 1919 in Weimar das Bauhaus gründete, dachte er an den Neuaufbau des gesamten Bereiches unserer Kultur (Stadt, Haus, Möbel, Gerät, Bild und Plastik) aus den einfachsten Elementen Fläche, Körper, Raum, Material, Konstruktion. Am Bauhaus hat Paul Klee seine Methode der Malerei entwickelt: Der unabdingbare Ausgangspunkt jedes Bildes ist für ihn ein formales Thema, das jedem Bild die rhythmische Festigkeit gibt: dann tritt zum Rhythmus der Form die Melodie der Farbe. In dem Buch „Schöpferische Konfessionen" bekennt er: *„Früher schilderte man Dinge, die auf der Erde zu sehen waren, die man gern sah oder gern gesehen hätte. Jetzt wird die Realität der sichtbaren Dinge offenbar gemacht und dabei dem Glauben Ausdruck verliehen, daß das Sichtbare im Verhältnis zum Weltganzen nur isoliertes Beispiel ist, und daß andere Wahrheiten latent in der Überzahl sind. Die Dinge erscheinen im erweiterten und vermannigfachten Sinn, der rationellen Erfahrung von gestern oft scheinbar widersprechend. Eine Verwesentlichung des Zufälligen wird angestrebt ... Kunst verhält sich zur Schöpfung gleichnisartig. Sie ist jeweils ein Beispiel, ähnlich wie das Irdische ein kosmisches Beispiel ist."* In „Abfahrt der Schiffe" (1927) holen fröhlich gestellte spitze Dreiecke – farbige auf dunklem Grunde – die Vorstellung ‚nächtliche Ausfahrt der Fischerflottille' herbei.

Das Ölbild befindet sich in der Nationalgalerie Berlin (Größe: 50 × 60 cm).

Arbeitshinweise
1. *Welche Wirkung (Vorstellung) geht von diesem Bild aus? Wodurch wird sie erzielt?*
2. *Ist es sinnvoll, dieses Bild dem Kapitel „Verkehr" zuzuordnen?*

9. LANDSCHAFTEN – STADT UND NATUR

FRIEDRICH ENGELS, **Die großen Städte**

Zur Biographie des Autors vgl. S. 197.

Lesehinweis:
Friedrich Engels, Die Lage der arbeitenden Klasse in England.
Friedrich Engels, Die Entwicklung des Sozialismus von der Utopie zur Wissenschaft.
Helmut Hirsch, Friedrich Engels in Selbstzeugnissen und Bilddokumenten. Reinbek: Rowohlt 1968 (= rowohlts monographien 142).

So eine Stadt wie London, wo man stundenlang wandern kann, ohne auch nur an den Anfang des Endes zu kommen, ohne dem geringsten Zeichen zu begegnen, das auf die Nähe des platten Landes schließen ließe, ist doch ein eigen Ding. Diese kolossale Zentralisation, diese Anhäufung von dritthalb Millionen Menschen auf *einem* Punkt hat die Kraft dieser dritthalb Millionen verhundertfacht; sie hat London zur kommerziellen Hauptstadt der Welt erhoben, die riesenhaften Docks geschaffen und Tausende von Schiffen versammelt, die stets die Themse bedecken. Ich kenne nichts Imposanteres als den Anblick, den die Themse darbietet, wenn man von der See nach London-Bridge hinauffährt. Die Häusermassen, die Werften auf beiden Seiten, besonders von Woolwich aufwärts, die zahllosen Schiffe an beiden Ufern entlang, die sich immer dichter und dichter zusammenschließen und zuletzt nur einen schmalen Weg in der Mitte des Flusses frei lassen, einen Weg, auf dem hundert Dampfschiffe aneinander vorüberschießen – das alles ist so großartig, so massenhaft, daß man gar nicht zur Besinnung kommt und daß man vor der Größe Englands staunt, noch ehe man englischen Boden betritt.

Aber die Opfer, die alles das gekostet hat, entdeckt man erst später. Wenn man sich ein paar Tage lang auf dem Pflaster der Hauptstraßen herumgetrieben, sich mit Mühe und Not durch das Menschengewühl, die endlosen Reihen von Wagen und Karren durchgeschlagen, wenn man die „schlechten Viertel" der Weltstadt besucht hat, dann merkt man erst, daß diese Londoner das beste Teil ihrer Menschheit aufopfern mußten, um alle die Wunder der Zivilisation zu vollbringen, von denen ihre Stadt wimmelt, daß hundert Kräfte, die in ihnen schlummerten, untätig blieben und unterdrückt wurden, damit einige wenige sich voller entwickeln und durch die Vereinigung mit denen anderer multipliziert werden konnten. [...]

Jede große Stadt hat ein oder mehrere „schlechte Viertel", in denen sich die arbeitende Klasse zusammendrängt. Oft freilich wohnt die Armut in versteckten Gäßchen dicht neben den Palästen der Reichen; aber im allgemeinen hat man ihr ein apartes Gebiet angewiesen, wo sie, aus den Augen der glücklicheren Klassen verbannt, sich mit sich selbst durchschlagen mag, so gut es geht. Diese schlechten Viertel sind in England in allen Städten ziemlich egal eingerichtet – die schlechtesten Häuser in der schlechtesten Gegend der Stadt; meist zweistöckige Ziegelgebäude in langen Reihen, möglicherweise mit bewohnten Kellerräumen, und fast überall unregelmäßig angelegt. Diese Häuschen von drei bis vier Zimmern und einer Küche werden Cottages genannt und sind in ganz England – einige Teile von London ausgenommen – die allgemeinen Wohnungen der arbeitenden Klasse. Die Straßen selbst sind gewöhnlich ungepflastert, höckerig, schmutzig, voll vegetabilischen und animalischen Abfalls, ohne Abzugskanäle oder Rinnsteine, dafür aber mit stehenden, stinkenden Pfützen versehen. Dazu wird die Ventilation durch die schlechte, verworrene Bauart des ganzen Stadtviertels erschwert, und da hier viele Menschen auf einem kleinen Raum leben, so kann man sich leicht vorstellen, welche Luft in diesen Arbeiterbezirken herrscht. Die Straßen dienen überdies bei schönem Wetter als Trockenplatz, es werden von Haus zu Haus Leinen quer herüber gespannt und mit nasser Wäsche behangen. [...]

Der größte Arbeiterbezirk liegt östlich vom Tower – in *Whitechapel* und *Bethnal Green*, wo die Hauptmasse der Arbeiter Londons konzentriert ist. Hören wir, was Herr G. *Alston,* der Prediger von St. Philip's, Bethnal Green, über den Zustand seiner Pfarre sagt: „Sie enthält 1400 Häuser, die von 2795 Familien oder ungefähr 12000 Personen bewohnt werden. Der Raum, auf dem diese große Bevölkerung wohnt, ist weniger als 400 Yards (1200 Fuß[1]) im Quadrat, und bei solch einer Zusammendrängung ist es nichts Ungewöhnliches, daß ein Mann, seine Frau, vier bis fünf Kinder und zuweilen noch Großvater und Großmutter in einem einzigen Zimmer von zehn bis zwölf Fuß im Quadrat gefunden werden, worin sie arbeiten, essen und schlafen. Ich glaube, daß, ehe der Bischof von London die öffentliche Aufmerksamkeit auf diese so höchst arme Pfarre hinlenkte, man da am Westende der Stadt ebensowenig von ihr wußte wie von den Wilden Australiens oder der Südsee-Inseln. Und wenn wir uns einmal mit den Leiden dieser Unglücklichen durch eigne Anschauung bekannt machen, wenn wir sie bei ihrem kargen Mahle belauschen und sie von Krankheit oder Arbeitslosigkeit gebeugt sehen, so werden wir eine solche Masse von Hilflosigkeit und Elend finden, daß eine Nation wie die unsrige über die Möglichkeit derselben sich zu schämen hat. Ich war Pfarrer bei Huddersfield während der drei Jahre, in denen die Fabriken am schlechtesten gingen; aber ich habe nie eine so gänzliche Hilflosigkeit der Armen gesehen wie seitdem in Bethnal Green. Nicht *ein* Familienvater aus zehn in der ganzen Nachbarschaft hat andere Kleider als sein Arbeitszeug, und das ist noch so schlecht und zerlumpt wie möglich; ja viele haben außer diesen Lumpen keine andere Decke während der Nacht und als Bette nichts als einen Sack mit Stroh und Hobelspänen." [...]

Wie mit der Kleidung, so mit der Nahrung. Die Arbeiter bekommen das, was der besitzenden Klasse zu schlecht ist. In den großen Städten Englands kann man alles aufs beste haben, aber es kostet teures Geld; der Arbeiter, der mit seinen paar Groschen haushalten muß, kann so viel nicht anlegen. Dazu bekommt er seinen Lohn meist erst Samstag abends ausgezahlt – man hat angefangen, schon Freitag zu zahlen, aber diese sehr gute Einrichtung ist noch lange nicht allgemein –, und so kommt er Samstag abends um vier, fünf oder sieben Uhr erst auf

---

[1] 1 Fuß = 0,305 m, 1200 Fuß = 366,00 m

den Markt, von dem während des Vormittags schon die Mittelklasse sich das Beste ausgesucht hat. Des Morgens strotzt der Markt von den besten Sachen, aber wenn die Arbeiter kommen, ist das Beste fort, und wenn es auch noch da wäre, so würden sie es wahrscheinlich nicht kaufen können. Die Kartoffeln, die der Arbeiter kauft, sind meist schlecht, die Gemüse verwelkt, der Käse alt und von geringer Qualität, der Speck ranzig, das Fleisch mager, alt, zäh, von alten, oft kranken oder verreckten Tieren – oft schon halb faul. Die Verkäufer sind meistens kleine Höker[1], die schlechtes Zeug zusammenkaufen und es eben wegen seiner Schlechtigkeit so billig wieder verkaufen können. Die ärmsten Arbeiter müssen noch einen andern Kunstgriff gebrauchen, um mit ihrem wenigen Gelde selbst bei der schlechtesten Qualität der einzukaufenden Artikel auszukommen. Da nämlich um zwölf Uhr am Sonnabendabend alle Läden geschlossen werden müssen und am Sonntag nichts verkauft werden darf, so werden zwischen zehn und zwölf Uhr diejenigen Waren, die bis zum Montagmorgen verderben würden, zu Spottpreisen losgeschlagen. Was aber um zehn Uhr noch liegengeblieben ist, davon sind neun Zehntel am Sonntagmorgen nicht mehr genießbar, und gerade diese Waren bilden den Sonntagstisch der ärmsten Klasse. Das Fleisch, das die Arbeiter bekommen, ist sehr häufig ungenießbar – weil sie's aber einmal gekauft haben, so müssen sie es essen. [...]

Wenn ein einzelner einem andern körperlichen Schaden tut, und zwar solchen Schaden, der dem Beschädigten den Tod zuzieht, so nennen wir das Totschlag; wenn der Täter im voraus wußte, daß der Schaden tödlich sein würde, so nennen wir seine Tat einen Mord. Wenn aber die Gesellschaft Hunderte von Proletariern in eine solche Lage versetzt, daß sie notwendig einem vorzeitigen, unnatürlichen Tode verfallen, einem Tode, der ebenso gewaltsam ist wie der Tod durchs Schwert oder die Kugel; wenn sie Tausenden die nötigen Lebensbedingungen entzieht, sie in Verhältnisse stellt, in welchen sie nicht leben *können;* wenn sie sie durch den starken Arm des Gesetzes zwingt, in diesen Verhältnissen zu bleiben, bis der Tod eintritt, der die Folge dieser Verhältnisse sein muß; wenn sie weiß, nur zu gut weiß, daß diese Tausende solchen Bedingungen zum Opfer fallen müssen, und doch diese Bedingungen bestehen läßt – so ist das ebensogut Mord wie die Tat des einzelnen, nur versteckter, heimtückischer Mord, ein Mord, gegen den sich niemand wehren kann, der kein Mord zu sein scheint, weil man den Mörder nicht sieht, weil alle und doch wieder niemand dieser Mörder ist, weil der Tod des Schlachtopfers wie ein natürlicher aussieht und weil er weniger eine Begehungssünde als eine Unterlassungssünde ist. Aber er bleibt Mord.
(Aus: K. Marx/F. Engels, Werke, Bd. 2. Berlin: Dietz 1962, S. 256f., 259, 261f., 299f., 324f.)

Arbeitshinweise
1. *Wie ist der Text aufgebaut?*
2. *Wie wirkt die Großstadt auf Engels? Wie leben die Menschen in der Stadt?*
3. *Warum nennt Engels das Elend der Arbeiter „Mord"? Untersuchen Sie in diesem Zusammenhang die Sprache (vor allem die Attribute)!*
4. *Untersuchen Sie den Satzbau dieses Textes!*
5. *Vergleichen Sie die Situation der Arbeiter damals und heute! (Gruppenarbeit)*

---
1 Händler

JOSEPH VON EICHENDORFF, **Mondnacht**

Eichendorff (1788-1857) wurde auf Schloß Lubowitz bei Ratibor in Oberschlesien geboren. Nach juristischen Studien ging er in preußische Staatsdienste.

Das literarische Werk gehört zu der Epoche der Romantik. In seiner Dichtung beschreibt er das fahrende Leben. Die Helden haben meistens keine Berufssorgen, sondern nur Liebessorgen. Am bekanntesten wurde die Erzählung „Aus dem Leben eines Taugenichts" (1826). Auch in seiner Lyrik verherrlicht der Dichter das Wandern, die Natur und die Liebe: Romantisch sind der Gefühlsüberschwang, die Sehnsucht und die Vorliebe für Übergangsstimmungen und das Unbegrenzte der Vorstellungen.

Die Romantik versucht Geist und Natur, Endlichkeit und Unendlichkeit, Vergangenes und Gegenwärtiges zu vereinigen. Zweck der Kunst ist Erlebnis und Stimmung.

Lesehinweis:
Paul Stöcklein, Joseph von Eichendorff in Selbstzeugnissen und Bilddokumenten. Reinbek: Rowohlt 1963 (= rowohlts monographien 84).

Es war, als hätt der Himmel
Die Erde still geküßt,
Daß sie im Blütenschimmer
Von ihm nun träumen müßt.

Die Luft ging durch die Felder,
Die Ähren wogten sacht,
Es rauschten leis' die Wälder,
So sternklar war die Nacht.

Und meine Seele spannte
Weit ihre Flügel aus,
Flog durch die stillen Lande,
Als flöge sie nach Haus.

(Aus: Joseph von Eichendorff, Werke. München: Hanser ²1959, S. 271.)

Arbeitshinweise
1. *Wodurch sind die Bilder in den 3 Strophen charakterisiert? Was drücken Sie aus?*
2. *Welche Bedeutung haben die beiden Sätze, die mit „als" beginnen (Strophe I und III)?*
3. *Untersuchen Sie das Metrum und den Rhythmus des Gedichts!*
4. *Was ist mit der letzten Zeile der dritten Strophe gemeint? Welches ist das dort angesprochene Ziel?*

THEODOR STORM. **Meeresstrand**

Storm (1817–1888) stammt aus Husum. Er war Rechtsanwalt und Schriftsteller. Aus politischen Gründen mußte der Dichter 1852 seine unter dänischer Herrschaft stehende Heimat verlassen. Er trat in den preußischen Staatsdienst ein, konnte aber später nach Husum zurückkehren.

Storm gilt als Dichter des poetischen Realismus – einer Stilrichtung, die sich zur Darstellung der Wirklichkeit bekennt. Er schrieb außer einer Reihe von Gedichten viele berühmte Novellen, z. B. „Pole Poppenspäler", „Die Söhne des Senators", „Hans und Heinz Kirch" und „Der Schimmelreiter".

Das hier abgedruckte Gedicht lag einem Brief Storms vom 9. 6. 1854 an den Vater bei, in dem der Dichter zum Ausdruck bringt, wie sehr er sich nach seiner schleswigschen Heimat sehnt: „Du wunderst Dich, wie ich Heimweh haben könnte: Ich will es Dir sagen." Und nun folgen die ersten drei Strophen dieses Gedichts (die vierte ist später hinzugefügt worden). Daran anschließend heißt es: „Und so ist es noch jetzt und nirgend sonst auf der Welt: Es ist eben das Geheimnis der Heimat."

Lesehinweis:
Hartmut Vincon, Theodor Storm in Selbstzeugnissen und Bilddokumenten. Reinbek: Rowohlt 1972 (= rowohlts monographien 186).

Ans Haff nun fliegt die Möwe,
Und Dämmrung bricht herein;
Über die feuchten Watten
Spiegelt der Abendschein.

Graues Geflügel huschet
Neben dem Wasser her;
Wie Träume liegen die Inseln
Im Nebel auf dem Meer.

Ich höre des gärenden Schlammes
Geheimnisvollen Ton,
Einsames Vogelrufen –
So war es immer schon.

Noch einmal schauert leise
Und schweiget dann der Wind;
Vernehmlich werden die Stimmen,
Die über der Tiefe sind.

(Aus: Theodor Storm, Sämtliche Werke, Bd. 1. Berlin: Aufbau 1967, S. 112 f.)

Arbeitshinweise

1. Untersuchen Sie den Aufbau des Gedichts! Welche verschiedenen Sinneswahrnehmungen muß der Leser nachvollziehen?
2. Verfolgen Sie die Wortwahl in den 4 Strophen (Verben, Substantive, Adjektive)! Welche Tendenz läßt sich feststellen?
3. Welches Verhältnis hat der Sprecher des Gedichts gegenüber der Natur? Was ist mit den „Stimmen" in der 4. Strophe gemeint?
4. Setzen Sie das Gedicht mit der Biographie des Autors in Beziehung!
5. Was für eine Art Wirklichkeitsdarstellung dominiert in dem Gedicht? Welche Wirklichkeit wird nicht gesehen?

KARL SCHMIDT – ROTTLUFF, **Gutshof in Dangast**

Schmidt-Rottluff wurde 1884 in Rottluff (bei Chemnitz) geboren, studierte Architektur in Dresden, gründete 1905 mit E. L. Kirchner und E. Heckel die Künstlervereinigung „Brücke". Im 3. Reich waren seine Bilder als „entartet" verfemt; der Künstler hatte wie viele andere Malverbot. 1946 erhielt er eine Berufung an die Berliner Hochschule für bildende Künste. Schmidt-Rottluff gehört zu den führenden Vertretern des Expressionismus. Er starb 1976 in Berlin.

Seine Themen sind Porträts und – vor allem – Landschaften, die häufig von der Gegend um Dangast (am Jadebusen) inspiriert sind, wo sich der Maler zwischen 1907 und 1914 wiederholt aufhielt.

Dieses Gemälde (Größe: 86,5 cm x 94,5 cm) entstand 1910; heutiger Standort ist die Nationalgalerie Berlin.

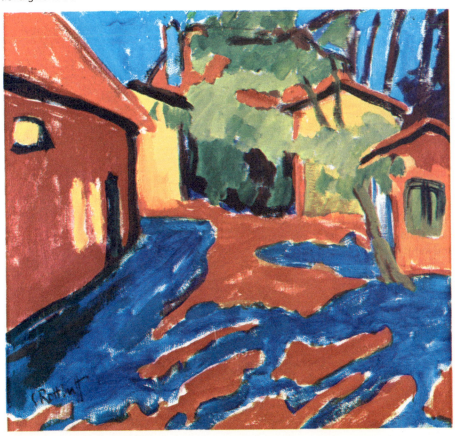

Arbeitshinweise
1. Beschreiben Sie den Aufbau und die Farbgestaltung dieses Bildes!
2. Welche Wirkung geht von diesem Bild aus?
3. Welche Haltung des Malers zur Natur wird deutlich?

HEINRICH HEINE, **Das Fräulein stand am Meere**

Heine (zur Biographie vgl. S. 333) gehört zu jenen Schriftstellern des 19. Jahrhunderts, die in ihrer Jugend noch die Zeit der Romantik erlebt haben, sich aber später davon distanzierten, als sie das Entstehen und Wirken neuer Produktivkräfte erlebten (Industrialisierung, Entwicklung der Großstädte) und zu politisch engagierten Beobachtern der Zeit wurden.

Lesehinweis:
Heinrich Heine, Deutschland. Ein Wintermärchen. Stuttgart: Reclam 1964 (= RUB 2253).

Heinrich Heine, Die Harzreise. Stuttgart: Reclam 1972 (= RUB 2221).

Ludwig Marcuse, Heinrich Heine in Selbstzeugnissen und Bilddokumenten. Reinbek: Rowohlt 1969 (= rowohlts monographien 41).

Hans Kaufmann, Heinrich Heine. Berlin: Aufbau 1970.

Eberhard Galley, Heinrich Heine. Stuttgart: Metzler ²1967 (= Sammlung Metzler 30).

Das Fräulein stand am Meere
Und seufzte lang und bang,
Es rührte sie so sehre
Der Sonnenuntergang.

Mein Fräulein! sein Sie munter,
Das ist ein altes Stück;
Hier vorne geht sie unter
Und kehrt von hinten zurück.

(Aus: Heinrich Heine, Sämtliche Schriften, Bd. 4. München: Hanser 1971, Seite 327.)

Arbeitshinweise
1. Welche Haltung nimmt Heine gegenüber dem Sonnenuntergang ein?
2. Durch welche sprachlichen Mittel wird diese Haltung deutlich?
3. Welche Wirkung erzielt das Gedicht? Wie kommt sie zustande?
4. Gegen welche Erscheinungen richtet sich Heine mit diesem Gedicht?

Richard Dehmel, **Predigt ans Großstadtvolk**

Die durch Technik und Industrie gestaltlos und chaotisch emporgewachsene Stadt wurde Ende des 19. Jahrhunderts auch den Dichtern zum Problem. Der naturalistische Schriftsteller Richard Dehmel (1863–1920) wehrte sich gegen die Entwicklung, die seine idyllischen Vorstellungen einer in der Natur integrierten Stadt zu zerstören drohte.
Sein Gedicht „Predigt ans Großstadtvolk" ist der Sammlung „Aber die Liebe" (1893) entnommen.

Lesehinweis:
Alfred Döblin, Berlin Alexanderplatz. München dtv ⁸1970 (= dtv 295).

Ja, die Großstadt macht klein.
Ich sehe mit erstickter Sehnsucht
durch tausend Menschendünste zur Sonne auf;
und selbst mein Vater, der sich zwischen den Riesen
seines Kiefern- und Eichen-Forstes
wie ein Zaubermeister ausnimmt,
ist zwischen diesen prahlenden Mauern
nur ein verbautes altes Männchen.
O laßt euch rühren, ihr Tausende!
Einst sah ich euch in sternklarer Winternacht
zwischen den trüben Reihen der Gaslaternen
wie einen ungeheuern Heerwurm
den Ausweg aus euer Drangsal suchen;
dann aber krocht ihr in einen bezahlten Saal
und hörtet Worte durch Rauch und Bierdunst schallen
von Freiheit, Gleichheit und dergleichen.
Geht doch hinaus und seht die Bäume wachsen:
sie wurzeln fest und lassen sich züchten,
und jeder bäumt sich anders zum Licht.
Ihr freilich, ihr habt Füße und Fäuste,
eucht braucht kein Forstmann erst Raum zu schaffen,
Ihr steht und schafft euch Zuchthausmauern –
so geht doch, schafft euch Land! rührt euch!
vorwärts! rückt aus! –

(Aus: Richard Dehmel, Gesammelte Werke, Bd. 2. Berlin: Fischer 1907.)

Arbeitshinweise
1. Welche Folgen werden der Großstadt zugeschrieben?
2. Wo wird das Ideal des Ichs deutlich?
3. Wie reagieren die Menschen auf das Leben in der Stadt? Gegen welche Entwicklung wendet sich Dehmel?
4. Wozu werden die Menschen aufgerufen?
5. Worin liegt die Problematik der im Gedicht vertretenen Auffassung?

René Schickele, **Großstadtvolk**

Der expressionistische Schriftsteller René Schickele (1883–1940) stellt seinem Gedicht die Verse 1, 9, 17–24 von Richard Dehmels „Predigt ans Großstadtvolk" als Motto voran. In scharfer Wendung gegen Dehmel ruft er die Menschen in die Stadt hinein.

Der Expressionismus ist eine künstlerische Bewegung, deren Vertreter vor allem in den Jahren zwischen 1910 und 1920 aktiv waren. Sie revolutionierten auch die Literatur, indem sie bislang kaum behandelte Stoffe aufnahmen: Fabrik, Stadt, Lokomotive, Flugzeug u. a. Das Lebensgefühl dieser Schriftsteller schwankte zwischen Untergangs- und Aufbruchsstimmung.

Lesehinweis:
Expressionismus. Texte zum Selbstverständnis und zur Kritik. Frankfurt: Diesterweg 1976.

Nein, *hier sollt* Ihr bleiben!
in diesen gedrückten Maien, in glanzlosen Oktobern.
Hier sollt Ihr bleiben, weil es die Stadt ist,
wo die begehrenswerten Feste gefeiert werden
der *Macht* und die blaß machenden Edikte erlassen werden
der *Macht*, die wie Maschinen
– ob wir wollen, oder nicht – uns treiben.
Weil von hier die bewaffneten Züge hinausgeworfen werden
auf mordglänzenden Schienen,
die alle Tage wieder
das Land erobern.
Weil hier die Quelle des Willens ist,
aufschäumend in Wogen, die millionen Nacken drücken,
Quelle, die im Takte der millionen Rücken,
im Hin und Her der millionen Glieder
bis an die fernsten Küsten brandet –
Hier sollt Ihr bleiben!
in diesen bedrückten Maien, in glanzlosen Oktobern.
Niemand soll Euch vertreiben!
Ihr werdet mit der Stadt die Erde Euch erobern.

(Aus: René Schickele, Weiß und Rot. Berlin: Cassierer 1910.)

Arbeitshinweise

1. *Worin besteht für Schickele die Bedeutung der Stadt?*
2. *Wie leben die Menschen in dieser Stadt?*
3. *Untersuchen Sie die Bilder und Vergleiche, mit denen das Wesen der Stadt bezeichnet werden soll! Welche anderen sprachlichen Mittel fallen auf?*
4. *Warum stellt Schickele seinen Versen einen Teil des Gedichts „Predigt ans Großstadtvolk" von Richard Dehmel voran?*
5. *Vergleichen Sie die beiden Gedichte zur Stadt! Worin liegen die Unterschiede? (Gruppenarbeit)*

STEFAN GEORGE, **komm in den totgesagten park**

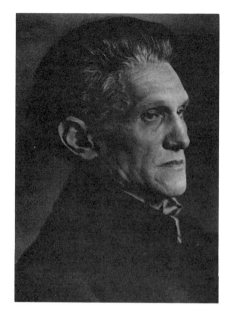

George (eigentlich Heinrich Abeles) wurde 1868 in Büdesheim bei Bingen geboren und starb 1933 in Minusio bei Locarno. George strebte eine streng abgeschlossene aristokratische Lebensführung an und gewann einen Kreis von Schülern (George-Kreis), die dem klassizistischen Ästhetizismus des sich als Propheten verstehenden Dichters huldigten.

Das Streben nach Schönheit und ästhetisch-vollendeter Form sollte den Grundzug einer neuen Erziehungslehre abgeben, die George einer Welt der Vermassung, Mechanisierung und Entstellung entgegenzustellen versuchte. Die Gefahr dieser Erziehung lag darin, daß sie weitgehend von jeder ethischen Bindung befreit war. George verherrlichte das Amoralische und verachtete die Menschenmenge und das Allzu-Gewöhnliche.

Lesehinweis:
Franz Schonauer, Stefan George in Selbstzeugnissen und Bilddokumenten. Reinbek: Rowohlt 1960 (= rowohlts monographien 44).

Komm in den totgesagten park und schau:
Der schimmer ferner lächelnder gestade ·
Der reinen wolken unverhofftes blau
Erhellt die weiher und die bunten pfade.

Dort nimm das tiefe gelb · das weiche grau
Von birken und von buchs · der wind ist lau ·
Die späten rosen welkten noch nicht ganz ·
Erlese küsse sie und flicht den kranz ·

Vergiß auch diese letzten astern nicht ·
Den purpur um die ranken wilder reben ·
Und auch was übrig blieb von grünem leben
Verwinde leicht im herbstlichen gesicht.

(Aus: Stefan George, Werke. Düsseldorf: Küpper 1958, S. 121.)

Arbeitshinweise
1. Wie erlebt George die Natur?
2. Wie setzt der Dichter das Erfahrene in Sprache um? Wodurch sind die Bilder gekennzeichnet?
3. Untersuchen Sie den Reim!
4. Welche Bedeutung hat der Kranz?

HERBERT VON BORCH, New York

Der Publizist Herbert von Borch wurde 1909 in Schant'ou (China) geboren; er arbeitete für mehrere deutsche Zeitungen (seit 1966 für die „Süddeutsche Zeitung"). Bekannt wurden seine als Korrespondent in den USA verfaßten engagierten Veröffentlichungen über amerikanische Großstädte.

Bevölkerungsentwicklung von New York (in 1 000)

Boroughs	1910	1920	1930	1940	1950	1960	1970
New York...	2 332	2 284	1 867	1 890	1 960	1 698	1 510
Kings......	1 634	2 018	2 560	2 698	2 738	2 627	2 571
Queens.....	284	469	1 079	1 298	1 551	1 810	1 968
Bronx......	431	732	1 265	1 395	1 451	1 425	1 454
Richmond...	86	117	158	174	192	222	296
N. Y. City ...	*4 767*	*5 620*	*6 929*	*7 455*	*7 892*	*7 782*	*7 799*
Zone A.....	4 503	4 932	5 118	5 240	5 346	4 936	.
Zone B.....	1 506	2 312	3 785	4 167	4 643	5 069	.
Zone C.....	1 040	1 246	1 956	2 253	2 932	4 754	.
Standard Consolidated Area	*7 049*	*8 490*	*10 859*	*11 660*	*12 922*	*14 759*	*16 037*

Bevölkerung. Die Stadtbezirke Manhattan und Brooklyn sowie die Grafschaft Hudson (mit Jersey City) beherbergten 1890 noch den größten Teil der zu Groß-N. Y. zu zählenden Bevölkerung. Dieser Kern (*Zone A*) verdoppelte seine Einwohnerzahl bis 1920, dann hörte das Wachstum auf. Seit 1910 war dann die Zunahme am stärksten in den äußeren Stadtbezirken (Queens, Bronx) und in den drei Grafschaften New Jersey, die die Industriestädte Newark, Elizabeth, Passaic und Paterson einschließen. Dieser Ring (*Zone B*) blieb führend bis zu der Depression der dreißiger Jahre; seither wächst die Einwohnerzahl nur langsam. Seit 1945 entfällt der größte Teil des Zuwachses auf die äußeren Kreise der Metropolitan Area (*Zone C*).

Unter der Bevölkerung N. Y.s sind alle Nationen vertreten; für viele ist N. Y. die größte Stadt, in der ihr Volk lebt. 1,1 Mill. der Einw. sind Neger, 600000 Puertirikaner; groß ist die Anzahl der Iren. Vielfach bevorzugt eine Nationalität einen Stadtteil (die Deutschen Brooklyn); hier suchen die Neuankömmlinge einen Rückhalt, während die, die sich in Amerika eingelebt haben, oft fortziehen.

Stadtbild. Der äußere Ring ist durch weitgestreute Einzelhaussiedlungen entlang den parkartig gestalteten Autobahnen gekennzeichnet, der innere Ring mit den Grafschaften Kings und Hudson durch meilenweite Blocks von Etagenhäusern und durch Industriebezirke; in dem Stadtteil *Manhattan* trägt jeder Quadratkilometer seinen eigenen Charakter. Die Insel Manhattan hat ein rechtwinklig angelegtes Straßennetz, gebildet aus den Avenues, die in der Längsrichtung der Insel verlaufen, und den quer verlaufenden Streets. (Aus: Brockhaus-Enzyklopädie in 20 Bdn., Bd. 13, S. 392f.)

Wie einen elektrischen Schlag erwartet man den Augenblick, in dem man zuerst die Wolkenkratzer sehen wird. So blasiert kann niemand sein, daß er sich diesem Zwang entzieht. Fährt man von Idlewild, dem internationalen Flughafen der Stadt entgegen, sieht man zunächst nichts anderes als die ein wenig ausgefransten Ränder der Riesensiedlung, goldgräberstadtartig, verstaubt, vernachlässigt, viele Autofriedhöfe, aber noch viel mehr Ansammlungen in allen Farben leuchtender gebrauchter Wagen, die angeboten werden; noch sind die Häuser flach, farblos, nichtssagend – bis plötzlich auf der Brücke von Queens nach Manhattan die ungeheuerlichen Umrisse der Wolkenkratzergruppe in der Fifth Avenue, die mit der dem Meer zugewandten Wallstreet-Gruppe am Südende die zwei Hochgebirge dieser Architektur bilden, in das Blickfeld springt. Es ist tatsächlich wie ein Schlag. Die Vorstellung des Gebirges drängt sich auf, denn man zweifelt unwillkürlich an der Machbarkeit dieser in die Vertikale flüchtenden Flächen aus menschlicher Kraft.

Wenige Minuten später ist man mitten in Manhattan, wo es im wörtlichsten Sinn schwindelerregend ist, den Kopf zurückzuwerfen, um die Wolken an den obersten

Spitzen dieser Wohnmassive vorüberziehen zu sehen. Noch verliert sich nicht ein Gefühl des Unbehausten, des Nicht-Menschlichen beim Anblick dieser Rechtecke und Kuben aus hellem Stahl oder Aluminium oder goldleuchtender Bronze, deren Oberfläche nur durch Tausende den Himmel reflektierende Glasflächen gegliedert ist. (Die New Yorker warten auf den Effekt, wenn einmal an einer Kreuzung sich vier solcher Glaswolkenkratzer gegenüberstehen und sich gegenseitig reflektieren.) Höchstens in den ältesten, vor etwa dreißig Jahren gebauten Strukturen werden noch einige Zugeständnisse an das Bedürfnis des menschlichen Auges nach gezackten oder geschwungenen Formen geduldet. In den neuesten Hochhäusern kann nie ein Fenster aufgehen, denn die Glasscheiben sind unbeweglich in Metallrahmen gebannt; nie also eine Gardine im Wind wehen, kein Mensch sich hinauslehnen, irgendein lebendiger Vorgang die Härte des Materials mildern. Aber dann geschieht etwas Seltsames mit dem Neuankömmling: er beginnt überraschend schnell mit diesen Dimensionen zu leben, mit ihnen vertraut zu sein, sie als selbstverständlich hinzunehmen.

Dem europäischen Soziologen mag New York als das »sekundäre System« in reinster Ausprägung vorkommen, als eine vom Menschen in äußerster Naturentfremdung erzeugte und gerade deshalb auch rasch anzueignende Lebensform; sie scheint so gar nichts an landwirtschaftlicher oder geschichtlicher Ausstrahlung zu enthalten, die einen geistigen Anspruch auf langsame Verarbeitung stellen könnte. Dieser Gedanke ist nicht die ganze Wahrheit. Die rasche Vertrautheit muß auch mit dem inneren Wesen dieser unvergleichlichen Stadt zusammenhängen, die in aller souveränen Gleichgültigkeit gegen den einzelnen nichts Abweisendes für den Fremden enthält, weil in ihr alle fremd oder alle zu Hause sind.

So viele Rassen, so viele Völker, Religionen und Menschenarten haben sich in diesem größten Siedlungskonzentrat der Welt zusammengefunden, daß Intoleranz der Selbstzerstörung gliche, obwohl sie rassisch immer wieder kurz aufflammt. Gewiß kann die Stadt, die das berühmte Phänomen der »einsamen Masse« bis zum äußersten entwickelt hat, unsagbar grausam gegen den Menschen sein. Wie E. B. White in einem Essay sagt: »New York kann ein Individuum zerstören oder es kann ihm Erfüllung bringen, und dies hängt zu einem großen Teil vom Glück ab. Niemand sollte nach New York kommen, um dort zu leben, wenn er nicht den Willen besitzt, Glück zu haben.« Aber dieser Porträtist New Yorks, der das eigentlich unmögliche Wagnis dieser auf dem Insel-Archipel zusammengeballten Acht-Millionen-Siedlung empfindet, meint auch, es gebe ein ausgleichendes »Vitamin«, nämlich das Gefühl, zu etwas Einzigartigem Kosmopolitischem Mächtigem zu gehören.

Es ist erstaunlich, wie rasch, und zudem durchaus unverdient, sich dieses Vitamin dem auch nur kurz Anwesenden mitteilt. Es wird ihm auch ständig verabreicht, denn mit wem immer er auch spricht, und besonders, wenn er dies mit einfachen Leuten, auch farbigen tut, begegnet ihm der Ausruf: Ist es nicht wunderbar, ist es nicht großartig, unser New York? Auch wenn man alles ererbte Proportionsgefühl verleugnet, um diese absurde einseitige Steigerung ins Vertikale zu bejahen, muß man zustimmen. Aber mit dem Wundervollen von New York, und dies ist eine neue Überraschung, ist gar nicht etwa das Überdimensionale gemeint. Der Mensch hat hier einen neuen Beweis seiner unberechenbaren Reaktionsfähigkeit, seiner Fähigkeit zur Selbstbehauptung abgelegt. Das Überdimensionale hat zugleich die Flucht in den überschaubar-geordneten Bereich erzeugt. Die acht Millionen New Yorker leben nicht verloren in dieser schluchtenreichen Steinwüste, sondern in Zehntausenden von kleinen Nachbarschaftseinheiten, in die sich die gigantische Siedlungsfläche aufteilt (und New York wiederum ist aus den fünf *Boroughs* Manhattan, Brooklyn, Bronx, Richmond, Queens, jede von ihnen selbst eine Millionenstadt, zusammengesetzt). Diese »Nachbarschaften« aus zwei, drei Häuserblocks, acht, neun Stockwerke hoch, sind praktisch selbstgenügsame Versorgungseinheiten, in denen man wie in einem Dorf in unmittelbarer Nähe seiner Wohnung die Lebensmittelgeschäfte, die Wäschereien, die Apotheke, die Bar, den Zeitungskiosk, den Friseur, den Blumenhändler und den Schuhputzer findet. Die meisten Geschäfte New Yorks sind kleine Einzelhandlungen, die bis tief in die Nacht geöffnet sind, von einem Ehepaar betrieben. Die Kundschaft entspricht dem Nachbarschaftsmuster, ohne daß die natürliche Freundlichkeit dieser Beziehungen, die der großen Einsamkeit – Lockung und Krankheitsstoff dieser Stadt zugleich – entgegenwirkt, den Konformismus kleinerer menschlicher Siedlungen erzwingt. Es ist vielleicht auch dieses Negative, die Abwesenheit eines genormten Lebensstils mit festgefügten Überlieferungen, die die Verständigung mit New York erleichtert. Der Kampf im Wettbewerb ist sicher mörderisch, wenn man nach der großen Trophäe der Macht greifen will, etwa in den Gewerkschaftsstellungen des Konfektionsviertels, der Hauptindustrie der Stadt, oder in Wall Street. Aber nicht nötig ist es, eine geistig vorgeformte fremde Kruste zu durchstoßen, um hier heimisch zu werden. [...]

Die größte Stadt der Welt ist auch die unendlich humane Stadt: das ist, was New York in der dreihundertundfreißig Jahren seines Bestehens vollbracht hat. Der Mensch, indem er sich selbst über die Maßen in der Steinwelt des Selbstgefertigten herausforderte, hat doch gesiegt. Auf unerklärliche, unverhoffte Weise ist das Überdimensionale mit dem Intimen eine Verbindung eingegangen.

(Aus: Herbert von Borch, Amerika. Die unfertige Gesellschaft. München: Piper 1960, S. 304-312.)

Arbeitshinweise

1. *Wie schildert der Autor seinen ersten Eindruck von der Großstadt New York? Was sagt er über Manhattan und seine Wolkenkratzer? Vergleichen Sie seine Aussagen mit den Angaben aus dem Brockhaus!*
2. *Untersuchen Sie die Sprache des Berichts! Was fällt auf?*
3. *Was wird über die Lebensform in dieser Stadt gesagt?*
4. *Wie sieht der Autor New York? Welche Haltung gegenüber dieser Stadt wird deutlich?*
5. *Welche Unterschiede bestehen zwischen den Aussagen von Borch und denen im folgenden Text von Mailer? (Gruppenarbeit)*

Heinz Held, **New York**

(Aus: New York, Merian 23 (1971), Heft 9.)

Arbeitshinweise (Foto S. 253)

1. *Welche Wirkung erzielt dieses Foto?*
2. *Setzen Sie das Foto mit den Texten von Borch und Mailer in Beziehung!*

Norman Mailer, Wir müssen es ändern

Mailer wurde 1923 in Long Branch/New York geboren. Er studierte an der Harvard Universität (Cambridge/Massachusetts). Mailer nahm dann am 2. Weltkrieg teil und schrieb den Roman „Die Nackten und die Toten" (1950), in dem der Mensch als würdeloses, durch Sexualität, Macht, Brutalität und Angst gepeinigtes Geschöpf dargestellt wird.

1967 beteiligte er sich an einer Protestkundgebung gegen den Vietnamkrieg, berichtete auch kritisch über diesen Krieg („... am Beispiel einer Bärenjagd"), wurde verhaftet und mit Gefängnishaft bestraft.

1969 bewarb sich Mailer als Bürgermeister von New York. Obwohl er keine ernsthaften Chancen hatte, arbeitete er sich engagiert in das damit zusammenhängende Problemfeld „Moderne Stadtentwicklung" ein.

Wie soll man die Krankheit einer Stadt beschreiben? Ein heller Tag zieht herauf, ein Morgen Anfang Mai mit der Pracht des Juni. Die Straßen sind kühl, die Gebäude haben sich aus dem Schatten herausgeschält. Kinderstimmen zerbrechen die Stille. Es ist, als habe die Umgebung unter dem Leichentuch der Vergangenheit geschlafen. Vierzig Jahre früher ... man erinnert sich an den Milchmann, Pferdegetrappel. Es ist ein herrlicher Tag. Alle reden auf dem Weg zur Arbeit über diesen zauberhaften Tag. An solchem Morgen kann man sich nur schwerlich vorstellen, daß New York das Opfer einer „Äthernarkose" ist.

Doch am Nachmittag verwandelt sich die Stadt wieder in ein Gefängnis. Dunst bedeckt den Himmel, ein grauenvoller, formloser Schimmer flammt vom Horizont herüber. Die Stadt hat ihr Gleichgewicht wieder verloren. Nach Arbeitsschluß drängen sich die New Yorker auf dem Nachhauseweg durch die ätzende, lungenverseuchende Luft, in der Subway[1] meidet man die Blicke der anderen.

Später, gegen Mitternacht, will man hinunter, um die *Times* zu kaufen, zögert jedoch – in der Dunkelheit kehrt das bekannte Gefühl der Angst zurück, die Straßen sind nicht sicher, die Vorahnung irgendeines apokalyptischen[2] Feuers, einer Nacht der langen Messer lastet auf der City. Wieder stellen wir fest, daß die Stadt krank ist.

In unserer Kindheit erzählte man uns, die Luft sei unsichtbar, und sie war unsichtbar. Heute sehen wir, wie sie sich verändert, verdichtet, grau und deprimiert über einen gepeinigten Himmel zieht. Heute gewöhnen wir uns daran, das ganze Jahr

---

1 U-Bahn
2 in der Apokalypse (bes. des Johannes) vorkommend, dunkel, endzeitlich

hindurch mit Erkältungen zu leben, mit Viren, die an die Pest erinnern. Man verliert schneller die Nerven in unserer widerlichen Luft. Wer krank ist, wird kränker, wer gewalttätig ist, noch gewalttätiger. Das fadenscheinige Gewebe der New Yorker Umgangsformen scheint an jeder Straßenecke durch den Schmutz zu schleifen. Die entsetzliche Luft ist tatsächlich das größte Problem unserer Stadt. Die Menschen sterben nicht unter dramatischen Umständen an einem einzigen Tag, sie schwinden eher unmerklich dahin, sterben fünf, zehn Jahre vor ihrer Zeit, laufen herum mit dem glühenden Eisen zukünftigen Asthmas, das die Lungen zusammenpreßt. Die Luftverschmutzung in New York ist so schlimm, daß jede Lösung eines anderen Problems unmöglich ist, solange die Luft nicht von den giftigen Bestandteilen befreit wird. Von allen Städten in der Welt hat New York vermutlich die schlechteste Luft – jedenfalls die schlechteste Luft im technologisch führenden Land der Welt. Früher war Los Angeles berühmt für seinen lebergelben Smog; wir haben Los Angeles weit übertroffen.

Das also ist unser beherrschendes Übel. Genährt durch eine Unzahl anderer Übel, die durch die Luft schwirren, an erster Stelle durch den Verkehr, weltberühmt für seine Stagnation. Manhattan ist von Mittag bis Abend für Autos nahezu unpassierbar – die Durchschnittsgeschwindigkeit liegt bei neun Kilometern pro Stunde, etwa der Zottelschritt eines Pferdes. Hat man das Zentrum geschafft, drohen stundenlange Stauungen an allen Brücken, Tunneln und Schnellverkehrsstraßen, wenn auch nur ein einziges Auto auf der Fahrbahn eine Panne hat. Summiert man die Minuten und Viertelstunden Verzögerung bei diesem Schneckentempo, so verlieren die Leute im Laufe des Jahres ganze Arbeitswochen. Man platzt vor Wut wegen verpaßter Termine, überall leidet die Arbeit darunter. Und all die Wartezeit laufen die Motoren der sich stauenden Kolonnen auf vollen Touren, pumpen Kohlenmonoxyd in die Luft, die bereits angefüllt ist mit dem beißenden Schwefeldioxyd des verbrannten Heizöls.

Unter dieser täglichen Belastung – Luftverschmutzung, Lärm, Verkehrslähmung, nahezu krüppellahme Subways, seit Jahren nicht mehr modernisierte Transportwege – stürzt sich jeder New Yorker allmorgendlich in eine Umwelt, die ihm schon bis zum Mittag seine gute Laune, seine Nachsicht, Gelassenheit und Selbstbeherrschung raubt.

Doch unter dieser Pestilenzstimmung[1] wuchert noch etwas Schlimmeres, das tief eingewurzelte Empfinden von verborgenem und ständig wachsendem menschlichem Grauen. Von acht Millionen Menschen in New York leben über eine Million von der Fürsorge. Nicht mal ein Zehntel dieser Wohlfahrtsempfänger werden je arbeiten können. Da sind einmal Frauen mit Kindern, zu Alte, zu Kranke, Süchtige Analphabeten, Ungelernte, des Englischen nahezu Unkundige. Familien ohne Mütter und Väter leben am Ende einer finanziellen Nabelschnur, die sie für alle Zeiten in wirtschaftlichem Embryonalzustand[2] erhält. Noch schlimmer: Wenn einer von acht New Yorkern Fürsorgeempfänger ist, so leben halb so viele andere

---
1 Pestilenz: schwere Seuche, Pest
2 Embryo: ungeborene Leibesfrucht

um keinen Deut besser, denn ihr Lohn ist nicht höher als das Fürsorgegeld. Da neigt man begreiflicherweise dazu, die Arbeit überhaupt aufzugeben. Etwa 1,5 Milliarden Dollar werden für die Fürsorge ausgegeben. Für die Berufsausbildung von Arbeitskräften steht hingegen nur ein Betrag von vier Prozent dieser Summe zur Verfügung.

Auch die Zustände im Wohnungswesen sind niederschmetternd. Jahr für Jahr werden etwa nur halb soviel Wohnungen für die niedrigen Einkommensklassen gebaut, wie nötig wären, um mit der Entwicklung Schritt zu halten. Ganz zu schweigen von ihrem Aussehen – drohen riesenhafte Slumgefängnisse an jedem Horizont unserer Stadt.

Aber dazu kommt, daß wir jährlich ebenso viele alte Häuser verlieren, die durchaus nicht derartig verkommen mußten, daß nur die Zwangsräumung übrigblieb. Von den 100 Millionen Dollar des städtischen Jahreshaushalts für Wohnungsbau gehen 20 durch den Abbruch alter Häuser verloren. Unsere Finanzlage ist unerträglich. [...]

Alles ist im argen. Berufliche Ambitionen von gestern lösen sich in nichts auf. Jüdische Lehrer, die vor zwanzig Jahren ins Erziehungswesen gingen, um sich zu sichern und den Armen Bildung zu vermitteln, fühlen sich heute in ihrer Arbeit bedroht, und der liberale soziologische Stil ihres Unterrichts wird abgelehnt. Das kollektive Ego[1] ihrer Lebensform ist erschüttert. Wohl oder übel müssen wir erkennen, daß Schwarze lieber von Schwarzen statt von Fachleuten unterrichtet werden wollen. Das Verlangen nach Glaubwürdigkeit beherrscht den Bildungssektor. „Wer bin ich? Was bedeuten meine Haut, meine Leidenschaft, meine Furcht, mein Traum von ungeahnter Größe, selbst mein Hunger nach Brot?" Diese Fragen besitzen eine solche Wucht, daß sie das Blut in Wallung bringen und die Herzen mit Mordlust füllen. Was kann im Schoß einer sterbenden Stadt Erziehung anderes sein als der zornige Entdeckungsdrang: Bin ich Opfer oder Held, zu dumm oder zu klug für die alten Erziehungsmethoden? Maßloser Zorn über die gescheiterte Suche nach einem Weg war 1968 die Wurzel der Unruhen an den Schulen, dieser Zorn wird sich erst legen, wenn die Schulen frei sind, einen neuen Weg für den Unterricht zu entdecken. Hüten wir uns vor Überheblichkeit gegenüber den Unwissenden – ihr Empfindungsvermögen ist zu tief, als daß sie sich auch nur an das Verständnis für die Zahl der Schnörkel innerhalb eines Buchstabens heranwagen. Picasso konnte im Alter von elf noch immer nicht rechnen, weil ihm die Zahl 7 wie eine umgekehrte Nase erschien.

Unter den Armen kann sich der Geist hinter der Maske der allerstarrsten Dummheit verbergen, denn wenn der Geist im Leben eines Menschen keinen Auslauf hat, muß dieser Mensch ihn verstecken, schützen, für seine Nachkommen reservieren oder für seinen Segen, oder, wenn es all dies nicht mehr für ihn gibt, für seinen Fluch. Durchaus natürlich, daß wir daher in innerer Angst leben und die freundlichsten Bürger ihre Türen immer noch mit Vorhängeschlössern gegen den Fluch absichern. Wir sind wie eine in Ungnade gefallene Stadt aus der Bibel.

---

1 ego (lat.): ich; (Selbstbildnis der Gruppe)

Unsere Parks verkommen, und nach Dienstschluß fahren unsere Polizisten nach Hause in die Nachbarstädte weit außerhalb der City – sie kehren zurück, um uns von außerhalb zu regieren. Unsere städtischen Angestellten lassen sich treiben in dem endlosen Verwaltungssumpf von Apathie[1] und Verschleiß. Sie leisten ihre Arbeit in einem Tempo wie eine Rekrutenarmee in Friedenszeiten auf einem trostlosen, gottverlassenen Posten. Das Programm zur Bekämpfung der Armut, das Poverty[2] Program, strauchelt unter den Geniestreichen von Unterschlagungen. Aber wenn man selbst ein gewitzter junger Schwarzer wäre, würde man da nicht auch den Wunsch haben, den Satten mal eine Million zu stehlen? Rücken wir dem Problem zu Leibe. Es liegt schon darin, daß kein Lebender in New York ehrlich die Frage beantworten kann: Läßt sich New York retten? Niemand von uns weiß es. Unsere erste Aufgabe ist also festzustellen, ob wir einen Weg finden, unsere Kräfte zu sammeln.

Zum Teil erklärt sich die Tragödie, das nahende Ableben New Yorks, daraus, daß niemand von uns wirklich an dieses Ende glaubt. Unsere Stadt war immer die beste, stärkste, und unsere Menschen strotzten vor Vitalität. Man konnte sie achtmal niederschlagen, und sie erhoben sich mit einem Glanz in den Augen, als habe der Kampf noch gar nicht richtig begonnen.

Wir waren eine Stadt der Optimisten. Darum auch verfingen wir uns so tief in unseren Fehlern. Wir konnten einfach nicht glauben, daß wir als Rasse – als namenlose Rasse der New Yorker – nicht unüberwindlich waren. Nun sind alle unsere Probleme solche von Süchtigen geworden – sie gehören so sehr zu unserem Leben, daß wir New Yorker sie nicht zu lösen trachten, sondern vor ihnen davonlaufen. Unser Dilemma ist, daß wir Schwarzen und Puertoricanern die Schuld geben. Dabei kann niemand wirklich sagen, wen die Schuld trifft...

New York kann erst gerettet werden, wenn seine Männer und Frauen fest daran glauben, daß es die imposanteste und schönste Stadt der Welt werden muß, die großartigste, schöpferischste, außergewöhnlichste, gerechteste, überwältigendste und ausgeglichenste aller Städte. Nichts Geringeres wird von uns gefordert... New York muß bereit sein, der westlichen Zivilisation den Weg zu weisen. Solange es diese Rolle nicht übernimmt, wird es lediglich das erste Opfer der technologischen Revolution sein, gleich wieviel Geld seinem Budget zufließt. Geld und soziale Lösungen sind ebenso verwandt miteinander wie Wasser und Blut.

(Aus: New York, Merian (Hamburg: Hoffmann und Campe), 23 (1971), Heft 9, S. 16-23.)

Arbeitshinweise
1. *Worin sieht Mailer die Krankheit der Stadt New York?*
2. *Welche Beobachtungen stellt er an? Womit vergleicht Mailer die Stadt?*
3. *Welche Absicht verfolgt der Autor mit seiner Darstellung?*
4. *Was halten Sie von seinen Thesen und Vorschlägen?*
5. *Erarbeiten Sie Alternativen zur Städtesanierung!*

---

1 Teilnahmslosigkeit
2 (engl.) Angst

10. KRIEG

ANDREAS GRYPHIUS, **Tränen des Vaterlandes. Anno 1636**

Gryphius wurde 1616 in Glogau/Schlesien als Sohn eines protestantischen Geistlichen geboren. Er hatte eine schwere Kindheit, weil Schlesien vom Ausbruch des Dreißigjährigen Krieges (1618–1648) besonders stark betroffen wurde. Dieser Krieg hatte als Religionskrieg zwischen Lutheranern und Katholiken begonnen, verwandelte sich aber im Lauf der Zeit zu einem reinen Machtkrieg, in dem es um die Vorherrschaft in Europa ging. Deutschland hatte als das Schlachtfeld dieses Krieges die Hauptlasten zu tragen. Gryphius verlor schon 1621 als Fünfjähriger seinen Vater, wenige Jahre später seine Mutter. Wegen der unsicheren politischen Verhältnisse ging er nach dem Schulbesuch zum Studium nach Holland (Leiden), nach dessen Beendigung unternahm er umfangreiche Bildungsreisen durch Europa.

1650 übernahm Gryphius das Amt eines Syndikus der protestantischen Stände in seiner Heimatstadt Glogau an, in der er 1664 starb.

Das dichterische Werk ist sehr vielseitig. Gryphius begann mit lateinischen Dichtungen. Später entstanden viele Gedichte (vor allem Sonette), die er in deutscher Sprache dichtete; auch als Dramatiker trat er hervor.

Die barocke Literatur sah die Welt noch als Spiegel der göttlichen Heilsordnung, an der trotz aller Auflösungs- und Verweltlichungstendenzen festgehalten wurde. Dem barocken Ordnungsprinzip entsprach auch die Formstrenge der Literatur (z. B. die Form des Sonetts).

Wir sind doch nunmehr ganz, ja mehr denn ganz verheeret.
Der frechen Völker Schar, die rasende Posaun,
Das vom Blut fette Schwert, die donnernde Kartaun
Hat allen Schweiß und Fleiß und Vorrat aufgezehret.

Die Türme stehn in Glut, die Kirch ist umgekehret,
Das Rathaus liegt im Graus, die Starken sind zerhaun,
Die Jungfern sind geschändt, und wo wir hin nur schaun,
Ist Feuer, Pest und Tod, der Herz und Geist durchfähret.

Hier durch die Schanz und Stadt rinnt allzeit frisches Blut.
Dreimal sind schon sechs Jahr, als unser Ströme Flut
Von Leichen fast verstopft, sich langsam fortgedrungen.

Doch schweig ich noch von dem was ärger als der Tod,
Was grimmer denn die Pest und Glut und Hungersnot:
Daß auch der Seelenschatz so vielen abgezwungen.

(Aus: Deutsche Dichtung des Barock, hrsg. von Edgar Hederer. München: Hanser ³1961, S. 97 f.)

Arbeitshinweise

1. Analysieren Sie die Aussagen und Bilder des Sonetts!
2. Welche Einstellung der Menschen (17. Jahrhundert) zum Krieg wird deutlich?
3. Beschreiben Sie die Einstellung des Dichters zum Krieg!
4. Ist die zentrale Aussage des Sonetts heute noch aktuell?

GEORG HEYM, **Der Krieg**

Heym wurde 1887 in Hirschberg/Schlesien geboren. Er entstammte einer Beamten- und Pastorenfamilie, wuchs in Berlin auf, studierte Rechtswissenschaft und ertrank 1912 beim Eislaufen in der Havel.

Heym versuchte aus der Enge eines normalen bürgerlichen Lebens auszubrechen: er studierte die chinesische Sprache und trat einer Boxschule bei. Er spürte in sich ebenso die schöpferischen wie die zerstörerischen Kräfte. Die oft in grellen Farben gemalten Bilder und Visionen in seinem Werk verleihen seinem leidenschaftlichen Gefühl Ausdruck.

Wie Heym seine Zeit betrachtete, geht aus einer Tagebuchnotiz hervor: Am 15. 9. 1911 notierte er: *„Mein Gott – ich ersticke noch mit meinem brachliegenden Enthusiasmus in dieser banalen Zeit. Denn ich bedarf gewaltiger äußerer Emotionen, um glücklich zu sein. Ich sehe mich in meinen wachen Phantasien . . . Ich hoffe jetzt wenigstens auf einen Krieg."*

Am 6. 7. 1910 schrieb er: *„Ach, es ist furchtbar, schlimmer kann es auch 1820 nicht gewesen sein. Es ist immer das gleiche, so langweilig, langweilig, langweilig. Es geschieht nichts, nichts, nichts. Wenn doch einmal etwas geschehen wollte, was nicht diesen faden Geschmack von Alltäglichkeit hinterläßt."*

Das hier abgedruckte Gedicht ist ein Entwurf vom September 1911.

Lesehinweis:
Georg Heym, Ausgewählt von Karl Ludwig Schneider und Gunter Martens. München: Nymphenburger Verlagshandlung 1971 (= sammlung dialog 46).
Fritz Martini. In: Die deutsche Lyrik, Bd. 2, hrsg. von Benno von Wiese. Düsseldorf: Bagel 1964.

Aufgestanden ist er, welcher lange schlief,
Aufgestanden unten aus Gewölben tief.
In der Dämmrung steht er, groß und unerkannt,
Und den Mond zerdrückt er in der schwarzen Hand.

In den Abendlärm der Städte fällt es weit,
Frost und Schatten einer fremden Dunkelheit,
Und der Märkte runder Wirbel stockt zu Eis.
Es wird still. Sie sehn sich um. Und keiner weiß.

In den Gassen faßt es ihre Schulter leicht.
Eine Frage. Keine Antwort. Ein Gesicht erbleicht.
In der Ferne wimmert ein Geläute dünn
Und die Bärte zittern um ihr spitzes Kinn.

Auf den Bergen hebt er schon zu tanzen an
Und er schreit: Ihr Krieger alle, auf und an.
Und es schallet, wenn das schwarze Haupt er schwenkt,
Drum von tausend Schädeln laute Kette hängt.

Einem Turm gleich tritt er aus die letzte Glut,
Wo der Tag flieht, sind die Ströme schon voll Blut.
Zahllos sind die Leichen schon im Schilf gestreckt,
Von des Todes starken Vögeln weiß bedeckt.

Über runder Mauern blauem Flammenschwall
Steht er, über schwarzer Gassen Waffenschall.
Über Toren, wo die Wächter liegen quer,
Über Brücken, die von Bergen Toter schwer.

In die Nacht er jagt das Feuer querfeldein
Einen roten Hund mit wilder Mäuler Schrein.
Aus dem Dunkel springt der Nächte schwarze Welt,
Von Vulkanen furchtbar ist ihr Rand erhellt.

Und mit tausend roten Zipfelmützen weit
Sind die finstren Ebnen flackend überstreut,
Und was unten auf den Straßen wimmelt hin und her,
Fegt er in die Feuerhaufen, daß die Flamme brenne mehr.

Und die Flammen fressen brennend Wald um Wald,
Gelbe Fledermäuse zackig in das Laub gekrallt.
Seine Stange haut er wie ein Köhlerknecht
In die Bäume, daß das Feuer brause recht.

Eine große Stadt versank in gelbem Rauch,
Warf sich lautlos in des Abgrunds Bauch.
Aber riesig über glühnden Trümmern steht
Der in wilde Himmel dreimal seine Fackel dreht,

Über sturmzerfetzter Wolken Widerschein,
In des toten Dunkels kalte Wüstenein,
Daß er mit dem Brande weit die Nacht verdorr,
Pech und Feuer träufet unten auf Gomorrh[1].

(Aus: Georg Heym, Dichtungen und Schriften. Gesamtausgabe, Bd. 1. Hamburg: Ellermann 1964, S. 346f.)

Arbeitshinweise
1. Wie ist das Gedicht aufgebaut? Berücksichtigen Sie dabei folgende Gesichtspunkte: Thema, Standort des Krieges, Zeit, Bewegung, Aktion/Wirkung!
2. Was „tut" der Krieg?
3. Welche sprachlichen Mittel verwendet Heym zur Charakterisierung des Krieges? (Analyse der Verben). Können Sie eine Entwicklung feststellen, wenn Sie den Gebrauch der Verben verfolgen?
4. Wie wird der Krieg dargestellt?
5. Welche Farben spielen eine Rolle? Was bedeuten sie?
6. Welche Bilder verwendet der Schriftsteller?
7. Wie sieht Heym das Verhältnis der Menschen zum Krieg? Beachten Sie alle Stellen, an denen von Menschen die Rede ist!
8. Was bedeutet die letzte Zeile des Gedichts?
9. Setzen Sie die Zeit, in der das Gedicht geschrieben wurde, mit dem Inhalt in Beziehung!

---

[1] biblische Stadt am Südende des Toten Meeres, wegen ihrer Lasterhaftigkeit von Gott zerstört (1. Mose 19)

Rudolf G. Binding, **Ausbruch**

Binding wurde 1867 in Basel geboren, studierte Jura und Medizin und nahm als Offizier am 1. Weltkrieg teil. 1933 identifizierte sich der Autor mit der Ideologie des Nationalsozialismus. 1938 starb er in Starnberg.
Zucht, Pflicht und Wehrhaftigkeit hießen seine Ideale.

Lesehinweis:
Ernst Loewy, Literatur unterm Hakenkreuz. Frankfurt: Fischer 1969 (= Fischer Bücherei 1042).

Dreimal heilig sprang der Krieg aus dem Herzen der Völker.
Dreimal heilig ergriffen alle die Waffen.
Aus dem Meer von Kraft riß sich Begeisterung
wie die Sonne aus heiligem Meere des Ostens:
Reiner Seele junges Gestirn überstrahlte die Welt.

Aber die Völker entweihten dies alles im Irren der Sinne,
alle betört von Haß, vergiftet von Habgier,
alle verblendet in Dünkel und alle betäubt von der Lüge.

Ihr aber, unsterbliche Sterne, werdet es nimmer vergessen:
daß er kam als ein Mahner an Größe und Freiheit,
daß er kam gleich einer heiligen Flamme,
daß uralte Sehnsucht in Tiefen sich adlerhaft regte,
daß er uns vorwärts riß in die Säle unbekannter Befreiung,
daß wir vor Lust am Leben beinahe vergingen,
daß wir stille waren in unseren Herzen und fromm und vertrauend,
daß wir nicht mehr zu warten brauchten auf Rufer und Seher
noch auf Antwort dunkeler Orakel noch auf Befehle.
Denn wie ein Gott stand er in uns auf, und alles
erfüllte sich durch den Gott und mußte sich also erfüllen.
(Aus: Rudolf G. Binding, Stolz und Trauer. Frankfurt: Rütten und Loening 1922, S. 10.)

Arbeitshinweise
1. *Wie wird der Krieg gedeutet? Stellen Sie die ideologischen Vorstellungen des Gedichts heraus!*
2. *Welche Vorstellungen und Verhaltensweisen werden direkt oder indirekt abgelehnt? Warum werden sie abgelehnt? Wie beurteilen Sie diese Haltung?*
3. *Welche Bilder und Motive verwendet der Autor?*
4. *Welche besonderen sprachlichen Mittel sollen die Aussagen verdeutlichen? Wie wirken sie auf den Leser?*
5. *Welche Funktion erfüllt dieser Text? Worin sehen Sie die Problematik eines solchen Gedichts?*

GÜNTER GRASS, **Der Ritterkreuzträger**

Grass wurde 1927 in Danzig geboren. Er arbeitete nach dem Krieg zunächst als Steinmetz, dann als Schriftsteller. Heute lebt er in West-Berlin.

Sein Roman „Die Blechtrommel" (1959) machte ihn international bekannt. Grass engagiert sich auch politisch aktiv: er unterstützt die SPD, ohne ihr anzugehören.

1961 erschien seine Novelle „Katz und Maus". Schauplatz der Handlung ist Danzig während des 2. Weltkrieges. Der Held der Erzählung ist der Schüler und spätere Ritterkreuzträger Joachim Mahlke, der sich von seinen Kameraden durch einen riesigen Adamsapfel (die „Maus") unterscheidet. Die Rede eines Leutnants, die im folgenden Auszug enthalten ist, bringt Mahlke auf die Idee, soldatische Höchstleistungen zu vollbringen, um das Ritterkreuz zu erhalten und dadurch von seinem Adamsapfel ablenken zu können. Aber am Ende ist er den Ansprüchen, die daraus erfolgen, nicht gewachsen. Er taucht in einem im Hafen liegenden ausrangierten Minensuchboot unter und kehrt nicht zurück. Die Erlebnisse werden von einem ehemaligen Klassenkameraden Joachim Mahlkes erzählt.

In einer Rede hat Günter Grass 1967 über Tapferkeitsmedaillen folgendes ausgeführt:

„Heute gibt es einen Traditionsverband Deutscher Ritterkreuzträger, der den überlebenden, also geringeren Teil der Tapferkeitsspezialisten von Zeit zu Zeit versammelt. Dagegen wäre wenig zu sagen, wenn dieser Verband nicht thesenhaft verkündete, diese militärische Tapferkeit habe einen Sinn gehabt. Nun sind aber nachweislich Millionen deutscher Soldaten sinnlos, also umsonst gefallen; Millionen Soldaten, die meinten, mit ihrer Tapferkeit »Führer, Volk und Vaterland« zu schützen, ja, die gerechte Sache der Deutschen in aller Welt zu verbreiten, dienten – auch das ist erwiesen – dem organisierten Verbrechen. Die Mehrzahl der deutschen Soldaten wußte das nicht. Aber Unwissenheit gibt ihrem Tod am Wolchow, bei Tobruk oder in der Normandie immer noch keinen Sinn; nur tragischer und absurder wird die Sinnlosigkeit blindlings vollbrachter Opfer, wenn heute den Unwissenden von gestern das Ritterkreuz zum Milchpfennig wird. [...] Wir wissen, daß die Helden aller Kriege, hochdekoriert und gefeiert, Angst gehabt haben; denn nur die Dummheit schließt Angst aus. Mut, auch Ehrgeiz mag ihnen geholfen haben, ihre Angst zu überwinden, durch militärische Leistung zu verdrängen. Doch heute haben die überlebenden Helden aller Blitzkriege und Abwehrschlachten mit ihren Uniformen den dekorierten Mut abgelegt. Zivil gekleidet sind sie nur noch an Stammtischen tapfer. Sie beugen sich einer Tradition, die ihnen die besten Jahre geraubt, die ihre Gesundheit zerrüttet hat, deren Verführung sie immer noch erliegen; wären sie nicht mächtig, so wären sie nur töricht. So aber, weil sie der anfälligen Demokratie in unserem Land gefährlich sind und weil sich die Toten dieser Vermessenheit nicht erwehren können, sei ihnen Widerstand geboten." (Aus: Günter Grass. Über das Selbstverständliche. Neuwied: Luchterhand 1968, S. 183ff.)

Lesehinweis:

Günter Grass, Katz und Maus. Erläuterungen und Dokumente. Stuttgart: Reclam 1977 (= RUB 8137).

Verluste an Menschen in den beiden Weltkriegen (in Millionen)

Land	I. Weltkrieg		II. Weltkrieg		
	Soldaten	Zivilbevölkerung	Soldaten	Zivilbevölkerung	
				Bombenkrieg	andere Feindeinwirkung (Flucht)
Deutschland	1,936897		3,250000	0,5	2,550000
Österreich-Ungarn	1,0		—	—	—
Rußland	2,0		13,6	—	7,0
Frankreich	1,14	insgesamt geschätzt auf 0,5 Mill.	0,34	—	0,47
Großbritannien	1,184		0,326	0,06	—
Italien	0,615		0,33	—	—
Polen	—		0,32	—	4,2
Jugoslawien	—		0,41	—	1,28
USA	0,125		0.259	—	—
Japan	—		1,2	0,6	—
Die Gesamtverluste in der Welt, geschätzt (Brockhaus)	10,0		16,0	20–30 Millionen durch Luftkrieg, Massenvernichtung, Partisanenkampf, Flucht usw.	

(Aus: Bruno Gebhardt, Handbuch der deutschen Geschichte, Bd. 4. Stuttgart: Union [8]1959, S. 355.)

Als zum erstenmal ein ehemaliger Schüler und Abiturient unserer Schule von der Front zurückkam, unterwegs dem Führerhauptquartier einen Besuch abgestattet und nun den begehrten Bonbon am Hals hatte, rief uns, mitten im Unterricht, ein besonderes Klingelzeichen in die Aula. Wie nun der junge Mann am Kopfende des Saales, vor drei hohen Fenstern, vor großblättrigen Topfpflanzen und dem Halbkreis des versammelten Lehrerkollegiums, nicht etwa hinter dem Katheder, sondern mit dem Bonbon am Hals neben dem altbraunen Kasten stand und über unsere Köpfe mit kleinem, hellrotem Kußmund hinwegsprach, auch erläuternde Bewegungen machte, sah ich, wie Joachim Mahlke, der eine Reihe vor mir und Schilling saß, seine Ohren durchsichtig werden, hochrot anlaufen ließ, sich steif zurücklehnte, dann links rechts mit Händen am Hals nestelte, würgte, endlich etwas unter die Bank warf: Wolle, Puscheln[1], die Bällchen, grün rot gemischt, glaube ich. Und da er seinen Mund anfangs etwas zu leise aufmachte, ein Leutnant der Luftwaffe, sprach stockend, auf die sympathisch unbeholfene Art und errötete mehrmals, ohne daß seine Rede den Anlaß gegeben haben konnte: „ ... nun müßt Ihr nicht denken, das läuft wie ne Karnickeljagd, mit drauf und los und hastenichjesehn. Oft wochenlang nichts. Aber als wir an den Kanal – dachte ich, wenn hier nicht, dann nirgends. Und es klappte. Gleich beim ersten Einsatz kam uns ein Verband mit Jagdschutz vor die Nase, und das Karussell, sag ich, mal über mal unter den Wolken, war perfekt: Kurvenflug. Ich versuche mich höherzuschrauben, unter mir kreiseln drei Spitfire[2], schirmen sich ab, denke, wär doch gelacht, wenn nicht, stoße steil von oben, hab ihn drinnen, und da zeigt er schon Spuren, kann noch gerade meine Mühle auf die linke Tragflächenspitze, als ich auch schon eine zweite im Gegenkurs kommende Spitfire im Visierkreis, halte auf Propellernabe, er oder ich; na, wie Ihr seht, er mußte in den Bach, und ich dachte mir, wenn du schon zwei hast, versuch es doch mal mit dem dritten und so weiter, wenn nur der

---

1 Wollbällchen, die unter dem Hemdkragen wie eine Krawatte getragen wurden. 2 **Flugzeug**

Sprit reicht. Und da wollen sie auch schon unter mir, sieben im aufgelösten Verband abschwirren, ich, immer die liebe Sonne hübsch im Rücken, picke mir einen raus, der bekommt seinen Segen, wiederhole die Nummer, klappt auch, zieh den Knüppel nach hinten bis zum Anschlag, als mir der dritte vor die Spritze: schert nach unten aus, muß ihn erwischt haben, instinktiv hinterdrein, bin ihn los, Wolken, hab ihn wieder, drück nochmal auf die Tube, da routiert er im Bach, aber auch ich bin kurz vorm Badengehen; weiß wirklich nicht mehr, wie ich die Mühle hochbekommen habe. Jedenfalls als ich bei uns zu Hause angewackelt komme – wie Ihr sicher wißt oder in der Wochenschau gesehen habt, wackeln wir mit den Tragflächen, wenn wir was runtergeholt haben – bekomm ich das Fahrwerk nich raus, klemmte. Und so mußte ich meine erste Bauchlandung. Später, in der Kantine: ich hätte einwandfrei sechs, hatte natürlich während nicht mitgezählt, war natürlich viel zu aufgeregt gewesen, natürlich war die Freude groß, aber gegen vier mußten wir nochmal hoch, kurz und gut: das verlief beinahe wie früher, wenn wir hier auf unserem guten alten Pausenhof – denn den Sportplatz gab es noch nicht – Handball spielten. Vielleicht wird sich Studienrat Mallenbrandt erinnern: entweder warf ich kein Tor oder gleich neun Tore; und so war es auch an dem Nachmittag: zu den sechs vom Vormittag kamen noch drei weitere; das war mein neunter bis siebzehnter; aber erst ein gutes halbes Jahr später, als ich die vierzig voll hatte, wurde ich von unserem Chef, und als ich dann ins Führerhauptquartier, hatte ich schon vierundvierzig auf der Latte; denn wir am Kanal kamen kaum raus aus den Mühlen, blieben gleich, während das Bodenpersonal, nicht jeder hat das durchhalten können; will nun aber mal zur Abwechslung was Lustiges: Auf jedem Fliegerhorst gibt es einen Staffelhund. Und als wir eines Tages unserem Staffelhund Alex, weil gerade allerschönstes Wetter war ..."

So etwa äußerte sich jener hochdekorierte Leutnant, gab zwischen zwei Luftkämpfen, als Einlage, die Geschichte des Staffelhundes Alex, der das Abspringen mit dem Fallschirm lernen mußte, auch das Anekdötchen vom Obergefreiten, der bei Alarm immer zu spät aus den Wolldecken kam und mehrmals im Schlafanzug seine Einsätze fliegen mußte.

Der Leutnant lachte mit, wenn die Schüler, sogar die Primaner, lachten und einige Lehrer sich das Schmunzeln erlaubten. Er hatte sechsunddreißig in unserer Schule das Abitur gemacht und wurde im Jahre dreiundvierzig über dem Ruhrgebiet abgeschossen. Dunkelbraune, ungescheitelte und straff zurückgekämmte Haare hatte er, war nicht besonders groß, eher ein zierlicher, in einem Nachtlokal servierender Kellner. Beim Sprechen hielt er seine Hand in der Tasche, zeigte die versteckte Hand aber sofort, wenn ein Luftkampf geschildert und mit beiden Händen anschaulich gemacht werden sollte. Dieses Spiel mit durchgedrückten Handflächen beherrschte er nuancenreich, konnte, während er aus den Schultern heraus lauerndes Kurvenfliegen mimte, auf lange erklärende Sätze verzichten, streute allenfalls Stichworte und überbot sich, indem er Motorengeräusche vom Starten bis zum Landen in die Aula röhrte oder stotterte, wenn ein Motor defekt war. Man konnte annehmen, daß er diese Nummer im Kasino seines Fliegerhorstes geübt hatte, zumal das Wörtchen Kasino: „Wir saßen alle friedlich im Kasino und hatten ... Gerade als ich ins Kasino will, weil ich ... Bei uns im Kasino hängt ..." in seinem Mund zentrale Bedeutung hatte. Aber auch sonst, und abgesehen von den Schauspielerhänden, wie vom naturgetreuen Geräuschenachmachen, war sein Vortrag recht witzig, weil er es verstand, einen Teil unserer Studienräte, die schon zu seiner Zeit dieselben Spitznamen gehabt hatten wie zu unserer Zeit, auf die Schippe zu nehmen. Blieb aber immer nett, lausbubenhaft, bißchen Schwerenöter, ohne große Angabe, wenn er etwas unerhört Schwieriges geleistet hatte, nie vom Erfolg, immer von seinem Glück: „Bin eben ein Sonntagsjunge, schon in der Schule, wenn ich an gewisse Versetzungszeugnisse denke..." und mitten aus einem Pennälerscherz heraus gedachte er dreier ehemaliger Klassenkameraden, die, wie er sagte, nicht umsonst gefallen sein dürften, beendete aber seinen Vortrag nicht mit den Namen der drei Gefallenen, sondern leichthin mit dem Bekenntnis: „Jungs, das sage ich Euch: Wer draußen im Einsatz steht, denkt immer wieder gerne und oft an die Schulzeit zurück!"

Wir klatschten lange, grölten und trampelten. Erst als meine Hände brannten und hart waren, bemerkte ich, daß sich Mahlke zurückhielt und keinen Beifall in Richtung Katheder spendete.

Vorne schüttelte Oberstudienrat Klohse auffallend heftig und solange geklatscht wurde, beide Hände seines ehemaligen Schülers. Dann faßte er den Leutnant anerkennend bei den Schultern, ließ plötzlich von der schmächtigen Figur, die sogleich ihren Platz fand, ab und stellte sich hinters Katheder.

Die Rede des Direktors dauerte. Langeweile breitete sich von den wuchernden Topfpflanzen bis zu dem Ölbild an der Rückwand der Aula, das den Stifter der Schule, einen Freiherrn von Conradi, darstellte. Auch der Leutnant, schmal zwischen den Studienräten Brunies und Mallenbrandt, schaute immer wieder auf seine Fingernägel. Klohses kühler Pfefferminzatem, der alle seine Mathematikstunden durchwehte und den Geruch reiner Wissenschaft vertrat, half in dem hohen Saal wenig. Von vorne kamen Worte knapp bis zur Mitte der Aula: „Jenedienachunskommen – Undindieserstunde – Wandererkommstdu – Dochdiesmalwirddieheimat – Undwollenwirnie – flinkzähhart – sauber – sagteschon – sauber – Undwernichtdersoll – Undindieserstunde – sauberbleiben – Mitschillerwortschließen – Setzetnichtlebenein niewirdeuchgewonnensein – Undnunandiearbeit!"

Wir waren entlassen und hingen, zwei Trauben, vor den zu engen Ausgängen der Aula.
(Aus: Günter Grass, Katz und Maus. Neuwied: Luchterhand 1961.)

Arbeitshinweise
1. Wie sieht der Leutnant den Krieg? Welcher Sprache bedient er sich?
2. Was will der Autor mit dieser Sprache erreichen? Warum sind die Sätze oft unvollständig?
3. Welche Tugenden spricht der Direktor in seiner Rede an?
4. Was fällt an der Sprache auf, in der diese Rede wiedergegeben ist? Welche Absicht verfolgt Grass?
5. Wie reagieren die Schüler auf beide Reden?
6. Was kann man mit Sprache erreichen? Denken Sie daran, wie die Reden damals aufgenommen wurden, wie sie heute bei dem Leser ankommen. Wodurch gelingt es Grass, eine andere Wirkung zu erzielen? (Berücksichtigen Sie auch die Aussagen im Vorspann!)
7. Analysieren Sie die Statistik (S. 263), und beziehen Sie die Zahlen auf den Text!

HEINRICH BÖLL, **Brief an einen jungen Katholiken**

Zur Biographie des Autors vgl. S. 374.

Böll veröffentlichte diesen Brief 1958, wenige Jahre nach der Wiedereinführung der allgemeinen Wehrpflicht in der Bundesrepublik Deutschland; abgedruckt sind der Anfang und der Schluß.

Der Brief ist an einen fiktiven Bundeswehrsoldaten gerichtet. Böll erinnert sich an seinen eigenen „Einkehrtag von 1938", als er von einem katholischen Priester zu kriegerischer Tapferkeit und militärischem Gehorsam ermahnt und vor den „sittlichen Gefahren" des Soldatenlebens gewarnt wurde; aber, so sagt Böll: *„kein Wort über Hitler, kein Wort über Antisemitismus, über etwaige Konflikte zwischen Befehl und Gewissen. Wir hatten unser geistiges Rüstzeug weg."*
1966 verfaßte Böll noch einen „Brief an einen jungen Nichtkatholiken", in dem er seine Kritik ergänzt.

Lesehinweis:
Heinrich Böll, Aufsätze. Kritiken. Reden, 2 Bde. München: dtv 1969 (= dtv 616, 617).
Heinrich Böll, Neue politische und literarische Schriften. Köln: Kiepenheuer & Witsch 1973.

Lieber Herr M.!

Als wir uns neulich bei Pfarrer U. kennenlernten, kamen Sie gerade von einem jener Einkehrtage, wie man sie für einrückende Rekruten veranstaltet. Man hatte Sie dort vor den moralischen Gefahren des Soldatenlebens gewarnt, und – wie es bei diesen Warnungen üblich ist – wurde Moral immer noch mit sexueller Moral identifiziert. Ich will mich nicht damit aufhalten, Ihnen auseinanderzulegen, welch ein immenser theologischer Irrtum in dieser Identifizierung liegt; er ist offenkundig genug; an dieser einseitigen Interpretation der Moral leidet der gesamte europäische Katholizismus seit ungefähr hundert Jahren.

Als ich in Ihrem Alter war, zwanzig, das war im Jahre 1938, ließ auch ich mich überreden, an einem Einkehrtag für einrückende Rekruten teilzunehmen. Auf der Einladung stand etwas von „geistigem Rüstzeug für den Dienst in der Wehrmacht". Der Einkehrtag fand in einem jener Klöster statt, wie sie uns das ausgehende neunzehnte Jahrhundert geschenkt hat: gelber Backstein, neugotische, dunkle Flure, in denen eine trübselige Demut sauer geworden war. Das kleine Kloster beherbergte ein Internat für junge Mädchen, die dort in der Kunst unterrichtet wurden, einen „bürgerlichen Haushalt" zu führen. Sorgfältig hatte man die am wenigsten hübschen Mädchen ausgewählt, uns nach der heiligen Messe das Frühstück zu servieren; aber es gibt kaum achtzehnjährige Mädchen, die nicht hübsch wirken angesichts der trostlosen kirchlichen Architektur des ausgehenden neunzehnten Jahrhunderts.

Nach dem Frühstück gab es das geistige Rüstzeug. Zunächst sprach der Priester, der den Einkehrtag leitete, etwa eine halbe Stunde über den Hauptmann[1] von Kapharnaum[2], auf dessen schwache Schultern man seit etwa einem Jahrhundert die theologische Rechtfertigung der allgemeinen Dienstpflicht zu laden pflegt.

---
[1] Hauptmann, der Jesus bittet, seinen gichtbrüchigen Knecht zu heilen
[2] Kapharnaum (griech.) = Dorf am See Genezareth (im NT Mittelpunkt der Wirksamkeit Jesu am See, vgl. Math. 8, 5–13)

Nun, die Toten können sich nicht wehren, und der arme Hauptmann mußte für alles herhalten, was damals an landläufigen Phrasen verzapft wurde: Volk ohne Raum, bolschewistische Bedrohung, gerechte Verteidigung. Geben Sie immer acht, junger Freund, wenn die Theologen von gerechter Verteidigung sprechen. Das Wort ist so groß und so billig, daß es eigentlich verboten werden müßte. Die Enkel jener Männer, die 1914 gefallen sind, werden heute an Atomkanonen ausgebildet, und immer noch nicht, nach 44 Jahren noch nicht, sind sich die Historiker einig darüber, wer sich im Jahre 1914 nun im Stande der gerechten Verteidigung befand. Wer sollte sich da an einem solchen Begriff trösten können? Sollten Sie jedoch nach historischen Beispielen für gerechte Verteidigung suchen, so finden Sie deren einige in der jüngsten Vergangenheit: das bolschewistische Rußland befand sich im Jahre 1941, als die deutsche Wehrmacht dort einfiel, im Zustand der gerechten Verteidigung; Dänemark, Norwegen, Frankreich – nehmen Sie sich eine Europakarte vor und zählen Sie die Länder ab.

Der Priester, der den Einkehrtag leitete, konnte sich einiger soldatischen Erfahrung rühmen: er war im Weltkrieg Feldwebel gewesen und war einer der wenigen Träger des Pour le Mérite[1] der Unteroffiziersklasse. Dem Vortrag über den Hauptmann von Kapharnaum – ach, dieser Hauptmannkomplex des deutschen Bürgers! – folgte eine praktische Unterweisung, die darin bestand, uns Ratschläge zu geben, wie wir bei der unvermeidlichen Teilnahme an Kompaniefesten und Kameradschaftsabenden der Trunkenheit entgehen könnten; sich vor Trunkenheit zu hüten war wichtig, weil nach Kompaniefesten und Kameradschaftsabenden immer der kollektive Bordellbesuch zu folgen pflegte; die Gefahren, vor denen wir gewarnt wurden, waren „sittliche", was bedeuten sollte: sexuelle.

Um diese Zeit, im Sommer 1938, waren die meisten meiner Schulkameraden längst aus den verschiedenen katholischen Jugendgruppen in die HJ oder ins Jungvolk übergewechselt; ich begegnete ihnen manchmal, wenn sie an der Spitze ihrer Gruppen durch die Stadt marschierten; sie lächelten mir entschuldigend zu, wenn ihre Gruppe gerade sang: „Wenn das Judenblut vom Messer spritzt...", ich erwiderte das entschuldigende Lächeln nicht. Ich weiß nicht, welche Gefahr sittlich die größere war, mit einhundert Zehnjährigen zu singen: „Wenn das Judenblut vom Messer spritzt...", oder ein sexueller Fehltritt. Ich habe einiges an Widerwärtigkeiten während der Jahre bei der Wehrmacht erleben müssen, aber nicht ein einziges Mal habe ich erlebt, daß jemand zu einem sexuellen Fehltritt gezwungen wurde; nichts imponiert den Menschen im allgemeinen mehr als eine bestimmte Ansicht über bestimmte Dinge.

Der Priester riet uns, vor solchen Kompaniesaufereien tüchtig Fleisch zu essen, in viel Fett gebraten, oder rohes Hackfleisch, gute Mettwurst; wir sollten uns eine gute Unterlage besorgen, um Trunkenheit und die damit verbundenen sittlichen Gefahren zu meiden. Mir vergeht heute noch der Appetit, wenn ich mich der Einzelheiten dieser ekelhaften Kulinarik[2] entsinne; im übrigen waren die Ratschläge nicht nur medizinisch falsch, sondern auch rein versorgungstechnisch von einer

---

[1] frz. Orden (= „für das Verdienst")
[2] auf Kochkunst bezogen

himmelschreienden Naivität: wie sollte ein armer Rekrut etwa des Jahres 1940 oder 1941 an Fleisch kommen, und zwar in solchen Quantitäten?

Es folgte dann – bedaure, aber die Dirnen spielten wirklich die Hauptrolle – eine weitere Warnung vor jenen gefährlichen Wesen; er selber hatte im ersten Weltkrieg als Bursche eines Hauptmanns (!!) hin und wieder eine solche Dame in das Quartier des Epaulettierten[1] holen müssen; offenbar war es ihm nie in den Sinn gekommen, möglicherweise diesen Befehl zu verweigern (was sogar juristisch möglich gewesen wäre, aber ein deutscher Katholik verweigert wohl nicht den Befehl), und nun beschrieb er uns die Taktiken, mit denen er den Lockungen dieser Personen entgangen war. Er sprach offen, so wie man eben „unter Soldaten" spricht, und diese Offenheit war schon eklig genug.

Dann gab es gemeinsames Mittagessen, es folgte eine weitere Unterweisung, die darin bestand, uns zur Tapferkeit, zum Gehorsam zu ermahnen, nach der beliebten Auffassung: die Katholiken immer vorne, wir sind doch keine Schlappschwänze. Ach, junger Freund, zwei Himmelreiche, drei, für einen Priester, der einmal die Schwachen, die Feigen, die Plattfüßler, die körperlich Untüchtigen gegen diese Turnlehrertheologie verteidigen würde. Es kam noch einmal der Hauptmann von Kapharnaum an die Reihe, dann gab es Kaffee. Waren die Mädchen, die uns bedienten, wirklich hübscher geworden oder erschien es mir nur so nach achtstündiger Gefangenschaft in diesem Gebäude?

Wir wurden entlassen. Kein Wort über Hitler, kein Wort über Antisemitismus, über etwaige Konflikte zwischen Befehl und Gewissen. Wir hatten unser geistiges Rüstzeug weg und schlichen durch die düstere Vorstadt nach Hause. [...]

Tatsächlich, sittliche Gefahren drohen Ihnen, lieber Herr M., keine geringen; jene zu Unrecht verdächtigte Instanz, die Gewissen heißt, wird sich melden; und es wird die schlimmste Plage aller Soldaten über Sie kommen, die unabhängig ist vom Stand der Bewaffnung: der Stumpfsinn, vor dem Sie gewiß niemand gewarnt hat. Nehmen Sie keine der dargebotenen Trost-Schablonen an: den technischen Reiz gewisser Waffen, körperliche Ertüchtigung, oder jene Art von Kameraderie, wie sie von Typen wie Major Sch. gepflegt wird: beim Bier ein Schulterklopfen, ein wenig bramarbasiert[2], mit dem Unterton: „Ist ja doch alles wurscht." Meiden Sie den Gottesdienst, den der Divisionspfarrer abhält; schließlich gibt es für Zahnärzte auch keine Sondergottesdienste, und die beiden gutgewachsenen Ministranten in Heeresuniform sind nur ein kleines optisches Spectaculum, das Sie sich ersparen sollten; das Pathos, das in solcher Veranstaltung liegt, würde bei einem Turnverein lächerlich, bestenfalls rührend wirken; doch eine Armee ist kein Turnverein, sie hütet den schrecklichsten aller Horte, sie ist die Verwalterin des Todes von Millionen Menschen. Wenn Sie nach Vorbildern suchen: es gibt deren unzählige; wählen Sie einen kleinen Judenjungen aus einem galizischen Dorf, einen Namenlosen, der vom Spielplatz weg in den Waggon gezerrt, an der Rampe in Birkenau[3] von der Hand seiner Mutter gerissen und im Zustand vollkommener Unschuld

---

[1] Epaulett (frz.) = Schulterstück auf Uniformen
[2] aufschneiden, prahlen
[3] Konzentrationslager bei Auschwitz

getötet wurde. Oder falls Sie ein Vorbild suchen, das Aktion vollzog: wählen Sie den Grafen Schwerin von Schwanenfeld, der vor dem Volksgerichtshof, von Freisler[1] angebrüllt, mit leiser, klarer Stimme sagte: „Ich dachte an die vielen Morde." Ein Christ und Offizier, der verbündet war mit Männern, die ihm seiner Herkunft und seiner politischen Tradition nach so vollkommen entgegengesetzt waren: mit Marxisten und Gewerkschaftern; der Geist dieser Verbrüderung und des Bündnisses hat sich nicht erhalten, ist nicht in die Nachkriegspolitik eingegangen; wir könnten eine Tradition haben, diese, doch es scheint, als wäre es unmöglich, diesen Geist in die gegenwärtige Politik zu tragen: die Catcher beherrschen das Feld, die Primitiv-Taktiker, Männer ohne Erinnerungsvermögen, die Vitalen, Gesunden, die nicht „rückwärts blicken" und nicht jenem verpönten Laster frönen, das Nachdenken heißt, aber unter dem Namen Morbidität[2] als eine Art Rauschgift für sogenannte Intellektuelle diffamiert wird; erhalten Sie sich getrost etwas von dieser Morbidität, räumen Sie ihr eine Provinz Ihres Bewußtseins ein und versuchen Sie, die Verzweiflung des kleinen Unteroffiziers zu begreifen, der die Geschichte nicht ertragen konnte.

Es wird bald in Deutschland viele Katholiken geben, die mit ihren Glaubensbrüdern und -schwestern nur noch ihren Glauben gemeinsam haben; ja, Sie haben recht gelesen, ich schrieb: *nur*; es gibt ja keine religiösen Auseinandersetzungen mehr, nur noch politische, und selbst religiöse Entscheidungen, wie die des Gewissens, werden zu politischen gestempelt: magere Jahre stehen bevor, denn die Theologen verweigern uns jenes andere, das Wort, von dem wir leben, und ob wir am nächsten Tag noch Brot haben werden, ist ohnehin fraglich. Wir werden gezwungen, von Politik zu leben – und das ist eine fragwürdige Kost, da gibt es, je nach den Erfordernissen der Taktik, an einem Tag Pralinen, am anderen eine Suppe aus Dörrgemüse: unser Brot müssen wir selber backen und das Wort uns selbst bereiten.

Ich grüße Sie herzlich.

Ihr

Heinrich Böll

(Aus: Heinrich Böll, Erzählungen. Hörspiele. Aufsätze. Köln: Kiepenheuer & Witsch 1961, S. 379ff.)

Arbeitshinweise

1. *Worin sehen – nach Böll – viele Pfarrer die entscheidenden moralischen Gefahren?*
2. *Worin sieht der Autor die wirklichen Gefahren?*
3. *Vor welchen Begriffen warnt Böll? Warum?*
4. *An welchen Vorbildern und Werten soll man sich – nach Böll – orientieren?*
5. *Wie beurteilen Sie die hier vertretenen Ansichten? Nehmen Sie kritisch zur Argumentation des Autors Stellung!*

---

1 Vorsitzender des nationalsozialistischen Volksgerichtshofs (Berlin)
2 Krankheitsstand

Günter Grass, In Ohnmacht gefallen

Das folgende Gedicht entstammt dem Band „Ausgefragt" (1967). Grass protestiert dort mit bitterem Zorn gegen Zustände in der Welt, fühlt aber, daß er nicht die Macht hat, sie zu ändern. (Zur Biographie des Autors vgl. S. 262)

„In Ohnmacht gefallen" ist das erste Gedicht des Kapitels, das die Überschrift „Zorn Ärger Wut" trägt. Das Gedicht bezieht sich darauf, daß die USA im Vietnamkrieg Napalm-Bomben abwarfen, die eine besonders starke Vernichtung und Zerstörung, auch der Vegetation, bewirkten. Berichte über das Geschehen wurden auch im Fernsehen häufig gezeigt.

Lesehinweis:
Günter Grass, Die Blechtrommel. Danziger Trilogie I. Neuwied: Luchterhand 1974 (= Sammlung Luchterhand 147).
Günter Grass. Materialienbuch, hrsg. von Rolf Geißler. Darmstadt: Luchterhand 1976 (= Sammlung Luchterhand 214).

Wir lesen Napalm und stellen Napalm uns vor.
Da wir uns Napalm nicht vorstellen können,
lesen wir über Napalm, bis wir uns mehr
unter Napalm vorstellen können.
Jetzt protestieren wir gegen Napalm.
    Nach dem Frühstück, stumm,
    auf Fotos sehen wir, was Napalm vermag.
    Wir zeigen uns grobe Raster
    und sagen: Siehst du, Napalm.
    Das machen sie mit Napalm.
Bald wird es preiswerte Bildbände
mit besseren Fotos geben,
auf denen deutlicher wird,
was Napalm vermag.
Wir kauen Nägel und schreiben Proteste.
    Aber es gibt, so lesen wir,
    Schlimmeres als Napalm.
    Schnell protestieren wir gegen Schlimmeres.
    Unsere berechtigten Proteste, die wir jederzeit
    verfassen falten frankieren dürfen, schlagen zu Buch.
Ohnmacht, an Gummifassaden erprobt.
Ohnmacht legt Platten auf: ohnmächtige Songs.
Ohne Macht mit Guitarre. –
Aber feinmaschig und gelassen
wirkt sich draußen die Macht aus.

(Aus: Günter Grass, Ausgefragt. Neuwied: Luchterhand 1967, S. 58.)

Arbeitshinweise
1. *Wie verhalten sich – nach Grass – die Menschen angesichts von Napalm?*
2. *Wie ist das Gedicht aufgebaut? Wodurch kommt die ironische Grundhaltung zum Ausdruck? Was vermag Napalm?*
3. *Was kritisiert Grass in diesem Gedicht?*
4. *Diskutieren Sie, ob die Befürchtungen von Günter Grass richtig sind! Wie beurteilen Sie seine Aussagen?*

Zu Ohnmacht gefallen

Wir lesen Napalm und stellen Napalm uns vor.
Da wir uns Napalm nicht vorstellen können,
lesen wir über Napalm, bis wir uns mehr
unter Napalm vorstellen können.
Jetzt protestieren wir gegen Napalm.
    Nach dem Frühstück, schweigend,
    sehen wir Fotos, was Napalm vermag.
    Wir zeigen uns grobe Raster
    und sagen: Siehst du, Napalm.
    Bald machen sie mit Napalm.
Bald wird es preiswerte Bildbände
mit schweren Fotos geben,
an denen Deutliches wird,
was Napalm vermag.
Wir kaufen Vögel mit sicheren Postkarten.
    Weil es gibt, so lesen wir,
    Schlimmeres als Napalm.
    Schnell protestieren wir gegen Schlimmeres.
    Unsere begreiflichen Proteste, die wir jederzeit
    verfassen, falten, frankieren dürfen, schlagen zu Buch.

Ohnmacht, an Beispielen erprobt.
Ohnmacht legt Platten auf: ohnmächtige Songs.
Ohne Macht mit Gitarre. –
Aber feinmaschig und gelassen
wirkt sich draußen die Macht aus.

                                    Günter Grass

MARIE LUISE KASCHNITZ, **Hiroshima**

Zur Biographie vgl. S. 193.
Das Gedicht bezieht sich auf die erste Atombombe, die im August 1945 auf Hiroshima (Japan) abgeworfen wurde und deren Explosion verheerende Folgen gehabt hat. Marie Luise Kaschnitz hat später einmal folgende Aussage zu ihrem Gedicht gemacht: *„Das Gedicht ist 1956 geschrieben, ich sah in einer Illustrierten das Foto des Mannes, der leben mußte, ein Kleinbürgerdasein."* (Nachkrieg und Unfrieden, hrsg. von Hilde Domin, Neuwied: Luchterhand 1970, S. 39.)

Der den Tod auf Hiroshima warf
Ging ins Kloster, läutet dort die Glocken.
Der den Tod auf Hiroshima warf
Sprang vom Stuhl in die Schlinge, erwürgte sich.
Der den Tod auf Hiroshima warf
Fiel in Wahnsinn, wehrt Gespenster ab
Hunderttausend, die ihn angehen nächtlich
Auferstandene aus Staub für ihn.

Nichts von alledem ist wahr.
Erst vor kurzem sah ich ihn
Im Garten seines Hauses vor der Stadt.
Die Hecken waren noch jung und die Rosenbüsche zierlich.
Das wächst nicht so schnell, daß sich einer verbergen könnte
Im Wald des Vergessens. Gut zu sehen war
Das nackte Vorstadthaus, die junge Frau
Die neben ihm stand im Blumenkleid
Das kleine Mädchen an ihrer Hand
Der Knabe der auf seinem Rücken saß
Und über seinem Kopf die Peitsche schwang.
Sehr gut erkennbar war er selbst
Vierbeinig auf dem Grasplatz, das Gesicht
Verzerrt von Lachen, weil der Photograph
Hinter der Hecke stand, das Auge der Welt.

(Aus: Marie Luise Kaschnitz, Neue Gedichte. Hamburg: Claassen 1957.)

Arbeitshinweise
1. *Wodurch unterscheiden sich die beiden Strophen? Was wird gegenübergestellt?*
2. *Welches Verhältnis besteht zwischen den beiden Strophen?*
3. *Wie wird der Mann dargestellt?*
4. *Interpretieren Sie die Metapher „Im Wald des Vergessens"!*
5. *Wie ist der Schluß zu deuten?*
6. *Diskutieren Sie die Problematik des Abwurfs einer Atombombe!*

Ernest Hemingway, **Alter Mann an der Brücke**

Hemingway (1898-1961) führte ein bewegtes Leben. Er war Journalist, Kriegsberichterstatter, Schriftsteller, Jäger und begeisterter Stierkampfzuschauer.

Im spanischen Bürgerkrieg (1936–1939) unterstützte er die Republikaner gegen die unter General Franco kämpfenden Faschisten. Ereignisse und Erlebnisse aus dem spanischen Bürgerkrieg sind immer wieder Themen in seinem Werk, so auch in dieser Kurzgeschichte. Zum spanischen Bürgerkrieg vgl. auch S. 276.

Durch Hemingways „short stories" wurde diese literarische Form auch in Deutschland bekannt und von vielen Schriftstellern übernommen (u. a. Borchert, Böll).

Zu den bedeutendsten Werken Hemingways gehören der Roman „Wem die Stunde schlägt" (1940) und die Erzählung „Der alte Mann und das Meer" (1952). 1954 erhielt er den Nobelpreis für Literatur. 1961 verübte er Selbstmord.

Lesehinweis:
Ernest Hemingway, Sämtliche Erzählungen. Reinbek: Rowohlt 1966.
Ernest Hemingway, Wem die Stunde schlägt. Frankfurt: Fischer 1961 (= Fischer Bücherei 408/09).
Rolf Hochhut, Tod eines Jägers. Reinbek: Rowohlt 1976 (= das neue buch 68).
Georges-Albert Astre, Ernest Hemingway in Selbstzeugnissen und Bilddokumenten. Reinbek: Rowohlt 1969 (= rowohlts monographien 73).

Ein alter Mann mit einer stahlumränderten Brille und sehr staubigen Kleidern saß am Straßenrand. Über den Fluß führte eine Pontonbrücke[1], und Karren und Lastautos und Männer, Frauen und Kinder überquerten sie. Die von Maultieren gezogenen Karren schwankten die steile Uferböschung hinter der Brücke hinauf, und Soldaten halfen und stemmten sich gegen die Speichen der Räder. Die Lastautos arbeiteten schwer, um aus alledem herauszukommen, und die Bauern stapften in dem knöcheltiefen Staub einher. Aber der alte Mann saß da, ohne sich zu bewegen. Er war zu müde, um noch weiter zu gehen.

Ich hatte den Auftrag, die Brücke zu überqueren, den Brückenkopf auf der anderen Seite auszukundschaften und ausfindig zu machen, bis zu welchem Punkt der Feind vorgedrungen war. Ich tat das und kehrte über die Brücke zurück. Jetzt waren dort nicht mehr so viele Karren und nur noch wenige Leute zu Fuß, aber der alte Mann war immer noch da.

„Wo kommen Sie her?" fragte ich ihn.

„Aus San Carlos", sagte er und lächelte.

---
1 Brückenschiff

Es war sein Heimatort, und darum machte es ihm Freude, ihn zu erwähnen, und er lächelte.

„Ich habe Tiere gehütet", erklärte er.

„So", sagte ich und verstand nicht ganz.

„Ja", sagte er, „wissen Sie, ich blieb, um die Tiere zu hüten. Ich war der letzte, der die Stadt San Carlos verlassen hat."

Er sah weder wie ein Schäfer noch wie ein Rinderhirt aus, und ich musterte seine staubigen, schwarzen Sachen und sein graues, staubiges Gesicht und seine stahlumränderte Brille und sagte: „Was für Tiere waren es denn?"

„Allerhand Tiere", erklärte er und schüttelte den Kopf. „Ich mußte sie dalassen."

Ich beobachtete die Brücke und das afrikanisch aussehende Land des Ebro[1]-Deltas und war neugierig, wie lange es jetzt wohl noch dauern würde, bevor wir den Feind sehen würden, und ich horchte die ganze Zeit über auf die ersten Geräusche, die immer wieder das geheimnisvolle Ereignis ankündigen, das man ‚Fühlung nehmen' nennt, und der alte Mann saß immer noch da.

„Was für Tiere waren es?" fragte ich.

„Es waren im ganzen drei Tiere", erklärte er. „Es waren zwei Ziegen und eine Katze und dann noch vier Paar Tauben."

„Und Sie mußten sie dalassen?" fragte ich.

„Ja, wegen der Artillerie[2]. Der Hauptmann befahl mir, fortzugehen wegen der Artillerie."

„Und Sie haben keine Familie?" fragte ich und beobachtete das jenseitige Ende der Brücke, wo ein paar letzte Karren die Uferböschung herunterjagten.

„Nein", sagte er, „nur die Tiere, die ich angegeben habe. Der Katze wird natürlich nichts passieren. Eine Katze kann für sich selbst sorgen, aber ich kann mir nicht vorstellen, was aus den andern werden soll."

„Wo stehen Sie politisch?" fragte ich.

„Ich bin nicht politisch", sagte er. „Ich bin sechsundsiebzig Jahre alt. Ich bin jetzt zwölf Kilometer gegangen, und ich glaube, daß ich jetzt nicht mehr weiter gehen kann."

„Dies ist kein guter Platz zum Bleiben", sagte ich. „Falls Sie es schaffen könnten, dort oben, wo die Straße nach Tortosa abzweigt, sind Lastwagen."

„Ich will ein bißchen warten", sagte er, „und dann werde ich gehen. Wo fahren die Lastwagen hin?"

„Nach Barcelona zu", sagte ich ihm.

„Ich kenne niemand in der Richtung", sagte er, „aber danke sehr. Nochmals sehr schönen Dank."

---

[1] Fluß in Spanien
[2] Truppengattung, mit Geschützen ausgerüstet

Er blickte mich ganz ausdruckslos und müde an, dann sagte er, da er seine Sorgen mit jemandem teilen mußte: „Der Katze wird nichts passieren, das weiß ich; man braucht sich wegen der Katze keine Sorgen zu machen. Aber die andern; was glauben Sie wohl von den andern?"

„Ach, wahrscheinlich werden sie heil durch alles durchkommen."

„Glauben Sie das?"

„Warum nicht?" sagte ich und beobachtete das jenseitige Ufer, wo jetzt keine Karren mehr waren.

„Aber was werden sie unter der Artillerie tun, wo man mich wegen der Artillerie fortgeschickt hat?"

„Haben Sie den Taubenkäfig unverschlossen gelassen?" fragte ich.

„Ja."

„Dann werden sie wegfliegen."

„Wenn Sie sich ausgeruht haben, würde ich gehen", drängte ich. „Stehen Sie auf, und versuchen Sie jetzt einmal zu gehen."

„Danke", sagte er und stand auf, schwankte hin und her und setzte sich dann rücklings in den Staub.

„Ich habe Tiere gehütet", sagte er eintönig, aber nicht mehr zu mir. „Ich habe doch nur Tiere gehütet."

Man konnte nichts mit ihm machen. Es war Ostersonntag, und die Faschisten rückten gegen den Ebro vor. Es war ein grauer, bedeckter Tag mit tiefhängenden Wolken, darum waren ihre Flugzeuge nicht am Himmel. Das und die Tatsache, daß Katzen für sich selbst sorgen können, war alles an Glück, was der alte Mann je haben würde.

(Aus: Ernest Hemingway, Sämtliche Erzählungen. Reinbek: Rowohlt 1966, S. 74–76.)

Arbeitshinweise
1. Diese Kurzgeschichte entstand 1938 unter dem Eindruck des spanischen Bürgerkrieges. Nennen Sie alle Textstellen, die auf den Schauplatz „Krieg" hinweisen!
2. Wer sind die beiden Gesprächspartner? Wie werden sie dargestellt? Wer erzählt diese Geschichte?
3. Worin bestand die Haupttätigkeit des alten Mannes, bevor der Krieg ausbrach? Welche Bedeutung hatte sie für ihn?
4. Wie ist die plötzlich aufgeworfene Frage „Wo stehen Sie politisch?" zu verstehen? Wie beurteilen Sie die Reaktion des alten Mannes?
5. Welche Probleme will Hemingway durch das Schicksal des alten Mannes zum Ausdruck bringen?
6. Ein formales Kriterium der Kurzgeschichte ist der „offene" Schluß. Welche Bedeutung hat er in dieser Geschichte?

Pablo Picasso, **Guernica**

Picasso (1881 in Malaga/Spanien geboren, 1973 in Mougins/Frankreich gestorben) gehört zu den berühmtesten Malern des 20. Jahrhunderts. Sein Name wurde zum Synonym für ‚moderne Kunst'. Sein Werk ist außerordentlich umfangreich und sehr vielseitig.

Das Ölgemälde bezieht sich auf Ereignisse im Spanischen Bürgerkrieg (1936–39), in dem auf der einen Seite die Nationalen Faschisten (unterstützt von Italien und Deutschland) und auf der anderen Seite die Republikaner (unterstützt von „Internationalen Brigaden") kämpften. Der außerordentlich blutig geführte Krieg endete schließlich mit dem Sieg Francos, der eine faschistische Diktatur errichtete. (Vgl. auch S. 273)

Die Nationalen hatten im März 1937 eine neue Offensive im Norden eröffnet, die von deutschen und italienischen Lufteinheiten unterstützt wurde. Der Luftkrieg richtete sich hier zum erstenmal bewußt auch gegen die Zivilbevölkerung. General Mola, der die Operationen der nationalen Streitkräfte im Norden leitete, schrieb vor dem Beginn der Offensive: „Ich habe mich entschlossen, den Krieg im Norden rasch zu beenden. Wenn sie sich nicht ergeben, werde ich ganz Vicciaya dem Erdboden gleichmachen." Am 31.3.1937 wurde die Stadt Durango, einen Monat später der Marktflecken Guernica verwüstet. Guernica war das Nationalheiligtum der Basken: Hier stand die alte mächtige Eiche, unter der früher Beratungen abgehalten und Staatsverträge mit den spanischen Königen geschlossen wurden. Der Tag, an dem der Bombenangriff erfolgte, war ein Markttag. Ein junger baskischer Priester erlebte das Bombardement:

„Die Flugzeuge kamen ganz tief angeflogen, sie waren höchstens zweihundert Meter hoch. Sobald sie über uns hingeflogen waren, verließen wir unser Versteck und rannten in den Wald. Aber die Flieger sahen uns und setzten zu unserer Verfolgung an. Die Blätter verbargen uns zwar, aber da sie nicht genau sahen, wo wir liefen, schossen sie ungefähr in unsere Richtung. Wir hörten, wie die Kugeln durch die Blätter brachen und dazu den dunklen Ton von splitterndem Holz. Die Milizmänner und ich verfolgten die Flugbahnen der Maschinen, sie machten die verrücktesten Kapriolen, um sich nicht in den Baumspitzen zu verfangen. Unterdessen stürzten Frauen und Kinder und alte Männer getroffen nieder, wie Fliegen, überall sahen wir große Pfützen von Blut.

Ich sah einen alten Bauern, der allein auf dem Feld stand: eine Maschinengewehrgarbe tötete ihn. Mehr als eine Stunde blieben die achtzehn Maschinen in einer Höhe von wenigen hundert Metern über Guernica, und sie warfen Bombe auf Bombe.

Von dem Lärm der Explosionen und dem Geräusch der einstürzenden Häuser macht man sich keinen Begriff. Sie flogen über die Straßenzüge hin. Sehr viele Bomben fielen. Scheinbar überall. Später sahen wir die Krater. Sie hatten einen Durchmesser von sechzehn Meter und waren acht Meter tief.

Gegen 7 Uhr flogen die Maschinen ab, und nun kam eine neue Welle, die diesmal in sehr großer Höhe flog. Die zweite Welle warf Brandbomben auf unsere gemarterte Stadt. Das zweite Bombardement dauerte fünfunddreißig Minuten, aber es reichte hin, um den ganzen Ort in einen gewaltigen Feuerofen zu verwandeln. Mir war gleich klar, was dieser Angriff mit Brandbomben bezwecken sollte. Sie wollten die Welt damit glauben machen, die Basken hätten die Stadt selbst in Brand gesteckt."

Kurz nach Mitternacht fährt ein Soldat durch das brennende Guernica:

„Außer dem Zischen und Brausen der Flammen hörte man keinen Laut. Niemand redete, und selbst die Ochsen, die ziellos durch die Straßen trotteten, waren still. Jeder war wie betäubt.

Ich kannte Guernica gut, es war nicht wiederzuerkennen. Es ist eine kleine Stadt mit roten Dächern und weißen Mauern gewesen, sehr sauber. An Markttagen kommen die Leute meilenweit her, um hier Esel, Kühe und landwirtschaftliche Produkte zu handeln. Markttage waren immer lustige Tage. Die Leute saßen herum, handelten, tranken Wein und sangen. Heute sang niemand. Tote Tiere lagen verkohlend in den Straßen. Man versuchte die angekohlten Kadaver auf Ochsenkarren zu laden und sie auf den Friedhof zu bringen. Die Wolken hingen niedrig. Der Himmel schien erfüllt mit züngelnden Flammen, denn die Wolken spiegelten die brennende Stadt.

Wir zogen eilig durch Guernica in Richtung Front weiter. Wir marschierten eine Meile und sahen dann zurück. Wir sahen Guernica brennen und hörten noch immer das Zischen der Flammen, aber nirgends hörten wir eine menschliche Stimme. Dann stiegen wir schweigend in die Berge hinauf." (Aus: Der Spanische Bürgerkrieg in Augenzeugenberichten. München: dtv. 1971, S. 271.)

Der Stabschef der deutschen Legion Condor notierte in sein Tagebuch: „Bombenlöcher auf Straßen noch zu sehen, einfach toll."

Zum erstenmal in der Geschichte wurde durch Luftangriff eine Stadt systematisch ausradiert (siehe Foto). Damit wurde eine Epoche eingeleitet, die durch die Namen Rotterdam, Coventry, Lübeck, Dresden, Hiroshima markiert ist.

Zwei Tage nach dem Angriff hörte Picasso in Paris von der Zerstörung Guernicas. Er hatte kurz vorher von der republikanischen Exilregierung den Auftrag erhalten, ein großes Wandgemälde für den spanischen Pavillon der Pariser Weltausstellung zu malen. Von den Ereignissen aufgewühlt, machte er sich sofort an die Arbeit und wählte Guernica als Thema für das bestellte Gemälde.

Heute hängt das Bild (Größe: 351 x 782 cm) als Leihgabe im „Museum of Modern Art" in New York. Es soll nach Spanien gebracht werden, wenn dort eine Demokratie eingeführt sein wird.

Lesehinweis:

Der Spanische Bürgerkrieg in Augenzeugenberichten. München: dtv 1971 (= dtv 796). Ernest Hemingway, Wem die Stunde schlägt. Frankfurt: Fischer 1961 (= Fischer Taschenbuch 408).

Arbeitshinweise
1. Beschreiben Sie den Aufbau des Bildes! (Berücksichtigen Sie die Aussagen im Vorspann!)
2. Worin liegt die besondere Eigenart des Kunstwerks?
3. Auf welche Probleme will dieses Bild aufmerksam machen? Welche gestalterischen Mittel hat der Maler verwandt? Setzen Sie das Gemälde mit dem Foto (S. 277) in Beziehung!

FRANZ JOSEF DEGENHARDT, **Die Befragung eines Kriegsdienstverweigerers durch den liberalen und zuvorkommenden Kammervorsitzenden**

Degenhardt wurde 1931 in Schwelm (bei Wuppertal) geboren; er studierte Rechtswissenschaft in Freiburg und Köln. 1968 übernahm er in Hamburg als Anwalt die Verteidigung von Angehörigen der APO (außerparlamentarische Opposition), die z. B. wegen Demonstrationstätigkeit angeklagt wurden.

Auf die Frage, ob man mit Liedern Politik machen könne, antwortete Degenhardt in einem Interview: *„Ein Lied allein bringt die Welt nicht in Bewegung. Aber es kann unter Umständen den Willen einer Gruppe artikulieren und damit politische Kraft werden. Hier, bei uns, merkt man das nur noch nicht so. Allein mit Liedern politisch wirken zu wollen, das wäre albern. Die Wirkung kann zum Beispiel darin bestehen, den Hörer zu Fragen zu veranlassen: ihn zu politisieren."*

Im Artikel 4, Absatz 3 des Grundgesetzes der Bundesrepublik Deutschland ist das Grundrecht, den Kriegsdienst zu verweigern, verankert: „Niemand darf gegen sein Gewissen zum Kriegsdienst mit der Waffe gezwungen werden. Das Nähere regelt ein Bundesgesetz." Dieses Bundesgesetz über die Wehrpflicht bestimmt, daß eine Kommission über die Berechtigung zur Kriegsdienstverweigerung aus Gewissensgründen entscheidet.

Das Bundesverfassungsgericht hat 1960 in einem Urteil ausgeführt: „Als eine Gewissensentscheidung ist jede ernste sittliche, d. h. an den Kategorien von Gut und Böse orientierte Entscheidung anzusehen, die der einzelne in einer bestimmten Lage als für sich bindend und unbedingt verpflichtend innerlich erfährt, so daß er gegen sie nicht ohne ernste Gewissensnot handeln könnte."

Im Frühjahr 1977 beschloß die Mehrheit des Deutschen Bundestages ein Gesetz, wonach das Prüfungsverfahren – solange genügend Soldaten zur Verfügung stehen – ausgesetzt werden sollte. Dieses Gesetz, das dem Wehrpflichtigen die freie Wahl zwischen Wehr- und Zivildienst ermöglichte, wurde jedoch 1978 vom Bundesverfassungsgericht (BVG) in Karlsruhe für verfassungswidrig erklärt. Seitdem gilt wieder das Prüfungsverfahren. Allerdings könnte – auch nach Auffassung des BVG – das Prüfungsverfahren dann abgeschafft werden, wenn der Zivildienst so organisiert wird, daß sich nur die Wehrdienstverweigerer aus Gewissensgründen dafür entscheiden. 1974 wurden 34150, 1975 32565 Anträge auf Anerkennung als Kriegsdienstverweigerer gestellt. Davon werden im Durchschnitt 75 % Anträge rechtskräftig anerkannt. Die Jahresdurchschnittszahl für Wehrpflichtige bei der Bundeswehr liegt bei ungefähr 220000.

    also sie berufen sich da pausenlos aufs grundgesetz
    sagen sie mal
    sind sie eigentlich kommunist?
    ja sie dürfen sitzenbleiben
    überhaupt wir sind hier ziemlich liberal
    lange haare bärte ketten ringe
    ham wir alles schon gehabt
    aber in die akten scheißen
    mögen wir hier nicht.

marx und engels haben sie gelesen sagen sie uns
sagen sie verstehen sie das denn?
sie ham doch bloß die volksschule besucht.
na nun regen sie sich nicht gleich auf
dafür können sie ja nichts
lesen dürfen sie ja was sie wollen – überhaupt
hier darf jeder machen was er will
    im rahmen der freiheitlich demokratischen grundordnung
    versteht sich.

ja soldat sein das will heute keiner mehr
kann ich auch verstehen
und ich selber hätte keine lust
aber
gründe haben müssen wir dafür.
na nun fangen sie nicht wieder an
mit imperialismus den zwei kriegen
und die alte klasse ist noch immer an der macht
und sie wollen nicht für die
kastanien aus dem feuer holen.
das verstehn wir ja
mag auch alles richtig sein
interessiert uns aber nicht
das ist nämlich politik.
hier interessieren nur gewissensgründe
was das ist?
hört sich zwar sehr grausam an
trifft den nagel aber auf den Kopf
nämlich
ob sie töten können oder nicht. ja
hier darf jeder machen was er will
    im rahmen der freiheitlich demokratischen grundordnung
    versteht sich.

also fangen wir mal
in 'ner kirche sind sie nicht
auch nicht in 'ner anerkannten sekte
sehen sie da wirds schon schwierig
mit gewissensgründen.
einen haben wir mal hier gehabt
und der machte auf buddhist
war son typ mit glatze
aber durchgekommen ist er.
schlaues kerlchen.
also passen sie mal auf

ich werd jetzt ihr gewissen prüfen
nehmen wir mal an
sie gehn spazieren mit ihrer freundin
nachts im park
plötzlich
kommt 'ne horde russen
stockbesoffen und bewaffnet
halt
sagen wir 'n trupp amerikaner
schwer betrunken und bewaffnet
nachts im park
machen sich an ihre freundin ran.
sie haben 'ne MP bei sich –
na was machen sie?
was sagen sie uns da
sie verbitten sich dies beispiel?
meinetwegen bitteschön
hier darf jeder machen was er will
      im rahmen der freiheitlich demokratischen grundordnung
      versteht sich.

schön die russen und amerikaner
fallen also weg
die chinesen sicher auch
und mit negern brauch ich gar nicht erst zu kommen
lassen wir das eben
nehm' wir einfach ein paar ganz normale kriminelle
schwer betrunken und bewaffnet
nachts im park
machen sich an ihre freundin ran.
sie haben wieder die MP dabei.
na was machen sie?
sagen sie uns bloß jetzt nicht
sie fallen auf die knie und beten
denn mit sowas kommt hier keiner durch
der marx und engels liest.
wie
was sagen sie uns da
ich red' die ganze zeit von politik?
das ist aber wirklich komisch.
bilde einen fall
so richtig auf sie zugeschnitten
baue ihnen auch noch goldne brücken

>aber sie – aber

hier darf jeder machen was er will
>>im rahmen der freiheitlich demokratischen grundordnung
>>versteht sich.

>so nun wolln wir aber wirklich wissen
>was sie tun.
>also nochmal
>ein paar schwere jungen
>schwer bewaffnet und betrunken
>nachts im park
>machen sich an ihre freundin ran.
>sie haben wieder die MP dabei
>na was machen sie?
>was sagen sie uns da
>sie wehren sich
>weil sie ja in notwehr sind?
>ätsch
>das ist aber falsch
>durften sie nicht sagen
>richtig ist die antwort nämlich die:
>ich werfe meine waffe fort
>und dann bitte ich die herrn
>mit der vergewaltigung doch bitte aufzuhörn.
>was sagen sie uns da
>sie kämen als soldat doch nie in eine solche situation?
>fangen sie schon wieder an
>ist doch politik
>hat doch mit gewissen nichts zu tun.
>ja grundgesetz ja grundgesetz ja grundgesetz
>sie berufen sich hier pausenlos aufs grundgesetz
>sagen sie mal
>sind sie eigentlich kommunist?
>na ja

hier darf jeder machen was er will
>>im rahmen der freiheitlich demokratischen grundordnung
>>versteht sich.

(Bisher unveröffentlicht, Rechte beim Autor.)

Arbeitshinweise
1. Beschreiben Sie die Einstellung des Kammervorsitzenden!
2. Welche Aussagen werden über den Kriegsdienstverweigerer gemacht?
3. Welche Gründe werden anerkannt, welche nicht? Wie sind die Argumente und Beispiele des Kammervorsitzenden über den Kriegsdienstverweigerer zu bewerten?
4. Welche Wirkung hat dieser Song? Wodurch kommt sie zustande?
5. Welche Absicht verfolgt Degenhardt? Berücksichtigen Sie auch die Daten im Vorspann!
6. Bewerten Sie diesen Song! Berücksichtigen Sie dabei die Kriterien: berechtigt? wirkungsvoll? gut? fragwürdig?

11. VERFOLGUNG UND WIDERSTAND

CARL JACOB BURCKHARDT, **Im KZ Esterwegen**

Burckhardt wurde 1891 in Basel geboren. 1918 kam er als Diplomat nach Wien. 1929 wurde er Professor für Geschichte in Zürich. 1937 berief ihn der Völkerbund zum Hohen Kommissar für die Freie Stadt Danzig, die damals der Oberhoheit des Völkerbundes unterstellt war. Die Warnung des Humanisten vor der „Macht des Bösen und der grenzenlosen Steigerung des Herrschertriebes" blieb ungehört.

Nach Hitlers Angriff auf Polen und der Eroberung von Danzig (1939) kehrte Burckhardt in die Schweiz zurück. 1944 wurde er Präsident des Internationalen Roten Kreuzes. Danach lebte er als privater Gelehrter in Vinzel (Schweiz), wo er 1974 verstarb.

Carl von Ossietzky (1889–1938) war ein bekannter Publizist der Weimarer Republik, der wegen seiner kritischen Beiträge von den Nationalsozialisten ins KZ verbannt wurde. 1936 erhielt er den Friedensnobelpreis, den er aber nicht annehmen durfte. Als Mitglied des Komitees des Roten Kreuzes erreichte es Burckhardt 1935, das KZ Esterwegen zu besichtigen, ohne daß dort vorher irgendwelche Vorkehrungen getroffen werden konnten.

Lesehinweis:
Carl Jacob Burckhardt, Meine Danziger Mission. München: dtv 1962 (= dtv 49).

Am nächsten Morgen wurde ich von einem Beamten namens Tamaschke, der den humoristischen Titel „Sturmbannführer" führte, in früher Stunde aufs Tempelhofer Feld abgeholt. Eine Polizeimaschine stand auf dem Flugplatz bereit, und ich erklärte, mich nach Esterwegen begeben zu wollen. Der Sturmbannführer telephonierte mit verschiedenen Stellen, aber in so kurzer Zeit war in Esterwegen nichts eingreifend zu ändern. Wir landeten bei Wilhelmshaven, dort erwartete uns ein Wagen, der uns hinaus ins Moor führte. Aus dem Bodennebel, als wir uns unserm Ziel auf einem Dammweg näherten, tauchten die Umrisse eines römischen Castrums auf, Wassergräben um ein gewaltiges Rechteck, vier Türme, mit Maschinengewehren in den Schießscharten bestückt, Starkstrom-geladene Stacheldrahtumzäunung, das Rechteck abgeteilt, nach dem Eingang eine Art Villenviertel für die Wachmannschaften; ein Weiher, ein kleiner, von den Häftlingen angelegter Berg oder besser Hügel mit Bergform, mit Blumen und Sträuchern bepflanzt, im zweiten, größeren Teil des Rechteckes die Baracken der Häftlinge, Küche, Lazarett, Latrinen und die Verhörräume. Das Übliche, man hat es inzwischen hundertfältig gesehen und erlitten.

Der Lagerkommandant namens Loritz, Unteroffizier im Ersten Weltkrieg, war von Beruf ein Schlächter aus Bayern. Bruegel. Höflichkeitszeremonien ohne Ende, zuerst kasernenhofartig, dann unterwürfig. Die andern sind mir entfallen, ich sehe sie nicht mehr vor mir, außer einen jungen Mann von fataler Eleganz, den Lagerarzt. Die Herren wollten mir früh am Morgen ein Glas deutschen Sekt anbieten; nachdem ich abgelehnt hatte, betraten wir als finstere, gereizte Gruppe das eigentliche Konzentrationslager.

Zuerst hörte man nur das Gebrüll der Meldungen. Ich unterschied unter den Häftlingen drei Sorten, die einen, denen die Buchstaben BV (Berufsverbrecher) aufgenäht waren, die andern, deren schlotternde Sträflingsjoppen den Buchstaben P, das ist politische Verbrecher, trugen, und endlich diejenigen, die durch eine gelbe, runde Scheibe gekennzeichnet waren.

Ich sprach mit einer ganzen Anzahl von Häftlingen zeugenlos. Die Lagergewaltigen, wenn ich sie aufforderte, zurückzutreten, gehorchten verlegen, fast knirschend, um den angsterfüllt auf sie einredenden Tamaschke geschart. Einer der ersten Sträflinge, die ich ansprach, ein hochgewachsener, furchtloser Mann, lehnte seinen Besen an die Wand und stellte sich vor: „Heilmann, preußischer Staatsminister, Sozialdemokrat und Jude." Was er verlangte, war das Unmögliche, die Normen des Rechtsstaates, ein Verhör, einen Verteidiger, ein Urteil. Seit 1 ½ Jahren war er hier, keine Anklage wurde gegen ihn erhoben, kein Verhör fand statt, Gelegenheit zur Verteidigung wurde ihm nicht gegeben. Er klagte nicht, er verlangte scharf, eindringlich, daß ihm zu seinem Recht verholfen werde. Auf meine Frage, wie die Behandlung sei, ging er kaum ein und sagte nur wegwerfend: „hundsföttisch". Er wollte keine sentimentalen Töne hören. „Ich verlange mein Recht", sagte er, „es ist Ihre Pflicht, sobald Sie draußen sind, sich dafür einzusetzen."

Ich besitze Aufzeichnungen über das Gespräch mit einem Sterbenden im Lazarett. Ich unterhielt mich mit einem blutjungen Katholiken, der an Krücken ging wegen eines Oberschenkelbruchs. „Mißhandlung?" „Nein, Krach!" „Mit wem?" „Mit dem Bettnachbarn." „Was ist das für einer?" „Ein BV, zwei Morde." Bettnachbar eines noch nicht Zwanzigjährigen, der verhaftet wurde, weil er zur Kirche ging.

Mit 24 Häftlingen habe ich an dem Vormittag ohne Zeugen gesprochen. Ich wollte Zeit gewinnen, möglichst viele Eindrücke sammeln, die Arbeitsgruppen sehen, die aus dem Moor zurückkehrten. Der Lagerkommandant sagte: „Der Führer will keine Arbeitskraft ungenützt lassen, in allen Gefängnissen der Systemzeit verschimmelten alte Verbrecher, lebenslängliche, die mußten herangeholt, einsatzbereit gemacht werden."

Der kritische Augenblick meines Besuches trat um 3 Uhr nachmittags ein. Wir hatten auf mein Begehren in der Kantine der Sträflinge etwas zu uns genommen, dann haben wir weiter besichtigt. Um 3 Uhr nachmittags, mitten auf dem großen Freiplatz zwischen den Baracken, sagte ich zu dem Kommandanten, Standartenführer Loritz: „Jetzt wünsche ich Herrn von Ossietzky zu sehen und zeugenlos mit ihm zu sprechen, den Hamburger Pazifisten und Schriftsteller Ossietzky, den Nobelpreisträger."

Die Umstehenden nahmen eine fast drohende Haltung an, Loritz hochrot im Gesicht, preßte hervor: „Wen wollen Sie sehen? Wer ist das?"

„Sie wissen es genau!"

„Kein Häftling dieses Namens ist hier."

„Doch er ist hier, falls er noch lebt. Wir wollen keine Zeit verlieren", dann lauter, „falls er nicht mehr lebt, mache ich Sie persönlich verantwortlich." Jetzt schrie Loritz: „Unmöglich, ausgeschlossen, ich weigere mich."

Tamaschke, der Verzweiflung nahe, versuchte, auf mich einzureden. Nun ein einziges Mal, entschloß ich mich auch zu dem Kasernenhofton:

„Was ist das für eine verdammte Schweinerei, daß hier Befehle nicht durchgehen. Sie kennen Ihren Befehl, ich sehe die Häftlinge, die ich zu sehen wünsche und spreche mit ihnen, Sie wissen, um was es geht."

Mehr brauchte der Unteroffizier nicht. Schon lief einer aus dem Gefolge in die hinterste Baracke. Dann standen wir schweigend, wieder schaute ich auf die Armbanduhr, drei Minuten, fünf, zehn.

Nach zehn Minuten kamen zwei SS-Leute, die einen kleinen Mann mehr schleppten und trugen als heranführten.

Ein zitterndes, totenblasses Etwas, ein Wesen, das gefühllos zu sein schien, ein Auge verschwollen, die Zähne anscheinend eingeschlagen, er schleppte ein gebrochenes, schlecht ausgeheiltes Bein.

Ich ging ihm entgegen, reichte ihm die Hand, die er nicht ergriff.

„Melden!" schrie Loritz.

Ein unartikulierter, leiser Laut kam aus der Kehle des Gemarterten.

Ich zu Loritz: „Zurück!"

„Herr von Ossietzky", sprach ich ihn an, „ich bringe Ihnen die Grüße Ihrer Freunde, ich bin der Vertreter des Internationalen Komitees vom Roten Kreuz, ich bin hier, um Ihnen, soweit uns dies möglich ist, zu helfen."

Nichts. Vor mir, gerade noch lebend, stand ein Mensch, der an der äußersten Grenze des Tragbaren angelangt war.

Kein Wort der Erwiderung.

Ich trat näher. Jetzt füllte sich das noch sehende Auge mit Tränen, lispelnd unter Schluchzen sagte er:

„Danke, sagen Sie den Freunden, ich sei am Ende, es ist bald vorüber, bald aus, das ist gut." Und dann noch ganz leise: „Danke, ich habe einmal Nachrichten erhalten, meine Frau war einmal hier; ich wollte den Frieden." Dann kam wieder das Zittern. Ossietzky verneigte sich leicht in der Mitte des weiten, leeren Lagerplatzes und machte eine Bewegung, als wolle er militärische Stellung annehmen, um sich abzumelden. Dann ging er, das eine Bein nachschleppend, mühsam Schritt vor Schritt zu seiner Baracke zurück.

Diesem Vorgang folgte der Besuch des Arrestraumes. Darüber versuchte ich in Berlin durch einen Mittelsmann der englischen Botschaft Meldung zu machen; ein einziger Häftling wurde mir gezeigt in einem Käfig, wie mir gesagt wurde, ein englischer Spion.

Es war inzwischen 5½ Uhr geworden, ich mußte Zeit gewinnen, um die Moorarbeiter bei ihrer Rückkehr zu sehen. So sprach ich wieder viele Häftlinge an. Die meisten hatten Angst, sie meldeten sich und antworteten dann kurz und ausweichend, Essen gut, Behandlung nicht zu klagen.

Loritz und der Arzt versuchten zum Aufbruch zu mahnen. Und nun kamen endlich diejenigen, die ich erwartet hatte: dreißig Mann etwa, wie eine Gruppe von lauter Ossietzkys, Krüppel aus dem Dunkel auftauchend im Licht der Bogenlampe, ein fast unglaublicher Regiefehler. Ich nehme an, es handelte sich um Kommunisten.

Später, nachdem unser Bericht an die Reichsregierung, ein zweiter Bericht an eine in diesem Zusammenhang besonders wichtige Mittlerpersönlichkeit abgegangen war, erfuhr ich, Loritz sei selbst als Häftling in ein Konzentrationslager eingewiesen worden. Mir wurde gesagt: „Auf Grund Ihres Rapports!" Das wird wohl stimmen, aber jedenfalls deswegen, weil aus meinem Bericht hervorging, daß Loritz einen Regiefehler begangen hatte. Es wurden von mir zwei Berichte geschrieben, ein knapper offizieller, der durch das Deutsche Rote Kreuz an den Reichsführer Himmler und ein anderer, der durch die Vermittlung eines großen Arztes an Adolf Hitler ging, von dem damals noch viele Gegner des Regimes sagten: „Er weiß nichts von diesen grauenhaften Vorgängen."
(Aus: Carl Jacob Burckhardt, Meine Danziger Mission. München: Callweg 1960, S. 58–62.)

Arbeitshinweise
1. *Welche Eindrücke gibt Burckhardt von der Ankunft im KZ Esterwegen wieder?*
2. *Was fällt an der Behandlung Burckhardts im KZ auf? Wie verhalten sich die KZ-Bewacher?*
3. *Wie reagieren die anderen Menschen, denen Burckhardt begegnet? Wie werden sie im Lager behandelt?*
4. *Inwieweit macht Loritz einen „Regiefehler"?*
5. *Warum werden zwei Fassungen des Berichts angefertigt?*

Peter Weiss, **Meine Ortschaft**

Weiss wurde 1916 in Nowawes bei Berlin geboren; er emigrierte 1934 mit seinen Eltern über England nach Prag, später nach Schweden, dessen Nationalität er 1945 annahm. In seiner Prosa „Abschied von den Eltern" und seinen Theaterstücken „Die Ermittlung", „Gesang vom lusitanischen Popanz", „Vietnam-Diskurs" übt er Gesellschaftskritik und nimmt einen vom Marxismus geprägten Standort ein.

Als er gebeten wurde, für einen „Atlas" über seine Heimat zu schreiben, wählte er „Auschwitz". Auschwitz, polnisch Oświecim, war im 2. Weltkrieg das größte KZ der Nationalsozialisten; es wurde 1940 errichtet. Hier wurden mehrere Millionen Menschen vernichtet. Von 1963 bis 1965 fand in Frankfurt ein Prozeß gegen Mitglieder der Lager-Wachmannschaft statt. Die Prozeßakten hat Weiss für sein Drama „Die Ermittlung" verwandt.

Lesehinweis:

Peter Weiss, Stücke II, 2 Bände. Frankfurt: Suhrkamp 1977 (= edition suhrkamp 910.)

Peter Weiss, Die Ermittlung. Reinbek: Rowohlt 1969 (= rororo 1192).

Bernd Naumann, Auschwitz. Bericht über die Strafsache gegen Mulka u. a. vor dem Schwurgericht Frankfurt. Frankfurt: Fischer 1968 (= Fischer Bücherei 885).

Bruno Apitz, Nackt unter Wölfen. Halle: Mitteldeutscher Verlag 1958.

Über Peter Weiss, hrsg. von Volker Canaris. Frankfurt: Suhrkamp ²1971 (= edition suhrkamp 408).

Bei meinen Überlegungen, welche menschliche Siedlung oder welche Gegend einer Landschaft am besten dazu geeignet sei, in diesem Atlas umrissen zu werden, tauchten anfangs viele Möglichkeiten auf. Doch von meinem Geburtsort aus, der den Namen Nowawes trägt und der den Informationen nach gleich neben Potsdam an der Bahnstrecke nach Berlin liegen soll, über die Städte Bremen und Berlin, in denen ich meine Kindheit verbrachte, bis zu den Städten London, Prag, Zürich, Stockholm, Paris, in die ich später verschlagen wurde, nehmen alle Aufenthaltsorte etwas Provisorisches an, und dabei habe ich die kürzeren Zwischenstationen gar nicht erwähnt, alle diese Flecken, heißen sie nun Warnsdorf in Böhmen, oder Montagnola im Tessin, oder Alingsas in Westschweden.

Es waren Durchgangsstellen, sie boten Eindrücke, deren wesentliches Element das Unhaltbare, schnell Verschwindende war, und wenn ich untersuche, was jetzt daraus hervorgehoben und für wert befunden werden könnte, einen festen Punkt in der Topographie[1] meines Lebens zu bilden, so gerate ich nur immer wieder an das Zurückweichende, alle diese Städte werden zu blinden Flecken, und nur eine Ortschaft, in der ich nur einen Tag lang war, bleibt bestehen.

Die Städte, in denen ich lebte, in deren Häusern ich wohnte, auf deren Straßen ich ging, mit deren Bewohnern ich sprach, haben keine bestimmten Konturen, sie fließen ineinander, sie sind Teile einer einzigen ständig veränderlichen irdischen Außenwelt, weisen hier einen Hafen auf, dort einen Park, hier ein Kunstwerk, dort einen Jahrmarkt, hier ein Zimmer, dort einen Torgang, sie sind vorhanden im Grundmuster meines Umherwanderns, im Bruchteil einer Sekunde sind sie zu erreichen und wieder zu verlassen, und ihre Eigenschaften müssen jedesmal neu erfunden werden.

Nur diese eine Ortschaft, von der ich seit langem wußte, doch die ich erst spät sah, liegt gänzlich für sich. Es ist eine Ortschaft, für die ich bestimmt war und der ich entkam. Ich habe selbst nichts in dieser Ortschaft erfahren. Ich habe keine andere Beziehung zu ihr, als daß mein Name auf den Listen derer stand, die dorthin für immer übersiedelt werden sollten. Zwanzig Jahre danach habe ich diese Ortschaft gesehen. Sie ist unveränderlich. Ihre Bauwerke lassen sich mit keinen anderen Bauwerken verwechseln.

Auch sie trägt einen polnischen Namen, wie meine Geburtsstadt, die man mir vielleicht einmal aus dem Fenster eines fahrenden Zuges gezeigt hatte. Sie liegt in der Gegend, in der mein Vater kurz vor meiner Geburt in einer sagenhaften kaiserlich-königlichen Armee kämpfte. Von den übriggebliebenen Kasernen dieser Armee wird die Ortschaft beherrscht.

Zum besseren Verständnis der dort Werksamen und Ansässigen wurde ihr Name verdeutscht.

Auf dem Bahnhof von Auschwitz scheppern die Güterzüge. Lokomotivpfiffe und polternder Rauch. Klirrend aneinanderstoßende Puffer. Die Luft voll Regendunst, die Wege aufgeweicht, die Bäume kahl und feucht. Rußgeschwärzte Fabriken,

---

[1] Ortskunde

umgeben von Stacheldraht und Mauerwerk. Holzkarren knirschen vorbei, von dürren Pferden gezogen, der Bauer vermummt und erdfarben. Alte Frauen auf den Wegen, in Decken gehüllt, Bündel tragend. Weiter ab in den Feldern einzelne Gehöfte, Gesträuch und Pappeln. Alles trübe und zerschlissen. Unaufhörlich die Züge oben auf dem Bahndamm, langsam hin- und herrollend, vergitterte Luken in den Waggons. Abweichgeleise führen weiter, zu den Kasernen, und noch weiter, über öde Felder zum Ende der Welt.

Außerhalb der Siedlungen, die nach der Räumung wieder bewohnt sind und aussehen, als sei der Krieg vor kurzem erst vorüber, erheben sich die Eisengitter vor der Anlage, die heute zu einem Museum ernannt ist. Autos und Omnibusse stehen am Parkplatz, eben tritt eine Schulklasse durch das Tor, ein Trupp Soldaten mit weinroten Mützen kehrt nach der Besichtigung zurück. Links eine lange Holzbaracke, hinter einer Luke Verkauf von Broschüren und Postkarten. Überheizte Wärterstuben. Gleich hinter der Baracke niedrige Betonwände, darüber eine graswachsene Böschung, ansteigend zum flachen Dach mit dem kurzen dicken viereckigen Schornstein. An Hand der Lagerkarte stelle ich fest, daß ich schon vor dem Krematorium stehe, dem kleinen Krematorium, dem ersten Krematorium, dem Krematorium mit der begrenzten Kapazität. Die Baracke vorn, das war die Baracke der politischen Abteilung, da befand sich das sogenannte Standesamt, in dem die Zugänge und Abgänge verzeichnet wurden. Da saßen die Schreiberinnen, da gingen die Leute mit dem Emblem des Totenkopfs aus und ein.

Ich bin hierher gekommen aus freiem Willen. Ich bin aus keinem Zug geladen worden. Ich bin nicht mit Knüppeln in dieses Gelände getrieben worden. Ich komme zwanzig Jahre zu spät hierher.

Eisengitter vor den kleinen Fenstern des Krematoriums. Seitwärts eine schwere morsche Tür, schief in den Angeln hängend, drinnen klamme Kälte. Zerbröckelnder Steinboden. Gleich rechts in einer Kammer ein großer eiserner Ofen. Schienen davor, darauf ein metallenes Fahrzeug in der Form eines Troges, von Menschenlänge. Im Innern des Kellers zwei weitere Öfen, mit den Bahrenwagen auf den Schienen, die Ofenluken weit offen, grauer Staub darin, auf einem der Wagen ein vertrockneter Blumenstrauß.

Ohne Gedanken. Ohne weitere Eindrücke, als daß ich hier allein stehe, daß es kalt ist, daß die Öfen kalt sind, daß die Wagen starr und verrostet sind. Feuchtigkeit rinnt von den schwarzen Wänden. Da ist eine Türöffnung. Sie führt zum Nebenraum. Ein langgestreckter Raum, ich messe ihn mit meinen Schritten. Zwanzig Schritte die Länge. Fünf Schritte die Breite. Die Wände weiß getüncht und abgeschabt. Der Betonboden ausgetreten, voller Pfützen. An der Decke, zwischen den massiven Tragbalken, vier quadratische Öffnungen, schachtartig durch den dicken Steinguß verlaufend, Deckel darüber. Kalt. Hauch vor dem Mund. Weit draußen Stimmen, Schritte. Ich gehe langsam durch dieses Grab. Empfinde nichts. Sehe nur diesen Boden, diese Wände. Stelle fest: durch die Öffnungen in der Decke wurde das körnige Präparat geworfen, das in der feuchten Luft sein Gas absonderte. Am Ende des Raumes eine eisenbeschlagene Tür mit einem Guckloch, dahinter eine schmale Treppe, die ins Freie führt. Ins Freie.

Dort steht ein Galgen. Ein Bretterkasten, mit nach innen herabgefallenen Luken, darüber der Pfahl mit dem Querbalken. Ein Schild teilt mit, daß hier der Kommandant des Lagers gehängt wurde. Als er auf dem Kasten stand, die Schlinge um den Hals, sah er hinter der doppelten Stacheldrahtumzäunung die Hauptstraße des Lagers vor sich, mit den Pappeln zu den Seiten.

Ich steige die Böschung hinauf auf die Decke des Krematoriums. Die hölzernen, mit Teerpappe benagelten Deckel lassen sich von den Einwurflöchern heben. Darunter liegt das Verlies. Sanitäter mit Gasmasken öffneten die grünen Blechbüchsen, schütteten den Inhalt hinab auf die emporgestreckten Gesichter, legten schnell wieder den Deckel auf.

Weiter. Ich bin noch außerhalb des Lagers. Der Galgen steht auf den Grundmauern der Vernehmungsbaracke, in der es ein Zimmer gab mit einem Holzgestell und einem Eisenrohr darüber. An dem Eisenrohr hingen sie und wurden geschaukelt und mit dem Ochsenziemer zerschlagen.

Die Kasernengebäude stehen dicht aneinander, das Verwaltungsgebäude, das Kommandanturgebäude, das Revier der Wachleute. Hohe Fensterfronten über dem Krematoriumbunker. Überall Einsicht auf das flache Dach, auf das die Sanitäter stiegen. In unmittelbarer Nähe die Barackenfenster, durch die die Schläge und das Schreien aus der Schaukelstube zu hören waren.

Alles eng, zusammengedrängt. An den Betonpfeilern vorbei, die in doppelter Reihe die Stacheldrähte tragen. Elektrische Isolatoren daran. Schilder mit der Aufschrift VORSICHT HOCHSPANNUNG. Rechts Schuppen und stallähnliche Bauwerke, ein paar Wachtürme, links eine Bude mit einem Kioskfenster, daran ein Brett unter dem vorspringenden Dach, zur Abstempelung von Papieren, dann plötzlich das Tor, mit dem gußeisernen Textband, in dem das mittlere Wort MACHT sich am höchsten emporwölbt. Ein rot-weiß gestreifter Schlagbaum ist hochgestellt, ich trete ein in das Geviert, das sich Stammlager nennt.

Viel darüber gelesen und viel darüber gehört. Über sie, die hier frühmorgens zur Arbeit marschierten, in die Kiesgruben, zum Straßenbau, in die Fabriken der Herren, und abends zurückkehrten, in Fünferreihen, ihre Toten tragend, zu den Klängen eines Orchesters, das dort unter den Bäumen spielte. Was sagt dies alles, was weiß ich davon? Jetzt weiß ich nur, wie diese Wege aussehen, mit Pappeln bestanden, schnurgerade gezogen, mit rechtwinklig dazu verlaufenden Seitenwegen, dazwischen die ebenmäßigen vierzig Meter langen zweistöckigen Blöcke aus rotem Ziegel, numeriert von 1 bis 28. Eine kleine eingekerkerte Stadt mit zwangsmäßiger Ordnung, völlig verlassen. Hier und da ein Besucher im wäßrigen Nebel, unzugehörig zu den Häusern aufblickend. Entfernt an einer Ecke die Kinder vorbeiziehend, vom Lehrer geführt.

Hier die Küchengebäude am Hauptplatz, und davor ein holzgezimmertes Schilderhäuschen, mit aufgetürmtem Dach und Wetterfahne, lustig mit Steinfugen bemalt, wie aus einem Burgenbaukasten. Es ist das Häuschen des Rapportführers, von dem aus der Appell überwacht wurde. Ich wußte einmal von diesen Appellen, von diesem stundenlangen Stehen im Regen und Schnee. Jetzt weiß ich nur von diesem leeren lehmigen Platz, in dessen Mitte drei Balken in die Erde gerammt sind, die eine Eisenschiene tragen. Auch davon wußte ich, wie sie hier unter der Schiene auf Schemeln standen und wie dann die Schemel unter ihnen weggestoßen wurden und wie die Männer mit den Totenkopfmützen sich an ihre Beine hängten, um ihnen das Genick zu brechen. Ich hatte es vor mir gesehen, als ich davon hörte und davon las. Jetzt sehe ich es nicht mehr.

Vorherrschend der Eindruck, daß alles viel kleiner ist, als ich es mir vorgestellt hatte. Von jedem Punkt aus ist die Umgrenzung zu sehen, die hellgraue, aus Betonblöcken zusammengefügte Mauer hinter den Stacheldrähten. An der äußeren rechten Ecke der Block Zehn und Elf, verbunden mit Mauern, vorn in der Mitte das offene Holztor zum Hof mit der Schwarzen Wand.

Diese Schwarze Wand, zu deren Seiten sich kurze Bohlenstücke vorschieben zum Kugelfang, ist jetzt mit Korkplatten und Kränzen verkleidet. Vierzig Schritte vom Tor zur Wand. Ziegelstücke in den Sandboden gestampft. Am Saumstein des linken Gebäudes, dessen Fenster mit Brettern verschalt sind, läuft die Abflußrinne, in der sich das Blut der aufgehäuften Erschossenen sammelte. Im Laufschritt, nackt, kamen sie rechts aus der Tür, die sechs Stufen hinab, je zwei, vom Bunkerkapo an den Armen gehalten. Und hinter den zugenagelten Fenstern im Block gegenüber lagen die Frauen, deren Gebärmutter angefüllt wurde mit einer weißen zementartigen Masse.

Hier ist der Waschraum des Block Elf. Hier legten sie, die zur Wand mußten, ihre erbärmlichen blaugestreiften Kleider ab, hier in diesem kleinen schmutzigen Raum, zur unteren Hälfte geteert, zur oberen gekalkt, voll rostiger und schwärzlicher Flecken und Spritzer, umlaufen von einem blechernen Waschtrog, durchstoßen von schwarzen Rohren, quer durchspannt von einer Duschleitung, standen sie, ihre Nummern mit Tintenstift auf die Rippen geschrieben.

Hier der Waschraum, hier der steinerne Gang, geteilt von Eisengittern, vorn die Blockführerstube, mit Schreibtisch, Feldbett und Spinden, an der Wand der Wahlspruch EIN VOLK EIN REICH EIN FÜHRER, ein Gitternetz vor der Tür, ein Einblick in einen Schaukasten. Ein Panoptikum auch das Gerichtszimmer gegenüber, mit dem langen Sitzungstisch, den Protokollheften auf der grauen Decke, denn hin und wieder wurden die Todesurteile auch ausgesprochen, von Männern, die heute redlich leben und ihre bürgerlichen Ehren genießen.

Hier die Treppe, die hinabführt zu den Bunkern. Man hat sich die Mühe gegeben, die Wände mit einem Saum von flimmriger Marmorierung zu bemalen. Der Mittelgang, und rechts und links die Seitengänge mit Zellen, etwa drei mal zweieinhalb Meter groß, mit einem Kübel in einem Holzkasten und einem winzigen Fenster. Manche auch ohne Fenster, nur mit einem Luftloch oben in der Ecke. Bis zu vierzig Mann waren sie hier, kämpften um einen Platz an der Türritze, rissen sich die Kleider ab, brachen zusammen. Es gab solche, die noch lebten nach einer Woche ohne Nahrung. Es gab solche, deren Schenkel die Spuren von Zähnen trugen, deren Finger abgebissen waren, als man sie herauszog.

Ich blicke in diese Räumlichkeiten, denen ich selbst entgangen bin, stehe still zwischen den fossilen Mauern, höre keine Stiefelschritte, keine Kommandorufe, kein Stöhnen und Wimmern.

Hier, an diesem schmalen Wohnraum, befinden sich die vier Stehzellen. Da ist die Luke am Boden, einen halben Meter hoch und breit, dahinter noch Eisenstäbe, da krochen sie hinein, und standen dort zu viert, in einem Schacht von neunzig zu neunzig Zentimetern. Oben das Luftloch, kleiner als die Fläche einer Hand. Standen dort fünf Nächte lang, zehn Nächte lang, zwei Wochen lang jede Nacht, nach der schwersten Tagesarbeit.

An der Außenwand des Blocks sind vorgebaute Betonkästen mit einem kleinen perforierten Blechdeckel. Von hier dringt die Luft durch den langen Mauerschacht hinab in die Zellen, in denen sie standen, den Rücken, die Knie am Stein. Sie starben im Stehen, mußten morgens unten herausgekratzt werden.

Seit Stunden gehe ich jetzt im Lager umher. Ich weiß mich zu orientieren. Ich bin im Hof gestanden vor der Schwarzen Wand, ich habe die Bäume gesehen hinter der Mauer, und die Schüsse des Kleinkalibergewehrs, die aus nächster Nähe in den Hinterkopf abgefeuert wurden, habe ich nicht gehört. Ich habe die Dachbalken gesehen, an denen sie an den rücklings gebundenen Händen aufgehängt wurden, einen Fußbreit über dem Boden. Ich habe die Räume mit den verdeckten Fenstern gesehen, in denen den Frauen durch Röntgenstrahlen die Eierstöcke verbrannt wurden. Ich habe den Korridor gesehen, in dem sie alle standen, Zehntausende, und langsam vorrückten ins Arztzimmer, und hingeführt wurden einer nach dem andern, hinter den graugrünen Vorhang, wo sie auf einen Schemel gedrückt wurden und den linken Arm heben mußten und die Spritze ins Herz bekamen, und durchs Fenster sah ich den Hof draußen, auf dem die hundertneunzehn Kinder aus Zamosc warteten, und noch mit einem Ball spielten, bis sie an der Reihe waren.

Ich habe die Zeichnung gesehen vom Dach des alten Küchengebäudes, auf das mit großen Buchstaben gemalt war ES GIBT EINEN WEG ZUR FREIHEIT – SEINE MEILENSTEINE HEISSEN GEHORSAM FLEISS SAUBERKEIT EHRLICHKEIT WAHRHAFTIGKEIT NÜCHTERNHEIT UND LIEBE ZUM VATERLAND. Ich habe den Berg des abgeschnittenen Haares im Schaukasten gesehen. Ich habe die Reliquien der Kinderkleider gesehen, die Schuhe, Zahnbürsten und Gebisse. Es war alles kalt und tot.

Ständig gegenwärtig ist das Klirren und Rollen der Güterzüge, das Puffen aus den Schornsteinen der Lokomotiven, das langgezogene Pfeifen. Züge rollen in Richtung Birkenau durch die weite flache Landschaft. Hier wo der lehmige Weg zum Bahndamm ansteigt und ihn überquert, standen die Herren mit ausgestreckten Händen und zeigten auf die offenen Felder und bestimmten die Gründung des Verbannungsortes, der jetzt wieder einsinkt in die sumpfige Erde.

Ein einzelnes Geleise zweigt ab von der Fahrtstrecke. Läuft durch das Gras, hier und da auseinandergebrochen, weit hin zu einem verblichenen langgestreckten Bau, zu einer Scheune mit zerborstenem Dach, zerfallendem Turm, läuft mitten durch das gewölbte Scheunentor.

So wie im andern Lager alles eng und nahe war, so ist hier alles endlos ausgebreitet, unüberblickbar.

Rechts bis zu den Waldstreifen hin die unzähligen Schornsteine der abgetragenen und verbrannten Baracken. Nur einzelne Reihen stehen noch von diesen Ställen für Hunderttausende. Links, ausgerichtet und im Dunst verschwindend, die steinernen Behausungen der gefangenen Frauen. In der Mitte, einen Kilometer lang, die Rampe. Noch im Zerfall ist das Prinzip der Ordnung und Symmetrie zu erkennen. Hinter dem Scheunentor, an der Weiche, teilt sich das Gleis nach rechts und links. Gras wächst zwischen den Schwellen. Gras wächst im Schotter der Rampe, die sich kaum über die Schienen erhebt. Es war hoch zu den aufgerissenen Türen der Güterwagen. Anderthalb Meter mußten sie herabspringen auf das scharfkantige Geröll, ihr Gepäck und ihre Toten hinabwerfen. Nach rechts kamen die Männer, die noch eine Weile leben durften, nach links die Frauen, die zur Arbeit fähig befunden wurden, geradeaus den Weg zogen die Alten, Kranken und Kinder, den beiden rauchenden Schloten entgegen.

Die Sonne, nah über dem Horizont, bricht aus dem Gewölk und spiegelt sich in den Fenstern der Wachtürme. Rechts und links am Ende der Rampe liegen Ruinenklumpen zwischen den Bäumen, die Pappeln an der rückwärtigen Umgitterung stehen reglos, weit weg in einem Gehöft schnattern Gänse. Rechts, da ist das Birkenwäldchen. Ich sehe das Bild vor mir von den Frauen und Kindern, die dort lagern, eine Frau trägt den Säugling an der Brust, und im Hintergrund zieht eine Gruppe zu den unterirdischen Kammern. An dem riesigen Steinhaufen, mit den verbogenen Eisenträgern und herabgestürzten Betondecken, läßt sich die Architektur der Anlagen noch feststellen. Hier führt die schmale Treppe hinab in den etwa 40 Meter langen Vorraum, in dem sich Bänke befanden und numerierte Haken an den Wänden, zum Aufhängen der Schuhe und Kleidungsstücke. Hier standen sie nackt, Männer, Frauen und Kinder, und es wurde ihnen befohlen, sich ihre Nummern zu merken, damit sie ihre Kleider wiederfänden nach dem Duschen.

Diese langen steinernen Gruben, durch die Millionen von Menschen geschleust wurden, in die rechtwinklig abzweigenden Räume mit den durchlöcherten Blechsäulen, und dann hinaufbefördert wurden zu den Feueröfen, um als brauner süßlich stinkender Rauch über die Landschaft zu treiben. Diese Steingruben, zu denen Stufen hinabführen, die abgenutzt sind von Millionen Füßen, leer jetzt, sich zurückverwandelnd zu Sand und Erde, friedlich liegend unter der sinkenden Sonne.

Hier sind sie gegangen, im langsamen Zug, kommend aus allen Teilen Europas, dies ist der Horizont, den sie noch sahen, dies sind die Pappeln, dies die Wachtürme, mit den Sonnenreflexen im Fensterglas, dies ist die Tür, durch die sie gingen, in die Räume, die in grelles Licht getaucht waren und in denen es keine Duschen gab, sondern nur diese viereckigen Säulen aus Blech, dies sind die Grundmauern, zwischen denen sie verendeten in der plötzlichen Dunkelheit, im Gas, das aus den Löchern strömte. Und diese Worte, diese Erkenntnisse sagen nichts, erklären nichts. Nur Steinhaufen bleiben, vom Gras überwuchert. Asche bleibt in der Erde, von denen, die für nichts gestorben sind, die herausgerissen wurden aus ihren Wohnungen, ihren Läden, ihren Werkstätten, weg von ihren Kindern, ihren Frauen, Männern, Geliebten, weg von allem Alltäglichen, und hineingeworfen wurden in das Unverständliche. Nichts ist übriggeblieben als die totale Sinnlosigkeit ihres Todes.

Stimmen. Ein Omnibus ist vorgefahren, und Kinder steigen aus. Die Schulklasse besichtigt jetzt die Ruinen. Eine Weile hören die Kinder dem Lehrer zu, dann klettern sie auf den Steinen umher, einige springen schon herab, lachen und jagen einander, ein Mädchen läuft eine lange ausgehöhlte Spur entlang, die sich neben Schienenresten über ein Betonbruchstück erstreckt. Dies war die Schleifbahn, auf der die toten Leiber zu den Loren rutschten. Zurückblickend auf meinem Weg zum Frauenlager sehe ich die Kinder noch zwischen den Bäumen und höre, wie der Lehrer in die Hände klatscht, um sie zu sammeln.

Im Augenblick, in dem die Sonne versinkt, steigen die Bodennebel auf und schwelen um die niedrigen Baracken. Die Türen stehen offen. Irgendwo trete ich ein. Und dies ist jetzt so: hier ist das Atmen, das Flüstern und Rascheln noch nicht ganz von der Stille verdeckt, diese Pritschen, in drei Stockwerken übereinander, an den Seitenwänden entlang und entlang des Mittelteils, sind noch nicht ganz verlassen, hier im Stroh, in den schweren Schatten, sind die tausend Körper noch zu ahnen, ganz unten, in Bodenhöhe, auf dem kalten Beton, oben, unter dem schräg aufsteigenden Dach, auf den Brettern, in den Fächern, zwischen den gemauerten Tragwänden, dicht aneinander, sechs in jedem Loch, hier ist die Außenwelt noch nicht ganz eingedrungen, hier ist noch zu erwarten, daß es sich regt da drinnen, daß ein Kopf sich hebt, eine Hand sich vorstreckt.

Doch nach einer Weile tritt auch hier das Schweigen und die Erstarrung ein. Ein Lebender ist gekommen, und vor diesem Lebenden verschließt sich, was hier geschah. Der Lebende, der hierherkommt, aus einer andern Welt, besitzt nichts als seine Kenntnisse von Ziffern, von niedergeschriebenen Berichten, von Zeugenaussagen, sie sind Teil seines Lebens, er trägt daran, doch fassen kann er nur, was ihm selbst widerfährt. Nur wenn er selbst von seinem Tisch gestoßen und gefesselt wird, wenn er getreten und gepeitscht wird, weiß er, was dies ist. Nur wenn es neben ihm geschieht, daß man sie zusammentreibt, niederschlägt, in Fuhren lädt, weiß er, wie dies ist.

Jetzt steht er nur in einer untergegangenen Welt. Hier kann er nichts mehr tun. Eine Weile herrscht die äußerste Stille.

Dann weiß er, es ist noch nicht zuende.

(Aus: Peter Weiss, Rapporte. Frankfurt: Suhrkamp 1968 (= edition suhrkamp 276), S. 113ff.)

Arbeitshinweise
1. *Warum wählt Weiss Auschwitz zu „seiner" Ortschaft? Wie unterscheidet sie sich von allen anderen Aufenthaltsorten?*
2. *Aus welchen zeitlichen und gedanklichen Ebenen besteht der Bericht? (Verknüpfung des Geschehenen mit Kenntnissen)*
3. *Analysieren Sie die Aufschrift auf dem Dach des Küchengebäudes!*
4. *Wodurch erhält dieser Text seine besondere Wirkung?*
5. *Analysieren Sie die Aussage: „Es ist noch nicht zuende".*
6. *Beschreiben Sie das Verhältnis des Autors zur Vergangenheit!*

A. Paul Weber, Das Verhängnis

Den Höhepunkt der damaligen Tätigkeit des Künstlers markierte die Illustrierung der Kampfschrift „Hitler – ein deutsches Verhängnis", die Ernst Niekisch 1932 herausgab. In diesem Buch veröffentlichte Weber auch seine Lithographie „Das Verhängnis". Deshalb kam er auch 1937 in ein KZ. Später äußerte er sich zu dieser Zeichnung: „Dieses Ende war unabwendbar, und Abertausende haben es vorausgesehen."
Die Technik der Lithographie ist dadurch gekennzeichnet, daß der Künstler mit fetthaltiger Kreide oder Tusche auf feinkörnigen Platten zeichnet. Beim Einfärben nehmen nur die bezeichneten Linien und Flächen des Steines Druckfarbe an. Auf einer Presse werden dann die Abzüge hergestellt. (Zur Biographie vgl. S. 387.)

(Aus: A. Paul Weber, Kritische Graphik. Handzeichnungen und Lithographien aus 40 Jahren. Hamburg: Hoffmann und Campe 1973, S. 11.)

Arbeitshinweise
1. Welche Vorstellungen setzt der Zeichner beim Betrachter voraus?
2. In welche Richtung will Weber die Gedanken der Betrachter der Lithographie lenken?
3. Welche Bedeutung für die Interpretation der Lithographie messen Sie der Entstehungszeit (1932) zu? Beachten Sie auch Webers Äußerung im Vorspann!

Rudolf Höss, **Kommandant in Auschwitz**

Höß wurde 1900 geboren. Schon früh schloß er sich der nationalsozialistischen Bewegung an. Seit 1934 war er in verschiedenen KZs tätig. Im Mai 1940 wurde er zum Kommandanten von Auschwitz ernannt. Am 11. 3. 1946 wurde er verhaftet und den Polen ausgeliefert, die ihn in einem Prozeß zum Tode verurteilten. Während der Untersuchungshaft fertigte er umfangreiche Aufzeichnungen an, aus denen auch der abgedruckte Auszug stammt.

Nach eigenen Angaben von Höß kamen in Auschwitz unter seiner Leitung mindestens 3 Millionen Menschen durch Vergasen, Verbrennen und Verhungern ums Leben. Das Foto auf Seite 298 zeigt den Ofen des Krematoriums.

Lesehinweis:

Kommandant in Auschwitz. Autobiographische Aufzeichnungen des Rudolf Höß. München: dtv ^{4}1978 (= dtv 2908).

Eugen Kogon. Der SS-Staat. Das System der deutschen Konzentrationslager. München: Kindler 1974.

Ich mußte mich sehr zusammenreißen, um nicht einmal in der Erregung über eben Erlebtes meine inneren Zweifel und Bedrückungen erkennen zu lassen. Kalt und herzlos mußte ich erscheinen, bei Vorgängen, die jedem noch menschlich Empfindenden das Herz im Leibe umdrehen ließen. Ich durfte mich noch nicht einmal abwenden, wenn allzumenschliche Regungen in mir hochstiegen. Mußte kalt zusehen, wie die Mütter mit den lachenden oder weinenden Kindern in die Gaskammern gingen. – Einmal waren zwei kleine Kinder so in ihr Spiel vertieft, daß sie sich absolut nicht von ihrer Mutter davon wegreißen lassen wollten. Selbst die Juden des Sonderkommandos wollten die Kinder nicht aufnehmen. Den um Erbarmen flehenden Blick der Mutter, die bestimmt wußte, was geschieht, werde ich nie vergessen. Die in der Kammer wurden schon unruhig – ich mußte handeln. Alles sah auf mich – ich gab dem diensthabenden Unterführer einen Wink, und er nahm die sich heftig sträubenden Kinder auf die Arme und brachte sie mit der herzzerbrechend weinenden Mutter in die Kammer. Ich wäre am liebsten vor Mitleid von der Bildfläche verschwunden – aber ich durfte nicht die geringste Rührung zeigen. Ich mußte alle Vorgänge mitansehen. Ich mußte, ob Tag oder Nacht, beim Heranschaffen, beim Verbrennen der Leichen zusehen, mußte das Zahnausbrechen, das Haarabschneiden, all das Grausige stundenlang mitansehen. Ich mußte selbst bei der grausigen, unheimlichen Gestank verbreitenden Ausgrabung der Massengräber und dem Verbrennen stundenlang dabeistehen. Ich mußte auch durch das Guckloch des Gasraumes den Tod selbst ansehen, weil die Ärzte mich darauf aufmerksam machten. Ich mußte dies alles tun – weil ich derjenige war, auf den alle sahen, weil ich allen zeigen mußte, daß ich nicht nur die Befehle erteilte, die Anordnungen traf, sondern auch bereit war, selbst überall dabeizusein, wie ich es von den von mir dazu Kommandierten verlangen mußte.

Der RFSS[1] schickte verschiedentlich höhere Partei- und SS-Führer nach Auschwitz, damit sie sich die Vernichtung der Juden ansähen. Alle waren davon tief beeindruckt. Einige, die vorher sehr eifrig über die Notwendigkeit dieser Vernichtung dozierten, wurden beim Anblick der „Endlösung der Judenfrage" doch ganz still

---

1 Reichsführer SS (Heinrich Himmler)

und schwiegen sich aus. Stets wurde ich dabei gefragt, wie ich, wie meine Männer *diesen* Vorgang dauernd mitansehen könnten, wie wir dies aushalten könnten. Ich antwortete stets darauf, daß eben alle menschlichen Regungen zu schweigen hätten vor der eisernen Konsequenz, mit der wir den Befehl des Führers durchzuführen hätten. Jeder dieser Herren erklärte, er möchte diese Aufgabe nicht haben. [...]

Mit Eichmann[1] sprach ich vielmals und ausführlich über all das, was mit der Endlösung der Judenfrage zusammenhing, ohne aber je meine inneren Nöte kundzutun. Ich habe versucht, aus Eichmann dessen innerste, wirklichste Überzeugung über diese „Endlösung" herauszubekommen, mit allen Mitteln. Doch auch in der fortgeschrittensten Alkoholauflockerung – nur unter uns – trat er, besessen geradezu, für die restlose Vernichtung aller erreichbaren Juden ein. Ohne Erbarmen, eiskalt mußten wir so schnell wie möglich die Vernichtung betreiben. Jede Rücksicht, auch die geringste, würde sich später bitter rächen. Dieser harten Konsequenz gegenüber mußte ich meine menschlichen „Hemmungen" zutiefst begraben. Ja, ich muß offen gestehen, diese menschlichen Regungen kamen mir – nach solchen Gesprächen mit Eichmann – beinah wie Verrat am Führer vor. Es gab für mich kein Entrinnen aus diesem Zwiespalt. Ich mußte den Vernichtungsvorgang, das Massenmorden weiter durchführen, weiter erleben, weiter kalt auch das innerlich zutiefst Aufwühlende mitansehen. Kalt mußte ich allen Vorkommnissen gegenüberstehen. Doch auch kleinere Erlebnisse, die vielleicht den anderen gar nicht so zum Bewußtsein kamen, kamen mir so schnell nicht aus den Gedanken. Und ich hatte mich doch in Auschwitz wahrhaftig nicht über Langeweile zu beklagen. Hatte mich irgendein Vorgang sehr erregt, so war es mir nicht möglich, nach Hause, zu meiner Familie zu gehen. Ich setzte mich dann aufs Pferd und tobte so die schaurigen Bilder weg oder ich ging oft des Nachts durch die Pferdeställe und fand dort bei meinen Lieblingen Beruhigung.

Es kam oft vor, daß ich zuhause plötzlich mit meinen Gedanken bei irgendwelchen Vorgängen, bei der Vernichtung war. Ich mußte dann raus. Ich konnte es nicht mehr im traulichen Kreis meiner Familie aushalten. Oft kamen mir so, wenn ich unsere Kinder glücklich spielen sah, meine Frau mit der Kleinsten überglücklich war, Gedanken: Wie lange wird euer Glück noch dauern? Meine Frau konnte sich meine trüben Stimmungen nie erklären, schob sie auf dienstlichen Ärger. Wenn ich so nachts draußen bei den Transporten, bei den Gaskammern, an den Feuern stand, mußte ich oft an meine Frau und die Kinder denken, ohne aber sie näher mit dem ganzen Vorgang in Verbindung zu bringen. Auch von den Verheirateten unter den an den Krematorien oder den Freianlagen Diensttuenden hörte ich [dies] oft. Wenn man die Frauen mit den Kindern in die Gaskammern gehen sah, so dachte man unwillkürlich an die eigene Familie. [...]

Ja, meine Familie hatte es in Auschwitz gut. Jeder Wunsch, den meine Frau, den meine Kinder hatten, wurde erfüllt. Die Kinder konnten frei und ungezwungen leben. Meine Frau hatte ihr Blumenparadies. Die Häftlinge taten alles, um meiner

---

[1] Karl Adolf Eichmann (1906–1961) war während des 2. Weltkrieges mit der Organisation der Judentransporte in die Massenvernichtungslager beauftragt. Er wurde 1961 von einem israelischen Gericht zum Tode verurteilt.

Frau, um den Kindern etwas Liebes zu tun, um ihnen eine Aufmerksamkeit zu erweisen. Es wird wohl auch kein ehemaliger Häftling sagen können, daß er je in unserem Haus irgendwie schlecht behandelt worden sei. Meine Frau hätte am liebsten jedem Häftling, der irgendwie etwas bei uns zu tun hatte, etwas geschenkt. Die Kinder bettelten dauernd bei mir um Zigaretten für die Häftlinge. An den Gärtnern hingen die Kinder besonders. In der ganzen Familie war die Liebe für die Landwirtschaft, besonders für alle Tiere, hervorstechend. Jeden Sonntag mußte ich mit allen über die Felder fahren, durch die Ställe gehen, auch die Hundeställe durften nie versäumt werden. Unseren beiden Pferden und dem Fohlen galt die besondere Liebe. Immer hatten auch die Kinder im Garten besonderes Viehzeug, das die Häftlinge immer angeschleppt brachten. Ob Schildkröten oder Marder, ob Katzen oder Eidechsen, stets gab es was Neues, Interessantes im Garten. Oder sie planschten im Sommer im Planschbecken, im Garten oder in der Sola. Ihre größte Freude war jedoch, wenn Vati mitbadete. Der hatte nur wenig Zeit für all die Kinderfreuden. Heute bereue ich es schwer, daß ich mir nicht mehr Zeit für meine Familie nahm. Ich glaubte ja immer, ich müsse ständig im Dienst sein. Mit diesem übertriebenen Pflichtbewußtsein habe ich mir das Leben selbst immer schwerer gemacht, als es an und für sich schon war. Meine Frau hat mich oft und oft gemahnt: Denk nicht immer an den Dienst, denk auch an deine Familie.

(Aus: Rudolf Höß, Kommandant in Auschwitz. Autobiographische Aufzeichnungen, hrsg. von Martin Boszat. Stuttgart: DVA ³1961.

Arbeitshinweise
1. Welche Haltung nimmt Höß zu seiner Aufgabe als Kommandant ein?
2. Warum „mußte" Höß alle Vorgänge mit ansehen?
3. Analysieren Sie die Sprache von Höß! Was fällt auf?
4. Welches Bild von seinem Privatleben entwirft Höß? Welche Beziehung besteht zwischen Privatleben und Beruf?
5. Worin liegt die Tragik der Person Rudolf Höß?

ANNA SEGHERS, **Das Verhör**

Anna Seghers wurde 1900 in Mainz geboren. Sie studierte Kunstgeschichte und Sinologie (chinesische Sprache und Literatur). 1928 trat sie der KPD bei. 1933 emigrierte sie nach Frankreich; später nach Mexiko. Seit 1947 lebt die Schriftstellerin in Ost-Berlin.

Ihr bekanntester Roman ist „Das siebte Kreuz" (1942), aus dem auch der folgende Abschnitt stammt.

Der Roman erzählt, wie 7 Häftlinge aus einem KZ entflohen sind: Der Kommandant Overkamp läßt auf dem „Tanzplatz" des KZs sieben Kreuze errichten, an die die Geflüchteten geschlagen werden sollen, wenn sie wieder eingefangen sind. Es gelingt den Verfolgern, sechs der entflohenen Gefangenen zu ergreifen. Aber das 7. Kreuz bleibt leer: Georg Heisler kann sich seinen Verfolgern entziehen. Auf der Flucht trifft er mit verschiedenen Menschen zusammen, die alle in unterschiedlicher Weise reagieren. Das siebte Kreuz ist das Symbol der Ohnmacht des Regimes und bedeutet für die zurückgebliebenen Gefangenen ein Zeichen ihrer Hoffnung und Widerstandskraft. Wallau ist einer der politischen Freunde Heislers, der durch das Verhör von dem Gelingen der Flucht erfährt.

Lesehinweis:
Anna Seghers, Das siebte Kreuz. Reinbek: Rowohlt 1965 (= rororo 751/52).

Anna Seghers, Ausgewählte Erzählungen. Reinbek: Rowohlt 1969 (= rororo 1119).

Heinz Neugebauer, Anna Seghers. Ihr Leben und Werk. Berlin: Volk und Wissen 1970 (= Schriftsteller der Gegenwart 4).

Anna Seghers. Materialienbuch. Hrsg. von Peter Roos/Friederike J. Hassauer-Roos. Neuwied: Luchterhand 1977 (= Sammlung Luchterhand 242).

Overkamp schloß hinter sich ab, um ein paar Minuten vor Wallaus Verhör allein zu sein. Er ordnete seine Zettel, sah seine Angaben durch, gruppierte, unterstrich, verband Notizen durch ein bestimmtes System von Linien. Seine Verhöre waren berühmt. Overkamp könnte einer Leiche noch nützliche Aussagen entlocken, hatte Fischer gesagt. Seine Anlagen zu den Verhören seien bloß mit Partituren zu vergleichen.

Overkamp hörte hinter der Tür das schartige, ruckhafte Geräusch, das durch Salutieren verursacht wird. Fischer trat ein, schloß hinter sich ab. In seinem Gesicht kämpften Ärger und Belustigung. [...]

„Ich habe mir", sagte Fischer, „diesen Wallau von seinem dritten Baum abgepflückt." Er stand plötzlich auf und öffnete das Fenster. „Sie bringen den Wallau auch schon. Entschuldigen Sie, wenn ich Ihnen jetzt einen Rat gebe, Overkamp." – „Der wäre?" – „Lassen Sie sich aus der Kantine ein rohes Beefsteak kommen." – „Wozu?" – „Weil sie eher aus diesem Beefsteak eine Aussage herausklopfen werden als aus dem Mann, den man Ihnen jetzt vorführt."

Fischer hatte recht. Das wußte Overkamp sofort, als der Mann vor ihm stand. Er hätte die Zettel auf seinem Tisch ruhig zerreißen können. Diese Festung war uneinnehmbar. Ein kleiner, erschöpfter Mensch, ein häßliches kleines Gesicht, dreieckig aus der Stirn gewachsenes dunkles Haar, starke Brauen, dazwischen ein Strich, der die Stirn spaltete. Entzündete, dadurch verkleinerte Augen, die Nase breit, etwas klumpig, die Unterlippe ist durch und durch gebissen.

Overkamp heftet seinen Blick auf dieses Gesicht, den Ort der kommenden Handlung. In diese Festung soll er jetzt eindringen. Wenn sie, wie man behauptet, der Furcht versperrt ist und allen Drohungen, so gibt es doch andere Mittel, um eine Festung zu überrumpeln, die ausgehungert ist, ausgelaugt vor Erschöpfung. Overkamp kennt diese Mittel alle. Er weiß sie zu handhaben. Wallau seinerseits weiß, daß dieser Mann vor ihm alle Mittel kennt. Er wird jetzt mit seinen Fragen anfangen. Er wird zuerst die schwachen Stellen der Festung herausfragen, er wird mit den einfachsten Fragen beginnen. Er wird dich fragen, wann du geboren bist, und schon verrätst du die Sterne deiner Geburt. Overkamp beobachtet das Gesicht des Mannes, wie man ein Gemälde beobachtet. Er hat sein erstes Gefühl bei Wallaus Eintritt schon vergessen. Er ist zu seinem Grundsatz zurückgekehrt: es gibt keine uneinnehmbare Festung. Er sieht von dem Mann weg auf einen seiner Zettel. Dann sticht er mit dem Bleistift ein Pünktchen hinter ein Wort, dann sieht er Wallau wieder an. Er fragt höflich: „Sie heißen Ernst Wallau?"

Wallau erwidert: „Ich werde von jetzt an nichts mehr aussagen."

Darauf Overkamp: „Sie heißen also Wallau? Ich mache Sie darauf aufmerksam, daß ich Ihr Schweigen jeweils für Bejahung nehme. Sie sind geboren in Mannheim am achten Oktober achtzehnhundertvierundneunzig."

Wallau schweigt. Er hat seine letzten Worte gesprochen. Wenn man einen Spiegel vor seinen toten Mund hält, dann wird kein Hauch diesen Spiegel trüben.

Overkamp läßt Wallau nicht aus den Augen. Er ist fast ebenso reglos wie der Gefangene. Um einen Ton bleicher ist das Gesicht dieses Wallau geworden, ein wenig schwärzer der Strich, der die Stirn spaltet. Geradeaus ist der Blick des Mannes gerichtet, quer durch die Dinge der Welt, die plötzlich gläsern geworden ist und durchsichtig, quer durch Overkamp durch und die Bretterwand und die Posten, die draußen lehnen, quer durch auf den Kern, der nicht mehr durchsichtig ist und den Blicken der Sterbenden standhält. Fischer, der ebenfalls reglos dem Verhör beiwohnt, wendet den Kopf in der Richtung von Wallaus Augen. Er sieht aber nichts als die saftige, pralle Welt, die undurchsichtig ist und kernlos.

„Ihr Vater hieß Franz Wallau, Ihre Mutter Elisabeth Wallau, geborene Enders."

Statt Antwort kommt Schweigen von den durchgebissenen Lippen. – Es gab einmal einen Mann, der Ernst Wallau hieß. Dieser Mann ist tot. Sie waren ja eben Zeuge seiner letzten Worte. Er hatte Eltern, die so hießen. Jetzt könnte man neben den Grabstein des Vaters den des Sohnes stellen. Wenn es wahr ist, daß Sie aus Leichen Aussagen erpressen können, ich bin toter als alle Ihre Toten.

„Ihre Mutter wohnt in Mannheim, Mariengäßchen acht, bei ihrer Tochter Margarete Wolf, geborene Wallau. Nein, halt, wohnte –. Sie ist heute morgen in das

Altersheim an der Bleiche sechs überwiesen worden. Nach der Verhaftung ihrer Tochter und ihres Schwiegersohnes wegen Fluchtbegünstigungsverdachts ist die Wohnung, Mariengäßchen acht, versiegelt worden."

Als ich noch am Leben war, hatte ich Mutter und Schwester. Ich hatte später einen Freund, der die Schwester heiratete. Solange ein Mann lebt, hat er allerlei Beziehungen, allerlei Anhang. Aber dieser Mann ist tot. Und was für merkwürdige Sachen auch nach meinem Tod mit all diesen Menschen dieser merkwürdigen Welt passiert sind, mich brauchen sie nicht mehr zu kümmern.

„Sie haben eine Frau, Hilde Wallau, geborene Berger. Aus dieser Ehe sind zwei Kinder hervorgegangen: Karl und Hans. Ich mache Sie noch einmal darauf aufmerksam, daß ich jedenfalls Ihr Schweigen für Ja nehme." Fischer streckt die Hand aus und verschiebt den Schirm der hundertkerzigen Lampe, die Wallau ins Gesicht strahlt. Das Gesicht bleibt wie es war im trüben Abendlicht. Auch kein tausendkerziges Licht könnte Spuren von Qual oder Furcht oder Hoffnung enthüllen in den spurlosen, endgültigen Gesichtern der Toten. Fischer schiebt den Schirm zurück.

Als ich noch am Leben war, habe ich auch eine Frau gehabt. Wir hatten damals auch Kinder miteinander. Wir zogen sie auf in unserem gemeinsamen Glauben. Da war es für Mann und Frau eine große Freude, wie ihre Belehrungen anschlugen. Wie die kleinen Beine beim ersten Ausmarsch weit ausholten! Und Stolz und Ängstlichkeit in den kleinen Gesichtern, die schweren Fahnen könnten in ihren Fäusten umkippen! Wie ich noch am Leben war in den ersten Jahren von Hitlers Machtantritt, als ich noch all das tat, wozu ich am Leben war, da konnte ich unbesorgt diese Knaben meine Verstecke wissen lassen, in einer Zeit, in der andere Söhne ihre Väter den Lehrern verrieten. Jetzt bin ich tot. Mag die Mutter allein sehen, wie sie sich mit den Waisen durchschlägt.

„Ihre Frau ist gestern gleichzeitig mit Ihrer Schwester wegen Beihilfe zur Flucht verhaftet worden – Ihre Söhne wurden der Erziehungsanstalt Oberndorf überwiesen, um im Geiste des nationalsozialistischen Staates erzogen zu werden."

Als der Mann noch am Leben war, von dessen Söhnen hier die Rede ist, versuchte er nach seiner Art für die Seinen zu sorgen. Jetzt wird es sich bald herausstellen, was meine Fürsorge wert war. Da sind schon ganz andere umgefallen als zwei dumme Kinder. Und die Lügen so saftig, und die Wahrheit so trocken. Starke Männer haben ihr Leben abgeschworen. Bachmann hat mich verraten. Aber zwei junge Knaben, auch das soll vorkommen, sind kein Haarbreit gewichen. Meine Vaterschaft jedenfalls ist zu Ende, wie auch der Ausgang sein mag.

„Sie haben den Weltkrieg als Frontsoldat mitgemacht."

Als ich noch am Leben war, zog ich in den Krieg. Ich war dreimal verwundet, an der Somme, in Rumänien und in den Karpaten. Meine Wunden heilten, und ich kam schließlich gesund aus dem Feld. Bin ich jetzt auch tot, so bin ich doch nicht im Weltkrieg gefallen.

„Sie sind dem Spartakusbund im Monat seiner Gründung beigetreten."

Der Mann, da er noch am Leben war, im Oktober 1918, trat dem Spartakusbund bei. Was soll das aber jetzt? Sie könnten ebensogut Karl Liebknecht[1] selbst zu einem Verhör bestellen, er würde ebenso viel, ebenso laut antworten. Laßt die Toten ihre Toten begraben.

„Nun sagen Sie mir mal, Wallau, bekennen Sie sich auch heute noch zu Ihren alten Ideen?"

Das hätte man mich gestern fragen sollen. Heute kann ich nicht mehr antworten. Gestern hätte ich ja rufen müssen, heute darf ich schweigen. Heute antworten andere für mich: die Lieder meines Volkes, das Urteil der Nachlebenden. –

Es wird kühl um ihn herum. Fischer fröstelt. Er möchte Overkamp bedeuten, das nutzlose Verhör abzubrechen.

„Sie haben sich also, Wallau, mit Fluchtplänen getragen, seit Sie der besonderen Arbeitskolonne zugeteilt wurden?"

Ich habe in meinem Leben öfters vor meinen Feinden fliehen müssen. Manchmal ist die Flucht geglückt, manchmal danebengegangen. Einmal zum Beispiel ist es schlimm ausgegangen. Da wollte ich aus Westhofen fliehen. Jetzt aber ist es geglückt. Jetzt bin ich entkommen. Umsonst schnuppern die Hunde an meiner Spur, die sich ins Unendliche verloren hat.

„Und dann haben Sie Ihren Plan zunächst mal Ihrem Freund Georg Heisler mitgeteilt?"

Als ich noch ein lebendiger Mensch war in dem Leben, das ich lebte, traf ich zuletzt einen jungen Burschen, der hieß Georg. Ich hing an ihm. Wir haben Leid und Freud geteilt. Er war viel jünger als ich. Alles an diesem Georg war mir teuer. Alles, was mir im Leben teuer war, fand ich an diesem Jungen wieder. Jetzt hat er nur noch soviel mit mir zu tun, wie ein Lebender mit einem Toten zu tun hat.

Mag er sich zuweilen meiner erinnern, wenn er Zeit dazu hat. Ich weiß, das Leben war dicht besetzt.

„Sie haben die Bekanntschaft des Heisler erst im Lager gemacht?"

Kein Schwall von Worten, eine eisige Flut von Schweigen bricht aus den Lippen des Mannes. Die Wachtposten selbst, die draußen an der Tür horchen, zucken beklommen die Achseln. Ist das noch ein Verhör? Ist man noch zu dritt dort drinnen? – Das Gesicht des Mannes ist nicht mehr bleich, sondern hell. Overkamp wendet sich plötzlich ab, er macht einen Punkt mit dem Bleistift, wobei ihm die Spitze abbricht.

„Sie mögen sich selbst die Folgen zuschreiben, Wallau."

Was kann es für einen Toten für Folgen geben, den man aus einem Grab in das andere wirft? Nicht einmal das haushohe Grabmal auf dem endgültigen Grab hat Folgen für den Toten.

Wallau wird abgeführt. In den vier Wänden bleibt das Schweigen zurück und will nicht weichen. Fischer sitzt regungslos auf seinem Stuhl, als ob der Gefangene

---

[1] Begründer des Spartakusbundes und der KPD, 1919 ermordet.

noch dastünde, und sieht weiter auf die Stelle, auf der er gestanden hat. Overkamp spitzt seinen Bleistift.

(Aus: Anna Seghers, Das siebte Kreuz. Neuwied: Luchterhand 1962, S. 192–198.)

Arbeitshinweise
1. *Wie wird der Mann dargestellt, der die Verhöre durchführt? Verfolgen Sie seine Taktik!*
2. *Wie wird Wallau gezeichnet? Welche Vergleiche werden verwandt?*
3. *Was heißt: „Es gab einmal einen Mann, der Ernst Wallau hieß. Dieser Mann ist tot."?*
4. *Wer ist der Sieger des Verhörs? Warum?*
5. *Warum kann sich Wallau in dieser Form verhalten?*

PAUL CELAN, **Espenbaum**

Zur Biographie des Autors vgl. S. 307.
Das Gedicht ist dem Gedichtband „Mohn und Gedächtnis" (1952) entnommen.

Lesehinweis:
Paul Celan, Ausgewählte Gedichte. Frankfurt: Suhrkamp ⁴1970 (= edition suhrkamp 262).
Über Paul Celan, hrsg. von Dietlind Meinecke. Frankfurt: Suhrkamp 1970 (= edition suhrkamp 495).
Paul Celan. In: Text und Kritik. Zeitschrift für Literatur, hrsg. von Karl Ludwig Arnold, Heft 53/54. München: Boorberg 1977.

ESPENBAUM, dein Laub blickt weiß ins Dunkel.
Meiner Mutter Haar ward nimmer weiß.

Löwenzahn, so grün ist die Ukraine.
Meine blonde Mutter kam nicht heim.

Regenwolke, säumst du an den Brunnen?
Meine leise Mutter weint für alle.

Runder Stern, du schlingst die goldne Schleife.
Meiner Mutter Herz ward wund von Blei.

Eichne Tür, wer hob dich aus den Angeln?
Meine sanfte Mutter kann nicht kommen.

(Aus: Paul Celan. Mohn und Gedächtnis. Stuttgart: DVA 1952.)

Arbeitshinweise
1. *Was spricht der Dichter jeweils im 1. Vers der Strophen an? Welche Bilder verwendet er?*
2. *Welche Bedeutung hat jeweils der 2. Vers? Worauf gibt er eine Antwort? Inwiefern unterscheidet sich die 5. Strophe von den anderen?*
3. *Welches Thema wird in diesem Gedicht kontrapunktisch angesprochen?*
4. *Wodurch wird der Tod der Mutter angedeutet?*
5. *Welcher Symbolgehalt liegt in den Worten „Meine leise Mutter weint für alle"?*

ELISABETH LANGGÄSSER, **Saisonbeginn**

Die in Rheinzabern (bei Karlsruhe) geborene Schriftstellerin (1899–1950) war bis 1928 Lehrerin, danach 1 Jahr lang Dozentin der Pädagogik an der sozialen Frauenschule in Berlin. 1936 erhielt sie als Halbjüdin Schreibverbot.

Die Schriftstellerin mußte daraufhin ihren Lebensunterhalt in einer Fabrik verdienen; ihre älteste Tochter wurde in das KZ Auschwitz deportiert. 1946 veröffentlichte sie den Roman „Das unauslöschliche Siegel". Im Mittelpunkt ihrer stark von christlichen Überlegungen beeinflußten Werke steht das Problem von Schuld und Gnade.

Aber auch die durch Krieg und Verfolgung verursachten Schrecken sind Themen ihrer Romane, Erzählungen und Gedichte. Eine der bekanntesten Kurzgeschichten aus der Sammlung „Der Torso" (1947) ist „Saisonbeginn".

1935 wurde von den Nationalsozialisten ein Gesetz „Zum Schutze des deutschen Blutes und der deutschen Ehre" beschlossen:

Zum Schutze des deutschen Blutes und der deutschen Ehre

Durchdrungen von der Erkenntnis, daß die Reinheit des deutschen Blutes die Voraussetzung für den Fortbestand des deutschen Volkes ist, und beseelt von dem unbeugsamen Willen, die deutsche Nation für alle Zukunft zu sichern, hat der Reichstag einstimmig das folgende Gesetz beschlossen, das hiermit verkündet wird.
§ 1. Eheschließungen zwischen Juden und Staatsangehörigen deutschen oder artverwandten Blutes sind verboten. Trotzdem geschlossene Ehen sind nichtig, auch wenn sie zur Umgehung dieses Gesetzes im Auslande geschlossen sind.
Die Nichtigkeitsklage kann nur der Staatsanwalt erheben.
§ 2. Außerehelicher Verkehr zwischen Juden und Staatsangehörigen deutschen oder artverwandten Blutes ist verboten.
§ 3. Juden dürfen weibliche Staatsangehörige deutschen oder artverwandten Blutes unter 45 Jahren nicht in ihrem Haushalt beschäftigen.

Lesehinweis:

Der Nationalsozialismus. Dokumente 1933-1945, hrsg. von Walther Hofer. Frankfurt: Fischer 1957 (= Fischer Bücherei 172).

Die Arbeiter kamen mit ihrem Schild und einem hölzernen Pfosten, auf den es genagelt werden sollte, zu dem Eingang der Ortschaft, die hoch in den Bergen an der letzten Paßkehre lag. Es war ein heißer Spätfrühlingstag, die Schneegrenze hatte sich schon hinauf zu den Gletscherwänden gezogen. Überall standen die Wiesen wieder in Saft und Kraft; die Wucherblume verschwendete sich, der Löwenzahn strotzte und blähte sein Haupt über den milchigen Stengeln; Trollblumen,

welche wie eingefettet mit gelber Sahne waren, platzten vor Glück, und in strahlenden Tümpeln kleinblütiger Enziane spiegelte sich ein Himmel von unwahrscheinlichem Blau. Auch die Häuser und Gasthöfe waren wie neu: ihre Fensterläden frisch angestrichen, die Schindeldächer gut ausgebessert, die Scherenzäune ergänzt. Ein Atemzug noch: dann würden die Fremden, die Sommergäste kommen – die Lehrerinnen, die mutigen Sachsen, die Kinderreichen, die Alpinisten, aber vor allem die Autobesitzer in ihren großen Wagen... Röhr und Mercedes, Fiat und Opel, blitzend von Chrom und Glas. Das Geld würde anrollen. Alles war darauf vorbereitet. Ein Schild kam zum andern, die Haarnadelkurve zu dem Totenkopf, Kilometerschilder und Schilder für Fußgänger: Zwei Minuten zum Café Alpenrose. An der Stelle, wo die Männer den Pfosten in die Erde einrammen wollten, stand ein Holzkreuz, über dem Kopf des Christus war auch ein Schild angebracht. Seine Inschrift war bis heute die gleiche, wie sie Pilatus entworfen hatte: J.N.R.J.[1] – die Enttäuschung darüber, daß es im Grund hätte heißen sollen: er *behauptet* nur, dieser König zu sein, hatte im Laufe der Jahrhunderte an Heftigkeit eingebüßt. Die beiden Männer, welche den Pfosten, das Schild und die große Schaufel, um den Pfosten in die Erde zu graben, auf ihren Schultern trugen, setzten alles unter dem Wegekreuz ab; der Dritte stellte den Werkzeugkasten, Hammer, Zange und Nägel daneben und spuckte ermunternd aus.

Nun beratschlagten die drei Männer, an welcher Stelle die Inschrift des Schildes am besten zur Geltung käme; sie sollte für alle, welche das Dorf auf dem breiten Paßweg betraten, besser: befuhren, als Blickfang dienen und nicht zu verfehlen sein. Man kam also überein, das Schild kurz vor dem Wegekreuz anzubringen, gewissermaßen als Gruß, den die Ortschaft jedem Fremden entgegenschickte. Leider stellte sich aber heraus, daß der Pfosten dann in den Pflasterbelag einer Tankstelle hätte gesetzt werden müssen – eine Sache, die sich von selbst verbot, da die Wagen, besonders die größeren, dann am Wenden behindert waren. Die Männer schleppten also den Pfosten noch ein Stück weiter hinaus bis zu der Gemeindewiese und wollten schon mit der Arbeit beginnen, als ihnen auffiel, daß diese Stelle bereits zu weit von dem Ortsschild entfernt war, das den Namen angab und die Gemeinde, zu welcher der Flecken gehörte. Wenn also das Dorf den Vorzug dieses Schildes und seiner Inschrift für sich beanspruchen wollte, mußte das Schild wieder näherrücken – am besten gerade dem Kreuz gegenüber, so daß Wagen und Fußgänger zwischen beiden hätten passieren müssen.

Dieser Vorschlag, von dem Mann mit den Nägeln und dem Hammer gemacht, fand Beifall. Die beiden anderen luden von neuem den Pfosten auf ihre Schultern und schleppten ihn vor das Kreuz. Nun sollte also das Schild mit der Inschrift zu dem Wegekreuz senkrecht stehen; doch zeigte es sich, daß die uralte Buche, welche gerade hier ihre Äste mit riesiger Spanne nach beiden Seiten wie eine Mantelmadonna ihren Umhang entfaltete, die Inschrift im Sommer verdeckt und ihr Schattenspiel deren Bedeutung verwischt, aber mindestens abgeschwächt hätte.

---

1 Jesus Nazarenus Rex Judaeorum (lat.) = Jesus von Nazareth, König der Juden

Es blieb daher nur noch die andere Seite neben dem Herrenkreuz, und da die erste, die in das Pflaster der Tankstelle überging, gewissermaßen den Platz des Schächers zur Linken bezeichnet hätte, wurde jetzt der Platz zur Rechten gewählt und endgültig beibehalten. Zwei Männer hoben die Erde aus, der dritte nagelte rasch das Schild mit wuchtigen Schlägen auf; dann stellten sie den Pfosten gemeinsam in die Grube und rammten ihn rings von allen Seiten mit größeren Feldsteinen an.

Ihre Tätigkeit blieb nicht unbeachtet. Schulkinder machten sich gegenseitig die Ehre streitig, dabei zu helfen, den Hammer, die Nägel hinzureichen und passende Steine zu suchen; auch einige Frauen blieben stehen, um die Inschrift genau zu studieren. Zwei Nonnen, welche die Blumenvase zu Füßen des Kreuzes aufs neue füllten, blickten einander unsicher an, bevor sie weitergingen. Bei den Männern, die von der Holzarbeit oder vom Acker kamen, war die Wirkung verschieden: einige lachten, andere schüttelten nur den Kopf, ohne etwas zu sagen; die Mehrzahl blieb davon unberührt und gab weder Beifall noch Ablehnung kund, sondern war gleichgültig, wie sich die Sache auch immer entwickeln würde. Im ganzen genommen konnten die Männer mit der Wirkung zufrieden sein. Der Pfosten, kerzengerade, trug das Schild mit der weithin sichtbaren Inschrift, die Nachmittagssonne glitt wie ein Finger über die zollgroßen Buchstaben hin und fuhr jeden einzelnen langsam nach wie den Richtspruch auf einer Tafel ...

Auch der sterbende Christus, dessen blasses, blutüberronnenes Haupt im Tod nach der rechten Seite geneigt war, schien sich mit letzter Kraft zu bemühen, die Inschrift aufzunehmen: man merkte, sie ging ihn gleichfalls an, welcher bisher von den Leuten als einer der ihren betrachtet und wohl gelitten war. Unerbittlich und dauerhaft wie sein Leiden, würde sie ihm nun für lange Zeit schwarz auf weiß gegenüberstehen.

Als die Männer den Kreuzigungsort verließen und ihr Handwerkszeug wieder zusammenpackten, blickten alle drei noch einmal befriedigt zu dem Schild mit der Inschrift auf. Sie lautete: „In diesem Kurort sind Juden unerwünscht."
(Aus: Elisabeth Langgässer, Der Torso. Hamburg: Claassen 1947, S. 15–18.)

Arbeitshinweise
1. *Wie ist die Kurzgeschichte aufgebaut?*
2. *Wo liegt ihr Höhepunkt? Welchen Sinn hat dieser Aufbau?*
3. *Wie wird zu Beginn der Frühlingstag beschrieben? Warum heißt die Geschichte „Saisonbeginn"?*
4. *Welche Bedingungen muß dieses Schild erfüllen? Warum werden die verschiedenen Plätze für das Schild verworfen?*
5. *Wie wirkt die Tätigkeit der Männer auf die Bewohner des Dorfes?*
6. *Welche Beziehung besteht zwischen den beiden Schildern?*
7. *Erläutern Sie den Zusammenhang zwischen dem Gesetz von 1935 und der Kurzgeschichte!*

PAUL CELAN, **Todesfuge**

Celan wurde 1920 in Czernowitz (Rumänien) geboren. Er war der Sohn deutschsprachiger Juden. 1938/39 studierte er in Tours (Frankreich) Medizin, nach der Rückkehr in seine Heimat die Sprache und Literatur romanischer Völker.

Während des 2. Weltkrieges floh Paul Celan aus einem Internierungslager und diente bei sowjetischen Truppen als Sanitäter. Als er 1944 zurückkehrte, waren seine Eltern von den Deutschen verschleppt und umgebracht.

Nach dem Krieg beendete er sein Studium in Paris und war als Sprachlehrer und Übersetzer tätig. 1970 beging Celan Selbstmord.

In seiner Lyrik hat Celan nach neuen Wegen und Ausdrucksformen gesucht, um auch das „Unsagbare" sagen zu können; dadurch hat er sich weit von überlieferten Formen gelöst. Seine Gedichte enthalten oft fremdartige Vergleiche und Bilder, die nur schwer „dechiffriert" werden können. Seine Lyriksammlung „Mohn und Gedächtnis" (1952), zu der auch dieses Gedicht gehört, entstand unter dem Eindruck der Vernichtung der Juden durch den Nationalsozialismus; die „Todesfuge" wurde 1945 geschrieben.

Schätzungen über den zahlenmäßigen Umfang der Ausrottungen

	Mindestzahl	Höchstzahl	Schätzungen des Anglo-Amerikan. Komitees, April 1946
Deutschland (Grenzen von 1937)	160 000	180 000	195 000
Österreich	58 000	60 000	53 000
Tschechoslowakei (Grenzen von 1937)	233 000	243 000	255 000
Dänemark	(weniger als 100)		1 500
			(meist Flüchtlinge in Schweden)
Frankreich	60 000	65 000	140 000
Belgien	25 000	28 000	57 000
Holland	104 000	104 000	120 000
Luxemburg	3 000	3 000	3 000
Norwegen	700	700	1 000
Italien	8 500	9 500	20 000
Jugoslawien	55 000	58 000	64 000
Griechenland	57 000	60 000	64 000
Bulgarien (Vorkriegsgrenzen)	–	–	5 000
Rumänien (Vorkriegsgrenzen)	200 000*	220 000*	530 000
Ungarn (Grenzen vor Erstem Wiener Schiedsspruch)	180 000	200 000	200 000
Polen (Vorkriegsgrenzen)	2 350 000*	2 600 000*	3 271 000
Sowjetunion. (Vorkriegsgrenzen plus baltische Staaten)	700 000*	750 000*	1 050 000
			6 029 500
		Abzüglich DPs	308 000
	4 194 200*	4 581 200*	5 721 500

* Verläßliche Zahlenangaben liegen in diesem Fall nicht vor. Es handelt sich also nur um annähernde Schätzungen.

(Aus: Der Nationalsozialismus. Dokumente 1933-1945, hrsg. von Walther Hofer. Frankfurt: Fischer 1957 (= Fischer-Bücherei 172), S. 306 f.)

Schwarze Milch der Frühe wir trinken sie abends
wir trinken sie mittags und morgens wir trinken sie nachts
wir trinken und trinken
wir schaufeln ein Grab in den Lüften da liegt man nicht eng
Ein Mann wohnt im Haus der spielt mit den Schlangen der schreibt
der schreibt wenn es dunkelt nach Deutschland dein goldenes Haar Margarete
er schreibt es und tritt vor das Haus und es blitzen die Sterne er pfeift seine Rüden
er pfeift seine Juden hervor läßt schaufeln ein Grab in der Erde   herbei
er befiehlt uns spielt auf nun zum Tanz

Schwarze Milch der Frühe wir trinken dich nachts
wir trinken dich morgens und mittags wir trinken dich abends
wir trinken und trinken
Ein Mann wohnt im Haus der spielt mit den Schlangen der schreibt
der schreibt wenn es dunkelt nach Deutschland dein goldenes Haar Margarete
Dein aschenes Haar Sulamith[1] wir schaufeln ein Grab in den Lüften da liegt man
                                                                        nicht eng

Er ruft stecht tiefer ins Erdreich ihr einen ihr andern singet und spielt
er greift nach dem Eisen im Gurt er schwingts seine Augen sind blau
stecht tiefer die Spaten ihr einen ihr andern spielt weiter zum Tanz auf

Schwarze Milch der Frühe wir trinken dich nachts
wir trinken dich mittags und morgens wir trinken dich abends
wir trinken und trinken
ein Mann wohnt im Haus dein goldenes Haar Margarete
dein aschenes Haar Sulamith er spielt mit den Schlangen

Er ruft spielt süßer den Tod der Tod ist ein Meister aus Deutschland
er ruft streicht dunkler die Geigen dann steigt ihr als Rauch in die Luft
dann habt ihr ein Grab in den Wolken da liegt man nicht eng

Schwarze Milch der Frühe wir trinken dich nachts
wir trinken dich mittags der Tod ist ein Meister aus Deutschland
wir trinken dich abends und morgens wir trinken und trinken
der Tod ist ein Meister aus Deutschland sein Auge ist blau
er trifft dich mit bleierner Kugel er trifft dich genau
ein Mann wohnt im Haus dein goldenes Haar Margarete
er hetzt seine Rüden auf uns er schenkt uns ein Grab in der Luft
er spielt mit den Schlangen und träumet der Tod ist ein Meister aus Deutschland

dein goldenes Haar Margarete
dein aschenes Haar Sulamith
(Aus: Paul Celan, Mohn und Gedächtnis. Stuttgart: DVA ³1958.)

---

1 jüdischer Name aus dem Hohen Lied Salomos; Inbegriff der jüdischen Frau.

Arbeitshinweise

1. *Notieren Sie alles, was Ihnen an Ungewöhnlichem auffällt!*
2. *Von welchen Menschen wird in diesem Gedicht gesprochen? Wie kann man die verschiedenen Personen gruppieren? In welcher Situation befinden sie sich?*
3. *Analysieren Sie die Tätigkeiten der Personengruppe, die durch das „wir" (Wir-Stimme) gekennzeichnet ist! Analysieren Sie die Tätigkeiten des Gegenspielers „er" (Er-Stimme)! (Gruppenarbeit)*
4. *Welche Assoziationen verbindet der Leser mit den Tätigkeiten der angesprochenen Personen? Was sagen die Verben aus? Welche Namen werden kontrapunktisch gegenübergestellt?*
5. *In der Musik spricht man von einer Fuge, wenn sie nach den folgenden Gesichtspunkten komponiert ist:*

1. Durchführung	1. Thema –	in der ersten Stimme
	2. Gegenthema –	meistens in der 2. Stimme intoniert
	3. Wiederholung des Themas –	erste Stimme
	4. Wiederaufnahme des Gegenthemas –	zweite Stimme
	5. Weiterführung des Themas –	überwiegend in der 1. Stimme
	Zwischensatz oder Episode	
2. Durchführung	1. Thema	
	2. Gegenthema	
	3. Thema	meistens in verkürzter Form
	4. Gegenthema	
	5. Weiterführung des Themas	
	Zwischensatz (nimmt thematisch den ersten Zwischensatz wieder auf)	
3. Durchführung	in Form eines Kanons; die einzelnen Melodien (Themen) werden ineinander verschachtelt	

Ermitteln Sie, inwieweit Celan in seinem Gedicht „Todesfuge" diese Kategorien einer Fuge berücksichtigt hat. Kennzeichnen Sie die jeweiligen Abschnitte im Text! Worin liegt die Bedeutung dieser Kompositionsart?

6. *Was verbirgt sich hinter dem Oxymoron (Stilfigur, die zwei sich scheinbar widersprechenden Begriffe vereint) „schwarze Milch der Frühe"? Entschlüsseln Sie auch andere Bilder und Metapherm!*
7. *Welche Wirkung hinterläßt dieses Gedicht? Berücksichtigen Sie auch die Zahlen der im Vorspann angegebenen Statistik!*

NELLY SACHS, **Chor der Geretteten**

Nelly Sachs wurde 1891 als Kind jüdischer Eltern in Berlin geboren.

Im 3. Reich hat sie längere Zeit unter ständiger Bedrohung gelebt, bis ihr 1940 mit Hilfe der schwedischen Schriftstellerin Selma Lagerlöf die Flucht nach Schweden gelang. Ihre Verwandten und Freunde kamen in deutschen Vernichtungslagern ums Leben.

1965 erhielt sie in Frankfurt den Friedenspreis des deutschen Buchhandels; 1966 wurde ihr (zusammen mit dem israelischen Dichter S. G. Agnon) der Literatur-Nobelpreis verliehen. 1970 starb die Dichterin in Stockholm.

Ihre Werke heißen „Eli", „In den Wohnungen des Todes", „Sternverdunkelung", „Fahrt ins Staublose".

Enzensberger schrieb über die Lyrik der Nelly Sachs: *„Adorno hat einen Satz ausgesprochen, der zu den härtesten Urteilen gehört, die über unsere Zeit gefällt werden können: ‚Nach Auschwitz sei es nicht mehr möglich ein Gedicht zu schreiben.' Wenn wir weiter leben wollen, muß dieser Satz widerlegt werden. Wenige vermögen es. Zu ihnen gehört Nelly Sachs. Ihrer Sprache wohnt etwas Rettendes inne. Indem sie spricht, gibt sie uns selber zurück, Satz um Satz, was wir zu verlieren drohten: Sprache."*

Lesehinweis:

Nelly Sachs, Ausgewählte Gedichte. Nachwort von Hans Magnus Enzensberger. Frankfurt: Suhrkamp 1963 (= edition suhrkamp 18).

Nelly Sachs, Ansprachen anläßlich der Verleihung des Friedenspreises des deutschen Buchhandels. Frankfurt 1965.

Nelly Sachs. In: Text + Kritik. Zeitschrift für Literatur, hrsg. von Heinz Ludwig Arnold, Heft 23. München: Boorberg 1975.

Das Buch der Nelly Sachs, hrsg. von Bengt Holmquist. Frankfurt: Suhrkamp 1977 (= suhrkamp taschenbuch 398).

Wir Geretteten,
Aus deren hohlem Gebein der Tod schon seine Flöten schnitt,
An deren Sehnen der Tod schon seinen Bogen strich —
Unsere Leiber klagen noch nach
Mit ihrer verstümmelten Musik.
Wir Geretteten,
Immer noch hängen die Schlingen für unsere Hälse gedreht
Vor uns in der blauen Luft —
Immer noch füllen sich die Stundenuhren mit unserem tropfenden Blut.

Wir Geretteten,
Immer noch essen an uns die Würmer der Angst.
Unser Gestirn ist vergraben im Staub.
Wir Geretteten
Bitten euch:
Zeigt uns langsam eure Sonne.
Führt uns von Stern zu Stern im Schritt.
Laßt uns das Leben leise wieder lernen.
Es könnte sonst eines Vogels Lied,
Das Füllen des Eimers am Brunnen
Unseren schlecht versiegelten Schmerz aufbrechen lassen
Und uns wegschäumen –
Wir bitten euch:
Zeigt uns noch nicht einen beißenden Hund –
Es könnte sein, es könnte sein
Daß wir zu Staub zerfallen –
Vor euren Augen zerfallen in Staub.
Was hält denn unsere Webe zusammen?
Wir odemlos gewordene,
Deren Seele zu Ihm floh aus der Mitternacht
Lange bevor man unseren Leib rettete
In die Arche des Augenblicks.
Wir Geretteten,
Wir drücken eure Hand,
Wir erkennen euer Auge –
Aber zusammen hält uns nur noch der Abschied,
Der Abschied im Staub
Hält uns mit euch zusammen.

(Aus: Nelly Sachs, Ausgewählte Gedichte. Frankfurt: Suhrkamp 1963 (= edition suhrkamp 18), S. 7f.)

Arbeitshinweise
1. *Versuchen Sie das Gedicht in Sinnabschnitte zu gliedern!*
2. *Wer sind die „Geretteten"?*
3. *Welche Chiffren verwendet die Dichterin? Versuchen Sie eine Deutung!*
4. *Versuchen Sie die Thesen von Adorno und Enzensberger (die im Vorspann zitiert sind) anhand der Textbeispiele dieses Kapitels zu erläutern!*
5. *Worin liegt die Problematik, Auschwitz und die Judenverfolgung in der Literatur zu beschreiben?*
6. *In welcher Weise ist Versöhnung möglich?*

12. NACHKRIEGSZEIT

Günter Eich, **Inventur**

Eich wurde 1907 in Lebus/Oder geboren. Von 1939–1945 war er Soldat, danach in amerikanischer Gefangenschaft. Von 1953 lebte Eich bis zu seinem Tod (1973) als freier Schriftsteller in der Nähe von Salzburg. Er war mit Ilse Aichinger, einer ebenfalls bekannten Schriftstellerin, verheiratet.

Seine Hörspiele brachten ihm großen Erfolg. Eich wurde geprägt durch die Erfahrung der Stunde „Null", dem Neuanfang der deutschen Literatur nach 1945. Seine Lyrik wurde mit dem Ende des 2. Weltkrieges wortkarg; in ihr registriert der Autor Überreste und Bruchstücke einer durch die nationalsozialistische Diktatur zerstörte Wirklichkeit.

Über seine Arbeit äußerte er: *„Ich schreibe Gedichte, um mich in der Wirklichkeit zu orientieren. Erst durch das Schreiben erlangen für mich die Dinge Wirklichkeit."*

Lesehinweis:
Günter Eich, Gedichte. Ausgewählt von Ilse Aichinger. Frankfurt: Suhrkamp 1972 (= Bibliothek Suhrkamp 368).
Günter Eich, Fünfzehn Hörspiele. Frankfurt: Suhrkamp 1966.
Über Günter Eich, hrsg. von Susanne Müller-Hanpft. Frankfurt: Suhrkamp ²1972 (= edition suhrkamp 402).

Dies ist meine Mütze,
dies ist mein Mantel,
hier mein Rasierzeug
im Beutel aus Leinen.

Konservenbüchse:
Mein Teller, mein Becher,
ich hab in das Weißblech
den Namen geritzt.

Geritzt hier mit diesem
kostbaren Nagel,
den vor begehrlichen
Augen ich berge.

Im Brotbeutel sind
ein Paar wollene Socken
und einiges, was ich
niemand verrate.

So dient es als Kissen
nachts meinem Kopf.
Die Pappe hier liegt
zwischen mir und der Erde.

Die Bleistiftmine
lieb ich am meisten:
Tags schreibt sie mir Verse,
die nachts ich erdacht.

Dies ist mein Notizbuch,
dies ist meine Zeltbahn,
dies ist mein Handtuch,
dies ist mein Zwirn.

(Aus: Günter Eich, Ausgewählte Gedichte. Frankfurt: Suhrkamp 1960.)

Arbeitshinweise
1. *Was heißt im allgemeinen Sprachgebrauch Inventur?*
2. *Worauf beziehen sich in diesem Gedicht die Dinge der Inventur?*
3. *Welche Bedeutung hat die Bleistiftmine?*
4. *Welche sprachlichen und formalen Mittel verwendet Eich? Welcher Zusammenhang besteht zwischen dieser Gestaltung und dem Inhalt?*
5. *In welchem Sinn macht Eich Inventur?*

Hans Magnus Enzensberger, **konjunktur**

Zur Biographie des Autors vgl. S. 55.

Das abgedruckte Gedicht gehört zu der Lyriksammlung „Verteidigung der Wölfe", die in den Jahren 1954 bis 1957 entstanden ist. Neben „freundlichen" und „traurigen" enthält der Band auch „böse" Gedichte wie „konjunktur", in denen Enzensberger sein Mißvergnügen an der bestehenden Gesellschaft zum Ausdruck bringt.

Unter Konjunktur (herzuleiten von lat. conjugere = verbinden) versteht man das Zusammenwirken sämtlicher wirtschaftlicher Bewegungsvorgänge. Besonders charakteristisch sind die Verlaufsschwankungen in der freien Marktwirtschaft.

ihr glaubt zu essen
aber das ist kein fleisch
womit sie euch füttern
das ist köder, das schmeckt süß
(vielleicht vergessen die angler
die schnur, vielleicht
haben sie ein gelübde getan,
in zukunft zu fasten?)

der haken schmeckt nicht nach biscuit
er schmeckt nach blut
er reißt euch aus der lauen brühe:
wie kalt ist die luft an der beresina[1]!
ihr werdet euch wälzen
auf einem fremden sand
einem fremden eis:
grönland, nevada[2], fest-
krallen sich eure glieder
im fell der nubischen wüste.

sorgt euch nicht! gutes gedächtnis
ziert die angler, alte erfahrung.
sie tragen zu euch die liebe
des metzgers zu seiner sau.

sie sitzen geduldig am rhein,
am potomac[3], an der beresina,
an den flüssen der welt.
sie weiden euch. sie warten.

ihr schlagt euch das gebiß in die hälse.
euch vor dem hunger fürchtend
kämpft ihr um den tödlichen köder.

(Aus: Hans Magnus Enzensberger, Verteidigung der Wölfe. Frankfurt: Suhrkamp 1957.)

Arbeitshinweise
1. Was fällt an diesem Gedicht auf?
2. Von welchen zwei Personengruppen wird in dem Gedicht gesprochen? Erarbeiten Sie ihre Tätigkeiten, Merkmale und Aussagen! (Gruppenarbeit)
3. Welche Bedeutung hat der Vergleich mit den „anglern"?
4. Untersuchen Sie die Bildersprache und den Wortschatz des Gedichts!
5. Warum spricht Enzensberger von „konjunktur"? Was kritisiert er? Vor welcher Gefahr will er warnen?

---

1 Fluß in Rußland, an dem Napoleon auf seinem Rückzug 1812 eine entscheidende Niederlage erlitt.
2 Wüste in den USA, in der viele Jahre lang Atombombenversuche stattgefunden haben.
3 Fluß in den USA, an dem das Verteidigungsministerium liegt.

FRANZ JOSEF DEGENHARDT, **Horsti Schmandhoff**

Zur Biographie des Autors vgl. S. 280.

Dieser Song stammt aus der Sammlung „Spiel nicht mit den Schmuddelkindern" (1967).

Lesehinweis:

Franz Josef Degenhardt, Spiel nicht mit den Schmuddelkindern. Reinbek: Rowohlt 1969 (= rororo 1168).

Väterchen Franz, Franz Josef Degenhardt und seine politischen Lieder, hrsg. von Heinz Ludwig Arnold. Reinbek: Rowohlt 1975 (= rororo 1797)

Schallplatten:

Spiel nicht mit den Schmuddelkindern	Im Jahr der Schweine
Väterchen Franz	Mutter Mathilde
Wenn der Senator erzählt	

Ihr, die Kumpanen aus demselben Viertel voller Ruß,
aus gleichen grauen Reihenhäusern und aus gleichem Guß,
mit gleicher Gier nach hellen Häusern, Rasen, Chrom und Kies,
nach schlanken Frauen, Kachelbad – Kumpanen, die ihr dies
fast alle heute habt und nur noch ungern rückwärts seht –,
wenn ihr euch trefft, per Zufall, irgendwo zusammensteht,
von neuen Dingen sprecht und über alte Witze lacht,
und einer von euch fragt: „Wer weiß, was Horsti Schmandhoff macht?" –
Kumpanen, dann, dann fällt euch ein:
Ihr wolltet mal genau wie Horsti Schmandhoff sein.

Im passenden Kostüm der Zeit, stets aus dem Ei gepellt,
hat er mit knappen Gesten eure Träume dargestellt –
der Sohn einer Serviererin, der Horsti, schmal und blond,
mit jenem Zug zum Höheren um Nase, Kinn und Mund,
am Tag, als er ins Viertel kam und abends vor der Tür
in Lederhose, weißem Hemd auf dem Schifferklavier
sein Stückchen spielte, „Bergmannsglück", und beim „Glückauf tara"
die Locke aus der Stirne warf und in den Himmel sah –
schon da, Kumpanen – fällt's euch ein? –,
da wolltet ihr genau wie Horsti Schmandhoff sein.

Auch als er dann als Fähnleinführer, Hand mit Siegelring
am Fahrtenmesser, das ganz los' als Ehrendolch da hing,
in Halbschuhen, weißen Söckchen und mit kurzem Tänzelschritt
und Wackelhintern neben seinem Fähnlein einherschritt
und bald darauf in Uniform auf Sonderurlaub kam,
das Panzerkäppi schiefgesetzt, das Ekazwo[1] abnahm,
es zeigte und erzählte, wie er kurz vor Stalingrad
12 Stalinorgeln, 50 Iwans plattgefahren hat –
Kumpanen, da, gesteht euch ein,
da wolltet ihr genau wie Horsti Schmandhoff sein.

---
1 E.K. II = Eisernes Kreuz 2. Klasse (= Kriegsauszeichnung)

Auch als er dann im Khakizeug, das Gummi quer im Mund,
mit Bürstenschnitt als Küchenhelfer, rosig, dick und rund,
bei Stratmanns an der Ecke stand und an 'ner Lucky zog,
euch „Hello, Boys" begrüßte, schleppend durch das Viertel zog,
und dann im schweren Ledermantel an 'nem Tresen stand,
Hut im Nacken, Halstuch lose, Bierchen in der Hand,
erzählte, wie er 42, kurz vor Stalingrad,
den Drecksack General Paulus[1] in den Arsch getreten hat –
Kumpanen, da, gesteht euch ein,
da wolltet ihr genau wie Horsti Schmandhoff sein.

Auch als er später dann statt Bier nur Möselchen noch trank,
den grünchangierten Anzug trug, mit weichem Kreppsohlgang
geschmeidig ins Lokal reinkam, am kleinen Finger schwang
der Wagenschlüssel, wenn er dann sein „hay Barbary ba" sang,
schließlich im offnen Jaguar mit Mütze, Pfeife, Schal,
ein Mädchen auf dem Nebensitz, sehr blond und braun und schmal,
im Schrittempo durchs Viertel glitt, genau vor Stratmanns Haus
mal eben bißchen Gas zugab, der rechte Arm hing 'raus –
Kumpanen, da, gesteht euch ein,
da wolltet ihr genau wie Horsti Schmandhoff sein.

Doch dann verschwand er, niemand wußte, wo er war und blieb,
bis eine Illustrierte über Ukalula schrieb.
Dort, hieß es, lebte hochgeehrt ein Weißer, und der wär,
ein Häuptling und des Präsidenten einz'ger Ratgeber.
Da stand im Leopardenfell, den Schwanzquast an der Hand,
die Fäuste in die Hüften gestemmt, und um die Stirn ein Band,
inmitten dreißig Weibern, alle nackt und schwarz und prall,
ein fetter Horsti Schmandhoff, und der lächelte brutal –
Kumpanen, da, gesteht euch ein,
da wolltet ihr nochmal wie Horsti Schmandhoff sein.

(Aus: Franz Josef Degenhardt, Spiel nicht mit den Schmuddelkindern. Hamburg: Hoffmann und Campe 1967.)

Arbeitshinweise

1. Wer wird durch diesen Protestsong angesprochen?
2. Verfolgen Sie die verschiedenen Stufen des Lebensweges von Horsti Schmandhoff! Achten Sie dabei darauf, welche Kleidungsstücke, Handlungsweisen, Gegenstände für die jeweilige Epoche typisch sind (Gruppenarbeit)!
3. Welche Funktion hat Horsti?
4. Was kritisiert Degenhardt mit diesem Song?
5. Welche sprachlichen und stilistischen Mittel unterstützen die Aussagen?

---

[1] In den Kriegsjahren 1942/43 wurde die unter dem Oberbefehl Generalfeldmarschall Paulus stehende 6. Armee bei Stalingrad von russischen Truppen eingeschlossen: Hitler verbot jeden Ausbruchsversuch. Paulus beugte sich – gegen bessere Einsicht – dem Befehl. Die 6. Armee wurde vernichtend besiegt, eine kleine Resttruppe zur Kapitulation gezwungen.

WOLF BIERMANN,
Die Ballade von dem Drainage-Leger Fredi Rohsmeisl aus Buckow

Biermann wurde 1936 in Hamburg geboren. Sein Vater wurde 1943 von den Nationalsozialisten im KZ Auschwitz ermordet, weil er Kommunist war. Biermann ging 1953 nach Ost-Berlin. Dort studierte er und arbeitete als Regieassistent am Theater. Seit 1965 konnte Biermann in der DDR nicht mehr auftreten und publizieren. Seine Bücher und Schallplatten durften indes im Westen erscheinen. 1976 wurde ihm während einer Konzertreise durch die Bundesrepublik die DDR-Staatsbürgerschaft aberkannt. Obwohl er vor seiner Fahrt die Zusicherung erhalten hatte, konnte er nicht mehr in die DDR zurückkehren, wie es sein Wunsch war.

Seine Lieder und Balladen trägt er selbst zur Gitarre vor. Sie sind politisch; Biermann protestiert gegen die bestehenden Verhältnisse, die er oft für ungerecht und unvernünftig hält. Dabei schont er die DDR nicht, obwohl er sich weiterhin zum Kommunismus bekennt.

Hinweis: In der DDR galten bestimmte Tanzformen eine Zeitlang als ‚westlich – dekadent'.

Lesehinweis:
Wolf Biermann, Mit Marx- und Engelszungen. Berlin: Wagenbach 1968.
Wolf Biermann, Die Drahtharfe. Berlin: Wagenbach 1965.
Wolf Biermann, Deutschland. Ein Wintermärchen. Berlin: Wagenbach 1972.

Schallplatten:
Berlin. Chausseestraße
Drei Kugeln auf Rudi Dutschke

1
Das ist die Ballade von Fredi Rohsmeisl
Drainage-Leger auf den Äckern um Buckow
Gummistiefel hoch bis zum Bauch
Sein Häuschen links am Fischerkietz[1].
Bei Lene Kutschinsky war Tanz
Er hat auseinander getanzt
Mit seiner Verlobten – das war verboten
Na schön...
    Junge, ich hab Leute tanzen sehn
    Junge, das war manchmal schon nicht mehr schön.
    Aber schadet uns das?
    Nein.

---
1 Kietz = Siedlung

2

Und als er so wild auseinander tanzt
Die Musik war heiß und das Bier war warm
Da hatten ihn plötzlich zwei Kerle am Arm
Und schmissen ihn auf die Taubengasse.
Und schmissen ihn über den Lattenzaun
Und haben ihn in die Fresse gehaun
Und er hatte noch nichts getan
Und hatte den hellblauen Anzug an.
 Junge, ich hab Leute schon schlagen sehn
 Junge, das war manchmal schon nicht mehr schön.
 Aber nützt uns das?
 Nein.

3

Da hat Fredi Rohsmeisl beide verrammt
Zwei links zwei rechts er traf genau
Und waren zwei große Kerle die zwei
Halb Buckow sah ihm zu dabei.
Das Überfallauto kam antelefoniert
Hat Fredi halb tot gehaun
Das haben die Buckower Männer gesehn
Und auch die Buckower Fraun.
 Junge, ich hab Leute schon zusehn sehn
 Junge, das war manchmal schon nicht mehr schön.
 Aber nützt uns das?
 Nein.

4

Dann kriegte er einen Prozeß an Hals
Als Konterrevolutionär
Wo nahm der Staatsanwalt nur das Recht
Für zwölf Wochen Knast her?!
Seitdem frißt ihn ein stiller Zorn
Und nach dem zehnten Bier
Erzählt er Dir seine große Geschichte
Von hinten und auch von vorn.
 Junge, ich hab schon Leute weinen sehn
 Junge, das war manchmal schon nicht mehr schön.
 Aber nützt uns das?
 Nein.

5

Und er findet noch kein Ende
Und er ist voll Bitterkeit
Und er glaubt nicht einen Faden
Mehr an Gerechtigkeit.
Er ist für den Sozialismus
Und für den neuen Staat
Aber den Staat in Buckow
Den hat er gründlich satt.
    Junge, ich hab schon Leute fluchen sehn
    Junge, das war manchmal schon nicht mehr schön.
    Aber nützt uns das?
    Nein!

6

Da gingen einige Jahre ins Land
Da gingen einige Reden ins Land
Da änderte sich allerhand
Daß mancher sich nicht wiederfand.
Und als der zehnte Sputnik flog
Da wurde heiß auseinander getanzt
Der Staatsanwalt war selbst so frei.
Und Fredi sah ihm zu dabei.
    Junge, ich hab Leute sich ändern sehn
    Junge, das war manchmal schon einfach schön.
    Aber nützt uns das? (Ja.)

(Aus: Wolf Biermann, Die Drahtharfe. Berlin: Wagenbach 1965, S. 11–13.)

Arbeitshinweise
1. Wer ist Fredi Rohsmeisl? Was wird von ihm gesagt?
2. Wer sind die „zwei Kerle"? Wie verhalten sie sich?
3. Warum wird Fredi verurteilt?
4. Warum ist er voll Bitterkeit?
5. Welches Verhältnis hat Fredi zu dem neuen Staat? Welcher Staat ist damit gemeint?
6. Vergleichen Sie die verschiedenen Refrains miteinander! Welche Unterschiede lassen sich feststellen? Welche Funktion hat der letzte Refrain?
7. Setzen Sie die Aussage dieses Songs mit den Ereignissen der Ausbürgerung Biermanns aus der DDR in Beziehung! (Vgl. auch S. 435)

Kurt Bartsch, **Sozialistischer Biedermeier**

Bartsch wurde 1937 in Berlin geboren. Nach dem Abitur war er zunächst Lagerarbeiter und Büroangestellter; 1964/65 studierte er in Leipzig Literatur. Seit 1966 lebt er als freier Schriftsteller in Ost-Berlin.

In einem Konversationslexikon wird das Wort „Biedermeier" folgendermaßen erläutert: „Als Biedermeier wird meist eine Epoche ‚zwischen Romantik und Realismus' angesetzt, mit Bezug auf die politischen Entwicklungen zwischen 1815 und 1848 bisweilen auch als ‚Vormärz' oder ‚Restauration' bezeichnet [...]. Die Biedermeiermalerei bevorzugt die intime Thematik, in der Landschaftsmalerei den Ausschnitt, in biblischen Darstellungen Szenen in kleinem Rahmen; die Genreszenen werden in kleinen Räumen oder in engen Gäßchen geschildert, die Porträts zeigen liebevolle Beobachtung des Menschen. Nicht zufällig wird dafür überwiegend das kleine Bildformat verwendet. Die Biedermeierdichtung gestaltet das sittliche Ziel der Zeit, die genügsame Selbstbescheidung, die Zähmung der Leidenschaften, die stille Unterordnung unter das Schicksal, die Haltung der Mitte und des Maßes, das kleine Glück, die Liebe zu den Dingen, zur Geschichte und zur Natur. Sie setzt dem erlebten Zwiespalt von Ideal und Wirklichkeit durch Auswahl des Positiven eine heile poetische Welt entgegen, die die organischen Gesetze allen Seins, die für die Zeit verschüttet zu sein scheinen, widerspiegelt." (Aus: Meyers Enzyklopädisches Lexikon, Bd. 4, S. 141 f.)

Zwischen Wand- und Widersprüchen
machen sie es sich bequem.
Links ein Sofa, rechts ein Sofa,
in der Mitte ein Emblem.

Auf der Lippe ein paar Thesen,
Teppiche auch auf dem Klo.
Früher häufig Marx gelesen.
Aber jetzt auch so schon froh.

Denn das „Kapital"[1] trägt Zinsen:
eignes Auto. Außen rot.
Einmal in der Woche Linsen.
Dafür Sekt zum Abendbrot.

Und sich noch betroffen fühlen
von Kritik und Ironie.
Immer eine Schippe ziehen,
doch zur Schippe greifen nie.

Immer glauben, nur nicht denken
und das Mäntelchen im Wind.
Wozu noch den Kopf verrenken,
wenn wir für den Frieden sind?

Brüder, seht die rote Fahne
hängt bei uns zur Küche raus.
Außen Sonne, innen Sahne –
nun sieht Marx wie Moritz aus.

(Aus: Kurt Bartsch, Zugluft. Berlin: Aufbau 1968, S. 83–84.)

Arbeitshinweise
1. *Was versteht man unter Biedermeier? Warum spricht Bartsch von „sozialistischem Biedermeier"?*
2. *Wer ist mit dem Pronomen „sie" gemeint? Wie leben „sie"?*
3. *Auf welche Weise vermittelt Bartsch seine Kritik?*
4. *Was kritisiert Bartsch? Von welchem Standpunkt aus übt er seine Kritik?*

---

[1] Anspielung auf das Hauptwerk von Karl Marx

GÜNTER WALLRAFF, **Hier und dort**

Zur Biographie des Autors vgl. S. 207.

Lesehinweis:
Uwe Johnson, Zwei Ansichten. Reinbek: Rowohlt 1968 (= rororo 1068).
Alfred Grosser, Geschichte Deutschlands seit 1945. Eine Bilanz. München: dtv 1975 (= dtv 1007).

        Hier   **und**   **dort**

I hier freiheit   II hier gleichheit
   dort knechtschaft   dort ausbeutung

   hier wohlstand   hier aufbau
   dort armut   dort zerfall

   hier friedfertigkeit   hier friedensheer
   dort kriegslüsternheit   dort kriegstreiber

   hier liebe   hier leben
   dort haß   dort tod

   dort satan   dort böse
   hier gott   hier gut

III jenseits von hier   und   fernab von dort
                       such ich mir
                     nen fetzen land
                 wo ich mich ansiedle
                  ohne feste begriffe

(Aus: Deutsche Teilung. Ein Lyrik-Lesebuch, hrsg. von Kurt Morawietz. Wiesbaden: Limes 1966, S. 105.)

Arbeitshinweise
1. *Erläutern Sie den Aufbau des Gedichts!*
2. *Vergleichen Sie das „hier" und „dort"! Was ist damit gemeint?*
3. *Welchen Schluß zieht Wallraff?*
4. *Stimmen Sie seinem Ergebnis zu?*

Duden (Mannheim) – Duden (Leipzig)

Konrad Duden (1829–1911) schuf mit seinem „Vollständigen orthographischen Wörterbuch der deutschen Sprache" (1880) das Rechtschreibebuch für die deutschen Druckereien. Die im „Duden" verwandten Schreibweisen und Regeln sind für die deutsche Sprache verbindlich. In der Bundesrepublik erschien 1980 der Duden in 18. Auflage, in der DDR 1967 in 16. Auflage.

volk|reich; Volks_ab|stim|mung, ...ak|tie, ...ak|tio|när, ...ar|mee (die; -; DDR), ...ar|mist (der; -en, -en; ↑R 197; DDR), ...aus|ga|be, ...bank (Plur. ...banken), ...be|fra|gung, ...be|geh|ren, ...be|lu|sti|gung, ...bib|lio|thek; volks|bil|dend; Volks_bil|dung (die; -), ...brauch, ...buch, ...bü|che|rei, ...de|mo|kra|tie (Staatsform kommunist. Länder, bei der die gesamte Staatsmacht in den Händen der Partei liegt), ...deut|sche (der u. die; -n, -n; ↑R 7 ff.), ...dich|tung; volks|ei|gen (DDR); ein -es Gut, ein -er Betrieb, aber (↑R 157): „Volkseigener Betrieb Leipziger Druckhaus"; (Abk.: VEB ...); Volks_ein|kom|men, ...emp|fin|den (das; -s), ...ent|scheid, ...ety|mo|lo|gie (Bez. für die naive Verdeutlichung eines unbekannten Wortes durch dessen Anlehnung an bekannte, klangähnliche Wörter, z. B. „Hängematte" an „hängen" u. „Matte" statt an indianisch „hamaca"), ...feind; volks|feind|lich; Volks_fest, ...front (Bündnis der linken bürgerlichen Parteien mit den Kommunisten), ...ge|sund|heit (die; -), ...glau|be[n], ...held, ...herr|schaft, ...hoch|schu|le, ...kam|mer (höchste staatl. Machtorgan der DDR), ...kir|che, ...kun|de (die; -), ...kund|ler; volks|kund|lich; Volks_kunst (die; -), ...lauf (Sport), ...le|ben (das; -s), ...lied, ...mär|chen; volks|mä|ßig; Volks_men|ge, ...mund (der; -[e]s), ...mu|sik, ...nah|rungs|mit|tel das, ...po|li|zei (die; -; DDR; Abk.: VP), ...po|li|zist (DDR), ...red|ner, ...re|pu|blik (Abk.: VR), ...schicht, ...schu|le, ...schü|ler, ...schü|le|rin, ...schul|leh|rer, ...see|le (die; -), ...sport, ...spra|che; volks|sprach|lich; Volks_stamm, ...stück, ...tanz, ...tracht, ...trau|er|tag, ...tri|bun, ...tum (das; -s); volks|tüm|lich; Volks|tüm|lich|keit die; -; volks|ver|bun|den; Volks_ver|bun|den|heit (die; -), ...ver|mö|gen, ...ver|tre|ter, ...ver|tre|tung, ...wa|gen⓿ (Abk.: VW); Volks|wa|gen|werk; Volks_wei|se, ...wirt, ...wirt|schaft; Volks|wirt|schaf|ter (schweiz. überwiegend für: Volkswirtschaftler), Volks|wirt|schaft|ler; volks|wirt|schaft|lich; Volks_wirt|schafts|leh|re, ...wohl, ...zäh|lung

Volksarmee; Nationale Volksarmee (Abk NVA) ‖ Volks_befragung, ...begehren ‖ volksbildend | Volksbildung, die, - ‖ Volksbuch | Volksbücherei ‖ Volksdemo|kratie (Staatsform der polit. Herrschaft der Arbeiterklasse [Diktatur des Proletariats] in der Übergangsperiode zum Sozialismus; auch umg Bez für einen Staat dieser Staatsform) | volksdemo|kratisch ‖ Volksdichte ‖ Volksdichtung ‖ volkseigen K 364; K 119: ein volkseigener Betrieb, ein volkseigenes Gut, eine Vereinigung volkseigener Betriebe, aber K 259: Volkseigener Betrieb ... (Abk VEB ...), Volkseigenes Gut ... (Abk VEG ..), Vereinigung Volkseigener Betriebe ... (Abk VVB ...); ↑ auch VEAB im AV; vgl. aber Eigen | Volkseigentum, das, -[e]s ‖ Volksentscheid ‖ Volksetymologie (volkstüml. Deutung unverstandener Wörter durch Umbildung und Anlehnung an bekannte) ‖ Volks_gesundheit, ...held ‖ Volkshochschule; Abk Vh ‖ Volkskammer, die, - (oberste Volksvertretung, höchstes staatl. Machtorgan der DDR) ‖ Volkskorre|spondent (Werktätiger, der der sozialist. Presse bzw. dem Rundfunk über das polit., wirtschaftl. u. kulturelle Leben berichtet); Abk Vk. ‖ Volkskunde, die, - | Volkskundler, der, -s, - | volkskundlich ‖ Volkskunst, die, - ‖ Volkslied ‖ Volksmarine ‖ volksmäßig ‖ Volksmenge ‖ Volksmund, der, -[e]s ‖ Volkspolizei, die, - (kurz für Deutsche Volkspolizei [Abk DVP]); Abk VP | Volkspolizist ‖ Volksrepublik (volksdemokrat. Staat); Abk VR ‖ Volksröntgenkataster (Aufzeichnung der Ergebnisse der gesetzlich festgelegten Röntgenreihenuntersuchungen der Brustkorborgane) ‖ Volkssolidarität, die, - (in der DDR Massenorganisation für solidar. Hilfe); Abk VS ‖ Volkssport ‖ Volkssprache | volkssprachlich ‖ Volksstück, Pl ..stücke ‖ Volkstanzgruppe ‖ Volks_tracht, ...tribun (hist) ‖ volkstümlich ‖ Volkstümlichkeit ‖ Volksweise, die ‖ Volkswirt | Volkswirtschaft | volkswirtschaftlich ‖ Volkswirtschaftsplan (der jeweils für ein Jahr geltende Plan zur Entwicklung der Volkswirtschaft u. des gesamten gesellschaftl. Lebens sozialist. Länder) ‖ Volkszählung

Arbeitshinweise
1. Untersuchen Sie, welche Wörter in beiden Duden vorkommen und welche nur in einem abgedruckt sind! Warum?
2. Vergleichen Sie die Deutung der Wörter!
3. Was kann man an diesen Auszügen aus den zwei Duden erkennen?

Zwei Rätsel

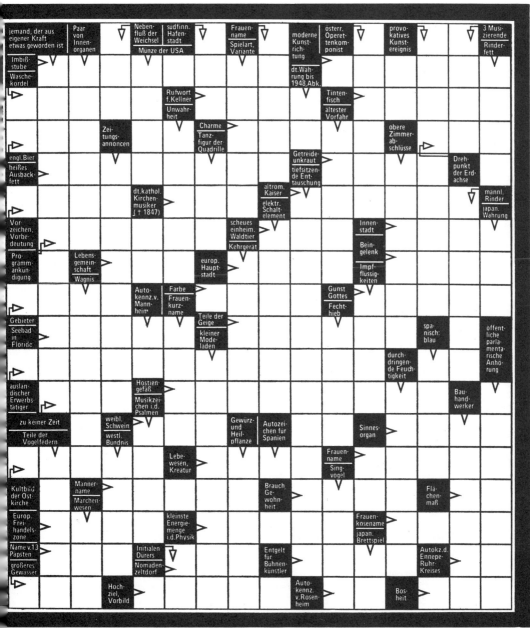

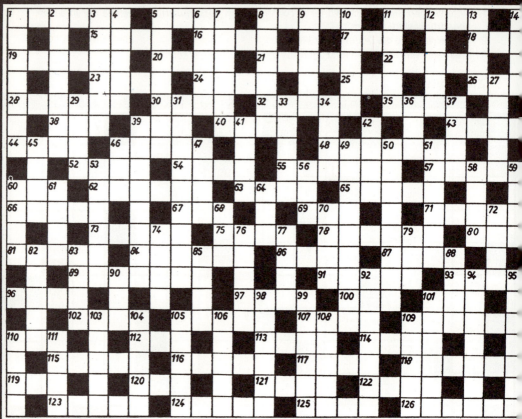

Waagerecht: 1. osteurop. Hauptstadt (Landessprache), 5. Nagetier, 8. Oblasthauptstadt i. d. Belorussischen SSR, 11. Frühlingsblume, 15. Fluß i. d. Kasachischen SSR, 16. ital. Münze, 17. Aussehen, Miene, 18. rillenart. Vertiefung, 19. Regenschutz, 20. holl. Landschaftsmaler d. 17. Jh., 21. Schiffssteuer, 22. Amtstracht, 23. ital. Kratersee im Albanergebirge, 24. Mädchenname, 25. fläm. Maler d. 16. 17. Jh., 26. straußenähnl. Laufvogel, 28. Urvolk Spaniens, 30. Hobelabfall, 32. Wundmal, 35. Abschnitt d. Korans, 38. Warta-Nebenfluß, 39. Mädchenname, 40. Bewohner ein. SSR im NW d. UdSSR, 43. griech. Buchstabe, 44. holl. Maler d. 17. Jh., 46. Handwagen, 48. Bewohner (Mz.) einer ASSR im Wolgaland, 52. Gangart d. Pferdes, 54. weibl. Bühnenrolle, 55. Titelgestalt ein. Tschaikowski-Oper, 57. dt. Komponist (gest. 1916), 60. Wisla-Nebenfluß, 62. ringförmige Koralleninseln, 63. Mädchenname (Kurzform), 65. Doppelsalz, 66. Verkaufshäuschen, 67. Ferment, 69. poln. Schwarzmeer-Kurort, 73. Stockwerk, 75. Stadt i. d. Ukrainischen SSR, 78. Meßwerkzeuge, 80. Fluß i. Zentrum d. Ind. Union, 81. langer Gebäudeteil, 84. Blume (Mz.), 86. Lebenshauch, 87. Opernlied, 89. Ruhegeldempfänger, 91. griech.: Wind, 93. heimliches Gericht, 96. Schwermetall, 97. alkohol. Getränk, 100. Schwanzlurch, 101. rumän. Währung, 102. unvergorener Fruchtsaft, 105. Herbstblume, 107. Vorfahre, 109. Flaumfedern, 110. sowj. Fluß zum Asowschen Meer, 112. jugosl. Adria-Insel, 113. Strom in Ostsibirien, 114. Hauptstadt der Ukrainischen SSR, 115. Angehöriger einer tungusomandschur. Sprachfamilie in der UdSSR, 116. aus Kuba stammend. Gesellschaftstanz, 117. Gewürz, 118. altröm. Redner u. Schriftsteller (106–42 v. u. Z.), 119. bulgar. Währungseinheit, 120. ungebraucht, 121. Verbindungsbolzen, 122. Ackergrenze, 123. Karpfenteich, 124. Maßeinheit der elektr. Kapazität, 125. russ. Mädchenname, 126. engl. Physiker u. Astronom d. 17/18 Jh.

Senkrecht: 1. sowj. Filmgesellschaft, 2. Gleis, 3. Männername, 4. Finkenvogel, 5. russ. Bildhauer (1891–1966), 6. islam. Rechtsgelehrter, 7. Alarmgerät, 8. Bürge, 9. Humusart, 10. Gesichtsmaske, 11. von den Truppen mitgeführter Gefechtsbedarf, 12. auf den Mond bezüglich, 13. Schwimmvogel, 14. Verkehrsstockung, 27. Zentrum, 29. Überbleibsel, 31. vergleichende Gegenüberstellung, 33. Betriebsteil d. VEB Zentralzirkus, 34. Überbringer, 36. Zeitmesser, 37. Flüßchen bei Aschersleben, 39. Chemie-Facharbeiter, 41. Holzraummaß, 42. Ausdrucksform, 45. Gebirge i. d. Kirgisischen SSR, 46. Takelung kleiner Segelboote, 47. altgriech. Philosophenschule, 49. griech. König, Führer d. Griechen vor Troja, 50. Rätselart, 51. Oper von Verdi, 53. Flugkörper, 56. Strom in Afrika, 58. Bergkammlinie, 59. alte span. Münze, 6... Kartenspiel, 61. Drama v. Ibsen, 6... Hausflur alter Bauernhäuser, 6... Windstoß, 70. latein.: Würfel, 72. Fo... beltier, 98. europ. Inselstadt, 71. mation d. Erdaltertums, 74. Stadt d. Schweiz, 76. männl. Kind, 77. W... steninsel, 85. Titelgestalt ein. Got... vac-Oper, 82. Jalousie, 83. sow... Schwarzmeer-Halbinsel, 85. Malaiendolch, 88. Kletterpflanze, 90. jugos... Stadt in Serbien, 92. Oper von R... chard Strauss, 94. vom ZK der SE... herausgeg. Monatszeitschrift, 95. F... Rückentragetasche, 101. stürzend... Schneemasse, 103. See i. d. Kare... ASSR, 104. Grundrichtung ein. Er... wicklung, 105. Anforderung gekauft... Waren, 106. Geschwulst, 108. Insel... Großen Antillen, 109. Stadt i. ... CSSR, 110. Küchenkraut, 111. Abfl... d. Ladogasees.

Arbeitshinweise

1. Lösen Sie beide Rätsel!
2. Woher stammen die Rätsel? An welchen Kriterien ist ihre Herkunft zu erkennen?
3. Was fällt beim Vergleich der beiden Rätsel auf?

Alle reden vom Wetter, wir nicht

Die Motorisierung war der auffälligste Gradmesser für den wirtschaftlichen Aufstieg der Bundesrepublik nach dem 2. Weltkrieg. Mit der Zunahme des Individualverkehrs und der gleichzeitigen Verlagerung des Frachtverkehrs auf den bequemeren und rationelleren Straßentransport verlor die Eisenbahn ihre Vormachtstellung und erfordert hohe Zuschüsse aus dem Bundeshaushalt.

Vor dem Hintergrund des allgemeinen Wohlstands in der Bundesrepublik und der Politik der DDR, die bei uns weithin abgelehnt wurde, hatten in den 50er Jahren marxistische Vorstellungen keine Chance, sich Gehör zu verschaffen. Erst der Vietnamkrieg, die Notstandsgesetze und die Große Koalition (1966–1969) führten zu einer Stärkung der radikalen Linken Ende der 60er Jahre („Außerparlamentarische Opposition"). Der Kristallisationskern dieser Gruppen war der SDS („Sozialistischer Deutscher Studentenbund"). Auf dem Bild des Plakats sind die Köpfe von Marx, Engels und Lenin – die theoretischen Wegbereiter des Marxismus – dargestellt. Vgl. auch S. 326 ff.

Arbeitshinweise
1. Welche Zielsetzung ist mit der Werbung der Deutschen Bundesbahn verbunden?
2. Welche Funktion hat die Aufnahme der Bundesbahn-Werbung für das SDS-Plakat? Analysieren Sie in diesem Plakat „Wetter"!
3. Inwieweit spiegeln sich in diesen Plakaten Probleme der Nachkriegszeit?

Zwei Reden zu den Studentenunruhen von 1968

„Seit 1960 haben wir eine Revolution der Jugend erlebt, die sich rasch über alle Kontinente ausbreitete und die Welt veränderte – eine Welt-Revolution. Sie erschütterte uralte Traditionen – akademische, kulturelle, moralische, politische – und stellte sämtliche Autoritäten in Frage; sie hat Regierungen ins Wanken gebracht und manche gestürzt." (Mehnert)

Eine bedeutende Rolle als Ursache spielte der Vietnam-Krieg, in dem die Jugend keinen Sinn erkennen konnte.

Einen Höhepunkt der Rebellion erreichte der Besuch des persischen Schahs in West-Berlin; während einer Demonstration wurde ein Student von einem Polizisten erschossen (2. 6. 1967). Die führende Stellung in der außerparlamentarischen Opposition (APO) hatte der Sozialistische Deutsche Studentenbund (SDS) mit Rudi Dutschke als ihrem Sprecher. Gegen ihn richteten sich vor allem die Attacken der Kritiker.

Als 100 000 West-Berliner am 21. 2. 1968 eine Kundgebung gegen die drei Tage zuvor vom SDS veranstaltete Vietnam-Demonstration abhielten, gab es Spruchbänder wie „Dutschke, Staatsfeind Nr. 1" oder „Arbeiter, seid nett, jagt Dutschke und Konsorten weg!" Zwei Monate später (11. 4. 1968) fielen Schüsse auf Dutschke, die ihn schwer verletzten. Die Antwort der APO bestand in den „Osterunruhen" der folgenden Tage, die in verschiedenen Universitätsstädten aufflammten und sich in gewaltsamen Aktionen – vor allem gegen den Springer-Konzern, der besonders scharf und teilweise emotional die jugendliche Rebellion kritisiert hatte – entluden. Der damalige Bundeskanzler der Großen Koalition (CDU/CSU und SPD) Kurt Georg Kiesinger nahm am 13. 4. 1968 über Radio und Fernsehen zu den Studentenunruhen Stellung; einen Tag später wandte sich Gustav Heinemann (der spätere Bundespräsident) in seiner Eigenschaft als Bundesjustizminister an die Bevölkerung der Bundesrepublik.

Lesehinweis:

Klaus Mehnert, Jugend im Zeitbruch. Woher – wohin? Stuttgart: DVA 1976.

Heinz Lemmermann, Lehrbuch der Rhetorik. München: Goldmann 1977 (= Goldmann TB 10519).

Kurt Georg Kiesinger:

Meine sehr verehrten Zuhörer!

Im Zusammenhang mit dem verbrecherischen Anschlag auf Rudolf Dutschke haben in den letzten Tagen radikale studentische Gruppen in einigen deutschen Städten eine Reihe von gewalttätigen Aktionen unternommen. Diese Studentengruppen werden angeführt von kleinen, aber militanten links-extremistischen Kräften, die sich die Zerstörung unserer parlamentarisch-demokratischen Ordnung offen zum Ziel gesetzt haben. Sie haben seit langem derartige Gewalttätigkeiten propagiert und durchgeführt.

In unserer Demokratie haben die Vertreter jeder politischen Meinung das unstreitbare Recht, diese zum Ausdruck zu bringen und für sie zu werben. Keiner Gruppe kann aber das Recht zugestanden werden, ihre politischen Auffassungen und Ziele mit Gewalt durchsetzen zu wollen. Die staatlichen Reaktionen waren bisher bewußt zurückhaltend, um unnötige Opfer zu vermeiden. Seit Wochen wurden jedoch diese Gruppen davor gewarnt, ihre ungesetzlichen Aktionen fortzusetzen, weil sonst zwangsläufig die Mittel der staatlichen Abwehr verschärft werden müßten. Darüber hinaus ist zu befürchten, daß sich Gegenaktionen aus der Bevölkerung entwickeln könnten, die zu gefährlichen Zusammenstößen und Unruhen führen müßten.

Die Bundesregierung verfügt über keine eigenen Polizeikräfte zur Abwehr derartiger Störungen der öffentlichen Ordnung. Dafür sind die Länder und Gemeinden mit ihren Polizeikräften allein zuständig. Ich habe aber veranlaßt, daß das Bundesministerium in ständiger Bereitschaft Verbindung mit den Innenministerien der Länder hält, deren Polizeikräfte in der Lage sind, diese Störungen abzuwehren.

Das Attentat eines keiner politischen Gruppe angehörenden abseitigen Verbrechers sollte für uns ein Alarmsignal sein. Gewalt provoziert Gegengewalt, die sich zwangsläufig ständig ausbreiten und steigern muß. Um eine solche unheilvolle Entwicklung zu vermeiden, muß sich der weit überwiegende Teil der Studentenschaft, der für die Aufrechterhaltung unserer demokratisch-parlamentarischen Ordnung eintritt, den radikalen Rädelsführern verweigern.

Unsere Bevölkerung erwartet, daß der Staat die öffentliche Ordnung sichert. Dies aber ist ohne Verschärfung der staatlichen Abwehrmittel nur möglich, wenn die radikale studentische Minderheit sich auf den Boden des Rechts zurückbegibt. Ich weiß, daß manche von ihnen härtere Zusammenstöße bewußt provozieren wollen.

Ich warne sie vor den dann unvermeidlichen Folgen, für die sie die Verantwortung tragen müßten.

Ich weiß mich in der Entschlossenheit, keine gewaltsame Störung der rechtsstaatlichen Ordnung, komme sie von wem sie wolle, zu dulden mit unserem Volke einig.

GUSTAV HEINEMANN:

Verehrte Mitbürger!

Diese Tage erschütternder Vorgänge und gesteigerter Unruhe rufen uns alle zu einer Besinnung. Wer mit dem Zeigefinger allgemeiner Vorwürfe auf den oder die vermeintlichen Anstifter oder Drahtzieher zeigt, sollte daran denken, daß in der Hand mit dem ausgestreckten Zeigefinger zugleich drei andere Finger auf ihn selbst zurückweisen.

Damit will ich sagen, daß wir alle uns zu fragen haben, was wir selber in der Vergangenheit dazu beigetragen haben könnten, daß ein Antikommunismus sich bis zum Mordanschlag steigerte, und daß Demonstranten sich in Gewalttaten der Verwüstung bis zur Brandstiftung verloren haben.

Sowohl der Attentäter, der Rudi Dutschke nach dem Leben trachtete, als auch die elftausend Studenten, die sich an den Demonstrationen vor Zeitungshäusern beteiligten, sind junge Menschen.

Heißt das nicht, daß wir Älteren den Kontakt mit Teilen der Jugend verloren haben oder ihnen unglaubwürdig wurden? Heißt das nicht, daß wir Kritik ernst nehmen müssen, auch wenn sie aus der jungen Generation laut wird?

Besserungen hier und an anderen Stellen können nur dann gelingen, wenn jetzt von keiner Seite neue Erregung hinzugetragen wird. Gefühlsaufwallungen sind billig, aber nicht hilfreich – ja sie vermehren die Verwirrung.

Nichts ist jetzt so sehr geboten wie Selbstbeherrschung – auch an den Stammtischen oder wo immer sonst das Geschehen dieser Tage diskutiert wird.

Das Kleid unserer Freiheit sind die Gesetze, die wir uns selber gegeben haben. Diesen Gesetzen die Achtung und Geltung zu verschaffen, ist Sache von Polizei und Justiz. Es besteht kein Anlaß zu bezweifeln, daß Polizei und Justiz tun, was ihre Aufgabe ist.

Wichtiger aber ist es, uns gegenseitig zu dem demokratischen Verhalten zu verhelfen, das den Einsatz von Justiz und Polizei erübrigt.

Zu den Grundrechten gehört auch das Recht zum Demonstrieren, um öffentliche Meinung zu mobilisieren. Auch die junge Generation hat einen Anspruch darauf, mit ihren Wünschen und Vorschlägen gehört und ernst genommen zu werden.

Gewalttat aber ist gemeines Unrecht und eine Dummheit obendrein. Es ist eine alte Erfahrung, daß Ausschreitungen und Gewalttaten genau die gegenteilige öffentliche Meinung schaffen, als ihre Urheber wünschen. Das sollten – so meine ich – gerade politisch bewegte Studenten begreifen und darum zur Selbstbeherrschung zurückfinden.

Unser Grundgesetz ist ein großes Angebot. Zum erstenmal in unserer Geschichte will es in einem freiheitlich-demokratischen und sozialen Rechtsstaat der Würde des Menschen volle Geltung verschaffen. In ihm ist Platz für eine Vielfalt der Meinungen, die es in offener Diskussion zu klären gilt.

Uns in diesem Grundgesetz zusammenzufinden und seine Aussagen als Lebensform zu verwirklichen, ist die gemeinsame Aufgabe. Die Bewegtheit dieser Tage darf nicht ohne guten Gewinn bleiben.

(Aus: Bulletin des Presse- und Informationsamtes der Bundesregierung Nr. 49 (17. 4. 68), S. 393 f.)

Arbeitshinweise

1. Stellen Sie die am häufigsten vorkommenden Wörter (Schlüsselwörter) zusammen!
2. Welche Wörter vermitteln eine positive, welche eine negative Wirkung? Warum?
3. Welche Attribute werden verwandt? Welche Funktion haben sie?
4. Analysieren Sie die Verwendung der 1. Person (Sing./Plur.) in beiden Reden!
5. Vergleichen Sie die beiden Reden miteinander! (Was wird abgewertet und kritisiert? An welchen Normen orientieren sich die Redner? Welche Ziele werden von ihnen verfolgt?) (Gruppenarbeit)

13. MACHT UND GERECHTIGKEIT

Gotthold Ephraim Lessing, **Der Rabe und der Fuchs**

Zur Biographie des Autors vgl. S. 356.

Martin Luther schrieb über das Wesen der Fabel: „*Alle Welt hasset die Wahrheit, wenn sie einen trifft. Darum haben hohe Leute die Fabel erdichtet und lassen ein Tier mit anderen reden, als wollten sie sagen: Wohlan, es will niemand die Wahrheit hören noch leiden, und man kann doch der Wahrheit nicht entbehren, so wollen wir sie schmücken und unter einer listigen Lügenfarbe und biblischen Fabel kleiden; und weil man sie nicht hören will aus Menschenmund, daß man sie doch höre aus Tier- und Bestienmund. So geschieht's denn, wenn man die Fabel liest, daß ein Tier dem anderen, ein Wolf dem anderen die Wahrheit sagt, ja zuweilen der gemalte Wolf oder Bär oder Löwe im Buch dem rechten zweifüßigen Wolf und Löwen einen guten Text heimlich liest, den ihm sonst kein Prediger, Freund noch Feind lesen dürfte.*"

Lesehinweis:
Fabeln, Parabeln, Gleichnisse, hrsg. von Reinhard Dithmar. München: dtv ^{5}1978 (= dtv 6092).
Gotthold Ephraim Lessing, Das dichterische Werk, 2 Bde. München: dtv 1979 = dtv-bibliothek 6103.

Ein Rabe trug ein Stück vergiftetes Fleisch, das der erzürnte Gärtner für die Katzen seines Nachbars hingeworfen hatte, in seinen Klauen fort.

Und eben wollte er es auf einer alten Eiche verzehren, als sich ein Fuchs herbei schlich, und ihm zurief: „Sei mir gegrüßt, Vogel des Jupiter!" – „Für wen siehst du mich an?" fragte der Rabe. – „Für wen ich dich ansehe?" erwiderte der Fuchs. „Bist du nicht der rüstige Adler, der täglich von der Rechten, des Zeus auf diese Eiche herab kommt, mich Armen zu speisen? Warum verstellst du dich? Sehe ich denn nicht in der siegreichen Klaue die erflehte Gabe, die mir dein Gott durch dich zu schicken noch fortfährt?"

Der Rabe erstaunte und freute sich innig, für einen Adler gehalten zu werden. Ich muß, dachte er, den Fuchs aus diesem Irrtume nicht bringen. – Großmütig dumm ließ er ihm also seinen Raub herabfallen, und flog stolz davon.

Der Fuchs fing das Fleisch lachend auf, und fraß es mit boshafter Freude. Doch bald verkehrte sich die Freude in ein schmerzhaftes Gefühl; das Gift fing an zu wirken, und er verreckte.

Möchtet ihr euch nie etwas anders als Gift erloben, verdammte Schmeichler!
(Aus: Gotthold Ephraim Lessing, Werke, Bd. 1. München: Hanser 1970, S. 251.)

Arbeitshinweise
1. Wie handeln der Rabe und der Fuchs? Wie ist ihr Verhalten zu erklären?
2. Worin sehen Sie den Sinn dieser Fabel?
3. Was soll mit dieser Form der Darstellung (Fabel) erreicht werden? Berücksichgen Sie dabei auch die einleitende Aussage von Martin Luther!

FRIEDRICH SCHILLER, **Geben Sie Gedankenfreiheit**

Schiller wurde 1759 in Marbach/Neckar geboren. Nach dem Besuch der Lateinschule kam er 1773 auf die Karlsakademie bei Stuttgart, wo er Rechtswissenschaft und – auf Geheiß des Herzogs – Medizin studierte. Auf dieser ‚militärischen Pflanzschule' herrschten strenge Regeln; so war es Schiller unter anderem verboten, sich mit Literatur zu beschäftigen und Theaterstücke zu schreiben. Allerdings hielt er sich nicht an das Verbot und floh schließlich 1782 nach Mannheim, wo sein Drama „Die Räuber" mit großem Erfolg aufgeführt wurde. In diesem Drama rechnet der Dichter mit den tyrannischen Verhältnissen in den absolutistisch regierten Staaten der Zeit scharf ab. 1784 ernannte ihn der sächsische Herzog zum Weimarischen Rat; 1789 erhielt Schiller eine Professur für Geschichte in Jena. Von 1784 an datiert die Freundschaft mit Goethe. Das Weimarische Theater, eng mit dem Namen beider Dichter verbunden, erlebte in diesen Jahren seine Blütezeit. Die Französische Revolution mit ihrer Losung nach „Freiheit, Gleichheit, Brüderlichkeit" wurde von Schiller enthusiastisch begrüßt. 1805 starb er infolge einer schweren Krankheit frühzeitig in Weimar.

Neben Goethe ist Schiller der hervorragendste Vertreter der deutschen Klassik. Seine Theaterstücke zeichnen sich durch eine anspruchsvolle, pathetische Sprache und durch die ‚großen Gegenstände', die dort dargestellt werden, aus. Nach seiner Ansicht sollte das Theater eine „moralische Anstalt" sein. Zentrales Thema der Dramen ist immer wieder die Freiheit. Die bedeutendsten Werke sind: Die Räuber (1782), Kabale und Liebe (1784), Don Carlos (1787), Wallenstein (1799), Maria Stuart (1800) und Wilhelm Tell (1804).

Das Theaterstück „Don Carlos" spielt in der Mitte des 16. Jahrhunderts am Hofe des Königs Philipp von Spanien. Der König steht vor schwierigen politischen Problemen seines Weltreiches: Die Niederlande sind aus politischen und religiösen Gründen in Aufruhr. Daneben belasten ihn persönliche Probleme der Königsfamilie. In dieser Situation hat der König den Wunsch, sich mit einem Menschen auszusprechen, der sich große Verdienste erworben, aber an den Intrigen des Hofes nicht teilgenommen hat: Es ist Marquis Posa. Stolz und selbstbewußt tritt dieser dem König offen gegenüber und sagt, daß es ihm unmöglich sei, „Fürstendiener" zu sein. Aus diesem Gespräch stammt der folgende Abschnitt. Marquis Posa spricht Schillers philosophisch-politische Ideen von Freiheit und Menschenwürde aus.

Lesehinweis:

Friedrich Schiller, Don Carlos. Stuttgart: Reclam 1975 (= RUB 38).

Friedrich Schiller, Leben und Werk in Daten und Bildern, hrsg. von B. Zeller und W. Scheffler. Frankfurt: Insel 1977 (= it 226).

MARQUIS *(mit Feuer)*. Ja, beim Allmächtigen!
Ja – ja – ich wiederhol es. Geben Sie,
Was Sie uns nahmen, wieder! Lassen Sie,
Großmütig wie der Starke, Menschenglück
Aus Ihrem Füllhorn strömen – Geister reifen
In Ihrem Weltgebäude! Geben Sie,
Was Sie uns nahmen, wieder. Werden Sie
Von Millionen Königen ein König.

(Er nähert sich ihm kühn, indem er feste und feurige Blicke auf ihn richtet)
O, könnte die Beredsamkeit von allen
Den Tausenden, die dieser großen Stunde
Teilhaftig sind, auf meinen Lippen schweben,
Den Strahl, den ich in diesen Augen merke,
Zur Flamme zu erheben! – Geben Sie
die unnatürliche Vergöttrung auf,
Die uns vernichtet. Werden Sie uns Muster
Des Ewigen und Wahren. Niemals – niemals
Besaß ein Sterblicher so viel, so göttlich
Es zu gebrauchen. Alle Könige
Europens huldigen dem spanschen Namen.
Gehn Sie Europens Königen voran.
Ein Federzug von dieser Hand, und neu
Erschaffen wird die Erde. Geben Sie
Gedankenfreiheit. –

(Sich ihm zu Füßen werfend)
KÖNIG *(überrascht, das Gesicht weggewandt und dann wieder auf den Marquis geheftet).*
Sonderbarer Schwärmer!
Doch – stehet auf – ich –

MARQUIS.   Sehen Sie sich um
In seiner herrlichen Natur! Auf Freiheit
Ist sie gegründet – und wie reich ist sie
Durch Freiheit! Er, der große Schöpfer, wirft
In einen Tropfen Tau den Wurm, und läßt
Noch in den toten Räumen der Verwesung
Die Willkür sich ergetzen – *Ihre* Schöpfung,
Wie eng und arm! Das Rauschen eines Blattes
Erschreckt den Herrn der Christenheit – *Sie* müssen
Vor jeder Tugend zittern. *Er* – der Freiheit
Entzückende Erscheinung nicht zu stören –

Er läßt des Übels grauenvolles Heer
In seinem Weltall lieber toben – ihn,
Den Künster, wird man nicht gewahr, bescheiden
Verhüllt er sich in ewige Gesetze;
Die sieht der Freigeist, doch nicht *ihn*. Wozu
Ein Gott? sagt er; die Welt ist sich genug.
Und keines Christen Andacht hat ihn mehr
Als dieses Freigeists Lästerung gepriesen.

KÖNIG. Und wollet Ihr es unternehmen, dies
Erhabne Muster in Sterblichkeit
In meinen Staaten nachzubilden?

MARQUIS.   Sie,
Sie können es. Wer anders? Weihen Sie
Dem Glück der Völker die Regentenkraft,
Die – ach so lang – des Thrones Größe nur
Gewuchert hatte – stellen Sie der Menschheit
Verlornen Adel wieder her. Der Bürger
Sei wiederum, was er zuvor gewesen,
Der Krone Zweck – ihn binde keine Pflicht
Als seiner Brüder gleich ehrwürdge Rechte.
Wenn nun der Mensch, sich selbst zurückgegeben,
Zu seines Werts Gefühl erwacht – der Freiheit
Erhabne stolze Tugenden gedeihen –
Dann, Sire, wenn Sie zum glücklichsten der Welt
Ihr eignes Königreich gemacht – dann ist
Es Ihre Pflicht, die Welt zu unterwerfen.

(Aus: Friedrich Schiller, Sämtliche Werke. München: Hanser 1965, Bd. 2, S. 125-127.)

Arbeitshinweise
1. Analysieren Sie die Ideen des Marquis Posa! Welches Bild vom Menschen und von der Welt kommt zum Ausdruck?
2. Charakterisieren Sie die Sprache des Marquis! Welche Funktion hat sie?
3. Kennzeichnen Sie das Verhältnis zwischen dem König und dem Marquis! Wie ist die Reaktion des Königs zu erklären?
4. Nehmen Sie zu dem letzten Satz Stellung: „dann ist es Ihre Pflicht, die Welt zu unterwerfen"!
5. Diskutieren Sie die Losung „Geben Sie Gedankenfreiheit"! Hat sie an Bedeutung verloren?

HEINRICH HEINE, **Die schlesischen Weber**

Heinrich Heine wurde 1797 in Düsseldorf als Sohn eines armen jüdischen Kaufmanns geboren. Er begann eine kaufmännische Lehre, gründete selbst ein Manufakturwarengeschäft, mit dem er aber bald in Konkurs geriet. Nach 1819 studierte Heine Jura. 1825 trat er vom jüdischen Glauben zum Protestantismus über. Heine entschied sich nach einigem Zögern für den Beruf eines Schriftstellers, zumal sein Lebensunterhalt infolge der finanziellen Unterstützung durch einen wohlhabenden Onkel gesichert war. Im Mai 1831 ging Heine nach Paris, wo nicht – wie im damaligen Deutschland – oppositionelle Publizisten verfolgt wurden. 1843/44 reiste der Dichter noch einmal nach Hamburg; davon berichtet sein Buch „Deutschland. Ein Wintermärchen". Im selben Jahr freundete er sich mit **Karl Marx** an. 1848 verschlimmerte sich eine Rückenmarkserkrankung so stark, daß er bis zu seinem Tode im Jahr 1856 das Bett nicht mehr verlassen konnte.

Heines berühmtester Lyrikband ist das „Buch der Lieder" (1827), zu dem auch das bekannte Loreley-Lied („Ich weiß nicht was soll es bedeuten, daß ich so traurig bin") gehört. Das hier abgedruckte Gedicht entstammt dem Band „Neue Gedichte" (1844).

1844 war es in mehreren Städten Schlesiens wegen der bedrückenden sozialen Verhältnisse zu Aufständen der Weber gekommen. Die Rebellion wurde vom Militär blutig niedergeschlagen. Diese Vorgänge bilden auch den Hintergrund von Gerhart Hauptmanns Drama „Die Weber".

Aus einem zeitgenössischen Bericht über die Lage der Weber:

„Die Macht über die Weber concentrirte sich in den Händen der reichen Fabrik- und Handelsherren. Von ihnen mehr und mehr abhängig, sah sich der Weber gezwungen, für einen Lohn zu arbeiten, welcher ihn mit den Seinigen am Hungertuche nagen ließ. Aber die Reichen gewannen, wie immer, und wurden immer reicher, während der Arme stets ärmer ward, stets tiefer in Armuth und Sklaverei versank. Die Klagen der Weber bezogen sich übrigens weit weniger auf Arbeitslosigkeit, als auf den jämmerlichen Verdienst, den die angestrengteste Arbeit eintrug. Aber nicht genug, daß fortwährend Herabsetzung des Lohnes die armen fleißigen Menschen in täglich größeres Elend stürzte, es wurden auch von vielen Fabrikanten unzählige Mittel angewandt, es ihnen unmöglich zu machen, sich aus den Händen derer zu befreien, die an ihrem Schweiß sich bereicherten. Der Weber mußte, weil er selbst von Mitteln entblößt war, das Garn vom Fabrikanten entnehmen und ihm die fertige Leinwand verkaufen. Da der Weber stets für das Garn sich im Vorschuß befand, so war er dem Fabrikanten schon dadurch in die Hände gegeben. [...] Oftmals bin ich im Winter solchen Armen begegnet, die in dem schrecklichsten Wetter, hungrig und frierend, viele Meilen weit ein fertig gewordenes Stück zum Fabrikanten trugen. Zu Hause warteten Frau und Kinder auf die Rückkunft des Vaters; sie hatten seit 1 1/2 Tagen blos eine Kartoffelsuppe genossen. Der Weber erschrak bei dem auf seine Waare Gemachten Gebot; das war kein Erbarmen; die Commis und Gehilfen begegneten ihm wohl noch obendrein mit empörender Härte. Er nahm, was man ihm reichte, und kehrte, Verzweiflung in der Brust, zu den Seinigen." (Wilhelm Wolff, Das Elend und der Aufruhr in Schlesien. In: Deutsches Bürgerbuch für 1845. Reprint: Köln 1975, S. 181 f.)

Lesehinweis:
Gerhart Hauptmann, Die Weber. Frankfurt: Ullstein 1963 (= Dichtung und Wahrheit 1).

Im düstern Auge keine Träne,
Sie sitzen am Webstuhl und fletschen die Zähne:
Deutschland, wir weben dein Leichentuch,
Wir weben hinein den dreifachen Fluch –
    Wir weben, wir weben!

Ein Fluch dem Gotte, zu dem wir gebeten
In Winterskälte und Hungersnöten;
Wir haben vergebens gehofft und geharrt,
Er hat uns geäfft und gefoppt und genarrt –
    Wir weben, wir weben!

Ein Fluch dem König, dem König der Reichen,
Den unser Elend nicht konnte erweichen,
Der den letzten Groschen von uns erpreßt
Und uns wie Hunde erschießen läßt –
    Wir weben, wir weben!

Ein Fluch dem falschen Vaterlande,
Wo nur gedeihen Schmach und Schande,
Wo jede Blume früh geknickt,
Wo Fäulnis und Moder den Wurm erquickt –
    Wir weben, wir weben!

Das Schiffchen fliegt, der Webstuhl kracht,
Wir weben emsig Tag und Nacht –
Altdeutschland, wir weben dein Leichentuch,
Wir weben hinein den dreifachen Fluch,
    Wir weben, wir weben!

(Aus: Heinrich Heine, Sämtliche Schriften, Bd. 4. München: Hanser 1971, S. 455.)

Arbeitshinweise
1. *In welcher Situation befinden sich die Weber? Vgl. Sie dazu auch den Bericht im Vorspann!*
2. *Wogegen richtet sich der dreifache Fluch? Was kritisieren die Weber?*
3. *Was kündigt sich in dem Wort „Leichentuch" an?*
4. *Welche sprachlichen Besonderheiten fallen auf?*
5. *Welche Hoffnung enthält das Gedicht?*

Käthe Kollwitz, **Weberzug**

Käthe Kollwitz (1867 in Königsberg geboren, 1945 in Moritzberg bei Dresden gestorben) stellte in ihren Zeichnungen und grafischen Folgen vor allem das Leben des Proletariats dar. Die Folge „Weberaufstand" besteht aus 6 Blättern (3 Radierungen und 3 Lithographien); sie entstand in den Jahren 1893 bis 1897 und wurde 1898 auf der großen Berliner Kunstausstellung zum erstenmal der Öffentlichkeit vorgestellt. Die Künstlerin wurde durch die Uraufführung der „Weber" von Gerhart Hauptmann (1893) inspiriert. Die hier abgedruckte Radierung „Weberzug" ist das 4. Blatt der Folge (Größe: 22 × 30 cm). Historischer Hintergrund ist der Aufstand der Weber in Langenbielau (vgl. auch S. 231).

Lesehinweis:

Käthe Kollwitz, Der Weberaufstand: Reclam ²1964 (= RUB B 9055).
Catherine Krahmer, Käthe Kollwitz in Selbstzeugnissen und Bilddokumenten. Reinbek: Rowohlt 1981 (= rowohlts monographien 294).

Arbeitshinweise
1. *Beschreiben und deuten Sie den Ausdruck und die Haltung der Personen!*
2. *Stellt diese Radierung eine „Anklage" dar?*
3. *Setzen Sie die Radierung mit den Gedichten von Heine und Weerth in Beziehung!*

GEORG WEERTH, **Das Hungerlied**

Zur Biographie des Autors vgl. S. 152.

Während seines Aufenthaltes in den 40er Jahren des 19. Jahrhunderts in England lernt Weerth die Industrialisierung kennen, die das Bild unserer Welt stark verändern sollte. Der Autor sieht in ihr in gleicher Weise Verhängnis und Chance. Zwar leben die Arbeiter in schrecklichen Verhältnissen, aber die Industrie schafft nach seiner Meinung auch die Voraussetzungen für ein besseres Leben in der Zukunft.

In einem Brief äußert Weerth einmal: *„Wo Geld ist, da ist der Teufel. Aber wo kein Geld ist, da ist er zweimal."*

Lesehinweis:
Walter Grab und Uwe Friesel, Noch ist Deutschland nicht verloren. München: dtv 1973 (= dtv 875).

Georg Weerth, Gedichte. Stuttgart: Reclam 1976 (= RUB 9807).

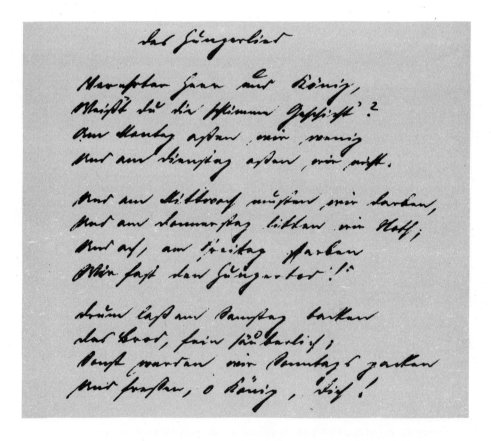

Das Original des Gedichtes „Das Hungerlied" befindet sich im Weerth-Nachlaß des „Internationalen Instituts für Sozialgeschichte" in Amsterdam.

Verehrter Herr und König,
Weißt du die schlimme Geschicht?
Am Montag aßen wir wenig,
Und am Dienstag aßen wir nicht.

Und am Mittwoch mußten wir darben,
Und am Donnerstag litten wir Not;
Und ach, am Freitag starben
Wir fast den Hungertod!

Drum laß am Samstag backen
Das Brot, fein säuberlich;
Sonst werden wir sonntags packen
Und fressen, o König, dich!

(Aus: Georg Weerth, Vergessene Texte. Werkauswahl. Bd. 1. Köln: informationspresse –
c. w. leske 1975, S. 162f.)

Arbeitshinweise
1. Wer ist der Adressat dieses Gedichts?
2. Wozu ruft der Schriftsteller auf?
3. Wie ist das Gedicht gestaltet?

WALTER HASENCLEVER, **Die Mörder sitzen in der Oper**

Hasenclever wurde 1890 in Aachen geboren; 1940 verübte er in einem Flüchtlingslager in Frankreich beim Anmarsch deutscher Truppen Selbstmord.

Hasenclever hatte Jura und Literatur studiert. Von 1914–1916 nahm er am 1. Weltkrieg teil. 1933 wurde er ausgebürgert. Hasenclever war einer der Wortführer des Expressionismus. Er forderte die „Politisierung des Geistes". Als Dramatiker erregte er Aufsehen durch die Tragödie „Der Sohn" (1914), die den Generationskonflikt zwischen Vater und Sohn in zugespitzter Weise darstellt: Der die Familie tyrannisierende Vater erscheint als Sinnbild der Reaktion.

Karl Liebknecht, dem Hasenclever das folgende Gedicht widmete, war seit 1912 Mitglied des deutschen Reichstages (SPD). Weil er die Beteiligung Deutschlands am 1. Weltkrieg ablehnte, trat er später aus der SPD, die Kriegskredite bewilligt hatte, aus und gründete zusammen mit Rosa Luxemburg den Spartakusbund. Karl Liebknecht und Rosa Luxemburg wurden 1919 ohne Verfahren von Soldaten der Regierungstruppen ermordet.

Lesehinweis:
Walter Hasenclever, Gedichte. Dramen. Prosa. Reinbek: Rowohlt 1963.

Zum Andenken an Karl Liebknecht

Der Zug entgleist. Zwanzig Kinder krepieren.
Die Fliegerbomben töten Mensch und Tier.
Darüber ist kein Wort zu verlieren.
Die Mörder sitzen im Rosenkavalier[1].

Soldaten verachtet durch die Straßen ziehen.
Generäle prangen im Ordensstern.
Deserteure, die vor dem Angriff fliehen,
Erschießt man im Namen des obersten Herrn.

Auf, Dirigent, von deinem Orchesterstuhle!
Du hast Menschen getötet. Wie war dir zumut?
Waren es viel? Die Mörder machen Schule.
Was dachtest du beim ersten spritzenden Blut?

Der Mensch ist billig, und das Brot wird teuer.
Die Offiziere schreiten auf und ab.
Zwei große Städte sind verkohlt im Feuer.
Ich werde langsam wach im Massengrab.

Ein gelber Leutnant brüllt an meiner Seite:
„Sei still, du Schwein!" Ich gehe stramm vorbei:
Im Schein der ungeheuren Todesweite
Vor Kälte grau in alter Leichen Brei.

Das Feld der Ehre hat mich ausgespieen;
Ich trete in die Königsloge ein.
Schreiende Schwärme schwarzer Vögel ziehen
Durch goldene Tore ins Foyer hinein.

Sie halten blutige Därme in den Krallen,
Entrissen einem armen Grenadier.
Zweitausend sind in dieser Nacht gefallen!
Die Mörder sitzen im Rosenkavalier.

Verlauste Krüppel sehen aus den Fenstern.
Der Mob schreit: „Sieg!" Die Betten sind verwaist.
Stabsärzte halten Musterung bei Gespenstern;
Der dicke König ist zur Front gereist.

„Hier, Majestät, fand statt das große Ringen!"
Es naht der Feldmarschall mit Eichenlaub.
Die Tafel klirrt. Champagnergläser klingen.
Ein silbernes Tablett ist Kirchenraub.

---

1 Oper von Richard Strauß

Noch strafen die Kriegsgerichte das Verbrechen
Und hängen den Gerechten in der Welt.
Geh hin, mein Freund, du kannst dich an mir rächen!
Ich bin der Feind. Wer mich verrät, kriegt Geld.

Der Unteroffizier mit Herrscherfratze
Steigt aus geschundenem Fleisch ins Morgenrot.
Noch immer ruft Karl Liebknecht auf dem Platze:
„Nieder der Krieg!" Sie hungern ihn zu Tod.

Wir alle hungern hinter Zuchthaussteinen,
Indes die Oper tönt im Kriegsgewinn.
Mißhandelte Gefangene stehn und weinen
Am Gittertor der ewigen Knechtschaft hin.

Die Länder sind verteilt. Die Knochen bleichen.
Der Geist spinnt Hanf und leistet Zwangsarbeit.
Ein Denkmal steht im Meilenfeld der Leichen
Und macht Reklame für die Ewigkeit.

Man rührt die Trommel. Sie zerspringt im Klange.
Brot wird Ersatz und Blut wird Bier.
Mein Vaterland, mir ist nicht bange!
Die Mörder sitzen im Rosenkavalier.
(Aus: Walter Hasenclever, Der politische Dichter. Berlin: Rowohlt 1919.)

Arbeitshinweise
1. *Welche Aussagen werden von den einfachen Soldaten getroffen?*
2. *Wie werden die „Herrschenden" gesehen?*
3. *Welche Eigenschaften und Handlungsweisen stehen sich direkt gegenüber?*
4. *Was bedeutet das Bild von der „Oper"?*
5. *Wodurch ist die Sprache gekennzeichnet?*
6. *Warum ist dieses Gedicht Karl Liebknecht gewidmet? (vgl. Vorspann)*
7. *Wogegen wendet sich das Gedicht?*

George Grosz, **Stützen der Gesellschaft**

Zur Biographie vgl. S. 151.

Das Gemälde (Größe 200 x 108; Standort: Nationalgalerie Berlin) entstand 1926. Durch Personifizierung der tragenden Kräfte der Gesellschaft versucht der Maler eine Deutung der Verhältnisse in der Weimarer Republik (1919–1933).

Arbeitshinweise (Seite 340)
1. *Beschreiben und deuten Sie das Bild! Welche Gesellschaftsschichten werden dargestellt? Wodurch werden sie jeweils charakterisiert?*
2. *Welche Aussage ist mit der Darstellung verbunden?*

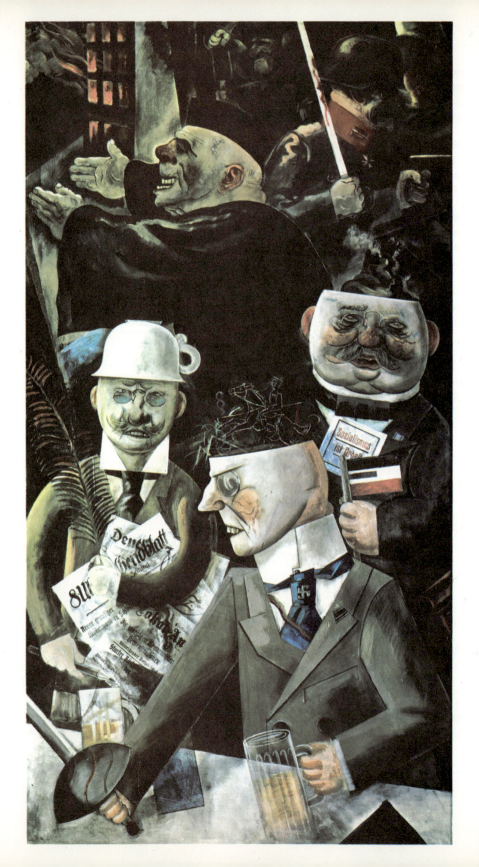

HEINRICH BÖLL, **Das „Sakrament des Büffels"**

Zur Biographie des Autors vgl. S. 374.

Zu den bedeutendsten Romanen Bölls gehört „Billard um halbzehn" (1959), aus dem der folgende Ausschnitt entnommen ist.

Das Romangeschehen findet am 6. September 1958, dem 80. Geburtstag des alten Fähmel, statt. Die Fabel des Romans wird durch Rückblenden aus dem Schicksal der Fähmels – einer angesehenen Architektenfamilie in einer rheinischen Großstadt – entwickelt. Der Großvater Heinrich Fähmel hat einst die Abtei St. Anton gebaut, dessen Sohn Robert zerstörte sie im Krieg, und der Enkel Joseph baut sie wieder auf. Die Geschichte der Fähmels kann zugleich als die Geschichte des deutschen Bürgertums katholischer Tradition angesehen werden.

Heinrich Fähmels Frau Johanna lebt seit 16 Jahren in einer Heilanstalt, um der historischen Wirklichkeit zu entfliehen. Durch den folgenden inneren Monolog wird an den Tod ihres im 1. Weltkrieg gestorbenen kleinen Sohnes erinnert.

Lesehinweis:

Heinrich Böll, Billard um halbzehn. München: Knaur 1963 (= Knaur Taschenbuch 8).

Heinrich Böll, Ansichten eines Clowns. München: dtv 1971 (= dtv 400).

Horst Bienek, Werkstattgespräche mit Schriftstellern. München: dtv 1965 (= dtv 291).

In Sachen Böll. Ansichten und Einsichten, hrsg. von Marcel Reich-Ranicki. München: dtv ²1972 (= dtv 730).

„Ich werde es tun, Robert, werde das Werkzeug des Herrn sein; ich habe Geduld, die Zeit dringt nicht in mich ein; nicht Pulver mit Pappe, sondern Pulver mit Blei muß man nehmen; Rache für das Wort, das als letztes die unschuldigen Lippen meines Sohnes verließ. *Hindenburg;* das Wort, das auf dieser Erde von ihm blieb; ich muß es auslöschen; bringen wir Kinder zur Welt, damit sie mit sieben Jahren sterben und als letztes Wort *Hindenburg* hauchen? Ich hatte das zerrissene Gedicht auf die Straße gestreut, und er war so ein korrekter, kleiner Bengel, flehte mich an, ihm eine Abschrift zu beschaffen, aber ich weigerte mich, wollte nicht, daß dieser Unsinn über seine Lippen kam; im Fieber suchte er sich die Zeilen zusammen, und ich hielt mir die Ohren zu, hörte es aber durch meine Hände hindurch: ‚Der alte Gott wird mit Euch sein'; ich versuchte, ihn aus dem Fieber zu reißen, wachzurütteln, er sollte mir in die Augen sehen, meine Hände spüren, meine Stimme hören, aber er sprach weiter: ‚Solange noch deutsche Wälder stehn, solange noch deutsche Wimpel wehn, solange noch lebt ein deutsches Wort, lebt *der* Name unsterblich fort'; es tötet mich fast, wie er im Fiebertraum das *der* noch betonte, ich suchte alles Spielzeug zusammen, nahm dir deins ab, und ließ dich losheulen, häufte alles vor ihm auf die Bettdecke, aber er kam nicht mehr zurück, blickte mich nicht mehr an, Heinrich, Heinrich. Ich schrie, betete und flüsterte, er aber starrte in Fieberländer, die nur noch eine einzige Zeile für ihn bereithielten: *Vorwärts mit Hurra und Hindenburg;* nur noch diese eine und einzige Zeile lebte in ihm, und ich hörte als letztes Wort aus seinem Mund: *Hindenburg.*

Ich muß den Mund meines siebenjährigen Sohnes rächen, Robert, verstehst du denn nicht? An denen rächen, die da an unserem Haus vorbei auf das Hindenburgdenkmal zureiten; glatte Kränze werden hinter ihnen hergetragen, mit goldenen

Schleifen, schwarzen und violetten; immer habe ich gedacht: Stirbt er denn nie? Werden wir ihn in der Ewigkeit noch als Briefmarke serviert bekommen, den uralten Büffel, dessen Namen mir mein Sohn als Losungswort zurufen wird. Besorgst du mir jetzt ein Gewehr?

Ich werde dich beim Wort nehmen; es braucht nicht heute zu sein, nicht morgen, aber bald; ich habe Geduld gesammelt; erinnerst du dich nicht an deinen Bruder Heinrich? Du warst schon fast zwei, als er starb. Wir hatten damals den Hund, der Brom hieß, weißt du nicht mehr, er war so alt und so weise, daß er die Schmerzen, die ihr beide ihm zufügtet nicht in Bosheit, sondern in Trauer umsetzte; ihr hieltet euch an seinem Schwanz fest und ließt euch durchs Zimmer schleifen, weißt du nicht mehr; du warfst die Blumen, die du auf Heinrichs Grab legen solltest, zum Kutschenfenster hinaus, wir ließen dich vor dem Friedhof, du durftest oben auf dem Kutschbock die Zügel halten; sie waren aus brüchigem schwarzen Leder. Siehst du Robert, du erinnerst dich: Hund, Zügel, Bruder – und Soldaten, Soldaten, unendlich viele, weißt du nicht mehr, sie kamen die Modestgasse herauf, schwenkten vor dem Hotel ab zum Bahnhof, zogen ihre Kanonen hinter sich her; Vater hielt dich auf dem Arm und sagte: ‚Der Krieg ist aus.'

Eine Billion für einen Riegel Schokolade, dann zwei Billionen für ein Bonbon, eine Kanone für ein halbes Brot, ein Pferd für einen Apfel; immer mehr; und dann keinen halben Groschen für das billigste Stück Seife; es konnte nicht gutgehen, Robert, und sie wollen nicht, daß es gutging; und immer kamen sie durchs Modesttor, schwenkten müde zum Bahnhof hin; ordentlich, ordentlich, trugen den Namen des großen Büffels vor sich her: *Hindenburg;* der sorgte für Ordnung, bis zum letzten Atemzug; ist er denn wirklich tot, Robert? Ich kann es nicht glauben: ‚Gemeißelt in Stein, gegraben in Erz. Hindenburg! Vorwärts'; der sah mir nach Einigkeit aus, mit seinen Büffelbacken auf den Briefmarken, ich sage dir, der wird uns noch zu schaffen machen, wird uns zeigen, wohin politische Vernunft führt und die Vernunft des Geldes: ein Pferd für einen Apfel, und eine Billion für ein Bonbon, und dann keinen halben Groschen für ein Stück Seife, und immer ordentlich; ich habs gesehen und habs gehört, wie sie den Namen vor sich hertrugen; dumm wie Erde, taub wie ein Baum, und sorgte für Ordnung; anständig, anständig, Ehre und Treue, Eisen und Stahl, Geld und notleidende Landwirtschaft; Vorsicht, Junge, wo die Äcker dampfen und die Wälder rauschen, Vorsicht: da wird das *Sakrament des Büffels* geweiht.

(Aus: Heinrich Böll, Billard um halbzehn. Köln: Kiepenheuer & Witsch ⁶1963, S. 151–153.)

Arbeitshinweise

1. *Welche Personen werden direkt, welche indirekt genannt? Welche Bedeutung haben sie für Johanna Fähmel?*
2. *Welche historischen Ereignisse werden im Text angesprochen?*
3. *Analysieren Sie die Einstellung von Johanna Fähmel zur Person Hindenburgs!*
4. *Was bedeutet die Frage „Ist er denn wirklich tot"?*
5. *Was will der Autor mit dem „Sakrament des Büffels" zum Ausdruck bringen? Wo wird es geweiht? Versuchen Sie den ideologischen Hintergrund zu ergründen!*
6. *Welche Intention soll mit der Zeichnung von Grosz (S. 343) verdeutlicht werden? Setzen Sie die Zeichnung mit dem Text von Böll in Beziehung!*

GEORGE GROSZ, **Treue um Treue**

(Aus: George Grosz, Der Spießer-Spiegel & Das neue Gesicht der herrschenden Klasse. Frankfurt: Makol 1973.)

HEINRICH BÖLL, **Die Waage der Baleks**

Zur Biographie des Autors vgl. S. 374.

Seit 1951 lebt Böll als freier Schriftsteller in Köln. In vielen seiner Erzählungen steht die Unmenschlichkeit des Krieges im Mittelpunkt. In seinen Reden, Aufsätzen und Erzählungen wendet sich Böll gegen die Menschen, die vortäuschen, christlich zu handeln, in Wirklichkeit aber egoistisch sind und sogar Gewalt anwenden, wenn es ihnen nützlich zu sein scheint. Der Autor bekennt sich immer wieder zu den Unterdrückten und Armen.

Die folgende Erzählung wurde 1952 geschrieben.

Die Ständepyramide der Feudalgesellschaft

Lesehinweis:
Heinrich Böll, Als der Krieg ausbrach. Erzählungen. München: dtv 1965 (= dtv 339).
Heinrich Böll, Nicht nur zur Weihnachtszeit. Satiren. München: dtv 1970 (= dtv 350).
Heinrich Böll, Doktor Murkes gesammeltes Schweigen und anderen Satiren. Köln: Kiepenheuer & Witsch 1972.

In der Heimat meines Großvaters lebten die meisten Menschen von der Arbeit in den Flachsbrechen. Seit fünf Generationen atmeten sie den Staub ein, der den zerbrochenen Stengeln entsteigt, ließen sich langsam dahinmorden, geduldige und fröhliche Geschlechter, die Ziegenkäse aßen, Kartoffeln, manchmal ein Kaninchen schlachteten; abends spannen und strickten sie in ihren Stuben, sangen, tranken Pfefferminztee und waren glücklich. Tagsüber brachen sie den Flachs in altertümlichen Maschinen, schutzlos dem Staub preisgegeben und der Hitze, die den Trockenöfen entströmte. In ihren Stuben stand ein einziges, schrankartiges Bett, das den Eltern vorbehalten war, und die Kinder schliefen ringsum auf Bänken. Morgens waren ihre Stuben vom Geruch der Brennsuppen erfüllt; an den Sonntagen gab es Sterz, und die Gesichter der Kinder röteten sich vor Freude, wenn an besonders festlichen Tagen sich der schwarze Eichelkaffee hell färbte, immer heller von der Milch, die die Mutter lächelnd in ihre Kaffeetöpfe goß.

Die Eltern gingen früh zur Arbeit, den Kindern war der Haushalt überlassen: sie fegten die Stube, räumten auf, wuschen das Geschirr und schälten Kartoffeln, kostbare gelbliche Früchte, deren dünne Schale sie vorweisen mußten, um den Verdacht möglicher Verschwendung oder Leichtfertigkeit zu zerstreuen.

Kamen die Kinder aus der Schule, mußten sie in die Wälder gehen und – je nach der Jahreszeit – Pilze sammeln und Kräuter: Waldmeister und Thymian, Kümmel und Pfefferminz, auch Fingerhut, und im Sommer, wenn sie das Heu von ihren mageren Wiesen geerntet hatten, sammelten sie die Heublumen. Einen Pfennig gab es fürs Kilo Heublumen, die in der Stadt in den Apotheken für zwanzig Pfennig das Kilo an nervöse Damen verkauft wurden. Kostbar waren die Pilze: sie brachten zwanzig Pfennig das Kilo und wurden in der Stadt in den Geschäften für eine Mark zwanzig gehandelt. Weit in die grüne Dunkelheit der Wälder krochen die Kinder im Herbst, wenn die Feuchtigkeit die Pilze aus dem Boden treibt, und fast jede Familie hatte ihre Plätze, an denen sie Pilze pflückte, Plätze, die von Geschlecht zu Geschlecht weitergeflüstert wurden.

Die Wälder gehörten den Baleks, auch die Flachsbrechen, und die Baleks hatten im Heimatdorf meines Großvaters ein Schloß, und die Frau des Familienvorstandes jeweils hatte neben der Milchküche ein kleines Stübchen, in dem Pilze, Kräuter, Heublumen gewogen und bezahlt wurden. Dort stand auf dem Tisch die große Waage der Baleks, ein altertümliches, verschnörkeltes, mit Goldbronze bemaltes Ding, vor dem die Großeltern meines Großvaters schon gestanden hatten, die Körbchen mit Pilzen, die Papiersäcke mit Heublumen in ihren schmutzigen Kinderhänden, gespannt zusehend, wieviel Gewichte Frau Balek auf die Waage werfen mußte, bis der pendelnde Zeiger genau auf dem schwarzen Strich stand, dieser dünnen Linie der Gerechtigkeit, die jedes Jahr neu gezogen werden mußte. Dann nahm Frau Balek das große Buch mit dem braunen Lederrücken, trug das Gewicht ein und zahlte das Geld aus, Pfennige oder Groschen und sehr, sehr selten einmal eine Mark. Und als mein Großvater ein Kind war, stand dort ein großes Glas mit sauren Bonbons, von denen, die das Kilo eine Mark kosteten, und wenn die Frau Balek, die damals über das Stübchen herrschte, gut gelaunt war, griff sie in dieses Glas und gab jedem der Kinder einen Bonbon, und die Gesichter der Kinder röteten sich vor Freude, so wie sie sich röteten, wenn die Mutter an besonders festlichen Tagen Milch in ihre Kaffeetöpfe goß, Milch, die den Kaffee hell färbte, immer heller, bis er so blond war wie die Zöpfe der Mädchen.

Eines der Gesetze, die die Baleks dem Dorf gegeben hatten, hieß: Keiner darf eine Waage im Hause haben. Das Gesetz war schon so alt, daß keiner mehr darüber nachdachte, wann und warum es entstanden war, und es mußte geachtet werden, denn wer es brach, wurde aus den Flachsbrechen entlassen, dem wurden keine Pilze, kein Thymian, keine Heublumen mehr abgenommen, und die Macht der Baleks reichte so weit, daß auch in den Nachbardörfern niemand ihm Arbeit gab, niemand ihm die Kräuter des Waldes abkaufte. Aber seitdem die Großeltern meines Großvaters als kleine Kinder Pilze gesammelt, sie abgeliefert hatten, damit sie in den Küchen der reichen Prager Leute den Braten würzten oder in Pasteten verbacken werden konnten, seitdem hatte niemand daran gedacht, dieses Gesetz zu brechen: fürs Mehl gab es Hohlmaße, die Eier konnte man zählen, das Gesponnene wurde nach Ellen gemessen, und im übrigen machte die altertümliche, mit Goldbronze verzierte Waage der Baleks nicht den Eindruck, als könne sie nicht stimmen, und fünf Geschlechter hatten dem auspendelnden schwarzen Zeiger anvertraut, was sie mit kindlichem Eifer im Walde gesammelt hatten.

Zwar gab es zwischen diesen stillen Menschen auch welche, die das Gesetz mißachteten, Wilderer, die begehrten, in einer Nacht mehr zu verdienen, als sie in einem ganzen Monat in der Flachsfabrik verdienen konnten, aber auch von diesen schien noch niemand den Gedanken gehabt zu haben, sich eine Waage zu kaufen oder sie zu basteln. Mein Großvater war der erste, der kühn genug war, die Gerechtigkeit der Baleks zu prüfen, die im Schloß wohnten, zwei Kutschen fuhren, die immer einem Jungen des Dorfes das Studium der Theologie im Prager Seminar bezahlten, bei denen der Pfarrer jeden Mittwoch zum Tarock war, denen der Bezirkshauptmann, das kaiserliche Wappen auf der Kutsche, zu Neujahr seinen Besuch abstattete, und denen der Kaiser zu Neujahr des Jahres 1900 den Adel verlieh.

Mein Großvater war fleißig und klug: Er kroch weiter in die Wälder hinein, als vor ihm die Kinder seiner Sippe gekrochen waren, er drang bis in das Dickicht vor, in dem der Sage nach Bilgan, der Riese, hausen sollte, der dort den Hort der Balderer bewacht. Aber mein Großvater hatte keine Furcht vor Bilgan: er drang weit in das Dickicht vor, schon als Knabe, brachte große Beute an Pilzen mit, fand sogar Trüffeln, die Frau Balek mit dreißig Pfennig das Pfund berechnete. Mein Großvater trug alles, was er den Baleks brachte, auf die Rückseite eines Kalenderblattes ein: jedes Pfund Pilze, jedes Gramm Thymian, und mit seiner Kinderschrift schrieb er rechts daneben, was er dafür bekommen hatte; jeden Pfennig kritzelte er hin, von seinem siebten bis zu seinem zwölften Jahr, und als er zwölf war, kam das Jahr 1900, und die Baleks schenkten jeder Familie im Dorf, weil der Kaiser sie geadelt hatte, ein Viertelpfund echten Kaffee, von dem, der aus Brasilien kommt; es gab auch Freibier und Tabak für die Männer, und im Schloß fand ein großes Fest statt; viele Kutschen standen in der Pappelallee, die vom Tor zum Schloß führt.

Aber am Tage vor dem Fest schon wurde der Kaffee ausgegeben in der kleinen Stube, in der seit fast hundert Jahren die Waage der Baleks stand, die jetzt Balek von Bilgan hießen, weil der Sage nach Bilgan, der Riese, dort ein großes Schloß gehabt haben soll, wo die Gebäude der Baleks stehen.

Mein Großvater hat mir oft erzählt, wie er nach der Schule dort hinging, um den Kaffee für vier Familien abzuholen: für die Cechs, die Weidlers, die Vohlas und für seine eigene, die Brüchers. Es war der Nachmittag vor Silvester: die Stuben mußten geschmückt, es mußte gebacken werden, und man wollte nicht vier Jungen entbehren, jeden einzeln den Weg ins Schloß machen lassen, um ein Viertelpfund Kaffee zu holen.

Und so saß mein Großvater auf der kleinen, schmalen Holzbank im Stübchen, ließ sich von Gertrud, der Magd, die fertigen Achtelkilopakete Kaffee vorzählen, vier Stück, und blickte auf die Waage, auf deren linker Schale der Halbkilostein liegengeblieben war; Frau Balek von Bilgan war mit den Vorbereitungen fürs Fest beschäftigt. Und als Gertrud nun in das Glas mit den sauren Bonbons greifen wollte, um meinem Großvater eines zu geben, stellte sie fest, daß es leer war: es wurde jährlich einmal neu gefüllt, faßte ein Kilo von denen zu einer Mark.

Gertrud lachte, sagte: „Warte, ich hole die neuen", und mein Großvater blieb mit den vier Achtelkilopaketen, die in der Fabrik verpackt und verklebt waren, vor der Waage stehen, auf der jemand den Halbkilostein liegengelassen hatte, und mein Großvater nahm die vier Kaffeepaketchen, legte sie auf die leere Waagschale, und sein Herz klopfte heftig, als er sah, wie der schwarze Zeiger der Gerechtigkeit links neben dem Strich hängenblieb, die Schale mit dem Halbkilostein unten blieb und das halbe Kilo Kaffee ziemlich hoch in der Luft schwebte; sein Herz klopfte heftiger, als wenn er im Walde hinter einem Strauch gelegen, auf Bilgan, den Riesen, gewartet hätte, und er suchte aus seiner Tasche Kieselsteine, wie er sie immer bei sich trug, um mit der Schleuder nach den Spatzen zu schießen, die an den Kohlpflanzen seiner Mutter herumpickten – drei, vier, fünf Kieselsteine mußte er neben die vier Kaffeepakete legen, bis die Schale mit dem Halbkilostein sich hob und der Zeiger endlich scharf über dem schwarzen Strich lag. Mein Großvater nahm den Kaffee von der Waage, wickelte die fünf Kieselsteine in sein Sacktuch, und als Gertrud mit der großen Kilotüte voll saurer Bonbons kam, die wieder für ein Jahr reichen mußte, um die Röte der Freude in die Gesichter der Kinder zu treiben, als Gertrud die Bonbons rasselnd ins Glas schüttete, stand der kleine blasse Bursche da, und nichts schien sich verändert zu haben. Mein Großvater nahm nur drei von den Paketen, und Gertrud blickte erstaunt und erschreckt auf den blassen Jungen, der den sauren Bonbon auf die Erde warf, ihn zertrat und sagte: „Ich will Frau Balek sprechen."

„Balek von Bilgan, bitte", sagte Gertrud.

„Gut, Frau Balek von Bilgan", aber Gertrud lachte ihn aus, und er ging im Dunkeln ins Dorf zurück, brachte den Cechs, den Weidlers, den Vohlas ihren Kaffee und gab vor, er müsse noch zum Pfarrer.

Aber er ging mit seinen fünf Kieselsteinen im Sacktuch in die dunkle Nacht. Er mußte weit gehen, bis er jemand fand, der eine Waage hatte, eine haben durfte; in den Dörfern Blaugau und Bernau hatte niemand eine, das wußte er, und er schritt durch sie hindurch, bis er nach zweistündigem Marsch in das kleine Städtchen Dielheim kam, wo der Apotheker Honig wohnte. Aus Honigs Haus kam der Geruch frischgebackener Pfannkuchen, und Honigs Atem, als er dem verfrorenen Jungen öffnete, roch schon nach Punsch, und er hatte die nasse Zigarre zwischen seinen schmalen Lippen, hielt die kalten Hände des Jungen einen Augenblick fest und sagte: „Na, ist es schlimmer geworden mit der Lunge deines Vaters?"

„Nein, ich komme nicht um Medizin, ich wollte ..." Mein Großvater nestelte sein Sacktuch auf, nahm die fünf Kieselsteine heraus, hielt sie Honig hin und sagte: „Ich wollte das gewogen haben." Er blickte ängstlich in Honigs Gesicht, aber als Honig nichts sagte, nicht zornig wurde, auch nicht fragte, sagte mein Großvater: „Es ist das, was an der Gerechtigkeit fehlt", und mein Großvater spürte jetzt, als er in die warme Stube kam, wie naß seine Füße waren. Der Schnee war durch die schlechten Schuhe gedrungen, und im Wald hatten die Zweige den Schnee über ihn geschüttet, der jetzt schmolz, und er war müde und hungrig und fing plötzlich an zu weinen, weil ihm die vielen Pilze einfielen, die Kräuter, die Blumen, die auf der Waage gewogen worden waren, an der das Gewicht von fünf Kieselsteinen an der Gerechtigkeit fehlte. Und als Honig, den Kopf schüttelnd, die fünf Kieselsteine in der Hand, seine Frau rief, fielen meinem Großvater die Geschlechter seiner Eltern, seiner Großeltern ein, die alle ihre Pilze, ihre Blumen auf der Waage hatten wiegen lassen müssen, und es kam über ihn wie eine große Woge von Ungerechtigkeit, und er fing noch heftiger an zu weinen, setzte sich, ohne dazu aufgefordert zu sein, auf einen der Stühle in Honigs Stube, übersah den Pfannkuchen, die heiße Tasse Kaffee, die die gute und dicke Frau Honig ihm vorsetzte, und hörte erst auf zu weinen, als Honig selbst aus dem Laden vorn zurückkam und, die Kieselsteine in der Hand schüttelnd, leise zu seiner Frau sagte: „Fünfeinhalb Deka, genau."

Mein Großvater ging die zwei Stunden durch den Wald zurück, ließ sich prügeln zu Hause, schwieg, als er nach dem Kaffee gefragt wurde, sagte kein Wort, rechnete den ganzen Abend an seinem Zettel herum, auf dem er alles notiert hatte, was er der jetzigen Frau Balek von Bilgan geliefert hatte, und als es Mitternacht schlug, vom Schloß die Böller zu hören waren, im ganzen Dorf das Geschrei, das Klappern der Rasseln erklang, als die Familie sich geküßt, sich umarmt hatte, sagte er in das folgende Schweigen des neuen Jahres hinein: „Baleks schulden mir achtzehn Mark und zweiunddreißig Pfennig." Und wieder dachte er an die vielen Kinder, die es im Dorf gab, dachte an seinen Bruder Fritz, der viele Pilze gesammelt hatte, an seine Schwester Ludmilla, dachte an die vielen hundert Kinder, die alle für die Baleks Pilze gesammelt hatten, Kräuter und Blumen, und er weinte diesmal nicht, sondern erzählte seinen Eltern, seinen Geschwistern von der Entdeckung.

Als die Baleks von Bilgan am Neujahrstage zum Hochamt in die Kirche kamen, das neue Wappen – einen Riesen, der unter einer Fichte kauert – schon in Blau und Gold auf ihrem Wagen, blickten sie in die harten und blassen Gesichter der Leute, die alle auf sie starrten. Sie hatten im Dorf Girlanden erwartet, am Morgen ein Ständchen, Hochrufe und Heilrufe, aber das Dorf war wie ausgestorben gewesen, als sie hindurchfuhren, und in der Kirche wandten sich die Gesichter der blassen Leute ihnen zu, stumm und feindlich, und als der Pfarrer auf die Kanzel stieg, um die Festpredigt zu halten, spürte er die Kälte der sonst so stillen und friedlichen Gesichter, und er stoppelte mühsam seine Predigt herunter und ging schweißtriefend zum Altar zurück. Und als die Baleks von Bilgan nach der Messe die Kirche wieder verließen, gingen sie durch ein Spalier stummer, blasser Gesichter. Die junge Frau Balek von Bilgan aber blieb vorn bei den Kinderbänken stehen, suchte das Gesicht meines Großvaters, des kleinen blassen Franz Brücher, und fragte ihn in der Kirche: „Warum hast du den Kaffee für deine Mutter nicht mitgenommen?" Und mein Großvater stand auf und sagte: „Weil Sie mir noch so viel Geld schulden, wie fünf Kilo Kaffee kosten." Und er zog die fünf Kieselsteine aus seiner Tasche, hielt sie der jungen Frau hin und sagte: „So viel, fünfeinhalb Deka, fehlen auf ein halbes Kilo an ihrer Gerechtigkeit"; und noch ehe die Frau etwas sagen konnte, stimmten die Männer und Frauen das Lied an: „Gerechtigkeit der Erden, o Herr, hat Dich getötet..."

Während die Baleks in der Kirche waren, war Wilhelm Vohla, der Wilderer, in das kleine Stübchen eingedrungen, hatte die Waage gestohlen und das große, dicke, in Leder eingebundene Buch, in dem jedes Kilo Pilze, jedes Kilo Heublumen, alles eingetragen war, was von den Baleks im Dorf gekauft worden war, und den ganzen Nachmittag des Neujahrstages saßen die Männer des Dorfes in der Stube meiner Urgroßeltern und rechneten, rechneten ein Zehntel von allem, was gekauft worden – aber als sie schon viele tausend Taler errechnet hatten und noch immer nicht zu Ende waren, kamen die Gendarmen des Bezirkshauptmanns, drangen schießend und stechend in die Stube meines Urgroßvaters ein und holten mit Gewalt die Waage und das Buch heraus. Die Schwester meines Großvaters wurde getötet dabei, die kleine Ludmilla, ein paar Männer verletzt, und einer der Gendarmen wurde von Wilhelm Vohla, dem Wilderer, erstochen.

Es gab Aufruhr, nicht nur in unserem Dorf, auch in Blaugau und Bernau, und fast eine Woche lang ruhte die Arbeit in den Flachsfabriken. Aber es kamen sehr viele Gendarmen, und die Männer und Frauen wurden mit Gefängnis bedroht, und die Baleks zwangen den Pfarrer, öffentlich in der Schule die Waage vorzuführen und zu beweisen, daß der Zeiger der Gerechtigkeit richtig auspendelte. Und die Männer und Frauen gingen wieder in die Flachsbrechen – aber niemand ging in die Schule, um den Pfarrer anzusehen: er stand ganz allein da, hilflos und traurig mit seinen Gewichtssteinen, der Waage und den Kaffeetüten.

Und die Kinder sammelten wieder Pilze, sammelten wieder Thymian, Blumen und Fingerhut, aber jeden Sonntag wurde in der Kirche, sobald die Baleks sie betraten, das Lied angestimmt: „Gerechtigkeit der Erden, o Herr, hat Dich getötet", bis der Bezirkshauptmann in allen Dörfern austrommeln ließ, das Singen dieses Liedes sei verboten.

Die Eltern meines Großvaters mußten das Dorf verlassen, das frische Grab ihrer kleinen Tochter; sie wurden Korbflechter, blieben an keinem Ort lange, weil es sie schmerzte, zuzusehen, wie in allen Orten das Pendel der Gerechtigkeit falsch ausschlug. Sie zogen hinter dem Wagen, der langsam über die Landstraße kroch, ihre magere Ziege mit, und wer an dem Wagen vorbeikam, konnte manchmal hören, wie drinnen gesungen wurde: „Gerechtigkeit der Erden, o Herr, hat Dich getötet." Und wer ihnen zuhören wollte, konnte die Geschichte hören von den Baleks von Bilgan, an deren Gerechtigkeit ein Zehntel fehlte. Aber es hörte ihnen fast niemand zu.

(Aus: Heinrich Böll, Erzählungen. Hörspiele. Aufsätze. Köln: Kiepenheuer & Witsch 1961, S. 54–61.)

Arbeitshinweise
1. *Wie werden die Dorfbewohner beschrieben? Warum dürfen sie keine Waage besitzen?*
2. *Wie werden die Baleks dargestellt? Welche Bedeutung hat ihre Waage?*
3. *Was erfahren wir über den Großvater Franz Brücher?*
4. *Wie reagieren die Menschen auf die Entdeckung der Ungerechtigkeit? Warum reagieren sie so?*
5. *Warum hört fast niemand den Urgroßeltern zu, wenn sie die Geschichte von den Baleks erzählen?*
6. *Welcher Zusammenhang besteht in dieser Erzählung zwischen Macht, Recht und Religion? Berücksichtigen Sie auch die Ständepyramide!*

SIEGFRIED LENZ, **Ein Freund der Regierung**

Lenz wurde 1926 in Lyck/Ostpreußen geboren. Er hat die Welt seiner Heimat in den humorvollen Geschichten „So zärtlich war Suleyken" (1955) festgehalten.

1945 kam Lenz nach Hamburg. Er wollte Lehrer werden, beendete aber sein Studium nicht, sondern redigierte als Journalist Nachrichten aus Kultur und Politik. Seine Romane, z.B. „Deutschstunde" (1968), „Das Vorbild" (1973), erreichten hohe Auflagen. Die Forderung seines Schaffens hat er einmal folgendermaßen formuliert: „... *ein gewisses Mitleid, Gerechtigkeit und einen mutigen Protest.*"

Die hier abgedruckte Erzählung stammt aus dem Jahr 1959.

Lesehinweis:

Siegfried Lenz, So zärtlich war Suleyken. Frankfurt: Fischer 1960 (= Fischer Bücherei 312).

Siegfried Lenz, Stadtgespräch. München: dtv 1965 (= dtv 303).

Siegfried Lenz, Heimatmuseum. Roman. Hamburg: Hoffmann und Campe 1978.
Hans Wagener, Siegfried Lenz. München: C. H. Beck'sche Verlagsbuchhandlung 1976 (= Autorenbücher 2).

Zu einem Wochenende luden sie Journalisten ein, um ihnen an Ort und Stelle zu zeigen, wie viele Freunde die Regierung hatte. Sie wollten uns beweisen, daß alles, was über das unruhige Gebiet geschrieben wurde, nicht zutraf: die Folterungen nicht, die Armut und vor allem nicht das wütende Verlangen nach Unabhängigkeit. So luden sie uns sehr höflich ein, und ein sehr höflicher, tadellos gekleideter Beamter empfing uns hinter der Oper und führte uns zum Regierungsbus. Es war ein neuer Bus; ein Geruch von Lack und Leder empfing uns, leise Radiomusik, und als der Bus anfuhr, nahm der Beamte ein Mikrofon aus der Halterung, kratzte mit dem Fingernagel über den silbernen Verkleidungsdraht und hieß uns noch einmal mit sanfter Stimme willkommen. Bescheiden nannte er seinen Namen – „ich heiße Garek", sagte er –; dann wies er uns auf die Schönheiten der Hauptstadt hin, nannte Namen und Anzahl der Parks, erklärte uns die Bauweise der Mustersiedlung, die auf einem kalkigen Hügel lag, blendend unter dem frühen Licht.

Hinter der Hauptstadt gabelte sich die Straße; wir verloren die Nähe des Meers und fuhren ins Land hinein, vorbei an steinübersäten Feldern, an braunen Hängen; wir fuhren zu einer Schlucht und auf dem Grunde der Schlucht bis zur Brücke, die über ein ausgetrocknetes Flußbett führte. Auf der Brücke stand ein junger Soldat, der mit einer Art lässiger Zärtlichkeit eine handliche Maschinenpistole trug und uns fröhlich zuwinkte, als wir an ihm vorbei über die Brücke fuhren. Auch im ausgetrockneten Flußbett, zwischen den weißgewaschenen Kieseln, standen zwei junge Soldaten, und Garek sagte, daß wir durch ein sehr beliebtes Übungsgebiet führen.

Serpentinen hinauf, über eine heiße Ebene, und durch die geöffneten Seitenfenster drang feiner Kalkstaub ein, brannte in den Augen; Kalkgeschmack lag auf den Lippen. Wir zogen die Jacketts aus. Nur Garek behielt sein Jackett an; er hielt noch immer das Mikrofon in der Hand und erläuterte mit sanfter Stimme die Kultivierungspläne, die sie in der Regierung für dieses tote Land ausgearbeitet hatten. Ich sah, daß mein Nebenmann die Augen geschlossen, den Kopf zurückgelegt hatte; seine Lippen waren trocken und kalkblaß, die Adern der Hände, die auf dem vernickelten Metallgriff lagen, traten bläulich hervor. Ich wollte ihn in die Seite stoßen, denn mitunter traf uns ein Blick aus dem Rückspiegel, Gareks melancholischer Blick, doch während ich es noch überlegte, stand Garek auf, kam lächelnd über den schmalen Gang nach hinten und verteilte Strohhalme und eiskalte Getränke in gewachsten Papptüten.

Gegen Mittag fuhren wir durch ein Dorf; die Fenster waren mit Kistenholz vernagelt, die schäbigen Zäune aus trockenem Astwerk löcherig, vom Wind der Ebene auseinandergedrückt. Auf den flachen Dächern hing keine Wäsche zum Trocknen. Der Brunnen war abgedeckt; kein Hundegebell verfolgte uns, und nirgendwo erschien ein Gesicht. Der Bus fuhr mit unverminderter Geschwindigkeit vorbei, eine graue Fahne von Kalkstaub hinter sich herziehend, grau wie eine Fahne der Resignation.

Wieder kam Garek über den schmalen Gang nach hinten, verteilte Sandwiches, ermunterte uns höflich und versprach, daß es nicht mehr allzu lange dauern würde, bis wir unser Ziel erreicht hätten. Das Land wurde hügelig, rostrot; es war jetzt von großen Steinen bedeckt, zwischen denen kleine farblose Büsche wuchsen. Die Straße senkte sich, wir fuhren durch einen tunnelartigen Einschnitt. Die Halbrundungen der Sprenglöcher warfen schräge Schatten auf die zerrissenen Felswände. Eine harte Glut schlug in das Innere des Busses. Und dann öffnete sich die Straße, und wir sahen das von einem Fluß zerschnittene Tal und das Dorf neben dem Fluß.

Garek gab uns ein Zeichen, Ankündigung und Aufforderung; wir zogen die Jacketts an, und der Bus fuhr langsamer und hielt auf einem lehmig verkrusteten Platz, vor einer sauber gekalkten Hütte. Der Kalk blendete so stark, daß beim Aussteigen die Augen schmerzten. Wir traten in den Schatten des Busses, wir schnippten die Zigaretten fort. Wir blickten aus zusammengekniffenen Augen auf die Hütte und warteten auf Garek, der in ihr verschwunden war.

Es dauerte einige Minuten, bis er zurückkam, aber er kam zurück, und er brachte einen Mann mit, den keiner von uns je zuvor gesehen hatte.

„Das ist Bela Bonzo", sagte Garek und wies auf den Mann; „Herr Bonzo war gerade bei einer Hausarbeit, doch er ist bereit, Ihnen auf alle Fragen zu antworten."

Wir blickten freimütig auf Bonzo, der unsere Blicke ertrug, indem er sein Gesicht leicht senkte. Er hatte ein altes Gesicht, staubgrau; scharfe, schwärzliche Falten liefen über seinen Nacken; seine Oberlippe war geschwollen. Bonzo, der gerade bei einer Hausarbeit überrascht worden war, war sauber gekämmt, und die verkrusteten Blutspuren an seinem alten, mageren Hals zeugten von einer heftigen und sorgfältigen Rasur. Er trug ein frisches Baumwollhemd, Baumwollhosen, die zu kurz waren und kaum bis zu den Knöcheln reichten; seine Füße steckten in neuen, gelblichen Rohlederstiefeln, wie Rekruten sie bei der Ausbildung tragen.

Wir begrüßten Bela Bonzo, jeder von uns gab ihm die Hand, dann nickte er und führte uns in sein Haus. Er lud uns ein, voranzugehen, wir traten in eine kühle Diele, in der uns eine alte Frau erwartete; ihr Gesicht war nicht zu erkennen, nur ihr Kopftuch leuchtete in dem dämmrigen Licht. Die Alte bot uns faustgroße Früchte an, die Früchte hatten ein saftiges Fleisch, das rötlich schimmerte, so daß ich am Anfang das Gefühl hatte, in eine frische Wunde zu beißen.

Wir gingen wieder auf den lehmigen Platz hinaus. Neben dem Bus standen jetzt barfüßige Kinder; sie beobachteten Bonzo mit unerträglicher Aufmerksamkeit, und dabei rührten sie sich nicht und sprachen nicht miteinander. Nie trafen ihre Blicke einen von uns. Bonzo schmunzelte in rätselhafter Zufriedenheit.

„Haben Sie keine Kinder?" fragte Pottgießer.

Es war die erste Frage, und Bonzo sagte schmunzelnd:

„Doch, doch, ich hatte einen Sohn. Wir versuchen gerade, ihn zu vergessen. Er hat sich gegen die Regierung aufgelehnt. Er war faul, hat nie zu etwas getaugt, und um etwas zu werden, ging er zu den Saboteuren, die überall für Unruhe sorgen. Sie kämpfen gegen die Regierung, weil sie glauben, es besser machen zu können."
Bonzo sagte es entschieden, mit leiser Eindringlichkeit; während er sprach, sah ich, daß ihm die Schneidezähne fehlten.

„Vielleicht würden sie es besser machen", sagte Pottgießer. Garek lächelte vergnügt, als er diese Frage hörte, und Bonzo sagte:

„Alle Regierungen gleichen sich darin, daß man sie ertragen muß, die einen leichter, die anderen schwerer. Diese Regierung kennen wir, von der anderen kennen wir nur die Versprechungen."

Die Kinder tauschten einen langen Blick.

„Immerhin ist das größte Versprechen die Unabhängigkeit", sagte Bleiguth.

„Die Unabhängigkeit kann man nicht essen", sagte Bonzo schmunzelnd. „Was nützt uns die Unabhängigkeit, wenn das Land verarmt. Diese Regierung aber hat unsern Export gesichert. Sie hat dafür gesorgt, daß Straßen, Krankenhäuser und Schulen gebaut wurden. Sie hat das Land kultiviert und wird es noch mehr kultivieren. Außerdem hat sie uns das Wahlrecht gegeben."

Eine Bewegung ging durch die Kinder, sie faßten sich bei den Händen und traten unwillkürlich einen Schritt vor. Bonzo senkte das Gesicht, schmunzelte in seiner rätselhaften Zufriedenheit, und als er das Gesicht wieder hob, suchte er mit seinem Blick Garek, der bescheiden hinter uns stand.

„Schließlich", sagte Bonzo, ohne gefragt worden zu sein, „gehört zur Unabhängigkeit auch eine gewisse Reife. Wahrscheinlich könnten wir gar nichts anfangen mit der Unabhängigkeit. Auch für Völker gibt es ein Alter, in dem sie mündig werden: wir haben dieses Alter noch nicht erreicht. Und ich bin ein Freund dieser Regierung, weil sie uns in unserer Unmündigkeit nicht im Stich läßt. Ich bin ihr dankbar dafür, wenn Sie es genau wissen wollen."

Garek entfernte sich zum Bus, Bonzo beobachtete ihn aufmerksam, wartete bis die schwere Bustür zufiel und wir allein dastanden auf dem trockenen, lehmigen Platz. Wir waren unter uns, und Finke vom Rundfunk wandte sich mit einer schnellen Frage an Bonzo:

„Wie ist es wirklich? Rasch, wir sind allein." Bonzo schluckte, sah Finke mit einem Ausdruck von Verwunderung und Befremden an und sagte langsam: „Ich habe Ihre Frage nicht verstanden."

„Jetzt können wir offen sprechen", sagte Finke hastig.

„Offen sprechen", wiederholte Bonzo bedächtig und schmunzelte breit, so daß seine Zahnlücken sichtbar wurden.

„Was ich gesagt habe, ist offen genug: wir sind Freunde dieser Regierung, meine Frau und ich; denn alles, was wir sind und erreicht haben, haben wir mit ihrer Hilfe erreicht. Dafür sind wir ihr dankbar. Sie wissen, wie selten es vorkommt, daß man einer Regierung für irgendwas dankbar sein kann – wir sind dankbar. Und auch mein Nachbar ist dankbar, ebenso wie die Kinder dort und jedes Wesen im Dorf. Klopfen Sie an jede Tür, Sie werden überall erfahren, wie dankbar wir der Regierung sind."

Plötzlich trat Gum, ein blasser Journalist, auf Bonzo zu und flüsterte: „Ich habe zuverlässige Nachricht, daß Ihr Sohn gefangen und in einem Gefängnis der Hauptstadt gefoltert wurde. Was sagen Sie dazu?"

Bonzo schloß die Augen, Kalkstaub lag auf seinen Lidern; schmunzelnd antwortete er: „Ich habe keinen Sohn, und darum kann er nicht gefoltert worden sein. Wir sind Freunde der Regierung, hören Sie? Ich bin ein Freund der Regierung."

Er zündete sich eine selbstgedrehte, krumme Zigarette an, inhalierte heftig und sah zur Bustür hinüber, die jetzt geöffnet wurde. Garek kam zurück und erkundigte sich nach dem Stand des Gesprächs. Bonzo wippte, indem er die Füße von den Hacken über die Zehenballen abrollen ließ. Er sah aufrichtig erleichtert aus, als Garek wieder zu uns trat, und er beantwortete unsere weiteren Fragen scherzhaft und ausführlich, wobei er die Luft mitunter zischend durch die vorderen Zahnlücken entweichen ließ.

Als ein Mann mit einer Sense vorüberging, rief Bonzo ihn an; der Mann kam mit schleppendem Schritt heran, nahm die Sense von der Schulter und hörte aus Bonzos Mund die Fragen, die wir zunächst ihm gestellt hatten. Der Mann schüttelte unwillig den Kopf: er war ein leidenschaftlicher Freund der Regierung, und jedes seiner Bekenntnisse quittierte Bonzo mit stillem Triumph. Schließlich reichten sich die Männer in unserer Gegenwart die Hand, wie um ihre gemeinsame Verbundenheit mit der Regierung zu besiegeln.

Auch wir verabschiedeten uns, jeder von uns gab Bonzo die Hand – ich zuletzt; doch als ich seine rauhe, aufgesprungene Hand nahm, spürte ich eine Papierkugel zwischen unseren Handflächen. Ich zog sie langsam, mit gekrümmten

Fingern ab, ging zurück und schob die Papierkugel in die Tasche. Bela Bonzo stand da und rauchte in schnellen, kurzen Stößen; er rief seine Frau heraus, und sie, Bonzo und der Mann mit der Sense beobachteten den abfahrenden Bus, während die Kinder einen mit Steinen und jenen farblosen kleinen Büschen bedeckten Hügel hinaufstiegen.

Wir fuhren nicht denselben Weg zurück, sondern überquerten die heiße Ebene, bis wir auf einen Eisenbahndamm stießen, neben dem ein Weg aus Sand und Schotter lief. Während dieser Fahrt hielt ich eine Hand in der Tasche, und in der Hand die kleine Papierkugel, die einen so harten Kern hatte, daß die Fingernägel nicht hineinschneiden konnten, sosehr ich auch drückte. Ich wagte nicht, die Papierkugel herauszunehmen, denn von Zeit zu Zeit erreichte uns Gareks melancholischer Blick aus dem Rückspiegel. Ein schreckhafter Schatten flitzte über uns hinweg und über das tote Land; dann erst hörten wir das Propellergeräusch und sahen das Flugzeug, das niedrig über den Eisenbahndamm flog in Richtung zur Hauptstadt, kehrtmachte am Horizont, wieder über uns hinwegbrauste und uns nicht mehr allein ließ.

Ich dachte an Bela Bonzo, hielt die Papierkugel mit dem harten Kern in der Hand, und ich fühlte, wie die Innenfläche meiner Hand feucht wurde. Ein Gegenstand erschien am Ende des Bahndamms und kam näher, und jetzt erkannten wir, daß es ein Schienenauto war, auf dem junge Soldaten saßen. Sie winkten freundlich mit ihren Maschinenpistolen zu uns herüber. Vorsichtig zog ich die Papierkugel heraus, sah sie jedoch nicht an, sondern schob sie schnell in die kleine Uhrtasche, die einzige Tasche, die ich zuknöpfen konnte. Und wieder dachte ich an Bela Bonzo, den Freund der Regierung: noch einmal sah ich seine gelblichen Rohlederstiefel, die träumerische Zufriedenheit seines Gesichts und die schwarzen Zahnlücken, wenn er zu sprechen begann. Niemand von uns zweifelte daran, daß wir in ihm einen aufrichtigen Freund der Regierung getroffen hatten.

Am Meer entlang fuhren wir in die Hauptstadt zurück; der Wind brachte das ziehende Kußgeräusch des Wassers herüber, das gegen die unterspülten Felsen schlug. An der Oper stiegen wir aus, höflich verabschiedet von Garek. Allein ging ich ins Hotel zurück, fuhr mit dem Lift in mein Zimmer hinauf, und auf der Toilette öffnete ich die Papierkugel, die der Freund der Regierung mir heimlich anvertraut hatte: sie war unbeschrieben, kein Zeichen, kein Wort, doch eingewickelt lag im Papier ein von bräunlichen Nikotinspuren bezogener Schneidezahn. Es war ein menschlicher, angesplitterter Zahn, und ich wußte, wem er gehört hatte.

(Aus: Siegfried Lenz, Gesammelte Erzählungen. Hamburg: Hoffmann und Campe 1970, S. 297–304.)

Arbeitshinweise
1. *Wodurch ist die Fahrt der Journalisten in dem fremden Land charakterisiert?*
2. *Welche Wörter stören das Bild einer fast vollkommenen Welt?*
3. *Was fällt bei Bela Bonzo auf? Sind ähnliche Widersprüche wie bei der Fahrt der Journalisten erkennbar?*
4. *Warum ist Bela Bonzo erleichtert, als Garek wieder zurückkehrt?*
5. *Warum nennt er sich einen „Freund der Regierung"?*
6. *Welche Bedeutung hat der abgespaltene Zahn?*
7. *Worin liegt der Sinn dieser Erzählung?*

14. DER EINZELNE IN DER GESELLSCHAFT

WALTHER VON DER VOGELWEIDE, **Ich saz ûf eime steine**

Zur Biographie Walthers und zur mhd. Sprachform vgl. S. 104.

Dieser Spruch lieferte den Entwurf für die berühmten Miniaturen Walthers (Bilder der Manessischen Handschrift): Der Dichter zeigt sich in der seit der Antike häufig dargestellten Pose des Nachdenkenden; den Grund für diese Haltung bildet die politische Lage Deutschlands, die durch Streit und Kampf verschiedener Parteien charakterisiert ist: der König (Philipp von Schwaben) kämpft gegen den Papst; die Fürsten kämpfen gegeneinander und stellen einen Gegenkönig (Otto IV.) auf; Gottes Ordnung ist also durch menschliche Willkür zerstört: die Zeichen herrscherlicher „gerechter" Gewalt sind zerbrochen.

Lesehinweis:

Hans Uwe Rump, Walther von der Vogelweide in Selbstzeugnissen und Bilddokumenten. Reinbek: Rowohlt 1974 (= rowohlts monographien 209).

Friedrich Neumann, Die politischen Lieder Walthers von der Vogelweide, Tübingen: Niemeyer 1955.

Ich saz ûf eime steine	*Ich saß auf einem Stein*
und dahte bein mit beine.	*und schlug ein Bein über das andere.*
dar ûf satzt ich den ellenbogen.	*Darauf stützte ich den Ellenbogen.*
ich hete in mîne hant gesmogen	*Ich hatte in meine Hand geschmiegt*
daz kinne und ein mîn wange.	*das Kinn und meine eine Wange.*
dô dâhte ich mir vil ange,	*So erwog ich in aller Eindringlichkeit,*
wie man zer welte solte leben.	*wie man auf dieser Welt zu leben habe.*
deheinen rât kond ich gegeben,	*Keinen Rat wußte ich zu geben,*
wie man driu dinc erwurbe,	*wie man drei Dinge erwerben könne,*
der keinez niht verdurbe.	*ohne daß eines von ihnen verlorenginge.*
diu zwei sint êre und varnde guot,	*Zwei von ihnen sind Ehre und Besitz,*
daz dicke ein ander schaden tuot:	*die einander oft Abbruch tun;*
daz dritte ist gotes hulde,	*das dritte ist die Gnade Gottes,*
der zweier übergulde.	*weit höher geltend als die beiden andern.*
diu wolte ich gerne in einen schrîn:	*Die wünschte ich in ein Gefäß zu tun.*
jâ leider desn mac niht gesîn,	*Aber zu unserm Leid kann das nicht sein,*

daz guot und weltlich êre	daß Besitz und Ehre in der Welt
und gotes hulde mêre	und dazu Gottes Gnade
zesamene in ein herze komen.	zusammen in ein Herz kommen.
stîg unde wege sint in benomen:	Weg und Steg ist ihnen verbaut,
untriuwe ist in der sâze,	Verrat lauert im Hinterhalt,
gewalt vert ûf der strâze,	Gewalttat zieht auf der Straße,
fride unde reht sint sêre wunt.	Friede und Recht sind todwund:
diu driu enhabent geleites niht,	bevor diese beiden nicht gesunden,
diu zwei enwerden ê gesunt.	haben die Drei keine Sicherheit.

(Aus: Walther von der Vogelweide, Gedichte. Mhd. Text und Übertragung. Ausgewählt, übersetzt und mit einem Kommentar versehen von Peter Wapnewski, Frankfurt: Fischer 1973 (= Fischer Taschenbuch 6052), S. 124f.)

Arbeitshinweise
1. *Versuchen Sie den Text zu lesen und zu gliedern!*
2. *Welches ist die Kernfrage? Was für Thesen stellt Walther auf? Gibt es eine Synthese?*
3. *Was beklagt der Dichter? In welcher Funktion begreift er sich?*

GOTTHOLD EPHRAIM LESSING, **Ringparabel**

Lessing (1729 in Kamenz/Oberlausitz geboren; 1781 in Braunschweig gestorben) entstammte einer Pfarrersfamilie. Nach dem Besuch der Fürstenschule in Meißen studierte er zunächst Theologie, dann Medizin. 1767 folgte er einem Ruf als Dramaturg nach Hamburg an das damals neu gegründete „Deutsche Nationaltheater". Nachdem dieses Unternehmen scheiterte, erhielt er 1770 eine feste Stellung als Bibliothekar des Herzogs von Braunschweig in Wolfenbüttel.

Lessing schrieb mehrere, auch heute noch häufig aufgeführte Theaterstücke, u.a. „Minna von Barnhelm", „Emilia Galotti" und „Nathan der Weise". Die Ringparabel steht im Mittelpunkt seines Dramas „Nathan der Weise".

Der Anlaß zu dieser Parabel ist die Frage des Sultans Saladin, welche Religion (Christentum, Judentum, Islam) die wahre sei. Daraufhin erzählt der Jude Nathan die Geschichte von den 3 Ringen. Diese Szene enthält modellhaft die Idee aufgeklärter Humanität, von der das ganze Drama handelt. Die hier vertretenen Ideen hatten starken Einfluß auf die deutsche Klassik (Goethe, Schiller).

Lesehinweis:

Gotthold Ephraim Lessing, Nathan der Weise. Stuttgart: Reclam 1973 (= RUB 3).

Nathan der Weise. Erläuterungen und Dokumente, hrsg. von Peter von Düffel. Stuttgart: Reclam 1972 (= RUB 8118/18a).

Wolfgang Drews, Gotthold Ephraim Lessing in Selbstzeugnissen und Bilddokumenten. Reinbek: Rowohlt 1962 (= rowohlts monographien 75).

Vor grauen Jahren lebt' ein Mann in Osten,
der einen Ring von unschätzbarem Wert'
aus lieber Hand besaß. Der Stein war ein
Opal, der hundert schöne Farben spielte,
und hatte die geheime Kraft, vor Gott
und Menschen angenehm zu machen, wer
in dieser Zuversicht ihn trug. Was Wunder,
daß ihn der Mann in Osten darum nie
vom Finger ließ; und die Verfügung traf,
auf ewig ihn bei seinem Hause zu
erhalten? Nämlich so. Er ließ den Ring
von seinen Söhnen dem geliebtesten;
und setzte fest, daß dieser wiederum
den Ring von seinen Söhnen dem vermache,
der ihm der liebste sei; und stets der liebste,
ohn' Ansehn der Geburt, in Kraft allein
des Rings, das Haupt, der Fürst des Hauses werde. – [. . .]
So kam nun dieser Ring, von Sohn zu Sohn,
auf einen Vater endlich von drei Söhnen;
die alle drei ihm gleich gehorsam waren,
die alle drei er folglich gleich zu lieben
sich nicht entbrechen konnte. Nur von Zeit
zu Zeit schien ihm bald der, bald dieser, bald
der dritte, – so wie jeder sich mit ihm
allein befand, und sein ergießend Herz
die andern zwei nicht teilten, – würdiger
des Ringes; den er denn auch einem jeden
die fromme Schwachheit hatte, zu versprechen.
Das ging nun so, so lang es ging. – Allein
es kam zum Sterben, und der gute Vater
kömmt in Verlegenheit. Es schmerzt ihn, zwei
von seinen Söhnen, die sich auf sein Wort
verlassen, so zu kränken. – Was zu tun? –
Er sendet in geheim zu einem Künstler,
bei dem er, nach dem Muster seines Ringes,
zwei andere bestellt, und weder Kosten
noch Mühe sparen heißt, sie jenem gleich,
vollkommen gleich zu machen. Das gelingt
dem Künstler. Da er ihm die Ringe bringt,
kann selbst der Vater seinen Musterring
nicht unterscheiden. Froh und freudig ruft
er seine Söhne, jeden ins besondre;
gibt jedem ins besondre seinen Segen, –
und seinen Ring, – und stirbt. – [. . .]

Kaum war der Vater tot, so kommt ein jeder
mit seinem Ring', und jeder will der Fürst
des Hauses sein. Man untersucht, man zankt,
man klagt. Umsonst; der rechte Ring war nicht
erweislich; – [...]
Wie gesagt: die Söhne
verklagten sich; und jeder schwur dem Richter,
unmittelbar aus seines Vaters Hand
den Ring zu haben. – Wie auch wahr! – Nachdem
er von ihm lange das Versprechen schon
gehabt, des Ringes Vorrecht einmal zu
genießen. – Wie nicht minder wahr! – Der Vater,
beteu'rte jeder, könne gegen ihn
nicht falsch gewesen sein; und eh' er dieses
von ihm, von einem solchen lieben Vater,
argwohnen laß': eh' müß' er seine Brüder,
so gern er sonst von ihnen nur das Beste
bereit zu glauben sei, des falschen Spiels
bezeihen; und er wolle die Verräter
schon auszufinden wissen; sich schon rächen. [...]
Der Richter sprach: wenn ihr mir nun den Vater
nicht bald zur Stelle schafft, so weis' ich euch
von meinem Stuhle. Denkt ihr, daß ich Rätsel
zu lösen da bin? Oder harret ihr,
bis daß der rechte Ring den Mund eröffne? –
Doch halt! Ich höre ja, der rechte Ring
besitzt die Wunderkraft beliebt zu machen;
vor Gott und Menschen angenehm. Das muß
entscheiden! Denn die falschen Ringe werden
doch das nicht können! – Nun; wen lieben zwei
von euch am meisten? – Macht, sagt an! Ihr schweigt?
Die Ringe wirken nur zurück? und nicht
nach außen? Jeder liebt sich selber nur
am meisten? – O so seid ihr alle drei
betrogene Betrüger! Eure Ringe
sind alle drei nicht echt. Der echte Ring
vermutlich ging verloren. Den Verlust
zu bergen, zu ersetzen, ließ der Vater
die drei für einen machen. [...]
Und also; fuhr der Richter fort, wenn ihr
nicht meinen Rat, statt meines Spruches, wollt:
Geht nur! – Mein Rat ist aber der: ihr nehmt
die Sache völlig wie sie liegt. Hat von
euch jeder seinen Ring von seinem Vater:
so glaube jeder sicher seinen Ring

den echten. – Möglich; daß der Vater nun
die Tyrannei des Einen Rings nicht länger
in seinem Hause dulden wollen! – Und gewiß;
daß er euch alle drei geliebt, und gleich
geliebt: indem er zwei nicht drücken mögen,
um einen zu begünstigen. – Wohlan!
Es eifre jeder seiner unbestochnen
von Vorurteilen freien Liebe nach!
Es strebe von euch jeder um die Wette,
die Kraft des Steins in seinem Ring' an Tag
zu legen! komme dieser Kraft mit Sanftmut,
mit herzlicher Verträglichkeit, mit Wohltun,
mit innigster Ergebenheit in Gott,
zu Hülf'! Und wenn sich dann der Steine Kräfte
bei euern Kindes-Kindeskindern äußern:
so lad' ich über tausend tausend Jahre,
sie wiederum vor diesen Stuhl. Da wird
ein weisrer Mann auf diesem Stuhle sitzen,
als ich; und sprechen. Geht! – So sagte der
bescheidne Richter.

(Aus: Gotthold Ephraim Lessing, Werke, Bd. 2. München: Hanser 1971, S. 276–280.)

Arbeitshinweise
1. *Welches sind die Kriterien des wahren Ringes?*
2. *Welche Fähigkeit besitzt er? Worin besteht die Gefahr des Ringes?*
3. *Wie sieht die Lösung des Richters aus?*
4. *Was will Nathan mit dieser Parabel in bezug auf die Frage nach der Wahrheit der verschiedenen Religionen aussagen?*
5. *Versuchen Sie die Eigenart der Parabel zu kennzeichnen!*

JOHANN WOLFGANG GOETHE, **Wer nie sein Brot mit Tränen aß**

Zur Biographie des Autors vgl. S. 33.

Das Motiv des Gedichts stammt aus der Bibel, wo es im 80. Psalm, Vers 6, heißt: *"Du speisest sie mit Tränenbrot und tränkest sie mit großem Maß voll Tränen."*

Das Gedicht befindet sich in Goethes Roman „Wilhelm Meisters Lehrjahre" und wird vom Harfner vorgetragen. Der Harfner ist eine rätselhafte Gestalt, dessen Sprache wehmütige Klage ist. Wilhelm sucht in „verdrießlicher Unruhe" den alten Harfner in seinem bescheidenen Dachstübchen auf, um „durch dessen Harfe die bösen Geister zu verscheuchen." Vor der Kammertür vernimmt er die wehmütige Klage des Alten. Das Lied hat folgende Wirkung auf Wilhelm:

„Die wehmütige, herzliche Klage drang tief in die Seele des Hörers. Es schien ihm, als ob der Alte manchmal von Tränen gehindert würde, fortzufahren; dann klangen die Saiten allein, bis sich wieder die Stimme leise in gebrochenen Lauten darein mischte. Wilhelm stand an dem Pfosten, seine Seele war tief gerührt, die Trauer des Unbekannten schloß sein beklommenes Herz auf; er widerstand nicht dem Mitgefühl und konnte und wollte die Tränen nicht zurückhalten, die des Alten herzliche Klage endlich auch aus seinen Augen hervorlockte. Alle Schmerzen, die seine Seele drückten, lösten sich zu gleicher Zeit auf, er überließ sich ihnen ganz, stieß die Kammertüre auf und stand vor dem Alten, der ein schlechtes Bette, den einzigen Hausrat dieser armseligen Wohnung, zu seinem Sitz zu nehmen genötigt gewesen.

‚Was hast du mir für Empfindungen rege gemacht, guter Alter?' rief er aus: ‚alles, was in meinem Herzen stockte, hast du losgelöst; laß dich nicht stören, sondern fahre fort, indem du deine Leiden linderst, einen Freund glücklich zu machen.'"

Lesehinweis:
Johann Wolfgang Goethe, Wilhelm Meisters theatralische Sendung.

Wer nie sein Brot mit Tränen aß,
wer nie die kummervollen Nächte
auf seinem Bette weinend saß,
der kennt euch nicht, ihr himmlischen Mächte.

Ihr führt ins Leben uns hinein,
ihr laßt den Armen schuldig werden,
dann überlaßt ihr ihn der Pein,
denn alle Schuld rächt sich auf Erden.

(Aus: Goethes Werke, Bd. 7. Hamburg: Wegner [8]1966 (= Hamburger Ausgabe), S. 136.)

Arbeitshinweise

1. Welchen Eindruck vermittelt das Gedicht? Wodurch entsteht dieser Eindruck?
2. Welche Bereiche werden aufeinander bezogen? Welche Funktion haben die „Tränen" in diesem Gedicht?
3. Wie wirkt dieses Gedicht auf den Zuhörer? (Vgl. dazu den Vorspann!)

HEINRICH VON KLEIST, Das Bettelweib von Locarno

Kleist wurde 1777 in Frankfurt/Oder als Sohn einer märkischen Adelsfamilie geboren. Nach der Tradition der alten Offiziersfamilie wurde auch Kleist zunächst Soldat, nahm aber 1799 seinen Abschied, um Jura und Philosophie zu studieren. Unruhig irrte er in langen Reisen durch Europa. Von tiefer Schwermut befallen setzte er 1811 – zusammen mit seiner Freundin Henriette Vogel – seinem Leben durch zwei Schüsse am Berliner Wannsee ein Ende.

Zu seinen wichtigsten Theaterstücken gehören „Der Prinz von Homburg" und „Der zerbrochene Krug", zu seinen bekanntesten Erzählungen „Michael Kohlhaas" und „Das Bettelweib von Locarno" (1810 für die Literaturzeitung „Berliner Abendblätter" geschrieben). Die Zeichensetzung ist in der altertümlichen Form beibehalten.

Lesehinweis:

Curt Hohoff, Heinrich von Kleist in Selbstzeugnissen und Bilddokumenten. Reinbek: Rowohlt 1966 (= rowohlts monographien 1).

Egon Werlich, Kleists „Bettelweib von Locarno". Versuch einer Aufwertung des Gehalts. In: WW 15 (1965), S. 239–257.

Emil Staiger, Heinrich von Kleist: „Das Bettelweib von Locarno". Zum Problem des dramatischen Stils. In: Deutsche Erzählungen von Wieland bis Kafka. Interpretationen, Bd. 4, hrsg. von Jost Schillemeit. Frankfurt: Fischer 1966 (= Fischer Bücherei 721).

Am Fuße der Alpen, bei Locarno im oberen Italien, befand sich ein altes, einem Marchese [1] gehöriges Schloß, das man jetzt, wenn man vom St. Gotthard kommt, in Schutt und Trümmern liegen sieht: ein Schloß mit hohen und weitläufigen Zimmern, in deren einem einst, auf Stroh, das man ihr unterschüttete, eine alte kranke Frau, die sich bettelnd vor der Tür eingefunden hatte, von der Hausfrau aus Mitleiden gebettet worden war. Der Marchese, der, bei der Rückkehr von der Jagd, zufällig in das Zimmer trat, wo er seine Büchse abzusetzen pflegte, befahl der Frau unwillig, aus dem Winkel, in welchem sie lag, aufzustehen, und sich hinter den Ofen zu verfügen. Die Frau, da sie sich erhob, glitschte mit der Krücke auf dem

---

[1] italienischer Adelstitel

glatten Boden aus, und beschädigte sich, auf eine gefährliche Weise, das Kreuz; dergestalt, daß sie zwar noch mit unsäglicher Mühe aufstand und quer, wie es vorgeschrieben war, über das Zimmer ging, hinter den Ofen aber, unter Stöhnen und Ächzen, niedersank und verschied.

Mehrere Jahre nachher, da der Marchese, durch Krieg und Mißwachs, in bedenkliche Vermögensumstände geraten war, fand sich ein florentinischer Ritter bei ihm ein, der das Schloß, seiner schönen Lage wegen, von ihm kaufen wollte. Der Marchese, dem viel an dem Handel gelegen war, gab seiner Frau auf, den Fremden in dem obenerwähnten, leerstehenden Zimmer, das sehr schön und prächtig eingerichtet war, unterzubringen. Aber wie betreten war das Ehepaar, als der Ritter mitten in der Nacht, verstört und bleich, zu ihnen herunterkam, hoch und teuer versichernd, daß es in dem Zimmer spuke, indem etwas, das dem Blick unsichtbar gewesen, mit einem Geräusch, als ob es auf Stroh gelegen, im Zimmerwinkel aufgestanden, mit vernehmlichen Schritten, langsam und gebrechlich, quer über das Zimmer gegangen, und hinter dem Ofen, unter Stöhnen und Ächzen, niedergesunken sei.

Der Marchese erschrocken, er wußte selbst nicht recht warum, lachte den Ritter mit erkünstelter Heiterkeit aus, und sagte, er wolle sogleich aufstehen, und die Nacht zu seiner Beruhigung, mit ihm in dem Zimmer zubringen. Doch der Ritter bat um die Gefälligkeit, ihm zu erlauben, daß er auf einem Lehnstuhl, in seinem Schlafzimmer übernachte, und als der Morgen kam, ließ er anspannen, empfahl sich und reiste ab.

Dieser Vorfall, der außerordentliches Aufsehen machte, schreckte auf eine dem Marchese höchst unangenehme Weise, mehrere Käufer ab; dergestalt, daß, da sich unter seinem eigenen Hausgesinde, befremdend und unbegreiflich, das Gerücht erhob, daß es in dem Zimmer, zur Mitternachtsstunde, umgehe, er, um es mit einem entscheidenden Verfahren niederzuschlagen, beschloß, die Sache in der nächsten Nacht selbst zu untersuchen. Demnach ließ er, beim Einbruch der Dämmerung, sein Bett in dem besagten Zimmer aufschlagen, und erharrte, ohne zu schlafen, die Mitternacht. Aber wie erschüttert war er, als er in der Tat, mit dem Schlage der Geisterstunde, das unbegreifliche Geräusch wahrnahm; es war, als ob ein Mensch sich vom Stroh, das unter ihm knisterte, erhob, quer über das Zimmer ging, sich hinter dem Ofen, unter Geseufz und Geröchel niedersank. Die Marquise, am andern Morgen, da er herunter kam, fragte ihn, wie die Untersuchung abgelaufen; und da er sich, mit scheuen und ungewissen Blicken, umsah, und, nachdem er die Tür verriegelt, versicherte, daß es mit dem Spuk seine Richtigkeit habe: so erschrak sie, wie sie in ihrem Leben nicht getan, und bat ihn, bevor er die Sache verlauten ließe, sich noch einmal, in ihrer Gesellschaft, einer kaltblütigen Prüfung zu unterwerfen. Sie hörten aber, samt einem treuen Bedienten, den sie mitgenommen hatten, in der Tat, in der nächsten Nacht, dasselbe unbegreifliche, gespensterartige Geräusch; und nur der dringende Wunsch, das Schloß, es koste was es wolle, los zu werden, vermochte sie, das Entsetzen, das sie ergriff, in Gegenwart ihres Dieners zu unterdrücken, und dem Vorfall irgend eine gleichgültige und zufällige Ursache, die sich entdecken lassen müsse, unterzuschieben. Am Abend des

dritten Tages, da beide, um der Sache auf den Grund zu kommen, mit Herzklopfen wieder die Treppe zu dem Fremdenzimmer bestiegen, fand sich zufällig der Haushund, den man von der Kette losgelassen hatte, vor der Tür desselben ein; dergestalt, daß beide, ohne sich bestimmt zu erklären, vielleicht in der unwillkürlichen Absicht, außer sich selbst noch etwas Drittes, Lebendiges, bei sich zu haben, den Hund mit sich in das Zimmer nahmen. Das Ehepaar, zwei Lichter auf dem Tisch, die Marquise unausgezogen, der Marchese Degen und Pistolen, die er aus dem Schrank genommen, neben sich, setzen sich gegen elf Uhr, jeder auf sein Bett; und während sie sich mit Gesprächen, so gut sie vermögen, zu unterhalten suchen, legte sich der Hund, Kopf und Beine zusammen gekauert, in der Mitte des Zimmers nieder und schläft ein. Drauf, in dem Augenblick der Mitternacht, läßt sich das entsetzliche Geräusch wieder hören; jemand, den kein Mensch mit Augen sehen kann, hebt sich, auf Krücken, im Zimmerwinkel empor; man hört das Stroh, das unter ihm rauscht; und mit dem ersten Schritt: tapp! tapp! erwacht der Hund, hebt sich plötzlich, die Ohren spitzend, vom Boden empor, und knurrend und bellend, grad als ob ein Mensch auf ihn eingeschritten käme, rückwärts gegen den Ofen weicht er aus. Bei diesem Anblick stürzt die Marquise, mit sträubenden Haaren, aus dem Zimmer; und während der Marquis, der den Degen ergriffen: wer da? ruft, und, da ihm niemand antwortet, gleich einem Rasenden, nach allen Richtungen die Luft durchhaut, läßt sie anspannen, entschlossen, augenblicklich, nach der Stadt abzufahren. Aber ehe sie noch einige Sachen zusammengepackt und aus dem Tore herausgerasselt, sieht sie schon das Schloß ringsum in Flammen aufgehen. Der Marchese, von Entsetzen überreizt, hatte eine Kerze genommen, und dasselbe, überall mit Holz getäfelt wie es war, an allen vier Ecken, müde seines Lebens, angesteckt. Vergebens schickte sie Leute hinein, den Unglücklichen zu retten; er war auf die elendiglichste Weise bereits umgekommen, und noch jetzt liegen, von den Landleuten zusammengetragen, seine weißen Gebeine in dem Winkel des Zimmers, von welchem er das Bettelweib von Locarno hatte aufstehen heißen.
(Aus: Heinrich von Kleist, Sämtliche Werke und Briefe, Bd. 2. München: Hanser 1961, S. 196–198.)

Arbeitshinweise
1. *Welche auffallenden sprachlichen Mittel verwendet Kleist (Satzbau, Interpunktion, Konjunktionen)?*
2. *Wie ist die Erzählung aufgebaut?*
3. *Wie verhält sich die Marquise gegenüber der alten Frau? Wie der Marchese?*
4. *Wodurch wird die Spannung erreicht?*
5. *Welche Bedeutung hat die nächtliche Erscheinung des Geistes?*
6. *Worum geht es in dieser Geschichte?*

BRÜDER GRIMM, **Die Sterntaler**

Dieses Märchen ist in den „Kinder- und Hausmärchen" (1812) der Brüder Grimm aufgezeichnet; sie haben die bis dahin nur mündlich überlieferte Volkskunst schriftlich festgehalten, damit sie für die Zukunft nicht verloren ging. Sie vertraten die Auffassung, daß alle Märchen auf „die Überreste eines in die älteste Zeit hinaufreichenden Glaubens" zurückgingen.

Lesehinweis:
Märchen der Brüder Grimm. München: Droemer-Knaur o. J.
Iring Fetscher, Wer hat Dornröschen wachgeküßt? Das Märchen-Verwirrbuch. Frankfurt: Fischer 1974 (= Fischer Taschenbuch 1446).

Es war einmal ein kleines Mädchen, dem war Vater und Mutter gestorben, und es war so arm, daß es kein Kämmerchen mehr hatte, darin zu wohnen, und kein Bettchen mehr, darin zu schlafen, und endlich gar nichts mehr als die Kleider auf dem Leib und ein Stückchen Brot in der Hand, das ihm ein mitleidiges Herz geschenkt hatte. Es war aber gut und fromm. Und weil es so von aller Welt verlassen war, ging es im Vertrauen auf den lieben Gott hinaus ins Feld. Da begegnete ihm ein armer Mann, der sprach: „Ach, gib mir etwas zu essen, ich bin so hungrig." Es reichte das ganze Stückchen Brot und sagte: „Gott segne dir's", und ging weiter. Da kam ein Kind, das jammerte und sprach: „Es friert mich so an meinem Kopfe, schenk mir etwas, womit ich ihn bedecken kann." Da tat es seine Mütze ab und gab sie ihm. Und als es noch eine Weile gegangen war, kam wieder ein Kind und hatte kein Leibchen an und fror; da gab es ihm seins; und noch weiter, da bat eins um ein Röcklein, das gab es auch von sich hin. Endlich gelangte es an einen Wald, und es war schon dunkel geworden; da kam noch eins und bat um ein Hemdlein, und das fromme Mädchen dachte: Es ist dunkle Nacht, da sieht dich niemand, du kannst wohl dein Hemd weggeben, und zog das Hemd ab und gab es auch noch hin. Und wie es so stand und gar nichts mehr hatte, fielen auf einmal die Sterne vom Himmel und waren lauter harte blanke Taler. Und ob es gleich sein Hemdlein weggegeben, so hatte es ein neues an, und das war vom allerfeinsten Linnen. Da sammelte es sich die Taler hinein und war reich für sein Lebtag.

(Aus: Kinder- und Hausmärchen, gesammelt durch die Brüder Grimm. Reutlingen: Bardtenschlager o. J.)

Arbeitshinweise
1. Was ist ein Märchen? Erläutern Sie Aufbau, Inhalt und Sprache dieses Märchens!
2. Welche Funktion erfüllen Armut und Verlassenheit des kleinen Mädchens?
3. Welche Bedeutung hat die Darstellung der unbegrenzten Freigebigkeit des kleinen Mädchens? Was charakterisiert sein Handeln?
4. Kann man sich mit der Lösung zufrieden geben? Vergleichen Sie dieses Märchen mit dem von Büchner (S. 365)! (Gruppenarbeit)

GEORG BÜCHNER, **Märchen**

Büchner wurde 1813 in Goddelau bei Darmstadt geboren, studierte von 1831 bis 1835 Medizin und Naturwissenschaften in Straßburg und Gießen; 1836 wurde er Professor in Zürich, wo er schon ein Jahr später infolge einer Typhus-Erkrankung starb.

Büchner bekämpfte aktiv die drückenden gesellschaftlichen Verhältnisse in Deutschland vor der 48er Revolution. Die von ihm zusammen mit dem Pfarrer Weidig verfaßte Flugschrift „Der hessische Landbote" steht unter dem Motto: „Friede den Hütten, Kampf den Palästen."

Büchner gestaltet in dem Fragment gebliebenen Theaterstück „Woyzeck" (1836) am extremen Einzelfall des Barbiers Woyzeck (der 1821 in Leipzig seine Braut erstach und 1824 hingerichtet wurde), wie ein Mensch durch seine Umwelt zum Verbrecher gemacht wurde. Es ist das erste Drama, in dem soziale Fragen behandelt werden.

In einer der letzten Szenen des Dramas („Straße") erzählt die Großmutter dieses Märchen". Es hat die Funktion, Büchners illusionslose Welt als mythisches Gleichnis zu fassen.

Lesehinweis:
Georg Büchner, Woyzeck. Stuttgart: Reclam 1972 (= RUB 9347).
Ernst Johann, Georg Büchner in Selbstzeugnissen und Bilddokumenten. Reinbek: Rowohlt 1958 (= rowohlts monographien 18).
Hans Mayer, Georg Büchner und seine Zeit. Frankfurt: Suhrkamp 1972 (= suhrkamp taschenbuch 58).

Es war einmal ein arm Kind und hat kei Vater und kei Mutter, war alles tot und war niemand mehr auf der Welt. Alles tot, und es ist hingangen und hat gesucht Tag und Nacht. Und wie auf der Erd niemand mehr war, wollt's in Himmel gehn, und der Mond guckt es so freundlich an und wie's endlich zum Mond kam, war's ein Stück faul Holz und da ist es zur Sonn gangen und wie es zur Sonn kam war's ein verwelkt Sonneblum und wie's zu den Sterne kam, warens klei golde Mück, die waren angesteckt wie der Neuntöter sie auf die Schehen steckt und wie's wieder auf die Erd wollt, war die Erd ein umgestürzter Hafen und war ganz allein und da hat sich's hingesetzt und geweint, und da sitzt es noch und ist ganz allein.
(Aus: Georg Büchner, Woyzeck. Kritische Lese- und Arbeitsausgabe. hrsg. von Lothar Bornscheuer. Stuttgart: Reclam 1972, S. 39–42.)

Arbeitshinweise
1. *Welchen Weg geht das verlassene kleine Kind?*
2. *Was findet es bei den einzelnen Stationen vor? Welche Erfahrungen muß es machen?*
3. *Was charakterisiert das Handeln dieses Kindes? Berücksichtigen Sie die sprachlichen Gestaltungsmittel!*
4. *Vergleichen Sie den Ausgang mit dem „Sterntalermärchen" (S. 364)!*

RAINER MARIA RILKE, **Der Panther**

(Im Jardin des Plantes¹, Paris)

Rilke wurde 1875 in Prag geboren; er sollte zunächst Offizier werden, begann dann ein juristisches Studium. Im Grunde lag es ihm aber nicht, ein ‚bürgerliches' Leben zu führen. Er widmete sich mit ganzer Kraft seiner Dichtung. In langen Reisen durch Rußland und Frankreich lernte Rilke viele berühmte Künstler kennen. Einige Jahre lebte er im Künstlerdorf Worpswede bei Bremen, wo er mit der Bildhauerin Klara Westhoff verheiratet war.

1902 ging Rilke nach Paris, dort lernte er den Bildhauer Rodin kennen. Während dieser Zeit wandte sich der Dichter in seiner Lyrik ganz den Dingen der Welt zu: Kunstwerken, Blumen, Tieren (Dinglyrik). So muß er auch einmal im Pariser Pflanzengarten einen Panther beobachtet haben.

Lesehinweis:
Rainer Maria Rilke, Ausgewählte Gedichte. Frankfurt: Suhrkamp 1975 (= Bibliothek Suhrkamp 184).

Sein Blick ist vom Vorübergehn der Stäbe
so müd geworden, daß er nichts mehr hält.
Ihm ist, als ob es tausend Stäbe gäbe
und hinter tausend Stäben keine Welt.

Der weiche Gang geschmeidig starker Schritte,
der sich im allerkleinsten Kreise dreht,
ist wie ein Tanz von Kraft um eine Mitte,
in der betäubt ein großer Wille steht.

Nur manchmal schiebt der Vorhang der Pupille
sich lautlos auf –. Dann geht ein Bild hinein,
geht durch der Glieder angespannte Stille –
und hört im Herzen auf zu sein.

(Aus: Rainer Maria Rilke, Gesammelte Gedichte. Frankfurt: Insel 1962, S. 261.)

Arbeitshinweise

1. Wodurch wird die Gebrochenheit des Raubtieres dargestellt? (Was will Rilke durch das „Vorübergehn der Stäbe" zum Ausdruck bringen?)
2. Was bedeutet es, daß das Tier hin und wieder seine alte Kraft zurückzugewinnen scheint?
3. Untersuchen Sie das Metrum! Worin liegt die Bedeutung dieses Versmaßes? Beachten Sie dabei die letzte Strophe!
4. Inwiefern ergänzen sich Form und Inhalt?

---

1 Pflanzengarten

FRANZ KAFKA, **Der Nachbar**

Zur Biographie des Autors vgl. S. 88.

1908 trat Kafka als Hilfsbeamter bei der Arbeiter-Unfall-Versicherungsgesellschaft eine Stelle an; diese Arbeit füllte ihn aber keineswegs aus; in dieser Zeit fühlte er sich sehr einsam.

1917 brach bei ihm die Tuberkulose offen aus, die ihn nötigte, vorzeitig in den Ruhestand zu treten. Den Rest seines Lebens verbrachte Kafka im Sanatorium, wo er infolge einer Kehlkopftuberkulose kaum mehr Nahrung aufnehmen konnte und eine Verständigung mit seinen Bekannten nur noch schriftlich möglich war.

In seinen Werken, über die er testamentarisch verfügt hat, alles zu verbrennen – der Testamentsvollstrecker hat sich jedoch nicht daran gehalten –, beschreibt Kafka genau und anschaulich die Welt des Alltags. Dabei wird das scheinbar Vertraute und Alltägliche oft unversehens oder allmählich ungeheuerlich und bedrohlich.

Lesehinweis:
Erich Heller, Franz Kafka. München: dtv 1976 (= dtv 1185).

Mein Geschäft ruht ganz auf meinen Schultern. Zwei Fräulein mit Schreibmaschinen und Geschäftsbüchern im Vorzimmer, mein Zimmer mit Schreibtisch, Kasse, Beratungstisch, Klubsessel und Telephon, das ist mein ganzer Arbeitsapparat. So einfach zu überblicken, so leicht zu führen. Ich bin ganz jung und die Geschäfte rollen vor mir her. Ich klage nicht, ich klage nicht.

Seit Neujahr hat ein junger Mann die kleine, leerstehende Nebenwohnung, die ich ungeschickterweise so lange zu mieten gezögert habe, frischweg gemietet. Auch ein Zimmer mit Vorzimmer, außerdem aber noch eine Küche. – Zimmer und Vorzimmer hätte ich wohl brauchen können – meine zwei Fräulein fühlten sich schon manchmal überlastet –, aber wozu hätte mir die Küche gedient? Dieses kleinliche Bedenken war daran schuld, daß ich mir die Wohnung habe nehmen lassen. Nun sitzt dort dieser junge Mann. Harras heißt er. Was er dort eigentlich macht, weiß ich nicht. Auf der Tür steht: „Harras, Bureau". Ich habe Erkundigungen eingezogen, man hat mir mitgeteilt, es sei ein Geschäft ähnlich dem meinigen. Vor Kreditgewährung könne man nicht geradezu warnen, denn es handle sich doch um einen jungen, aufstrebenden Mann, dessen Sache vielleicht Zukunft habe, doch könne man zum Kredit nicht geradezu raten, denn gegenwärtig sei allem Anschein nach kein Vermögen vorhanden. Die übliche Auskunft, die man gibt, wenn man nichts weiß.

Manchmal treffe ich Harras auf der Treppe, er muß es immer außerordentlich eilig haben, er huscht förmlich an mir vorüber. Genau gesehen habe ich ihn noch gar nicht, den Büroschlüssel hat er schon vorbereitet in der Hand. Im Augenblick hat er die Tür geöffnet. Wie der Schwanz einer Ratte ist er hineingeglitten und ich stehe wieder vor der Tafel „Harras, Bureau", die ich schon viel öfter gelesen habe, als sie es verdient.

Die elend dünnen Wände, die den ehrlich tätigen Mann verraten, den Unehrlichen aber decken. Mein Telephon ist an der Zimmerwand angebracht, die mich von meinem Nachbar trennt. Doch hebe ich das bloß als besonders ironische Tatsache hervor. Selbst wenn es an der entgegengesetzten Wand hinge, würde man in der Nebenwohnung alles hören. Ich habe mir abgewöhnt, den Namen der Kunden beim Telephon zu nennen. Aber es gehört natürlich nicht viel Schlauheit dazu, aus charakteristischen, aber unvermeidlichen Wendungen des Gesprächs die Namen zu erraten. – Manchmal umtanze ich, die Hörmuschel am Ohr, von Unruhe gestachelt, auf den Fußspitzen den Apparat und kann es doch nicht verhüten, daß Geheimnisse preisgegeben werden.

Natürlich werden dadurch meine geschäftlichen Entscheidungen unsicher, meine Stimme zittrig. Was macht Harras, während ich telephoniere? Wollte ich sehr übertreiben – aber das muß man oft, um sich Klarheit zu verschaffen –, so könnte ich sagen: Harras braucht kein Telephon, er benutzt meines, er hat sein Kanapee an die Wand gerückt und horcht, ich dagegen muß, wenn geläutet wird, zum Telephon laufen, die Wünsche des Kunden entgegennehmen, schwerwiegende Entschlüsse fassen, großangelegte Überredungen ausführen – vor allem aber während des Ganzen unwillkürlich durch die Zimmerwand Harras Bericht erstatten.

Vielleicht wartet er gar nicht das Ende des Gespräches ab, sondern erhebt sich nach der Gesprächsstelle, die ihn über den Fall genügend aufgeklärt hat, huscht nach seiner Gewohnheit durch die Stadt und, ehe ich die Hörmuschel aufgehängt habe, ist er vielleicht schon daran, mir entgegenzuarbeiten.

(Aus: Franz Kafka, Sämtliche Erzählungen. Frankfurt: Fischer 1970 (= Fischer Bücherei 1078), S. 300f.)

Arbeitshinweise
1. *Wie ist die Geschichte aufgebaut? (Erstellen Sie eine Gliederung!)*
2. *Wer erzählt die Geschichte? Wie sieht sich das Ich im 1. Absatz?*
3. *Wie sieht die Beziehung des Ichs zum Nachbarn aus? Wodurch wird diese besondere Beziehung gekennzeichnet? (Beachten Sie bitte vor allem die Wortwahl!)*
4. *Welche Wandlung geht in dem Ich vor? Aus welchen Gründen?*
5. *Welche Bedeutung hat die Küche?*

FRANZ KAFKA, **Der Kübelreiter**

Zur Biographie des Autors vgl. S. 88.

Diese Erzählung, die auf den Kohlenmangel in Notzeiten (Kriege) anspielt und dadurch einen sonst bei Kafka ungewöhnlichen direkten Zeitbezug hat, erschien erst 1921 in der Weihnachtsbeilage der „Prager Presse", obwohl sie schon 1917 geschrieben wurde.
Ursprünglich war ihre Veröffentlichung in dem Erzählband „Ein Landarzt" vorgesehen; der Autor zog den Text jedoch kurzfristig zurück – vermutlich enthielt er zuviel Zeitkritik.

Lesehinweis:

Franz Kafka, Sämtliche Erzählungen. Frankfurt: Fischer 1970 (= Fischer Bücherei 1078).

Ernst Johann (Hrsg.), Innenansicht eines Krieges. Deutsche Dokumente 1914–1918. München: dtv 1974 (= dtv 893).

Hans Herzfeld, Der Erste Weltkrieg. München: dtv 1970 (= dtv – Weltgeschichte des 20. Jahrhunderts Bd. 1).

Verbraucht alle Kohle; leer der Kübel; sinnlos die Schaufel; Kälte atmend der Ofen; das Zimmer vollgeblasen von Frost; vor dem Fenster Bäume starr im Reif; der Himmel, ein silberner Schild gegen den, der von ihm Hilfe will. Ich muß Kohle haben; ich darf doch nicht erfrieren; hinter mir der erbarmungslose Ofen, vor mir der Himmel ebenso, infolgedessen muß ich scharf zwischendurch reiten und in der Mitte beim Kohlenhändler Hilfe suchen. Gegen meine gewöhnlichen Bitten aber ist er schon abgestumpft; ich muß ihm ganz genau nachweisen, daß ich kein einziges Kohlenstäubchen mehr habe und daß er daher für mich geradezu die Sonne am Firmament bedeutet. Ich muß kommen wie der Bettler, der röchelnd vor Hunger an der Türschwelle verenden will und dem deshalb die Herrschaftsköchin den Bodensatz des letzten Kaffees einzuflößen sich entscheidet; ebenso muß mir der Händler, wütend, aber unter dem Strahl des Gebotes „Du sollst nicht töten!" eine Schaufel voll in den Kübel schleudern.

Meine Auffahrt schon muß es entscheiden; ich reite deshalb auf dem Kübel hin. Als Kübelreiter, die Hand oben am Griff, dem einfachsten Zaumzeug, drehe ich mich beschwerlich die Treppe hinab; unten aber steigt mein Kübel auf, prächtig, prächtig; Kamele, niedrig am Boden hingelagert, steigen, sich schüttelnd unter dem Stock des Führers, nicht schöner auf. Durch die festgefrorene Gasse geht es in ebenmäßigem Trab; oft werde ich bis zur Höhe der ersten Stockwerke gehoben; niemals sinke ich bis zur Haustüre hinab. Und außergewöhnlich hoch schwebe ich vor dem Kellergewölbe des Händlers, in dem er tief unten an seinem Tischchen kauert und schreibt; um die übergroße Hitze abzulassen, hat er die Tür geöffnet.

„Kohlenhändler!" rufe ich mit vor Kälte hohlgebrannter Stimme, in Rauchwolken des Atems gehüllt, „bitte, Kohlenhändler, gib mir ein wenig Kohle. Mein Kübel ist schon so leer, daß ich auf ihm reiten kann. Sei so gut. Sobald ich kann, bezahle ich's."

Der Händler legt die Hand ans Ohr. „Hör ich recht?" fragte er über die Schulter weg seine Frau, die auf der Ofenbank strickt, „hör ich recht? Eine Kundschaft."

„Ich höre gar nichts", sagte die Frau, ruhig aus- und einatmend über den Stricknadeln, wohlig im Rücken gewärmt.

„O ja", rufe ich, „ich bin es; eine alte Kundschaft; treu ergeben; nur augenblicklich mittellos."

„Frau", sagte der Händler, „es ist, es ist jemand; so sehr kann ich mich doch nicht täuschen; eine alte, eine sehr alte Kundschaft muß es sein, die mir so zum Herzen zu sprechen weiß."

„Was hast du, Mann?" sagt die Frau und drückt, einen Augenblick ausruhend, die Handarbeit an die Brust, „niemand ist es, die Gasse ist leer, alle unsere Kundschaft ist versorgt; wir können für Tage das Geschäft sperren und ausruhn."

„Aber ich sitze doch hier auf dem Kübel", rufe ich und gefühllose Tränen der Kälte verschleiern mir die Augen, „bitte seht doch herauf; Ihr werdet mich gleich entdecken; um eine Schaufel voll bitte ich; und gebt Ihr zwei, macht Ihr mich überglücklich. Es ist doch schon alle übrige Kundschaft versorgt. Ach, hörte ich es doch schon in dem Kübel klappern!"

„Ich komme", sagt der Händler und kurzbeinig will er die Kellertreppe emporsteigen, aber die Frau ist schon bei ihm, hält ihn beim Arm fest und sagt: „Du bleibst. Läßt du von deinem Eigensinn nicht ab, so gehe ich hinauf. Erinnere dich an deinen schweren Husten heute nacht. Aber für ein Geschäft und sei es auch nur ein eingebildetes, vergißt du Frau und Kind und opferst deine Lungen. Ich gehe." „Dann nenn ihm aber alle Sorten, die wir auf Lager haben; die Preise rufe ich dir nach." „Gut", sagt die Frau und steigt zur Gasse auf. Natürlich sieht sie mich gleich. „Frau Kohlenhändlerin", rufe ich, „ergebenen Gruß; nur eine Schaufel Kohle; gleich hier in den Kübel; ich führe sie selbst nach Hause; eine Schaufel von der schlechtesten. Ich bezahle sie natürlich voll, aber nicht gleich, nicht gleich." Was für ein Glockenklang sind die zwei Worte „nicht gleich" und wie sinnverwirrend mischen sie sich mit dem Abendläuten, das eben vom nahen Kirchturm zu hören ist!

„Was will er also haben?" ruft der Händler. „Nichts", ruft die Frau zurück, „es ist ja nichts; ich sehe nichts, ich höre nichts; nur sechs Uhr läutet es und wir schließen. Ungeheuer ist die Kälte; morgen werden wir wahrscheinlich noch viel Arbeit haben."

Sie sieht nichts und hört nichts; aber dennoch löst sie das Schürzenband und versucht mich mit der Schürze fortzuwehen. Leider gelingt es. Alle Vorzüge eines guten Reittieres hat mein Kübel; Widerstandskraft hat er nicht; zu leicht ist er; eine Frauenschürze jagt ihm die Beine vom Boden.

„Du Böse", rufe ich noch zurück, während sie, zum Geschäft sich wendend, halb verächtlich, halb befriedigt mit der Hand in die Luft schlägt, „du Böse! Um eine Schaufel von der schlechtesten habe ich gebeten und du hast sie mir nicht gegeben." Und damit steige ich in die Regionen der Eisgebirge und verliere mich auf Nimmerwiedersehen.

(Aus: Franz Kafka, Sämtliche Erzählungen. Frankfurt: Fischer 1970 (= Fischer Bücherei 1078), S. 195 f.)

Arbeitshinweise
1. Wie ist der Text aufgebaut?
2. Ist die Erzählung realistisch? Wo sind Grenzüberschreitungen der Wirklichkeit zu erkennen?
3. Was bedeutet die Frage des Händlers an seine Frau: „Höre ich recht? Eine Kundschaft?"
4. Welche Bedeutung hat die Antwort der Frau: „Ich höre gar nichts."?
5. Vergleichen Sie, in welchen Verhältnissen der Kübelreiter, der Kohlenhändler und seine Frau leben und was über sie gesagt wird!
6. Was suchte der Mann mit dem Kübel?
7. Welche Probleme will der Autor durch diesen Text zum Ausdruck bringen?

EDVARD MUNCH, **Der Schrei**

Edvard Munch (1863 in Loeiten geboren, 1944 in Ekely gestorben) war norwegischer Maler und Grafiker. In den meist düster gestimmten Darstellungen bringt er menschliche Grunderfahrungen wie Angst, Krankheit, Tod, Liebe und Sexus zum Ausdruck. Munch sieht den Menschen zur Einsamkeit und Angst verdammt. Inmitten einer Menschenmenge fühlt sich nach seiner Auffassung der einzelne ebenso verlassen, als wenn er allein der Natur gegenübersteht, die ihn in Panik versetzt und wie ein Tier aufschreien läßt. Mit der Betonung expressiver Gefühlsaussagen wies er einer neuen Kunstrichtung (Expressionismus) den Weg.
„Der Schrei" ist 1893 zunächst als Ölgemälde entstanden (Größe: 91 x 74 cm; Standort: Nationalgalerie Oslo), 1895 dann als Lithographie mit identischem Motiv (Größe: 35 x 25 cm). Zur Entstehung des Bildes notierte Munch: „An einem Abend ging ich auf einem Weg spazieren – auf der einen Seite lag die Stadt, und unter mir der Fjord. Ich war müde und krank – ich blieb stehen und sah hinaus über den Fjord – die Sonne ging gerade unter – die Wolken waren rot gefärbt wie Blut.
Ich fühlte, wie ein Schrei durch die Natur ging; mir schien, daß ich den Schrei hören konnte. Ich malte dieses Bild – malte die Wolken als richtiges Blut. – Die Farben schrien. – Daraus wurde das Bild ‚Der Schrei' aus dem ‚Lebensfries'."
Auf den Druck schrieb Munch: „Ich fühlte das große Geschrei durch die Natur."
1937 wurden viele seiner Werke in deutschen Museen als „entartet" beschlagnahmt. Der Maler hinterließ sein gesamtes Werk der Stadt Oslo, in der er lange gelebt und gewirkt hat; 1963 wurde ein Munch-Museum eingerichtet.

Lesehinweis:
DuMont's kleines Lexikon des Expressionismus, hrsg. von Joseph-Emile Muller. Köln: DuMont 1972 (= dumont kunst-taschenbücher 13).

Arbeitshinweise (Seite 372)
1. Wie bringt Munch das Phänomen „Angst" zur Darstellung?
2. Es gibt Philosophen, die sagen, Angst sei ein entscheidendes Kennzeichen des 20. Jahrhunderts. Stimmen Sie dieser Auffassung zu?

(Aus: Thomas M. Messer, Edvard Munch. Köln: DuMont 1976.)

GOTTFRIED BENN, **Nur zwei Dinge**

Benn wurde 1886 in Mansfeld/Brandenburg geboren. Bis zu seinem Tod im Jahr 1956 in Berlin war er Facharzt für Haut- und Geschlechtskrankheiten: Dadurch waren dem jungen Mediziner in der Praxis Krankheit und Verfall des Menschen schmerzlich bewußt geworden.

Benn bekannte sich zunächst zum Nationalsozialismus, wandte sich aber später von ihm ab. In der Geschichte sah der Autor nur eine Abfolge von Krisen und Katastrophen; einen Sinn konnte er in ihr nicht entdecken. Nur in der Kunst meinte er Sinnvolles und Dauerhaftes schaffen zu können. Das folgende Gedicht gehört zu den „Statischen Gedichten", die er in seinen letzten Lebensjahren geschrieben hat.

Walter Lennig berichtet über Benn: *„Er, Gottfried Benn, war ein Monomane[1] des Worts. Jedesmal bewegte es ihn, jedesmal stimmte er aus voller Überzeugung zu, wenn er las: ‚Im Anfang war das Wort.' Diesen gewaltigen Spruch hat er mir einmal geradezu vorwurfsvoll entgegengehalten, als ich ihm eine kleine Lesefrucht von Sigmund Freud mitbrachte, worin es hieß: ‚Worte waren ursprünglich Zauber, und das Wort hat noch heute viel von seiner alten Zauberkkraft bewahrt.' "* (S. 144 f.)

Benn selber äußerte einmal: *„Ich sehe die Kunst die Religion dem Range nach verdrängen. Innerhalb des allgemeinen europäischen Nihilismus ... erblicke ich keine andere Transzendenz[2] als die Transzendenz der schöpferischen Lust"*. (Ges. Werke, Bd. 4, S. 235)

Lesehinweis:

Walter Lennig, Gottfried Benn in Selbstzeugnissen und Bilddokumenten. Reinbek: Rowohlt 1962 (= rowohlts monographien 71).

Durch so viel Formen geschritten,
durch Ich und Wir und Du,
doch alles blieb erlitten
durch die ewige Frage: wozu?

Das ist eine Kinderfrage.
Dir wurde erst spät bewußt,
es gibt nur eines: ertrage
– ob Sinn, ob Sucht, ob Sage –
dein fernbestimmtes: Du mußt.

Ob Rosen, ob Schnee, ob Meere,
was alles erblühte, verblich,
es gibt nur zwei Dinge: die Leere
und das gezeichnete Ich.

(Aus: Gottfried Benn, Gesammelte Werke, Bd. 1. Wiesbaden: Limes 1960, S. 342.)

1 an Monomanie (auf einen Punkt gerichtete Wahnvorstellung) Leidender
2 das Überschreiten der Grenzen des Bewußtseins

Arbeitshinweise

1. Erläutern Sie die Form des Gedichts!
2. Wie steht Benn zum Wir, wie zum Du, und wie wird das Ich gesehen?
3. Ermitteln Sie die Bedeutung der Frage „wozu?"!
4. Welches sind die zwei Dinge, die es ‚nur' gibt? Nehmen Sie zu dieser Aussage Stellung!

HEINRICH BÖLL, **Über mich selbst**

Böll wurde 1917 in Köln geboren; er gehört heute zu den erfolgreichsten Schriftstellern der Gegenwart (1972 Nobelpreis für Literatur). In einigen Aufsätzen und Interviews hat er Erinnerungen, Eindrücke und Erlebnisse aus seinem Leben aufgezeichnet; so auch in dem Essay „Über mich selbst" (1958). Böll entstammt einem freiheitlich gesinnten Elternhaus. Die Atmosphäre eines toleranten und humanen Katholizismus bedeutete für ihn ein Gegengewicht zur nationalsozialistischen Erziehung.

Nach dem Abitur begann Böll eine Lehre im Buchhandel. Sein Studium der Germanistik wurde unterbrochen, weil er von 1939–1945 als Soldat am Krieg teilnehmen mußte.

Nach 1945 kehrte er in das vom Krieg zerstörte Köln zurück. In dieser Zeit nahm er das Schreiben wieder auf. Die ersten Arbeiten blieben unveröffentlicht – sie waren im Keller des Kölner Hauses verbrannt. Was den Schriftsteller bewegte, hat er in dem abgedruckten Essay selbst formuliert: „*Schreiben wollte ich immer, versuchte es schon früh, fand aber die Worte erst später.*"
Heute lebt Böll in seiner Heimatstadt Köln.

Lesehinweis:

Heinrich Böll, Aufsätze. Kritiken. Reden. Köln: Kiepenheuer & Witsch 1967 (auch als Taschenbuch bei dtv 616/617).

Im Gespräch: Heinrich Böll mit Heinz Ludwig Arnold. München: Boorberg 1971 (= Edition Text und Kritik).

Geboren bin ich in Köln, wo der Rhein, seiner mittelrheinischen Lieblichkeit überdrüssig, breit wird, in die totale Ebene hinein auf die Nebel der Nordsee zufließt; wo weltliche Macht nie so recht ernst genommen worden ist, geistliche Macht weniger ernst, als man gemeinhin in deutschen Landen glaubt; wo man Hitler mit Blumentöpfen bewarf, Göring öffentlich verlachte, den blutrünstigen Gecken, der es fertigbrachte, sich innerhalb einer Stunde in drei verschiedenen Uniformen zu präsentieren; ich stand, zusammen mit Tausenden Kölner Schulkindern Spalier, als er in der dritten Uniform, einer weißen, durch die Stadt fuhr; ich ahnte, daß der bürgerliche Unernst der Stadt gegen die neu heraufziehende Mechanik des Unheils nichts ausrichten würde; geboren in Köln, das seines gotischen Domes wegen berühmt ist, es aber mehr seiner romanischen Kirchen wegen sein müßte; das die älteste Judengemeinde Deutschlands beherbergte und sie preisgab;

Bürgersinn und Humor richteten gegen das Unheil nichts aus, jener Humor, so berühmt wie der Dom, in seiner offiziellen Erscheinungsform schreckenerregend, auf der Straße manchmal von Größe und Weisheit.

Geboren in Köln, am 21. Dezember 1917, während mein Vater als Landsturmmann Brückenwache schob; im schlimmsten Hungerjahr des Weltkrieges wurde ihm das achte Kind geboren; zwei hatte er schon früh beerdigen müssen; während mein Vater den Krieg verfluchte und den kaiserlichen Narren, den er mir später als Denkmal zeigte. „Dort oben", sagte er, „reitet er immer noch auf seinem Bronzegaul westwärts, während er doch schon so lange in Doorn Holz hackt"; immer noch reitet er auf seinem Bronzegaul westwärts. Meine väterlichen Vorfahren kamen vor Jahrhunderten von den britischen Inseln, Katholiken, die der Staatsreligion Heinrichs VIII. die Emigration vorzogen. Sie waren Schiffszimmerleute, zogen von Holland herauf rheinaufwärts, lebten immer lieber in Städten als auf dem Land, wurden, so weit von der See entfernt, Tischler. Die Vorfahren mütterlicherseits waren Bauern und Bierbrauer; eine Generation war wohlhabend und tüchtig, dann brachte die nächste den Verschwender hervor, war die übernächste arm, brachte wieder den Tüchtigen hervor, bis sich im letzten Zweig, aus dem meine Mutter stammte, alle Weltverachtung sammelte und der Name erlosch.

Meine erste Erinnerung: Hindenburgs heimkehrende Armee, grau, ordentlich, trostlos zog sie mit Pferden und Kanonen an unserem Fenster vorüber; vom Arm meiner Mutter aus blickte ich auf die Straße, wo die endlosen Kolonnen auf die Rheinbrücken zumarschierten; später: die Werkstatt meines Vaters: Holzgeruch, der Geruch von Leim, Schellack und Beize; der Anblick frischgehobelter Bretter, das Hinterhaus einer Mietskaserne, in der die Werkstatt lag; mehr Menschen, als in manchem Dorf leben, lebten dort, sangen, schimpften, hängten ihre Wäsche auf die Recks; noch später: die klangvollen germanischen Namen der Straßen, in denen ich spielte: Teutoburger-, Eburonen[1]-, Veledastraße, und die Erinnerung an Umzüge, wie mein Vater sie liebte, Möbelwagen, biertrinkende Packer, das Kopfschütteln meiner Mutter, die ihren Herd liebte, auf dem sie das Kaffeewasser immer kurz vor dem Siedepunkt zu halten verstand. Nie wohnten wir weit vom Rhein entfernt, spielten auf Flößen, in alten Festungsgräben, in Parks, deren Gärtner streikten; Erinnerung an das erste Geld, das ich in die Hand bekam, es war ein Schein, der eine Ziffer trug, die Rockefellers Konto Ehre gemacht hätte: 1 Billion Mark; ich bekam eine Zuckerstange dafür; mein Vater holte die Lohngelder für seine Gehilfen in einem Leiterwagen von der Bank; wenige Jahre später waren die Pfennige der stabilisierten Mark schon knapp, Schulkameraden bettelten mich in der Pause um ein Stück Brot an; ihre Väter waren arbeitslos; Unruhen, Streiks, rote Fahnen, wenn ich durch die am dichtesten besiedelten Viertel Kölns mit dem Fahrrad in die Schule fuhr; wieder einige Jahre später waren die Arbeitslosen untergebracht, sie wurden Polizisten, Soldaten, Henker, Rüstungsarbeiter – der Rest zog in die Konzentrationslager; die Statistik stimmte, die Reichsmark floß in Strömen; bezahlt wurden die Rechnungen später, von uns, als wir, inzwischen unversehens Männer geworden, das Unheil zu entziffern versuchten und die Formel nicht fanden; die Summe des Leidens war zu groß für die wenigen, die eindeutig als schuldig zu erkennen waren; es blieb ein Rest, der bis heute nicht verteilt ist.

---
1 keltischer Stamm am Rhein

Schreiben wollte ich immer, versuchte es schon früh, fand aber die Worte erst später.

(Aus: Heinrich Böll, Erzählungen. Hörspiele. Aufsätze. Köln: Kiepenheuer & Witsch 1961, S. 396–398.)

Arbeitshinweise
1. Welche wichtigen biographischen Daten lassen sich diesem Essay entnehmen?
2. Welche historischen Ereignisse werden von Böll angedeutet? Wodurch verdeutlicht er die jeweilige Epoche (Sprache, Bilder)? Warum arbeitet der Autor mit diesen sprachlichen Mitteln?
3. Wie kritisiert der Autor die jeweilige historische Entwicklung?
4. Analysieren Sie die Bedeutung der Aussage des Schriftstellers über ‚sein' Schreiben!

CHRISTA REINIG, **Gott schuf die Sonne**

Christa Reinig wurde 1926 in einem Berliner Arbeiterviertel geboren. Sie war mehrere Jahre in einer Fabrik tätig, wurde dann zur Arbeiter- und Bauernfakultät (vgl. S. 41) delegiert und studierte von 1953 bis 1956 Kunstgeschichte und Archäologie. Bis 1963 war sie wissenschaftliche Assistentin am Märkischen Museum in Ost-Berlin. Seit Januar 1964 lebt die Schriftstellerin in der Bundesrepublik.

Ihre Gedichte sind in besonderer Weise den von der Gesellschaft Ausgestoßenen und den hilflosen Opfern der Gewalt gewidmet.

Ich rufe den wind
wind antworte mir
ich bin sagte der wind
bin bei dir

ich rufe die sonne
sonne antworte mir
ich bin sagt die sonne
bin bei dir

ich rufe die sterne
antwortet mir
wir sind sagen die sterne
alle bei dir

ich rufe den menschen
antworte mir
ich rufe – es schweigt
nichts antwortet mir

(Aus: Christa Reinig, Gedichte. Frankfurt: Suhrkamp 1963, S. 34.)

Arbeitshinweise
1. Wie ist das Gedicht aufgebaut (Struktur, Reim)? Erklären Sie den Aufbau der einzelnen Strophen! Inwiefern unterscheidet sich die letzte Strophe von den anderen?
2. Wonach wird in dem Gedicht gefragt? Wie heißen die Antworten?
3. Warum erhält der Fragende zum Schluß von „den Menschen" keine Antwort?

Françoise Sagan, **Die Einsamkeit der BB**

Françoise Sagan (geb. 1935), französische Schriftstellerin, hatte als Achtzehnjährige ihren ersten Welterfolg mit dem Roman „Bonjour Tristesse". Das Grundthema ihrer Bücher, die auch hohe Auflagen in Deutschland erreichten, ist das Gefühl der Einsamkeit, der Langeweile und der Sinnlosigkeit.

Brigitte Bardot (geb. 1934), französische Filmschauspielerin, wurde von dem Regisseur Roger Vadim, mit dem sie in erster Ehe verheiratet war, entdeckt. Er machte die „BB" – wie sie später genannt wurde – zum populärsten, typbildenden Filmstar in den 50er und 60er Jahren. Ihre bekanntesten Filme: „Und immer lockt das Weib" (1956), „Das Gänseblümchen wird entblättert" (1956), „Babette zieht in den Krieg" (1959), „Viva Maria" (1965).

Sagan: Nun kennen wir beide uns seit gut 20 Jahren. Es war Sommer 1955, als ich dich zum erstenmal hier in Saint-Tropez traf. Aber was wissen wir schon voneinander? Wir haben gelegentlich ein Lächeln getauscht, ein „Hallo", aber wer bist du wirklich? Was hast du aus deinem Leben gemacht? Weißt du es selbst überhaupt?

Bardot: Ich glaube es zu wissen, ja ... Ich bin wohl eine Frau, die in ihrer Karriere Erfolg und dafür ihr Privatleben versäumt hat. Darum will ich auch nicht mehr arbeiten; ich will versuchen, mein wirkliches Leben zu finden. Bis jetzt war es nur ein ewiges Hin und Her.

FS – Hat dich deine Karriere gehindert zu leben? Schließlich bist du nicht nur berühmt, was sicher manchmal lästig ist, sondern auch reich und unabhängig.

BB – Sicher. Aber was bedeutet schon Unabhängigkeit? Die Männer, denen du begegnest, sind dir doch unterlegen, es sei denn, du triffst einen, der genauso unabhängig ist. Männer sind nur unabhängig, wenn sie reich sind. Nur, ich mag keine reichen Leute, und auch nicht die Mentalität, die sie haben. Sie glauben, sie können alles kaufen ... mich eingeschlossen. Wenn ich aber einen Mann gern habe, der ist, sagen wir, wie jeder andere, unbekannt, in einer normalen Position, dann hat unsere Beziehung von Anfang an einen falschen Klang, wir sind ein verwundbares Paar ... es ist immer die bekannte Person, die hervorsticht, also ist das Paar schon ungleich.

FS – Er ist eine Art Prinzgemahl.

BB – Ja, „der Liebhaber von BB" schreiben dann die Zeitungen. Einem, den ich gern hätte, mag ich das nicht antun. [...]

FS – Was veranlaßt die Menschen bloß, sich auf all diese gewalttätigen und erotischen Filme zu stürzen?

BB – Vielleicht wollen sie nur auf der Leinwand verwirklicht sehen, was sie in sich selbst ersticken. Das bedeutet für sie dann so etwas wie eine Befreiung von angestauter Aggressivität.

FS – Du glaubst doch nicht, daß all diese erotischen Geschichten, mit denen man uns überschüttet, diese Zurschaustellung aller sexuellen Komplikationen irgend etwas mit Liebe, auch mit körperlicher Liebe, zu tun haben? Sie sind doch wohl deren Negation?

BB – Ja, für mich muß die Liebe von Geheimnis, von Stille umgeben sein. Für mich ist sie eine Privatangelegenheit, reich, komplex, und doch gleichzeitig sehr einfach ... Je mehr man von all dem spricht, von Perversionen, von Accessoires[1] usw. ... desto weniger habe ich Lust, Liebe zu machen! Ich glaube, daß der Exhibitionismus[2] nichts weiter ist als verdrängte Scham, aber Scham. Ich muß zugeben, daß ich mein Privatleben ziemlich verfehlt habe. Ich war verliebt, sicher, aber wenn dann ein Film gedreht werden mußte, in Südspanien, konnte mein Freund nicht mitkommen und während der dreimonatigen Drehzeit bei mir sein ... und wenn ich dann meinen Liebhaber drei Monate lang nicht sah, nun dann habe ich mir einen anderen gesucht.

FS – Komisch, in vielen Dingen haben wir dieselben Reaktionen. Im Grunde sind wir alle beide entsetzlich normal ... weil wir beide eine bürgerliche Erziehung gehabt haben?

BB – Das stimmt; ich weiß, daß ich gesund bin. Manchmal sage ich mir, diese Einfachheit ist ein bißchen lächerlich, altmodisch; aber da ist nichts zu machen, ich bin nun einmal so. Beispiel: Ich nehme keine Drogen, ich habe sogar eine heillose Angst vor Drogen. Und ich muß auch zugeben, daß ich nicht verstehe, weshalb man sich langsam selbst kaputtmacht. Dann lieber gleich Selbstmord. Drogen, das ist allmählicher Tod, totale Versklavung, und ebenso wie ich es hasse, Sklave zu sein, ebensosehr liebe ich die Liebe mit dem Mann, der zu mir gehört. Zu zweit, nicht einer mehr, und auf normale Art; ich muß wohl „out" sein, nicht?

FS – Ich auch. Wir sind wirklich unsere vierzig Jahre alt, wie?

BB – Ja, und mit vierzig Jahren ist man eben so!

FS – Wir sind vierzig Jahre alt seit vierzig Jahren...

BB – Das hindert nicht daran, Dinge im Leben zu lieben: einen frischen Wind, ein Erröten, Dinge, über die man vielleicht gar nicht spricht.

FS – Hast du deinen Beruf geliebt?

BB – Nicht wirklich, nein. Am Anfang machte es mir Spaß; ich hatte mir nie träumen lassen, zum Film zu gehen. Als es ganz plötzlich dazu kam, war ich sehr jung, und das Ganze erschien mir wie ein Märchen. Aber ich habe schnell begriffen, daß es nicht nur ein Märchen, sondern vor allem Arbeit war. Am Anfang kann man Glück haben, aber dann muß man hart arbeiten. Ich habe manchmal bis zur Erschöpfung gearbeitet.

FS – Möchtest du gern noch weiter filmen?

BB – Wenn du mich so fragst – nein ... Aber vielleicht deshalb, weil man von mir immer nur verlangt, ein Bild zu sein, ein Objekt, belanglose Dinge zu tun. Wenn man mir eines Tages vorschlagen würde, eine sinnvolle, ernste Rolle zu spielen, unter einem großen Regisseur, ich glaube, daß ich dann gern wieder filmen würde. [...]

FS – Hast du Sartre[3] oder Simone de Beauvoir[4] kennengelernt? Sie hat ein Essay über dich geschrieben...

BB – Nein, aber ich würde sie gern kennenlernen ... Ein Journalist hat

---

[1] Modisches Beiwerk
[2] Krankhafte Neigung zur öffentlichen Entblößung
[3] Jean-Paul Sartre, frz. Philosoph und Schriftsteller
[4] Frz. Schriftstellerin; vgl. S. 136 des Kritischen Lesebuchs

mich einmal gefragt, weshalb ich nicht mit interessanten Leuten zusammenkäme? Ich habe ihm geantwortet: Das möchte ich auch gern wissen! Berühmt sein, bewirkt Isolierung, das ist wahr...

FS – Wie eine Sperre um dich herum ... Im Grunde haben wir uns alle beide aus unserer Berühmtheit nichts gemacht, nicht? Alles kam zu schnell, dieser Erfolg stand irgendwie nicht im richtigen Verhältnis zu dem, was man geleistet hatte, was man war?

BB – Ich begriff nicht richtig, was mit mir geschah. Ich habe es übrigens nie richtig begriffen...

FS – Hat dich der Erfolg irritiert?

BB – Ich fühle mich ein bißchen angeekelt, übersättigt... Übrigens...

FS – Ich glaube, daß man in dem Maße davongekommen ist, wie man nicht eitel geworden ist. Und außerdem, ich schreibe gern.

BB – Schreiben, das ist nicht das gleiche. Du, du bist ganz allein, und da machst du, was du willst mit deiner weißen Seite und deinem Bleistifft.

FS – Weißt du, wenn ich Proust[1] lese, habe ich den Eindruck, daß das, was ich will, und das, was ich kann, nicht das gleiche ist.

BB – Trotzdem, du bist doch frei, Alleinherrscher an Bord ... Beim Film dagegen bist du von tausend Dingen abhängig, selbst wenn du dich zerreißt, dein Äußerstes gibst, abhängig vom Partner, vom Regisseur, vom Operateur, von jedem Dingsda. Das ist es, was mich beim Film stört. [...]

---
1 Marcel Proust (1871–1922), frz. Schriftsteller

FS – Bereust du etwas? Hat es in deinem Leben falsche Entscheidungen gegeben?

BB – Haufenweise! Du kannst dir nicht vorstellen, wie gern ich es gehabt hätte, wenn Picasso ein Porträt von mir gemalt hätte. Weshalb? Vielleicht weil es etwas ist, was mir geblieben wäre... Ich habe Picasso kennengelernt, als ich 18 Jahre alt war. Beim Festival in Cannes. Ich war noch nicht bekannt, ich war überhaupt nichts. Nun, er hat mich bei sich empfangen, er war bewundernswert, er hat mir eine Menge Dinge erzählt, und dann habe ich ihn nie mehr wiedergesehen.

FS – Das ist schade. Verkapselst du dich nicht ein wenig?

BB – Das ist eine Art Sperre, von der du sprachst ... Und dann, weißt du, ist alles unecht. Der Typ, der mich irgendwo trifft, denkt: Ich werde Brigitte Bardot begegnen, und er setzt sich Flausen in den Kopf. Er ist versteinert, und ich sage mir: Er kommt, um Brigitte Bardot zu sehen, diese Frau, die ich nicht kenne, und schon höre ich auf, natürlich zu sein. Und dann, die Journalisten – wenn ich einmal mit einem Jungen ausgehe, den sie nicht kennen, dann verfolgen sie mich stundenlang, und am nächsten Tag schreiben sie „das ist der neue Verlobte von BB" oder „das ist der neue Liebhaber von BB". Widerlich!

FS – Ich habe am Anfang eine gute Methode gefunden, um sie zu entmutigen; man sah mich bei allen Veranstaltungen, in allen Nachtlokalen ... Nun, ein paar Monate später waren die Journalisten meiner überdrüssig. Und ich hatte Frieden.

BB – Ich kann zu zehn Veranstaltungen gehen und mich fotografieren lassen, aber wenn ich zu einer elften gehe und ein Mann begleitet mich, den sie noch nicht gesehen haben, dann verfolgen mich die Reporter kilometerweit. [...]

FS – Und dieses Gefühl der Einsamkeit, hast du den Eindruck, daß es mit der Zeit größer wird oder abnimmt?

BB – Es wird eher größer, aber jetzt akzeptiere ich es, während ich es früher nicht akzeptierte.

FS – Woran denkst du, wenn du dich unglücklich fühlst, um dich aufzurichten?

BB – An einen Haufen Dinge. Nun, ich sage mir, daß es Leute gibt, die ihr ganzes Leben arbeiten, um Geld zu verdienen und um davon profitieren zu können. Ich dagegen, ich habe Geld, ich habe gearbeitet, ich habe sehr jung Geld bekommen und ich kann nicht davon profitieren.

FS – Donnerwetter! Das ist schlimm!

BB – Nun, wenn ich zum Beispiel reise, dann habe ich keine Sekunde Ruhe, Frieden. Die Journalisten, die Fotografen hängen sich mir an die Fersen, wohin ich auch gehe. Meine Reisen, das waren keine Reisen, das waren Reportagen, die man über mich in diesem oder jenem Land machte ... Etwas anderes: Schaufenster betrachten, in einer Boutique wühlen, ein Kleid wählen, das dir gefällt, das gehört zu den Freuden des Lebens, nicht? Nun, ich kann das nicht. Wenn ich in eine Boutique gehe, dann stehen fünf Minuten später zwanzig Leute da, die versuchen, mich auf dem Bürgersteig zu sehen. Ergebnis: Ich sehe mir zu Hause Zeitschriften an und schicke meine Sekretärin, damit sie mir die Dinge kauft, die ich hübsch finde. Weißt du, was ich liebend gern tun würde, es ist vielleicht idiotisch, aber es ist so, in die Galeries Lafayette[1] gehen, ohne daß mich jemand erkennt, umherbummeln und überall ganz frei herumstöbern. Oder: mich in Ruhe auf eine Café-Terrasse setzen. Du kannst nicht wissen, was für eine Lust ich habe, mich auf eine Café-Terrasse zu setzen.

FS – Und wenn du dich nicht um die Leute kümmern würdest, die stehenbleiben und dich anschauen?

BB – Das ist nicht möglich. Vor ein paar Tagen wollte ich zum Beispiel einen Kumpel vom Bahnhof in St. Raphaël abholen, um zehn Uhr abends. Ich komme an und stelle mich mit meinem Porsche in eine Ecke, nicht vor den Bahnhof. Der Porsche ist dunkelblau, und nicht mal eine Katze war zu sehen. Ich warte im Wagen, Fenster geschlossen; fünf Minuten später kommen vier kleine Jungen vorbei und bemerken mich. Nun, sie haben sich sogar aufs Verdeck gesetzt. „Das ist die Bardot! Das ist die Bardot! Laßt uns sehen, wie sie ist." Und andere idiotische Sachen. Ich konnte nichts machen. Ich habe dagesessen, bewegungslos, mit feuchten Händen, und habe auf meine Füße gesehen. Schließlich sind sie abgezogen. Danach kam eine Touristengruppe an. Eine Frau erkennt mich und kommt heran „Ein Autogramm! Ein Autogramm!" Ich war verrückt vor Wut. Als der Kumpel endlich da war,

---

1 Bekanntes Kaufhaus in Paris

war ich nicht mehr zu genießen! Was bleibt mir also übrig? Zu Hause bleiben. In meiner Luftblase, wie einer meiner Freunde sagt.

FS – Mir war nicht klar, daß es so schlimm ist.

BB – Du, du bist ein Name, du bist in der ganzen Welt bekannt, Millionen von Menschen haben dich gelesen, aber es gibt keine Millionen, die dich auf der Straße erkennen würden. Ich bin der Tribut, den ich dem Kino zahlen muß, aber niemand hat das Recht, ein so hohes Lösegeld zu fordern.

FS – Hast du ein Hobby, könntest du dir keine Rennpferde kaufen?

BB – Ich mache mir nichts aus Rennpferden. Alles, was ich tun kann, ist, die schönsten Dinge in meinem Haus zu haben. Aber wenn dir die Zimmerdecke auf den Kopf fällt, wenn man auf andere Gedanken kommen will, sagen sich alle Frauen, „gut, ich gehe auf die Straße, ich gehe einkaufen, ich sehe mir ein paar Schaufenster an, ich gehe in ein Café und trinke einen Pastis[1] und dann gehe ich nach Haus zurück". Danach geht es besser. Aber ich kann keine zehn Meter über die Straße gehen, ohne daß mich ein Fotograf verfolgt, selbst jetzt ...

FS – Und das Land ...

BB – Wir sind ins Périgord[2] gegangen, in die Dordogne[3]. Dort ist man wirklich richtig auf dem Lande, und die Menschen dort sind wunderbar. Aber ich konnte keinen Schritt machen, ohne daß ich ein paar Jungen und Mädchen auf dem Fahrrad hinter mir gehabt hätte oder die um mich herumkreisten und sagten „hm, Brigitte Bardot", und dann kamen die Mütter und sahen mich an ...

FS – Ja, aber wenn du drei Jahre am selben Ort bleibst, hört das auf.

BB – Ja, aber wenn du nur zum Wochenende hinfährst, ist das Wochenende verdorben: Man kann nicht spazierengehen. Also, was soll's? Ich liebe das Land, ich liebe die Tiere, ich liebe die Einsamkeit: Da glotzt mich keiner an. Die Kühe wollen ganz bestimmt kein Autogramm von mir.

FS – Also?

BB – Also, der Mythos BB, das ist vorbei. Aber Brigitte, das bin ich. Vielleicht wird man mich in fünf Jahren vergessen haben, vielleicht auch nicht. Dann werde ich 46 Jahre alt sein, und ich werde hoffentlich noch nicht häßlich sein. Und ich werde vielleicht endlich leben können wie jedermann. Ich warte auf diesen Moment, weißt du, ich träume davon. Dann werde ich Dinge tun, Dinge, die mir Spaß machen und für die ich verantwortlich bin. Kein schönes Objekt mehr, siehst du, sondern ein Mensch.

(Aus: Stern, Jg. 29, Nr. 16 vom 8.4.1976.)

Arbeitshinweise

1. Wie deutet Brigitte Bardot ihren Lebensweg? Beschreiben Sie die beiden Pole Beruf und Privatleben!
2. Welches Verhältnis hat BB zu anderen Menschen? Wie ist es zu erklären?
3. Welches ist das zentrale Problem der BB?
4. Wie gelingt es der Interviewerin Françoise Sagan, Brigitte Bardot zu Aussagen zu bringen?

---

1 Mixgetränk
2 Périgord: Landschaft im Südwesten Frankreichs
3 Dordogne: Département im Südwesten Frankreichs

15. VORURTEIL

Flugblatt für weiße Schüler

Seit über 100 Jahren werden in den USA die Schwarzen unterdrückt, isoliert und sozial „niedrig" gehalten. Die Regierung versucht, die inzwischen verbindliche Rechtsgleichheit zu verwirklichen – gegen den Widerstand breiter Kreise. 1962 wurde das folgende Flugblatt an verschiedenen Schulen in Mississippi verteilt.

Lesehinweis:
L. L. Matthias, Die Kehrseite der USA. Reinbek: Rowohlt 1971 (= rororo 1494).
Eldridge Cleaver, Nach dem Gefängnis. Reinbek: Rowohlt 1972 (= rororo 1553).
Bobby Seale, Wir fordern Freiheit. Der Kampf der Black Panther. Frankfurt: Fischer 1971 (= Fischer-Bücherei 1198).

Gott wollte, daß die Weißen für sich lebten und die Farbigen für sich lebten. Der weiße Mann hat Amerika für Euch aufgebaut. Weiße gründeten die Vereinigten Staaten, daher konnten sie die Gesetze machen. Der weiße Mann hat weite Wälder gerodet. Der weiße Mann ist immer freundlich zu den Negern gewesen. Wir müssen die Dinge so bewahren, wie Gott sie gemacht hat. Wir glauben *nicht, daß Gott will, daß wir zusammenleben.* Auch die Neger wollen für sich leben. Der Neger hat daher seinen eigenen Stadtteil für sich. Das bezeichnet man als unseren südlichen Lebensstil (Southern way of life). Wißt Ihr, daß etliche Leute wollen, daß die Weißen mit den Farbigen zusammenleben? Diese Leute wollen, daß wir unglücklich werden. Sie sagen, daß wir zusammen schwimmen gehen und die gleichen Duschräume benutzen sollen. Gott hat uns verschieden geschaffen, und *Gott weiß es am besten.* Diese Leute wollen unser Land schwächen. Wißt Ihr, daß unser Land schwach werden wird, wenn wir die Rassen vermischen? Weiße Männer haben hart gearbeitet, um unser Land aufzubauen. Wir wollen es stark und frei halten.
(Aus: Gerhart Schlott, Das Negerproblem in den USA. Opladen: Leske ²1970, S. 70.)

Arbeitshinweise
1. *Wie heißen die Thesen dieses Flugblattes? Wie werden sie begründet?*
2. *Was halten Sie von den vorgebrachten Argumenten?*
3. *Welcher Sprache bedient sich das Flugblatt?*
4. *Wie läßt sich der in dem Flugblatt zum Ausdruck kommende Haß gegenüber den Negern erklären?*
5. *Was ist ein Vorurteil? Warum gibt es sie?*
6. *Gibt es das in dem Flugblatt angesprochene Problem auch in der Bundesrepublik?*
7. *Entwerfen Sie ein Flugblatt, aus dem die gegensätzliche Meinung deutlich wird!*

Fred Marcus, **Schwarze und Weiße**

Arbeitshinweise
1. Beschreiben Sie die Zeichnung!
2. Wie gelingt es dem Zeichner, das Problem des Vorurteils darzustellen? Wodurch wird eine besondere Wirkung erzielt?

Eugen Helmlé, **Rassismus**

Seit 1971 lief im Hörfunk-Programm des NDR an jedem Sonnabend die Dialog-Serie „Papa, Charly hat gesagt ..." Es handelt sich um erdachte Gespräche zwischen Vater und Sohn über Fragen und Themen, die uns täglich beschäftigen können. Anlaß waren jeweils die Erfahrungen, die der Sohn im Elternhaus seines Freundes – dem Arbeitersohn Charly – gemacht hatte. Er benutzte sie, um seinem Vater, einem höheren Beamten, unbequeme Fragen zu stellen.

Im Grundgesetz (GG) der Bundesrepublik Deutschland sind im Artikel 3 folgende Grundrechte festgelegt:

(1) Alle Menschen sind vor dem Gesetz gleich.
(2) Männer und Frauen sind gleichberechtigt.
(3) Niemand darf wegen seines Geschlechtes, seiner Abstammung, seiner Rasse, seiner Sprache, seiner Heimat und Herkunft, seines Glaubens, seiner religiösen oder politischen Anschauungen benachteiligt oder bevorzugt werden.

Lesehinweis:
Papa, Charly hat gesagt ... [3 Bde.]. Reinbek: Rowohlt 1975/77/79 = rororo 1849, 4071, 4362.

Sohn: Papa, Charly hat gesagt, sein Vater hat gesagt, bei uns gibt's immer noch ...
Vater: Na, was gibt's immer noch?
Sohn: Ich weiß nicht mehr. Ich glaube, Bassisten.
Vater: Bassisten? Warum soll's die auch nicht mehr geben?
Ich glaube, du verwechselst das. Meinst du vielleicht was anderes?
Sohn: Vielleicht hat Charly auch gesagt Rassisten. Gibt's das?
Vater: Ja, das gibt's, Rassisten, aber die gibt's überall, nicht nur bei uns.
Sohn: Warum sagt denn Charlys Vater, es gibt sie immer noch? Soll's sie nicht mehr geben? Was sind denn Rassisten eigentlich?
Vater: Naja, wie soll ich dir das erklären, Rassisten, das sind Leute, die behaupten, daß es Rassen gibt, die mehr wert sind als andere Rassen. Daß die weiße Rasse zum Beispiel der schwarzen überlegen ist.
Sohn: Und das stimmt nicht?
Vater: Also in der Form, wie die Rassisten das behaupten, stimmt es nicht. Zum Beispiel hat der Rassismus irgendwie keine wissenschaftliche Basis, das heißt, wissenschaftlich ist die Überlegenheit unserer Rasse über die anderen noch nicht bewiesen.
Sohn: Und warum gibt es dann den Rassismus?
Vater: Warum gibt es ihn? So einfach läßt sich diese Frage nicht beantworten. Einerseits kann man verstehen, wie der Rassismus entstanden ist, ich meine, vom allgemein menschlichen Standpunkt: jeder versucht den anderen abzuwerten, um sich aufzuwerten, das gilt für den einzelnen wie für Gruppen. Andererseits ist er natürlich zu mißbilligen, vor allem dort, wo er zur Ideologie geworden ist und fast ausschließlich aus Vorurteilen besteht.
Sohn: Und was tun Rassisten?
Vater: Sie versuchen, die Angehörigen anderer Rassen zu unterdrücken und manchmal sogar auszurotten.
Sohn: Werden bei uns auch Schwarze unterdrückt?
Vater: Nein, das gibt es bei uns nicht. In Amerika gibt's das, in Südafrika, da herrscht Apartheid, das heißt soviel wie strenge Rassentrennung. Aber bei uns in Deutschland, da gibt es keine Spannungen zwischen Schwarz und Weiß, da kann so was nicht passieren. Wir haben nichts gegen Neger, wir haben eben keine Rassenvorurteile.
Sohn: Aber Charlys Vater sagt, bei Hitler hat es das auch gegeben.
Vater: Ja, aber mit Schwarzen hat das weniger zu tun gehabt. Das ist auch schon lange her. Das war während der Nazizeit. Im Krieg. Einerseits waren damals andere Zeiten und andererseits hat die Bevölkerung auch nichts davon gewußt.
Sohn: Wären die Leute dagegen gewesen, wenn sie es gewußt hätten?
Vater: Ganz bestimmt. Also wenn ich gewußt hätte, aber ich war ja damals noch viel zu jung, ich wäre ganz sicher dagegen gewesen. He, du, puste mir nicht in die Briefmarken. Und faß mir bloß keine an, mit deinen schmutzigen Fingern. Sag mal, du könntest dir ruhig ab und zu mal die Hände waschen.

Sohn: Du, Papa, krieg ich die eine Briefmarke, hier, die ausländische, die du doppelt hast?

Vater: Nein.

Sohn: Warum nicht?

Vater: Warum, warum. Frag nicht so dämlich. Du weißt genau, daß ich die zum Tauschen brauche.

Sohn: Du, Papa?

Vater: Ja, was ist?

Sohn: Du hast doch vorhin gesagt, daß es bei uns keine Rassenvorurteile gegen Schwarze gibt.

Vater: Richtig. Gibt es ja auch nicht.

Sohn: Und warum vermietet dann Frau Seidel nicht an Neger?

Vater: Wo hast du denn das her?

Sohn: Hat Charly gesagt. Hat Frau Seidel zu seiner Mutter gesagt. Die Neger nimmt sowieso keiner, die müssen lange suchen, ehe sie einer nimmt, und dann müssen sie auch mehr bezahlen als Weiße.

Vater: Das ist doch ausgemachter Quatsch. Weiße haben es genauso schwer bei der Wohnungssuche. Mit Rassismus hat das gar nichts zu tun. Es ist nur, weil die Wohnungen etwas knapp sind.
Aber die meisten Schwarzen sind eben überempfindlich, die bekommen alles gleich in den falschen Hals. Dabei ist Deutschland ein Land, wo man auch als Schwarzer leben kann, wenn man sich anständig benimmt und sich an Recht und Gesetz hält.

Sohn: Sag mal, Papa, warum sind denn die einen eigentlich weiß und die andern schwarz oder rot und so?

Vater: Das kann ich dir auch nicht sagen!

Sohn: Sonst weißt du immer alles.

Vater: Meine Güte, das mit den Hautfarben, das ist noch nicht so genau erforscht. Vielleicht liegt es an klimatischen Einflüssen, man weiß es nicht.

Sohn: Gibt es außer der Hautfarbe sonst keine Unterschiede?

Vater: Sicher gibt es noch andere Unterschiede.

Sohn: Was für Unterschiede sind das denn?

Vater: Also Neger zum Beispiel, die sind körperlich stärker. Deshalb findet man auch so viele gute Sportler unter ihnen, Läufer, Weitspringer, Boxer und so weiter. Darin sind sie uns wirklich überlegen, das muß man ganz ehrlich anerkennen. Auch Musiker gibt es ganz gute unter ihnen. Vor allem bei ihrer eigenen Musik, dem Jazz, da sind sie ganz groß.

Sohn: Aber neulich hast du doch gesagt, daß du Neger-Musik nicht magst?

Vater: Na und? Was hat das damit zu tun? Komm, komm, bleib mir von meinen Briefmarken weg, da hast du nichts zu suchen. Ich bin mehr für ernste Musik, für Oper und so. Und gerade da gibt es ja ganz ausgezeichnete schwarze Sänger.

Sohn: Gibt es auch was, wo Weiße besser sind?

Vater: Selbstverständlich. In geistiger Hinsicht zum Beispiel. Alle oder fast alle kulturellen und technischen Leistungen stammen von Weißen.

Sohn: Sind die Weißen intelligenter?

Vater: So pauschal kann man das nicht sagen. Aber nach den Leistungen zu urteilen, kann man es durchaus annehmen. Mit Rassismus hat das natürlich nichts zu tun.

Sag mal, kannst du nicht ruhig auf deinem Stuhl sitzen bleiben?

Sohn: Du, Papa, Charlys Schwester sagt, daß sie später einmal einen Neger heiraten will.

Vater: So? Hat sie das auch schon ihrem Vater beigebracht?

Sohn: Ja. Der hat gesagt, ihm ist das egal. Sie muß selber wissen, was sie tut.

Vater: Na ja, bei diesen Leuten darf einen das nicht wundern.

Sohn: Wieso?

Vater: Weil die Einstellung von Charlys Vater völlig verantwortungslos ist. So einfach kann man sich die Sache nicht machen.

Sohn: Wieso Papa? Ist das nicht gut, wenn man einen Schwarzen heiratet?

Vater: Im Prinzip ist natürlich nichts dagegen zu sagen. Aber man muß sich doch vor Augen halten, daß ein weißes Mädchen, das hier mit einem Schwarzen geht, daß das bald unten durch ist. Außerdem gehen solche Ehen selten gut aus, sie werden nämlich weder von den Schwarzen noch von den Weißen akzeptiert.

Sohn: Wieso?

Vater: Weil es eben besser ist, wenn Schwarz und Weiß unter sich bleibt.

Sohn: Warum sollen sie denn unter sich bleiben. Du hast doch vorhin gesagt, die Neger können in Deutschland gut leben.

Vater: Sicher, das können sie ja auch. Aber das heißt noch nicht, daß Schwarze und Weiße gleich heiraten sollen. Das führt doch zu nichts anderem als zum Rassenchaos. Die Leidtragenden sind schließlich immer nur die Kinder, die aus solchen Verbindungen hervorgehen. Die haben es überall schwerer als andere.

Sohn: Warum haben sie's schwerer? Sind sie dümmer?

Vater: Ja, zum einen, weil sie dümmer oder sagen wir besser geistig bedürfnisloser sind und zum andern, weil Mischlinge, und das ist allgemein bekannt, das kann man in jedem Lehrbuch über Vererbungslehre nachlesen, weil Mischlinge eben in der Regel die schlechten Eigenschaften beider Rassen mitbekommen.

Sohn: Dann bist du dafür, daß jede Rasse für sich bleiben soll?

Vater: Genauso ist es, mein Junge.

Sohn: Aber in Amerika und Südafrika, hast du gesagt, sind die Rassisten für Rassentrennung...

Vater: Nun, jaaa...

Sohn: Ist man dann nur in Amerika und Südafrika, wenn man für Rassentrennung ist, ein Rassist?

(Aus: „Papa, Charly hat gesagt..." Gespräche zwischen Vater und Sohn. Reinbek: Rowohlt 1976 (= rororo 1849), S. 7-12.)

Arbeitshinweise
1. Was erklärt der Vater seinem Sohn auf dessen Fragen?
2. Analysieren Sie die Bedeutung der Fragen des Sohnes und der Antworten des Vaters! Was überzeugt, was nicht? Warum?
3. Warum entlarvt sich der Vater selbst? Welche Vorurteile werden bei ihm deutlich?
4. Diskutieren Sie im Zusammenhang mit diesem Text Art. 3 des GG der Bundesrepublik Deutschland!

A. PAUL WEBER, Das Gerücht

Andreas Paul Weber (1893 in Arnstadt/Thüringen geboren) wurde vor allem durch seine kritischen Grafiken (Handzeichnungen und Lithographien) bekannt. Erste Arbeiten erschienen zur Zeit des 1. Weltkrieges. Danach trat Weber vor allem als Buchillustrator hervor (Till Eulenspiegel, Reineke Fuchs). Eine Wende in seinem Leben bedeutet der Anschluß an den „Widerstandskreis" um Ernst Niekisch. Seine Arbeiten nahmen nun einen stärker politisch-satirischen Charakter an.

Nach dem 2. Weltkrieg fand der Künstler zunächst wenig Beachtung, was sich erst in den 70er Jahren änderte, als ihm verschiedene Ehrungen zuteil wurden (Ernennung zum Professor, Verleihung des Großen Bundesverdienstkreuzes durch den Bundespräsidenten Heinemann).1973 eröffnete die Stadt Ratzeburg ein A. Paul Weber-Haus. Vgl. auch S.295.

(Aus: A. Paul Weber, Kritische Graphik. Handzeichnungen und Lithographien aus 40 Jahren. Hamburg: Hoffmann und Campe 1973.)

Arbeitshinweise
1. Beschreiben Sie diese Lithographie! Was illustriert sie?
2. Halten Sie die Darstellung im Rahmen der Lehreinheit „Vorurteil" für gerechtfertigt? Warum?

FRANZ FÜHMANN, **Das Judenauto**

1922 in Rokytnice (CSSR) als Sohn eines Apothekers geboren, wuchs Fühmann – wie er es später einmal selbst formulierte – in einer „Atmosphäre von Kleinbürgertum und Faschismus" auf. Als Oberschüler wurde er zur Wehrmacht eingezogen.
Die Gefangenschaft in der Sowjetunion wurde zu einem Wendepunkt in seinem Leben.
Seit 1950 lebt er als Schriftsteller in Ost-Berlin.
Zentrales Thema in seinem Werk ist die Auseinandersetzung mit dem Faschismus. „Das Judenauto" (1962) enthält eine Reihe von Ich-Erzählungen (die erste ist hier abgedruckt), die in chronologischer Abfolge 14 wichtige Tage aus 20 Lebensjahren des Dichters von der Weltwirtschaftskrise über den Ausbruch des 2. Weltkrieges bis zur Spaltung Deutschlands (in der Perspektive des Kindes, des Schülers, des Soldaten, des Kriegsgefangenen, des Heimkehrers) schildern.

Lesehinweis:
Franz Fühmann, Das Judenauto. Zürich: Diogenes 1968.

Wie tief hinab reicht das Erinnern? Ein warmes Grün, das ist in meinem Gedächtnis wohl das früheste Bild: das Grün eines Kachelofens, um dessen oberes Bord sich das Relief eines Zigeunerlagers gezogen haben soll; doch das weiß ich nur noch aus den Erzählungen meiner Mutter, keine Anstrengung des Hirns bringt mir dies Bild zurück. Das Grün aber habe ich behalten: ein warmes Weinflaschengrün mit stumpfem Glanz. Immer, wenn ich mir dieses Grün vor Augen führe, fühle ich mich leicht über den Dielen in Lüften schweben: Ich konnte, wie Mutter erzählte, die Zigeuner nur sehen, wenn Vater mich zweijährigen Knirps in die Höhe hob.

Dann folgt in meinem Gedächtnis etwas Weiches und Weißes, auf dem ich unendlich lange Zeit stillsitzen und dabei in ein sich auf- und abwärts krümmendes Schwarz starren mußte, und dann eine Höhle Holunder mit einer Bank und einem Mann drauf, der nach Abenteuern roch und mich auf seinem Knie reiten ließ und mir ein Stück wunderbar süßer Wurst in den Mund schob, die ich gierig kaute, und diese Erinnerung ist verbunden mit einem Schrei und einem Sturm, der plötzlich Mann und Laube von mir fortriß, um sie jählings ins Nichts zu wirbeln. Es war natürlich keine Sturmbö, es war der Arm der Mutter, der mich aus der grünen Höhle gerissen hatte, und der Schrei war der Schrei ihres Entsetzens gewesen: Der Mann, dessen Knie mich gewiegt hatte, war eine der Spottfiguren des Dorfs: ein heruntergekommener Großbauer, der, auf säbelkrummen Beinen einherschwankend, die Dörfer nach Brot und Schnaps zu durchbetteln pflegte, und der Geruch wilder Abenteuer war sein Atem von Brennspiritus und die Wurst ein Abfall der Roßschlächterei. Jedenfalls muß es herrlich gewesen sein, auf seinen Knien zu reiten: Es ist dies das erste Bild, das ich heute noch ganz deutlich vor mir sehe, und ich war damals drei Jahre alt.

Von da an folgen die Bilder dichter und dichter: die Berge, der Wald, der Brunnen, das Haus, der Bach und die Wiese; der Steinbruch, in dessen Grotten die Geister, die ich mir ausdachte, hausten; Kröte, Hornisse, der Käuzchenruf, die Vogelbeerenallee vor der grauen Fabrik, der Jahrmarkt mit seinem Duft von türkischem

Honig und dem Drehorgelgeschrei der Schaubudenausrufer und schließlich die Schule mit ihrem kalkgetünchten, trotz der hohen Fenster stets düstren Korridor, durch den aus allen Klassenräumen heraus die Menschenangst wie eine Nebelschwade kroch. Die Gesichter der Lehrer habe ich vergessen; ich sehe nur noch zwei verkniffene graue Augen über einer langgezogenen messerscharfen Nase und einen von Ringen gekerbten Bambusstock, und auch die Gesichter der Mitschüler sind blaß und unscharf geworden bis auf ein braunäugiges Mädchengesicht mit schmalem, kaum geschwungenem Mund und kurzem hellem Haar über der hohen Stirn: Das Gesicht, vor dessen Augen man die seinen, zum erstenmal durch eine rätselhafte Macht verwirrt, niedergeschlagen hat, man vergißt es nicht, auch wenn danach Bitteres geschehen ist ...

Eines Morgens, es war im Sommer 1931, und ich war damals neun Jahre alt, kam, wie immer wenige Minuten vor dem Läuten, das Klatschmaul der Klasse, die schwarzgezopfte, wie ein Froschteich plappernde Gudrun K. wieder einmal mit ihrem Schrei: „Ihr Leute, ihr Leute, habt ihr's schon gehört!" in die Klasse gestürmt. Sie keuchte, da sie das schrie, und fuchtelte wild mit den Armen; ihr Atem flog, doch sie schrie dennoch: „Ihr Leute, ihr Leute!" und rang im Schreien schnaufend nach Luft. Die Mädchen stürzten ihr, wie immer, entgegen und umdrängten sie jäh wie ein Bienenschwarm seine Königin; wir Jungen jedoch achteten kaum auf ihr Getue, zu oft schon hatte das Klatschmaul etwas als Sensation ausgeschrien, was sich dann als Belanglosigkeit entpuppte. So ließen wir uns in unserm Tun nicht stören: Wir diskutierten gerade die neuesten Abenteuer unseres Idols Tom Shark, und Karli, unser Anführer, machte uns vor, wie man nach dessen Manier den gefährlichsten Wolfshund im Nu erledigt: ein fester Griff in den Rachen, dorthin, wo die Zähne am spitzesten stehen, den Oberkiefer festgehalten, den Unterkiefer hinuntergerissen, den Schädel im Wirbel gedreht und dem Tier einen Tritt in den Kehlkopf – da hörten wir aus dem Schwarm der Mädchen einen schrillen Schrei: „Iii, wie gräsig!" hatte eines der Mädchen geschrien, ein ganz spitzes quiekendes Iii des panischen Schreckens; wir fuhren herum und sahen das Mädchen stehen, die Hand vor dem weit offenen Mund und in den Augen das blanke Entsetzen, und die Gruppe der Mädchen stand vor Schauder gekrümmt. „Und dann rühren sie das Blut mit Nullermehl an und backen draus Brot!" hörten wir Gudrun hastig berichten, und wir sahen, wie die Mädchen sich schüttelten. „Was erzählst du da für 'n Quatsch!" rief Karli laut. Die Mädchen hörten nicht. Zögernd traten wir zu ihnen. „Und das essen sie dann?" fragte eine mit heiserer Stimme. „Das essen sie dann zu ihrem Feiertag, da kommen sie zu Mitternacht alle zusammen und zünden Kerzen an, und dann sagen sie einen Zauber, und dann essen sie das!" bestätigte Gudrun mit keuchendem Eifer. Ihre Augen brannten. „Was für ein Zauber?" fragte Karli und lachte, aber das Lachen klang nicht echt. Plötzlich fühlte ich eine seltsame Angst. „So red schon!" schrie ich Gudrun an, und auch die anderen Jungen schrien, und wir drängten uns um die Mädchen, die Gudrun umdrängten, und Gudrun wiederholte in hastigen, fast schreienden Sätzen ihren Bericht: Ein Judenauto sei, so sprudelte sie heraus, in den Bergen aufgetaucht und fahre abends die wenig begangenen Wege ab, um Mädchen einzufangen und zu schlachten und aus ihrem Blut ein Zauberbrot zu backen; es sei ein gelbes, ganz gelbes Auto, so redete sie, und Mund und Augen waren vor Entsetzen verzerrt: ein gelbes, ganz gelbes Auto mit vier Juden drin, vier schwarzen mörderischen Juden mit langen Messern, und alle Messer seien blutig gewesen, und vom Trittbrett habe auch Blut getropft, das hätten die Leute deutlich gesehen, und vier Mädchen hätten sie bisher geschlachtet, zwei aus Witkowitz und zwei aus Böhmisch-Krumma; sie hätten sie an den Füßen aufgehängt und ihnen den Kopf abgeschnitten und das Blut in Pfannen auslaufen lassen, und wir lagen übereinandergedrängt, ein Klumpen Entsetzen, der kreischte und bebte, und Gudrun überschrie unser Grauen mit schriller Käuzchenstimme und beteuerte, obwohl niemand ihre Erzählung anzweifelte, gierig, das sei alles wirklich wahr. Wenn sie gestern nach Böhmisch-Krumma gegangen wäre, um Heimarbeit auszutragen, hätte sie das Judenauto mit eigenen Augen sehen können: gelb, ganz gelb, und vom Trittbrett das tropfende Blut, und ich starrte Gudrun ins Gesicht, das rot war, und dachte bewundernd, daß sie ein tolles Glück gehabt habe, nicht abgeschlachtet worden zu sein, denn daß das Judenauto durch die Felder fuhr und Mädchen einfing, daran zweifelte ich keinen Augenblick.

Ich hatte zwar noch keinen Juden gesehen, doch ich hatte aus den Gesprächen der Erwachsenen schon viel über sie erfahren: Die Juden hatten alle eine krumme Nase und schwarzes Haar und waren schuld an allem Schlechten in der Welt. Sie zogen den ehrlichen Leuten mit gemeinen Tricks das Geld aus der Tasche und hatten die Krise gemacht, die meines Vaters Drogenhandlung abzuwürgen drohte; sie ließen den Bauern das Vieh und das Korn wegholen und kauften von überallher Getreide zusammen, gossen Brennspiritus drüber und schütteten es dann ins Meer, damit die Deutschen verhungern sollten, denn sie haßten uns Deutsche über alle Maßen und wollten uns alle vernichten – warum sollten sie dann nicht in einem gelben Auto auf den Feldwegen lauern, um deutsche Mädchen zu fangen und abzuschlachten? Nein, ich zweifelte keinen Augenblick daran, daß das Judenauto existierte, und auch die Worte des Lehrers, der unterdessen die Klasse betreten und die Nachricht vom Judenauto, die alle Münder ihm zugeschrien, für wenig glaubwürdig erklärt hatte, änderten nichts. Ich glaubte an das Judenauto; ich sah es gelb, ganz gelb zwischen Kornfeld und Kornfeld fahren, vier schwarze Juden mit langen, spitzigen Messern, und plötzlich sah ich das Auto halten und zwei der Juden zum Kornfeld springen, an dessen Rand ein braunäugiges Mädchen saß und einen Kranz blauer Kornraden flocht, und die Juden, Messer zwischen den Zähnen, packten das Mädchen und schleppten es zum Auto, und das Mädchen schrie, und ich hörte ihren Schrei, und ich war selig, denn es war mein Name, den sie schrie. Laut und verzweifelt schrie sie meinen Namen; ich suchte nach meinem Colt, doch ich fand ihn nicht, und so stürmte ich mit bloßen Händen aus meinem Geheimgang hinaus und sprang die Juden an. Den ersten schmetterte ich mit einem Schlag gegen das Kinn zu Boden, dem zweiten, der das Mädchen schon hochgehoben hatte, um es in den Wagen zu wälzen, schlug ich mit der Handkante ins Genick, so daß auch er zusammensank; der Jude am Steuer gab Gas, und der Wagen schoß auf mich zu. Doch darauf war ich natürlich gefaßt gewesen und schnellte zur Seite; das Auto schoß vorbei, ich sprang auf sein Heck, zertrümmerte mit einem Faustschlag die Wagendecke, drehte dem Juden auf dem Beifahrersitz das Messer aus der zustoßenden Hand, warf ihn aus dem Wagen, überwältigte den Juden am Steuer, bremste, sprang ab und sah im Gras vorm Kornfeld ohnmächtig das Mädchen liegen, und ich sah ihr Gesicht, das vor mir reglos im Gras lag, und plötzlich sah ich nur ihr Gesicht: braune Augen, ein schmaler, kaum geschwungener Mund und kurzes, helles Haar über der hohen Stirn. Ich sah Wangen und Augen und Lippen und Stirn und Haar, und mir war, als sei dies Gesicht immer verhüllt gewesen und ich sähe es das erste Mal nackt. Scheu befing mich; ich wollte wegsehen und konnte es doch nicht und beugte mich über das Mädchen, das reglos im Gras lag und berührte, ein Hauch, mit meiner Hand ihre Wange, und mir wurde flammend heiß, und plötzlich brannte meine Hand: ein jäher Schmerz; mein Name dröhnte in mein Ohr; ich fuhr auf und der Lehrer hieb mir ein zweites Mal das Lineal über den Handrücken. „Zwei Stunden Nachsitzen", schnaubte er, „ich werd dir das Schlafen im Unterricht schon austreiben!" Die Klasse lachte. Der Lehrer schlug ein drittes Mal zu; die Hand schwoll auf, doch ich biß die Zähne zusammen: Zwei Bänke vor mir saß das Mädchen, dessen Gesicht ich im Gras gesehen hatte, und ich dachte, daß sie jetzt als einzige nicht über mich lachen würde. „Im Unterricht schlafen – glaubt der Kerl, die Bank sei ein Bett!" Der Lehrer hatte das als Witzwort gesprochen, und die Klasse brüllte vor Lachen. Ich wußte, daß sie niemals über mich lachen würde. „Ruhe", schrie der Lehrer. Das Lachen verebbte. Die Striemen auf meiner Hand wurden blau.

Nach dem Nachsitzen traute ich mich nicht nach Hause; ich grübelte, als ich langsam die Dorfstraße hinaufging, nach einer glaubwürdigen Ausrede und kam schließlich auf den Gedanken, zu Haus zu erzählen, ich hätte dem Judenauto nachgeforscht, und so bog ich, um nicht von der Hauptstraße, sondern von den Feldern aus nach Haus zu kommen, von der Straße ab, und ging einen Feldweg hinauf, den Bergen zu: Kornfelder rechts und Wiesen links, und Korn und Gras wogten mir übers Haupt. Ich dachte nicht mehr ans Nachsitzen und nicht mehr an das Judenauto; ich sah das Gesicht des Mädchens in den Wellen der Gräser, und im Korn sah ich ihr helles Haar. Die Wiesen dufteten sinnverwirrend, das pralle Fleisch der Glockenblumen schwang blau in der Höhe meiner Brust; der Thymian sandte wilde Wellen betäubenden Duftes, Wespenschwärme brausten bös, und der Mohn neben den blauen Raden glühte, ein sengendes Gift, in hitzigstem Rot. Die Wespen schwirrten wild um mein Gesicht, die Sonne dünstete; die Grillen schrien mir eine irre Botschaft zu, große Vögel schossen jäh aus dem Korn auf; der Mohn neben den Raden lohte drohend, und ich war verwirrt. Ich war bisher arglos in der Natur gestanden wie eins ihrer Geschöpfe, eine Libelle oder ein wandernder Halm, doch nun war mir, als ob sie mich von sich stieße und ein Riß aufbräche zwischen meiner Umwelt und mir. Ich war nicht mehr Erde und nicht mehr Gras und Baum und Tier; die Grillen schrien, und ich mußte daran denken, daß sie beim Zirpen die Flügel aneinanderrieben, und plötzlich kam mir das schamlos vor, und plötzlich war alles verändert und wie zum erstenmal gesehen: Die Kornähren klirrten im Wind, das Gras schmiegte sich weich aneinander, der Mohn glühte, ein Mund, tausend Münder der Erde, der Thymian brodelte bitteren Dunst, und ich fühlte meinen Leib wie etwas Fremdes, wie etwas, das nicht Ich war; ich zitterte und fuhr mit den Fingernägeln über die Haut meiner Brust und zerrte an ihr; ich wollte schreien und konnte doch nur stöhnen; ich wußte nicht mehr, was mir geschah, da kam, Korn und Gras zur Seite drängend, ein braunes Auto langsam den Feldweg herunter.

Da ich es wahrnahm, schrak ich zusammen, als sei ich bei einem Verbrechen ertappt worden; ich riß die Hände von meiner Brust, und das Blut schoß mir jäh in den Kopf. Mühsam sammelte ich meine Gedanken. Ein Auto? Wie kommt ein Auto hierher, dachte ich stammelnd; da begriff ich plötzlich: das Judenauto! Ein Schauer überrann mich; ich stand gelähmt. Im ersten Augenblick hatte ich zu sehen vermeint, daß das Auto braun war; nun, da ich, entsetzt und von einer schaurigen Neugier angestachelt, ein zweites Mal hinblickte, sah ich, daß es mehr gelb als braun war, eigentlich gelb, ganz gelb, grellgelb. Hatte ich anfangs nur drei Personen drin gesehen, so hatte ich mich sicher getäuscht, oder vielleicht hatte sich einer geduckt, sicher hatte sich einer geduckt, es waren ihrer vier im Wagen, und einer hatte sich geduckt, um mich anzuspringen, und da fühlte ich Todesangst. Es war Todesangst; das Herz schlug nicht mehr; ich hatte sein Schlagen nie wahrgenommen, doch jetzt, da es nicht mehr schlug, fühlte ich es: ein toter Schmerz im Fleisch, eine leere Stelle, die, sich verkrampfend, mein Leben aussog. Ich stand gelähmt und starrte auf das Auto, und das Auto kam langsam den Feldweg herunter, ein gelbes Auto, ganz gelb, und es kam auf mich zu, und da, als habe jemand einen Mechanismus in Gang gesetzt, schlug mein Herz plötzlich wieder, und nun schlug es rasend schnell, und rasend überschlugen sich meine Gedanken: schreien, davonlaufen, im Korn verstecken, ins Gras springen, doch da fiel mir in letzter Sekunde noch ein, daß ich keinen Verdacht erregen durfte. Ich durfte nicht merken lassen, daß ich wußte: Das war das Judenauto, und so ging ich, von Grauen geschüttelt, mäßigen Schrittes den Feldweg hinunter, mäßigen Schrittes vor dem Auto, das Schritt fuhr, und mir troff der Schweiß von der Stirn, und ich fror zugleich, und so ging ich fast eine Stunde, obwohl es zum Dorf nur ein paar Schritte waren. Meine Knie zitterten; ich dachte schon, daß ich umfallen würde, da hörte ich, wie einen Peitschenschlag knallend, eine Stimme aus dem Wagen: ein Anruf vielleicht oder ein Befehl, und da wurde mir schwarz vor den Augen; ich spürte nur noch, wie meine Beine liefen und mich mit sich nahmen; ich sah und hörte nichts mehr und lief und schrie, und erst, als ich mitten auf der Dorfstraße stand, zwischen Häusern und unter Menschen, wagte ich keuchend, mich umzuschauen, und da sah ich, daß das Judenauto spurlos verschwunden war.

Natürlich erzählte ich am nächsten Morgen in der Klasse, daß mich das Judenauto stundenlang gejagt und fast erreicht habe und daß ich nur durch ganz tolles Hakenschlagen entkommen sei, und ich schilderte das Judenauto: gelb, ganz gelb und mit vier Juden besetzt, die blutige Messer geschwungen hatten, und ich log nicht, ich hatte alles ja selbst erlebt. Die Klasse lauschte atemlos; man hatte mich umdrängt und sah mich bewundernd und auch neidvoll an; ich war ein Held und hätte jetzt an Karlis Stelle der Anführer werden können, doch das wollte ich nicht, ich wollte nur einen Blick und wagte doch nicht, ihn zu suchen. Dann kam der Lehrer; wir schrien ihm die ungeheure Nachricht ins Gesicht. Fiebernd schilderte ich meine Erlebnisse, und der Lehrer fragte nach Ort und Zeit und Umständen, und ich konnte alles genauestens angeben, da waren keine Mogeleien und Widersprüche, da gab es nichts als unwiderlegliche Tatsachen: das gelbe, ganz gelbe

Auto, die vier schwarzen Insassen, die Messer, das Blut am Trittbrett, der Feldweg, der Befehl, mich zu fangen, die Flucht, die Verfolgung; und die Klasse lauschte atemlos.

Da sah das Mädchen mit dem kurzen, hellen Haar auf, und nun wagte ich, ihr ins Gesicht zu sehen, und sie wandte sich halb in ihrer Bank um und sah mich an und lächelte, und mein Herz schwamm fort. Das war die Seligkeit; ich hörte die Grillen schreien und sah den Mohn glühen und roch den Thymianduft, doch nun verwirrte mich das alles nicht mehr, die Welt war wieder heil, und ich war ein Held, dem Judenauto entronnen, und das Mädchen sah mich an und lächelte und sagte mit ihrer ruhigen, fast bedächtigen Stimme, daß gestern ihr Onkel mit zwei Freunden zu Besuch gekommen sei; sie seien im Auto gekommen, sagte sie langsam, und das Wort „Auto" fuhr mir wie ein Pfeil ins Hirn; in einem braunen Auto seien sie gekommen, sagte sie, und sie sagte auf die hastige Frage des Lehrers: Sie seien zur gleichen Zeit, da ich das Judenauto gesehen haben wollte, den gleichen Feldweg hinabgefahren, und ihr Onkel habe einen Jungen, der am Wiesenrand gestanden habe, nach dem Weg gefragt, und der Junge sei schreiend davongelaufen, und sie strich die Zunge über ihre dünnen Lippen und sagte, ganz langsam, der Junge am Weg habe genau solche grünen Lederhosen getragen wie ich, und dabei sah sie mich freundlich lächelnd an, und alle, so fühlte ich, sahen mich an, und ich fühlte ihre Blicke bös wie Wespen schwirren, Wespenschwärme über Thymianbüschen, und das Mädchen lächelte mit jener ruhigen Grausamkeit, deren nur Kinder fähig sind. Als dann eine Stimme aus mir herausbrüllte, die blöde Gans spinne ja, es sei das Judenauto gewesen: gelb, ganz gelb und vier schwarze Juden drin mit blutigen Messern, da hörte ich wie aus einer anderen Welt durch mein Brüllen ihre ruhige Stimme sagen, sie habe mich ja selbst vor dem Auto davonlaufen sehen. Sie sagte es ganz ruhig, und ich hörte, wie mein Brüllen jählings abbrach; ich schloß die Augen, es war totenstill, da plötzlich hörte ich ein Lachen, ein spitzes, kicherndes Mädchenlachen wie Grillengezirp schrill, und dann toste eine brüllende Woge durch den Raum und spülte mich fort. Ich stürzte aus der Klasse hinaus und rannte aufs Klosett und schloß hinter mir zu; Tränen schossen mir aus den Augen, ich stand eine Weile betäubt im beizenden Chlorgeruch und hatte keine Gedanken und starrte die schwarzgeteerte, stinkende Wand an, und plötzlich wußte ich: Sie waren dran schuld. Sie waren dran schuld, sie, nur sie: Sie hatten alles Schlechte gemacht, das es auf der Welt gibt, sie hatten meinem Vater das Geschäft ruiniert, sie hatten die Krise gemacht und den Weizen ins Meer geschüttet, sie zogen mit ihren gemeinen Tricks den ehrlichen Leuten das Geld aus der Tasche, und auch mit mir hatten sie einen ihrer hundsgemeinen Tricks gemacht, um mich vor der Klasse zu blamieren. Sie waren schuld an allem; sie, kein anderer, nur sie! Ich knirschte mit den Zähnen: Sie waren schuld! Heulend sprach ich ihren Namen aus; ich schlug die Fäuste vor die Augen und stand im schwarzgeteerten, chlordünstenden Knabenklosett und schrie ihre Namen: „Juden!", schrie ich und wieder: „Juden!", wie das nur klang: „Juden, Juden!", und ich stand heulend in der Klosettzelle und schrie, und dann erbrach ich mich. Juden. Sie waren schuld. Juden. Ich würgte und ballte die Fäuste. Juden. Judenjudenjuden. Sie waren dran schuld. Ich haßte sie.

(Aus: Franz Fühmann, Das Judenauto. Zürich: Diogenes 1968, S. 7–18.)

Arbeitshinweise

1. Wer erzählt die Geschichte?
2. In welcher Zeit hat sich das Erzählte zugetragen? Suchen Sie alle Zeit-Angaben heraus!
3. Auf welche historischen Ereignisse wird angespielt?
4. An welchen Stellen ist von dem braunäugigen Mädchen die Rede? Welche Beziehung hat der Ich-Erzähler zu dem Mädchen? Welche Bedeutung hat dieses Verhältnis für das Geschehen?
5. Woher bezieht der Junge seine Informationen über die Juden? Wie kommt die Meinungsbildung zustande?
6. Analysieren Sie das Erlebnis des Jungen mit dem Judenauto!
7. Wie reagiert der Junge auf die Entlarvung seiner Traumwelt durch das braunäugige Mädchen? Analysieren Sie die verschiedenen Reaktionen! Warum reagiert er so?
8. Wie entstehen und verstärken sich Vorurteile gegenüber anderen Menschen? (Vgl. Sie auch den Text von Rolf Oerter, S. 411 ff.)

MAX FRISCH, **Der andorranische Jude**

Frisch wurde 1911 in Zürich geboren. Er studierte zunächst Germanistik, mußte dann aber aus finanziellen Gründen sein Studium abbrechen und wurde Journalist. Mit 25 Jahren begann er ein Architekturstudium und arbeitete von 1941 bis 1951 gleich erfolgreich als Architekt (besonders bekannt wurde das von ihm entworfene Freibad Letzigraben in Zürich) und als Schriftsteller.

Der Autor bemüht sich um das Problem, wie der Mensch er selbst bleiben kann, ohne von anderen festgelegt zu werden. Frisch schrieb mehrere Romane: „Stiller" (1954), „Mein Name sei Gantenbein" (1961) und Theaterstücke „Biedermann und die Brandstifter" (1953) und „Andorra" (1961).

1946 entwarf Frisch die Prosaskizze: „Der andorranische Jude" und veröffentlichte sie in seinem „Tagebuch 1946 - 1949". Sie diente später als Vorlage für sein Theaterstück „Andorra"; dort heißt es in bezug auf den Schauplatz der Handlung: „Das Andorra... hat nichts zu tun mit dem wirklichen Kleinstaat dieses Namens; gemeint ist auch nicht ein anderer wirklicher Kleinstaat; Andorra ist der Name für ein Modell."

Lesehinweis:

Max Frisch, Tagebuch 1966-1949. Frankfurt: Suhrkamp 1970 (= Bibliothek Suhrkamp 261).

Max Frisch, Tagebuch 1966-1971. Frankfurt: Suhrkamp 1972.

Max Frisch, Andorra. Frankfurt: Suhrkamp 1972 (= Bibliothek Suhrkamp 101).

Über Max Frisch, hrsg. von Thomas Beckermann. Frankfurt: Suhrkamp 1971 (= edition suhrkamp 404).

In Andorra lebte ein junger Mann, den man für einen Juden hielt. Zu erzählen wäre die vermeintliche Geschichte seiner Herkunft, sein täglicher Umgang mit den Andorranern, die in ihm den Juden sehen: das fertige Bildnis, das ihn überall erwartet. Beispielsweise ihr Mißtrauen gegenüber seinem Gemüt, das ein Jude, wie auch die Andorraner wissen, nicht haben kann. Er wird auf die Schärfe seines Intellektes verwiesen, der sich eben dadurch schärft, notgedrungen. Oder sein Verhältnis zum Geld, das in Andorra auch eine große Rolle spielt: er wußte, er spürte, was alle wortlos dachten; er prüfte sich, ob es wirklich so war, daß er stets an das Geld denke, er prüfte sich, bis er entdeckte, daß es stimmte, es war so, in der Tat, er dachte stets an das Geld. Er gestand es; er stand dazu, und die Andorraner blickten sich an, wortlos, fast ohne ein Zucken der Mundwinkel. Auch in Dingen des Vaterlandes wußte er genau, was sie dachten; sooft er das Wort in den Mund genommen, ließen sie es liegen wie eine Münze, die in den Schmutz gefallen ist. Denn der Jude, auch das wußten die Andorraner, hat Vaterländer, die er wählt, die er kauft, aber nicht ein Vaterland wie wir, nicht ein zugeborenes, und wie wohl er es meinte, wenn es um andorranische Belange ging, er redete in ein Schweigen hinein, wie in Watte. Später begriff er, daß es ihm offenbar an Takt fehlte, ja, man sagte es ihm einmal rundheraus, als er, verzagt über ihr Verhalten, geradezu leidenschaftlich wurde. Das Vaterland gehörte den andern, ein für allemal, und daß er es lieben könnte, wurde von ihm nicht erwartet, im Gegenteil, seine beharrlichen Versuche und Werbungen öffneten nur eine Kluft des Verdachtes; er buhlte um eine Gunst, um einen Vorteil, um eine Anbiederung, die man als Mittel zum Zweck empfand auch dann, wenn man selber keinen möglichen Zweck erkannte. So wiederum ging es, bis er eines Tages entdeckte, mit seinem rastlosen und alles zergliedernden Scharfsinn entdeckte, daß er das Vaterland wirklich nicht liebte, schon das bloße Wort nicht, das jedesmal, wenn er es brauchte, ins Peinliche führte. Offenbar hatten sie recht. Offenbar konnte er überhaupt nicht lieben, nicht im andorranischen Sinn; er hatte die Hitze der Leidenschaft, gewiß, dazu die Kälte seines Verstandes, und diesen empfand man als eine immer bereite Geheimwaffe seiner Rachsucht; es fehlte ihm das Gemüt, das Verbindende; es fehlte ihm, und das war unverkennbar, die Wärme des Vertrauens. Der Umgang mit ihm war anregend, ja, aber nicht angenehm, nicht gemütlich. Es gelang ihm nicht, zu sein wie alle andern, und nachdem er es umsonst versucht hatte, nicht aufzufallen, trug er sein Anderssein sogar mit einer Art von Trotz, von Stolz und lauernder Feindschaft dahinter, die er, da sie ihm selber nicht gemütlich war, hinwiederum mit einer geschäftigen Höflichkeit überzuckerte; noch wenn er sich verbeugte, war es eine Art von Vorwurf, als wäre die Umwelt daran schuld, daß er ein Jude ist –

Die meisten Andorraner taten ihm nichts.

Also auch nichts Gutes.

Auf der andern Seite gab es auch Andorraner eines freieren und fortschrittlichen Geistes, wie sie es nannten, eines Geistes, der sich der Menschlichkeit verpflichtet fühlte: sie achteten den Juden, wie sie betonten, gerade um seiner jüdischen Eigenschaften willen, Schärfe des Verstandes und so weiter. Sie standen zu ihm bis zu seinem Tode, der grausam gewesen ist, so grausam und ekelhaft, daß sich auch jene Andorraner entsetzten, die es nicht berührt hatte, daß schon das ganze Leben grausam war. Das heißt, sie beklagten ihn eigentlich nicht, oder ganz offen gesprochen: sie vermißten ihn nicht – sie empörten sich nur über jene, die ihn getötet hatten, und über die Art, wie das geschehen war, vor allem die Art.

Man redete lange davon.

Bis es sich eines Tages zeigt, was er selber nicht hat wissen können, der Verstorbene: daß er ein Findelkind gewesen, dessen Eltern man später entdeckt hat, ein Andorraner wie unsereiner –

Man redete nicht mehr davon.

Die Andorraner aber, sooft sie in den Spiegel blickten, sahen mit Entsetzen, daß sie selber die Züge des Judas tragen, jeder von ihnen.

Du sollst dir kein Bildnis machen, heißt es, von Gott. Es dürfte auch in diesem Sinne gelten: Gott als das Lebendige in jedem Menschen, das, was nicht erfaßbar ist. Es ist eine Versündigung, die wir, so wie sie an uns begangen wird, fast ohne Unterlaß wieder begehen –

Ausgenommen wenn wir lieben.

(Aus: Max Frisch, Tagebuch 1946–1949. Frankfurt: Suhrkamp 1950, S. 35–37.)

Arbeitshinweise

1. Wie ist der Text aufgebaut? Welche Funktion haben die kurzen Sätze zwischen den Absätzen?
2. Wie sieht das Bild aus, das sich die Andorraner von dem Juden machen? Welcher Zusammenhang besteht zwischen diesem „Bild" und dem Juden?
3. Wie verhalten sich die Menschen den Juden gegenüber? Welche Menschengruppen werden unterschieden? Wie reagieren die Andorraner auf die Wahrheit?
4. Worin besteht die Schuld der Menschen?

Max Frisch, **Du sollst dir kein Bildnis machen**

Der folgende Text stammt ebenfalls aus dem „Tagebuch" von Max Frisch und steht dort in engem Zusammenhang mit dem „Andorranischen Juden".

Lesehinweis:
Max Frisch, Ausgewählte Prosa. Nachwort von Joachim Kaiser. Frankfurt: Suhrkamp 1965 (= edition suhrkamp 36).

Es ist bemerkenswert, daß wir gerade von dem Menschen, den wir lieben, am mindesten aussagen können, wie er sei. Wir lieben ihn einfach. Eben darin besteht ja die Liebe, das Wunderbare an der Liebe, daß sie uns in der Schwebe des Lebendigen hält, in der Bereitschaft, einem Menschen zu folgen in allen seinen möglichen Entfaltungen. Wir wissen, daß jeder Mensch, wenn man ihn liebt, sich wie verwandelt fühlt, wie entfaltet, und daß auch dem Liebenden sich alles entfaltet, das Nächste, das lange Bekannte. Vieles sieht er wie zum ersten Male. Die Liebe befreit es aus jeglichem Bildnis. Das ist das Erregende, das Abenteuerliche, das eigentlich Spannende, daß wir mit den Menschen, die wir lieben, nicht fertigwerden: weil wir sie lieben; solang wir sie lieben. Man höre bloß die Dichter, wenn sie lieben; sie tappen nach Vergleichen, als wären sie betrunken, sie greifen nach allen Dingen im All, nach Blumen und Tieren, nach Wolken, nach Sternen und Meeren. Warum? So wie das All, wie Gottes unerschöpfliche Geräumigkeit, schrankenlos, alles Möglichen voll, aller Geheimnisse voll, unfaßbar ist der Mensch, den man liebt –

Nur die Liebe erträgt ihn so.

Warum reisen wir?

Auch dies, damit wir Menschen begegnen, die nicht meinen, daß sie uns kennen ein für allemal; damit wir noch einmal erfahren, was uns in diesem Leben möglich sei –

Es ist ohnehin schon wenig genug.

Unsere Meinung, daß wir das andere kennen, ist das Ende der Liebe, jedesmal, aber Ursache und Wirkung liegen vielleicht anders, als wir anzunehmen versucht sind – nicht weil wir das andere kennen, geht unsere Liebe zu Ende, sondern umgekehrt: weil unsere Liebe zu Ende geht, weil ihre Kraft sich erschöpft hat, darum ist der Mensch fertig für uns. Er muß es sein. Wir können nicht mehr! Wir künden ihm die Bereitschaft, auf weitere Verwandlungen einzugehen. Wir verweigern ihm den Anspruch alles Lebendigen, das unfaßbar bleibt, und zugleich sind wir verwundert und enttäuscht, daß unser Verhältnis nicht mehr lebendig sei.

„Du bist nicht", sagt der Enttäuschte oder die Enttäuschte: „wofür ich dich gehalten habe."

Und wofür hat man sich denn gehalten?

Für ein Geheimnis, das der Mensch ja immerhin ist, ein erregendes Rätsel, das auszuhalten wir müde geworden sind. Man macht sich ein Bildnis. Das ist das Lieblose, der Verrat.

(Aus: Max Frisch, Tagebuch 1946–1949. Frankfurt: Suhrkamp 1950, S. 31f.)

Arbeitshinweise
1. *Wie sieht – nach Frisch – das Verhältnis von „Liebenden" aus?*
2. *Was versteht der Autor unter „Verrat"?*
3. *Wie beurteilen Sie die Aussagen von Max Frisch?*

BERTOLT BRECHT, **Wenn Herr K. einen Menschen liebte**

Zur Biographie des Autors vgl. S. 13.

Der Text stammt aus den „Geschichten vom Herrn Keuner". Sie sind in loser Folge in den Jahren 1930–1956 erschienen; es handelt sich um kurze, oft nur 3 Zeilen umfassende Sätze von lehrhaftem Charakter. Sie stellen Modellfälle menschlichen Verhaltens in bestimmten Situationen dar.

Lesehinweis:
Bertolt Brecht, Geschichten vom Herrn Keuner. Frankfurt: Suhrkamp ^{5}1975 (= suhrkamp taschenbuch 16).

„Was tun Sie", wurde Herr K. gefragt, „wenn Sie einen Menschen lieben?" „Ich mache einen Entwurf von ihm", sagte Herr K., „und sorge, daß er ihm ähnlich wird." „Wer? Der Entwurf?" „Nein", sagte Herr K., „der Mensch".

(Aus: Bertolt Brecht, Gesammelte Werke, Bd. 12. Frankfurt: Suhrkamp 1967 (= werkausgabe edition suhrkamp), S. 386.)

Arbeitshinweise

1. *Zeigen Sie auf, welches Verhältnis zwischen Herrn K. und dem Entwurf besteht!*
2. *Vergleichen Sie die Haltung von Frisch und Brecht gegenüber dem Bildnis bzw. dem Entwurf! Wo liegt der entscheidende Unterschied?*
3. *Welches sind die stilistischen Eigentümlichkeiten dieses Textes?*

CARL ZUCKMAYER, **Schuster Voigt**

Der 1896 in Nackenheim am Rhein geborene Schriftsteller Carl Zuckmayer lebte seit 1957 bis zu seinem Tod (1977) zurückgezogen im Schweizer Winterkurort Saas-Fee. In seiner 1966 erschienenen Autobiographie „Als wär's ein Stück von mir" berichtet der Autor über sein Leben und das Zusammensein mit vielen Schriftstellern und Künstlern seiner Epoche, so daß ein Spiegelbild der deutschen Kultur der letzten 50 Jahre entsteht.

In den 20er Jahren wurde Zuckmayer durch seine Theaterstücke („Der fröhliche Weinberg" und „Der Hauptmann von Köpenick") berühmt. 1933 Emigration (Amerika); 1946 kehrte er nach Europa zurück. Im selben Jahr wurde das Drama „Des Teufels General" uraufgeführt – eine Auseinandersetzung mit dem Verhalten der Offiziere im 3. Reich.

Im „Hauptmann von Köpenick" (1931) hat der Schuster Voigt lange Jahre in der Strafanstalt Plötzensee (Berlin) zugebracht, weil er die Post um 300,— DM betrogen hatte. Nach seiner Entlassung will er wieder einer ordentlichen Arbeit nachgehen und sich in die bürgerliche Ordnung einfügen. Dazu benötigt er vor allem eine Aufenthaltsgenehmigung...

Lesehinweis:

Carl Zuckmayer, Als wär's ein Stück von mir. Frankfurt: Fischer 1969 (= Fischer Taschenbuch 1049).

Carl Zuckmayer, Der Hauptmann von Köpenick. Ein deutsches Märchen in drei Akten. Frankfurt: Fischer 1973 (= Fischer Taschenbuch 7002).

Carl Zuckmayer, Des Teufels General. Frankfurt: Fischer 1973 (= Fischer Taschenbuch 7019).

Hans Fallada, Wer einmal aus dem Blechnapf frißt. Reinbek: Rowohlt 1968 (= rororo 54/55).

Polizeibüro in Potsdam. Geschlossene Fenster, muffige Luft, viel Papier, Akten- und Kassenschrank. An der Wand Kaiserbild, Verordnungstafeln, Gendarmeriesäbel und Pickelhauben an Kleiderhaken.

Oberwachtmeister und Wachtmeister sitzen einander gegenüber an Schreibtischen. Wilhelm Voigt, Hut und Paket in der Hand, steht dicht beim Oberwachtmeister hinter einer niedrigen hölzernen Schranke. Der Oberwachtmeister schreibt mit kratzender Feder, der Wachtmeister klebt Marken auf Stempelpapier.

Aus der Ferne erklingt das Potsdamer Glockenspiel.

OBERWACHTMEISTER *zieht seine Taschenuhr, kontrolliert:* Zwölfe. *Er löscht ab, klappt Aktendeckel zusammen.*

VOIGT: Pardong, Herr Wachtmeester, ich wollte mir nur mal erkundigen –

OBERWACHTMEISTER: Erstens ist von zwölf bis zwei geschlossen, das könnense draußen an der Türe lesen. Zweitens bin ich kein »Wachtmeester«, sondern Oberwachtmeister und Reviervorsteher, das erkennt man an den Knöpfen und am Portepee[1].

VOIGT: Na denn vazeihnse mal, Herr Kommissär, ick warte nu schon seit halber zwelfe –

OBERWACHTMEISTER: Drittens tretense mal n halben Schritt zurück. In einem Amtsraum hat ein Unbefugter soviel Abstand zur diensttuenden Behörde zu wahren, daß er die Aufschrift auf den Aktendeckeln mit bloßem Auge nicht erkennen kann. Da kann ja jeder kommen und uns einfach über die Schulter kucken. Habense noch nie was vom Amtsgeheimnis gehört?

VOIGT: Pardong, Herr Oberwachtmeester, ick habe ja n kurzes Ooge, zum Lesen da brauch ick ne Brille. Und mitn Amtsjeheimnis, da mecht ick mir jahnich inkrimmenieren[2], bei sowat seh'ck ieberhaupt lieber wech. Ick wollte mir nur mal heflichst erkundigt haben, wie det mit meine nachjesuchte Aufenthaltserlaubnis bestellt is, ick warte ja nu schon –

OBERWACHTMEISTER: Sie heißen?

VOIGT: Voigt, Wilhelm.

OBERWACHTMEISTER: Schlickmann, mal rasch die Personal-Akten U–Z. Alter?

VOIGT: Sechsundvierzig Jahre.

OBERWACHTMEISTER: Beruf?

VOIGT: Schuster.

OBERWACHTMEISTER: Geboren in?

VOIGT: Klein-Pinchow.

OBERWACHTMEISTER: Wo is denn das?

VOIGT: Da hintenrum, bei de Wuhlheide.

OBERWACHTMEISTER: Wo wohnen Sie jetzt?

---

1 silberne oder goldene Quaste an Degen, Säbel oder Dolch (eines Offiziers oder Unteroffiziers)
2 inkriminieren = beschuldigen, unter Anklage stellen

Voigt: Jarnirgends.

Oberwachtmeister: Wieso? Sie müssen doch einen Wohnort angeben können.

Voigt: Nee, kann ick nich.

Oberwachtmeister: Na wo sindse denn gemeldet?

Voigt: Ooch jarnirgends. Ick stehe nämlich unter Polizeiaufsicht. Deshalb bin ick ja hier, weil ick mir hier anmelden mechte, und dafor brauch ick zunechst mal de Aufenthaltserlaubnis.

Oberwachtmeister: Wo warense denn zuletzt gemeldet?

Voigt: Wieder jarnirgends. Ich komme geradewegs aus de Strafanstalt Plötzensee.

Oberwachtmeister *hat sich in den Akten zurechtgefunden:* Aha! Vorbestraft. Sogar im Wiederholungsfall. Sie sind ja n ganz schwerer Junge.

Voigt: Ick weeß nich, Herr Kommissär, ick werde in letzter Zeit immer leichter. Besonders seit ick aus de Plötze raus bin, da ha'ck fast nur noch Luft in de Knochen.

Oberwachtmeister: Quasselnse nich. Sie haben wohl auch Luft im Kopp, was? Was wollense denn hier in Potsdam?

Voigt: Arbeeten will ick.

Oberwachtmeister: Das kann jeder sagen. Warum habense denn früher nicht gearbeitet? Fuffzehn Jahre Zuchthaus, wegen Posturkundenfälschung!

Voigt: Det is lange her, Herr Kommissär.

Oberwachtmeister: Desto schlimmer, desto schlimmer! Mit achtzehn Jahren!! Wie habense das denn angestellt?

Voigt: Na da war'ck n junger Dachs, Herr Kommissär. Und es hat sich ja alles in allem nur um dreihundert Märker jehandelt.

Oberwachtmeister: Das ist gar keine Entschuldigung.

Voigt: Ick will mir auch jarnich entschuldigen, Herr Kommissär, det war nu mal so. Ick bin da mitn jungen Meedchen gegangen, aus de Hotelkichenbrangsche. Da war'ck janz wech von. Ich konnte ihr nie wat spendieren, vastehnse, un de Spendierer, die hamse mir einfach abjespannt.

Oberwachtmeister: Und da sind Sie einfach hingegangen und haben einfach die Reichspost betrügerisch ausgeplündert.

Voigt: Ick dachte, det spürense da jar nich, bei son großen Betrieb. Aber denn habense mir jeschnappt und haben mir gleich fuffzehn Jahre injespunnen. Det is doch n bißken ville vorn junges Blut.

Oberwachtmeister: Darüber steht Ihnen kein Urteil zu. Das Strafmaß entspricht immer ganz genau der Schwere des Delikts.

Voigt: Meintswegen. Et is ja nu lange vorbei.

Oberwachtmeister: So was ist nie vorbei, merkense sich das. Was in Ihren Personalakten steht, das ist Ihnen so festgewachsen wie die Nase im Gesicht. Wer einmal auf die schiefe Bahn gerät –

VOIGT: Stimmt.

OBERWACHTMEISTER: Wieso »stimmt«. Was stimmt?

VOIGT: Das mit de schiefe Bahn. Da hamse janz recht. Det is wie wennse 'ne Laus uff ne Glasscheibe setzen. Da kannse nu krabbeln und krabbeln un rutscht ejal immer wieder runter.

OBERWACHTMEISTER: Das sind so Redensarten, die kennt man. *Liest in den Akten.* Nach Verbüßung Ihrer Strafe sind Sie ins Ausland gegangen.

VOIGT: Jawoll, nach Böhmen und denn nach Bukarest.

OBERWACHTMEISTER: Was habensen denn dort getrieben?

VOIGT: Da ha'ck jearbeetet.

OBERWACHTMEISTER: So. Bei wem denn?

VOIGT: Beim Schuhfabrikanten namens Wonkrowitz. Det war n Jude.

OBERWACHTMEISTER: Aha! *Macht sich eine Notiz.* Und warum sindse dann zurückgekommen?

VOIGT: Det kann man schwer sagen, Herr Kommissär. Ick hatte mir da neemlich recht scheen rinjesetzt.

OBERWACHTMEISTER: Warum sindse dann nicht bei Ihrem Juden geblieben?

VOIGT: Weil ick – ick habe mir eben so sehr zu Hause jesehnt. Det war dumm von mir. Bei dem Juden, da war'ck neemlich jut unter.

OBERWACHTMEISTER: Habense denn in Deutschland noch Familie?

VOIGT: Nee, det heißt, haben tu'ck schon noch, ne Schwester zum Beispiel, die is verheiratet. Da trau ick mir aber mit all meine Vorstrafen aufn Buckel jarnich rauf.

OBERWACHTMEISTER: Dann möcht ich nun wirklich wissen, warum Sie wieder nach Deutschland zurückgekommen sind.

VOIGT: Ick sage ja, det war dumm von mir. Aber ick habe mir heimjesehnt. Da unten, da sinse alle janz anders, und da redense ooch janz anders. Und da hat nu schließlich der Mensch seine Muttersprache, und wenn er nischt hat, dann hat er die immer noch. Det glaubense jarnich, wie scheen Deutschland is, wenn man weit wech is und immer nur dran denkt. Aber ick sage ja, det war dumm von mir.

OBERWACHTMEISTER *liest in den Akten, ohne zuzuhören:* Zuletzt hattense nun wieder eine Freiheitsstrafe zu verbüßen, – fünfzehn Monate Gefängnis, wegen Melde- und Paßvergehen, Irreführung der Behörden und versuchter Urkundenfälschung.

VOIGT: Da wollt ick mir nu de Neese aus det Jesichte reißen. Aber det hat nich jegangen.

OBERWACHTMEISTER: Was redense da?

VOIGT: Ick meine, wat Sie vorhin jemeint haben, sone Vorstrafe, die schleppt eener mit rum wie de Neese ins Jesicht. Als Willem Voigt, da hab ick nischt zu jewinnen in de Lotterie. Nu hab ick mir jesacht: Schluß mitn Willem Voigt, fängste als Friedrich Müller von vorne an. Det war doch jarnich so iebel.

OBERWACHTMEISTER: Blödsinn. Sie sehen ja, was dabei rausgekommen ist.

VOIGT: Ick hab mir halt nicht ausjekannt.

OBERWACHTMEISTER: Also hoffentlich kennense sich jetzt aus: was n Gesetz is, und was n Vergehen is, und was n Gefängnis is. Lang genug habense ja studiert.

VOIGT: Jawoll, det kann ick wohl flüstern. Aber deshalb brauch ick nu jetzt meine Aufenthaltserlaubnis. Ohne der bin ick ja uffjeschmissen. Ick mechte mir hier in de Schuhfabriken vor Militärstiefel betätigen, det is neemlich meine Spezialität, de Zuchstiebeln und de langen Schefte, und ins Jefängnis da habense mir ooch in de Maschinenarbeet ausjebildet,

OBERWACHTMEISTER: Habense sich denn schon nach Arbeit umgesehen?

VOIGT: Det mach ick n janzen Tach, seit ick raus bin. Ick hab mir schon n Paar Sohlen kaputt jeloofen. Die Jefängnisleitung hat mir ja ne Empfehlung mitjegeben, *er kramt sie aus der Tasche,* – aber ick komme jarnich dazu, det ick se vorzeichen kann. Iberall wollense Meldepapiere sehn, und wenn ick in son besseres Jeschäfte fragen will, da glaubense, ick will betteln, da haunse mir gleich raus.

OBERWACHTMEISTER *hat kaum zugehört, ordnet die Akten ein:* Also kommense mal wieder, wennse Arbeit haben. Dann können wir weiter sehn.

VOIGT: Ick bekomm ja keene Arbeet ohne de Anmeldung. Ick muß ja nun erst mal de Aufentshaltserlaubnis –

OBERWACHTMEISTER: Das schlagense sich mal ausm Kopp. Einem stellungslosen Zuchthäusler können wir hier keine Aufenthaltserlaubnis geben. Nachher denken Sie ja gar nicht mehr dran zu arbeiten und treiben sich hier rum.

VOIGT: Ick muß doch arbeeten. Von wat soll ick denn leben?

OBERWACHTMEISTER: Das ist Ihre Sache. Sehnse zu, daß Sie n ordentlicher Mensch werden. Wenn einer arbeiten *will,* denn kriegt er auch Arbeit.

VOIGT *schüttelt den Kopf:* Nee, nee, det is nu n Karussel, det is nu ne Kaffeemihle. Wenn ick nich jemeldet bin, krieg ick keene Arbeet, und wenn ick keene Arbeet habe, da darf ick mir nich melden. Denn will ick wieder raus. Denn jebense mir n Paß mit n Grenzvisum, det ick rieber kann.

OBERWACHTMEISTER: Dafür sind wir hier nicht zuständig.

VOIGT: Se haben doch jetzt mein janzes Vorleben da in de Hand, und wennse mir hier nich haben wollen, denn jebense doch bein Alex ein, det ick n Paß kriege!

OBERWACHTMEISTER: Ich sage Ihnen doch, dafür sind wir nicht zuständig. Wenn Sie n Paß wollen, müssense sich an Ihre Heimatbehörde wenden.

VOIGT: Da war'ck jrade jewesen! Aber da habense mir jarnich angehört. Du bist bei uns abjehängt, habense jesacht. Hier kenn wa dich nich mehr, seit zwanzich Jahren biste jestrichen. Jeh mal ne Ortschaft weiter, die Heimat schämt sich deiner, habense jesacht. Na ja, sach ick, ick will ja nur meine Zuständigkeit. Da habense mir rausjeflammt. Nee nee, da jehck nich mehr hin.

OBERWACHTMEISTER: Na regense sich mal nicht auf hier.

VOIGT: Ick reg mir jarnich uff, ick will nur n Papier haben, n Papier, det is doch mehr wert als de janze menschliche Konstitution, det brauch ick doch neetijer als det tägliche Brot!

OBERWACHTMEISTER, *schnallt um, setzt seinen Helm auf:* Jetzt machense mal n Punkt.

VOIGT: Nee nee, ick reg mir jarnich uff, aber't muß ja nu n Platz geben, wo der Mensch hinjehört! Wenn ick keene Meldung kriege und nich hier bleiben darf, denn will'ck wenigstens n Paß haben, det ick raus kann! Ick kann ja nu mit de Füße nich in de Luft baumeln, det kann ja nur n Erhenkter!

OBERWACHTMEISTER: Ich werde Ihr Gesuch um Aufenthaltserlaubnis weitergeben.

VOIGT: Jebense mir lieber n Paß! Ick will ja wieder raus. Ick will ja nu gerne wieder raus, und ick komme ooch so bald nich wieder, da kenn se janz ruhig sind, da kennse Jift druff nehmen! Ick weiß ja nu Bescheid, mir hamse jebrannt, det langt forn Rest!

OBERWACHTMEISTER: Sie haben immer noch unklare Vorstellungen über die Zuständigkeitsgrenzen. Für Ihre Paßangelegenheit kommen wir hier nicht in Frage, merken Sie sich das, is gänzlich ausgeschlossen. Ihr Gesuch um Aufenthaltserlaubnis geb ich weiter, aber befürworten kann ichs nicht, dafür ist Ihr Vorleben zu fragwürdig. Wir haben genug unsichere Elemente in der Stadt. Schluß jetzt.

VOIGT: Da mecht ick Ihnen n Vorschlag machen, – da mecht 'ck Ihnen vorschlagen, det se mir gleich expreß wieder in de Plötze zurück transportieren lassen!

OBERWACHTMEISTER: Raus!! Jetzt wird er auch noch frech! Scherense sich raus!!

VOIGT: Na nu nich. Ick geh ja schon. Jesegnete Mahlzeit. *Ab.*

OBERWACHTMEISTER: Dummer Kerl! Stiehlt mir ne Viertelstunde von mein Mittach. Zum Schluß schimpft er noch. Naja. Dem trau ich nicht übern Weg.

WACHTMEISTER: Ich auch nicht, Herr Kommissär.

OBERWACHTMEISTER: Ich geh jetzt essen. Um halb zwei lös ich Sie ab. Tach Schlickmann.

Dunkel.

(Aus: Carl Zuckmayer, Der Hauptmann von Köpenick. Frankfurt: Fischer 1973 (= Fischer Taschenbuch 7002), S. 12–17.)

Arbeitshinweise
1. *Kennzeichnen Sie die Situation im Polizeibüro!*
2. *Charakterisieren Sie das Gespräch zwischen dem Oberwachtmeister und Voigt (Kommunikationssituation)! Welche Funktion hat die Sprache?*
3. *Worin liegt die Tragik des Schusters Voigt?*
4. *Welche Vorurteile werden in dieser Szene aus Zuckmayers Drama angesprochen?*
5. *Ist die Problematik des „Hauptmann von Köpenick" heute überholt?*

GÜNTHER WEISENBORN, **Zwei Männer**

Weisenborn wurde 1902 in Velbert (Rheinland) geboren. Er ging nach dem Studium der Germanistik und Medizin als Farmer nach Argentinien und später als Redakteur nach New York.

1933 wurden seine Bücher von den Nationalsozialisten verboten und verbrannt. 1937 kehrte er nach Deutschland zurück, wurde Chefdramaturg am Berliner Schiller-Theater und schloß sich einer Widerstandsgruppe an; 1942 wurde er wegen Hochverrats verurteilt. Nach 1945 war er – bis zu seinem Tode 1969 – für das Theater tätig (Hebbel-Theater Berlin).

Weisenborns Sympathien gehören den einfachen, kleinen Leuten. Als Literat behandelte er sowohl historische wie zeitgeschichtliche Probleme.

Lesehinweis:
Ruth Kilchenmann, Die Kurzgeschichte. Formen und Entwicklung. Stuttgart: Kohlhammer ³1975 (= Sprache und Literatur 37).

Als der Wolkenbruch, den sich der argentinische Himmel damals im Februar leistete, ein Ende gefunden hatte, stand das ganze Land unter Wasser. Und unter Wasser standen die Hoffnungen des Pflanzers von Santa Sabina. Wo ein saftgrünes Vermögen in Gestalt von endlosen Teefeldern mit mannshohen Yerbabüschen[1] gestanden hatte, dehnte sich morgens ein endloses Meer. Der Farmer war vernichtet, das wußte er. Er saß auf einer Maiskiste neben seinem Haus und zählte die fetten Blasen, die an seine Schuhe trieben und dort zerplatzten. Das Maisfeld glich einem See. Der Rancho des Peóns[2] war darin verschwunden. Sein Schilfdach trieb im Strom davon, eine nickende Straußenleiche vor sich herschiebend. Der Peón hatte sich zu seinem Herrn geflüchtet und saß neben ihm. Er war ein Indio, der mit breitem, eisernem Gesicht ins Leere starrte. Seine Frau war ertrunken, als sie sich losließ, um ihre Hände zur Madonna zu erheben. Der Peón hatte drei Blasen gezählt. Ihre Hand hatte die letzte Blase zerschlagen.

Der Farmer hatte seine Frau in der Stadt. Sie würde vergeblich auf seinen Schritt vor der Tür warten. Denn der Farmer gab sich noch eine Nacht. Es ist unter Männern Brauch, daß man sich in gewissen Lagen die letzte Zigarette teilt. Der Farmer, im Begriff nach Mannes Art zu handeln, wurde von seinem Peón unterbrochen. „Herr!" rief der Indio, „der Paraná! Der Strom kommt...!" Er hatte recht. Man hörte in der Ferne ein furchtbares Donnern. Der Paraná, angeschwollen von Wasser und Wind, brach in die Teeprovinzen ein. Paraná, das heißt der größte Strom Argentiniens. Dieses Donnern war das Todesurteil für die Männer von Santa Sabina. Sie verstanden sich auf diese Sprache, die Männer. Sie hatten tausendmal dem Tode ins Auge gesehen.

1 Pflanzen, aus denen Tee hergestellt wird
2 Peón = Tagelöhner

Sie hatten das Weiße im Auge des Pumas gesehen und der Korallenschlange ins kaltstrahlende Gesicht. Sie hatten dem Jaguar gegenübergestanden und der großen Kobra, die sich blähte. Sie hatten alle diese Begegnungen für sich entschieden, denn ihr Auge war kalt und gelassen ihre Hand.

Jetzt aber halfen keine Patronen und kein scharfes Auge. Dieser Feind hier, das Wasser, war bösartig wie hundert Schlangen, die heranzischten, und todesdurstig wie der größte Puma auf dem Ast. Man konnte das Wasser schlagen, es wuchs. Man konnte hineinschießen, es griff an. Es biß nicht, es stach nicht, das Wasser, es suchte sich nur mit kalten Fingern eine Stelle am Mann, seinen Mund, um ihn anzufüllen, bis Blasen aus der Lunge quollen. Das Wasser war gelb und lautlos. Und man sah vor Regen den Himmel nicht.

Auf einer kleinen Insel, halb unsichtbar in der triefenden Finsternis, saß der Farmer mit seinem Peón vor seinem Haus.

Dann kam der große Paraná. Er kam nicht mit Pauken und Posaunen. Nein, man merkte ihn gar nicht. Aber plötzlich stand der Schuh des Farmers im Wasser. Er zog ihn zurück. Aber nach einer Weile stand der Schuh wieder im Wasser, weiß der Teufel ... Und wenn man die Maiskiste zurücksetzte, so mußte man sie bald noch ein wenig zurücksetzen, denn kein Mann sitzt gern im Wasser.

Das war alles, aber das war der Paraná.

Gegen Abend fiel das Hühnerhaus um. Man hörte das halberstickte Kreischen der Vögel, dann war es wieder still. Später zischte es plötzlich im Wohnhaus auf, denn das Wasser war in den Herd gedrungen.

Als es dunkel wurde, standen der Farmer und sein Peón bereits bis zum Bauch im Wasser. Sie kletterten auf das Schilfdach. Dort auf dem Gipfel saßen sie schweigend, dunkle Schatten in der dunkelsten aller Nächte, indes Töpfe und Kästen aus den Häusern hinausschwammen. Ein Stuhl stieß unten das Glasfenster in Scherben. Das Wasser rauschte. Die Blasen platzten. Ein totes Huhn schwamm im Kreise vor der Haustür.

Als das Wasser das Dach erreicht hatte, stieß es die Hausmauern nachlässig um. Das Dach stürzte von den gebrochenen Pfosten, schaukelte und krachte, dann drehte es sich um sich selbst und trieb in die rauschende Finsternis hinaus.

Das Dach ging einen langen Weg. Es fuhr kreisend zu Tal. Es trieb am Rande der großen Urwälder vorbei, es segelte durch eine Herde von Rindern, die mit himmelwärts gestreckten Beinen totenstill auf dem wirbelnden Wasser trieben. Glotzäugige Fische schossen vor dem Schatten des Daches davon. Schwarze Aasgeier trieben, traubenweise an ein Pferd gekrallt, den Strom hinab. Sie blickten mordlustigen Auges herüber ... Blüten, Möbel und Leichen vereinigten sich zu einem Zug des Todes, der talwärts fuhr, einem undurchsichtigen Ende entgegen.

Gegen Morgen richtete sich der Farmer auf und befahl seinem Peón, nicht einzuschlafen. Der Indio verwunderte sich über die harte Stimme seines Herrn.

Er wäre bedenkenlos dem Farmer um die Erde gefolgt. Er war Indio und wußte, was ein Mann ist. Aber er wußte auch, daß ein Mann ein schweres Gewicht hat. Wenn nur ein Mann auf dem Dach sitzt, so hält es natürlich länger, nicht wahr, als wenn es unter dem schweren Gewicht zweier Männer auseinanderbricht und versinkt. Und dann gute Nacht . . .

Er glaubte nicht, daß der Farmer gutwillig das Dach verlassen würde, aber man konnte ihn hinunterkippen, denn es ging hier um Leben und Tod. Das dachte der Indio, und er rückte näher. Sein Gesicht war steinern, es troff von Regen.

Das Dach würde auf keinen Fall mehr bis zum Morgen schwimmen. Jetzt schon brachen einzelne Bündel ab und schwammen nebenher. Die Männer mitten auf dem furchtbaren Strom wußten nicht, wo sie waren. Dichter Nebel fuhr mit ihnen. Ringsum das Wasser schien still zu stehen. Fuhren sie im Kreis? Sie wußten es nicht. Sie sahen sich an.

Da folgte der Farmer dem Brauch aller Männer, zog seine letzte Zigarette, brach sie in zwei Teile und bot dem Indio eines an. Sie rissen das Papier ab und kauten den Tabak, da sie kein Feuer hatten.

Er ist ein guter Kamerad, dachte der Peón. Es hat keinen Zweck. Es soll alles seinen Weg gehen. Als er den würzigen Geschmack des Tabaks fühlte, wurde aus der Feindschaft langsam ein Gefühl der Treue. Was willst du? Der Peón hatte seine Frau verloren und sein Kind. Sie hatte die letzte Blase ihres Atems mit ihrer Hand zerschlagen. Er hatte nichts mehr, was ihn zu leben verlockte. Das Schilfdach sank immer tiefer. Wenn er selbst ins Wasser sprang, hielt das Dach vielleicht noch und trug seinen Herrn bis zum Morgen.

Der Dienst ist aus, adiós, Señor! Der Peón kletterte über den Giebel bis an den Rand des Daches, als er plötzlich im dunklen Wasser Kaimane[1] rauschen sah, Jacquares, die ihn aufmerksam anstarrten. Zum erstenmal verzog der Indio sein Gesicht, dann hielt er den Atem an und sprang. Aber er wurde im selben Moment von seinem Herrn gehalten, der ihn wieder aus dem Wasser zog und seinen Peón zornglühend anschrie. Kreideweiß, mit rotgeränderten Augen und triefenden Haaren, beugte sich der Farmer über ihn, nannte ihn den Vater allen Unsinns und rüttelte ihn. Dann befahl er ihm, seinen Platz einzunehmen und den Mut nicht zu verlieren, verdammt noch mal . . .!

Gegen Morgen trieben sie an Land, sprangen über Baumäste und wateten stundenlang, bis sie ins Trockene kamen. Sie klopften den Boden mit Stöcken nach Schlangen ab, und ehe sie sich zum Schlafen in das Maisfeld legten, sagte der Farmer:

„Morgen gehen wir zurück und fangen wieder an."

„Bueno", sagte der Indio. Der Regen hörte auf.

(Aus: Tausend Gramm, hrsg. von W. Weyrauch. Hamburg: Rowohlt 1949.)

Arbeitshinweise

1. Wie ist die Geschichte aufgebaut? Wo liegt der Höhepunkt?
2. Wie ist die Beschreibung der Natur zu deuten? Welche Bilder und Vergleiche verwendet der Autor? Warum?
3. Suchen Sie alle Stellen aus dem Text, die zu dem „Zug des Todes" passen!
4. Charakterisieren Sie das Verhältnis der zwei Männer zueinander! Was siegt am Ende?
5. Welche Wirkung erzielt die Sprache? In welcher Beziehung steht sie zum Inhalt?

---

[1] krokodilähnliche Reptilien

Udo Jürgens, **Ein ehrenwertes Haus**

„Geboren: 30.9.1934; Geburtsort: Klagenfurt (Österreich); Größe: 1,86 m; Gewicht: 68 kg; Haarfarbe: braun; Augenfarbe: braun; Familienstand: verheiratet; Kinder: 2." (Steckbrief aus der Jugend-Zeitschrift „Bravo")

Neben vielen bekannten und erfolgreichen Schlagern hat Udo Jürgens auch kritische Lieder und Chansons getextet, komponiert und vorgetragen.

In diesem Mietshaus wohnen wir seit einem Jahr
und sind hier wohlbekannt.
Doch stell dir vor, was ich soeben
unter unserer Haustür fand.
Es ist ein Brief von unserm Nachbarn, darin steht:
Wir müssen raus, sie meinen, du und ich, wir passen nicht
in dieses ehrenwerte Haus.

Weil wir als Paar zusammenleben
und noch immer ohne Trauschein sind
hat man sich gestern hier getroffen,
und dann hat man abgestimmt.
Und die Gemeinschaft aller Mieter schreibt uns nun:
Zieh'n Sie hier aus, denn eine wilde Ehe –
das paßt nicht in dieses ehrenwerte Haus.

Es haben alle unterschrieben,
schau dir mal die lange Liste an.
Die Frau von nebenan, die ihre Lügen
nie für sich behalten kann.
Und die vom Erdgeschoß, tagtäglich spioniert sie jeden aus.
Auch dieser Kerl, der seine Tochter schlägt,
spricht für dieses ehrenwerte Haus.

Und dann die Dicke, die ihren Hund verwöhnt,
jedoch ihr eigenes Kind vergißt.
Der Alte, der uns stets erklärt,
was hier im Haus verboten ist.
Und der vom ersten Stock,
er schaut die ganze Zeit zum Fenster raus.
Und er zeigt jeden an, der mal falsch parkt
vor diesem ehrenwerten Haus.

Der graue Don Juan, der starrt dich jedesmal
im Aufzug schamlos an.
Die Witwe, die verhindert hat,
daß hier ein Schwarzer einzieh'n kann.
Auch die von oben, wenn der Gasmann kommt,
zieht sie den Schlafrock aus.
Sie alle schämen sich für uns,
denn dies ist ja ein ehrenwertes Haus.

Wenn du mich fragst,
diese Heuchelei halt' ich nicht länger aus.
Wir packen unsre Siebensachen und ziehn fort
aus diesem ehrenwerten Haus.

(Aus: top. Schlagertextheft Nr. 39. Hamburg: Sikorski o. J., S. 16–17.)

Arbeitshinweise
1. Wie verhalten sich die Mieter des Hauses? Wie beurteilen Sie ihre Verhaltensweisen?
2. Warum paßt das Paar nicht in dieses Mietshaus?
3. Worin sehen Sie die Bedeutung der häufigen Wiederholung des Adjektivs „ehrenwert"?
4. Wodurch unterscheidet sich dieser Text von anderen Schlagertexten?
5. Analysieren Sie das Autorenporträt von Udo Jürgens. Berücksichtigen Sie die Reaktion der Zuschauer!
6. Können Sie die hier wiedergegebenen Beobachtungen bestätigen? Welche Konsequenzen würden Sie ziehen?

MAX FFRISCH, **Überfremdung**

Der folgende Essay wurde 1965 geschrieben. Unter der Überschrift „Überfremdung 2" schrieb Frisch 1966 noch einen weiteren Essay. (Zur Biographie des Autors vgl. S. 394)
In der Bundesrepublik Deutschland ist etwa jeder zehnte, in der Schweiz jeder vierte Erwerbstätige ein Ausländer.

Lesehinweis:
Max Frisch, Öffentlichkeit als Partner. Frankfurt: Suhrkamp 1967 (= edition suhrkamp 209).

Ein kleines Herrenvolk sieht sich in Gefahr: man hat Arbeitskräfte gerufen, und es kommen Menschen. Sie fressen den Wohlstand nicht auf, im Gegenteil, sie sind für den Wohlstand unerläßlich. Aber sie sind da. Gastarbeiter oder Fremdarbeiter? Ich bin fürs letztere: sie sind keine Gäste, die man bedient, um an ihnen zu verdienen; sie arbeiten, und zwar in der Fremde, weil sie in ihrem eignen Land zur Zeit auf keinen grünen Zweig kommen. Das kann man ihnen nicht übelnehmen. Sie sprechen eine andere Sprache. Auch das kann man nicht übelnehmen, zumal die Sprache, die sie sprechen, zu den vier Landessprachen gehört. Aber das erschwert vieles. Sie beschweren sich über menschenunwürdige Unterkünfte, verbunden mit Wucher, und sind überhaupt nicht begeistert. Das ist ungewohnt. Aber man braucht sie. Wäre das kleine Herrenvolk nicht bei sich selbst berühmt für seine Humanität und Toleranz und so weiter, der Umgang mit den fremden Arbeitskräften wäre leichter; man könnte sie in ordentlichen Lagern unterbringen, wo sie auch singen dürften, und sie würden nicht das Straßenbild überfremden. Aber das geht nicht; sie sind keine Gefangenen, nicht einmal Flüchtlinge. So stehen sie denn in den Läden und kaufen, und wenn sie einen Arbeitsunfall haben oder krank werden, liegen sie auch noch in den Krankenhäusern. Man fühlt sich überfremdet. Langsam nimmt man es ihnen doch übel. Ausbeutung ist ein verbrauchtes Wort, es sei denn, daß die Arbeitgeber sich ausgebeutet fühlen. Sie sparen, heißt es, jährlich eine Milliarde und schicken sie heim. Das war nicht der Sinn. Sie sparen. Eigentlich kann man ihnen auch das nicht übelnehmen. Aber sie sind einfach da, eine Überfremdung durch Menschen, wo man doch, wie gesagt, nur Arbeitskräfte wollte. Und sie sind nicht nur Menschen, sondern anders: Italiener. Sie stehen Schlange an der Grenze; es ist unheimlich. Man muß das kleine Herrenvolk schon verstehen. Wenn Italien plötzlich seine Grenzen sperren würde, wäre es auch unheimlich. Was tun? Es geht nicht ohne strenge Maßnahmen, die keinen Betroffenen entzücken, nicht einmal den betroffenen Arbeitgeber. Es herrscht Konjunktur, aber kein Entzücken im Lande. Die Fremden singen. Zu viert in einem Schlafraum. Der Bundesrat verbittet sich die Einmischung durch einen italienischen Minister; schließlich ist man unabhängig, wenn auch angewiesen auf fremde Tellerwäscher und Maurer und Handlanger und Kellner und so weiter, unabhängig (glaube ich) von Habsburg wie von der EWG. Ganz nüchtern: 500 000 Italiener, das ist ein Brocken, so groß wie der Neger-Brocken in den Vereinigten Staaten. Das ist schon ein Problem. Leider ein eigenes. Sie arbeiten brav, scheint es, sogar tüchtig; sonst würde es sich nicht lohnen, und sie müßten abfahren, und die Gefahr der Überfremdung wäre gebannt. Sie müssen sich schon tadellos verhalten, besser als Touristen, sonst verzichtet das Gastland auf seine Konjunktur. Diese Drohung wird freilich nicht ausgesprochen, ausgenommen von einzelnen Hitzköpfen, die nichts von Wirtschaft verstehen. Im allgemeinen bleibt es bei einer toleranten Nervosität. Es sind einfach zu viele, nicht auf der Baustelle und nicht in der Fabrik und nicht im Stall und nicht in der Küche, aber am Feierabend, vor allem am Sonntag sind es plötzlich zu viele. Sie fallen auf. Sie sind anders. Sie haben ein Auge auf Mädchen und Frauen, solange sie die ihren nicht in die Fremde nehmen dürfen. Man ist kein Rassist; es ist schließlich eine Tradition, daß man nicht rassistisch ist, und die Tradition hat sich bewährt in der Verurteilung französischer oder amerikanischer oder russischer Allüren, ganz zu schweigen von den Deutschen, die den Begriff von den Hilfsvölkern geprägt haben. Trotzdem sind sie einfach anders. Sie gefährden die Eigenart des kleinen Herrenvolkes, die ungern umschrieben wird, es sei denn im Sinn des Eigenlobs, das die andern nicht interessiert; nun umschreiben uns aber die andern.

Wollen wir das lesen?

Ein Buch dieser Art, das nicht eine These vorlegt, sondern Material, läßt sich nach verschiedenen Richtungen lesen, vielleicht am ergiebigsten, wenn ich es nicht als Schweizer lese, beispielsweise ganz literarisch: wie tönt es, wenn einfache Leute von sich selbst erzählen? Da gibt es Stellen fast in jedem Gespräch, die an die Bibel erinnern, in der Umständlichkeit des Vortrags so lapidar[1]-konkret, daß ich aufhorche, selbst wenn mir die Tatbestände bekannt sind. Was erleben sie? Der Mensch als Arbeitskraft in einer Gesellschaft des freien Unternehmertums, gewiß, aber ihre Erfahrung bleibt durchaus unpolitisch, ein Gefühl, das sich als Heimweh versteht. Da spricht kein einziger Revolutionär. Das hat etwas Rührendes. Alle sprechen von der Familie. Das ist ihr Ethos, ein christliches Ethos, auch ein sehr mittelmeerländisches. Trennung von der Familie, Sparen für die Familie, Wohnen mit der Familie, die Hoffnung auf ein kleines Haus nicht in der Fremde, sondern in Sardinien oder in der Romagna oder in Sizilien, davon ist immer wieder die Rede. Manchmal tönt es fast antikisch[2]. Kultur kommt nicht als Bildung, sondern als praktisches Erbe; Humanität nicht als Theorie. Da spricht ein Menschenschlag, der höflich ist noch in der Beschwerde. Keine Welt-Erzieher. Und Geld als Geld ist kein Maß, nicht einmal bei den Dümmeren; auch wenn sie kaum wissen, was ihr anderes Maß ist, so haben sie es und sind nicht gefaßt darauf, daß andere es nicht kennen. Ein seltsamer Menschenschlag: eigentlich sehr demütig, naiv, nicht untertänig und nicht knechtisch, aber auch nicht arrogant, nur nicht auf Demütigung gefaßt,

---

[1] einfach, kurz und bündig [2] der Antike nachstrebend

übrigens wenig nationalistisch noch in der Diaspora[1], nicht machtsüchtig, lebensgläubig wie Kinder erschrecken viele über den Schnee im fremden Land und brauchen lange Zeit, bis sie merken, welcher Art die Kälte ist, die sie erschreckt.

Die andere Seite ist uns bekannt:
der Mythos, den die Schweiz sich selber gibt, und die Tatsache, daß der Mythos keine Probleme löst; daher die Hysterie der Hilflosigkeit; jedes Problem, das wir selbst zu bewältigen haben, schickt den Begriff der Schweiz in die Reparatur. Hoffentlich gelingt sie.

(Aus: Max Frisch, Öffentlichkeit als Partner. Frankfurt: Suhrkamp 1967 (= edition suhrkamp 209), S. 100–104.)

Arbeitshinweise
1. Wer ist mit „man" gemeint, wer mit „sie"?
2. Welche Meinung hat man über sich selbst? Welches Bildnis macht man sich über die ausländischen Arbeitnehmer?
3. Wodurch ist die Sprache dieses Textes gekennzeichnet?
4. Wie ist zu erklären, daß so viele Menschen behaupten, Südländer seien faul?
5. Gegen welche Erscheinungsformen wendet sich Frisch?
6. Was bedeutet „Überfremdung"? Erörtern Sie das Problem der Gastarbeiter!

ROLF OERTER, Vorurteile gegen Außengruppen

Oerter ist Professor für Psychologie. In seinem Buch „Moderne Entwicklungspsychologie" untersucht er die Entwicklung der Neugier, des Leistungsstrebens und des Willens. Außerdem beschreibt er die Entwicklung von Werthaltungen bei Gruppen.

Mitglieder einer sozialen Gruppe (Volk, Religionsgemeinschaft, Partei, Schulklasse) neigen dazu, Eigenschaften und Verhaltensweisen, die in der eigenen Gruppe unerwünscht (aber gleichwohl vorhanden) sind, in andere Gruppen zu projizieren[2]. Mitgliedern von Minoritätengruppen[3] schreibt man besonders gerne solche unerwünschten Eigenschaften zu. Bekannt sind die Vorurteile gegen Neger und Juden, gegen Gammler und Beatles, die Anfeindungen zwischen zwei benachbarten Dörfern oder die abschätzige Beurteilung des Mitmenschen wegen seiner Zugehörigkeit zu einer anderen Religionsgemeinschaft. Der in der Sozialpsychologie ausgiebig untersuchte Prozeß der Vorurteilsbildung und der Entstehung von Stereotypen[4] findet in den meisten Fällen nicht erst im Erwachsenenalter, sondern während der Kindheit und Jugend statt.

Meinungen über andere Gruppen und ihre Bewertung sollten eigentlich aufgrund von Erfahrungen zustandekommen, die man mit Mitgliedern dieser Gruppe gemacht hat. In der Entwicklung des Menschen scheint aber die persönliche Erfahrung beim Umgang mit negativ bewerteten Gruppen an letzter Stelle zu stehen. Wie viele Untersuchungen zur Entwicklung des Negerstereotyps in den USA zeigen, übernehmen die Kinder die vorherrschende Haltung der Umgebung und richten danach den Kontakt mit Negern ein. Die späteren Erfahrungen werden im Licht der bereits bestehenden ablehnenden Haltung gemacht und führen selten zu einer Revision[5] des bestehenden Bildes. *Radke* untersuchte die Entwicklung von Gesinnungen gegenüber Negern und Juden bei Schulkindern (*Radke*, 1946). Die Kinder reagierten auf die Wörter „Neger" und „Jude" mit negativen Gefühlsäußerungen

---
1 Gebiete, in denen religiöse Minderheiten leben
2 projizieren = übertragen
3 Minorität = Minderheit
4 Stereotypen = feststehende Meinungen
5 Revision = Berichtigung

noch bevor sie wußten, was ein Neger und ein Jude ist. Im Dritten Reich kommentierte der Lehrer nicht selten die Unruhe in seiner Klasse mit den Worten „das ist ja die reinste Judenschule". Wer in den dreißiger Jahren in Deutschland geboren wurde, erlernte eine ausgesprochen negative Haltung gegenüber Juden, ohne je ein Mitglied dieser Gruppe zu Gesicht bekommen zu haben. In manchen Gegenden verwenden heute noch Kinder die Bezeichnung „Bankert" als Schimpfwort, ohne zu wissen, was dieses Wort bedeutet. Die in der Gegenwart noch nicht ganz verschwundene soziale Diskriminierung unehelicher Kinder spiegelt sich in diesem negativwertigen Wort wider.

Interessant für die Entstehung von ethnischen Vorurteilen sind die Untersuchungen von *Clark* und *Clark* über die Unterscheidung von Weißen und Negern bei Kindern verschiedenen Alters in den USA. Unterschiede in der Hautfarbe nehmen schon die Dreijährigen wahr. Die Bezeichnung „Neger" scheint jedoch erst später (mit ca. sechs Jahren) eindeutig mit der Hautfarbe in Zusammenhang gebracht zu werden. Die Scheidung zwischen der Gruppe, in der das Kind lebt, und der Außengruppe kann je nach dem erziehlichen Training früher oder später erfolgen. Bei Judenkindern tritt diese Leistung deutlich früher auf, als bei Kindern der Majoritätsgruppe. [...]

Eugene L. Horowitz (1944) fand den Prozeß der Vorurteilsbildung je nach verwendetem Verfahren verschieden weit fortgeschritten. In einem Rangreihenverfahren, in welchem die Kinder aus einer Anzahl von Bildern mit schwarzen und weißen Kindern das ihnen am liebste auszuwählen hatten, zeigten bereits Fünfjährige eine deutliche Bevorzugung weißer Kinder. Das Vorurteil gegen Neger verschwand aber in dieser Altersstufe, wenn das Kind aus den gleichen Fotografien Gefährten für gemeinsame Unternehmungen (Spiele usw.) auswählen mußte. Hier bildeten sich rassische Vorurteile erst in der dritten, vierten Schulklasse heraus. Dabei muß allerdings berücksichtigt werden, daß viele der Situationen für Fünfjährige noch wenig belangvoll waren (nach Hause einladen, zusammen in einer Klasse sein). [...]

E. L. Horowitz führte noch einen dritten Test zur Erfassung der Haltung gegenüber Negern durch. Sie zeigte Bilder mit schwarzen und weißen Kindern (den gleichen wie auf den bereits erwähnten Porträts), die in Gruppen bei bestimmten sozialen Situationen vereinigt waren. Auf manchen Bildern waren nur weiße Kinder, auf anderen Weiße und Neger zusammen abgebildet. Die Kinder mußten angeben, ob sie gerne bei den abgebildeten Gruppen mitmachen möchten. In diesem Verfahren zeigte sich – ganz im Gegensatz zu den beiden ersten Methoden – ein allmählicher Anstieg des Vorurteils gegenüber Negern im Zeitraum von fünf bis vierzehn Jahren. Es hat den Anschein, als würde der letzte Test für einen größeren Entwicklungsabschnitt besser differenzieren, die beiden anderen Verfahren hingegen besser für einen eng umgrenzten Zeitraum (für das Alter von 5 bzw. 8 Jahren).

(Aus: Rolf Oerter, Moderne Entwicklungspsychologie. Donauwörth: Auer [9]1971, S. 246-249.)

Arbeitshinweise
1. *Welche Thesen stellt der Wissenschaftler auf? Wie belegt er sie? Welche Aussagen bleiben offen?*
2. *Worin liegt die Gefahr, daß oft schon Kinder Vorurteile haben?*
3. *Diskutieren Sie, welche Vorurteile es gibt (Schule, Familie, Heimatort, Land, Rasse, Religion, Generation) und wie sie entstehen können!*
4. *Wodurch unterscheidet sich ein solcher wissenschaftlicher Text von einem literarischen?*

KLAUS STAECK, **Sozialfall**

Staeck wurde 1938 in Pulsnitz bei Dresden geboren, wuchs in der DDR auf, siedelte 1956 nach Heidelberg über und arbeitet dort seitdem als Grafiker und Rechtsanwalt.

Das abgedruckte Plakat (Größe: 84 x 59 cm) entstand aus Anlaß der Dürer-Woche 1971 in Nürnberg. Als Vorlage diente ihm das berühmte Bild „Die Mutter" von Albrecht Dürer aus dem Jahre 1514. Über seine Arbeitsweise und Zielsetzung schrieb Staeck: *„Ich sehe meine Arbeiten als einen Angriff auf die Klischees, die aus Dürer-Arbeiten entstanden: Kerzen mit Dürer-Händen und anderes. Ich will die Dürer-Bildnisse aktualisieren und verständlich machen. Und mit solchen Arbeiten sehe ich die einzige Chance, die Leute zu packen. Die Frau würde kein Zimmer finden. Das ist die Heuchelei."*

Lesehinweis:

Klaus Staeck, Die Reichen müssen noch reicher werden. Politische Plakate. Reinbek: Rowohlt 1973 (= das neue buch 40).

Arbeitshinweise

1. *Welche Wirkung erzielt dieses Plakat? (Vgl. auch den Anlaß!)*
2. *Hat Staeck recht, wenn er sagt, daß dies die einzige Chance sei, „die Leute zu packen"?*
3. *Halten Sie es für legitim, ein berühmtes altes Kunstwerk in dieser Weise umzufunktionieren?*

16. SPRACHE UND KOMMUNIKATION

JOHANNES BOBROWSKI, **Sprache**

Bobrowski wurde 1917 in Tilsit geboren. Er verbrachte seine Kindheit in **Memel**, war im Krieg Soldat in Rußland und nach seiner Entlassung aus der Gefangenschaft Verlagslektor in Ostberlin. Bobrowski starb 1965.

Seine Gedichte, Erzählungen und Romane sind beeinflußt von der Erinnerung an die schuldbeladene Vergangenheit Deutschlands. Immer wieder gestaltet der Dichter das Bild osteuropäischer Landschaft, wo sich deutsche und slawische Kulturen und Sprachen begegneten und einander durchdrangen. Als Kind hat er sich oft bei den Großeltern im **deutsch-litauischen** Grenzgebiet am Fluß Szeszupe aufgehalten.

Seine Gedichtbände heißen „Sarmatische Zeit", „Schattenland Ströme" und „Wetterzeichen". In dieser Lyrik beschwört Bobrowski zumeist das untergegangene Land Sarmatien – zwischen Weichsel und Memel gelegen –, die Welt seiner Kindheit, und erzählt die alten Legenden, die Schicksale von Bauern, Fischern und jüdischen Händlern.

Lesehinweis:
Johannes Bobrowski, Levins Mühle. Roman. Frankfurt: Fischer 1970 (= Fischer Bücherei 956).
Gerhard Wolf, Johannes Bobrowski. Leben und Werk. Berlin: Volk und Wissen 1967 (= Schriftsteller der Gegenwart 19).

Der Baum
größer als die Nacht
mit dem Atem der Talseen
mit dem Geflüster über
der Stille

Die Steine
unter dem Fuß
die leuchtenden Adern
lange im Staub
für ewig

Sprache
abgehetzt
mit dem müden Mund
auf dem endlosen Weg
zum Hause des Nachbarn

(Aus: Johannes Bobrowski, Wetterzeichen. Gedichte. Berlin: Wagenbach 1967.)

Arbeitshinweise

1. *Analysieren Sie die Bilder dieses Gedichts! Welche Bedeutung bekommen die Wörter „Baum, Steine und Sprache" unter Berücksichtigung des Titels?*
2. *Welche Aussagen werden in den drei Strophen über die Sprache gemacht? Was vermag sie zu tun? Ist Bobrowski eher optimistisch oder pessimistisch?*
3. *Wie sind die letzten beiden Verszeilen des Gedichts zu verstehen: „auf dem endlosen Weg zum Hause des Nachbarn"?*

PETER BICHSEL, Ein Tisch ist ein Tisch

Bichsel wurde 1935 in Luzern geboren. Von 1955–1968 war er als Volksschullehrer in Zuchwil/Solothurn tätig. Bichsel schreibt kurze Geschichten – auch für Kinder. Bekannt wurde er durch sein Buch „Eigentlich möchte Frau Blum den Milchmann kennenlernen" (1964). 1969 erschienen seine „Kindergeschichten", sieben märchenhaft-kuriose kurze Erzählungen, die von einsamen und eigensinnigen Menschen handeln, die verkannt und unzufrieden sind und zu phantastischen Einfällen Zuflucht suchen.

„Bichsel erzählt nicht Vorkommnisse, sondern Zustände. Seine Personen sind nicht unterwegs von einem Ort zum andern, sondern zwischen den Orten festgehalten: Zwischen dem Ausgangspunkt, der ihnen fremd, unerträglich geworden ist, und einem utopischen Ziel, das für sie unerreichbar ist. Zwischen Wirklichkeit und Vorstellung auch, oder zwischen der Vergangenheit, die nicht mehr gilt, und der Gegenwart, in der sie sich nicht heimisch fühlen." (Heinz F. Schafroth. In: Kritisches Lexikon zur deutschsprachigen Gegenwartsliteratur. München 1978 = edition text + kritik.) Es sind Geschichten, die möglich sind oder wahrscheinlich sein könnten. Bichsel bekennt selbst: *„Ich schreibe Wahrscheinliches. Ich beschreibe nicht Dinge, sondern ich schreibe, was man über diese Dinge sagen könnte."*

Lesehinweis:

Peter Bichsel, Kindergeschichten. Neuwied: Luchterhand 1969.

Dichter erzählen Kindern, hrsg. von Gertraud Middelhauve. München: dtv 61973 (= dtv 574).

Ich will von einem alten Mann erzählen, von einem Mann, der kein Wort mehr sagt, ein müdes Gesicht hat, zu müd zum Lächeln und zu müd, um böse zu sein. Er wohnt in einer kleinen Stadt, am Ende der Straße oder nahe der Kreuzung. Es lohnt sich fast nicht, ihn zu beschreiben, kaum etwas unterscheidet ihn von anderen. Er trägt einen grauen Hut, graue Hosen, einen grauen Rock und im Winter den langen grauen Mantel, und er hat einen dünnen Hals, dessen Haut trocken und runzelig ist, die weißen Hemdkragen sind ihm viel zu weit.

Im obersten Stock des Hauses hat er sein Zimmer, vielleicht war er verheiratet und hatte Kinder, vielleicht wohnte er früher in einer andern Stadt. Bestimmt war er einmal ein Kind, aber das war zu einer Zeit, wo die Kinder wie Erwachsene angezogen waren. Man sieht sie so im Fotoalbum der Großmutter. In seinem Zimmer sind zwei Stühle, ein Tisch, ein Teppich, ein Bett und ein Schrank. Auf einem kleinen Tisch steht ein Wecker, daneben liegen alte Zeitungen und das Fotoalbum, an der Wand hängen ein Spiegel und ein Bild.

Der alte Mann machte morgens einen Spaziergang und nachmittags einen Spaziergang, sprach ein paar Worte mit seinem Nachbarn, und abends saß er an seinem Tisch.

Das änderte sich nie, auch sonntags war das so. Und wenn der Mann am Tisch saß, hörte er den Wecker ticken, immer den Wecker ticken.

Dann gab es einmal einen besonderen Tag, einen Tag mit Sonne, nicht zu heiß, nicht zu kalt, mit Vogelgezwitscher, mit freundlichen Leuten, mit Kindern, die spielten – und das Besondere war, daß das alles dem Mann plötzlich gefiel.

Er lächelte.

„Jetzt wird sich alles ändern", dachte er.

Er öffnete den obersten Hemdknopf, nahm den Hut in die Hand, beschleunigte seinen Gang, wippte sogar beim Gehen in den Knien und freute sich. Er kam in seine Straße, nickte den Kindern zu, ging vor sein Haus, stieg die Treppe hoch, nahm die Schlüssel aus der Tasche und schloß sein Zimmer auf.

Aber im Zimmer war alles gleich, ein Tisch, zwei Stühle, ein Bett. Und wie er sich hinsetzte, hörte er wieder das Ticken, und alle Freude war vorbei, denn nichts hatte sich geändert.

Und den Mann überkam eine große Wut.

Er sah im Spiegel sein Gesicht rot anlaufen, sah, wie er die Augen zukniff; dann verkrampfte er seine Hände zu Fäusten, hob sie und schlug mit ihnen auf die Tischplatte, erst nur einen Schlag, dann noch einen, und dann begann er auf den Tisch zu trommeln und schrie dazu immer wieder: „Es muß sich ändern, es muß sich ändern!"

Und er hörte den Wecker nicht mehr. Dann begannen seine Hände zu schmerzen, seine Stimme versagte, dann hörte er den Wecker wieder, und nichts änderte sich.

„Immer derselbe Tisch", sagte der Mann, „dieselben Stühle, das Bett, das Bild. Und dem Tisch sage ich Tisch, dem Bild sage ich Bild, das Bett heißt Bett, und den Stuhl nennt man Stuhl. Warum denn eigentlich?" Die Franzosen sagen dem Bett ‚li', dem Tisch ‚tabl', nennen das Bild ‚tablo' und den Stuhl ‚schäs', und sie verstehen sich. Und die Chinesen verstehen sich auch.

„Weshalb heißt das Bett nicht Bild", dachte der Mann und lächelte, dann lachte er, lachte, bis die Nachbarn an die Wand klopften und „Ruhe" riefen.

„Jetzt ändert es sich", rief er, und er sagte von nun an dem Bett „Bild".

„Ich bin müde, ich will ins Bild", sagte er, und morgens blieb er oft lange im Bild liegen und überlegte, wie er nun dem Stuhl sagen wolle, und er nannte den Stuhl „Wecker".

Er stand also auf, zog sich an, setzte sich auf den Wecker und stützte die Arme auf den Tisch. Aber der Tisch hieß jetzt nicht mehr Tisch, er hieß jetzt Teppich. Am Morgen verließ also der Mann das Bild, zog sich an, setzte sich an den Teppich auf den Wecker und überlegte, wem er wie sagen könnte.

    Dem Bett sagte er Bild.
    Dem Tisch sagte er Teppich.
    Dem Stuhl sagte er Wecker.
    Der Zeitung sagte er Bett.
    Dem Spiegel sagte er Stuhl.
    Dem Wecker sagte er Fotoalbum.
    Dem Schrank sagte er Zeitung.
    Dem Teppich sagte er Schrank.
    Dem Bild sagte er Tisch.
    Und dem Fotoalbum sagte er Spiegel.

Also:
Am Morgen blieb der alte Mann lange im Bild liegen, um neun läutete das Fotoalbum, der Mann stand auf und stellte sich auf den Schrank, damit er nicht an die Füße fror, dann nahm er seine Kleider aus der Zeitung, zog sich an, schaute in den Stuhl an der Wand, setzte sich dann auf den Wecker an den Teppich und blätterte den Spiegel durch, bis er den Tisch seiner Mutter fand.

Der Mann fand das lustig, und er übte den ganzen Tag und prägte sich die neuen Wörter ein. Jetzt wurde alles umbenannt: Er war jetzt kein Mann mehr, sondern ein Fuß, und der Fuß war ein Morgen und der Morgen ein Mann.

Jetzt könnt ihr die Geschichte selbst weiterschreiben. Und dann könnt ihr, so wie es der Mann machte, auch die anderen Wörter austauschen:

    läuten heißt stellen,
    frieren heißt schauen,
    liegen heißt läuten,
    stehen heißt frieren,
    stellen heißt blättern.

So daß es dann heißt:
Am Mann blieb der alte Fuß lange im Bild läuten, um neun stellte das Fotoalbum, der Fuß fror auf und blätterte sich auf den Schrank, damit er nicht an die Morgen schaute.

Der alte Mann kaufte sich blaue Schulhefte und schrieb sie mit den neuen Wörtern voll, und er hatte viel zu tun damit, und man sah ihn nur noch selten auf der Straße.

Dann lernte er für alle Dinge die neuen Bezeichnungen und vergaß dabei mehr und mehr die richtigen. Er hatte jetzt eine neue Sprache, die ihm ganz allein gehörte.

Hie und da träumte er schon in der neuen Sprache, und dann übersetzte er die Lieder aus seiner Schulzeit in seine Sprache, und er sang sie leise vor sich hin.

Aber bald fiel ihm auch das Übersetzen schwer, er hatte seine alte Sprache fast vergessen, und er mußte die richtigen Wörter in seinen blauen Heften suchen. Und es machte ihm Angst, mit den Leuten zu sprechen. Er mußte lange nachdenken, wie die Leute den Dingen sagen.

> Seinem Bild sagen die Leute Bett.
> Seinem Teppich sagen die Leute Tisch.
> Seinem Wecker sagen die Leute Stuhl.
> Seinem Bett sagen die Leute Zeitung.
> Seinem Stuhl sagen die Leute Spiegel.
> Seinem Fotoalbum sagen die Leute Wecker.
> Seiner Zeitung sagen die Leute Schrank.
> Seinem Schrank sagen die Leute Teppich.
> Seinem Tisch sagen die Leute Bild.
> Seinem Spiegel sagen die Leute Fotoalbum.

Und es kam so weit, daß der Mann lachen mußte, wenn er die Leute reden hörte.

Er mußte lachen, wenn er hörte, wie jemand sagte:

„Gehen Sie morgen auch zum Fußballspiel?" Oder wenn jemand sagte: „Jetzt regnet es schon zwei Monate lang." Oder wenn jemand sagte: „Ich habe einen Onkel in Amerika."

Er mußte lachen, weil er all das nicht verstand.

Aber eine lustige Geschichte ist das nicht. Sie hat traurig angefangen und hört traurig auf.

Der alte Mann im grauen Mantel konnte die Leute nicht mehr verstehen, das war nicht so schlimm.

Viel schlimmer war, sie konnten ihn nicht mehr verstehen. Und deshalb sagte er nichts mehr.

Er schwieg,
sprach nur noch mit sich selbst,
grüßte nicht einmal mehr.

(Aus: Peter Bichsel, Kindergeschichten. Neuwied: Luchterhand [9] 1973, S. 21–31.)

Arbeitshinweise

1. *Welches Verhältnis besteht zwischen dem alten Mann und seinen Mitmenschen? Warum verstehen sie sich nicht? Was unternimmt der alte Mann?*
2. *Inwieweit ist die Situation des alten Mannes kennzeichnend für die Menschen in unserer Zeit?*
3. *An welchen Stellen im Text wird der Spielcharakter der Sprache deutlich? Nennen Sie Beispiele für die Veränderung der Erzählsprache zur Spielsprache!*
4. *Welche Folgen ergeben sich aus seiner neuen Sprache?*
5. *Warum schreibt Bichsel: „Aber eine lustige Geschichte ist das nicht."?*
6. *Kennen Sie Menschen (Gruppen), die in der Verwendung von Wörtern von dem, was sprachüblich ist, abweichen?*
7. *Unter welchen Bedingungen ist Kommunikation nur möglich? Beachten Sie das Kommunikationsmodell auf der 2. Umschlagseite!*

HANS MAGNUS ENZENSBERGER, bildzeitung

Enzensberger wurde 1929 in Kaufbeuren/Schwaben geboren, studierte Germanistik und Philosophie, bereiste Europa von Lappland bis Gibraltar, lebte eine Zeitlang in Kuba und wohnt seitdem in West-Berlin. Er sieht seine schriftstellerische Aufgabe darin, zum Zeitgeschehen Stellung zu nehmen, indem er versucht, durch Analyse und Kritik auf die politischen und sozialen Entwicklungen in der Bundesrepublik einzuwirken. Seit 1965 ist Enzensberger Herausgeber der Zeitschrift „Kursbuch", die sich mit aktuellen politischen und literarischen Fragen beschäftigt. In seiner engagierten Lyrik arbeitet er mit modernen Stilmitteln (Montage, Verfremdung).

Die Bildzeitung wurde 1952 gegründet. Sie erscheint im Axel-Springer-Verlag und wird gleichzeitig in 7 Orten der Bundesrepublik und in West-Berlin gedruckt. Die Auflage beträgt etwa 4,5 Millionen Exemplare, die über 6500 Verkaufsstellen ausgeliefert werden.

Ins Kreuzfeuer der Kritik geriet die Bildzeitung insbesondere am Ende der 60er Jahre, als Studenten und Lehrlinge die Auslieferung von Springerzeitungen wegen ihrer nach Ansicht der Demonstranten einseitigen und verzerrenden Berichterstattung zu verhindern versuchten. Vgl. auch KL, S. 326 ff.

Peter Schneider, der selbst aktiv in der Studentenbewegung der 60er Jahre tätig war, sagte in einer Rede (1968): *„Die ‚Bild-Zeitung' ist tatsächlich ein Kampfblatt, aber nicht eines für die Interessen des kleinen Mannes, sondern ein Kampfblatt, mit dem die Herrschenden gegen die Massen kämpfen und gleichzeitig die Massen hindern, gegen die Herrschenden zu kämpfen. Und wenn wir uns gegen Springers Massenpresse organisieren, so kämpfen wir nicht dagegen, weil sie einseitig berichtet und Emotionen weckt, sondern wir bekämpfen sie, weil sie einseitig im Interesse der Herrschenden berichtet und Emotionen im Interesse der Herrschenden weckt, statt einseitig im Interesse der Massen."*

Axel Cäsar Springer verteidigte sich gegen die Vorwürfe: *„Jeden Tag, jeden Monat findet am Kiosk und an der Haustür eine Art demokratischer Abstimmung in Deutschland statt, ob die Leser diese Zeitungen kaufen wollen oder nicht. Alle Leute haben die Möglichkeit, eine andere Zeitung zu lesen."*

Das Gedicht stammt aus den 50er Jahren; später hat Enzensberger einmal selbst zu seinem Gedicht Stellung genommen:

„1955. Damals war Springer noch ein Fremdwort. Gealtert wie die Vokabel Wirtschaftswunder ist seither die Rekonstruktionsphase des deutschen Kapitalismus, und mit ihr die nicht sehr umfangreiche Literatur, die sie ausdrücklich reflektiert hat. Den Anlaß zu diesem Gedicht habe ich vergessen, aber es drückt, wie das ganze Buch von der ‚Verteidigung der Wölfe', vor allem eine Erfahrung der Ohnmacht aus. Organisiertes politisches Handeln schien damals ausgeschlossen: die mittelbaren materiellen Bedürfnisse des ‚Wiederaufbaus' setzten sich gleichsam naturwüchsig gegen die ‚Vernunft' durch. Das Gedicht hat natürlich recht behalten. Umso schlimmer für das Gedicht. Der isolierte Franctireur [1] *von damals, der unverdrossen gegen den Wind geredet hat, hat inzwischen ausgelitten. Als wir zwölf Jahre später auf die Straße gingen, waren wir immer noch schwach, aber keine Einzelnen mehr, und wir hatten keine Gedichtbände in der Hand, sondern Analysen und Steine. Das Gedicht ist überflüssig geworden. Umso besser für das Gedicht"* (Nachkrieg und Unfrieden, S. 36).

Lesehinweis:

Nachkrieg und Unfrieden. Gedichte als Index 1945–1970, hrsg. von Hilde Domin, Neuwied: Luchterhand 1970 (= Sammlung Luchterhand 7).

Hans Magnus Enzensberger, Einzelheiten, 2 Bde. Frankfurt: Suhrkamp 1962/63 (= edition suhrkamp 63/87).

Hans Magnus Enzensberger, Palaver. Politische Überlegungen (1967-1973). Frankfurt: Suhrkamp 1974 (= edition suhrkamp 696).

---

[1] Freischärler

du wirst reich sein
markenstecher uhrenkleber:
wenn der mittelstürmer will
wird um eine mark geköpft
ein ganzes heer beschmutzter prinzen
turandots[1] mitgift unfehlbarer tip
tischlein deck dich:
du wirst reich sein.

manitypistin stenoküre
du wirst schön sein:
wenn der produzent will
wird die druckerschwärze salben
zwischen schenkeln grober raster
mißgewählter wechselbalg
eselin streck dich:
du wirst schön sein.

sozialvieh stimmenpartner
du wirst stark sein:
wenn der präsident will
boxhandschuh am innenlenker
blitzlicht auf das henkerlächeln
gib doch zunder gib doch gas
knüppel aus dem sack:
du wirst stark sein.

auch du auch du auch du
wirst langsam eingehn
an lohnstreifen und lügen
reich, stark erniedrigt
durch musterungen und malz-
kaffee, schön besudelt mit straf-
zetteln, schweiß,
atomarem dreck:
deine lungen ein gelbes riff
aus nikotin und verleumdung
möge die erde dir leicht sein
wie das leichentuch
aus rotation und betrug
das du dir täglich kaufst
in das du dich täglich wickelst.

(Aus: Hans Magnus Enzensberger, Verteidigung der Wölfe. Frankfurt: Suhrkamp 1957, S. 80f.)

---

[1] Heldin einer Geschichte aus „1001 Tage". Prinzessin Turandot gibt ihren Freiern Rätsel auf und läßt sie töten, wenn sie keine Lösung finden.

Juni 1976 · 23. Jahr Nr. 25 · 1,20 DM
ck in Hamburg
C 1773 CX

Bild am Sonntag

10 Seiten Hochzeit Stockholm

Als Vermählte grüßen: König Carl Gustaf und Königin Silvia

Silvia: Ein leises „Ja' – und sie war Königin!

LOTTOZAHLEN LETZTE SEITE

10 Seiten Fußball-Europameisterschaft

Deutsche Elf mit neuer Aufstellung ins Endspiel

Dieter Müller

Jetzt soll Müller uns auch zum Titel bomben!

● 270 000 Mark Prämie bei einem Sieg über die Tschechen

● Holland Dritter der EM. In der Verlängerung verliert Jugoslawien 2:3

In dieser Ausgabe der Bildzeitung wurde auf 13 Seiten über die Hochzeit des schwedischen Königs Carl XVI. Gustav mit der Hostess Silvia Sommerlath aus Deutschland berichtet. Auf Seite 5 stand u.a.: „Denn was als menschliches, allzu menschliches Spektakel, offiziell ‚Traum' genannt, begann, endete nach eineinhalb Stunden als totaler Triumph einer Königin – der Königin Silvia! [...] Tatsächlich geht von Silvia etwas aus, das nur schwer zu definieren und kaum zu begreifen ist: eine innere Würde, ein Leuchten und – ich vermag es nicht anders auszudrücken – eine elementare Kraft, wie ich sie bei einer Frau noch nie gesehen habe."

Arbeitshinweise

1. *Charakterisieren Sie die Gestaltung der Titelseite!*
2. *Setzen Sie die Titelseite und den Textauszug der Bild-Zeitung mit dem Gedicht von Enzensberger in Beziehung!*

Arbeitshinweise (Enzensberger, S. 420)

1. *Wer wird jeweils in den ersten drei Strophen angesprochen? Woran erkennen Sie den jeweiligen Adressaten? (Gruppenarbeit)*
2. *In welcher Beziehung steht die vierte Strophe zu den ersten drei? Was kritisiert Enzensberger?*
3. *Was fällt an der sprachlichen Gestaltung auf? Versuchen Sie die Eigenarten zu deuten!*
4. *Warum trägt das Gedicht den Titel „bildzeitung"? Dieses Gedicht gehört zu dem Kapitel „böse Gedichte" des Bandes „Verteidigung der Wölfe". Versuchen Sie das zu erklären!*
5. *Ist das Gedicht – wie Enzensberger gesagt hat – „überflüssig" geworden?*
6. *Untersuchen Sie einmal an mehreren Ausgaben der Bildzeitung, ob die hier geäußerten Vorwürfe stimmen! (Vgl. S. 421.)*

PAUL FLORA, **Sprache**

Zur Biographie vgl. S. 233.

(Aus: Karl Hoche, Schreibmaschinentypen. München: dtv 1971.)

Arbeitshinweise

1. *Versuchen Sie die Bedeutung der Karikatur zu erläutern!*
2. *Was vermag der Zeichner zum Ausdruck zu bringen?*

PETER HANDKE, **Die drei Lesungen des Gesetzes**

„Wenn der 1942 geborene Österreicher Peter Handke bereits im Jahre 1969 ein prominenter deutscher Schriftsteller war, so hat sein Ruhm, oder genauer, seine Berühmtheit begonnen mit zwei, wie soll ich sagen: Aktivitäten, Publikationen, Ereignissen, Auftritten. Er beschimpfte die Autoren, die zu einer Tagung der Gruppe 47 1966 in Princeton versammelt waren, und er publizierte ein Theaterstück mit dem Titel ‚Publikumsbeschimpfung'. Obwohl beides leicht unter den Oberbegriff ‚Beschimpfung' einzuordnen ist, erkennt man doch zugleich, weshalb beides nur schwer vergleichbar, benennbar ist. Es handelt sich einmal um eine unmittelbare persönliche Reaktion gegen Produzenten von Literatur, und zwar von einer Art Literatur, die den Autor Handke, die den Anfänger Handke langweilte. Zum anderen aber handelt es sich um Literatur, die dieser Autor Handke verfaßt hat gegen die Art Literatur, von der er sich vor den Autoren der Gruppe 47 distanzierte. Zeigt er in der ‚Publikumsbeschimpfung', wie die Literatur aussieht, die er will im Gegensatz zu der, die er auf der Tagung der Gruppe 47 angeboten bekam? War das eine nur die literatisierte Version des anderen oder war die kritisch-persönliche Reaktion nur die Anwendung der Literatur in der Praxis?" (Helmut Heißenbüttel, Peter Handke. In: Text und Kritik, Nr. 24/24 a. München: Boorberg ²1971.)

Das hier abgedruckte Gedicht entstammt dem Band „Die Innenwelt der Außenwelt der Innenwelt" (1969).

Lesehinweis:
Über Peter Handke, hrsg. von Michael Scharang. Frankfurt: Suhrkamp 1972 (= edition suhrkamp 518).

1.
Jeder Staatsbürger hat das Recht —
Beifall
seine Persönlichkeit frei zu entfalten —
Beifall
insbesondere hat er das Recht auf:
Arbeit —
Beifall
Freizeit —
Beifall
Freizügigkeit —
Beifall
Bildung —
Beifall
Versammlung —
Beifall
sowie auf Unantastbarkeit der Person —
starker Beifall.

2.
Jeder Staatsbürger hat das Recht –
Beifall
im Rahmen der Gesetze seine Persönlichkeit frei zu entfalten –
Rufe: Hört! Hört!
insbesondere hat er das Recht auf:
Arbeit entsprechend den gesellschaftlichen Erfordernissen –

Unruhe, Beifall –
auf Freizeit nach Maßgabe seiner gesellschaftlich notwendigen Arbeitskraft –
Zischen, Beifall, amüsiertes Lachen, Unruhe
auf Freizügigkeit, ausgenommen die Fälle, in denen eine ausreichende Lebensgrundlage nicht vorhanden ist und der Allgemeinheit daraus besondere Lasten entstehen würden –
schwacher Beifall, höhnisches Lachen, Scharren, Unruhe
auf Bildung, soweit die ökonomischen Verhältnisse sie sowohl zulassen als auch nötig machen –
starke Unruhe, Murren, unverständliche Zwischenrufe, Türenschlagen, höhnischer Beifall
auf Versammlung nach Maßgabe der Unterstützung der Interessen der Mitglieder der Allgemeinheit –
Pultdeckelschlagen, Pfeifen, allgemeine Unruhe, Lärm, vereinzelte Bravorufe, Protestklatschen, Rufe wie: Endlich! oder: Das hat uns noch gefehlt!, Trampeln, Gebrüll, Platzen von Papiertüten
sowie auf Unantastbarkeit der Person –
Unruhe und höhnischer Beifall.

3.
Jeder Staatsbürger hat das Recht,
im Rahmen der Gesetze und der guten Sitten seine Persönlichkeit frei zu entfalten,
insbesondere hat er das Recht auf Arbeit entsprechend den wirtschaftlichen und sittlichen Grundsätzen der Allgemeinheit –
das Recht auf Freizeit nach Maßgabe der allgemeinen wirtschaftlichen Erfordernisse und den Möglichkeiten eines durchschnittlich leistungsfähigen Bürgers –
das Recht auf Freizügigkeit, ausgenommen die Fälle, in denen eine ausreichende Lebensgrundlage nicht vorhanden ist und der Allgemeinheit dadurch besondere Lasten entstehen würden oder aber zur Abwehr einer drohenden Gefahr für den Bestand der Allgemeinheit oder zum Schutz vor sittlicher und leistungsabträglicher Verwahrlosung oder zur Erhaltung eines geordneten Ehe- Familien- und Gemeinschaftslebens –
das Recht auf Bildung, soweit sie für den wirtschaftlich-sittlichen Fortschritt der Allgemeinheit sowohl zuträglich als auch erforderlich ist und soweit sie nicht Gefahr läuft, den Bestand der Allgemeinheit in ihren Grundlagen und Zielsetzungen zu gefährden –

das Recht auf Versammlung nach Maßgabe sowohl der Festigung als auch des Nutzens der Allgemeinheit und unter Berücksichtigung von Seuchengefahr, Brandgefahr und drohenden Naturkatastrophen –
sowie das Recht auf Unantastbarkeit der Person:
Allgemeiner stürmischer, nichtendenwollender Beifall.

(Aus: Peter Handke, Die Innenwelt der Außenwelt der Innenwelt. Frankfurt: Suhrkamp 1969 (= edition suhrkamp 307), S. 56–58.)

Arbeitshinweise
1. Was wird in den 3 Strophen ausgesagt? Wodurch unterscheiden sie sich?
2. Welche Bedeutung haben die sprachlichen Erweiterungen?
3. Was bedeuten die kursivgedruckten Anmerkungen? Beachten Sie die Unterschiede! Welche Bedeutung hat der Schlußbeifall?
4. Vergleichen Sie diesen Text mit dem Grundgesetz, Artikel 11, (1), (2).
   „(1) Alle Deutschen genießen Freizügigkeit im ganzen Bundesgebiet.
   (2) Dieses Recht darf nur durch Gesetz [...] und nur auf die Fälle eingeschränkt werden, in denen eine ausreichende Lebensgrundlage nicht vorhanden ist und der Allgemeinheit daraus besondere Lasten entstehen würden oder in denen es zur Abwehr einer drohenden Gefahr für den Bestand oder die freiheitliche demokratische Grundordnung des Bundes oder eines Landes, zur Bekämpfung von Seuchengefahr, Naturkatastrophen oder besonders schweren Unglücksfällen, zum Schutze der Jugend vor Verwahrlosung oder um strafbaren Handlungen vorzubeugen, erforderlich ist."
5. Was will der Autor mit diesem Text erreichen?

Ernst Jandl, schtzngrmm

Jandl ist 1925 in Wien geboren. Nach dem Abitur mußte er am Krieg teilnehmen und geriet in Gefangenschaft. Von 1946–1950 studierte er Germanistik in Wien. Seitdem ist Jandl dort Lehrer an einer höheren Schule.

Seine sprachspielerischen Texte (u. a. experimentelle Gedichte) erschienen 1966 in dem Band „Laut und Luise".

Über Jandls Arbeit hat Helmut Heißenbüttel gesagt: „Er verfaßt Gedichte, indem er sich der Sprache stellt, sie aufgreift und in sie eindringt ... Immer wieder ist es nicht die Abfolge der grammatischen Logik, die den Zusammenhang bestimmt, sondern der Fortgang von Überraschung zu Überraschung ... Das bedeutet zugleich Witz, Sprachwitz, Wortwitz. Kaum ein Band Gedichte ist so witzig wie dieser von Jandl. Aber so witzig er ist, so wenig ist Jandl doch nur ein Verfasser von witzigen Gedichten."

Das hier abgedruckte Gedicht ist ein Beispiel für die phonetisch-akustische Form der konkreten Poesie (Sprechgedicht). Sprache wird auf ihre lautliche Substanz reduziert.

Lesehinweis:
Ernst Jandl, Der künstliche Baum. Neuwied: Luchterhand 1970 (= Sammlung Luchterhand 9).
Ernst Jandl, Sprechblasen. Gedichte. Neuwied: Luchterhand ²1970.

Schallplatten:
Ernst Jandl, „laut und luise". Ernst Jandl liest Sprechgedichte. Wagenbachs Quartplatte 2.
„Hosi + Anna". Wagenbachs Quartplatte 6.

schtzngrmm
schtzngrmm
t-t-t-t
t-t-t-t
grrrmmmmm
t-t-t-t
s————c————h
tzngrmm
tzngrmm
tzngrmm
grrrmmmmm
schtzn
schtzn
t-t-t-t
t-t-t-t
schtzngrmm
schtzngrmm
tsssssssssssssssssssss
grrt
grrrrrt
grrrrrrrrt
scht
scht
t-t-t-t-t-t-t-t-t-t
scht
tzngrmm
tzngrmm
t-t-t-t-t-t-t-t-t
scht
scht
scht
scht
scht
grrrrrrrrrrrrrrrrrrrrrrrrrrr
t-tt

(Aus: Ernst Jandl, Laut und Luise. Neuwied: Luchterhand 1971 (= Sammlung Luchterhand 38), S. 45.)

Arbeitshinweise
1. Was wird durch die variierende Kombination von Verschlußlauten mit „stimmlosen" Reibelauten zum Ausdruck gebracht?
2. Untersuchen Sie aus den Lauten (Klang) des Textes, welches Thema der Autor ansprechen will.
3. Versuchen Sie das Wort „Schützengraben" mit dem Text in Verbindung zu bringen! Welche Wirkung erreicht der Autor?
4. Worin liegt die Gefahr der experimentellen Sprache? (Vgl. Sie dazu auch den Text von Bichsel, S. 415!)

JOAN MIRÓ, **Kleine Blonde im Park der Attraktionen**

Miró, spanischer Maler und Grafiker (1893 in Montroig bei Barcelona geboren) gehört zu den Surrealisten (künstlerische Richtung, die auf das Surreale, das Überwirkliche zielt). Dekorativen Tendenzen stehen aus Träumen verdichtete Schreckbilder gegenüber, die besonders sein Werk in den 30er Jahren (Spanischer Bürgerkrieg) bestimmten.

In diesem Gemälde (Größe 65 cm x 92,5 cm), das 1950 entstand, bedient sich der Künstler einer abstrakten, symbolhaften Form; es befindet sich heute in der Nationalgalerie Berlin.

Arbeitshinweise
1. Versuchen Sie Wirkung und Aussage des Bildes zu beschreiben!
2. Warum steht es im Zusammenhang mit den Texten von Jandl und Gomringer?

Eugen Gomringer, **worte sind schatten**

Gomringer wurde 1924 in Bolivien geboren. Er studierte in Bern und Rom Kunstgeschichte. 1959 gründete er die Eugen Gomringer Press in Frauenfeld/Schweiz und publizierte hier Texte der ‚konkreten Poesie'. Gomringer äußerte sich zu seiner Kunst folgendermaßen: „da ich dazu neige, alle gedanken in knapper form zum ausdruck zu bringen, und außerdem stets eine vorliebe für algebraische gleichungen hatte, fand ich es erstaunlich, wieviel man mit einem wort sagen konnte."

Lesehinweis:

Konkrete Poesie I und II. In: Text und Kritik. Zeitschrift für Literatur, hrsg. von Heinz Ludwig Arnold, Heft 25/Heft 30. München: Boorberg 1970/71.

Harald Hartung, Experimentelle Literatur und konkrete Poesie. Göttingen: Vandenhoeck & Ruprecht 1975 (= Kleine Vandenhoeck-Reihe 1405).

worte sind schatten
schatten werden worte

worte sind spiele
spiele werden worte

sind schatten worte
werden worte spiele

sind spiele worte
werden worte schatten

sind worte schatten
werden spiele worte

sind worte spiele
werden schatten worte

(Aus: Die Konstellationen 1951–1968, hrsg. von H. Heißenbüttel. Reinbek: Rowohlt 1969.)

Arbeitshinweise
1. *Beschreiben Sie die Sprachstruktur des Textes (Aufbau, Syntax, Wortarten, Satzverbindungen)!*
2. *Warum beschränkt sich der Autor auf die angewandten Möglichkeiten der Wortzusammenstellungen?*
3. *Welche Aussage macht Gomringer über die Sprache? Was halten Sie von diesen Vorstellungen?*

KONRAD BALDER SCHÄUFFELEN, **da kannten die soldaten kein pardon mehr**

Schäuffelen wurde 1929 in Ulm geboren; er lebt heute nach einem Studium der Medizin und Philosophie, längeren Auslandsaufenthalten (Rom, Prag, Orient) und der Tätigkeit als Psychiater am Max-Planck-Institut als freier Schriftsteller in München. Bekannt wurden seine Arbeiten der konkreten Poesie. Diese Form der Dichtung kann als das bisher extremste Experiment mit Sprache als Material angesehen werden. In dem hier abgedruckten Beispiel wird Sprache in ihrer konkreten, d. h. elementaren Materialität erfahren – zur Anregung der Kreativität.

In der Samstagsausgabe eines Münchener Boulevardblattes („tz" vom 12./13. Oktober 1968) – am Tag der Eröffnung der Olympischen Spiele von Mexico City, die von blutigen Unruhen begleitet war, – stand folgender Bericht:

„Soldaten räumen mit den Rockers auf. Straßenschlachten in Kaufbeuren.

Den Einwohnern von Kaufbeuren/Allgäu sitzt die Angst im Nacken. Die Stadt zittert vor Rocker-Banden, die seit einigen Wochen ihr Unwesen treiben. Wahllos werden junge und alte Bürger zusammengeschlagen. In einigen Fällen gingen die Rockers mit unglaublichem Sadismus vor.

Für dieses Wochenende heißt die Parole in Kaufbeuren: ‚Zu Hause bleiben.' Es werden schwere Zusammenstöße zwischen Rockers und Soldaten des Fliegerhorstes Kaufbeuren erwartet.

Nachdem die Rockers [. . .] es immer toller trieben, griffen am Donnerstagabend 250 Soldaten zur Selbsthilfe.

‚Wir räumen mit den Rockers auf', hieß das Motto auf dem Fliegerhorst. Gegen 19 Uhr sammelten sich 250 Soldaten in Zivil, denen sich noch einige Passanten anschlossen. Die Soldaten gingen nach einem genau ausgearbeiteten Plan vor. Zunächst wurden Abordnungen in die Rockerstammkneipen (Die Wirte jammern: ‚Wir müssen den Mund halten') entsandt, um mit den Burschen ein ernstes Wort zu reden.

Lachen und das Vorzeigen der Fäuste waren die Antwort. Da kannten die Soldaten kein Pardon mehr.

Ehe sich die Rockers versahen, wurden sie auf die Straße gezerrt. Dort wartete im Neptunbrunnen und im Schwanenweiher ein kaltes Bad auf sie. Anschließend wurden sie ihres Stolzes, der langen Haare, beraubt.

Bei den Rockers herrschte Heulen und Zähneknirschen. Um 22 Uhr war der Spuk vorbei.

Tropfnaß standen die Rockers auf der Straße und schworen fürchterliche Rache.

Drei Soldaten bekamen die Rache noch in der gleichen Nacht zu spüren. Mit Eisenketten wurden sie brutal zusammengeschlagen."

Lesehinweis:

konkrete poesie. anthologie von eugen gomringer. Stuttgart: Reclam 1972 (= RUB 9350/51).

Eugen Gomringer, konstellationen. ideogramme. stundenbuch. Stuttgart: Reclam 1977 (= RUB 9841).

da kannten die soldaten kein pardon mehr!
einer Stadt sitzt die Angst im Nacken

1. die einwohner trauen sich nicht auf die **STRASSE**
2. die einwohner z¹ₜt_eʳn
3. die rockers schlagen jeden zusammen
4. die soldaten gehen nur **gru**
                              ppe
                              nwe
                              ise
                              aus

5. die einwohner greifen zur (Kreuzwort: **GEIL** / **HEIL** / **SELBST** / **FOTT** / **HAUE**)
6. kampf bis aufs **Messssss** (mit e oben, r unten)
7. runter mit den langen (vielfach angeordnete Buchstaben: **Haaren**)
8. die zeitung he**TZ**t auf
9. das lange haar muß **dran** (vertikal: **glauben**)

(Aus: Konkrete Poesie II. Text und Kritik, hrsg. von Heinz Ludwig Arnold. München: Boorberg 1971, S. 20.)

Arbeitshinweise

1. Was wird optisch in den Sätzen 1-9 dargestellt und ausgesagt?
2. Durch welche gestalterischen Mittel gelingt es dem Autor, seine Intention zu verdeutlichen?
3. Welches Thema wird in dem Text angesprochen und variiert? (Berücksichtigen Sie die Aussagen im Vorspann!)

FRIEDRICH WOLF, **Kunst ist Waffe**

Wolf wurde 1888 in Neuwied geboren, studierte Kunstgeschichte und Medizin und wurde Schiffsarzt. 1918 war er Mitglied des Arbeiter- und Soldatenrates von Sachsen. 1928 trat er in die KPD ein. 1931 wurde er verhaftet, weil er beschuldigt wurde, gegen den § 218 verstoßen zu haben. 1933 emigrierte Wolf in die Sowjetunion. 1943 war er Mitbegründer des Nationalkommitees Freies Deutschland, das versuchte, die deutschen Truppen zum freiwilligen Überlaufen zu überzeugen. Nach dem 2. Weltkrieg ging Wolf nach Ost-Berlin, wo er eine führende Rolle im politischen und kulturellen Leben spielte.

Wolf schrieb eine Reihe von Zeit- und Revolutionsstücken, in denen er für seine Anschauungen agitierte. Die Schrift „Kunst ist Waffe", aus der hier der Schluß abgedruckt ist, entstand 1928.

Lesehinweis:
Werner Jehser, Friedrich Wolf. Sein Leben und Werk. Berlin: Volk und Wissen 1968 (= Schriftsteller der Gegenwart 17).

Es liegt vor uns eine gewaltige Arbeit!

Schuld der „Dichter", daß sie vom Blaublümlein und von Karl dem Großen sangen, da die Kumpels in den Bergwerken mit zerkrümmten, verstaubten Lungen bisher acht Stunden unter Tag schuften mußten und nur ein Durchschnittsalter von vierzig Jahren erreichen durften. Die anderen zwanzig bis dreißig Lebensjahre waren ihnen glattweg abgeschnitten. Niemand fragte danach.

Schuld der Arbeiter und ihrer Führer, daß sie in der „Kunst" auch heute noch einen *Luxus* sehen, oder bestenfalls eines der vielen „Bildungsmittel", die den Menschen aus dem grauen Alltag „erheben" sollen. Schon der Name mancher „Arbeiter-Bildungsvereine" deutet darauf hin.

Aber die *Kunst* ist weder ein Erbauungsmittel in der Hand von Pädagogen, Studienräten und Rauschebärten, die auf den „bildungshungrigen" Handarbeiter losgelassen werden, noch ist sie Luxus, Kaviar und Opium, das uns die Häßlichkeiten des „grauen Alltags" vergessen macht. Die Kunst *heute* ist Scheinwerfer und *Waffe!* Genauso Waffe wie vor zweitausend Jahren zur Zeit der politischen Komödien des Aristophanes[1], genauso Waffe und Machtmittel wie vor fünfhundert Jahren zur Zeit der Renaissancepäpste, die das Volk durch die Höllenfahrtsgemälde eines Raffael[2] und Michelangelo[3] einschüchterten und durch den Riesenbau der Peterskirche von ihrer weltlichen Macht überzeugten!

Im *heutigen* Weltanschauungskampf, im heutigen politischen Kampf will man dem Arbeiter die Kunst zur stumpfen Bildungskrücke umbiegen. Aber das eisenharte Material unsrer Tage liegt vor. Die Dichter sind am Werk, die Waffe daraus zu schmieden. Die Arbeiter haben diese Waffe zu ergreifen!

Ihr Dichter, die Ihr die simple unmystische Not unsrer Tage spürt, *her* drum mit *Kurzszenen,* die ein Schlosser, eine Ausläuferin, ein Trambahnschaffner, eine Waschfrau begreifen! Die Kunst ist stets nur für wenige? Humbug! Die Größe der griechischen, afrikanischen, indianischen Kunst, die Größe der Worte Christi liegt gerade darin, daß *jedermann* sie begriff.

---
1 Schriftsteller, Vollender der alt-attischen Komödie um 445 v. Chr. – 385 (Athen)
2 Italienischer Maler und Architekt (1483–1520)
3 Italienischer Maler und Bildhauer (1475–1564)

Kurzszenen! Aus dem Alltag! Tragische! Groteske! *Hierzu Reportage,* wie jeder Tag sie plötzlich bietet! Weshalb wieder ein neues Grubenunglück im veralteten Stollen, ein Eisenbahnunglück bei falschem Spar- und Antreibersystem? Der Präsident von Mexiko ermordet! Bauernaufstand in Serbien, Bulgarien! China von Japan geblutzapft! Auskunft hierüber! Sprechende Zeitung! Nicht bloß nach dem Textbuch, Ihr droben! Nicht bloß maulauf genießen, Ihr drunten! Miterleben, Strom in die Drähte von oben nach unten, vom Spieler zum Zuschauer, augenblicklich, gespannt, bereit! – Und weiter: Muskelentladung, Akrobatik, Gymnastik! Der Mensch ist nicht bloß „Geist"! Die „Blauen Blusen"[1] sind einfach ein Exponent der Gesamtheit unserer Tage! Stets gab es Vorkämpfer! Weshalb die Angst, „nachzuahmen"! Wir machen das Unsere!

Und ist der Stoff so groß und massig, daß er einen ganzen Abend fordert, *dann,* aber nur dann auch ein *Dichtwerk,* das den Abend umspannt und „füllt", so wie der „Potemkin" oder der „Mutter-Film" oder das wundervolle Kammerspiel „Bett und Sofa".

Ihr Arbeiter, herein in den *„Arbeiter-Theater-Bund",* in die *„Proletarische Kampfspieltruppe",* in die *Arbeiter-Sprechchöre* und vor allem auch in den *Volksfilmverband"!* Gerade bei dem *Film* zeigt es sich heute am klarsten, wie sehr *Kunst Waffe ist!* Um seines Kunstwertes, um seiner schönen Augen willen hat der Industriemagnat Hugenberg[2] die „Ufa", die größte deutsche Filmgesellschaft, gewiß nicht aufgekauft. Sie hatte gerade damals gewaltige Verluste. Aber Hugenberg sah den „ideellen" Gewinn! Er erkannte den gewaltigen *Machtfaktor,* den der Film heute bildet, da täglich Millionen in die Ufa-Theater gehen. Der Film als unmerkliche Waffe im Klassenkampf, als geschmack- und geruchloses Kampfgas, das mit Kitsch und Verdummung, mit süßlichen Rheingold- und farblosen Nibelungen- und Faustfilmen das Volk vernebelt und verdummt!

Elf Millionen sozialistischer Stimmen wurden bei den letzten Wahlen in Deutschland abgegeben. Würden nur zwei Millionen hiervon die Bedeutung der Kunst als Waffe erkennen und sich zum *„Arbeiter-Theater-Bund"* und *„Volksfilmverband"* zusammenschließen, wir hätten sehr bald eigene Theaterspieltrupps, eigene *Arbeiterbühnen* (wie einst die „Volksbühne", Berlin), eigene Arbeiterlichtspielhäuser, eine eigene *Arbeiterfilmproduktion*!

Was ein wirkliches Arbeitertheater, eine eigene Arbeiterfilmproduktion für die Werbung, die Entfaltung, die Kampfkraft des sozialistischen Gedankens bedeuten kann, ist gar nicht abzusehen!

Eine Fahne, ein Schwert, ein Machtfaktor, eine *Waffe*!

Victor Hugo[3], der große Franuose, betonte bei seiner Rede auf dem 150. Todestag des Atheisten *Voltaire*[4]: dessen Größe habe nicht so sehr in dem wundervollen Schwung seiner Feder bestanden, wie in dem Mut, sie zu führen! Sie zu führen, als

---

1 Moskauer Arbeiterspieltruppe (1927 Tournee durch Deutschland; Einfluß auf künstlerische Formen der Agitpropgruppen)
2 Alfred Hugenberg (1865–1951) besaß in der Weimarer Republik einen mächtigen Zeitungs- und Filmkonzern; er unterstützte die Politik Hitlers.
3 frz. Dichter (1802–1885)
4 frz. Dichter, Historiker und Philosoph (1694–1778)

noch im Jahre 1765 auf Betreiben von Klerus und Staat zwei Menschen unter falscher Anschuldigung öffentlich gefoltert und verbrannt wurden. Damals erhob Voltaire, der Gottesleugner, als einziger seine Stimme gegen eine Welt von Dummheit, Heuchelei und Grausamkeit. „Vor dieser frivolen und düsteren Gesellschaft", sagte Victor Hugo, „stand Voltaire allein. Er erklärte diesem Bündnis aller sozialen Ungerechtigkeiten, dieser ungeheuerlichen Welt den Krieg und nahm die Schlacht an. Und was war seine *Waffe?* Sie hat die Leichtigkeit des Windes und die Macht des Blitzes. – Eine *Feder!*"

Zweifeln wir noch?

Dichter, heraus für Stücke aus dem Leben unsrer Tage, aus dem Leben der Not, der Alltagsfreude der Arbeiter!

Arbeiter, hinein in den Arbeiter-Theater-Bund, in den Volksfilmverband!

Kunst ist Waffe!
Euch, die der Maschinenraum erst im Dämmer
Entläßt aus seinem Achtstundengehämmer,
Euch, die Ihr als Tippfräuleins geduckt
Den Tag lang vermuffte Büroluft schluckt,
Ihr an den Spulen und Ihr auf den Lägern,
Ihr droben auf den Eisenträgern,
Ihr an den Stanzen, Ihr Häuer vor Ort,
Für Euch alle ist das Wort
Mehr als Gerede und Konversation,
Als: Wie geht es Ihnen? und: Wissen Sie schon?
Für Euch ist das Wort . . . Explosion,
Das Euer Schweigen zerbricht!
Drum hütet das Wort, verplempert es nicht!
Seid hart, seid klar!
Jedes Wort ist Gefahr!
Denn Wort ist Waffe!
Worte sind Hämmer, spart sie Euch;
Worte sind Fackeln, entfacht sie nicht gleich!
Wenn sie dann aber sich entzünden,
Sollen sie *Euer* Leben verkünden,
Euer Leid, *Euren* Zorn, *Euer* Kampfesziel,
Das entflamme droben in dem Spiel,
Daraus Euer eigen Antlitz sich klärt,
Euer stumpfes Leben, so wie's Euch verzehrt,
Euer Schicksal, das Ihr niederringen müßt,
Euren Kleinmut, den Ihr bezwingen müßt!
Aufgewacht! Wir reichen Euch kein Schlafpülverlein,
Wir stellen Euer Leben in Scheinwerferschein,
Daß Ihr's endlich seht und Euer Antlitz sich straffe:
Kunst ist nicht Dunst noch Bildungsgegaffe . . .
Kunst ist Waffe!

Laßt Euch um die Waffe nicht betrügen
Mit dick verstaubten Bildungslügen;
Wir kämpfen heut nicht mehr mit Bogen und Pfeil,
Die Gretchen und Klärchen sind nicht unser Heil,
Wir haben *heut* andere Waffen und Ziele,
Ein anderes Leben und andere ... *Spiele,*
Wenn wir nur wollen! Ist sie auch hart,
Wir spielen *Unsere Gegenwart,*
Wir fliehen nicht in Vergangenheiten,
Wenn handbreit vor uns die Menschen leiden,
Kämpfen, in Flugzeugen stürmen,
Um den Erdball funken, Wolkenkratzer auftürmen
Und ... einander zertreten!
Da gilt, klar hineinzuhellen,
den alten Nebelring zerspellen,
Daß nicht neben Propellern, Antennen, Turbinen
Literaturgroßmüttern mit Krinolinen[1]
Den Kurs bestimmen! Ihr habt's in der Hand:
Zerbrecht Eures Schweigens Wand!
Fordert *Euer* Leben, *Eure* Spiele; schaffe
Sie Dir selbst, Prolet!
Kunst ist Waffe!

(Aus: Zur Tradition der sozialistischen Literatur in Deutschland. Berlin: Aufbau ²1967, S. 50–55.)

Arbeitshinweise

1. *Welche Vorwürfe macht Wolf den „Dichtern"? Was erwartet er von ihnen?*
2. *Worin sieht er die Schuld der Arbeiter? Wozu werden sie aufgerufen?*
3. *Welche Kunstauffassung kritisiert Wolf? Welche Aufgaben hat sie zu erfüllen? Wie versteht Wolf die Kunst?*
4. *Was können – nach Wolf – Worte bewirken?*
5. *Kann die Kunst nach Ihrer Meinung die von Wolf angesprochenen Aufgaben erfüllen?*
6. *Welche Probleme sollen Schriftsteller in der heutigen Zeit behandeln? Diskutieren Sie dazu auch Wolfs Vorstellungen!*

---

1 Reifrock

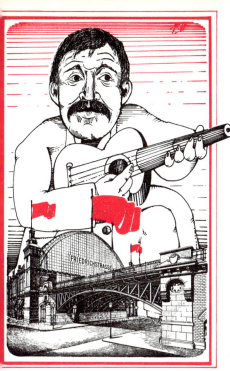

Arwed Gorella, **Wolf Biermann**

Die Abbildung ist die Umschlaggrafik einer Schallplatte (Wolf Biermann, 4 neue Lieder. Wagenbachs Quartplatte) und zeigt den Liedermacher über dem Bahnhof Friedrichstraße in Ost-Berlin). Sie wurde von Arwed Gorella gestaltet.

Arbeitshinweise
1. Erläutern Sie den Aufbau der Umschlaggrafik!
2. Sind die Lieder Biermanns „Waffe"? (Vgl. S. 317)

Erich Kästner, **Sinn und Wesen der Satire**

Eine Satire ist eine besondere literarische Kunstform, in der Mißstände verspottet werden, indem sie ins Lächerliche gezogen werden: Sie wird von Schriftstellern gern für politische Fragen verwandt. (Zur Biographie des Autors vgl. S. 232.)

Lesehinweis:
Hieb und Stich. Deutsche Satire in 300 Jahren, hrsg. von Heinrich Vormweg. Köln: Kiepenheuer & Witsch 1968.
Hoffnungslos heiter. Auswahl von Ludwig Plakolb. Wien: Forum 1968.

Über dem geläufigen Satze, daß es schwer sei, *keine* Satire zu schreiben, sollte nicht vergessen werden, daß das Gegenteil, nämlich das Schreiben von Satiren, auch nicht ganz einfach ist. Das Schwierigste an der Sache wird immer die Vorausberechnung der Wirkung bleiben. Zwischen dem Satiriker und dem Publikum herrscht seit alters Hochspannung. Sie beruht im Grunde auf einem ebenso einseitigen wie resoluten Mißverständnis, das der fingierte Sprecher eines Vierzeilers von mir, eben ein satirischer Schriftsteller, folgendermaßen formuliert:

Ich mag nicht länger drüber schweigen,
weil ihr es immer noch nicht wißt:
Es hat keinen Sinn, mir die Zähne zu zeigen, –
ich bin gar kein Dentist!

Wie gesagt, die Verfasser von Satiren pflegen mißverstanden zu werden. Seit sie am Werke sind – und das heißt, seit geschrieben wird –, glauben die Leser und Hörer, diese Autoren würfen ihrer Zeit die Schaufenster aus den gleichen Motiven ein wie die Gassenjungen dem Bäcker. Sie vermuten hinter den Angriffen eine böse, krankhafte Lust und brandmarken sie, wenn sie es vorübergehend zum Reichspropagandaminister[1] bringen, mit dem Participium praesentis „zersetzend". Solche Leser sind aus Herzensgrund gegen das Zersetzen und Zerstören. Sie sind für das Positive und Aufbauende. *Wie* aufbauend sie wirken, kann man, falls sie es vorübergehend zum Reichspropagandaminister bringen, später bequem und mit bloßem Auge feststellen.

In der Mittelschule lernt man auf lateinisch, daß die Welt betrogen werden wolle. In der eigenen Muttersprache lernt man's erst im weiteren Verlauf, – aber gelernt wird's auf alle Fälle, in *der* Schulstunde fehlt keiner. Die umschreibende Redensart, daß die Menschen sich und einander in die Augen *Sand* streuen, trifft die Sache nicht ganz. Man streut sich auf der Welt keineswegs Sand in die Augen. So plump ist man nicht. Nein, man streut einander Zucker in die Augen. Klaren Zucker, raffinierten Zucker, sehr raffinierten sogar, und wenn auch das nichts hilft, schmeißt man mit Würfelzucker! Der Mensch braucht den süßen Betrug fürs Herz. Er *braucht* die Phrasen, weich wie Daunenkissen, sonst kann sein Gewissen nicht ruhig schlafen.

Als ich vor rund fünfundzwanzig Jahren nach bestem Wissen und Gewissen zu schreiben begann, kamen immer wieder Beschwerdebriefe. Mit immer wieder dem gleichen Inhalt. Wo, wurde resigniert oder auch böse gefragt, wo bleibt denn nun bei Ihnen das Positive? Ich antwortete schließlich mit dem inzwischen einigermaßen bekanntgewordenen Gedicht ‚Und wo bleibt das Positive, Herr Kästner?'

Dem Satiriker ist es verhaßt, erwachsenen Menschen Zucker in die Augen und auf die Windeln zu streuen. Dann schon lieber Pfeffer! Es ist ihm ein Herzensbedürfnis, an den Fehlern, Schwächen und Lastern der Menschen und ihrer eingetragenen Vereine – also an der Gesellschaft, dem Staat, den Parteien, der Kirche, den Armeen, den Berufsverbänden, den Fußballklubs und so weiter – Kritik zu üben. Ihn plagt die Leidenschaft, wenn irgend möglich das Falsche beim richtigen Namen zu nennen. Seine Methode lautet: Übertriebene Darstellung negativer Tatsachen mit mehr oder weniger künstlerischen Mitteln zu einem mehr oder weniger außerkünstlerischen Zweck. Und zwar nur im Hinblick auf den Menschen und dessen Verbände, von der Ein-Ehe bis zum Weltstaat. Andere, anders verursachte Mißstände – etwa eine Überschwemmung, eine schlechte Ernte, ein Präriebrand – reizen den Satiriker nicht zum Widerspruch. Es sei denn, er brächte solche Katastrophen mit einem anthropomorph[2] vorgestellten Gott oder einer Mehrzahl vermenschlichter Götter in kausale Zusammenhänge.

Der satirische Schriftsteller ist, wie gesagt, nur in den Mitteln eine Art Künstler. Hinsichtlich des *Zwecks,* den er verfolgt, ist er etwas ganz anderes. Er stellt die Dummheit, die Bosheit, die Trägheit und verwandte Eigenschaften an den Pran-

---

[1] gemeint ist der nationalsozialistische Propagandaminister Joseph Goebbels
[2] menschlich gestaltet

ger. Er hält den Menschen einen Spiegel, meist einen Zerrspiegel, vor, um sie durch Anschauung zur Einsicht zu bringen. Er begreift schwer, daß man sich über ihn ärgert. Er will ja doch, daß man sich über *sich* ärgert. Er will, daß man sich schämt. Daß man gescheiter wird. Vernünftiger. Denn er glaubt, zumindest in seinen glücklicheren Stunden, Sokrates[1] und alle folgenden Moralisten und Aufklärer könnten recht behalten: daß nämlich der Mensch durch Einsicht zu bessern sei.

Lange bevor die ‚Umerziehung der Deutschen' aufs Tapet kam, begannen die Satiriker an der ‚Umerziehung des Menschengeschlechts' zu arbeiten. Die Satire gehört, von ihrem Zweck her beurteilt, nicht zur Literatur, sondern in die Pädagogik! Die satirischen Schriftsteller sind Lehrer. Pauker. Fortbildungsschulmeister. Nur – die Erwachsenen gehören zur Kategorie der Schwererziehbaren. Sie fühlen sich in der Welt ihrer Gemeinheiten, Lügen, Phrasen und längst verstorbenen Konventionen ‚unheimlich' wohl und nehmen Rettungsversuche außerordentlich übel. Denn sie sind ja längst aus der Schule und wollen endlich ihre unverdiente Ruhe haben. Rüttelt man sie weiter; speien sie Gift und Galle. Da erklären sie dann, gefährlichen Blicks, die Satiriker seien ordinäres Pack, beschmutzten ihr eigenes Nest, glaubten nicht an das Hohe, Edle, Ideale, Nationale, Soziale und die übrigen heiligsten Güter, und eines Tages werde man's ihnen schon heimzahlen! Die Poesie sei zum Vergolden da. Mit dem schönen Schein gelte es, den Feierabend zu tapezieren. Unbequem sei bereits das Leben, die Kunst sei gefälligst bequem!

Es ist ein ziemlich offenes Geheimnis, daß die Satiriker gerade in Deutschland besonders schwer dran sind. Die hiesige Empfindlichkeit grenzt ans Pathologische[2]. Der Weg des satirischen Schriftstellers ist mit Hühneraugen gepflastert. Im Handumdrehen schreien ganze Berufsverbände, Generationen, Geschlechter, Gehaltsklassen, Ministerien, Landsmannschaften, Gesellschaftsschichten, Parteien und Haarfarben auf. Das Wort ‚Ehre' wird zu oft gebraucht, der Verstand zu wenig und die Selbstironie – nie.

Das wird und kann die Satiriker nicht davon abhalten, ihre Pflicht zu erfüllen. „Sie können nicht schweigen, weil sie Schulmeister sind", hab ich in einem Vorwort geschrieben, „– und Schulmeister müssen schulmeistern. Ja, und im verstecktesten Winkel ihres Herzens blüht schüchtern und trotz allem Unfug der Welt die törichte, unsinnige Hoffnung, daß die Menschen vielleicht doch ein wenig, ein ganz klein wenig besser werden könnten, wenn man sie oft genug beschimpft, bittet, beleidigt und auslacht. Satiriker sind Idealisten."
(Aus: Kästner für Erwachsene. Zürich: Atrium und Frankfurt: Fischer 1966, S. 382–384.)

Arbeitshinweise
1. *Beschreiben Sie das Verhältnis des Satirikers zu seinem Publikum!*
2. *Was will Kästner mit „Zucker und Pfeffer" zum Ausdruck bringen?*
3. *Welche Zielsetzung verfolgt der Autor mit der Satire?*
4. *Inwieweit sind Satiriker Idealisten?*
5. *An welchen Stellen ist Kästner satirisch?*
6. *In diesem Lesebuch sind satirische Texte abgedruckt; diskutieren Sie über ihre – oft hintergründige – Bedeutung!*

---
1 griech. Philosoph (470–399 v. Chr.)
2 Pathologie = Lehre von den Krankheiten

Kurt Tucholsky, **Ratschläge für einen schlechten Redner**

Zur Biographie des Autors vgl. S. 36.

Fang nie mit dem Anfang an, sondern immer drei Meilen *vor* dem Anfang! Etwa so: «Meine Damen und meine Herren! Bevor ich zum Thema des heutigen Abends komme, lassen Sie mich Ihnen kurz ...»

Hier hast du schon so ziemlich alles, was einen schönen Anfang ausmacht: eine steife Anrede; der Anfang vor dem Anfang; die Ankündigung, daß und was du zu sprechen beabsichtigst, und das Wörtchen kurz. So gewinnst du im Nu die Herzen und die Ohren der Zuhörer.

Denn das hat der Zuhörer gern: daß er deine Rede wie ein schweres Schulpensum aufbekommt; daß du mit dem drohst, was du sagen wirst, sagst und schon gesagt hast. Immer schön umständlich.

Sprich nicht frei – das macht einen so unruhigen Eindruck. Am besten ist es: du liest deine Rede ab. Das ist sicher, zuverlässig, auch freut es jedermann, wenn der lesende Redner nach jedem viertel Satz mißtrauisch hochblickt, ob auch noch alle da sind.

Wenn du gar nicht hören kannst, was man dir so freundlich rät, und du willst durchaus und durchum frei sprechen ... du Laie! Du lächerlicher Cicero[1]! Nimm dir doch ein Beispiel an unsern professionellen Rednern, an den Reichstagsabgeordneten – hast du die schon mal frei sprechen hören? Die schreiben sich sicherlich zu Hause auf, wann sie «Hört! hört!» rufen ... ja, also wenn du denn frei sprechen mußt:

Sprich, wie du schreibst. Und ich weiß, wie du schreibst.

Sprich mit langen, langen Sätzen – solchen, bei denen du, der du dich zu Hause, wo du ja die Ruhe, deren du so sehr benötigst, deiner Kinder ungeachtet, hast, vorbereitest, genau weißt, wie das Ende ist, die Nebensätze schön ineinandergeschachtelt, so daß der Hörer, ungeduldig auf seinem Sitz hin und her träumend, sich in einem Kolleg wähnend, in dem er früher so gern geschlummert hat, auf das Ende solcher Periode wartet ... nun, ich habe dir eben ein Beispiel gegeben. So mußt du sprechen.

Fang immer bei den alten Römern an und gib stets, wovon du auch sprichst, die geschichtlichen Hintergründe der Sache. Das ist nicht nur deutsch – das tun alle Brillenmenschen. Ich habe einmal in der Sorbonne einen chinesischen Studenten sprechen hören, der sprach glatt und gut französisch, aber er begann zu allgemeiner Freude so: «Lassen Sie mich Ihnen in aller Kürze die Entwicklungsgeschichte meiner chinesischen Heimat seit dem Jahre 2000 vor Christi Geburt ...» Er blickte ganz erstaunt auf, weil die Leute so lachten.

So mußt du das auch machen. Du hast ganz recht: man versteht es ja sonst nicht, wer kann denn das alles verstehen, ohne die geschichtlichen Hintergründe ... sehr richtig! Die Leute sind doch nicht in deinen Vortrag gekommen, um lebendiges Leben zu hören, sondern das, was sie auch in den Büchern nachschlagen können ... sehr richtig! Immer gib ihm Historie, immer gib ihm.

---
1 Marcus Tullius Cicero, berühmter Redner des alten Rom (106–43 v. Chr.)

Kümmere dich nicht darum, ob die Wellen, die von dir ins Publikum laufen, auch zurückkommen – das sind Kinkerlitzchen. Sprich unbekümmert um die Wirkung, um die Leute, um die Luft im Saale; immer sprich, mein Guter. Gott wird es dir lohnen.

Du mußt alles in die Nebensätze legen. Sag nie: «Die Steuern sind zu hoch.» Das ist zu einfach. Sag: «Ich möchte zu dem, was ich soeben gesagt habe, noch kurz bemerken, daß mir die Steuern bei weitem ...» So heißt das.

Trink den Leuten ab und zu ein Glas Wasser vor – man sieht das gern.

Wenn du einen Witz machst, lach vorher, damit man weiß, wo die Pointe ist.

Eine Rede ist, wie könnte es anders sein, ein Monolog.

Weil doch nur einer spricht. Du brauchst auch nach vierzehn Jahren öffentlicher Rednerei noch nicht zu wissen, daß eine Rede nicht nur ein Dialog, sondern ein Orchesterstück ist: eine stumme Masse spricht nämlich ununterbrochen mit. Und das mußt du hören. Nein, das brauchst du nicht zu hören. Sprich nur, lies nur, donnere nur, geschichtele nur.

Zu dem, was ich soeben über die Technik der Rede gesagt habe, möchte ich noch kurz bemerken, daß viel Statistik eine Rede immer sehr hebt. Das beruhigt ungemein, und da jeder imstande ist, zehn verschiedene Zahlen mühelos zu behalten, so macht das viel Spaß.

Kündige den Schluß deiner Rede lange vorher an, damit die Hörer vor Freude nicht einen Schlaganfall bekommen. (Paul Lindau hat einmal einen dieser gefürchteten Hochzeitstoaste so angefangen: «Ich komme zum Schluß.») Kündige den Schluß an, und dann beginne deine Rede von vorn und rede noch eine halbe Stunde. Dies kann man mehrere Male wiederholen.

Du mußt dir nicht nur eine Disposition machen, du mußt sie den Leuten auch vortragen – das würzt die Rede.

Sprich nie unter anderthalb Stunden, sonst lohnt es gar nicht erst anzufangen.

Wenn einer spricht, müssen die andern zuhören – das ist deine Gelegenheit! Mißbrauche sie.

(Aus: Kurt Tucholsky, Ausgewählte Werke, Bd. 1. Reinbek: Rowohlt 1965, S. 187–189.)

Arbeitshinweise
1. Durch welche Stilmittel verdeutlicht der Autor, daß der Text ironisch ist?
2. Was wird verurteilt? Welche „Ratschläge" erteilt Tucholsky?
3. Entwerfen Sie einen Katalog mit Ratschlägen für einen guten Redner!

Basil Bernstein, **Die Sprache der Mittel- und Unterschicht**

Der Sprachwissenschaftler Basil Bernstein führt schichtspezifisches Sprachverhalten auf die schicht- und situationsbedingte Funktion von Sprache zurück. Die Bezeichnungen „formal" und „öffentlich" wurden von Bernstein später durch „elaboriert" und „restringiert" ersetzt; seitdem spricht man im Zusammenhang mit Kommunikationssituationen von elaboriertem bzw. restringiertem Code.

Die Sprache existiert im Hinblick auf ein Bedürfnis, sich auszudrücken und sich anderen mitzuteilen; folglich spiegeln sich in der Form des Sprachgebrauchs, das heißt in der Art und Weise, in der Wörter, Wendungen und Sätze zusammenhängen, eine bestimmte Form der Gefühlsstrukturierung und damit also die Mittel der Interaktion[1] und der Reaktion auf die Umwelt. Verschiedene soziale Strukturen legen die Betonung auf verschiedene Möglichkeiten, die dem Sprachgebrauch inhärent[2] sind; und ist der Akzent einmal gesetzt, dann wird die sich daraus ergebende sprachliche Form zu einem der wichtigsten Mittel, um bestimmte Denk-und Gefühlsweisen hervorzurufen und zu verstärken, die mit der betreffenden sozialen Gruppe funktionell zusammenhängen. Die soziale Struktur der Mittel- und der Arbeiterklasse ist so beschaffen, daß die Betonung auf verschiedenartige Möglichkeiten der Sprache gelegt wird, so daß sich daraus zwei verschiedene Typen des Sprachgebrauchs ergeben, welche die Sprechenden auf verschiedene Arten von Beziehungen zu Objekten und Personen verweisen, und zwar unabhängig vom Niveau der gemessenen Intelligenz. Die Rolle der Intelligenz besteht darin, daß sie dem Sprechenden erlaubt, jene Möglichkeiten erfolgreicher auszubeuten, die durch die gesellschaftlich festgelegten Formen des Sprachgebrauchs symbolisiert werden. Es gibt Ausnahmen von diesem sprachlichen Determinismus[3], die sich aus den besonderen Bedingungen psychischer Begrenzung ergeben.

Die Dynamik, die der gesellschaftlichen Akzentsetzung zugrunde liegt, ist kurz gesagt die folgende. Man kann zwischen dem nicht-sprachlichen (das heißt expressiven[4]) Symbolismus, dem sprachlichen Ausdruck von Bedeutungen und der Form der sprachlichen Kommunikation unterscheiden. In der Mittelklasse wird die persönliche Qualifikation der Mutter, ihr „Ich", ihre Art und Weise, wie sie ihre Reaktionen auf die Umwelt (einschließlich ihrer selbst) kommentiert, darüber nachdenkt und sie organisiert, in erster Linie durch den sprachlichen und nicht durch den nicht-sprachlichen Aspekt der Kommunikation ausgedrückt. Eine subjektive Absicht kann durch Worte explizit gemacht werden. Kleine Änderungen in der Stellung der Wörter und in der Satzstruktur zeigen wichtige Verschiebungen im Zustand der Gefühle an. So sind im Leben des Kindes aus der Mittelklasse zunächst weder die Zahl der Wörter noch die Weite des Wortschatzes entscheidend; ausschlaggebend ist vielmehr der Umstand, daß das Kind empfänglich wird für eine mittelbare Form des Ausdrucks, bei der die feine Zusammenstellung von Wörtern, die Art der Verbindung zwischen den Sätzen und so weiter die Gefühle vermitteln. Es sind Gefühle, nach denen das Kind ursprünglich verlangt, um die volle Beziehung zur Mutter zu realisieren; dabei lernt es dann auf eine bestimmte Form von sprachlichen Anhaltspunkten zu reagieren. [...]

Die Empfänglichkeit für eine bestimmte Form der Sprachstruktur bestimmt die Art und Weise, in der Beziehungen zu Objekten und Personen hergestellt werden, und orientiert das Kind auf eine ganz bestimmte Handhabung der Wörter hin. Dies ist von entscheidender Bedeutung, da die frühe Form des Sprachgebrauchs den Modus festlegt, in dem Beziehungen angeknüpft werden,

---

1 Wechselbeziehungen zwischen aufeinander ansprechenden Partnern   2 innewohnend
3 Vorbestimmtheit alles Geschehens   4 ausdrücklich

und so das spätere Niveau der Begriffsbildung bestimmt. Die Merkmale der sprachlichen Form, an die das Kind aus der Mittelklasse gewöhnt wird, sind die folgenden:
1. Die logische Modifikation und der logische Akzent werden durch eine grammatisch komplexe Satzkonstruktion vermittelt, vor allem durch die Verwendung von Konjunktionen und Nebensätzen.
2. Häufiger Gebrauch von Präpositionen, die sowohl rein logische Beziehungen als auch zeitliche oder räumliche Nähe anzeigen.
3. Häufige Verwendung der unpersönlichen Pronomen „es" und „man".
4. Diskriminierende[5] Auswahl aus einer Reihe von Adjektiven und Adverben.
5. Der expressive Symbolismus, der durch diese sprachliche Form bedingt wird, verleiht dem Gesagten weniger logische Bedeutung als affektive Unterstützung.
6. Die individuelle Qualifikation wird verbal durch die Struktur und die Beziehungen innerhalb und zwischen den Sätzen vermittelt. Die subjektive Absicht wird unter Umständen in Worten erläutert.
7. Es handelt sich um eine Form des Sprachgebrauchs, die auf die Möglichkeiten hinweist, die einer komplexen begrifflichen Hierarchie inhärent sind und die die Organisation der Erfahrung erlauben.

Wir wollen diesen Typus des Sprachgebrauchs *formal* nennen.

In der Arbeiterklasse gehört die sprachliche Beziehung zwischen Mutter und Kind einer anderen Ordnung an. Es handelt sich im wesentlichen um eine sprachliche Form, bei der die persönlichen Qualifikationen zunächst mit Hilfe des expressiven Symbolismus ausgedrückt werden, das heißt in nichtsprachlicher Form oder mit Hilfe einer begrenzenden Sprachstruktur. Die Beziehung des Kindes zur Mutter ist unmittelbar. Sein wichtigster Bezugspunkt ist nicht ihre Sprache, denn die persönliche Qualifikation, das „Ich" der Mutter aus der Arbeiterklasse, kommt namentlich in einem expressiven Symbolismus zum Ausdruck, der ausschließlich auf sich selbst Bezug hat. Kurz, die subjektive Absicht wird nicht in Worten explizit gemacht oder erläutert. Das Kind lernt früh zu reagieren, und zwar auf Anhaltspunkte, die unmittelbar relevant[6] sind. Es handelt sich also um eine Form der Kommunikation, in der die unmittelbare Erfahrung der affektiven Zusammengehörigkeit maximal hervorgehoben wird, wogegen die sprachlich bedingte emotionale und kognitive[7] Differenzierung in den Hintergrund tritt. Das Kind aus der Arbeiterklasse ist daher für einen Sprachgebrauch empfänglich, der sich völlig von dem der Mittelklasse unterscheidet. Die Merkmale dieses Sprachgebrauchs sind die folgenden:
1. Kurze, grammatisch einfache, oft unfertige Sätze von dürftiger Syntax, die meist in der Aktivform stehen.
2. Verwendung einfacher und immer derselben Konjunktionen (so, dann, und).
3. Häufige Verwendung kurzer Befehle und Fragen.
4. Seltener Gebrauch der unpersönlichen Pronomen „es" und „man".
5. Starre und begrenzte Verwendung von Adjektiven und Adverben.

---

5 hier in der Bedeutung von: unterscheidend   6 wesentlich, entscheidend   7 erkenntnismäßig

6. Die Feststellung einer Tatsache wird oft im Sinne einer Begründung und einer Schlußfolgerung verwendet, genauer gesagt, Begründung und Folgerung werden durcheinandergeworfen, und am Ende entsteht eine kategorische Feststellung, wie „Du gehst mir nicht aus dem Hause." „Laß das in Ruhe."
7. Die individuelle Auswahl aus einer Reihe traditioneller Wendungen oder Aphorismen spielt eine große Rolle.
8. Feststellungen werden als implizite[8] Fragen formuliert, die dann eine Art Kreisgespräch auslösen, bei dem sich die Gesprächspartner ihrer gegenseitigen Sympathie versichern, das heißt man redet in gegenseitiger Übereinstimmung im Kreis herum. Zum Beispiel: „Stell dir vor?" „Das hätte ich nicht gedacht?" Oder: „Na, was sagen Sie von der Lotte? – Ist ein schlimmes Unglück. – Haben Sie recht. Ist wirklich ein schlimmes Unglück. Und die armen Eltern. – Ja, die armen Eltern. Was dachte sich das Mädchen dabei? – Dachte sich gar nichts, tat eben, was sie wollte. – Ein Unglück nenne ich das, ein schlimmes Unglück für das ganze Haus."
9. Der Symbolismus besitzt einen niedrigen Grad der Allgemeinheit.
10. Die persönliche Qualifikation wird aus der Satzstruktur weggelassen oder ist nur implizit vorhanden; folglich wird die subjektive Absicht nicht mit Worten explizit gemacht oder erläutert.

Die Form des Sprachgebrauchs, welche durch diese Merkmale gekennzeichnet ist, wollen wir *öffentlich* nennen. [...]

Eine *öffentliche* Sprache kann in verschiedenen sozialen Strukturen entstehen, in ländlichen Gruppen, in Gefechtseinheiten, in kriminellen Subkulturen, in Banden von Halbstarken, in Gangs[9] und ähnlichem. Das Kind aus der Mittelklasse lernt somit zwei verschiedene Arten von Sprachgebrauch, den *öffentlichen* und den *formalen,* und wird je nach Bedürfnis den einen oder den anderen anwenden. Dies führt zu einer größeren Angepaßtheit des Verhaltens in zahlreichen Situationen. *Dem Kind aus der Arbeiterklasse aber steht nur eine einzige sprachliche Form zur Verfügung, nämlich die öffentliche Sprache.*

(Aus: Basil Bernstein, Soziokulturelle Determinanten des Lernens. In: B. B., Soziale Struktur, Sozialisation und Sprachverhalten. Aufsätze 1958–1970. Amsterdam: Munter 1970, S. 39f.)

Arbeitshinweise

1. *Welches Bild vom Aufbau der Gesellschaft hat Bernstein?*
2. *Wozu dienen die sprachlichen Beziehungen in der Mittel- und Unterschicht?*
3. *Erarbeiten Sie die Merkmale der formalen (= elaborierten) und der öffentlichen (= restringierten) Sprache! (Gruppenarbeit)*
4. *Warum sprechen Angehörige der Unterschicht nur den restringierten Code?*
5. *In welchen Situationen sprechen Angehörige der Mittelschicht den restringierten Code?*
6. *Erläutern Sie die Beziehungen zwischen Sprache und Intelligenz!*
7. *Welche Folgen hat der restringierte Code für den Schulerfolg? Welche Schlußfolgerungen ergeben sich daraus?*
8. *Vergleichen Sie die Thesen Bernsteins zur Sprache mit den Texten von Thomas Mann (S. 71) und Erika Runge (S. 129)! Finden Sie die Aussagen des Wissenschaftlers in den Textbeispielen bestätigt? (Gruppenarbeit)*

---

8 inbegriffen   9 Horde, Rotte, organisierte Verbrecherbande (speziell von Jugendlichen)

ANHANG

1. Verzeichnis der Textarten

Roman (Auszug)

Johann Wolfgang Goethe, Die drei Ehrfurchten 33
Hermann Kant, Die erste Schulstunde 41
Paul Schallück, Deutschstunde 56
Alfred Andersch, Der Junge 94
Ulrich Plenzdorf, Echte Jeans 96
Theodor Fontane, Effi Briest 107
Silvia-Roman, Liebe und Glück 148
Hans Fallada, Aus dem Leben eines Verkäufers 158
Robert Musil, Der Verkehrsunfall 230
Anna Seghers, Das Verhör 299
Heinrich Böll, Das „Sakrament des Büffels" 341

Erzählung, Novelle (teilw. Auszug)

Thomas Mann, Tonio Kröger und Hans Hansen – zwei Freunde 71
Heinrich Mann, Abdankung 79
Arthur Schnitzler, Fräulein Else 109
Bertolt Brecht, Der Augsburger Kreidekreis 116
Günter Grass, Der Ritterkreuzträger 262
Heinrich von Kleist, Das Bettelweib von Locarno 361
Franz Fühmann, Das Judenauto 388

Kurzgeschichte

Wolfgang Borchert, Nachts schlafen die Ratten doch 91
Stefan Andres, Das Trockendock 194
Max von der Grün, Die Entscheidung 220
Ernest Hemingway, Alter Mann an der Brücke 273
Elisabeth Langgässer, Saisonbeginn 304
Heinrich Böll, Die Waage der Baleks 343
Siegfried Lenz, Ein Freund der Regierung 350
Franz Kafka, Der Nachbar 367
Günther Weisenborn, Zwei Männer 404
Peter Bichsel, Ein Tisch ist ein Tisch 415

Kurzprosa, Anekdote, Fabel

Wolfgang Borchert, Lesebuchgeschichten 52
Wolf Wondratschek, Deutschunterricht 61
Marie Luise Kaschnitz, Die alten und die neuen Berufe 193
Heinrich Böll, Anekdote zur Senkung der Arbeitsmoral 227
Gotthold Ephraim Lessing, Der Rabe und der Fuchs 329
Max Frisch, Du sollst dir kein Bildnis machen 396
Bertolt Brecht, Wenn Herr K. einen Menschen liebte 398

Parabel

Gotthold Ephraim Lessing, Ringparabel 356
Franz Kafka, Der Kübelreiter 369
Max Frisch, Der andorranische Jude 394

Märchen

Brüder Grimm, Sterntaler 364
Georg Büchner, Märchen 365

Lyrisches Gedicht

Joseph von Eichendorff, Mondnacht 243
Theodor Storm, Meeresstrand 244
Heinrich Heine, Ein Fräulein stand am Meere 246
Richard Dehmel, Predigt ans Großstadtvolk 247
René Schickele, Großstadtvolk 248
Stefan George, komm in den totgesagten park 249
Georg Heym, Krieg 259
Paul Celan, Espenbaum 303
Johann Wolfgang Goethe, Wer nie sein Brot mit Tränen aß 360
Rainer Maria Rilke, Der Panther 366
Gottfried Benn, Nur zwei Dinge 373
Christa Reinig, Gott schuf die Sonne 376
Johannes Bobrowski, Sprache 414

Ballade, Erzählgedicht

Bertolt Brecht, Legende von der Entstehung des Buches Taoteking
auf dem Weg des Laotse in die Emigration 38
Bertolt Brecht, Die Seeräuber-Jenny 128
Erich Kästner, Im Auto über Land 232
Franz Josef Degenhardt, Die Befragung eines Kriegsdienstverweigerers durch
den liberalen und zuvorkommenden Kammervorsitzenden 280
Günter Eich, Inventur 312
Franz Josef Degenhardt, Horsti Schmandhoff 315
Wolf Biermann, Die Ballade von dem Drainage-Leger Fredi Rohsmeisl
aus Buckow 317
Walter Hasenclever, Die Mörder sitzen in der Oper 337

Zeitgedicht, Politisches Gedicht

Bertolt Brecht, Fragen eines lesenden Arbeiters 13
Bertolt Brecht, Die Literatur wird durchforscht werden 53
Hans Magnus Enzensberger, ins lesebuch für die oberstufe 55
Walther von der Vogelweide, herzeliebez frouwelîn 104
Ingeborg Bachmann, Reklame 187
Andreas Gryphius, Tränen des Vaterlandes. Anno 1636 258
Rudolf G. Binding, Ausbruch 261
Günter Grass, In Ohnmacht gefallen 270
Marie Luise Kaschnitz, Hiroshima 272
Paul Celan, Todesfuge 307
Nelly Sachs, Chor der Geretteten 310

Hans Magnus Enzensberger, konjunktur 313
Kurt Bartsch, Sozialistischer Biedermeier 320
Günter Wallraff, Hier und dort 321
Heinrich Heine, Die schlesischen Weber 333
Georg Weerth, Das Hungerlied 336
Walther von der Vogelweide, Ich saz ûf eime steine 355
Hans Magnus Enzensberger, bildzeitung 419
Peter Handke, Die drei Lesungen des Gesetzes 423

Experimentelles Gedicht

Ernst Jandl, schtzngrmm 425
Eugen Gomringer, worte sind schatten 428
Konrad Balder Schäuffelen, da kannten die soldaten kein pardon mehr 429

Schlager, Chanson

Udo Lindenberg, Cowboy-Rocker 98
Kincade, Jenny Jenny 145
Udo Jürgens, Ein ehrenwertes Haus 407

Drama, Hörspiel

Friedrich Schiller, Geben Sie Gedankenfreiheit 329
Eugen Helmlé, Rassismus 383
Carl Zuckmayer, Schuster Voigt 398

Satire, Parodie, Groteske

Max von der Grün, Fragen und Antworten 15
Kurt Tucholsky, Herr Wendriner erzieht seine Kinder 36
Georg Weerth, Der Lehrling 152
Floh de Cologne, Rechte und Pflichten des Lehrlings 172
Wolfgang Hildesheimer, Eine größere Anschaffung 191
Jürgen von Manger, Drei Maireden 200
Kurt Kusenberg, Schnell gelebt 237
Kurt Tucholsky, Ratschläge für einen schlechten Redner 438

Wissenschaftliche Abhandlung

Hermann Rauhe, Schlager als Lebenshilfe 100
Simone de Beauvoir, Ehe 136
Vance Packard, Die geheimen Verführer 178
Rolf Oerter, Vorurteile gegen Außengruppen 411
Basil Bernstein, Die Sprache der Mittel- und Unterschicht 439

Essay, Feuilleton

Rudolf Walter Leonhardt, Argumente für und gegen Hausaufgaben 68
Esther Vilar, Liebe 139
Walter Benjamin, Bürobedarf 173
Willi Bongard, „Hurra – die Reklame ist abgeschafft!" 183
Hans Magnus Enzensberger, Das Plebiszit der Verbraucher 188
Horst Krüger, Auf deutscher Autobahn 234
Herbert von Borch, New York 250

Norman Mailer, Wir müssen es ändern 254
Heinrich Böll, Über mich selbst 374
Max Frisch, Überfremdung 409
Friedrich Wolf, Kunst ist Waffe 431
Erich Kästner, Sinn und Wesen der Satire 435

Reportage, Protokoll, Beschreibung
Eva Windmöller, Ein Land von Musterschülern 44
Erika Runge, Hausfrau Erna E., Bottroper Protokoll 129
Leonie Lambert, Wir leben in der Großfamilie 140
Günter Wallraff, Am Fließband 207
Dieter Forte, Ein Tag beginnt 225

Interview
Françoise Sagan, Die Einsamkeit der Brigitte Bardot 377

Bericht
Alexander S. Neill, Die Schule Summerhill 21
Bericht der Schulinspektoren Seiner Majestät über die Schule Summerhill 28
Henry Ford, Das Fließband 204
Friedrich Engels, Die großen Städte 240
Carl Jacob Burckhardt, Im KZ Esterwegen 284
Peter Weiss, Meine Ortschaft 287
Rudolf Höss, Kommandant in Auschwitz 296

Rede
Adolf Hitler, Zur Erziehung der Jugend 18
Jürgen von Manger, Drei Maireden 200
Kurt Georg Kiesinger, Rede zu den Studentenunruhen von 1968 326
Gustav Heinemann, Rede zu den Studentenunruhen von 1968 327

Brief
Franz Kafka, Brief an den Vater 88
Heinrich Böll, Brief an einen jungen Katholiken 266

Vertrag, Richtlinien
Richtlinien für den Deutschunterricht
1. Erziehung und Unterricht in der Höheren Schule, Lehrplan von 1938 59
2. Lehrplan der DDR für Deutsche Sprache und Literatur (1968) 60
3. Hessischer Bildungsplan – Entwurf für das Fach Deutsch
   an Gymnasien 1969 62
Leitsätze für Lehrlinge 165
Berufsausbildungsvertrag 168

Werbespruch
Werbesprüche 174

Manifest, Flugschrift
Karl Marx und Friedrich Engels, Bourgeoisie und Proletariat 197
Flugblatt für weiße Schüler 382

Lexikon
- Duden (Mannheim) 322
- Duden (Leipzig) 322

Rätsel
- Kreuzworträtsel (Bundesrepublik) 323
- Kreuzworträtsel (DDR) 324

Ölgemälde
- Paul Klee, Abfahrt der Schiffe 239
- Karl Schmidt-Rottluff, Gutshof in Dangast 245
- Pablo Picasso, Guernica 276
- George Grosz, Stützen der Gesellschaft 339
- Joan Miró, Kleine Blonde im Park der Attraktionen . . 427

Foto
- Jugend in Deutschland 94
- Chargesheimer, Frau aus Worms 146
- Fließband 218
- Heinz Held, New York 252
- Guernica nach der Zerstörung (1937) 277
- KZ Auschwitz (Verbrennungsofen) 298

Zeichnung, Radierung
- Wilhelm Busch, Lehrer Lämpel 17
- George Grosz, Der Spießer-Spiegel 151
- George Grosz, Shopping 186
- Die Konferenzteilnehmer 1

Lithographie, Grafik
- A. Paul Weber, Das Verhängnis 295
- Edvard Munch, Der Schrei 371
- A. Paul Weber, Das Gerücht 387
- Arwed Gorella, Wolf Biermann 435

Karikatur
- Manfred Oesterle, Der Steuermann 224
- Paul Flora, Touristen 233
- George Grosz, Treue um Treue 343
- Fred Marcus, Schwarze und Weiße 383
- Paul Flora, Sprache 422

Plakat, Titelseite
- Vorurteil: Frauen haben einen beschränkten Horizont . 135
- Petra, Titelseite zum Sonderheft Schönheit 133
- VW-Reklame 176
- Henkell Trocken-Reklame 177
- Alle reden vom Wetter. Wir nicht 325
- Klaus Staeck, Sozialfall 413
- Bild am Sonntag, Titelseite 421

Plastik
- Ernst Barlach, Der Buchleser 51

2. Autoren-, Text- und Bildverzeichnis

(Mit einem * versehene Titel sind Abbildungen; mit zwei ** versehene Überschriften stammen von den Herausgebern.)

„Alle reden vom Wetter,
　wir nicht.* (325)

Andersch, ALFRED
　Der Junge** (94)

Andres, STEFAN
　Das Trockendock (194)

Bachmann, INGEBORG
　Reklame (187)

Barlach, ERNST
　Der Buchleser* (51)

Bartsch, KURT
　Sozialistischer Biedermeier (320)

Beauvoir, SIMONE DE
　Ehe (136)

Benjamin, WALTER
　Bürobedarf (173)

Benn, GOTTFRIED
　Nur zwei Dinge (373)

Bericht der Schulinspektoren
　Seiner Majestät über die Schule
　　Summerhill (28)

Bernstein, BASIL
　Die Sprache der Mittel- und
　　Unterschicht** (439)

Berufsausbildungsvertrag (168)

Bichsel, PETER
　Ein Tisch ist ein Tisch (415)

Biermann, WOLF
　Die Ballade von dem Drainage-Leger
　　Fredi Rohsmeisl aus Buckow (317)

Bild am Sonntag
　Titelseite* (421)

Binding, RUDOLF G.
　Ausbruch (261)

Bobrowski, JOHANNES
　Sprache (414)

Böll, HEINRICH
　Anekdote zur Senkung der Arbeits-
　　moral (227)
　Brief an einen jungen Katholiken (266)
　Das „Sakrament des Büffels"** (341)
　Über mich selbst (374)
　Die Waage der Baleks (344)

Bongard, WILLI
　„Hurra – die Reklame ist
　　abgeschafft!" (183)

Borch, HERBERT VON
　New York (250)

Borchert, WOLFGANG
　Lesebuchgeschichten (52)
　Nachts schlafen die Ratten doch (91)

Brecht, BERTOLT
　Der Augsburger Kreidekreis (116)
　Fragen eines lesenden Arbeiters (13)
　Legende von der Entstehung des
　　Buches Taoteking auf dem Weg
　　des Laotse in die Emigration (38)
　Die Literatur wird durchforscht
　　werden (53)
　Die Seeräuber-Jenny (128)
　Wenn Herr K. einen Menschen
　　liebte (398)

Büchner, GEORG
　Märchen** (365)

Burckhardt, CARL JACOB
　Im KZ Esterwegen** (284)

Busch, WILHELM
　Lehrer Lämpel* (17)

Chargesheimer
　Frau aus Worms* (146)

Celan, PAUL
　Espenbaum (303)
　Todesfuge (307)

Degenhardt, FRANZ JOSEF
　Die Befragung eines Kriegsdienstverweigerers durch den liberalen und zuvorkommenden Kammervorsitzenden (280)
　Horsti Schmandhoff (315)

Dehmel, RICHARD
　Predigt ans Großstadtvolk (247)

Duden
　Duden (Mannheim) – Duden (Leipzig) (322)

Eich, GÜNTER
　Inventur (312)

Eichendorff, JOSEPH VON
　Mondnacht (243)

Engels, FRIEDRICH
　Bourgeoisie und Proletariat** (197)
　Die großen Städte** (240)

Enzensberger, HANS MAGNUS
　bildzeitung (419)
　konjunktur (313)
　ins lesebuch für die oberstufe (55)
　Das Plebiszit der Verbraucher (188)

Fallada, HANS
　Aus dem Leben eines Verkäufers** (158)

Fließband* (218)

Floh de Cologne
　Rechte und Pflichten des Lehrlings (172)

Flora, PAUL
　Touristen* (233)
　Sprache* (422)

Flugblatt für weiße Schüler (382)

Fontane, THEODOR
　Effi Briest (107)

Ford, HENRY
　Das Fließband** (207)

Forte, DIETER
　Ein Tag beginnt (225)

Frisch, MAX
　Der andorranische Jude (394)
　Du sollst dir kein Bildnis machen (396)
　Überfremdung (409)

Fühmann, FRANZ
　Das Judenauto (388)

George, STEFAN
　komm in den totgesagten park (249)

Gomringer, EUGEN
　worte sind schatten (428)

Gorella, ARWED
　Wolf Biermann* (435)

Goethe, JOHANN WOLFGANG
　Die drei Ehrfurchten** (33)
　Wer nie sein Brot mit Tränen aß (360)

Grass, GÜNTER
　Der Ritterkreuzträger** (262)
　In Ohmacht gefallen (270)

Brüder Grimm
　Die Sterntaler (364)

Grosz, GEORGE
　Shopping* (186)
　Der Spießer-Spiegel* (151)
　Stützen der Gesellschaft* (339)
　Treue um Treue* (343)

Grün, MAX VON DER
　Die Entscheidung (220)
　Fragen und Antworten (15)

Gryphius, ANDREAS
　Tränen des Vaterlandes. Anno 1636 (258)

Handke, Peter
    Die drei Lesungen des Gesetzes (423)

Hasenclever, Walter
    Die Mörder sitzen in der Oper (337)

Heine, Heinrich
    Das Fräulein stand am Meere (246)
    Die schlesischen Weber (333)

Heinemann, Gustav
    Rede zu den Studentenunruhen von 1968 (327)

Held, Heinz
    New York* (252)

Helmlé, Eugen
    Rassismus (383)

Hemingway, Ernest
    Alter Mann an der Brücke (273)

Heym, Georg
    Der Krieg (259)

Hildesheimer, Wolfgang
    Eine größere Anschaffung (191)

Hitler, Adolf
    Zur Erziehung der Jugend (18)

Höss, Rudolf
    Kommandant in Auschwitz (296)

Jandl, Ernst
    schtzngrmm (425)

Jugend in Deutschland*   (94)

Jürgens, Udo
    Ein ehrenwertes Haus (407)

Kafka, Franz
    Brief an den Vater (88)
    Der Kübelreiter (369)
    Der Nachbar (367)

Kant, Hermann
    Die erste Schulstunde** (41)

Kaschnitz, Marie Luise
    Die alten und die neuen Berufe (193)
    Hiroshima (272)

Kästner, Erich
    Im Auto über Land (232)
    Sinn und Wesen der Satire (435)

Kiesinger, Kurt Georg
    Rede zu den Studentenunruhen von 1968 (326)

Kincade
    Jenny Jenny (145)

Klee, Paul
    Abfahrt der Schiffe* (239)

Kleist, Heinrich von
    Das Bettelweib von Locarno (361)

Kollwitz, Käthe
    Weberzug* (335)

Krüger, Horst
    Auf deutscher Autobahn (234)

Kusenberg, Kurt
    Schnell gelebt (237)

Lambert, Leonie
    Wir leben in der Großfamilie (140)

Langgässer, Elisabeth
    Saisonbeginn (304)

Leitsätze für Lehrlinge (165)

Lenz, Siegfried
    Ein Freund der Regierung (350)

Leonhardt, Rudolf Walter
    Argumente für und gegen Hausaufgaben (68)

Lessing, Gotthold Ephraim
    Der Rabe und der Fuchs (329)
    Ringparabel** (356)

Lindenberg, Udo
    Cowboy-Rocker (98)

Mailer, Norman
 Wir müssen es ändern   (254)

Manger, Jürgen von
 Drei Maireden   (200)

Mann, Heinrich
 Abdankung   (79)

Mann, Thomas
 Tonio Kröger und Hans Hansen –
  zwei Freunde**   (71)

Marcus, Fred
 Schwarze und Weiße*   (383)

Marx, Karl
 Bourgeoisie und Proletariat**   (197)

Miró, Joan
 Kleine Blonde im
  Park der Attraktionen*   (427)

Munch, Edvard
 Der Schrei*   (371)

Musil, Robert
 Der Verkehrsunfall**   (230)

Neill, Alexander S.
 Die Schule Summerhill   (21)

Oesterle, Manfred
 Der Steuermann*   (224)

Oerter, Rolf
 Vorurteile gegen Außengruppen   (411)

Packard, Vance
 Die geheimen Verführer   (178)

Petra, Titelseite zum
  Sonderheft Schönheit*   (147)

Picasso, Pablo
 Guernica*   (276)

Plenzdorf, Ulrich
 Echte Jeans**   (96)

Zwei **Rätsel**   (323)

Rauhe, Hermann
 Schlager als Lebenshilfe   (100)

Reinig, Christa
 Gott schuf die Sonne   (376)

Richtlinien für den Deutschunterricht   (64)

Rilke, Rainer Maria
 Der Panther   (366)

Runge, Erika
 Hausfrau Erna E., Bottroper Protokoll   (129)

Sachs, Nelly
 Chor der Geretteten   (310)

Sagan, Françoise
 Die Einsamkeit der Brigitte Bardot   (377)

Schallück, Paul
 Deutschstunde**   (56)

Schäuffelen, Konrad Balder
 da kannten die soldaten kein
  pardon mehr   (429)

Schickele, Rene
 Großstadtvolk   (248)

Schiller, Friedrich
 Geben Sie Gedankenfreiheit**   (330)

Schmidt-Rottluff, Karl
 Gutshof in Dangast*   (245)

Schnitzler, Arthur
 Fräulein Else   (109)

Seghers, Anna
 Das Verhör**   (299)

Silvia-Roman
 Liebe und Glück**   (148)

Staeck, Klaus
 Sozialfall*   (413)

Storm, Theodor
 Meeresstrand   (244)

Tucholsky, Kurt
  Herr Wendriner erzieht seine
    Kinder (36)
  Ratschläge für einen schlechten
    Redner (438)

Vilar, Esther
  Liebe (139)

Vorurteil: Frauen haben einen
  beschränkten Horizont* (135)

Wallraff, Günter
  Am Fließband (207)
  Hier und dort (321)

Walther von der Vogelweide
  Herzeliebez frouwelîn (104)
  Ich saz ûf eime steine (355)

Weber, A. Paul
  Das Gerücht* (387)
  Das Verhängnis* (295)

Weerth, Georg
  Das Hungerlied (336)
  Der Lehrling (152)

Weisenborn, Günther
  Zwei Männer (404)

Weiss, Peter
  Meine Ortschaft (287)

Werbesprüche und Plakate* (174)

Windmöller, Eva
  Ein Land von Musterschülern (44)

Wolf, Friedrich
  Kunst ist Waffe (431)

Wondratschek, Wolf
  Deutschunterricht (61)

Zuckmayer, Carl
  Schuster Voigt** (398)

3. Quellennachweis für Autorenbilder und Plakate

13 Bertolt Brecht. Foto: Ullstein Bilderdienst, Berlin.
18 Adolf Hitler. Foto: Süddeutscher Verlag GmbH, Bilderdienst, München.
19 Adolf Hitler: Rednerphasen, aufgenommen beim Reichstag 1934 in Nürnberg. Foto: Bavaria-Verlag, Gauting.
33 Johann Wolfgang Goethe. Foto: Staatsbibliothek Preußischer Kulturbesitz, Bildarchiv, Berlin.
41 Hermann Kant. Foto: Süddeutscher Verlag GmbH, Bilderdienst, München.
52 Wolfgang Borchert. Foto: Ullstein Bilderdienst, Berlin.
56 Paul Schallück. Foto: K. Eschen, Bavaria-Verlag, Gauting.
71 Thomas Mann. Foto: F. Eschen, Bavaria-Verlag, Gauting.
79 Heinrich Mann. Foto: Ullstein Bilderdienst, Berlin.
88 Franz Kafka. Foto: Ullstein Bilderdienst, Berlin.
94 Alfred Andersch. Foto: Staatsbibliothek Preußischer Kulturbesitz, Bildarchiv, Berlin.
98 Udo Lindenberg. Foto: H. Blume, Ullstein Bilderdienst, Berlin.
107 Theodor Fontane. Foto: Süddeutscher Verlag GmbH, Bilderdienst, München.
109 Arthur Schnitzler. Foto: Bavaria-Verlag, Gauting.
147 Titelblatt der Zeitschrift „petra". Mit freundlicher Genehmigung des Jahreszeiten-Verlages GmbH, Hamburg.
152 Georg Weerth. Foto: Staatsbibliothek Preußischer Kulturbesitz, Bildarchiv, Berlin.
158 Hans Fallada. Foto: Ullstein Bilderdienst, Berlin.
176 Anzeige der Volkswagen AG. Mit freundlicher Genehmigung des Volkswagenwerkes, Wolfsburg.
177 Anzeige der Sektkellerei Henkell, Wiesbaden. Mit freundlicher Genehmigung der Markenwerbung International, Hamburg.
187 Ingeborg Bachmann. Foto: Ullstein Bilderdienst, Berlin.
191 Wolfgang Hildesheimer. Foto: Ullstein Bilderdienst, Berlin.
193 Marie Luise Kaschnitz. Foto: Staatsbibliothek Preußischer Kulturbesitz, Bildarchiv, Berlin.
194 Stefan Andres. Foto: Süddeutscher Verlag GmbH, Bilderdienst, München.
197 Karl Marx. Foto: Süddeutscher Verlag GmbH, Bilderdienst, München.
    Friedrich Engels. Foto: Staatsbibliothek Preußischer Kulturbesitz, Bildarchiv, Berlin.
200 Jürgen von Manger. Zeichnung: H. E. Köhler, in: Jürgen von Manger: Bleibense Mensch. dtv 1018, München 1974.
204 Henry Ford. Foto: Ullstein Bilderdienst, Berlin.
220 Max von der Grün. Foto: Ullstein Bilderdienst, Berlin.
230 Robert Musil. Foto: Süddeutscher Verlag GmbH, Bilderdienst, München.
232 Erich Kästner. Foto: Süddeutscher Verlag GmbH, Bilderdienst, München.
237 Kurt Kusenberg. Foto: Ullstein Bilderdienst, Berlin.

243 Joseph von Eichendorff. Foto: Ullstein Bilderdienst, Berlin.
244 Theodor Storm. Foto: Kester, Bavaria-Verlag, Gauting.
249 Stefan George. Foto: Staatsbibliothek Preußischer Kulturbesitz, Bildarchiv, Berlin.
254 Norman Mailer. Foto: Süddeutscher Verlag GmbH, Bilderdienst, München.
262 Günter Grass. Foto: Süddeutscher Verlag GmbH, Bilderdienst, München.
273 Ernest Hemingway. Foto: Ullstein Bilderdienst, Berlin.
277 Guernica, nach der Zerstörung im Jahre 1937 durch die Bolschewisten. Foto: Ullstein Bilderdienst, Berlin.
280 Franz Josef Degenhardt. Foto: R. Kunitsch, Bavaria-Verlag, Gauting.
287 Peter Weiss. Foto: Ullstein Bilderdienst, Berlin.
298 KZ Auschwitz. Foto: Państwowe Muzeum w Oświęcimiu
299 Anna Seghers. Foto: Fritz Eschen, Bavaria-Verlag, Gauting.
304 Elisabeth Langgässer. Foto: Ullstein Bilderdienst, Berlin.
307 Paul Celan. Foto: Ullstein Bilderdienst, Berlin.
310 Nelly Sachs. Foto: Ullstein Bilderdienst, Berlin.
312 Günter Eich. Foto: Süddeutscher Verlag GmbH, Bilderdienst, München.
317 Wolf Biermann. Foto: Ullstein Bilderdienst, Berlin.
325 Plakat der Deutschen Bundesbahn. Mit freundlicher Genehmigung der Bundesbahn-Direktion Frankfurt a. M.
Plakat des SDS, 1968. Vorlage: Anschläge, Politische Plakate in Deutschland 1900–1970, Verlag Langewiesche-Brandt, Ebenhausen/München, 1972.
330 Friedrich Schiller. Foto: Ullstein Bilderdienst, Berlin.
333 Heinrich Heine. Foto: Interfoto, Bavaria-Verlag, Gauting.
337 Walter Hasenclever. Foto: Ullstein Bilderdienst, Berlin.
344 Informationen zur politischen Bildung Nr. 163 (1975), Heft 1. Das 19. Jahrhundert. Monarchie. Demokratie. Nationalstaat, S. 2.
350 Siegfried Lenz. Foto: Ullstein Bilderdienst, Berlin.
355 Walther v. d. Vogelweide. Foto: Süddeutscher Verlag GmbH, Bilderdienst, München.
356 Gotthold Ephraim Lessing. Foto: Süddeutscher Verlag GmbH, Bilderdienst, München.
361 Heinrich von Kleist. Foto: Staatsbibliothek Preußischer Kulturbesitz, Bildarchiv, Berlin.
365 Georg Büchner. Foto: Ullstein Bilderdienst, Berlin.
366 Rainer Maria Rilke. Foto: Ullstein Bilderdienst, Berlin.
373 Gottfried Benn. Foto: Ullstein Bilderdienst, Berlin.
374 Heinrich Böll. Foto: Süddeutscher Verlag GmbH, Bilderdienst, München.
394 Max Frisch. Foto: Interfoto, Bavaria-Verlag, Gauting.
404 Günther Weisenborn. Foto: Süddeutscher Verlag GmbH, Bilderdienst, München.

407 Udo Jürgens. Foto: Bavaria-Verlag, Gauting.
414 Johannes Bobrowski. Foto: Süddeutscher Verlag GmbH, Bilderdienst, München.
415 Peter Bichsel. Foto: Ullstein Bilderdienst, Berlin.
421 Bild am Sonntag, Titelseite vom 20. Juni 1976.
423 Peter Handke. Foto: Süddeutscher Verlag GmbH, Bilderdienst, München.

Vorderes Vorsatzpapier:
    Kommunikationsmodell. Nach: Deutsch. Verstehen – Sprechen – Schreiben, hrsg. von Hermann Stadler. Frankfurt: Fischer ³1973 (= Fischer Kolleg 6), S. 115.
    Die Konferenzteilnehmer. Aus: Heinz Conrad, Aktive Lehrmethoden. Heidelberg: Industrie-Verlag 1971, S. 19.

Hinteres Vorsatzpapier:
    Jugend in Deutschland. Vorlage: G. Linne, Jugend in Deutschland. Gütersloh: Bertelsmann Lexikon Verlag o. J., S. 158, 173, 187, 209.

Einband: Heinrich Böll, Die verlorene Ehre der Katharina Blum oder: Wie Gewalt entstehen und wohin sie führen kann. Köln: Kiepenheuer & Witsch 1974, S. 144 ff.